도서출판 대장간은
쇠를 달구어 연장을 만들듯이
생각을 다듬어 기독교 가치관을
바르게 세우는 곳입니다.

대장간이란 이름에는
사라져가는 복음의 능력을 되살리고,
낡은 것을 새롭게 풀무질하며, 잘못된 것을
바로 세우겠다는 의지가 담겨져 있습니다.

www.daejanggan.org

누림강해시리즈⑤

사사기 강해

사람의 소견, 하나님의 소견

지은이 곽면근
초판발행 2014년 5월 22일

펴낸이 배용하
책임편집 윤순하
등록 제364-2008-000013호
펴낸곳 도서출판 대장간
www.daejanggan.org
등록한곳 대전광역시 동구 우암로 75-21
편집부 전화 (042) 673-7424
영업부 전화 (042) 673-7424 전송 (042) 623-1424

ISBN 978-89-7071-326-7
978-89-7071-261-1 04230(세트)

값 20,000원

곽면근 목사의 누림강해 시리즈 ⑤

사사기 강해

사람의 소견, 하나님의 소견

곽 면 근

차례

서 문

기독교는 '하나님의 말씀은 진리' 라고 선포하는 종교입니다. 하나님의 말씀이 시대와 지역과 계층과 성별의 차이를 넘어 모든 인간에게 주시는 바른 삶의 원리임을 고백하는 것입니다. 하나님께서 아브람에게 약속하시고 성취하시는 내용이 창세기부터 여호수아서에 기록되어 있습니다. 하나님이 친히 동행하시며 복의 근원이 되어주셨고, 아들을 통하여 민족을 이루어주셨고, 젖과 꿀이 흐르는 땅을 주셨고, 하나님의 마음과 뜻이 담긴 율법을 주셨습니다. 사사기는 하나님의 백성 이스라엘이, 하나님이 주관하시는 약속의 땅에서, 하나님께 받은 은혜와 복을 얼마나 멋지게 누리는지 보여주는 장면을 기대하게 합니다.

그러나 불행하게도 사사기에는 이스라엘이 은혜를 누리는 모습보다 이방의 압제에 고통당하며 힘들어하는 모습이 반복됩니다. 이스라엘은 '여호와의 목전에 악을 행하며, 여호와를 버리고, 여호와를 떠나고', 그 결과 '구산 리사다임을 팔 년 동안 섬겼더니, 모압 왕 에글론을 열여덟 해 동안 섬기니라, 야빈 왕에게 이십 년 동안 학대를 받고, 미디안으로 말미암아 궁핍함이 심한지라' 등입니다. 가나안에서의 삶이 애굽에서의 삶과 별 차이가 없습니다. 율법을 가진 이스라엘의 삶이 율법이 없는 이방인의 삶과 다르지 않습니다. 하나님을 아는 사람의 삶이 하나님을 모르는 사람의 삶과 구별되지 않습니다.

사사기는 이스라엘의 행동에 대해 '자기의 소견에 옳은 대로 행하였다' 고 지적합니다. 사람들은 언제나 자기의 소견을 앞세웁니다. 자기 생각과 자기 사상을 드러내고, 자기 방식과 자기 스타일을 주장하고, 자기 계발과 자아 성취를 권면합니다. 사사기에 나타난 사건들 속에서도 '사람들의 소견'을 쉽게 찾아낼 수 있습니다. 인간이 죄인인 이상 이스라엘 '사람들의 소견'과 오늘날 '사람들의 소견'이 동일하기에 사사기의 사건들을 실감나게 이해할 수 있을 것입니다. '자기의 소견에 옳은 대로' 행한 결과가 압제받음과 곤고함과 궁핍함이었습니다. 자기 소견이 옳지 않았음이 증명된 것입니다.

다행스럽게도 사사기에는 '하나님의 소견'도 담겨져 있습니다. 이스라엘을 위하여 사사와 구원자를 세우시는 하나님의 사역에서, 하나님을 떠나고 버린 자들에게 평온함을 주시는 하나님의 일하심에서 '하나님의 소견'을 풍성히 발견할 수 있습니다. '하나님의 소견에 옳은 대로' 행한 결과가 이스라엘의 치유와 회복과 평안함입니다. 하나님의 소견이 옳았음이 증명된 것입니다. 결국 사사기는 성도들에게 '사람들의 소견'과 '하나님의 소견' 중에 어느 것이 옳은 지 분별하기를 기대하는 것입니다. 하나님 말씀이 진리임을 알고, 하나님의 소견이 옳은 것을 알아 바르고 참되고 행복하게 살기를 바라는 것입니다.

내 소견을 말하는 설교가 아니라 하나님의 소견을 듣는 설교를 하며 큰 은혜를 받았습니다. 사사기를 설교하면서 함께 은혜를 나누었던 성도님들께 감사드리며, 말로 행한 설교를 글로 된 책으로 만들어준 도서출판 대장간에 감사를 드립니다.

2014년 5월

하나님의 은혜를 누리는 더누림교회에서 곽면근

1

여호수아가 죽은 후에

사사기 1:1

1 여호수아가 죽은 후에 이스라엘 자손이 여호와께 여쭈어 이르되 우리 가운데 누가 먼저 올라가서 가나안 족속과 싸우리이까

강조하는 표현양식

하나님의 말씀

기독교는 성경을 '하나님의 책, 하나님의 말씀'이라고 선언합니다. 성경이 '하나님의 책, 하나님의 말씀'이라는 표현에 대해 사람들은 두 가지 반응을 보입니다. 하나는 아예 모르겠다는 것입니다. 읽어보니까 모르겠는 것이 아니라 아예 알려고 하지 않는 것입니다. 하나님의 말씀이니 사람의 말이 아니요, 사람의 말이 아니면 사람이 알아들을 수도 없다고 생각하는 경향입니다. 무슨 내용인지는 모르면서 하나님의 말씀이니 무조건 좋은 내용이요, 훌륭한 내용일 것이라고 생각합니다. 또 다른 반응은 정반대로 다 안다는 것으로 성경이나 세상의 교훈이나 똑 같다는 것입니다. 하나님이 사람에게 하는 말이라면, 사람 사는 방법에 관한 것이라면 이미 세상에 나와 있는 좋은 말과 동일하다는 것입니다. 이와 같은 생각은 성경을 읽을 때에 모든 관심이 사람에게 집중되는 것으로 이

어집니다. 성경에서 하나님의 뜻, 하나님의 마음이 무엇인지는 관심 갖지 않고 어떤 사람이 어떤 일을 했는가를 궁금해 하는 것입니다.

그러나 성경은 하나님의 일하심에 초점이 맞추어져 있고 사람들의 활동에 대해 묘사하는 것은 예상과 다릅니다. 예를 들면, 베드로는 예수님의 제자였지만 예수님의 경고에도 불구하고 자기 의지를 강조하다가 예수님을 세 번이나 부인하고 결국에는 예수를 떠나 갈릴리에서 고기나 잡다가 부활하신 예수가 찾아오심으로 제자의 역할을 계속하게 된 특이한 경력을 가진 사람입니다. 베드로가 자신의 활동에 대해 글을 쓰면 어떻게 쓸지, 자기가 행한 일을 어떻게 반성하는지, 반성하면 어떻게 변명하는지, 자기의 실수를 만회하기 위해 어떤 노력을 했다고 기록할지 궁금합니다. 신약에서 베드로가 쓴 서신서 두 개 즉 베드로전서와 베드로후서를 읽어보면 베드로는 자기가 한 일에 대해서는 단 한마디도 하지 않습니다. 자신의 과거 행동에 대해 반성한다는 고백도 없고, 새롭게 열심히 살겠다는 다짐도 없고, 너그럽게 용서해달라는 간구도 없습니다. 뻔뻔한 것인지, 담대한 것인지 전혀 언급이 없습니다. 베드로는 자기 이야기 대신 하나님 이야기를 합니다. 하나님이 하신 일을 말하고, 하나님이 하시는 일을 말하고, 하나님이 하실 일을 말합니다.

바울은 다메섹으로 가는 길에 예수님을 만나는 엄청난 체험을 했음에도 불구하고 가능한 이 사건을 언급하려고 하지 않습니다. 성경에서, 범위를 좁혀서 신약에서 행위를 가장 강조하는 책이 야고보서입니다. 야고보는 '행함이 없는 믿음은 죽은 믿음이다' 라고 말하기까지 합니다. 그렇게 엄청난 말을 한 야고보는 도대체 무엇을 했는지 기록이 없습니다. 성경은 야고보의 행적, 야고보의 위대한 일, 야고보가 수고하고 애쓴 사역이 무엇인지 설명하지 않습니다. 이와 같이 사람의 행위를 드러내는 대신 하나님을 강조하는 것이 성경의 핵심입니다.

성경의 강조점

기독교는 하나님을 말하는 종교입니다. 혹시 기독교가 하나님을 말하는 종교이면 사람을 너무 무시하거나 소홀하게 대하는 것은 아니냐고 반문하실 수 있지만 절대로 그렇지 않습니다. 베드로나 바울이나 야고보나 모두 동일한 성정을 가진 평범한 사람입니다. 그들도 자기가 행한 일을 말하고 싶고 자랑하고 싶고 뽐내고 싶어 할 것입니다. 그런데 전혀 자신의 행적을 자랑하지 않고 거의 언급조차 하지 않습니다. 바로 이러한 모습이 하나님이 역사하신 결과입니다. 베드로와 바울과 야고보가 자신들의 행동대신 하나님만 강조하는 모습이 성도의 모습이요, 변화된 모습이요, 성숙한 모습이요, 멋진 모습이요, 신앙인의 삶을 증명하는 것입니다. 베드로나 바울이나 야고보가 자기 이야기를 자랑하지 않는 것은 소심한 성격이나 내성적인 성품 때문이 아니라 바로 그것이 성령의 열매인 것입니다. 성경에 등장하는 인물들이 자신의 행위, 업적, 수고를 표현하지 않는 것 자체가 하나님의 일하심을 강조함이요 하나님의 일하심이 인간을 변화시키고 축복하는 것임을 강조하는 것입니다. 성경에 '베드로와 바울과 야고보가 변화되었습니다' 라고 기록된 곳은 없습니다. 성경의 표현 방법, 묘사 기법을 통해 강조점을 바르게 알아차려야 합니다. 성경은 내용뿐만 아니라 표현에 있어서도 문학적 양식, 수사학적 기법이 정말 대단한 책입니다. 사사기 1장1절에도 엄청난 수사학이 담겨있습니다.

하나님의 사역

책임자

성경은 참으로 재미있는 책이요 멋있는 책입니다. '어떻게 이렇게 표현할까!' 라고 깜짝 깜짝 놀라게 해주는 문학적 재치가 있습니다. 여호수아 1장 1절이 "여호와의 종 모세가 죽은 후에"로 시작하고, 사사기 1장

1절이 "여호수아가 죽은 후에"로 시작하고, 사무엘하 1장 1절도 "사울이 죽은 후에"로 시작합니다. 일반적으로 '모세가 죽은 후에, 여호수아가 죽은 후에, 사울이 죽은 후에' 라고 기록되어 있으면 사람들은 '모세가 죽었다, 여호수아가 죽었다, 사울이 죽었다' 는 사실에 관심을 갖습니다. 이어서 걱정이나 기대의 반응을 보입니다. 모세가 죽은 것에 대해서는 '가나안 정복이라는 대업을 남겨놓았는데 모세가 죽어서 어떡하지!' , 여호수아가 죽은 것에 대해서는 '이제 겨우 살 곳만 정복하고, 아직도 많은 지역이 남았는데 여호수아 장군이 죽었으니 이제 어떡하지!' , 사울이 죽은 것에 대해서는 '아! 잘 됐다. 미친 왕 사울이 죽었으니 이제 좀 살만해 지겠구나!' 라고 합니다. 이것이 대부분의 사람들의 관점입니다. 하지만 이러한 관점은 정말 성경이 말하려고 하는 중요한 것을 놓치고 있는 것입니다.

예를 들어보겠습니다. 과학천재 이 우주 박사와 50명의 연구원으로 구성된 달 탐험대가 조직되었습니다. 이 우주 박사는 연령이 20대이고 수석 연구원 두 분은 70대이십니다. 50년짜리 장기 프로젝트이기에 팀장은 젊은 사람, 수석연구원은 원로를 모신 것입니다. 우주탐험대가 우주선 조립부터 발사, 우주여행, 달 도착, 귀환의 일정을 시작하였습니다. 일정이 진행되는 동안 원로 수석 연구원 한명이 나이 들어 죽었습니다. 그렇다고 우주 탐험대에 변화가 생기지 않습니다. 일정기간 후에 또 다른 원로 수석 연구원 한명도 나이 들어 죽었습니다. 어차피 장기 프로젝트가 진행 중인데 수석 연구원 한 두 명이 그것도 나이 들어 죽었다는 것이 우주탐험계획에 특별한 영향을 끼치지 않습니다. 그들은 우주탐험계획에 참여한 일원이었을 뿐, 계획자나 책임자가 아니었습니다. 모든 것을 계획하고 진행하는 책임자가 살아있는 한 우주탐험계획은 정상적으로 원래의 일정대로 진행되어집니다.

구약성경에서 전체를 이끌고 가는 분이 하나님입니다. 하나님이 인류

구원의 계획자요, 하나님이 진행자요, 하나님이 능력자요, 하나님이 책임자입니다. 하나님의 계획은 단순히 출애굽이나 가나안 입성만이 아닙니다. 단순히 아브라함부터 시작하여 여호수아에서 끝나는 사역이 아닙니다. 하나님의 가장 본질적인 계획은 인간이 타락하는 순간부터 인간을 구원하기 위하여 예수 그리스도가 강림하여 십자가를 지고 부활하는 것까지, 더 나아가 성령이 강림하여 성도들에게 성령의 열매가 맺어지는 삶을 누리게 하고, 궁극적으로 예수가 재림하여 온전한 하나님의 나라를 구현하는 것까지입니다. 하나님의 계획이기에 하나님의 사역이요, 하나님의 책임입니다. 그러한 원대한 사역을 주관하시는 하나님이 창세기 1장부터 사역하셨고 사사기 1장에서도 멀쩡히 살아계십니다. 하나님이 처음부터 지금까지 원래의 계획을 아무 차질 없이 정확하고 분명하게 진행시켜 오셨습니다. 하나님이 역사를 진행하시는 중에 모세가 나이 들어 죽었습니다. 모세가 죽었다고 달라지는 것이 하나도 없습니다. 얼마의 시간이 지나 여호수아가 나이 들어 죽었습니다. 여호수아가 죽었다고 변화되는 것이 전혀 없습니다. 성경을 읽을 때에 가장 기본적인 전제와 기초적인 사실은 구약을 이끌고 진행하시는 분이 하나님이라는 것입니다.

모세와 여호수아

하나님이 살아계시는 한 모세가 죽은 들, 여호수아가 죽은 들, 누가 죽은 들 하나님의 계획, 하나님의 뜻, 하나님의 의도, 하나님의 목적은 아무런 영향도 받지 않고 하나님 사역에 어떠한 위기도 임하지 않습니다. 그런데 사람들은 자꾸 성경의 흐름에서 하나님을 놓칩니다. 엉뚱하게도 장중한 하나님의 일하심은 망각한 채 그 하나님의 일하심 속에 있었던 어떤 것, 어떤 사람에게 집중합니다. 출애굽은 모세가 이루어낸 것이 아니라 하나님이 이루어내신 것입니다. 하나님이 살아계신 한 모세가 살아 있으나 죽으나 아무 것도 달라지는 것이 없습니다. 그런데 사람들은 자꾸 출애굽을 모세의 공로로 생각하고 모세가 지도자였다고 생각하고 모세가 큰 공헌을 했다고 생각하고 모세가 위대하다고 생각합니다. 모세 같은 위대한 지도자가 죽었으니 이스라엘에 큰 위기가 닥쳤다고 염려합니다.

그러나 비록 모세가 죽었을지라도 이스라엘의 행보에는 아무 문제가 없습니다. 모세가 가나안 지역을 눈앞에 두고 요단강 동편 모압 지역에서 죽었지만 이스라엘이 요단강을 건너는데 어려움이 없습니다. 모세가 없어도 이스라엘이 가나안을 정복하는데 어려움이 없습니다. 모세가 없어도 이스라엘이 가나안에 정착하는데 어려움이 없습니다. 모세가 없어서 이스라엘이 겪는 어려움이 없습니다. 하나님이 계획하셨고 진행하셨고 언제나 이스라엘과 함께 하셨기 때문입니다. 이스라엘이 모세 때문에 좋아진 것이 없고 모세 때문에 나빠진 것이 없습니다.

이스라엘이 가나안을 정복할 때에 앞장섰던 사람이 여호수아였습니다. 가나안 정복이 여호수아의 계획과 능력으로 되었습니까, 하나님의 계획과 능력으로 되었습니까? 당연히 하나님으로 말미암은 것이었습니다. 하나님이 살아계신 한 여호수아가 살아있으나 죽으나 아무 것도 달라지는 것이 없습니다. 그런데 사람들은 자꾸 가나안 정복을 여호수아의 공로로 생각하고, 여호수아가 탁월한 장군이었다고 생각하고, 여호수아가 뛰어난 전략가였다고 생각하고, 여호수아가 위대한 전쟁영웅이었다고 생각합니다. 여호수아 같은 훌륭한 장군이요, 지도자가 죽었으니 이스라엘에 큰 위기가 닥쳤다고 불안해합니다. 그러나 여호수아가 죽어도 아무 문제가 없습니다. 여리고성 정복할 때 여호수아가 성벽에 밧줄타고 올라가 적장을 암살하고 문 열어줘서 정복한 적이 없습니다. 여호수아 때문에 이긴 적이 없기에 여호수아가 없다고 해서 문제될 것도 전혀 없습니다. 왜냐하면 하나님이 이스라엘과 함께 하셨기 때문입니다. 이스라엘이 여호수아 때문에 나아진 것이 없고 여호수아 때문에 나빠진 것이 없습니다.

하나님 or 사람

사사기 1장 1절이 "여호수아가 죽은 후에"라고 기록되었다고 해서 여호수아의 죽음을 애도하고 여호수아의 부재를 안타까워하고 여호수아의 공백으로 인한 이스라엘의 위기를 부각시키려고 하는 것이 아닙니다. 도리어 '여호수아가 죽은 후에' 라고 기록되어 있는 것을 보면서 '하나님은 여전히, 멀쩡히 살아계실 때에' 라고 읽어낼 줄 알아야 합니다. 하나님이 성경의 중심인 것을 잊고 모세가 중심이요, 여호수아가 책임자라고 생각하면 모세나 여호수아가 죽은 것이 위기처럼 인식되고, 인식이 잘못되면 불필요한 두려움과 불안과 염려와 걱정이 생기는 것입니다.

성경을 읽을 때에 하나님의 사역과 사람의 역할에 대해 오해하여 하나님 대신 사람을 강조하는, 성경을 오해한 예를 들어보겠습니다. '여러분, 한 나라의 운명은 어떤 지도자를 만나느냐에 따라 달라집니다. 하나님도 이스라엘을 출애굽 시키고 싶은 마음은 굴뚝같았지만 모세 같은 지도자가 나올 때까지 기다리셨습니다. 모세 같은 탁월한 리더쉽을 가지고, 모세 같은 불굴의 투지를 가지고, 모세 같은 카리스마를 가진 준비된 일꾼이 생길 때까지 하나님은 기다리셨습니다. 모세를 보시고 드디어 하나님은 마음이 안정되사 출애굽을 시작하셨습니다' 라고 말하는 것은 설교가 아니라 선동일 뿐입니다. 왜냐하면 하나님의 존재, 하나님의 역할을 전혀 언급하지 않기 때문입니다. 다른 예를 들어보겠습니다. '오늘날 교회는 인재를 키워야 합니다. 한 명의 인재가 한 나라를 살리고, 한 명의 준비된 리더가 민족을 살리고, 한 명의 순종하는 사람이 세대를 변화시킵니다. 모세가 죽었음에도 불구하고 이스라엘이 안정을 찾고 가나안을 정복할 수 있었던 것은 모세가 후계자 여호수아를 길러냈기 때문입니다. 하나님은 지금도 한 사람을 찾고 계십니다' 라고 말하는 것은 설교가 아니라 연설일 뿐입니다. 왜냐하면 내용 어디에도 하나님의 존재, 하나님의 역할을 전혀 언급하지 않기 때문입니다.

성경에서 초점을 오해하는 것은 단순히 이런 표현에서만이 아니라 신약을 읽을 때에는 매우 심각한 초점상실 현상이 나타납니다. 신약을 펼치면 복음서에 예수의 사역과 말씀이 나옵니다. 예수님의 말씀에 눈과 귀를 모으고, 예수님이 말씀하시면 그것이 문자 그대로 마치 조건인 것처럼, 방법인 것처럼 생각합니다. 예수께서 '회개하라. 천국이 가까이 왔느니라' 고 말씀하시자 대부분의 사람이 회개하라고 권면하고, 회개하려고 노력합니다. 이렇게 하는 것은 성경의 중요하고 결정적인 핵심을 놓치는 것입니다. 복음서의 기본은 그리스도요 구원자인 '예수가 와 있다'는 것입니다. 예수가 오신 것은 구원받는 방법을 제안하려는 것이 아니요, 어떻게 하면 구원받는지 비법을 알려주려는 것이 아닙니다. 예수는 인간 문제의 해결자로, 죄인들의 구원자로 오신 것입니다. 그러므로 예수가 왔다는 것 자체가 이미 구원을 위한 하나님의 사역이 진행 중이라는 것이요, 해결을 위한 작업이 진행 중이라는 것입니다. 이미 책임자요 구원자요, 일하는 자가 와서 사역을 하고 있는데, 그제사야 그분이 하는 말씀 중에 한 가지를 골라서 '이것이 구원의 방법이요 구원의 조건이다'라고 말하는 것은 참으로 앞뒤가 맞지 않는 것입니다. 이것은 마치 하나님이 계신데 그 앞에서 '드디어 모세가 왔어. 정말 다행이다. 우리 지도자 여호수아님이 출동하신다. 이제 안심이 된다' 라고 말하는 것과 마찬가지입니다. 예수님은 이미 사역을 진행하고 계신데 그 앞에서 '드디어 구원받는 비법을 알았어. 나는 운이 좋아. 이제 내가 노력만 하면 되는 거야!' 라고 말하는 것과 같은 것입니다. 성경을 읽으실 때 하나님이 존재하신다는 것, 하나님이 일하시고 계시다는 것을 언제나 인식하고 계셔야 합니다.

죽은 후에

죽었으면 죽은 것이다

하나님은 살아계시고 모세가 죽었고 여호수아가 죽었습니다. 모세가 죽었고 여호수아가 죽었다면 이제 죽은 사람을 언급하면 안 됩니다. 죽은 사람에게 매달리면 안 되고 죽은 사람에게 연연하면 안 됩니다. 그래서 성경에서 죽은 사람은 죽은 것으로 끝나고 더 이상의 언급이 없습니다. 모세가 죽고 난 후 모세의 후계자였던 여호수아는 모세 이야기를 단 한마디도 하지 않습니다. '모세께서 살아생전에 말씀하시기를' 이나, '오늘은 모세님께서 돌아가신 지 5년 되는 날입니다' 등의 언급이 없습니다. 성경은 매우 단순합니다. 여호수아가 죽는 것도 '여호수아가 죽어서 장사하였더라' 로 끝입니다. 더욱 재미있는 것은 여호수아 24장은 여호수아가 장렬하게 죽는 기사로 끝나는 것이 아니라 엉뚱하게도 아론의 아들 엘르아살이 죽어 장사되는 것으로 끝난다는 것입니다. 아마 여호수아의 유족의 입장에서는 서운하고 아쉬울 것입니다. 그러나 이것이 성경의 표현방식입니다. 여호수아나 엘르아살이나 중요도에서 별로 차이가 나지 않는다는 것입니다.

성경은 모세나 여호수아를 사후에 영웅으로 추대하지도 않습니다. 모세나 여호수아의 유품들을 모아 유물관을 만들지도 않습니다. 모세나 여호수아에게 사후에 특별히 땅을 더 주지도 않습니다. 기독교는 유물이 없는 종교요, 유적이 없는 종교요, 영웅이 없는 종교입니다. 왜나하면 하나님이 중심이기 때문이요, 하나님이 살아계시기 때문입니다. 신약은 더 리얼합니다. 그래도 구약은 '모세가 죽었다, 여호수아가 죽었다' 는 말은 해 주고 장사지냈다고도 합니다. 그러나 신약에서는 제자들의 최종 행적에 대해서 거의 말을 하지 않습니다. 누가 죽었는지 누가 살아있는지 아예 언급도 안합니다. '베드로가 죽은 후에' 나 '바울이 죽은 후에' 와 같은 표현이 아예 없습니다. 그냥 조용히, 말없이, 어느 순간 성경에서 사라집니다. 그래서 베드로나 바울이 어디서 죽었는지, 어떻게 죽었는지, 어디에 묻혔는지, 아무도 아무 것도 모릅니다. 초대교회는 베드로의 유물을 모으지 않았고, 바울을 영웅으로 추대하지도 않았습니다. 왜냐하면 베드로의 베드로 됨, 바울의 바울 됨은 모두 하나님의 은혜요, 하나님의 일하심의 결과였기 때문입니다.

사람의 역할

안타깝게도 오늘날 기독교는 정말 성경과 달라도 너무 다르고 하나님도 하지 않은 일, 성경도 하지 않은 일을 너무 많이 합니다. 만약 기독교에서 누군가를 위인으로 생각한다면 그것은 그 사람이 행한 일에 대하여 하나님의 은혜, 하나님의 능력의 열매요, 결실이었다고 생각하지 않는 것입니다. 비록 하나님의 은혜가 있더라도, 비록 하나님의 능력이 있더라도 그 사람이었기에, 그 사람의 성품이 있었기에, 그 사람의 수고와 노력이 있었기에, 그 사람의 능력과 재능이 있었기에 가능했다고 생각하는 것입니다. 그와 같은 생각은 하나님을 모독하는 것이요, 하나님을 기만하는 것이요, 하나님을 조롱하는 것입니다. 성경은 사람의 수고와 노력을 강조하지 않고 언제나 하나님의 일하심, 하나님의 은혜를 강조합니다. 고린도전서 15장 10절의 바울의 오직 한 마디 "내가 나 된 것은 오직 하나님의 은혜로다"로 충분한 것입니다. 이말 이외에 다른 것이 첨부되면 기독교는 세상과 다를 것이 없는 것입니다.

혹자들은 기독교가 하나님만 강조하고 인간을 무시한다고 비난하지만 그것은 오해입니다. 모세가 죽고 여호수아가 죽은 것이 이스라엘의 상황을 달라지게 하지 않았다는 사실이 모세를 무시하거나 여호수아를 헌신짝 취급하는 것이 아닙니다. 모세나 여호수아는 후손들이 영웅 대접을 해주어야 하는 것이 아니라 모세나 여호수아가 하나님의 출애굽과 가나안 정복 사건에 동참하였다는 사실 자체가 이미 하나님께 귀한 대접을 받은 것입니다. 기독교는 인간이 어떤 일을 했으니 일한 것에 대한 대가를 복이나 상급으로 지불해주는 방식이 아닙니다. 도리어 원천적으로 아예 하나님의 계획에 참여할 수 없는 자, 하나님의 사역에 아무 역할도 할 수 없는 자를 불러주고 세워주고 동참시키고 역할을 수여하는 것입니다. 그러므로 기독교에서 인간은 하나님께 부름 받았다는 사실, 하나님의 위대한 사역에 동참했다는 사실, 하나님의 인간구원의 사역에 함께 하고 있다는 사실 그 자체가 이미 감격스럽고 축복을 받은 것이요, 영광을 받은 것입니다.

보세나 여호수아나 바울을 묘사하는 성경의 강조는 '하나님의 일에 충성하면 어떤 상을 받는가?' 가 아닙니다. 전혀 자격 없는 모세가 하나님께 부름 받았다는 감격, 전혀 능력 없는 여호수아가 하나님께 쓰임 받았다는 감격, 전혀 관계없던 바울이 하나님의 자녀가 되었다는 사실 자체가 감격이요, 상급이요, 은혜인 것입니다. 성경은 인간을 구원하시는 하나님을 이야기하는 것이요, 하나님으로 인해 변화된 인간, 하나님께 복 받은 인간, 하나님의 사역으로 새로워진 인간 이야기를 하는 것입니다.

하나님의 사랑

하나님과 인간의 관계에서 먼저, 인간이 하나님의 축복을 거부하고 벗어나 타락한 죄인이 되었다는 사실을 기억해야 합니다. 죄인은 하나님 앞에 설 수 없고, 하나님의 사역에 아무런 소용이 없고, 어떤 역할도 할 수 없는 존재인 것입니다. 그런 죄인이 하나님께 부름을 받았다면 이미 감격이요, 그런 죄인이 하나님의 능력을 받아 일정한 사역을 수행할 수 있었다면 그것이 이미 황홀한 대접을 받은 것입니다. 성경에서 사람에 대한 이해는 마태복음 20장의 포도원 품군 비유에 등장하는 마지막 사람인 것입니다. 아무도 써주는 사람이 없을 때 불러주고 써주고 심지어는 품삯까지 주는 하나님 앞에 정말 감사하고 감격해서 어쩔 줄 몰라 하는 모습이 바로 성도의 모습인 것입니다. 하나님을 강조하는 모습이 인간을 무시하는 것이 아니라, 인간을 가장 위해주시는 하나님을 강조함으로 인간이 가장 존귀해지고 영광스러워지는 것입니다. 하나님의 일하심으로 인간이 행복을 누리는 것이 기독교의 핵심입니다.

사사기 1장 1절은 "여호수아가 죽은 후에"로 시작합니다. 여호수아가 죽은 것이 이스라엘의 위기가 아닙니다. 하나님이 살아계시기 때문에 이스라엘의 위기나 기독교의 위기가 없고 이스라엘의 실패나 기독교의 실패는 없습니다. 다만 하나님을 알지 못하고, 하나님의 일하심을 알지 못하고, 하나님이 주신 은혜와 복락을 누리지 못하는 어리석은 인간들의 실패만이 있을 뿐입니다. 하나님과 더불어, 성경과 더불어, 교회와 더불어, 성도와 더불어 하나님의 복락을 날마다 풍성히 누리시기를 주님의 이름으로 축원합니다.

2

여호와께 여쭈어

사사기 1:1~2

1 여호수아가 죽은 후에 이스라엘 자손이 여호와께 여쭈어 이르되 우리 가운데 누가
먼저 올라가서 가나안 족속과 싸우리이까 2 여호와께서 이르시되 유다가 올라갈지니
라 보라 내가 이 땅을 그의 손에 넘겨주었노라 하시니라

여호와께 여쭈어

전환

개인이든 단체이든 사업이든 여러 차례 전환이 있습니다. 남자의 경우 '결혼해야 사람이 된다'는 말과 여자의 경우는 '애를 낳아봐야 한다'는 말은 인간의 생애에 전환이 있음을 의미합니다. 사람이 된다는 것은 그 동안은 삶에 대해 좁은 안목, 개인적 안목에 머물러 있었다면 결혼이나 출산이라는 전환을 통해 넓은 안목, 가정을 보는 안목, 인생을 보는 안목이 생겼다는 의미일 것입니다. 우리나라의 경우는 나라가 패망하여 속국이 되는 전환, 독립하는 전환, 분난되는 전환이 있었고 아마도 통일이 되면 또 다른 전환이 될 것입니다. 인간뿐만 아니라 어떤 일에 대해서도 전환이 존재합니다. 계획만 가지고 있는 것과 완성된 것은 전혀 다른 차원이 됩니다. 흔히들 '시작이 반'이라고 하지만 엄밀히 말하면 시작은 시작일 뿐입니다. 하지만 시작한 것과 완성된 것은 전혀 다릅니다. 시작할 때

는 기대도 있지만, 두려움과 염려도 있지만 완성된 후에는 두려움과 염려를 할 필요가 전혀 없습니다. 그러므로 어떤 사람, 어떤 상황을 판단할 때에도 시작할 때인지 완성한 후인지, 상황이 전환된 것을 고려해서 판단해야 합니다.

성경에도 여러 차례의 전환이 있습니다. 가장 간단하게는 구약과 신약의 전환입니다. 구약에는 예수가 오셔야 하는 이유가 설명되어 있고, 신약에는 예수가 오신 결과가 묘사되어 있습니다. 구약에서만 전환을 구분한다면, 첫 번째는 창조와 타락의 전환이 있습니다. 창세기 1장과 2장에는 하나님이 창조하시어 하나님과 인간이 서로 행복해하는 아름다운 삶이 묘사되어 있습니다. 그러나 3장에는 인간이 타락해서 하나님을 무서워 숨고, 하나님이 인간을 찾으러 가는 슬픈 장면이 나옵니다. 인간의 삶에 발생한 참으로 비극적인 전환입니다. 구약에 나오는 두 번째 전환이 여호수아서와 사사기의 전환입니다. 창세기 12장에서 하나님이 아브람을 부르시면서 약속하시는 것이 땅, 민족, 복에 관한 것이었습니다. 이 약속의 성취가 여호수아 24장에서 이루어지는 것입니다. 당연히 창세기, 출애굽기, 레위기, 민수기, 신명기 여호수아서에는 약속과 연관된 참으로 많은 사건과 말씀이 등장합니다. 약속을 이루기 위해 열 가지 이적 사건, 시내산 사건, 광야 사건 등이 나오고 하나님의 가르침인 십계명과 율법이 등장합니다. 이러한 과정을 거친 장엄한 이야기가 드디어 여호수아서에서 완성되었습니다. 장면이 전환되어 사사기부터는 계획이 아니고 과정이 아닙니다. 하나님의 계획과 약속은 이미 여호수아서에서 성취되고 완성된 것입니다. 사사기에서 이스라엘은 하나님의 약속을 성취한 땅에서, 하나님의 가르침을 받은 백성으로, 하나님의 은혜를 누리며 사는 모습을 보여주어야 합니다. 창조에서 타락이 인간 삶의 비극적인 전환이었다면 여호수아서에서 사사기는 하나님의 약속과 성취라는 인간 삶의 축복된 전환인 것입니다.

왜 여쭈어볼까

기독교의 주요한 핵심은 하나님이 존재하신다는 것이요, 하나님과 인간의 관계에서는 언제나 하나님이 먼저 행하시는 것입니다. 그래서 성경의 이야기는 대체적으로 하나님이 사건을 주도하십니다. 하나님이 먼저 아브라함을 찾아오시고, 하나님이 먼저 하나님을 알리시고, 하나님이 먼저 약속을 이행하시고 성취하십니다. 늘 하나님이 먼저 행하시기 때문에 창세기부터 여호수아서까지를 읽어보면 인간이 하나님께 질문한 적이 거의 없습니다. 정확하게 표현하면 언제나 하나님이 먼저 알려주셨기 때문에 인간이 질문을 할 이유와 내용이 없었습니다. 하나님이 먼저 찾아와 계획을 선포하셨기에 아브라함이 하나님께 질문한 적이 없습니다. 하나님이 먼저 찾아와 앞으로 전개될 일을 말씀하셨기에 모세가 하나님께 질문한 적이 없습니다.

물론 실제로는 모세가 질문한 적이 있습니다. 하지만 모세가 질문한 것은 하나님이 알려주지 않았기 때문이 아니라 하나님이 알려주신 것을 모세가 몰랐기 때문이요, 하나님이 말씀하신 것을 모세가 믿으려하지 않았기 때문입니다. 하나님은 광야에서도 가나안에 대해서 이미 다 말씀해 주셨습니다. 각 지파가 들어갈 장소를 분배해 주었고 어떻게 살아야 할지도 율법을 통해서 모두 말씀해 주셨습니다. 이스라엘이 하나님께 질문할 필요가 없는 것입니다. 질문을 막는 것이 아니라 질문하기 전에 먼저 알려주시는 하나님의 성품을 강조하는 것입니다. 사사기는 구약에서 아주 중요한 전환입니다. 사사기 이전에 하나님이 보여주고 알려주고 약속하신 것을 지키고 모든 것을 다 가르쳐주신 것입니다. 그래서 사사기부터는 하나님의 새로운 계획이나 새로운 말씀이 등장하지 않습니다. 이 전환을 이해하시면서 사사기 1장을 살펴보아야 합니다.

본문에는 많은 분들이 일상적으로 신앙의 좋은 모범으로 인식하는, 신앙의 모델로 오해하는 한 장면이 있습니다. 과연 신앙의 좋은 모범인지,

기독교 신앙의 왜곡인지 점검해 보아야 하는 장면입니다. 1장 1절은 "이스라엘 자손이 여호와께 여쭈어 이르되 우리 가운데 누가 먼저 올라가서 가나안 족속과 싸우리이까 여호와께서 이르시되 유다가 올라갈지니라" 이고 4절은 "유다가 올라가매 여호와께서 가나안 족속과 브리스 족속을 그들의 손에 넘겨주시니 그들이 베섹에서 만 명을 죽이고"입니다. 이스라엘 백성이 여호와께 여쭈어 보았고 여호와께서 대답하셨습니다. 이스라엘이 여호와께서 말씀하신 대로 올라가 전쟁에서 승리한 아주 은혜로운 장면처럼 보입니다. 이런 구절을 근거로 종종 '무슨 일을 할 때든지 하나님께 여쭤보고 하나님이 대답해주시는 대로 하자' 고 권면합니다. 하지만 과연 본문이 그렇게 은혜로운 장면이고, 성도들에게 이와 같이 행하라고 권면하는 장면이냐는 것입니다. 매사에 하나님께 물어보고 행동하는 것이 틀렸다는 것이 아니라 도리어 성경은 그것보다 훨씬 더 수준 높고 확실하고 보장된 삶을 보여주는데 기껏해야 물어보고 응답받는 수준에 머문다면 신앙이 너무 초라하고 가난하다는 것입니다.

결론부터 말씀드리면 이스라엘 자손이 하나님께 여쭈어 본 것은 겸손하게 하나님의 뜻을 구한 것이 아니요, 자신들의 행동을 하나님의 말씀에 따르려는 순종의 모습도 아닙니다. 왜냐하면 하나님은 이미 이스라엘이 묻기 전에 이스라엘이 행할 일을 모두 알려 주셨기 때문입니다. 이스라엘 자손이 광야에 있을 때에 가나안 지역에 들어가서 각 지파가 차지할 지역에 대한 분배가 이미 끝나 있습니다. 어느 지파가 가는지, 어디로 가는지는 이미 다 정해져 있습니다. 이스라엘 자손은 사전에 자기들이 분배받은 지역으로 올라가면 되는 것입니다. 이미 다 정해져 있기에, 각 지파에게 알려져 있기에 하나님께 여쭈어 볼 것도 없고 하나님의 응답을 기다릴 것도 없습니다. 이미 모든 것이 정해져 있음에도 불구하고 하나님께 또, 다시, 재차 여쭈어 본다는 것은 신중한 것이 아니라 불안한 것입니다. 하나님을 의지하는 것이 아니라 하나님을 신뢰하지 못하는 것입니다.

분배와 정복

이스라엘에게 약속된 가나안 지역에는 여러 족속들이 살고 있었습니다. 하나님이 아브라함과 땅을 주시기로 약속하시는 창세기 15장 19절 이하에는 "곧 겐 족속과 그니스 족속과 갓몬 족속과 헷 족속과 브리스 족속과 르바 족속과 아모리 족속과 가나안 족속과 기르가스 족속과 여부스 족속의 땅이니라 하셨더라"고 나옵니다. 적어도 열 개의 족속의 이름이 나옵니다. 이 지역에 대해 하나님이 모세와 약속을 확인하시는 장면이 출애굽기 3장 8절 "아름답고 광대한 땅, 젖과 꿀이 흐르는 땅 곧 가나안 족속, 헷 족속, 아모리 족속, 브리스 족속, 히위 족속, 여부스 족속의 지방에 데려가려 하노라"로 이번에는 일곱 족속입니다. 그리고 민수기 33장부터 35장에 의하면 하나님이 약속하신 이 지역에 대해 제비를 뽑아 각 지파에게 땅을 분배하였습니다. 실제로 여호수아 13장 이하에 각 지파가 차지할 영토의 경계가 자세하게 기록되어 있고 특별히 여호수아 15장은 유다 자손의 경계와 기업들과 각 성읍들을 자세하게 기록하고 있습니다. 그러므로 이미 이스라엘 자손들은 가나안 지역에서 자신들이 들어가서 살 지역들을 모두 알고 있었다는 것입니다. 땅에 대한 분양이 끝난 것이고 자기 땅, 자기 영토, 자기 성읍을 모두 알고 있었던 것입니다. 동시에 자기들의 영토에 이 지역의 원주민들 즉 적어도 일곱 내지는 열개에 달하는 족속들 중에 어떤 족속이 어느 지역에 살고 있는 지도 다 알고 있었다는 것입니다.

가나안 지역

이스라엘이 가나안 지역에 들어온 것은 어느 날 우연히 일어난 일이 아닙니다. 하나님이 아브라함에게 약속하시고 모세와 여호수아를 거쳐 약속의 성취로 진행된 것입니다. 이것이 중요한 이유는 사사기 1장 1절에서 이스라엘이 여호와께 했던 질문의 의도를 파악할 수 있기 때문입니다. 이스라엘이 묻는 것이 "우리 가운데 누가 먼저 올라가서 가나안 족속과 싸우리이까"입니다. 이스라엘은 '여호와여, 누가 갑니까? 어디로 갑니까?' 라고 묻는 것이 아니라 '누가 가나안 족속과 싸우리이까?' 로 이미 싸움의 대상이 나와 있습니다. 가나안 지역에 사는 일곱 족속 내지는 열 족속 중에 가나안 족속과 싸우려고 하는 것입니다. 그렇다면 광야에서 땅을 분배할 때에 가나안 족속이 살고 있는 지역을 할당받은 지파가 올라가면 되는 것입니다. 이스라엘은 이미 밝혀져 있고, 누구나 다 알고 있는 것을 묻고 있기에 이것은 묻는 것이 아니요, 질문이 아니요, 대답을 기다리는 것이 아니라는 것입니다. 이런 질문에는 하나님이 아니어도 누구라도 대답을 잘 해줄 수 있습니다. 이미 광야에서 땅 분배가 끝났기에, 각자가 어디로 가야할지 다 정해져 있었기에 이스라엘이 나와서 '누가 가나안 족속과 싸우리이까?' 라고 묻는다면 '가나안 족속이 사는 지역을 할당받은 지파가 나가서 싸우면 된다' 라고 대답하면 됩니다.

가나안 지역에 대해 조금 더 설명 드리면, 사사기에서 이스라엘이 정복하려는 지역을 통 털어 '가나안 지역' 이라고 합니다. 가나안이 그 지역전체를 이르는 지명이었다면 이스라엘이 1절에 언급한 가나안 족속이 혹시 그 지역에 사는 주민들 전체를 통 털어 이르는 명칭이었다고 생각할 수 있습니다. 하지만 가나안 족속은 이중적인 의미가 있습니다. 가나안 지역에 사는 주민들 전체를 통칭하여 가나안 족속이라고 부르는 경우가 있고, 가나안 지역의 일정한 지역에 거주하는 족속 즉 일곱 내지 열 족속 중에 특정 족속을 가나안 족속이라고 구별하여 부르는 경우도 있는 것입니다. 그러므로 가나안 족속을 언급할 때에는 전체를 의미하는 것인지 특정 족속을 의미하는 것인지를 구분해야 합니다. 만약 어떤 지역의 경계 밖에서 즉 외부에서 그 지역을 언급할 때는 통칭적인 의미로 사용하기도 합니다. 하지만 그 지역의 경계 안에 들어와서, 내부에서 내부를 언급할 때는 통칭적인 의미가 아니라 특정적인 의미로 사용하는 것입니다.

만약 이스라엘 백성이 요단강을 건너기 전에 즉 가나안이라는 지역에 들어오기 전에 '누가 먼저 올라가서 가나안 족속과 싸우리이까?' 라고 물었다면 이때의 가나안 족속은 가나안 전체를 의미하는 것입니다. 그런데 사사기 1장의 이스라엘은 이미 가나안 지역에 들어와 있습니다. 이미 가나안 지역에 들어와서, 이미 가나안 지역에 살고 있는 여러 족속들과 싸움을 해서 일정한 땅을 정복한 상태에서, '누가 가나안 족속과 싸우리이까?' 라고 묻는다면 이것은 가나안 지역 전체 주민을 의미하는 것이 아니라 가나안 지역 내에 살고 있는 일곱 내지 열 족속 중의 하나인 가나안 족속을 의미하는 것이 됩니다. 그래서 사사기 1장을 읽으면서 이스라엘이 가나안 지역에 들어오기 전인지 이미 들어온 후인지를 먼저 알고 있어야 하는 것입니다. 성경은 하나님의 일하심이 있고, 전후가 있고, 자초지종이 있고, 계획과 성취가 있습니다. 그 과정과 흐름과 전환을 알아야 성경을 바르게 이해할 수 있습니다.

엉뚱한 신앙

사사기 1장에서 자신들이 취할 조치에 대해 하나님께 여쭈어보는 이스라엘의 행동은 절대로 믿음 좋은 모습이 아니고 신앙적 모델이 아닙니다. 오히려 불신앙의 극치요, 하나님의 일하심에 대해 무지몽매한 이러석은 신앙의 극치요, 빨리 벗어나야하는 저급한 신앙의 극치요, 타종교에서 흔히 볼 수 있는 미신적 신앙의 극치일 뿐입니다. 기독교 신앙과 타종교의 신앙을 혼동하면 안 됩니다. 타종교에는 신의 뜻을 묻는 신탁이 있습니다. 전쟁에 나갈 때에도, 왕이 결혼을 할 때에도, 수도를 정할 때에도 매사에 신에게 질문을 하고 신의 응답을 받는 것이 신탁입니다. 타종교에 신탁이 있다면 반대로 없는 것이 있습니다. 타종교에는 신에게 묻는 신탁이 있지만 신이 먼저 알려주는 계시가 없습니다. 신이 먼저 알려주는 계시가 없기 때문에 인간이 신에게 묻는 신탁이 있는 것입니다. 신이 먼저 알려주지 않기에 인간이 그때그때마다 물어봐야 하고 그와 같은 종교체계에서는 당연히 인간이 신에게 매달리고 신의 결정에 종속될 수밖에 없습니다.

하지만 기독교에는 계시가 있습니다. 하나님이 미리 알려주시고, 먼저 알려주시는 계시가 있기에 인간이 물을 것이 없습니다. 인간이 물어보기 전에 하나님이 먼저 계획을 말씀하시고, 인간이 요청하기 전에 하나님이 먼저 사역을 펼치시고, 인간이 요구하거나 간청하기 전에 하나님이 먼저 은혜를 주시기 때문에 기독교에는 신탁이 있을 필요가 없는 것입니다. 타종교에는 계시가 없기 때문에 신탁이 있고, 기독교에는 계시가 있기 때문에 신탁이 없는 것입니다. 이 차이점을 명확하게 구분하셔야 하고 신앙생활에 적용해야 합니다. 그런데 안타깝게도 구약의 이스라엘, 하나님의 계시를 가진 이스라엘이 마치 타종교처럼 신탁행위에 의존하고 있습니다. 이스라엘에는 신탁보다 더 분명하고 정확하고 멋지고 훌륭한 계시가 있습니다. 계시가 있는데 겨우 신탁이나 행하고 있다면 그것은 바른 신앙이 아니라 엉뚱한 신앙인 것입니다. 하나님의 계시인 성경을 읽고, 성경의 가르침을 따르는 것이 가장 신앙생활 잘하는 것입니다.

응답 or 예고

이스라엘에는 신탁이 없음에도 불구하고 사사기 1장에서 이스라엘이 여호와께 여쭈어보았을 때 하나님이 대답해 주셨습니다. 이곳뿐만이 아니라 성경의 다른 곳에서도 사람들이 하나님께 질문하고 하나님이 대답하신 적이 있습니다. 분명히 그런 사건이 나오지만 성경에 나오는 사건이 이스라엘의 행동을 신앙의 모범적인 사례로 소개하는 것인지 어리석은 사례로 소개하는 것인지를 구분할 줄 알아야 합니다. 성경에는 사사기 1장과 반대되는 장면도 있습니다. 가장 대표적인 곳이 사사기 20장 18절 이하입니다. 이스라엘에서 자체적으로 내분이 일어나 베냐민 지파와 나머지 이스라엘 모두가 전쟁을 벌입니다. 이스라엘에서 전쟁에 동원한 군사가 사십 만 명이나 됩니다. 이때 하나님께 질문하는 것이 18절 "이스라엘 자손이 일어나 벧엘에 올라가서 하나님께 여쭈어 이르되 우리 중에 누가 먼저 올라가서 베냐민 자손과 싸우리이까"로 1장 1절 본문과 똑같습니다. 이때 하나님의 대답이 "여호와께서 말씀하시되 유다가 먼저 갈지니라 하시니라"입니다. 분명히 이스라엘은 하나님께 질문했고 응답을 받았고 하나님께 응답받은 대로 행동합니다. 하나님께 응답을 받고 전쟁에 나간 사람들의 결과가 전혀 예상 밖입니다. 20장 20절 "이스라엘 사람이 나가 베냐민과 싸우고자 하매 베냐민 자손이 기브아에서 나와서 당일에 이스라엘 사람 이만 이천 명을 땅에 엎드러뜨렸으니"입니다. 하나님께 질문해서 응답받고 전쟁에 출전했으니 패배한 것입니다.

한 번뿐이 아닙니다. 이어서 23절 "이스라엘 자손이 올라가 여호와 앞에서 저물도록 울며 여호와께 여쭈어 이르되 내가 다시 나아가서 내 형제 베냐민 자손과 싸우리이까"라고 다시 묻습니다. 한번 응답받았는데 패하자 이번에는 강도를 높여서 '저물도록 울며', 불쌍한 표정을 지으며 질문했더니 다시 응답이 왔습니다. "여호와께서 말씀하시되 올라가서 치라 하시니라"입니다. 하나님의 응답에 감격하고 너무나 신이 나서 즉시 행동에 옮겼습니다. 그런데 24절 "그 이튿날에 이스라엘 자손이 베냐민 자손을 치러 나아가매 베냐민도 그 이튿날에 기브아에서 그들을 치러 나와서 다시 이스라엘 자손 만 팔천 명을 땅에 엎드러뜨렸으니 다 칼을 빼는 자였더라"입니다. 분명히 질문하고 응답받고 전쟁에 나갔는데 또 졌습니다. 한두 명 죽은 것이 아닙니다. 첫 번째 싸움에서 이만 이천 명, 두 번째 싸움에서 만 팔천명으로 두 번에 걸쳐 사만 명이 죽었습니다. 분명히 하나님의 응답을 받고 전쟁에 나갔는데 두 번씩이나 패한 것입니다.

여호수아 6장에 기록된 대로 이스라엘이 가나안 지역에 처음 들어왔을 때에 여리고 성 전투에서는 승리했습니다. 그 다음 아이 성을 정복하러 갈 때에는 하나님께 묻지 않고 자기들끼리 전략을 짜서 공격했으나 패했습니다. 하나님께 묻지 않고 자기들 멋대로 행동했을 때에도 패하기는 했지만 겨우 육십 명 정도 죽었을 뿐입니다. 하지만 사사기 20장에서는 두 번씩이나 하나님께 질문하고 응답받고 출전했는데 패배, 그것도 대패, 그것도 사만 명이나 목숨을 잃는 대패였습니다. 사사기 20장의 본문을 어떻게 설명 하시겠습니까? 하나님이 응답하셔도 틀릴 때가 있다고 하실 것입니까? 하나님의 말씀대로 행동해도 실패할 때가 있다고 하실 것입니까? 성경의 어느 한 본문, 어느 한 사건만 보시고 이렇다 저렇다고 생각하시면 안 됩니다. 성경의 흐름을 알아야 하고 하나님의 일하심을 알아야 합니다. 하나님은 감추시는 분이 아니라 이미, 먼저 다 알려주시는 분입니다. 앞뒤를 살피고 자초지종을 살피면 성경이 무엇을 말하는지 정확히 분명히 알 수 있습니다.

사사기 1장만 보면 하나님이 응답하셨고 그대로 해서 가나안 족속을 이겼으면 됐지 뭐 이미 땅을 분배 받았으니 물어볼 것이 없다는 등, 본문의 가나안은 가나안 지역 전체가 아니라 가나안에 지역 내에 살고 있는 가나안 족속을 의미한다는 것 등이 무슨 소용이냐고 무시할 수 있습니다. 그러나 사사기 20장을 보면 하나님이 응답하셨으면 그것으로 충분하다고 말할 수 없게 됩니다. 만약 이스라엘이 하나님께 묻는 것이 잘못이었다면 하나님이 아예 대답을 하지 말지 왜 대답을 하시냐고 따지실 수도 있습니다. 하나님의 일하심을 경험하면서 사람들은 사소한 것에 사로잡혀 더 중요한 것을 놓칩니다. 사람들이 질문하면 하나님은 대답해 주시는 경우가 많습니다. 이때 질문하면 응답해 주신다는 것보다 더 중요한 것이 하나님은 질문하기 전에 이미 알려주셨다는 것입니다. 정확하게 표현하면, 하나님은 대답을 해 주시는 것이 아니라 묻기도 전에 먼저 말씀해 주셨다는 것입니다.

하나님의 계시

성경에 나오는 사건을 구체적으로 점검해 보겠습니다. 다윗이 성경에 처음 등장하는 것은 사무엘이 사울에 이어 이스라엘의 왕이 될 자에게 기름을 붓기 위해 다윗의 아버지 이새의 집을 방문했을 때입니다. 사무엘은 원래 다윗을 찾으러 온 것이 아닙니다. 이새의 집에서 첫째 형부터 검증하여 마지막에 당첨된 것이 다윗입니다. 하나님과 다윗의 관계에서 하나님이 먼저 다윗을 찾아 온 것입니다. 다윗이 들판에서 장차 이스라엘의 왕이 되겠다는 비전을 품은 것도 아니고, 하나님께 이스라엘의 왕이 되게 해달라고 간구하고 기도했던 것도 아닙니다. 다윗은 나라에 대한, 왕에 대한 아무런 개념 없이 그저 양을 치고 있을 때에 하나님이 먼저 다윗을 찾아 오셨고, 하나님이 먼저 다윗을 이스라엘의 왕이 되게 하시겠다고 약속하신 것입니다.

하나님이 약속하셨으면 다윗은 분명히 왕이 될 것입니다. 하지만 다윗의 입장에서는 자다가 봉창 두드리는 소리일 것입니다. 시골 동네에서 양치는 소년에게 느닷없이 왕이 될 것이라고 기름 붓는 사건이 이해될 리가 없습니다. 다윗이 우연히 골리앗은 이겼지만 그 이후부터 일이 꼬이기 시작합니다. 사울 왕이 자기를 죽이려하고 결국 다윗은 이곳저곳으로, 심지어는 다른 나라로까지 도망 다니게 됩니다. 다윗에게 왕이 될 것으로 기름부음 받은 사건은 모두 한 여름 밤의 꿈이 되어버린 것 같습니다. 이제는 자신의 신분을 철저히 감추어야 하고 노출되면 안 되는 상황입니다. 도망 다니던 중에 블레셋이 그일라 지방을 쳐서 백성을 괴롭히는 사건이 발생합니다. 당시의 다윗은 아직 전쟁에 익숙한 장군이 아니요, 함께 하는 사람이 군사들도 아니요, 자신이 노출되는 것조차도 위험한 상황입니다. 이때 다윗이 하나님께 질문하는 것이 사무엘상 23장 2절 "이에 다윗이 여호와께 묻자와 이르되 내가 가서 이 블레셋 사람들을 치리이까 여호와께서 다윗에게 이르시되 가서 블레셋 사람들을 치고 그일라를 구원하라 하시니"입니다. 이 사건 이후로 다윗은 전쟁이 있을 때마다 하나님께 질문하고 하나님이 대답하십니다. 하나님께 묻고 응답받는 것이 왕으로 등극한 후까지 이어집니다. 다윗이 매사에 하나님께 질문한 이유는 하나님의 뜻을 알 수 없었고 믿을 수 없었기 때문입니다. 비록 양을 치던 자기가 왕이 된다는 것을 들었지만, 비록 자기 머리에 기름부음을 받았지만, 믿을 수가 없었기에 계속 묻는 것입니다. 아직 다윗이 하나님을 충분히 모르고 있던 시기였기 때문입니다.

그런데 끊임없이 하나님께 묻고 행동하던 다윗이 왕이 된 후부터는 거의 질문을 하지 않습니다. 전쟁이 나도 전혀 묻지 않습니다. 왜냐하면 이제는 다윗이 알기 때문입니다. 어떻게 전쟁을 해야 하는지 아는 것이요, 하나님이 자신을 왕으로 세우겠다고 약속하시고 그 약속대로 자신이 왕이 되었다는 것을 알고 있기에 하나님의 또 다른 약속도 유효하다는 것을 알고 있는 것입니다. 다윗이 하나님을 위해 성전을 짓겠다고 했을 때 하나님이 다윗에게 약속하신 내용이 사무엘하 7장 11절 이하 "전에 내가 사사에게 명령하여 내 백성 이스라엘을 다스리던 때와 같지 아니하게 하고 너를 모든 원수에게서 벗어나 편히 쉬게 하리라 여호와가 또 네게 이르노니 여호와가 너를 위하여 집을 짓고 네 수한이 차서 네 조상들과 함께 누울 때에 내가 네 몸에서 날 네 씨를 네 뒤에 세워 그의 나라를 견고하게 하리라"입니다. 하나님이 이렇게 약속하셨기 때문에 저와 여러분은 성경을 읽어보지 않아도 전개되는 상황을 다 알 수 있습니다. 다윗이 전쟁에 나가서 당연히 이깁니다. 다윗은 전쟁터에서 절대로 객사하지 않습니다. 다윗의 나라가 다윗 대에 결코 망하지 않습니다. 혹시 다윗이 아들들의 반역으로 인해 피난을 가도 결국 돌아오게 될 것입니다. 혹시 다윗의 신하가 반란을 일으켜도 그는 왕이 될 수 없습니다. 이제 다윗은 하나님께 특별히 물어볼 것이 없습니다. 그래서 다윗이 하나님께 묻고 응답받는 장면이 모두 사라지는 것입니다.

성숙한 신앙

하나님께 묻는 것을 신앙이요, 하나님께 묻지 않는 것을 불신앙이라고 단순하게 분리하면 안 됩니다. 동일한 사람인데, 어렸을 적에는 부모에게 물어야 하고 장성한 후에는 부모에게 묻지 않아야 합니다. 그래야 그 사람이 성장했다는 의미가 되는 것입니다. 다윗이 한 때는 하나님께 질문하고 한 때는 질문하지 않습니다. 한 동안 하나님께 질문한 것도 잘한 것이기 보다는 조금은 안타까운 행동인 것입니다. 왜냐하면 하나님은 이미 다윗에게 왕이 될 것이라고 약속하셨기 때문입니다. 땅도 없이 어떻게 왕이 되고, 백성이 없이 어떻게 왕이 되겠느냐고 묻겠지만 반대로 표현하면 왕이 될 것이면 땅을 얻을 것이라는 의미요, 그러면 전쟁에서 이길 것이라는 의미입니다. 하나님은 다윗이 묻기 전에 이미 알려주셨기에 다윗은 묻기 전에 이미 다 알고 있었어야 하고, 다 알고 있었기에 특별히 물어볼 것이 없었어야 합니다 기독교는 계시의 종교임을 아셔야 합니다. 하나님은 이미 알려주시고 가르쳐주셨다는 것을 기억하셔야 합니다. 하나님의 계시인 성경을 읽고 하나님의 마음과 심정과 원리를 아셔야 합니다. 그리고 매 순간마다 하나님의 마음과 심정과 원리로 결정하고 따르면 되는 것입니다. 그래서 기독교의 가장 우선적인 사역, 성도의 가장 기본적인 사역이 바로 성경읽기요, 성경배우기가 되어야 하는 것입니다. 하나님이 여호수아에게 말씀하신 것, 강하고 담대하여, 오직 강하고 극히 담대하여 행하라고 권면하신 것이 바로 하나님의 말씀을 읽으라는 것이었습니다. 하나님이 왕위에 등극하는 다윗에게 권면하신 것이 율법을 주야로 묵상하라는 것이었습니다. 바울이 성도에게 권면하는 것이 그리스도 예수의 마음을 가지라는 것이었습니다. 성경을 알아야 어리석은 신앙의 굴레를 벗어날 수 있습니다. 이제 성경을 통해 하나님 말씀을 바로 배우셔서 신앙의 패러다임을 바꾸기 바랍니다. 마치 타종교와 같은 유아적 신앙을 벗어나고, 말씀을 읽고 말씀을 알아 말씀대로 살아가는 성숙한 신앙되기를 주님의 이름으로 축원합니다.

3

넘겨주었노라

사사기 1:1~4

1 여호수아가 죽은 후에 이스라엘 자손이 여호와께 여쭈어 이르되 우리 가운데 누가 먼저 올라가서 가나안 족속과 싸우리이까 2 여호와께서 이르시되 유다가 올라갈지니라 보라 내가 이 땅을 그의 손에 넘겨주었노라 하시니라 3 유다가 그의 형제 시므온에게 이르되 내가 제비 뽑아 얻은 땅에 나와 함께 올라가서 가나안 족속과 싸우자 그리하면 나도 네가 제비 뽑아 얻은 땅에 함께 가리라 하니 이에 시므온이 그와 함께 가니라 4 유다가 올라가매 여호와께서 가나안 족속과 브리스 족속을 그들의 손에 넘겨주시니 그들이 베섹에서 만 명을 죽이고

누가 먼저?

불리한 상황

성경을 조금만 세밀하게 관찰해보면 아주 재미있습니다. 앞에서 이스라엘 자손이 여호와께 여쭈어보는 것은 신중한 것이 아니요, 하나님의 뜻을 구하는 것이 아니라 도리어 하나님에 대한 불신앙이라고 했습니다. 그 증거로 이미 가나안 지역의 분배가 마쳤기에 이스라엘 자손들은 자신들이 분양받은 지역으로 들어가면 되는 것이라고 설명을 드렸습니다. 가정을 해보아서 만약 땅이 사전에 분배되지 않았다면, 각 지파는 자신들이 어디서 살아야 할지 전혀 알지 못하고 있다면, 그래서 각 지파가 서로 어디로 가야할지 아무도 모르고 있었다면 어떻게 되었을까요? 아무 것

도 결정된 것이 없고, 아무도 자신들의 장래를 알지 못한 상태라면 이스라엘이 여호와께 여쭈어 보는 것이 충분히 이해가 갑니다. 하지만 이스라엘이 아무 것도 모른 상태에서 여호와께 여쭈어 보았고 여호와의 응답을 받았다면 사사기 1장 1절 이하의 내용이 이렇게 간단하게 넘어갈 리가 없습니다.

만약 이스라엘 백성이 아무 것도 모른 채 순수하게 하나님께 '누가 먼저 올라가서 가나안 족속과 싸우리이까?' 라고 질문을 했더니 하나님의 대답이 '유다가 올라갈지니라' 였다면, 여러분이 이 대답을 들은 유다지파라면 어떻게 하시겠습니까? '네 하나님, 제가 먼저 가겠습니다' 라고 순순히 올라갔을까요? 절대로 그럴 리가 없습니다. '아니, 왜 내가 먼저에요?' 또는 '아이 재수 없어' 라고 하면서 발뺌하지 선뜻 나서지 않는다는 것입니다. 아마도 가나안 족속과 싸우기 전에 이스라엘 자손들끼리 더 큰 싸움이 일어났을 것입니다. '이건 아니다. 다시 물어보자' 고 할 수도 있고, '응답을 받았으면 가야지 왜 딴소리를 합니까?' 라고 할 수도 있고, '좋다, 유다가 올라가라고 하시니 올라가겠다. 대신 가나안 족속이 사는 지역으로는 안 간다. 거기는 너무 강하다. 우리는 브리스 족속이 있는 지역으로 갈 것이다' 그러면 다른 지파들이 '아니, 그 쪽은 우리가 점찍어 놓은 곳인데 왜 그리로 가시려고 합니까? 절대로 안 됩니다' 라고 할 수도 있고, '순서대로 합시다. 제일 큰 형 르우벤부터 올라갑시다' 라고 할 수도 있습니다. 불확실한 상태에서 인간이 절대로 순수하게 따를 리가 없습니다. 사람들은 자기에게 불리한 일을 먼저 해야 한다는 결정을 선뜻 수용하지 않습니다. 불리한 결정은 가능한 거부하고, 가능한 유리한 조건을 만들기 위해 애쓰는 것이 인간들의 모습이요, 어디서나 볼 수 있는 죄인들의 현상입니다.

유다의 특징

이스라엘 자손의 '누가 먼저 올라가느냐?' 는 질문은 절대로 질문이 아닌 것입니다. 이미 땅은 분양되어 있고 당연히 하나님의 대답도 이미 밝혀져 있고 당연히 유다가 올라가야 하는 것입니다. 왜냐하면 가나안 족속이 머무는 땅이 유다에게 분양되었기 때문입니다. 가나안 족속이 사는 땅이 왜 유다에게 분양되었는지 궁금하시다면 물어볼 수 있는데 질문의 상대는 제비입니다. 왜냐하면 땅 분배를 제비뽑기로 했기 때문입니다. 하나님의 대답은 이미 정해진 그대로 정확하고 분명하게 주어졌습니다. 다른 이유가 없고 다른 이유가 나와서도 안 됩니다. 만약 이 장면에서 유다가 선정된 다른 이유가 나온다면 그것은 모두 틀린 것이요, 어이없는 것이요, 억지요, 조작입니다.

그런데 종종 설교를 들어보면 이 장면에서 등장해서는 안 되는 여러 가지 엉뚱한 이유들이 등장합니다. 광야에서 이스라엘 백성이 성막을 중심으로 열두 지파가 사방에 세 개 지파씩 나누어 진을 쳤습니다. 민수기 2장에 의하면 동방 해 돋는 쪽, 남쪽, 서쪽, 북쪽의 순서이고, 여하튼 동쪽이 맨 처음이요, 동쪽의 세 지파 중 맨 처음 나오는 지파가 유다입니다. 이렇게 진을 치고 민수기 10장에서 그 동안 머물던 시내산을 떠나 광야로 진행을 시작할 때 선두로 나가는 지파가 유다지파입니다. 혹시 왜 유다지파가 제일 선두냐고 묻는다면 대답은 '그냥' 입니다. 동쪽은 중요하고 남쪽은 하찮은 것이 아니며, 선두는 소중하고 후미는 무가치한 것이 아닙니다. 유다가 동쪽에, 선두에 섰다는 것에 특별한 의미를 부여해서는 안 됩니다.

성막 진영에서 중요한 것은 성막입니다. 이스라엘 진영 한 가운데 성막이 있다는 사실이 강조되는 것입니다. 이스라엘이 행진할 때 중요한 것도 어느 지파가 선두에 서느냐가 아닙니다. 왜냐하면 이스라엘의 지파보다 더 앞에 나가는 것이 있기 때문입니다. 바로 구름기둥입니다. 민수기 10장 11절~13절 "둘째 해 둘째 달 스무날에 구름이 증거의 장막에 떠오르매 이스라엘 자손이 시내 광야에서 출발하여 자기 길을 가더니 바란 광야에 머무니라 이와 같이 그들이 여호와께서 모세에게 명령하신 것을 따라 행진하기를 시작하였는데"입니다. 성경이 강조하려는 것이 구름기둥 즉 여호와의 인도하심, 여호와의 앞장서심입니다. 이스라엘 지파 중에 누가 먼저 갔느냐, 이스라엘 지파 중에 누가 남쪽에 진을 쳤느냐가 중요한 것이 아닙니다. 그러므로 '봐라, 광야에서 행진할 때 유다가 먼저 갔으니 이번에 가나안 족속과 싸우러 갈 때에도 유다가 먼저 올라가는 것이다. 하나님은 유다를 귀히 쓰시고, 하나님은 유다를 사랑하시고, 하나님은 유다를 축복하신다' 라고 말하면 안 됩니다.

또 다른 어이없는 이유가 등장하기도 합니다. 창세기 37장에 의하면 야곱의 열두 아들 중에 막내아들 요셉이 형들의 시기를 받았고, 형들이 요셉을 죽여 구덩이에 던지려는 계획을 세우고 실제로 구덩이에 던집니다. 이때 유다가 요셉을 구하는 장면이 창세기 37장 26절 "유다가 자기 형제에게 이르되 우리가 우리 동생을 죽이고 그의 피를 덮어둔들 무엇이 유익할까 자 그를 이스마엘 사람들에게 팔고 그에게 우리 손을 대지 말자 그는 우리 동생이요 우리의 혈육이니라 하매 그의 형제들이 청종하였더라"입니다. 이 구절을 근거로 '봐라, 유다는 원래부터 품성이 온순했고, 배려심이 많았고, 생명을 존중했다. 그래서 후에 열두 아들 중에 셋째 아들임에도 불구하고 장자의 권리를 받았다. 이런 유다이기에 가나안 땅을 정복할 때에도 하나님은 유다를 가장 먼저 올라가게 하시고, 가장 먼저 땅을 정복하여 안정을 취하도록 축복하시는 것이다' 라고 설명합니다. 이런 설명을 억지라고 합니다. 정확히 말하면 요셉의 형들은 요셉을 죽이려고 하는데 유다가 생명을 구한 것이 아니라 유다도 동업자입니다. 같이 계획 세웠고, 같이 구덩이 팠고, 같이 구덩이에 던졌습니다. 그리고 죽이느니 차라리 미디안 사람에게 팔아먹은 것에 불과한 것으로 다른 형제들과 다를 바가 없고 오십보백보일 뿐입니다. 성경의 흐름을 아는 것이 이렇게 중요합니다. 성경에서 사람이 행하는 일에는 사람에게서 이유를 찾아야 하고, 하나님이 행하시는 일에는 언제나 하나님에게서 이유를 찾아야 합니다. 하나님이 행하시는 일에 인간적 이유, 인간적 조건, 인간적 행위, 인간적 자격, 인간적 업적이 이유로 등장하면 안 됩니다.

함께 가자

시므온에게 요청

혹시 저의 설명에 대해 너무 억지를 쓰는 것이나 너무 이스라엘의 신앙을 폄하하는 것이 아니냐고 반문하실 수 있지만 유다 지파를 비난하는 것이 아니라 단지 성경을 바르게 이해하자는 것으로 다음 상면을 살펴보시면 설명이 좀 더 확실해질 것입니다. 만약 이스라엘이 여호와께 물은 것이 겸손한 신앙이요, 매사에 하나님께 의지하는 신앙의 모습이라면 다음 장면이 현재 본문에 나오는 것과는 달라야 합니다. 하나님이 명확하게, 명확할 뿐 아니라 이스라엘의 질문보다 더 많은 것을 대답해 주셨습니다. 이스라엘은 단지 '누가 먼저 올라가서 가나안 족속과 싸우리이까?' 라고 물었으니 이스라엘의 질문대로라면 하나님은 '유다가 올라갈지니라' 라고만 하시면 됩니다. 하지만 하나님은 그 이상의 대답, 싸움의 결과까지도 다 알려주셨습니다. 2절 후반부 "보라 내가 이 땅을 그의 손에 넘겨주었노라 하시니라"하셨으니 정말 감사한 것입니다.

이스라엘이 하나님께 의지하려고 물어본 것이라면 대답을 들은 유다 지파가 즉시로 '네 알겠습니다. 저를 지목해주셨고, 결과까지 말씀해주시니 편안한 마음으로 올라가겠습니다' 라고 해야 합니다. 그런데 본문의 장면은 전혀 다른 모습입니다. 3절 "유다가 그의 형제 시므온에게 이르되 내가 제비 뽑아 얻은 땅에 나와 함께 올라가서 가나안 족속과 싸우자 그리하면 나도 네가 제비 뽑아 얻은 땅에 함께 가리라 하니 이에 시므온이 그와 함께 가니라"입니다. 왜 이러는 것일까요? 왜 느닷없이 시므온에게 제안을 합니까? 유다 지파가 혼자 가기 겁이 나니까 누구랑 같이 가고 싶었을 수 있습니다. 만약 매사에 하나님께 묻고 응답받아 행동하는 신앙이었다면 유다 자손들이 하나님께 물었어야 합니다. 즉 '하나님, 저희 유다가 올라가려고 하는데 가능하면 다른 지파 중의 하나와 같이 가고 싶습니다. 누구랑 같이 올라갈까요?' 라고 했어야 합니다. 아니, 그렇게 하나님의 뜻을 잘 따른다면 '누구랑 갈까요?' 를 묻기 전에 '누군가와 같이 가도 되는지의 여부' 에 대해서부터 물었어야 합니다. 그러나 동행하는 것에 관하여는 일절 묻지 않았습니다. 분명히 하나님은 '유다가 올라갈지니라' 고만 말씀하셨을 뿐 누구랑 같이 가라고 하지는 않았습니다. 도대체 어디에 유다의 순종하는 모습, 이스라엘의 하나님을 의지하는 모습이 나옵니까? 도리어 이스라엘의 믿음 없는 모습, 불신앙의 실체만 명백히 드러나고 있을 뿐입니다.

유다는 하나님의 응답과는 관계없이 느닷없이 시므온에게 함께 올라가서 싸우자고 합니다. 혼자 올라가기가 두려웠던 것입니다. 자신들의 질문에 대한 하나님의 응답이 있었어도 여전히 두렵고, 자신들의 질문을 넘어서 이루어질 결과까지 선언해 주어도 여전히 두려운 것입니다. 하나님을 믿지 못하면, 하나님을 신뢰하지 못하면 하나님의 응답도, 하나님의 약속도 아무런 도움이 되지 않습니다. 하나님을 알면 모든 것을 다 가진 것이고 하나님을 모르면 아무 것도 없는 것과 같습니다. 하나님을 믿지 못하면 남은 것은 사람뿐이요, 의지할 것은 사람뿐입니다. 그래서 시므온과 함께 가자고 합니다. 함께 가고, 연합해서 가고, 뭉쳐서 가고, 많이 가면 나을 것 같다고 생각하는 것입니다. 지극히 인간적인 생각이요, 하나님을 배제한 생각입니다. 시므온과 함께 가면 유익하고 보탬이 될까요? 하나님을 알면 다른 것들은 짐만 될 뿐입니다. 그러나 하나님을 모르면 하나님이 아무 짝에도 쓸모없는 것이요, 옆에 있는 동료나 형제보다 못한 존재에 불과한 것입니다.

이스라엘의 실상

이스라엘의 상태를 조금 더 신랄하게 파헤쳐 보겠습니다. 전쟁에 나가기 위해 열두 지파가 대기하고 있습니다. 하나님께 여쭤보고 하나님이 지시하시는 지파가 나갈 예정인데 유다 지파가 뽑혔습니다. 광야에서 이스라엘이 인구조사를 두 번 합니다. 첫 번째는 출애굽 한 직후에, 두 번째는 가나안에 들어오기 직전에 합니다. 인구조사는 단순한 인구조사가 아닙니다. 민수기 26장 2절 "이스라엘 자손의 온 회중의 총수를 그들의 조상의 가문을 따라 조사하되 이스라엘 중에 이십 세 이상으로 능히 전쟁에 나갈 만한 모든 자를 계수하라 하시니"입니다. 그러므로 각 지파의 인구 수는 곧 각 지파의 군사 수가 되는 것입니다. 이렇게 전쟁에 나갈 만한 수를 세는 두 번째 인구조사가 끝난 후에 가나안으로 입성해서 정복전쟁을 하는 것입니다. 전쟁을 앞두고 실시한 인구조사에서 군사의 숫자가 가장 많은 지파가 바로 유다 지파였습니다. 자그마치 76,500명입니다. 궁금해 하실까봐 다른 지파의 숫자도 알려드리면 르우벤 지파가 47,300명, 갓 지파가 40,500명, 잇사갈 지파가 64,300명, 스불론 지파가 60,500명, 에브라임 지파가 32,500명, 므낫세 지파가 52,700명, 베냐민 지파가 45,600명, 단 지파가 64,400명, 아셀 지파가 53,400명, 납달리 지파가 45,400명 그리고 유다 지파가 함께 가자고 제안하는 시므온 지파가 22,200명, 그래서 총 601,730명입니다. 군사의 숫자를 알고 나니 이스라엘의 신앙수순이 더욱 신랄하게 느껴지실 것입니다. 이스라엘 지파 중에 군사가 가장 많은 유다지파가 두려워하고 있으면 나머지 지파는 어떠한지, 유다 지파가 겁이 나서 혼자 못가면 다른 지파는 어떤 수준인지 짐작이 가실 것입니다.

앞에서 사람의 일은 사람에게서 이유를 찾아야 하고, 하나님의 일은 하나님에게서 이유를 찾아야 한다고 말씀드렸습니다. 이와 관련해서 유다가 함께 올라갈 동맹군으로 시므온을 선택한 이유를 점검해 보겠습니다. 시므온은 열두 지파 중에 숫자가 가장 적습니다. 유다 지파가 기왕에 동맹군으로 함께 가려면 나머지 지파 중에 군사가 많은 지파를 고르는 것이 나았을 텐데 하필이면 가장 군사가 적은 지파를 선택한 이유는 심오한 대답이 있을 것 같지만 사실은 매우 평범합니다. 가장 군사가 많은 유다도 전쟁에 나가기를 두려워하고 있다면 유다가 나머지 열한 지파를 모아놓고 '여호와께서 내가 먼저 나가라고 말씀하셔서 나가야 한다. 나랑 같이 갈사람?' 이라고 제안할 때 아마 아무도 나서지 않고 서로 망설이며 눈치만 보고 있을 것입니다. 유다 지파는 자원자를 기다렸지만 아무도 나서지 않자 누군가를 지명해서 부탁을 해야 하고, 유다가 지명해서 부탁한다고 해서 지명을 받은 지파가 들어줄 리가 만무합니다. 그러니 유다는 아무나 지명해서는 안 되고 부탁을 들어줄만한 지파, 지명하면 따를 수밖에 없는 지파를 지명해야 합니다. 만약 유다가 지명하고, 지명 받은 지파가 유다를 따라 간다면 어쩔 수 없이 따라가야 하는 이유가 있을 것입니다. 그러므로 유다는 자신이 지명하면 따를 수밖에 없는 약점이 있는 지파를 지명할 것이요, 그것이 바로 시므온지파입니다. 시므온 지파는 유다 지파에게 무슨 약점이 잡혀 있을까요?

성경을 알면 성경이 너무 재미있습니다. 가나안을 점령하면서 땅을 차지하는 장면이 여호수아 19장에 소개되어 있습니다. 1절 "둘째로 시므온 곧 시므온 자손의 지파를 위하여 그들의 가족대로 제비를 뽑았으니 그들의 기업은 유다 자손의 기업 중에서라" 그리고 9절 "시므온 자손의 이 기업은 유다 자손의 기업 중에서 취하였으니 이는 유다 자손의 분깃이 자기들에게 너무 많으므로 시므온 자손이 자기의 기업을 그들의 기업 중에서 받음이었더라" 입니다. 이스라엘의 땅 분배는 각 지파별로 인구에 근거하여 나눠졌고 시므온 자손은 열두 지파 중에 군사의 수가 가장 적은 지파였으니 당연히 시므온은 많은 면적이기보다는 적은 면적을 분배 받았을 것이요, 상대적으로 유다는 인구가 많아서 많은 면적을 받았을 것입니다. 유다는 땅 분배를 많이 받아서 자신들의 기업 일부를 시므온에게 넘겨주었던 것입니다. 그러니 시므온으로서는 유다가 땅을 정복하는 사건이 매우 중요합니다. 유다가 정복을 해야 유다로부터 일부를 받을 수 있는 것입니다. 시므온 지파의 생사가 유다 지파에게 달려있는 것과 마찬가지입니다. 여러분이 유다 지파라면, 아무도 전쟁에 함께 가려고 하지 않을 때 어느 지파에게 부탁을 하시겠습니까? 당연히 시므온일 것입니다. 그러한 유다 지파가 진쟁에 나가면서 시므온에게 함께 나가자고 제안한 것이고 시므온은 거부할 수 없었던 것입니다.

유다의 약속

인간의 심리, 죄인의 심리를 좀 더 파헤쳐 보겠습니다. 성경이야기는 이스라엘의 이야기일 뿐만 아니라 저와 여러분의 이야기이고, 과거의 이야기가 아니라 현재의 이야기입니다. 사람이 옛날이나 지금이나 교활하기는 똑같습니다. 하나님의 은혜가 아니면 죄인은 절대로 변하지 않습니다. 그리고 죄인은 참으로 어이없고, 참으로 말도 안 되는 행동들을 너무나 천연덕스럽게, 너무나 뻔뻔하게, 너무나 과감하게 행한다는 것입니다. 유다가 하는 말을 다시 읽어보겠습니다. 사사기 1장 3절 "유다가 그의 형제 시므온에게 이르되 내가 제비 뽑아 얻은 땅에 나와 함께 올라가서 가나안 족속과 싸우자 그리하면 나도 네가 제비 뽑아 얻은 땅에 함께 가리라 하니"입니다. 이 말이 한편으로는 재미있고, 한편으로는 어이없는 말입니다. 지금 유다 지파는 전쟁에 나가기를 두려워하고 있습니다. 더 신랄하게 말하면 전쟁에 나간다고 해도 승리한다는 믿음이 없습니다. 물론 하나님은 '보라 내가 이 땅을 그의 손에 넘겨주었노라' 고 말씀하셨지만, 유다가 믿지 않고 있으니 유다의 입장에서는 승리한다고 자신 있게 말할 수 없습니다. 그래서 유다 지파가 혼자 올라가지 못하고, 하나님이 가라고 하심에도 불구하고 시므온의 도움을 청하고 있습니다. 그렇게 자기도 벌벌 떨면서, 자기도 자기의 승리를 장담하지 못하면서 엉뚱하게도 시므온에게는 약속을 하고 맹세를 하는 것이 '나도 네가 제비 뽑아 얻은 땅에 함께 가리라' 입니다.

유다 지파가 승리한다고 호언장담하고, 하나님이 그 땅을 넘겨주시겠다는 말을 철썩 같이 믿는 모습을 보여주어도 시므온이 따라갈까 말까 하고 유다의 말을 믿어줄까 말까 한데 자기도 자기를 못 믿으면서 시므온에게는 함께 가주겠다고 합니다. 시므온이 겉으로는 말을 못하고 아마도 속으로 '아이고, 우선 자기부터 이겨야 할 텐데 큰소리치기는!' 이라고 했을 것입니다. 시므온의 입장에서는 참으로 유다가 밉상이었을 것입니다. 안타깝게도 성경에는 시므온은 약속을 지켰다는 기록은 나오는데 유다가 약속을 지켰는지에 관한 기록은 나오지 않습니다. 사사기 1장 17절에 "유다가 그의 형제 시므온과 함께 가서 스밧에 거주하는 가나안 족속을 쳐서 그곳을 진멸하므로"라고 기록되어 있으니 시므온이 약속을 지킨 것은 분명합니다.

하나님의 강조

하나님의 방식

지금까지 이스라엘의 행동, 이스라엘의 생각을 살펴보았다면 이제는 하나님의 반응, 하나님의 강조를 살펴보겠습니다. 하나님은 이스라엘의 마음을 다 알고 계십니다. 이미 땅 분배가 다 이루어졌는데도 왜 질문을 하는지도 알고 계십니다. 그래서 하나님은 언제나 인간의 요구, 인간의 기대, 인간의 바람보다 더 크게, 더 많이, 더 좋게 해주십니다. 하나님이 정말 좋은 분이요, 멋진 분이십니다. 이스라엘의 질문에 대해 단지 '유다가 올라가라' 고만 대답하지 않으시고 '내가 이 땅을 그의 손에 넘겨주었노라' 고 선언하십니다. 이것은 대답 정도가 아니라 선언이 맞습니다. 굳이 문법적으로 시제를 따진다면 넘겨주겠다는 미래형이 아니라 넘겨주었다는 과거형입니다. 이러한 하나님의 선언은 '네가 전쟁에 나가면 넘겨주겠다' 고 유다가 전쟁에 나가는 것을 조건으로 삼는 것이 아니라 도리어 '내가 이 땅을 너의 손에 넘겨주었으니 너는 전쟁에 나가라' 고 유다가 전쟁에 나갈 수 있는 근거를 제공해 주시는 것입니다.

유다와 하나님의 차이점이 극명하게 드러나는 것이 전쟁에 대한 태도입니다. 이스라엘과 유다는 계속해서 싸움을 언급합니다. 1절 "누가 먼저 올라가서 가나안 족속과 싸우리이까", 3절에서 "유다가 그의 형제 시므온에게 이르되 내가 제비 뽑아 얻은 땅에 나와 함께 올라가서 가나안 족속과 싸우자"입니다. 1절에서는 싸우자는 말이 그래도 이해가 됩니다. 전쟁에 나가야 되니까 싸움을 언급할 수 있습니다. 그러나 2절에서 하나님이 '이 땅을 그의 손에 넘겨주었노라' 고 선언하셨습니다. 하나님은 싸움을 언급하지 않습니다. 유다가 올라가서 싸움을 잘할지 못할지 고민하지 않고, 유다가 승리할지 패할지 궁금해 하지도 않습니다.하나님이 '내가 이 땅을 그의 손에 넘겨주었노라' 고 이미 결론을 내셨습니다. 전쟁은 해 볼 것도 없고, 싸움은 결과를 궁금해 할 것도 없이 이미 끝났습니다. 이제부터 싸움이야기를 더 이상 언급할 이유가 없습니다. 그런데 유다는 2절의 하나님의 선언을 듣고 난 후에도 여전히 시므온에게 하는 말 중에 '싸우자' 고 합니다. 도대체 하나님 말씀을 못 들은 것인지, 듣고서도 모른 척하는 것인지, 아예 들으려고 하지도 않는 것인지 궁금합니다.

유다가 가나안 족속의 땅으로 올라갔습니다. 4절 "유다가 올라가매 여호와께서 가나안 족속과 브리스 족속을 그들의 손에 넘겨주시니 그들이 베섹에서 만 명을 죽이고 또 베섹에서 아도니 베섹을 만나 그와 싸워서 가나안 족속과 브리스 족속을 죽이니" 입니다. 유다가 올라가서 전쟁을 해 보아야 하는 것이 아닙니다. 군사력을 보강하고 무기를 준비하고 전략을 세워서 전쟁을 잘해야 승리하는 것이 아닙니다. 유다 지파가 전쟁을 했을 것이요, 시므온 지파가 싸움을 했을 것입니다. 그러나 성경은 유다와 시므온의 전투에 대해서, 싸움에 대해서는 한 마디도 언급하지 않습니다. 오직 '여호와께서 그들의 손에 넘겨주시니' 라고만 합니다. 여호와가 그들을 넘겨주셨기에 유다가 베섹에서 가나안 족속과 브리스 족속에게 승리할 수 있었습니다.

만약 본문에 여호와께서 말씀하신 '넘겨주었노라' 또는 '넘겨주시니' 가 없었다면 아마도 사람들이 온통 유다를 칭찬하느라 난리법석이었을 것입니다. 유다의 용맹성을 드러내고, 시므온과 함께 올라갔으니 연합의 중요성, 함께함의 중요성을 주장했을 것입니다. 아마도 '한 사람으로서는 당해 낼 수 없는 공격도 두 사람이면 능히 막아낼 수 있으니 삼겹줄은 쉽게 끊어지지 않는다' 는 전도서 4장 12절이 인용되었을 것입니다. 그러나 성경은 유다가 올라갔다, 유다가 싸웠다는 것을 강조하지 않고 '하나님이 넘겨주시니' 를 강조합니다. 이것은 싸움이 일어나기 전에, 유다가 올라가기도 전에 이미 선언되었던 것이요, 하나님의 말씀대로 된 것입니다.

하나님의 은혜

하나님이 정말 멋있는 분, 정말 은혜로운 분이라는 것이 본문에서도 확인됩니다. 지금까지 살펴본 바에 의하면 이스라엘 또는 유다는 참으로 믿음 없이 행동했습니다. 하나님 말씀을 살짝살짝 무시하면서 자기들 하고 싶은 대로 했습니다. 인간들이 이와 같이 행동하는 것을 보면서 하나님이 어떤 마음이 드셨을까요? 도와주고 싶었을까요? 약속을 취소하고 이스라엘이 골탕 먹게 하고 싶지 않았을까요? 그런데 하나님은 참으로 신실하신 분입니다. 이스라엘이 어찌하든지, 유다가 어찌하든지, 인간이 어찌하든지 하나님은 하나님의 약속을 지키고, 하나님은 하나님의 말씀대로 행하는 것입니다. 이러한 하나님의 신실하심이 저와 여러분의 믿음의 근거인 것입니다. 우리가 얼마나 믿는가, 우리가 얼마나 의지하는가, 우리가 얼마나 충성하는가가 우리 믿음의 근거가 아니라 하나님의 신실하심, 하나님의 열심, 하나님의 인간을 향한 사랑이 우리 믿음의 근거입니다. 그래서 저와 여러분의 믿음이 견고할 수 있는 것입니다.

유다의 승리가 단지 2절 하나님의 말씀대로 된 정도가 아니라 더 이전부터 약속된 것이었습니다. 이스라엘이 가나안 땅을 차지한다는 것은 이미 적어도 육백 년 전, 아무리 짧게 잡아도 사백 년 전에 결정되어 있던 일입니다. 하나님이 아브라함을 부르실 때 이미 가나안을 주기로 하셨습니다. 이스라엘이 애굽에서 지냈던 사백 년과 아브라함의 생애, 이삭의 생애, 야곱의 생애, 요셉의 생애를 합치면 적어도 오백 년 내지 육백 년은 되는 것으로, 그때 이미 결정되었던 일입니다. 하나님은 약속을 하시면 지키십니다. 오백 년이나 육백 년 정도가 아니라 하나님은 영원토록 지키십니다. 하나님의 이러한 신실하심을 알고 이스라엘은 평안하게 하나님의 복락들을 누렸어야 합니다. 하지만 안타깝게도 이스라엘은 하나님을 몰랐고 하나님의 은혜를 누리지 못했습니다.

사사기를 상고하기 시작해서 이제 겨우 5절을 살펴보고 있습니다. 사사기가 어떻게 끝이 날까요? 더 나아가 이스라엘이 어떻게 될까요? 더 나아가 구약이 어떻게 될까요? 저와 여러분은 이미 결말을 알고 있습니다. 구약을 읽어보았기에 알 수 있는 것이 아니라 하나님의 마음을 알기에, 하나님의 속성을 알기에, 하나님의 신실하심을 알기에 사사기의 결론, 구약의 결론을 알 수 있는 것입니다. 비록 이스라엘이 죄를 지어도, 비록 이스라엘이 우상을 섬겨도, 비록 이스라엘이 하나님 말씀에 순종 안 해도 계속해서 은혜 받고, 계속해서 은혜 받고, 결국에는 구원빋을 줄을 알고 있는 것입니다. 왜냐하면 하나님은 약속을 지키시는 분이요, 하나님은 인간을 도우시는 분이기 때문입니다.

성도의 삶

사사기 1장 1절로 5절을 통해 강조하려는 것은 하나님을 아는 신앙의 삶을 살면 두려움이 없고 도리어 평안함과 자유함과 담대함이 있다는 것입니다. 이스라엘이 하나님께서 조상 아브라함과 약속하셨고, 모세를 통해 거듭거듭 약속하신 것을 알고 있었다면, 기억하고 있었다면 여호와께 여쭈어 볼일이 없고, 전쟁에서 이길지 질지 염려할 일이 없었습니다. 안타깝게도 이스라엘은 이미 약속이 완성되었다는 사실을 망각하고 있습니다. 그 동안 자기들과 함께 동행 했던 모세의 역할, 여호수아의 역할이 무엇인지도 혼동하고 있었습니다. 그래서 자신들에게는 모세보다도, 여호수아보다도 더 확실한 하나님이 계시다는 것을 인식하지 못하는 것이요 그 결과 안 해도 되는 염려를 한 것입니다. 하나님을 더 많이 알아 가시기를 바랍니다. 하나님을 알면 알수록 자유롭고 평안합니다. 하나님을 알면 알수록 기쁘고 즐겁고 행복합니다. 성경을 읽으시고 성경을 배우셔서 하나님을 더욱 풍성히 알아 가셔서 즐거운 신앙생활, 행복한 믿음생활, 자유롭고 평안한 교회생활을 풍성히 누리기를 주님의 이름으로 축원합니다.

4

행한 대로?

사사기 1:5~7

5 또 베섹에서 아도니 베섹을 만나 그와 싸워서 가나안 족속과 브리스 족속을 죽이니
6 아도니 베섹이 도망하는지라 그를 쫓아가서 잡아 그의 엄지손가락과 엄지발가락을
자르매 7 아도니 베섹이 이르되 옛적에 칠십 명의 왕들이 그들의 엄지손가락과 엄지
발가락이 잘리고 내 상 아래에서 먹을 것을 줍더니 하나님이 내가 행한 대로 내게 갚
으심이로다 하니라 무리가 그를 끌고 예루살렘에 이르렀더니 그가 거기서 죽었더라

아도니 베섹

장기적 전략

운동경기를 할 때 단기전 경기와 장기전 경기는 작전이 완전히 다릅니다. 야구든 축구든 농구든 정규시즌과 플레이오프 또는 그 해 우승자를 가리는 최종라운드가 구별되어 있습니다. 단기전일 때는 총력전 즉 나중을 생각할 일이 없으니까 당장에 모든 전력을 쏟아 부어도 됩니다. 체력이 떨어져도 되고, 기본이 안 되어 있어도 되고, 조금 욕을 먹어도 되고 무조건 이기면 됩니다. 하지만 장기전은 다릅니다. 하루 이틀 할 것이 아니기 때문에 체계적인 준비가 필요하고, 절대 무리수를 두면 안 되는 안정적인 시즌 운영이 필요하고, 당장의 성적에 급급하면 안 되고, 차근히 기초를 다지고 기본기에 충실해야 합니다. 너무나 당연한 것으로 단지

운동경기뿐만 아니라 모든 분야에 해당하는 상식중의 상식입니다. 그런데 아주 희한하게도 상식이 통하지 않는 곳이 한군데 있습니다. 상식보다 더 우월하게, 상식을 넘어서서 사람들의 존경을 받고 본받고 싶은 새로운 모델이라도 되면 다행인데, 상식보다 못한 그래서 도무지 납득이 안 된다는 소리를 듣거나 절대로 저렇게는 하지 않으리라는 멸시를 받는 곳이 한 군데 있는데 바로 교회요, 신앙생활입니다. 믿음은 한 두 해 믿을 것이 아니요, 교회는 한 두 해만 다닐 것이 아니요, 신앙은 단기간에 끝장을 보는 게임이 아닙니다. 그래서 마치 올 한 해만 예수 믿을 것처럼 신앙생활하면 안 됩니다. 교회 생활하시면서 '금년에는 제가 열심을 다 해보겠습니다, 또는 올해에는 충성을 하겠습니다' 라는 말은 말도 하지 말고 실제로도 그렇게 하면 안 됩니다.

세상과 교회의 가장 본질적인 차이점은 하나님입니다. 교회에는 하나님이 계십니다. 그래서 하나님을 알아야 합니다. 흔히들 하나님의 뜻에 순종하자고 합니다. 그렇다면 가장 우선적으로 순종하려고 하는 하나님의 뜻을 알아야 합니다. 하나님의 뜻을 모르면 순종을 말할 수 없습니다. 하나님의 뜻을 말하거나 순종을 언급하려면 당연히 성경을 알아야 합니다. 왜냐하면 하나님의 뜻이 성경에 나오기 때문입니다. 그래서 성경을 모르면 바른 믿음, 바른 신앙이 불가능한 것입니다. 교회는 열심과 충성을 성경보다 우선하는 곳이 아닙니다. '처음에 교회 오는 사람은 성경을 전혀 모르는데 그런 사람은 교회 오면 안 되는 것이네요?' 라고 물으시면 안 됩니다. 매년 초에 어린이들이 초등학교에 입학을 합니다. 이제 학교에 입학하는 것이기 때문에 아무 것도 모릅니다. 한글을 몰라도 되고, 역사를 몰라도 되고, 산수를 몰라도 됩니다. 그냥 학교에 오면 되고, 입학식을 하고 학생이 되고, 이제부터 학교에서 교육을 시키고 학습을 합니다. 학교는 내용을 가르치는 '학'(學)을 하고, 학생은 내용을 익히는 '습'(習)을 합니다. 학생이 학교를 다니는데 교과서를 한 번도 읽지 않고, 수업의 내용을 전혀 알지 못하고 마냥 왔다갔다만 한다면, 새벽부터 학교에 오고 저녁 늦게까지 자율학습을 하는 등의 열심을 내어도 그것을 학교생활 잘한다고 하지 않습니다. 마찬가지로 성경에 대하여 배우지 않은 채 교회출석을 성실하게 하고 많은 봉사활동을 하는 것을 신앙생활 잘한다고, 교회생활 잘한다고 하지 않습니다. 신앙생활을 하나님과 영원토록 할 것이기에 차근하게, 알아야 할 것은 알아가면서, 다져야 할 것은 다져가면서 해야 합니다. 본문을 통해서 기초적인 내용을 점검해 보겠습니다.

베섹의 주관자

종종 성경에 동일한 명칭이 다양하게 사용되는 경우가 있습니다. 예를 들면, 4절 맨 앞에 유다가 나옵니다. 성경에 유다라는 이름이 참 많이 나오기 때문에 잘 분별해야 합니다. 야곱의 열 두 아들 중의 넷째 아들이 유다입니다. 이때에는 개인 유다이고, 유다의 후손들을 유다 족속이라고 하는데 간단하게 유다라고 부릅니다. 그래서 2절의 유다, 3절의 유다, 4절의 유다는 개인이 아니라 유다 족속을 의미하는 것입니다. 후일에 이스라엘이 분열되어서 남 왕국과 북 왕국으로 나누어 질 때 남쪽 왕국의 이름이 유다입니다. 북 왕국 멸망 후에는 이스라엘을 총칭하는 명칭으로 유다가 사용되기도 합니다. 신약에도 동일한 이름이 여러 차례 나옵니다. 예수님의 제자 중에도 유다가 두 명이 있습니다. 예수를 판 유다 흔히 가룟 유다가 있고, 유다서를 기록한 야고보의 형제 유다도 있습니다.

성경에 이런 경우가 많은 이유 중의 하나가 이스라엘 사람의 이름에는 성이 없고 이름만 있기 때문입니다. 똑같은 이름을 구별할 때에는 성 대신에 지역을 넣거나 아버지 또는 형제를 함께 언급했습니다. 예수님도 나사렛 예수라고 합니다. 왜냐하면 예수라는 이름이 너무 많은데 특별히 나사렛에서 온 예수라고 구분하는 것입니다. 시몬도 이름이 많아서 별명이 베드로인 시몬을 부를 때에는 '요한의 아들 시몬' 이라고 불렀습니다. 성경을 처음 읽는 분이 혼동하고 당황할 수 있지만 여러 번 읽으면 자연스럽게 구분이 되고, 자주 읽으면 다 분별이 가능해 집니다.

본문에 등장하는 유다는 유다 지파를 의미하는 것이고, 4절 끝에 '그들이 베섹에서 만 명을 죽이고' 에서 베섹은 지역 명칭입니다. 5절 "또 베섹에서 아도니 베섹을 만나 그와 싸워서"의 아도니 베섹은 '아도니' 와 '베섹' 이 합쳐진 것입니다. 베섹은 지역이고 아도니는 주인, 주관자, 책임자, 대표를 의미합니다. 어떤 모임이든 대표를 아도니라고 불러서 모임에 따라 번역이 다양하게 나올 수 있습니다. 집안에서 아도니는 가장을 의미하고, 학교에서 아도니는 선생님을 의미하고, 회사에서 아도니는 사장, 군대에서 아도니는 대장, 같은 군대라도 소대에서 아도니는 소대장, 분대에서 아도니는 분대장입니다. 동네에서 아도니는 동장, 시에서 아도니는 시장, 어머니들 친목계에서 아도니는 계주, 인터넷 카페에서 아도니는 카페지기나 시샵을 의미합니다. 그래서 본문에 나오는 아도니 베섹은 베섹 지역의 대표, 베섹 지방의 책임자, 베섹 부족의 족장을 의미합니다.

만나 그와 싸워서

본문은 전쟁을 묘사하는 장면이기에 전쟁하는 모습을 연상하시면 됩니다. 5절 "베섹에서 아도니 베섹을 만나 그와 싸워서"입니다. 여기에서 만났다는 것은 우연히 만난 것이 아니고, 서로 안부를 물으려고 만난 것이 아니라 전쟁 중에 적장을 찾고 살피는 것입니다. 베섹 지역에 들어가 싸우면서 계속하여 그 지역 족장을 찾는데 6절 "아도니 베섹이 도망하는지라 그를 쫓아가서 잡아 그의 엄지손가락과 엄지발가락을 자르매"입니다. 고대의 전쟁은 병사들의 전쟁이 아니라 장수들의 전쟁, 족장들의 전쟁, 대표들의 전쟁인 경우가 많았습니다. 그래서 전쟁을 할 때 중요한 것은 장수, 대표를 이기는 것입니다. 당연히 유다 지파가 베섹의 아도니 즉 베섹의 족장을 찾았고 항복을 받아 승리의 표식을 남겨두었습니다. 고대 근동의 전투에서는 승리의 표식이 엄지손가락과 엄지발가락을 자르는 것이었다고 합니다. 페르시아와 아라비아 그리고 그리스와 한니발에 이르기까지 여러 고대 자료들에서 전쟁관습으로 확인되고 있습니다.

전쟁에 관하여 이스라엘 백성이 여호와께 '누가 먼저 올라가리이까?' 라고 물었고 하나님이 '유다가 올라갈지니라' 고 대답하셨고, 유다가 '올라가매' 여호와께서 저들을 유다의 손에 '넘겨주신다' 고 약속하신 대로 넘겨주셨습니다. 그래서 유다가 베섹에서 만 명을 무찌를 수 있었고 승리할 수 있었습니다. 성경의 정교한 부분을 놓치시면 안 됩니다. 유다가 가나안 족속과 브리스 족속을 이길 수 있었던 것은 유다가 용맹스러웠기 때문이 아니고, 전략을 잘 짰기 때문이 아니고, 무기가 좋았기 때문이 아니고, 군사가 많았기 때문이 아니고 오직 여호와께서 넘겨주셨기 때문입니다.

엘로힘

아도니 베섹의 말

전쟁에서 패배한 아도니 베섹은 가나안 사람입니다. 가나안에 거주하면서 가나안의 종교관과 가나안의 세계관에 젖어 살고 있는 사람입니다. 전쟁에서 도망가다가 잡혀서 패한 가나안 사람이 하는 말이 7절 "아도니 베섹이 이르되 옛적에 칠십 명의 왕들이 그들의 엄지손가락과 엄지발가락이 잘리고 내 상 아래에서 먹을 것을 줍더니 하나님이 내가 행한 대로 내게 갚으심이로다"입니다. 이 말을 하는 사람이 가나안의 사고방식, 가나안의 종교방식, 가나안의 보복방식, 가나안의 징벌방식만 알고 있는 가나안 사람입니다. 하나님에 대해서, 이스라엘의 여호와에 대해서,

성경에서 말하는 하나님에 대해서, 그 동안 창세기 12장에서 아브라함에게 나타나 약속을 하시고, 약속을 지키는 과정 중에 나타나고 보여주고 알려주고 가르쳐주고 계시하신 하나님에 대해서는 전혀 알지 못하는 가나안 사람입니다. 하나님의 뜻도, 하나님의 마음도, 하나님의 원리도, 하나님의 심정도, 하나님의 가치와 개념도, 하나님의 은혜와 긍휼도, 하나님의 복도, 하나님의 율법 등 하나님에 대해서는 그 어느 것도 전혀 알지 못하는 가나안 사람입니다. 그러니 이 가나안 사람이 하는 말은 성경의 가르침, 하나님의 가르침과는 아무런 상관이 없는 것입니다.

신(神) or 하나님

우선 아도니 베섹이 말하는 하나님에 대해서부터 설명 드리겠습니다. 7절에서 아도니 베섹이 한 말 중에 핵심이 '하나님이 내가 행한 대로 갚으심이로다' 입니다. 아도니 베섹이 말한 하나님은 구약의 하나님이 아니고, 이스라엘의 하나님이 아니고, 여호와 하나님이 아닙니다. 이것이 번역상의 문제로, 하나님으로 번역된 히브리 단어는 '엘로힘' 입니다. 성경에 '엘로힘' 이라는 단어가 수없이 많이 나옵니다. 가장 기본적인 의미가 '신' (神)입니다. 고대 근동지역에서 신을 의미할 때 '엘로힘' 이라는 단어를 사용했습니다. 단어는 같은데 이 단어를 누가 쓰느냐에 따라 의미가 달라지는 것입니다. 이 단어를 하나님이 사용하시거나 이스라엘 백성들이 사용하면 '하나님' 이 되고, 이방인들이 사용하면 '자기들의 신' 이 되는 것입니다.

성경의 구절을 예로 들어보겠습니다. 창세기 17장 1절에 하나님이 아브람에게 나타나셔서 '나는 전능한 하나님이라' 고 말씀하실 때 하나님이 바로 '엘로힘' 입니다. 신명기 7장에서 하나님이 이스라엘에게 하나님을 강조하는 구절이 9절입니다. "그런즉 너는 알라 오직 네 하나님 여호와는 하나님이시오 신실하신 하나님이시라" 입니다. 하나님이 하나님을 하나님으로 강조할 때 '엘로힘' 이라고 말씀하십니다. 이런 경우에는 '엘로힘' 을 하나님으로 번역하는 것이 옳습니다. 출애굽기에서 하나님이 모세에게 하나님을 알리시는 장면이 4장 5절에 "이는 그들에게 그들의 조상의 하나님 곧 아브라함의 하나님, 이삭의 하나님, 야곱의 하나님 여호와가 네게 나타난 줄을 믿게 하려 함이라"입니다. 이때 하나님에 사용된 단어가 모두 '엘로힘' 으로 하나님으로 번역하는 것이 적절합니다.

그러나 이스라엘이 사용할지라도 의미가 다른 경우가 있습니다. 대표적인 경우가 출애굽한 이스라엘 백성이 시내산에서 금송아지 형상을 만드는 장면입니다. 이스라엘 백성들이 금을 모아서 송아지 형상을 만들고 하는 말이 출애굽기 32장 1절 "우리를 위하여 우리를 인도할 신을 만들라", 4절 "아론이 그들의 손에서 금 고리를 받아 부어서 조각칼로 새겨 송아지 형상을 만드니 그들이 말하되 이스라엘아 이는 너희를 애굽 땅에서 인도하여 낸 너희의 신이로다 하는지라"입니다. 이때 신에 사용된 단어도 모두 '엘로힘' 입니다. 그런데 하나님이 아니라 모두 '신' 이라고 번역했습니다. 왜냐하면 이스라엘이 하나님을 생각하고 만든 것이 아니라 이방적 종교관, 애굽적 종교관, 우상적 종교관에 근거해서 신의 형상을 만들고 그 형상을 보고 신이라고 말하기 때문입니다. 이 경우에는 비록 이스라엘이 말했을 지라도 '엘로힘' 을 신이라고 번역한 것이 적절한 것입니다.

모세와 술객들

이번에는 이방인이 '엘로힘' 을 사용하는 경우를 살펴보겠습니다. 출애굽기에서 하나님이 애굽에 열 가지 이적을 펼치십니다. 첫 번째가 나일 강의 물을 피로 만드는 것이었는데 애굽의 요술사들도 따라했고, 두 번째가 개구리 이적이었는데 애굽의 요술사들도 따라했습니다. 세 번째가 지팡이로 땅의 티끌을 치면 이가 되는 것이었는데 요술사들이 따라 하지 못합니다. 그때 애굽의 요술사들이 바로에게 하는 말이 출애굽기 8장 19절 "요술사가 바로에게 말하되 이는 하나님의 권능이니이다 하였으나"입니다. 요술사들이 하나님을 언급한 단어가 '엘로힘' 입니다. 그런데 상황을 잘 살펴보면 그 말을 한 사람이 애굽의 요술사들입니다. 요술사는 요술을 부리는 사람이 아니라 당시 애굽의 신전에서 종사하던 사람들로 엄밀하게 말하면 애굽의 주술사들입니다. 애굽의 신을 섬기고, 애굽의 신들의 일을 대행하던 자들입니다. 애굽 신의 종사자들로 애굽 신의 능력을 대행하던 자들인데 첫 번째와 두 번째는 따라했지만 세 번째는 따라하지 못했습니다. 그때 애굽 신의 종사자들이 '이것은 애굽의 가짜 신과는 다른 전지전능하신 이스라엘의 하나님의 능력입니다' 라고 말하지 않을 것입니다.

출애굽기에서는 사람들 중에 어느 누구도 하나님을 모릅니다. 모세가 하나님을 몰랐기에 하나님이 아무리 가라고 해도 안 가려고 하다가 억지로 가게 된 것이고, 모세가 이스라엘 백성들에게 돌아와서 하나님이 이스라엘을 인도해주겠다고 말해도 이스라엘 백성들이 아무도 믿지 않았습니다. 모세와 이스라엘도 그 정도인데 애굽의 바로 왕이나 애굽 신의 종사자들은 아예 언급할 가치도 없습니다. 하나님이 열 가지 이적을 행해도 절대로 인정하지 않습니다. 그런데 겨우 세 번째 기적을 행하는데 애굽 신의 종사자들, 주술사들이 하나님을 인정하고 하나님을 높일 리가 없습니다. 애굽의 요술사들이 '이는 하나님의 권능이니이다' 라고 말한 것은 자기들이 죽을 것 같으니까 살려고 하는 말입니다. 즉 '바로 왕이시여, 저희들은 애굽 신들의 하수인이요 애굽 신들의 종입니다. 그래서 종종 애굽 신의 이름과 능력으로 몇 가지 이적들을 행하고 있습니다. 그런데 이번 것은 저희 차원의 일이 아니라 신이 직접 나서야 하는 일입니다. 신의 종사자들, 신의 하수인들이 하는 것이 아니라 신이 하는 일입니다' 라고 말하는 것입니다. 왜냐하면 그와 같이 말하지 않으면 자신들이 죽기 때문입니다. 애굽의 신전에서 종사하는 사람들이 '우리는 무능력합니다. 우리는 아무 것도 못합니다' 라고 하면 신전에 있어야 할 이유가 없기 때문입니다. 그런데 애굽 신의 종사자들이 더 황당하게 '바로 왕이시여, 이것은 애굽 신들은 못하는 것입니다. 이것은 이스라엘의 하나님의 능력입니다' 라고 말할 리가 없습니다. 애굽 주술사들이 말하는 신은 그들의 사고방식과 그들의 종교개념에 있는 신입니다. 그들에게는 하나님의 개념이 없고, 여호와 하나님에 대한 인식이 없습니다. 그래서 그들이 아무리 신을 언급해도 그들의 신은 단지 애굽의 신이요, 우상의 신이요, 이방의 신일뿐입니다. 애굽 사람들이 엘로힘을 언급하면 '신' 이라고 번역을 해야지 '하나님' 이라고 번역을 하면 어울리지 않는 것입니다.

다니엘과 느부갓네살

이번에 살펴보는 것은 아주 유명한 다니엘의 이야기입니다. 바벨론의 느부갓네살 왕이 하루는 꿈을 꾸었는데 꿈도 기억을 하지 못하고 해석도 못합니다. 그래서 모든 박수와 술객과 점쟁이와 술사를 불러 꿈을 해석하게 합니다. 다니엘도 포함되어 해석을 못하면 죽게 됩니다. 하나님이 다니엘에게 해석을 알게 하시는 장면이 다니엘서 2장 18절 "하늘에 계신 하나님이 이 은밀한 일에 대하여 불쌍히 여기사" 이고 20절 "다니엘이 말하여 이르되 영원부터 영원까지 하나님의 이름을 찬송할 것은 지혜와 능력이 그에게 있음이로다" 입니다. 다니엘이 느부갓네살 앞에 가서 하는 말이 28절 "오직 은밀한 것을 나타내실 이는 하늘에 계신 하나님이시라" 입니다. 이 구절들에 나오는 하나님에 사용된 단어가 모두 '엘로힘' 입니다. 다니엘이 하는 말이기 때문에 '하나님' 으로 번역이 되는 것이 옳습니다.

꿈 해석을 들은 느부갓네살이 기분이 좋아져서 다니엘에게 절하고 명하여 예물과 향품을 주게 합니다. 그때 느부갓네살 왕이 하는 말이 다니엘서 2장 47절 “왕이 대답하여 다니엘에게 이르되 너희 하나님은 참으로 모든 신들의 신이시오 모든 왕의 주재시로다 네가 능히 이 은밀한 것을 나타내었으니 네 하나님은 또 은밀한 것을 나타내시는 이시로다” 입니다. 재미있는 표현이 먼저 ‘너희 하나님은 참으로 모든 신들의 신이시오’ 입니다. 이 구절에서 ‘하나님’ 과 모든 ‘신들’ 의, ‘신’ 이 똑같은 단어 ‘엘로힘’ 입니다. 똑같은 단어를 하나는 ‘하나님’ 으로, 하나는 ‘신들’ 의, 다른 하나는 ‘신’ 이라고 다르게 번역했습니다. 더 재미있는 것은 왕이 한 말 중에 ‘네 하나님은 또 은밀한 것을 나타내시는 이시로다’ 입니다. 이 말은 앞에서 다니엘이 했던 말입니다. 다니엘이 먼저 왕에게 ‘오직 은밀한 것을 나타내실 이는 하늘에 계신 하나님이시라’ 고 말을 했기 때문에 다니엘의 해석을 들은 느부갓네살 왕이 신기해서 ‘네 하나님은 은밀한 것을 나타내시는 이시로다’ 라고 받아준 것입니다.

비록 동일한 표현이 사용되고, 동일한 단어가 사용되었을지라도 느부갓네살 왕이 한 표현과 단어가 ‘하나님, 이스라엘의 하나님, 여호와 하나님’ 을 의미하는 것은 아닙니다. 느부갓네살은 바벨론의 왕이요, 바벨론에는 바벨론 종교가 있고, 바벨론 왕은 바벨론 종교의 신탁자입니다. 이런 타종교 신의 위탁을 받은 통치자가 여호와 하나님을 높이고 찬양하는 것이 가당치가 않습니다. 그리고 실제로 다니엘 2장에서 이렇게 멋진 말을 한 느부갓네살 왕이 바로 뒤이어 다니엘 3장에서는 금 신상을 만들고 만백성에게 절하라고 명령하고 거부하면 풀무 불에 던져 넣는 일을 자행합니다. 전혀 하나님을 아는 모습, 하나님을 인정하는 모습이 보이지 않습니다. 다니엘이 말하는 엘로힘은 ‘하나님’ 이고, 느부갓네살이 말하는 엘로힘은 ‘신’ 입니다. 이와 같은 방식으로 가장 대조가 잘 된 곳이 사사기 2장 12절 “애굽 땅에서 그들을 인도하여 내신 그들의 조상들의 하나님 여호와를 버리고 다른 신들 곧 그들의 주위에 있는 백성의 신들을 따라 그들에게 절하여 여호와를 진노하시게 하였으되” 입니다. 동일한 ‘엘로힘' 을 한 번은 이스라엘 조상들의 '하나님' 으로, 다른 한 번은 다른 '신들' 과 백성들의 '신들' 로 번역한 것입니다.

퀴리오스, 주

구약에 동일한 단어에 대해 누가 사용하느냐에 따라 전혀 다른 의미를 가지게 되는 단어가 '엘로힘' 이라면 이와 동일한 현상이 신약에서도 발생하는데 바로 '퀴리오스' 로 우리말로 '주 또는 주여' 라고 번역된 단어입니다. '엘로힘' 이 이스라엘이 사용하면 '하나님' 이 되고 이방인이 사용하면 '신' 이 되는 것과 같이, 신약에서 '퀴리오스' 도 예수님이나 성도들이 사용하면 '주, 주님' 이 되고, 일반인들이 사용하면 '주인, 대표, 높은 사람, 선생' 이 되는 것입니다.마태복음 13장에 천국비유가 나오는데 그 중에 씨 뿌리는 비유가 있습니다. 27절 "집 주인의 종들이 와서 말하되 주여 밭에 좋은 씨를 뿌리지 아니하였나이까 그런데 가라지가 어디서 생겼나이까 주인이 이르되 원수가 이렇게 하였구나" 입니다. 종들이 주인을 부르는 말이 '주여', '퀴리오스' 입니다. 요한복음 4장에서 예수님이 사마리아 지역에 들어가서고 수가라 하는 동네의 우물가에서 여자를 만나 물을 달라고 하십니다. 그때 여자가 예수를 부르는 호칭이 "주여 물 길을 그릇도 없고 이 우물은 깊은데 어디서 당신이 그 생수를 얻겠사옵나이까" 이때에도 '주여', '퀴리오스' 입니다. 아직 이 여인은 예수를 알아보지 못했습니다. 예수가 누구인지 전혀 모릅니다. 그런데도 '주여', '퀴리오스' 라고 부르는 것입니다. 예수님의 제자들이 예수님을 부를 때 사용한 호칭이 '퀴리오스' 즉 '주여' 입니다.

행한 대로?

이방인의 인식

지금까지 히브리어 엘로힘의 번역에 대한 기본적인 개념을 살펴보았습니다. 히브리어 단어연구가 목적이 아니고 아도니 베섹의 한 말의 의미를 바르게 파악하기 위해서였습니다. 사사기 1장 7절에서 아도니 베섹이 한 말에서 '엘로힘'을 신으로 번역해서 읽어보면, "옛적에 칠십 명의 왕들이 그들의 엄지손가락과 엄지발가락이 잘리고 내 상 아래에서 먹을 것을 줍더니 신이 내가 행한 대로 내게 갚으심이로다"입니다. 전쟁에서 패한 자신의 신세를 한탄하며 한 말입니다. 이 말이 이방인 가나안 사람 아도니 베섹의 말이라는 사실이 중요합니다. 가나안 사람 아도니 베섹의 말 중에 등장하는 신은 이스라엘의 여호와 하나님이 아니라 이방인의 신, 가나안의 신, 우상의 신입니다. 아도니 베섹이 말한 '신이 내가 행한 대로 내게 갚으심이로다'라는 표현에 나타난 신 개념, 신의 인식, 신의 행동은 모두 이방의 신 개념이요, 가나안의 종교인식이요, 죄적인 종교 원리일 뿐 절대로 하나님의 원리가 아닙니다.가나안 사람이 한 말, 이방 종교인이 한 말에 근거하여 '하나님은 행한 대로 갚으시는 분입니다'라고 말하면 절대로 안 되는 것입니다. 작게는 단어 번역 하나의 문제요, 크게는 신앙 개념의 문제입니다. 이방인들은 아도니 베섹처럼 생각합니다. 하나님을 모르는 사람들은 신은 인간이 행한 대로 갚는다고 생각합니다. 그래서 이방 종교, 이방 신의 개념에는 은혜라는 개념이 존재하지 않는 것입니다. 이방 종교, 타종교, 죄의 종교에는 언제나 상벌의 개념만 존재합니다. 상벌이 일반적 표현이라면 종교적으로 '축복과 저주'의 개념만 존재할 뿐 은혜가 존재하지 않습니다. 타종교에서 상벌이 강조된다는 것은 인간의 행동이 강조된다는 의미입니다. 왜냐하면 인간이 행한 대로 받는다고 주장하기 때문입니다. 타종교에는 신의 역할이 없고, 신의 은혜가 없고 신은 단지 심판자일 뿐입니다. 잘한 놈 상주고, 못한 놈 벌주는 것입니다. 모든 것을 인간이, 자신이 해야 합니다. 기독교는 절대로 그렇지 않습니다.

하나님의 행한 대로

성도님들이 혼동하는 이유가 구약에 하나님이 하신 말씀에도 '행한 대로' 라는 표현이 나오기 때문입니다. 레위기 24장 17절 이하에 "사람을 쳐 죽인 자는 반드시 죽일 것이요 짐승을 쳐 죽인 자는 짐승으로 짐승을 갚을 것이며 사람이 만일 그의 이웃에게 상해를 입혔으면 그가 행한 대로 그에게 행할 것이니 상처에는 상처로, 눈에는 눈으로, 이에는 이로 갚을지라 남에게 상해를 입힌 그대로 그에게 그렇게 할 것이며"라고 나옵니다. 성경에서 가장 오해받는 대표 구절로 이 말의 의미를 잘 분별하셔야 합니다. 이 말씀은 '행한 대로' 갚으라는 보복의 원칙을 정해주는 것이 아닙니다. 전혀 다른 의미로, 사람의 과도한 보복을 막아주시는 원리입니다. 사람들은, 죄인들은 상대가 '행한 대로' 갚는 것이 아니라 언제나 그 이상으로, 배로 갚습니다. 돈을 꾸었으면 꾼 돈만 갚는 것이 아니라 이자를 주어야 합니다. 차가 사고가 나면 단지 사고난 부분만 변상하는 것이 아니라 그 이상을 해 주어야 합니다. 그와 같은 죄인의 원칙을 막기 위해서 '제발 그 이상을 하지 말라, 혹시 상대방이 행했으면 행한 만큼만 너도 행하라' 고 말하시는 것입니다. 만약 행한 대로 갚는 것이 하나님의 원리라면 예수님이 말씀하신 '원수를 사랑하라' 는 말씀과 서신서의 '원수가 주리거든 먹이고 목마르거든 마시게 하라' 는 가르침과 상충되는 것입니다.

더 나아가, 하나님과 인간의 관계를 살펴보면 하나님은 인간이 행한 대로 갚지 않습니다. 만약 상호간에 행한 대로 갚으려면 전제 조건이 있습니다. 행함에 자유가 있어야 한다는 것, 선을 행하거나 악을 행할 자유가 있어야 한다는 것입니다. 예를 들어, 시각장애인은 길을 똑바로 갈 수 없습니다. 그런 분에게 행한 대로 갚는다는 것은 말이 안 됩니다. 마찬가지로, 구약에서 인간이 죄인이 되었습니다. 죄인이 되어, 죄에 사로 잡혀, 죄의 종이 되어 있습니다. 당연히 죄가 주인이고 인간이 종입니다. 죄인이 죄의 길을 행하는 것, 죄인이 죄의 뜻대로 행하는 것이 당연합니다. 그런데 하나님이 죄인에게 왜 죄를 행하냐고 행한 대로 갚으면 공정하지 않은 것입니다. 죄인이 죄를 행하는 것은 불쌍한 것입니다. 왜냐하면 어찌할 수 없이 행하는 것이기 때문입니다. 그래서 하나님은 죄인에게 행한 대로 갚으시는 것이 아니라 불쌍히 여기시고 은혜를 주시고 복을 주시는 것입니다. 그렇게 은혜를 받아야 죄를 이길 수 있고, 복을 받아야 죄를 떠날 수 있기 때문입니다. 세상이 '행한 대로' 를 주장하는 이유는 인간이 죄인이라는 개념이 없기 때문이요, 기독교가 '은혜' 를 주장하는 이유는 인간이 죄인이라는 개념이 있기 때문입니다.

열매, 결과

'행한 대로' 라는 원리를 일반적으로 적용하는 것과 하나님에 대하여 적용하는 것을 잘 구분해야 합니다. 어떤 사람이 열심히 농사를 지었고 가을에 풍성히 추수를 했습니다. 어떤 사람은 열심히 놀았고 가을에 추수할 것이 없습니다. 당연히 '행한 대로' 입니다. 기독교가 이러한 일반적인 '행한 대로' 의 원리를 부인하는 것이 아닙니다. 공부했으니 성적이 잘 나왔고 공부 안 했으니 성적이 안 나오는 것은 당연히 '행한 대로' 입니다. 멋있게 가꾸고 폼 나게 말하니 이성 친구가 생겼고, 거지같이 하고 험하게 말하니 이성 친구가 없는 것은 당연히 '행한 대로' 의 원리이고 기독교는 이러한 일반적인 원칙을 인정합니다.

그런데 이러한 일반적인 원칙을 '하나님의 은혜' 에 적용하면 안 된다는 것입니다. 콩 심으면 콩이 나고 팥을 심으면 팥이 나고 심은 대로 거둔다는 말이 맞지만 그렇다고 이 원리를 하나님의 은혜에 적용하면 안 된다는 것입니다. 잘못된 예, 틀린 예를 들면 이런 것입니다. '세상의 불변의 법칙이 심은 대로 거두는 것, 행한 대로 거두는 것입니다. 세상의 원리는 하나님이 만드신 것입니다. 그러므로 하나님께도 심은 대로 거두고 행한 대로 거두는 것입니다. 하나님께 감사를 심고, 열심을 심고, 기도를 심고, 재물을 심으십시오. 하나님께 심으면 감사할 일이 생기고, 복을 받고, 물질이 생기는 것입니다. 하나님을 사랑하면 하나님이 복을 주시고, 목사를 잘 섬기면 하나님이 세상에서 섬김을 받는 자로 세워주시는 것입니다. 하나님은 너무나 은혜로운 분이라 심은 것보다 더 많이 주시는 분입니다. 불실을 심으세요. 하나님은 심은 것보다 많이 삼십 배, 육십 배, 백배로 주실 것입니다' 라고 말하면 안 된다는 것입니다.

심어서 심은 대로 거두는 것은 은혜라고 말하지 않고, 상급이라고 말하지 않고, 면류관이라고 말하지 않고, 축복이라고 말하지 않습니다. 심은 대로 거두는 것은 열매요, 행한 대로 받는 것은 결과입니다. 그러므로 은혜와 열매를 구별하실 줄 알아야 합니다. 육체를 따라 행하면 육체의 결과가 나오고 성령을 따라 행하면 성령의 열매가 맺어지는 것입니다. 육체를 따라 행했더니 육체의 결과가 나오는 것은 벌이 아니라 당연한 결과입니다. 성령을 따라 행하였더니 성령의 열매가 맺어지는 것은 상급이 아니라 당연한 결과입니다. 행한 대로 되고 심은 대로 됩니다. 행하면 행동의 결과가 나오고 심으면 심은 것의 열매가 나옵니다. 행동의 결과에 형이니 벌을 운운해서는 안 되고 심은 것의 열매에 대해 축복이나 저주를 운운해서는 안 됩니다.

혹시 죄를 지었을지라도 하나님을 두려워할 이유가 없습니다. 하나님이 벌주지 않고 심판하지 않고 징계하지 않고 저주하지 않습니다. 대신 한 가지, 죄의 행동을 하였을 경우 죄의 결과가 온다는 것을 기억하셔야 합니다. 그런데 사람들은 죄를 행동하고 나서 죄의 결과를 예상하지 않고, 죄의 결과를 당연히 여기지 않고, 생뚱맞게도 하나님이 벌 주셨다고 하나님을 원망합니다. 결과와 심판을 혼동하는 어리석음입니다. 하나님의 원리대로 하나님의 마음으로 사시면 하나님의 열매가, 하나님의 결과가 나타난다는 것을 알고 기대하는 것입니다. 그런데 성도들은 하나님의 원리대로 행한 후에도 열매가 나타난다는 것을 당연하게 기대하는 것이 아니라 엉뚱하게도 상급을 기대합니다. 모든 것이 결과와 은혜, 열매와 은혜를 혼동하는 어리석음입니다. 행한 대로 되는 것, 심은 대로 되는 것은 결과요, 열매입니다.

은혜

기독교는 행한 대로, 심은 대로의 원리는 기본이고 그 이상이 있는 것입니다. 기독교의 하나님은 겨우 '행한 대로' 갚으시는 정도의 분이 아니요, 고작 '심은 대로' 거두게 하는 정도의 분이 아닙니다. 혹시 행한 대로, 심은 대로를 좋아하는 분은 행할 수 있는 분이요, 심을 수 있는 분입니다. 행할 수 없는 사람은 행한 대로 되는 세상에서 살 수 없고, 심을 수 없는 사람은 심은 대로 되는 세상에서 살기가 너무 너무 어렵습니다. 그런데 우리 하나님은 행할 수 없는 자들을 위해 은혜를 주시고, 심을 수 없는 자들을 위해 은혜를 주십니다. 저와 여러분은 행할 수 없을 때에 은혜를 받은 자요, 심을 수 없을 때에 은혜를 받은 자들입니다. 행한 대로 받는 세상에서는 하나님을 믿을 이유가 없습니다. 반대로 하나님을 믿는 사람들이 행한 대로를 주장하는 것은 하나님을 욕되게 하는 것이요, 은혜를 은혜 되지 못하게 하는 것이요, 예수의 십자가를 무용하게 만드는 것입니다.

사사기 1장 7절에 언급된 가나안 사람, 이방인의 어리석은 고백에서 기독교의 진리를 만들어 내면 안 됩니다. 세상의 교훈과 기독교의 진리가 어떻게 다른지, 어떻게 적용해야 하는지 잘 분별하셔야 합니다. 상식이 필요한 곳에 믿음을 적용하면 안 되고 믿음을 적용해야 하는 곳에 상식을 주장하면 안 됩니다. 행한 대로 받는 것으로 살 수 있는 분은 그렇게 사시면 됩니다. 그러나 행한 대로 받아서 살 수 없는 분은 하나님의 은혜를 구해야 합니다. 하나님은 죄인을 불쌍히 여기시고 긍휼히 여기셔서 행한 대로 갚지 않으시고 치유의 은혜, 회복의 은혜, 구원의 은혜를 베풀어 주실 것입니다. 성경을 읽으시고, 성경을 배우셔서 하나님을 바로 알고, 기독교를 바로 알고, 신앙을 바로 알기 바랍니다. 그래서 즐거운 신앙생활, 신나는 믿음생활, 자유로운 교회생활, 하나님의 은혜를 누리는 행복한 삶이 되기를 주님의 이름으로 축원합니다.

5

점령하는 자에게는

사사기 1:8~15

8 유다 자손이 예루살렘을 쳐서 점령하여 칼날로 치고 그 성을 불살랐으며 9 그 후에
유다 자손이 내려가서 산지와 남방과 평지에 거주하는 가나안 족속과 싸웠고 10 유다
가 또 가서 헤브론에 거주하는 가나안 족속을 쳐서 세새와 아히만과 달매를 죽였더
라 헤브론의 본 이름은 기럇 아르바였더라 11 거기서 나아가서 드빌의 주민들을 쳤으
니 드빌의 본 이름은 기럇 세벨이라 12 갈렙이 말하기를 기럇 세벨을 쳐서 그것을 점
령하는 자에게는 내 딸 악사를 아내로 주리라 하였더니 13 갈렙의 아우 그나스의 아
들인 옷니엘이 그것을 점령하였으므로 갈렙이 그의 딸 악사를 그에게 아내로 주었더
라 14 악사가 출가할 때에 그에게 청하여 자기 아버지에게 밭을 구하자 하고 나귀에
서 내리매 갈렙이 묻되 네가 무엇을 원하느냐 하니 15 이르되 내게 복을 주소서 아버
지께서 나를 남방으로 보내시니 샘물도 내게 주소서 하매 갈렙이 윗샘과 아랫샘을 그
에게 주었더라

전쟁에 대한 묘사

사사기 묘사

사사기 1장 1절 맨 처음이 '여호수아가 죽은 후에'로 시작하지만 여호수아가 죽었다는 사실이 전혀 중요하지 않고, 이 표현에 근거해서 이스라엘의 지도자 여호수아가 죽었기에 이후 사사기에서 이스라엘의 혼란이 온 것이라고 말해서는 안 된다고 했습니다. 만약 지도자의 중요성, 지도자의 역할을 강조한다면 굳이 성경이어야 할 필요가 없고, 교회이어야

할 필요가 없고, 하나님이어야 할 필요가 없습니다. 그리고 이스라엘 백성이 여호와께 여쭈어 보았다는 표현 때문에 이스라엘이 신실했다거나 하나님께 의지했다고 말해서도 안 된다고 했습니다. 이 표현에 근거하여 매사에 하나님께 여쭈어보고 행동하고, 매사에 하나님의 응답을 듣고 행동하라고 권면해서는 안 됩니다. 만약 매번 하나님께 질문하고 응답받으라고 한다면 기독교에는 성경이 있을 필요가 없고, 성경이 하나님의 말씀이요, 계시의 책이라고 강조할 필요가 없습니다. 동시에 저와 여러분이 성경을 읽고 배우고 설교할 필요도 없습니다. 그냥 계속 하나님께 질문하고 응답을 기다리면 됩니다. 또 하나, 성경에 나와 있는 표현들에서 '누가 한 말인가?', '누구의 개념인가?'를 정확하게 분별해야 합니다. 가나안 사람이요, 이방인이요, 우상종교에 사로잡혀 있는 아도니 베섹이 한 말을 마치 성경의 교훈인 양, 하나님의 가르침인 양 받아들이면 정말 어이없고 어리석고 미련하고 한심한 것입니다. 아도니 베섹이 한 말은 세상에서 너무나 많이 듣고, 하나님이 없어도 되는 뻔한 내용이기에 굳이 성경이 강조할 필요가 없습니다. 기독교에는 하나님이 계시고, 하나님이 말씀하신, 하나님이 가르치신, 하나님의 마음과 심정과 원리와 개념이 담긴 성경이 있습니다. 그렇다면 성경은 세상의 교훈과 가르침과는 분명하고 철저하게 달라야 합니다. 그 차이점을 분별하지 못하면 성경을 바르게 이해하지 못한 것입니다.

하나님의 승리

사사기 1장의 주요 줄거리는 가나안 정복입니다. 그러나 가나안 정복에 대해, 정복을 위한 전쟁에 관해 하나님의 관점과 이스라엘의 관점이 극명하게 대조되고 있습니다. 하나님은 가나안에 입성하는 것에 대해 정복이라고 하지 않았고 전쟁이라고 하지도 않았고 이스라엘에게 싸우라고, 이기라고, 승리하라고 명령하시도 않았습니다. 가나안 입성에 대한 하나님의 말씀은 2절 "내가 이 땅을 그의 손에 넘겨주었노라"이며, 4절 "여호와께서 가나안 족속과 브리스 족속을 그들의 손에 넘겨주시니"입니다. 하나님의 관점은 하나님이 넘겨주셨다는 것입니다. 이스라엘이 싸워야 하는 전쟁이 아니고, 이스라엘이 승리해서 빼앗아야 하는 정복이 아니라 하나님이 주셨다는 것입니다.

하나님의 말씀을 이해하기 위해서는 가나안 사건의 전모를 파악하셔야 합니다. 가나안 입성은 갑자기 발생한 사건이 아닙니다. 모세에 의해 시작된 것이 아니고 여호수아가 진행하던 사건도 아닙니다. 전적으로 하나님께서 아브람에게 약속하신 사건입니다. 하나님께서 가나안 땅을 주시겠다고 약속하셨기에, 약속된 시간이 임하여 드디어 이스라엘 백성이 가나안 땅에 도착하였고 하나님은 말씀대로 가나안을 넘겨주셨다고 선언하신 것입니다. 만약 하나님이 넘겨주셨다는 것 이외에 다른 것을 강조하면 그것은 하나님의 약속을 헛된 것으로 만드는 것이요, 결국 하나님을 모욕하는 것입니다. 하나님이 주시겠다고 약속하셨기에 '하나님이 주셨다' 고 강조함으로 하나님의 신실하심, 하나님의 책임성, 하나님의 능력을 드러내는 것이 옳습니다.

하나님의 관점에서 사사기 1장을 기록한다면 현재의 기록과는 전혀 달라야 합니다. 8절은 '유다가 예루살렘에 올라가서 인수하니라', 9절은 '그 후에 유다 자손이 내려가서 산지와 남방 평지에 거주하는 가나안 족속을 접수하고 유다가 또 가서 헤브론에 거주하는 가나안 족속을 넘겨받았다' 고 해야 합니다. 가나안 땅의 정복과정이 기록된 여호수아서를 확인해 보겠습니다. 8장 1절 "내가 아이 왕과 그의 백성과 그의 성읍과 그의 땅을 다 네 손에 넘겨주었으니", 11장 6절 "여호와께서 여호수아에게 이르시되 그들로 말미암아 두려워하지 말라 내일 이맘때에 내가 그들을 이스라엘 앞에 넘겨주어 몰살 시키리니"입니다. 그래서 8절 "여호와께서 그들을 이스라엘의 손에 넘겨주셨기 때문에 그들을 격파하고"입니다.

모두 하나님이 주신 것이요 하나님이 넘겨주셨기에 전쟁 영웅이 없고, 하나님이 넘겨주셨기에 승리할 수 있었던 것으로 인간의 전략이나 전술이 없습니다. 하나님이 넘겨주셨기에 승리의 축제가 없고 하나님이 넘겨주셨기에 사람에 대한 논공행상이 없습니다.

넘기시매

이스라엘이 전쟁에서 승리하고 가나안을 정복하는 모습에 대해 '싸움에서 승리하였다, 전쟁에서 승리하였다' 라는 표현 대신에 '하나님 넘겨주셨다' 라고 표현한다면 이스라엘이 전쟁에서 패하는 것은 어떻게 표현했을지 궁금할 것이고, 아마도 단순하게 '전쟁에서 패했다, 싸움에서 졌다' 라고 나오지는 않을 것 정도는 예견할 것입니다. 사사기 2장 이후에 보면 이스라엘이 이방인의 압제를 받는 경우가 있습니다. 일반적으로 말하면 이방인과의 전쟁에서 패한 것이요, 가나안과의 싸움에서 진 것입니다. 그런데 성경은 전혀 다르게 묘사합니다. 사사기 2장 14절 "여호와께서 이스라엘에게 진노하사 노략하는 자의 손에 넘겨 주사 그들이 노략을 당하게 하시며 또 주위에 있는 모든 대적의 손에 팔아넘기시매 그들이 다시는 대적을 당하지 못하였으며", 사사기 3장 8절 "여호와께서 이스라엘에게 진노하사 그들을 메소보다미아 왕 구산 리사다임의 손에 파셨으므로", 사사기 10장 7절 "여호와께서 이스라엘에게 진노하사 블레셋 사람들의 손과 암몬 자손의 손에 그들을 파시매" 입니다. 하나님이 나라를 팔아 넘겼다고 합니다.

물론 다른 표현도 있습니다. 사사기 6장 1절 "이스라엘 자손이 또 여호와의 목전에 악을 행하였으므로 여호와께서 칠 년 동안 그들을 미디안의 손에 넘겨주시니", 6장 3절 "이스라엘이 파종할 때면 미디안과 아말렉과 동방 사람들이 치러 올라와서 진을 치고 가사에 이르도록 토지소산을 멸하여 이스라엘 가운데에 먹을 것을 남겨 두지 아니하며 양이나 소나 나귀도 남기지 아니하며"입니다. 미디안이 쳐들어 와서 전쟁을 하여 미디안이 이겼고 이스라엘이 패한 것입니다. 그런데 성경은 '여호와께서 넘기셨다' 고 말합니다. 동일한 표현이 사사기 13장 1절 "이스라엘 자손이 다시 여호와의 목전에 악을 행하였으므로 여호와께서 그들을 사십 년 동안 블레셋 사람의 손에 넘겨주시니라"입니다. 13장에서 삼손이 블레셋과 계속하여 싸우는 장면이 나올 때에도 성경은 '여호와께서 넘기셨다' 고 말합니다. 하나님은 가나안 입성과 가나안 정착, 가나안에서의 삶에 대해 전혀 싸움이나 전쟁으로 여기지 않는다는 것을 아셔야 합니다. 또 다른 표현도 있습니다. 사사기 3장 12절 "이스라엘 자손이 또 여호와의 목전에 악을 행하니라 이스라엘 자손이 여호와의 목전에 악을 행하므로 여호와께서 모압 왕 에글론을 강성하게 하사"입니다. 아예 하나님이 이스라엘의 적군을 양성하시고 키우시고 강성하게 하셨답니다. 하나님은 마치 간첩이나 이중스파이 같아 보입니다. 이와 같이 성경에서 수많은 전쟁을 보게 되지만 하나님은 전혀 전쟁이라고 생각하지 않으시는 것입니다.

그러나 가나안 입성이라는 동일한 사건에 대해 하나님과 달리 이스라엘은 온전히 싸움이요, 전쟁이라고 생각하고 있습니다. 그래서 이스라엘은 1절 '누가 가나안 족속과 싸우리이까', 3절 '가나안 족속과 싸우자', 5절 '그와 싸워서' 라고 했습니다. 8절 '유다 자손이 예루살렘을 쳐서 점령하고 칼날로 치고' 에서 나오는 '쳐서' 라는 단어도 앞에 나온 '싸우다' 라는 것과 같은 단어이고, 9절에도 '가나안 족속과 싸웠고' 라고 나옵니다. 또 12절에도 '갈렙이 말하기를 기럇 세벨을 쳐서 그것을 점령하는 자에게는' 이라고 나옵니다. 22절 "요셉 가문도 벧엘을 치러 올라가니", 25절 "이에 그들이 칼날로 그 성읍을 쳤으되"입니다. 가나안 입성에 대한 하나님의 인식과 이스라엘의 인식의 차이를 이해하셔야 본문에서 갈렙이 한 행동의 의미를 바르게 분별할 수 있습니다. 이제부터 갈렙의 신상 털기를 시작해 보겠습니다.

인간의 사고방식

이상한 일들

어린 시절 동화를 즐겁게 읽다가 어느 날 부터인가 동화가 매우 이상하다는 것을 발견하게 되었습니다. 토끼와 거북이의 경주이야기에서 토끼는 육지동물이고 거북이는 주 활동무대가 바다입니다. 둘이 시합을 한다면 토끼는 산을 돌아오고 거북이는 섬을 돌아오는 시합을 해야 정당합니다. 그런데 토끼와 거북이가 산꼭대기에 올라가는 시합을 합니다. 이것은 정당한 시합이 아닙니다. 동화를 지은 사람도 말이 안 되는 것을 알았는지 경기 중에 억지로 토끼를 재웁니다. 또 대부분의 동화에서는 공주가 등장하고, 당연히 공주의 아버지인 임금이 등장합니다. 공주는 당연히 예쁘고, 당연히 아프거나 울기만 하거나 잠만 잡니다. 임금은 공주를 고치거나 울음을 그치게 하거나 깨우거나 하면 나라의 절반과 함께 공주를 선물로 주거나, 전쟁에서 이기면 공주를 아내로 준다고 공포합니다. 동화니까 당연히 왕자가 나타나고 공주를 차지하고 그렇게 결혼해도 공주와 왕자는 행복하게 오래오래 살았답니다. 철들고 나서 동화를 읽어보면 말도 안 됩니다. 공주는 인격체가 아니라 마치 인형 같고, 임금 옆에 서있는 마네킹 같고, 그래서 임금이 경품으로 내거는 물건 취급을 받습니다. 페미니즘 학자들이 이런 동화에 치를 떨고, 가부장적 동화니, 남성 중심적 동화니, 비인격적 동화니, 권력의 폭력이니 비판을 한 적이 있습니다. 요즘은 이런 동화가 점점 줄어들고 동화에서도 인격을 존중하고, 남녀평등을 묘사하고, 권력의 남용을 자제하는 등 매우 신중해 지고 있습니다.

세상도 이렇게 달라지고 있는데, 어이없게도 성경에도 이런 동화 같은 이야기가 나온다는 것입니다. 동화를 비판하는 사람들이 당연히 성경에 대해서도 신랄한 비판을 가했습니다. 과연 성경에는 왜 이런 이야기가 등장하는지 궁금합니다. 어쩌다 보니 한 번 이런 이야기가 등장하는 것이 아니라 여러 번 나옵니다. 더 심각한 것은 이런 장면이 나올 때 기독교인들이 각 장면들을 바르게 분석하는 것이 아니라 무조건 옳다고, 무조건 정당하다고, 무조건 긍정적으로, 무조건 바람직한 행동으로 설명했다는 것입니다. 더 심하게는 '하나님은 독재다, 이것이 신본주의다' 라고 억지 주장을 폈다는 것입니다. 과연 성경에는 왜 이런 이야기가 나오고, 성도는 이 이야기를 어떻게 설명해야 하는지 성경에 나오는 장면들을 통해 확인해 보겠습니다.

사사기 1장 12절 "갈렙이 말하기를 기럇 세벨을 쳐서 그것을 점령하는 자에게는 내 딸 악사를 아내로 주리라 하였더니 갈렙의 아우 그나스의 아들인 옷니엘이 그것을 점령하였으므로 갈렙이 그의 딸 악사를 그에게 아내로 주었더라" 입니다. 아버지라고 해서 딸을 자기 마음대로 해도 되는 것이 아닙니다. 사무엘상 17장에는 다윗과 골리앗의 싸움 장면이 기록되어 있습니다. 그 중 25절 "이스라엘 사람들이 이르되 너희가 이 올라 온 사람을 보았느냐 참으로 이스라엘을 모욕하러 왔도다 그를 죽이는 사람은 왕이 많은 재물로 부하게 하고 그의 딸을 그에게 주고 그 아버지의 집을 이스라엘 중에서 세금을 면제하게 하시리라" 입니다. 그래서 사무엘상 18장 17절 "사울이 다윗에게 이르되 내 맏딸 메랍을 네게 아내로 주리니 오직 너는 나를 위하여 용기를 내어 여호와의 싸움을 싸우라" 입니다. 사울은 자기 마음대로 메랍을 다윗에게 주고, 메랍은 전혀 자기 의사를 개진하지 않습니다. 만약 다윗이 메랍을 싫어하면 상황이 묘해지는 것입니다. 더 심한 경우도 있습니다. 사사기 11장에는 입다가 전쟁에 나가면서 서원하는 장면이 있습니다. 30절 "그가 여호와께 서원하여 이르되 주께서 과연 암몬 자손을 내 손에 넘겨주시면 내가 암몬 자손에게서 평안히 돌아올 때에 누구든지 내 집 문에서 나와서 나를 영접하는 그는 여호와께 돌릴 것이니 내가 그를 번제물로 드리겠나이다 하니라"입니다. 입다는 자기 딸도 아니고 무작위로 나오는 사람을, 아내나 남편으로 주는 정도가 아니라 번제물로 바친다고 합니다. 당사자는 전쟁 이긴 것을 축하하러 나오다가 날벼락을 맞게 되는 것입니다.

갈렙의 오해

한 가지 결론부터 먼저 말씀드리자면 이 사건에 등장하는 갈렙의 행동은 이스라엘의 신실한 믿음이 아니라 불신앙을 증명하는 것입니다. 사사기 1장 1절에서 이스라엘이 하나님께 여쭈어 보는 것이 신중한 것이 아니라 하나님의 약속을 신뢰하지 않는 것이요, 하나님이 행하신 땅 분배에 대하여 전혀 인정하지 않는 불신앙의 극치라고 설명 드린 적이 있습니다. 그와 마찬가지로 갈렙의 행동은 가나안의 입성과 정착이 하나님이 약속하신 대로 은혜로 넘겨주신 것과 극단적으로 대조되는 조치로서 이스라엘의 불신앙의 절정을 보여주는 것입니다. 사사기는 1장에서 앞으로 사사기가 전개되는 내용의 단서를 제공합니다. 사사기에서 계속적으로 이어지는 불신앙과 우상숭배가 전혀 새로운 것이 아니라 원래 이스라엘의 본모습이었음을 1장부터 까발리는 것입니다.

종종 사람들은 이스라엘의 수준을 오해합니다. 대표적인 오해가 사사기 2장 6절로 10절에 대한 오해입니다. "전에 여호수아가 백성을 보내매 이스라엘 자손이 가서 그들이 기업으로 가서 땅을 차지하였고 백성이 여호수아가 사는 날 동안과 여호수아 뒤에 생존한 장로들 곧 여호와께서 이스라엘을 위하여 행하신 모든 큰일을 본 자들이 사는 날 동안에 여호와를 섬겼더라 여호와의 종 눈의 아들 여호수아가 백십 세에 죽으매 무리가 그의 기업의 경내 에브라임 산지 가아스 산 북쪽 딤낫 헤레스에 장사하였고 그 세대의 사람도 다 그 조상들에게로 돌아갔고 그 후에 일어난 다른 세대는 여호와를 알지 못하며 여호와께서 이스라엘을 위하여 행하신 일도 알지 못하였더라"입니다. 이 구절을 읽는 사람들이 모두 기록된 대로만 생각합니다. 그래서 당시의 사람들은 믿음이 좋았는데, 그 사람들이 죽고 후대부터 불신앙이 생겼다고 착각합니다.

갈렙은 신앙인의 모습을 보여주는 것이 아니라 불신앙의 모습을 보여주고 있습니다. 앞에서 가나안 입성에 대한 하나님의 관점과 이스라엘의 관점이 전혀 다르다는 것을 대조했습니다. 단순히 관점의 차이가 아니라, 하나님이 넘겨주시는 것을 자신들이 이겨서 얻는 것으로 생각하는 것이 불신앙이요, 하나님을 모욕하는 것입니다. 갈렙은 일반적으로 생각하기에는 아주 자연스럽게 '기럇 세벨을 쳐서 그것을 점령하는 자에게는 내 딸 악사를 아내로 주리라' 고 선언했습니다. 갈렙이 이렇게 제안하는 이유는 전쟁에 대한 이해가 하나님과 다르기 때문입니다. 이스라엘이 기럇 세벨을 공격하여 승리하면 갈렙의 공로가 아니요, 옷니엘의 공적이 아니요, 오직 하나님의 은혜입니다. 가나안 전체에서 어느 지역을 정복하든, 어느 도시를 진멸하든, 어느 성읍을 탈취하든, 모든 승리는 딱 하나 '하나님이 넘겨주시니' 일 뿐이요, 다른 설명이 나오면 안 됩니다. 그런데 갈렙은 자신들이 전투에서 승리하면 전쟁을 한 자신들의 공로라고 생각하는 것입니다. 기럇 세벨을 정복하면 가장 앞장서서 전투에 임하고 가장 먼저 점령한 용맹스러운 그 사람의 공로라고 생각하는 것입니다. 그렇게 수고하고 애쓰고 공로를 세운 사람에게 상을 내리는 것이 당연하다고 생각하는 것입니다. 이것이 하나님을 불신하는 생각이요, 하나님을 거부하는 조치인 것입니다.

성경의 예들

전쟁에 대한 하나님의 관점과 갈렙의 조치를 대조하여 보겠습니다. 가나안 입성의 첫 번째 장소가 여리고 성이었습니다. 칠일 간에 걸쳐 열세

바퀴를 돌고 소리를 질렀더니 성벽이 무너져 내렸습니다. 그렇게 여리고 성을 정복한 후에 하나님은 어느 누구에게라도, 어느 것이라도 상을 내린 적이 없습니다. 하나님이 상을 안 주셨다고 인색하다고 말할 것이 아니라 '왜 안 주셨나?'를 알아야 합니다. 그 이유는 하나님이 승리하게 하셨기 때문입니다. 여리고성 전투에서 이스라엘 백성 중에 다른 사람과 구별되게 공헌을 세운 사람이 없습니다. 열세바퀴 돌 때 가장 세게 발을 굴른 사람이나 소리 지를 때 가장 크게 소리 지른 사람이 누구인지 찾아내서 공로를 인정해 주어야 하는 것이 아니라 오직 하나님이 승리하게 하셨다는 것을 알아야 합니다.

가나안에서 두 번째 전쟁이 일어난 곳이 아이 성입니다. 한번은 실패하고 두 번째 전투에서 아이 성 점령에 성공합니다. 아이 성 전투에는 진략이 동원되었습니다. 약 오천 명이 성읍 서쪽 벧엘과 아이 사이에 매복하였고 일부는 아이 성을 공격하다가 패한 척하여 도망치며 적을 유인하는 역할을 하였고 결국 승리하였습니다. 하나님이 매복조와 유인조 중에 어느 팀이 승리에 더욱 공헌한 것을 따져서 어느 누구에게라도, 어느 것이라도 상을 내린 적이 없습니다. 왜냐하면 누구 때문에 이긴 것이 아니라 오직 하나님이 승리하게 하셨기 때문입니다. 여호수아서 전체를 생각해 보아도 마찬가지입니다. 흔히 가나안 입성의 총 책임자를 여호수아 장군이라고 생각합니다. 여호수아가 용맹스러웠고, 전략가였고, 지략가였다고 생각합니다. 여호수아서에서 가나안 입성이 완료된 후에 하나님이 여호수아에게 다른 백성들과 구별되게 공로를 인정하여 내린 상이나 특별한 상급이 일체 없습니다. 왜냐하면 여호수아 때문에 승리한 것이 아니라 전적으로 여호와께서 가나안을 이스라엘의 손에 넘겨주셨기 때문입니다.

전쟁을 하다보면 당연히 역할의 구별이 생길 수 있습니다. 싸움에 앞장 선 사람이 있고 뒤에 선 사람이 있고, 단지 병사 하나를 무찌른 사람이 있고 장수를 무찌른 사람이 있고, 체력이 약하여 한 번은 싸움에 나가고 한 번은 진지에 남아있는 사람이 있고 매번 전투에 나간 사람도 있습니다. 너무나 자연스럽게 각 사람의 역할과 기여도가 차별이 날 수 있습니다. 그런데 하나님은 이스라엘 백성을 절대로 구별 짓지 않았습니다. 왜냐하면 이스라엘 때문에 승리한 것이 아니라 하나님이 승리를 주셨기 때문입니다. 이것이 가나안 입성에 관한 하나님의 관점입니다. 가나안 입성의 최대 공로자로 알려져 있는 여호수아도 하나님의 관점에 동의하고 하나님의 조치에 동의했습니다. 여호수아가 하나님께 특별한 상을 요청한 적이 없고 백성들과의 차별을 요구한 적도 없습니다. 여호수아 자신도 백성과 따로 구별된 대접을 받은 적이 없는 것과 같이 백성들을 따로 구별하여 대우한 적이 없습니다. 오직 하나님께서 약속하신 대로 광야에서 미리 제비뽑기를 통하여 할당받은 각자의 지역을 차지한 것으로 족하였습니다.

더 근본적으로 이스라엘이 가나안 지역에 들어올 수 있었던 것은 출애굽이 있었기 때문이었습니다. 출애굽의 공로자가 모세라고 인정되고 있습니다. 모세는 당시 최강대국 애굽의 바로 왕 앞에서 자그마치 열 번이나 이적을 행하였습니다. 또 자그마치 사십 년이나 되는 광야생활에서 이스라엘을 인도한 역할을 감당한 자가 모세입니다. 그런 모세가 이스라엘 백성과 구별된 대우를 받은 적이 없고 하나님께 상을 받은 적이 없고, 모세의 기념비라도 세운 적이 없고, 무덤이라도 웅장하게 만들어준 적이 없고, 땅의 혜택이라도 준 것이 일체, 전혀 없습니다. 왜냐하면 모세 때문에 출애굽과 광야생활이 가능한 것이 아니었고 오직 하나님이 출애굽시켜주셨고 광야생활을 책임지고 돌보시고 공급해 주셨기 때문입니다. 모든 것을 하나님이 행하셨기 때문입니다. 이것이 하나님의 관점, 성경의 관점입니다.

'기럇 세벨을 쳐서 그것을 점령하는 자에게는 상을 내린다' 는 갈렙의 행동, 갈렙의 조치는 하나님이 없는 세상에서는 너무나 당연한, 누구라도 수용할 수 있는 조치입니다. 하지만 하나님의 공동체에서는 절대로 발생해서는 안 되는 행동이었던 것입니다. 갈렙의 행동은 가나안의 승리가 하나님의 은혜가 아닌 이스라엘의 공로라고 주장하는 것과 같습니다. 기럇 세벨을 하나님이 넘겨주신 것이 아니라 자신들이 쟁취하였다고 우기는 것과 같습니다. 하나님께 감사하는 것이 아니라 스스로들 자화자찬하는 것입니다. 그래서 갈렙의 행동이 불신앙의 극치라고 말할 수 있는 것입니다.

하나님의 조치

다윗의 경우

갈렙의 조치와 정반대가 되는 경우, 즉 전쟁을 했음에도 불구하고, 각각의 차별적 역할이 있었음에도 불구하고, 절대적으로 하나님이 승리하게 하셨음을 인정하는 경우에 어떻게 조치하는 것인지 성경의 예를 확인해 보겠습니다. 사무엘상 30장에 아주 귀한 사례가 등장합니다. 3절 "다윗과 그의 사람들이 성읍에 이르러 본즉 성읍이 불탔고 자기들의 아내와 자녀들이 사로잡혔는지라"입니다. 다윗과 동료들의 가족이 포로로 잡혀가자 곧바로 다윗의 무리가 추격합니다. 9절 "이에 다윗과 또 그와 함께 한 육백 명이 가서 브솔 시내에 이르러 뒤떨어진 자를 거기 머물게 했으되 곧 피곤하여 브솔 시내를 건너지 못하는 이백 명을 머물게 했고 다윗은 사백 명을 거느리고 쫓아가니라"입니다. 마침내 전쟁에서 승리하고 18절 "다윗이 아말렉 사람들이 빼앗아 갔던 모든 것을 도로 찾고 그의 두 아내를 구원하였고 그들이 약탈하였던 것 곧 무리의 자녀들이나 빼앗겼던 것은 크고 작은 것을 막론하고 아무것도 잃은 것이 없이 모두 다윗이 도로 찾아왔고 다윗이 또 양 떼와 소 떼를 다 되찾았더니 무리가 그 가축들을 앞에 몰고 가며 이르되 이는 다윗의 전리품이라 하였더라"입니다.

여기까지는 전쟁이야기이고 그 다음에 전쟁에 참가한 사람들끼리 전쟁에 대한 논공행상이 벌어집니다. 21절 이하 "다윗이 전에 피곤하여 능히 자기를 따르지 못하므로 브솔 시내에 머물게 한 이백 명에게 오매 그들이 다윗과 그와 함께 한 백성을 영접하러 나오는지라 다윗이 그 백성에게 이르러 문안하매 다윗과 함께 갔던 자들 가운데 악한 자와 불량배들이 다 이르되 그들이 우리와 함께 가지 아니하였은즉 우리가 도로 찾은 물건은 무엇이든지 그들에게 주지 말고 각자의 처자만 데리고 떠나가게 하라 하는지라"입니다. 이들의 주장은 일반적으로는 일리가 있고 어쩌면 당연한 요구 같아 보입니다. 이때 다윗의 대답이 정말로 멋있는데, 다윗이 이렇게 행한 근거, 원인, 명분을 잘 새기셔야 합니다. 23절 이하 "다윗이 이르되 나의 형제들아 여호와께서 우리를 보호하시고 우리를 치러 온 그 군대를 우리 손에 넘기셨은즉 그가 우리에게 주신 것을 너희가 이같이 못하리라 이 일에 누가 너희에게 듣겠느냐 전장에 내려갔던 자의 분깃이나 소유물 곁에 머물렀던 자의 분깃이 동일할지니 같이 분배할 것이니라"입니다. 간혹 세상의 장수들 중에는, 간혹 하나님을 모르는 백성들 중에는 차별을 두자고 제안할 수 있습니다. 그러나 하나님의 지도자는, 하나님을 인정하는 사람은 전쟁에서의 승리나 어떤 일이 성취되었을 때에 오직 하나님의 은혜임을 강조해야 합니다. 그것이 하나님의 사람, 하나님의 일꾼이 보여주어야 하는 본입니다.

다윗의 행동이 갈렙과 어떻게 다른지 구별이 되실 것입니다. 절대로 단순한 하나의 조치를 비교하는 것이 아니라 하나님의 존재를 인정하고, 하나님의 은혜를 인정하느냐는 것입니다. 다윗도 추격에 동참했고 다윗도 힘들게 싸웠습니다. 인간의 수고가 없는 것이 아닙니다. 그러나 철저하게 '하나님이 이기게 하셨다' 고 고백하는 것입니다. 이것은 다윗이 겸손한 것이 아니라 엄연한 사실입니다. 다윗이 하나님을 높여주는 것이 아니라 명백한 사실입니다. 성도는 하나님이 행하셨다는 사실을 인정하고 사실을 고백하는 사람들입니다.

우물

갈렙과 그의 딸 악사 그리고 사위 옷니엘의 행동은 한편의 코메디요, 그들이 주고받는 대화가 아주 가관입니다. 14절 이하 "악사가 출가할 때에 그에게 청하여 자기 아버지에게 밭을 구하자 하고 나귀에서 내리매 갈렙이 묻되 네가 무엇을 원하느냐 하니 이르되 내게 복을 주소서 아버지께서 나를 남방으로 보내시니 샘물도 내게 주소서 하매 갈렙이 윗샘과 아랫샘을 그에게 주었더라" 입니다. 이 상면노 세상의 관섬에서는 지극히 당연한 장면입니다. 딸을 시집보내며 딸의 삶을 축복하고 사막지역에서 생명의 원천인 우물을 그것도 하나가 아니라 두 개를 주는 감동적인 장면입니다. 하지만 성경에서의 의도는 정반대입니다. 15절의 악사의 말에서 '아버지께서 나를 남방으로 보내시니' 의 '보내시니' 가 '주다' 라는 의미로서, 그 다음의 샘물도 내게 '주소서' 와 같은 단어입니다. 즉 악사는 자신이 가나안에서 땅을 얻은 것에 대해 하나님이 아닌 아버지의 공로로 생각하며, 그래서 복도 아버지에게 달라고 하고, 우물도 아버지에게 달라고 합니다. 악사는 하나님을 믿는 것이 아니라 아버지를 믿을 뿐입니다. 행여 악사가 이렇게 말해도 갈렙은 바르게 가르쳤어야 합니다. '악사야, 약속을 주신 분도 하나님이시오, 약속을 지키신 분도 하나님이시오, 가나안의 땅을 주신 분도 하나님이시다. 하나님이 너의 가는 길을 지키시며 너와 함께 하시며 너를 축복하시며 너를 돌보실 것이다. 하나님을 의지하고 가거라' 라고 했어야 합니다. 갈렙이나 악사나 이미 이스라엘은 가나안에 들어와 가나안에 살고 있는 사람들의 삶을 보자마자 가나안화 되기 시작한 것입니다.

하나님의 은혜

혹자들은 갈렙의 행동에 대해 자신의 딸 또는 여성을 비인격적으로 대했다고 비난을 하기도 합니다. 또 이 이야기가 성경에 기록되어있고 대부분의 설교자들이 갈렙의 행동을 책망하기보다는 두둔하기에 기독교도 가부장적이며 하나님도 비인격적이요 폭력적이라고 비난하기도 합니다. 모두 성경에 대한 오해입니다. 하나님은 인격적이신 분으로 하나님이 인간을 비인격적으로 대우하시고 몰인격적으로 대하시고 막무가내로 몰아세운 적이 없습니다. 아브라함이 아들을 안 낳으려고 했는데 하나님이 민족을 이루어야 하니까 낳아야만 한다고 우기신 적이 없고, 모세가 애굽으로 돌아가지 않겠다고 하자 협박해서 보낸 적이 없고, 여호수아가 전쟁을 머뭇거리니까 '갈래 죽을래?' 라고 윽박지르신 적이 없습니다.

본문의 핵심은 갈렙의 비인격적 행동만이 아니라 갈렙을 포함한 이스라엘의 불신앙을 지적하는 것입니다. 죄인들이 자신의 공로를 내세우려는 상벌원리를 보여주며 하나님은 언제나 은혜를 베풀어주시는 신실하심을 대조하여 주는 것입니다. 하나님은 인간의 행위에 대해 상을 내린 적이 없습니다. 하나님은 인간의 행위에 보상해준 적이 없습니다. 하나님은 언제나 은혜를 주시는 분이었습니다. 언제부터인가 인간이 하나님 앞에 은혜를 감사하지 않고 상을 기대하고, 상을 받아내기 위해 노력하기 시작했고, 교회도 언제부터인가 상을 제시하기 시작했습니다. 모두 하나님의 백성이기보다는 이스라엘의 후손, 가나안의 후손, 이방인의 후손이 되어버린 것입니다. 저와 여러분은 하나님을 믿는 사람들이요, 하나님께 은혜를 받았다고 고백하는 사람들입니다. 생명도 하나님의 은혜요, 건강도 하나님의 은혜요, 지혜도 하나님의 은혜요, 재능도 하나님의 은혜요, 모든 것이 하나님의 은혜임을 고백하는 자들입니다. 이렇게 하나님의 은혜를 고백하면 자기를 주장하지 않게 되고, 당연히 서로 간에 경쟁과 갈등이 없어지고 자유와 평화와 안식이 넘쳐나게 됩니다. 기독교가 하나님을 강조하는 최종목적이 하나님의 영광이 아니라 인간의 행복한 삶인 것입니다. 성경을 많이 읽고, 성경을 바르게 가르치고 배워서, 사람들의 성경에 대한 오해, 기독교에 대한, 하나님에 대한 오해를 바로 잡아주고, 모든 사람이 신나고 자유롭고 평화롭고 행복한 삶을 살 수 있도록 하나님의 진리를 가르치는 역할을 잘 감당하기를 주님의 이름으로 축원합니다.

6

거주하니라

사사기 1:16~26

16 모세의 장인은 겐 사람이라 그의 자손이 유다 자손과 함께 종려나무 성읍에서 올
라가서 아랏 남방의 유다 황무지에 이르러 그 백성 중에 거주하니라 17 유다가 그의
형제 시므온과 함께 가서 스밧에 거주하는 가나안 족속을 쳐서 그 곳을 진멸하였으므
로 그 성읍의 이름을 호르마라 하니라 18 유다가 또 가사 및 그 지역과 아스글론 및
그 지역과 에그론 및 그 지역을 점령하였고 19 여호와께서 유다와 함께 계셨으므로
그가 산지 주민을 쫓아내었으나 골짜기의 주민들은 철 병거가 있으므로 그들을 쫓아
내지 못하였으며 20 그들이 모세가 명령한 대로 헤브론을 갈렙에게 주었더니 그가 거
기서 아낙의 세 아들을 쫓아내었고 21 베냐민 자손은 예루살렘에 거주하는 여부스 족
속을 쫓아내지 못하였으므로 여부스 족속이 베냐민 자손과 함께 오늘까지 예루살렘
에 거주하니라 22 요셉 가문도 벧엘을 치러 올라가니 여호와께서 그와 함께 하시니라
23 요셉 가문이 벧엘을 정탐하게 하였는데 그 성읍의 본 이름은 루스라 24 정탐꾼들
이 그 성읍에서 한 사람이 나오는 것을 보고 그에게 이르되 청하노니 이 성읍의 입구
를 우리에게 보이라 그리하면 우리가 네게 선대하리라 하매 25 그 사람이 성읍의 입
구를 가리킨지라 이에 그들이 칼날로 그 성읍을 쳤으되 오직 그 사람과 그의 가족을
놓아 보내매 26 그 사람이 헷 사람들의 땅에 가서 성읍을 건축하고 그것의 이름을 루
스라 하였더니 오늘까지 그곳의 이름이 되니라

하나님의 사역

이름 짓기

어느 목사님이 성경에 나오는 인물 중에 가장 와 닿는 인물이 요나라

고 하셨습니다. 이유는 '요~ 나!' 이기 때문이라고 했습니다. 일종의 언어유희입니다. 사람은 어느 지역에 살든, 어느 시대에 살든, 어느 문화에 살든 비슷한 성향이 있는데 그 중의 하나가 이름을 짓는 것입니다. 케빈 코스트너가 주연한 영화 '늑대와 춤을' 에는 인디언의 이름이 소개됩니다. 극중 여자 주인공의 이름이 '주먹 쥐고 일어서' 이고 남자 주인공의 이름이 '늑대와 춤을' 입니다. 인디언이 남자를 볼 때 남자가 늑대와 춤을 추고 있었기에 이름을 '늑대와 춤을' 이라고 지은 것입니다. 우리나라 어른들도 자녀가 많다보니 출산과 관련된 특징을 이름으로 정했습니다. 점이 있다고 점순이, 마지막으로 자식을 낳았다고 말숙이, 피난가다 바위에서 났다고 암태 등입니다.

구약 성경이 기록된 언어는 히브리어입니다. 히브리 사람들이 히브리어로 이름 짓는 것도 매우 단순합니다. 몇 가지를 살펴보면 아주 재미있습니다. 하나님이 아브라함에게 아들이 있을 것이라고 말씀하시자 아브라함도 웃었고 사라도 웃었습니다. 히브리어로 '웃다' 가 '짜하크' 입니다. 그래서 아브라함과 사라의 아들 이름이 '이쯔하크' 즉 성경의 '이삭' 이요, 우리말로 하면 '웃음' 입니다. 야곱에게는 열두 아들이 있었고 창세기 29장부터 그 이름이 소개됩니다. 32절 "레아가 임신하여 아들을 낳고 그 이름을 르우벤이라 하여 이르되 여호와께서 나의 괴로움을 돌보셨으니" 입니다. '돌보다 또는 돌아보다, 바라보다, 살피다' 는 히브리 단어가 '라아' 입니다. 자음이 같고 모음만 바꾸어서 '라아' 가 '르우' 가 되고, 아들을 의미하는 '벤' 을 붙여서 르우벤이 된 것입니다. 하나님이 '라아' 하셨기에 '르우' 하신 아들로 우리말로 하면 하나님이 '보셨기' 에 이름이 '보신 아들' 입니다.

출애굽기 2장에 모세의 이름이 나옵니다. 10절 "그 아기가 자라매 바로의 딸에게로 데려가니 그가 그의 아들이 되니라 그가 그의 이름을 모세라 하여 이르되 이는 내가 그를 물에서 건져내었음이라 하였더라" 입니다. '건져내다, 끌어내다' 가 히브리어로 '마솨' 입니다. 공주가 아이를 '마솨' 했기에 이름을 '모세' 라고 부른 것입니다. 본문으로 오면 사사기 1장 17절 "유다가 그의 형제 시므온과 함께 가서 스밧에 거주하는 가나안 족속을 쳐서 그 곳을 진멸하였으므로 그 성읍의 이름을 호르마라 하니라"입니다. '진멸하다' 가 히브리어로 '하람' 입니다. 즉 '하람' 했기에 '호르마' 라 하더라가 되는 것입니다. 본문에서 가나안 정복의 한 사건을 통해 가나안 정복의 의미를 확인해 보겠습니다.

하나님의 역사

출애굽은 이스라엘이 애굽과의 전쟁에서 승리하여 비로소 애굽의 노예생활을 청산하고 당당하게 애굽을 벗어난 사건이 아닙니다. 물론 출애굽하는 과정에서 이스라엘은 전혀 움직이지 아니하고 단지 구경만 한 것이 아닙니다. 이스라엘도 행한 것이 있습니다. 모세는 매번 바로 왕 앞에 나아갔었고, 이적이 나타날 때마다 하나님의 말씀을 따라 이스라엘 백성들도 가축을 들여놓기도 하고, 집의 양을 잡아 문설주에 바르기도 했습니다. 하지만 이스라엘이 백성이 어떤 일을 행하였어도 어느 누구도 이스라엘의 능력으로, 이스라엘의 수고로 출애굽 했다고 말하는 사람은 없습니다. 아브라함이 아들을 낳은 것을 설명하는 것도 마찬가지입니다. 아브라함은 가만히 있었는데 어느 날 이삭이 하늘에서 내려온 것이 아닙니다. 아브라함은 아내 사라를 거들떠도 안 봤는데 어느 날 사라의 배가 불러온 것이 아닙니다. 분명 아브라함은 사라와 동침하였고 백세나 된 아브라함이 애를 써서 아들을 얻었습니다. 그러나 어느 누구도 아브라함의 능력으로, 아브라함의 수고로 아들을 낳았다고 말하지 않고 하나님이 주셨다고 말합니다.

이런 설명에는 한 가지 전제가 있습니다. 당사자는 그 일을 행하는데 아무 능력이 없었다는 것입니다. 이미 당사자는 그 일을 감당할 능력이 없었기에 일이 진행되는 과정에 그가 어떤 행동을 아무리 많이 할지라도 그의 행동이 결과를 만들어 내었다고 말할 수 없다는 것입니다. 그런데 그런 상황을 설명할 때에는 실제와는 다르게 표현한다는 것입니다. 예를 들어, 아이가 공을 가지고 놀다가 공이 차 밑으로 들어갔습니다. 아이의 힘으로 차를 밀어내고 공을 꺼낼 수 없습니다. 분명한 사실은 아이는 차를 밀어낼 능력이 없다는 것, 아이 스스로는 공을 꺼낼 수 없다는 것입니다. 아버지가 차를 밀어냅니다. 이때 아이는 힘도 없으면서, 도움이 되기보다는 도리어 방해가 되면서도 아버지가 차를 미는 것을 도와준다는 명분으로 차에 손을 얹어 놓습니다. 드디어 차가 밀리고 공을 꺼냈을 때 당연히 아버지가 꺼내 준 것입니다. 그런데 아버지는 사실과 다르게 말합니다. '아들이 도와주어서 쉽게 꺼냈어!' , 또는 '아빠 혼자서는 못했는데 아들 때문에 했다' , '아빠는 손만 대고 있었고 아들이 차를 밀었네' 라고 말합니다. 이런 설명을 어느 누구도 거짓말이라고 하지 않습니다. 대신에 '아들 기를 살려주었다' 고 합니다.

이렇게 말해도 되는 것은 첫째, 아무리 이렇게 말해도 아들이 행한 것이 아니라 아버지가 행했다는 것을 모두가 알 수 있기 때문입니다. 말을 이렇게 한다고 해서 사실이 바뀌거나 진실이 왜곡되지 않습니다. 왜냐하면 이미 전제가 너무나 명백하게 밝혀져 있기 때문입니다. 또 다른 이유는 아버지는 아들과 경쟁관계에 있지 않기 때문입니다. 아들이 했다고 말함으로 아버지의 명예가 손상되지 않고 아버지의 공로가 사라지지 않습니다. 도리어 아들이 인정받고 드러나는 것이 아버지의 기대와 바람과 소망입니다. 이런 일반적인 예화에 대해서는 모든 사람이 너무나 잘 알고 있습니다. 하지만 이와 같은 표현 방식이 성경에서 하나님과 인간의 관계에 대해, 하나님과 인간의 역할을 설명할 때 자주 사용하고 있다는 것을 너무나 간과합니다. 성경은 단지 사실만 나열하는 것으로 여길 뿐 문학적 표현이나 수사학적 묘사를 사용한다는 것을 생각하지 않는 것입니다. 성경의 사건들, 성경의 고백들, 성경의 기록들을 읽을 때에는 단지 기록된 대로만이 아니라 그렇게 기록하고 고백하고 설명하는 의도를 파악하실 줄 아셔야 합니다.

가나안 입성

가나안 입성을 위해 이스라엘이 요단강을 건너고 여리고 성을 돌고 아이 성에서 전투를 합니다. 그렇다고 해서 이스라엘이 전쟁으로, 이스라엘이 싸움으로, 이스라엘이 자신들의 능력으로 가나안을 정복하고 있는 것이 절대로 아니라는 것입니다. 이스라엘이 정탐도 하고 작전도 짜고 무기도 동원하고 매복과 유인도 합니다. 하지만 이스라엘이 무슨 일을 해도, 어떤 일을 해도, 정말 극적인 장면이 소개되고 엄청난 내용이 등장해도 절대로 오해해서는 안 되는 인식, 정말 착각해서는 안 되는 생각, 너무나 분명하고 정확하게 기본적으로 가지고 있어야 하는 사실이 이스라엘이 출애굽을 할 수 있는 능력이 없었던 것과 마찬가지로 가나안을 정복할 능력이 없었다는 것입니다. 가나안 정복은 온전히 하나님이 이스라엘에게 넘겨주신 역사라는 사실입니다. 성경은 이 내용을 수십 번, 수백 번 반복해서 강조합니다.

실제로 가나안 입성 사건이 있기 최소 오백년 전에 아브라함에게 하나님이 직접 말씀하셨습니다. 요셉이 죽을 때 유언을 통해 이 사실을 강조하는 것이 창세기 50장 24절 이하 "요셉이 그의 형제들에게 이르되 나는 죽을 것이나 하나님이 당신들을 돌보시고 이 땅에서 인도하여 내사 아브라함과 이삭과 야곱에게 맹세하신 땅에 이르게 하시리라 하고 요셉이 또 이스라엘 자손에게 맹세시켜 이르기를 하나님이 반드시 당신들을 돌보시리니 당신들은 여기서 내 해골을 메고 올라가겠다 하라 하였더라"입니다. 출애굽을 시작하기도 전에, 이미 애굽에서 나오는 것은 당연한 것이고 가나안에 들어가게 할 것도 선언됩니다. 출애굽기 3장 8절 "내가 내려가서 그들을 애굽인의 손에서 건져내고 그들을 그 땅에서 인도하여 아름답고 광대한 땅, 젖과 꿀이 흐르는 땅 곧 가나안 족속, 히위 족속, 여부스 족속의 지방에 데려가려 하노라"입니다. 열 번째 이적을 위하여 유월절 절기를 정할 때에도 이미 가나안 입성은 예정되어 있습니다. 출애굽기 13장 4절 이하 "아빕월 이 날에 너희가 나왔으니 여호와께서 너를 인도하여 가나안 사람과 헷 사람과 아모리 사람과 히위 사람과 여부스 사람의 땅 곧 네게 주시려고 네 조상들에게 맹세 하신 바 젖과 꿀이 흐르는 땅에 이르게 하시거든 너는 이 달에 이 예식을 지켜 이레 동안 무교병을 먹고 일곱째 날에는 여호와께 절기를 지키라"입니다.

시내산에서 율법을 이스라엘 백성들에게 주실 때에도 이 약속이 반복됩니다. 율법을 주시면서 당장 시행하라고 말씀하시는 것이 아니라 하나님이 이스라엘을 가나안에 이르게 하시면 그때부터 시행하라는 것입니다. 출애굽기 23장 20절 이하 "내가 사자를 네 앞서 보내어 길에서 너를 보호하여 너를 내가 예비한 곳에 이르게 하리니 너희는 삼가 그의 목소리를 청종하라"입니다. 이스라엘이 금송아지를 만들어서 하나님을 배반할 때에도 하나님의 약속은 변경되지 않습니다. 출애굽기 33장 1절 이하 "여호와께서 모세에게 이르시되 너는 네가 애굽 땅에서 인도하여 낸 백성과 함께 여기를 떠나서 내가 아브라함과 이삭과 야곱에게 맹세하여 네 자손에게 주기로 한 그 땅으로 올라가라 내가 사자를 너보다 앞서 보내어 가나안 사람과 아모리 사람과 헷 사람과 브리스 사람과 히위 사람과 여부스 사람을 쫓아내고 너희를 젖과 꿀이 흐르는 땅에 이르게 하려니와"입니다. 모세가 모압 땅에서 죽기 직전에 과연 이스라엘 백성이 가나안에 들어갈 수 있을까 걱정하고 염려하고 불안해 한 적이 없습니다. 당연히 들어갈 것으로 알고 있었습니다. 왜냐하면 하나님의 약속이기 때문입니다. 그래서 신명기에서 모세는 백성들에게 가나안 입성을 당연한 사실로 선언합니다. 신명기 7장 1절 "네 하나님 여호와께서 너를 인도하사 네가 가서 차지할 땅으로 들이시고 네 앞에서 여러 민족 헷 족속과 기르가스 족속과 아모리 족속과 가나안 족속과 브리스 족속과 히위 족속과 여부스 족속 곧 너보다 힘이 센 일곱 족속을 쫓아내실 때에"입니다.

가나안 입성의 당사자였던 여호수아에게도 하나님이 가나안 지역에 발도 들여놓기 전에 이미 결과를 선언해 주십니다. 여호수아서 1장 1절 이하 "여호와의 종 모세가 죽은 후에 여호와께서 모세의 수종자 눈의 아들 여호수아에게 말씀하여 이르시되 내 종 모세가 죽었으니 이제 너는 이 모든 백성과 더불어 일어나 이 요단을 건너 내가 그들 곧 이스라엘 자손에게 주는 그 땅으로 가라 내가 모세에게 말한 바와 같이 너희 발바닥으로 밟는 곳은 모두 내가 너희에게 주었노니 곧 광야와 이 레바논에서부터 큰 강 곧 유브라데 강까지 헷 족속의 온 땅과 또 해 지는 쪽 대해까지 너희의 영토가 되리라"이고 6절 "강하고 담대하라 너는 내가 그들의 조상에게 맹세하여 그들에게 주리라 한 땅을 이 백성에게 차지하게 하리라"입니다. 이와 같이 가나안 정복은 이스라엘이 전쟁해서 뺏는 것이 아니라 하나님이 주시는 것임을 분명하게 알아야 합니다. 이스라엘이 전쟁에서 어떤 기가 막힌 역할을 해도 가나안 정복은 이스라엘의 공로가 아니라 하나님의 약속의 성취인 것입니다.

이스라엘의 실패

하나님의 권고

하나님께서 가나안 땅을 이스라엘에게 주시면서 한 가지 권면을 하십니다. 약속과 동시에 권면입니다. 출애굽기 34장 11절로 13절 "너는 내가 오늘 네게 명령하는 것을 삼가 지키라 보라 내가 네 앞에서 아모리 사람과 가나안 사람과 헷 사람과 브리스 사람과 히위 사람과 여부스 사람을 쫓아내리니 너는 스스로 삼가 네가 들어가는 땅의 주민과 언약을 세우지 말라 그것이 너희에게 올무가 될까 하노라 너희는 도리어 그들의 제단들을 헐고 그들의 주상을 깨뜨리고 그들의 아세라 상을 찍을지어다" 입니다. 그리고 15절 이하 "너는 삼가 그 땅의 주민과 언약을 세우지 말지니 이는 그들이 모든 신을 음란하게 섬기며 그들의 신들에게 제물을 드리고 너를 청하면 네가 그 제물을 먹을까 함이며 또 네가 그들의 딸들을 네 아들들의 아내로 삼음으로 그들의 딸들이 그들의 신들을 음란하게 섬기며 네 아들에게 그들의 신들을 음란하게 섬기게 할까 함이니라" 입니다. 동일한 내용이 신명기 7장에서 다시 반복합니다. 1, 2절 "네 하나님 여호와께서 너를 인도하사 네가 차지할 땅으로 들이시고 네 앞에서 여러 민족 헷 족속과 기르가스 족속과 아모리 족속과 가나안 족속과 브리스 족속과 히위 족속과 여부스 족속 곧 너보다 많고 힘이 센 일곱 족속을 쫓아내실 때에 네 하나님 여호와께서 그들을 네게 넘겨 네게 치게 하시리니 그때에 너는 그들을 진멸할 것이라 그들과 어떤 언약도 하지 말 것이요 그들을 불쌍히 여기지도 말 것이며", 5절 "오직 너희가 그들에게 행할 것은 이러하니 그들의 제단을 헐며 주상을 깨뜨리며 아세라 목상을 찍으며 조각한 우상들을 불사를 것이니라" 입니다.

하나님의 말씀은 가나안 사람을 진멸하고, 가나안의 모든 우상들을 헐라는 것입니다. 가나안 사람들을 진멸할 것이기에 당연히 가나안 사람들과는 어떠한 언약도 세우지 말라는 것입니다. 이 말씀에서도 성경의 표현방식을 이해하셔야 합니다. 하나님이 가나안 사람을 진멸하라고 하셨고 분명히 모든 사람을 죽이라고 하셨습니다. 하지만 그 내용은 인종청소가 아니라 가나안의 우상을 없애라는 의미입니다. 가나안의 우상, 가나안의 종교는 결국 가나안 사람들이 만들어 내는 것이기에, 가나안 사람들이 남아있는 이상 가나안의 우상과 종교는 계속하여 존재할 것이기에, 가나안의 우상을 척결하라는 말씀을 가나안 사람을 진멸하라는 표현으로 하시는 것입니다. 종종 성경을 비난하고 하나님을 싫어하는 사람들이 가장 대표적으로 불편해 하는 것이 바로 가나안 진멸입니다. 물론 표현상으로는 분명히 가나안 진멸이지만 내용상으로는 가나안 종교의 진멸이요, 더 실질적으로는 죄의 진멸을 의미합니다.

하나님이 분명하게 가나안 지역을 이스라엘에게 주시겠다고 말씀하셨고 이스라엘은 가나안 사람을 진멸하라고 말씀하셨습니다. 과연 이스라엘은 어떻게 행동했으며, 이스라엘은 왜 그렇게 행동했는지 분별해야 합니다. 성경의 사건들을 하나님이 약속하신 말씀과 하나님이 의도하신 관점에 근거해서 판단해야 합니다. 가나안 정복의 과정에 나타난 이스라엘의 행동을 통해 하나님의 의도와 이스라엘의 인식의 차이를 점검해 보겠습니다.

여리고 정탐

여호수아 2장에 여리고 정탐에 관한 기사가 나옵니다. 정탐꾼들이 라합이라는 기생의 집에 들어가 유숙하였는데 정보가 새나가서 어떤 사람이 여리고 왕에게 말하였고 왕이 사람을 보내매 라합의 집에 와서 정탐꾼을 끌어내라고 추궁합니다. 라합이 말하기를 4절 이하 "과연 그 사람들이 내게 왔었으나 그들이 어디에서 왔는지 나는 알지 못하였고 그 사람들이 어두워 성문을 닫을 때쯤 되어 나갔으니 어디로 갔는지 내가 알지 못하나 급히 따라가라 그리하면 그들을 따라잡으리라"고 거짓말을 합니다. 물론 라합이 거짓말을 한 것은 이유가 있었습니다. 여리고에 살던 기생 라합이 그 동안의 소문을 들었던 것입니다. 여호수아 2장 10절 "이는 너희가 애굽에서 나올 때에 여호와께서 너희 앞에서 홍해 물을 마르게 하신 일과 너희가 요단 저쪽에 있는 아모리 사람의 두 왕 시혼과 옥에게 행한 일 곧 그들을 전멸시킨 일을 우리가 들었음이니라"입니다. 라합은 어느 쪽에 붙어야 목숨을 부지할 수 있을지 고민하다가 이스라엘 쪽에 붙기로 한 것입니다. 그때 정탐꾼들이 하는 대답이 14절 "그 사람들이 그에게 이르되 네가 우리의 이 일을 누설하지 아니하면 우리의 목숨으로 너희를 대신 할 것이요 여호와께서 우리에게 이 땅을 주실 때에는 인자하고 진실하게 너를 대우하리라"입니다. 그리고 서약을 하고, 실제로 여리고 성을 정복할 때에 여호수아 6장 23절 "라합과 그의 부모와 그의 형제와 그에게 속한 모든 것을 이끌어 내고 또 그의 친족도 다 이끌어 내어 그들을 이스라엘의 진영 밖에 두고", 25절 "여호수아가 기생 라합과 그의 아버지의 가족과 그에게 속한 모든 것을 살렸으므로 그가 오늘까지 이스라엘 중에 거주하였으니"입니다.

이 사건을 살펴볼 때에도 분명하게 인식하고 있어야 하는 전제가 두 가지가 있습니다. 하나는 이스라엘은 가나안을 정복할 수 있는 능력이 전혀 없다는 것이요, 다른 하나는 하나님이 가나안을 이스라엘에게 주시겠다고 명확하게 약속하셨다는 것입니다. 그래서 이 사건을 하나님의 관점에서 살펴야지 전쟁을 위한 전략적 관점으로 보시면 안 된다는 것입니다. 하나님의 관점에서 정탐 사건은 아무 의미가 없는 사건, 아주 백해무익한 사건입니다.

불편한 진실

여호수아 2장에 나오는 이스라엘의 가나안 정탐에 관한 몇 가지 불편한 진실을 고발하겠습니다. 첫 번째, 이스라엘이 여리고를 정탐했습니다. 여호수아가 싯딤에서 두 사람을 정탐꾼으로 보내며 '가서 그 땅과 여리고를 엿보라' 고 한 것입니다. 이스라엘은 왜 정탐을 했을까요? 무엇이 알고 싶었을까요? 자신들이 무엇을 할 수 있습니까? 정탐을 한 결과 정탐꾼들이 여리고성에 들어가서 정탐해온 정보가 무엇입니까? 성의 높이를 알아왔나요? 성벽의 재료를 알아왔나요? 몇 바퀴를 돌면 성이 무너지는지 비밀을 알아왔나요? 여리고 성은 한성에 약하다는 약점이 있었나요? 도대체 왜 정탐꾼을 보냈을까요? 이스라엘이 여리고를 정탐했다는 사실에서 가나안 입성의 가장 기본적인 전제 즉 이스라엘은 가나안을 정복할 수 있는 능력이 전혀 없다는 사실이 부정됩니다. 이스라엘은 자신들이 스스로의 힘으로 가나안을 정복할 수 없다는 사실을 인정하지 않는 것입니다. 동시에 가나안 정복은 오직 하나님의 약속이며, 하나님의 능력이라는 사실도 인정하지 않는 것입니다. 자신들이 정탐하면 나아지는 것이 있습니까? 여리고 성에 대해 정보를 알아내면 하나님 없이도 정복할 수 있습니까? 도대체 정탐해서 어쩌자는 것입니까? 여호수아가 이스라엘의 군대장관으로서 매우 신실한 일만 했을 것으로 착각하시면 안 됩니다.

두 번째, 정탐꾼들이 라합에게 하는 말이 여호수아 2장 14절 "그 사람들이 그에게 이르되 네가 우리의 이 일을 누설하지 아니하면 우리의 목숨으로 너희를 대신할 것이요 여호와께서 우리에게 이 땅을 주실 때에는 인자하고 진실하게 너를 대우하리라"입니다. 왜 이런 약속을 합니까? 만약 라합이 누설하면 여호와께서 전쟁에서 이기지 못합니까? 만약 정탐이 발각되면 이스라엘이 가나안을 정복할 수 없습니까? 왜 쓸데없는 정탐을 가서, 왜 쓸데없는 약속을 합니까? 하나님이 언제 전쟁을 도와주는 가나안 사람은 살려주라고 했습니까? 하나님이 언제 이스라엘에 대하여 겁먹는 사람에게는 '인자하고 진실하게 대우' 하라고 했습니까? 하나님이 언제 광야에서 행하신 하나님의 소문을 듣고 마음이 녹고 정신을 잃은 사람은 살려주라고 했습니까? 하나님이 언제 혹시라도 가나안 사람에게 혜택을 받으면 '당사자와 부모와 그의 남녀 형제와 그들에게 속한 모든 사람' 을 살려주라고 했습니까? 하나님은 아브라함에게 말씀하실 때부터 전쟁을 언급한 것이 아니라 아예 가나안 땅을 주시겠다고 선언하셨고, 그 선언을 하실 때마다 계속하여 가나안을 진멸하라고 권고하셨습니다. 가나안 정탐을 왜 갔습니까? 왜 자기들 마음대로 라합과, 그것도 라합 한 사람뿐만이 아니라 온 집안까지 다 살려주기로 약속을 합니까?

세 번째, 불편한 진실, 아니 어이없는 진실이 나옵니다. 만약 이스라엘이 늘 하나님께 물어보고 응답을 받았다면 여리고 성에서 위기에 처했을 바로 그때에 하나님께 여쭈어보았어야 합니다. 그런데 하나님이 그렇게도 강력하게 가나안 사람과 언약을 맺지 말라고 말씀하셨음에도 불구하고, 지금 가나안에 들어가도 전에, 정탐할 때 이미 하나님의 말씀을 어기고, 하나님과의 약속을 어기고 가나안 사람 라합과 언약을 맺고 맹세를 합니다. 너무나도 어이없는 현상은 이스라엘은 자신들이 하나님과 맺은 언약과 맹세에 대해서는 도무지 지키지를 않고 있으면서, 자신들이 가나안 사람들과 맺은 맹세는 하나님과의 언약을 어기면서까지 지킨다는 것입니다. 이러한 행동에 대해 마태복음 23장 16절은 "너희가 말하되 누구든지 성전으로 맹세하면 아무 일 없거니와 성전의 금으로 맹세하면 지킬지라 하는도다 어리석은 맹인들이여 어느 것이 크냐 그 금이냐 그 금을 거룩하게 하는 성전이냐"라고 조롱하였습니다.

네 번째 불편한 진실, 라합이 여리고성을 정복하는데 기여한 공로가 무엇이냐는 것입니다. 이스라엘이 여리고성을 정복하는데 라합이 어떤 전략을 세워줍니까? 라합이 어떤 무기를 제공해줍니까? 라합이 여리고성의 어떤 약점을 알려줍니까? 라합이 여리고 성을 정복하는데 승리하도록 도대체 무엇을 행합니까? 아무 것도 없습니다. 정작 여리고 성을 정복하게 역사하신 분은 하나님이십니다. 그런데 여리고 성을 정복한 후에 이스라엘은 하나님에 대해서는 어떤 행동도 하지 않습니다. 반면에 전쟁 와중에도 기생 라합은 찾아내서 그의 아버지의 가족과 그에게 속한 모든 것을 살려줍니다. 도대체 누가 더 공을 세운 것입니까? 누가 역사한 것입니까?

하나님의 정탐

전쟁을 앞두고 정탐한 것에 대해 나름 이스라엘의 심정을 이해할 수 있지 않느냐고 반문하실 수 있습니다. 하지만 반문하기 전에 사건의 흐름을 이해하셔야 합니다. 가나안 지역에 대한 정탐은 이미 하나님이 다 하게 하셨습니다. 이스라엘이 광야에 머물고 있을 때 하나님이 직접 이스라엘에게 가나안을 정탐하게 하셨습니다. 민수기 13장 17절 이하 "모세가 가나안 땅을 정탐하러 그들을 보내며 이르되 너희는 네겝 길로 행하여 산지로 올라가서 그 땅이 어떠한지 정탐하라. 곧 그 땅 거민이 강한지 약한지 많은지 적은지와 그들이 사는 땅이 좋은지 나쁜지와 사는 성읍이 진영인지 산성인지와 토지가 비옥한지 메마른지 나무가 있는지 없는지를 탐지하라"입니다. 하나님이 말씀하신 정탐은 정보를 캐내고 약점을 발견하고 승리하기 위한 전략을 세우려는 사전 조치의 성격이 아닙니다. 그런 식의 정탐은 서로 맞붙었을 때에 어느 정도 경쟁상대가 되는 대상들이 하는 것입니다. 하지만 이스라엘은 가나안을 정복할 수 있는 어떠한 능력도 없다는 것이 확연히 드러나 있습니다. 그들이 정탐해서 몇까지 정보를 얻었다고 해서 전쟁을 할 수 있거나 전쟁에서 이길 수 있는 가능성이 있는 것이 아닙니다. 위에서 예를 들어드린 경우에서, 자기 공이 자동차 밑에 들어간 곳을 본 아이가 자동차를 점검해보니 자동차가 펑크가 났습니다. 자동차의 약점이 발견되었다고 해서 아이가 자동차를 들어 올릴 능력이 생기는 것이 아닙니다.

하나님이 보내신 정탐은 약점을 캐거나 비밀을 훔치러 가는 것이 아니라 장차 이스라엘이 들어가서 거주하게 될 지역을 구경하고 관람하고 사전에 경험하라는 것입니다. 하나님은 가나안을 정탐하기 전에 이미 가나안에 대한 평가를 내리셨습니다. 모세에게 말씀하실 때에 출애굽기 3장 8절 "내가 내려가서 그들을 애굽인의 손에서 건져내고 그들을 그 땅에서 인도하여 아름답고 광대한 땅, 젖과 꿀이 흐르는 땅 곧 가나안 족속,

헷 족속,아모리 족속, 브리스 족속, 히위 족속, 여부스 족속의 지방에 데려가려 하노라"입니다. 신명기 11장 10절 "네가 들어가 차지하려 하는 땅은 네가 나온 애굽 땅과 같지 아니하니 거기에서는 너희가 파종한 후에 발로 물 대기를 채소밭에 댐과 같이 하였거니와 너희가 건너가서 차지할 땅은 산과 골짜기가 있어서 하늘에서 내리는 비를 흡수하는 땅이요 네 하나님 여호와께서 돌보아 주시는 땅이라 연초부터 연말까지 네 하나님 여호와의 눈이 항상 그 위에 있느니라"입니다. 하나님의 강조점은 '하나님이 돌보아 주시는 땅, 연초부터 연말까지 하나님 여호와의 눈이 항상 그 위에 있는 땅' 으로 강조점이 하나님입니다. 하나님을 배제하고 자신들이 백 번을 정탐하면 무엇하고, 천 번을 맹세한들 소용이 없고, 여리고를 정탐해서 어떤 정보를 얻어서 자신들이 이길 수 있는 방법이 없습니다. 그래서 이스라엘 정탐꾼들의 말이 너무나 어이없고 웃긴 것입니다. 정탐꾼들이 하는 맹세가 '여호와께서 우리에게 이 땅을 주실 때에는' 입니다. 그렇게 생각하면 정탐을 오지 말든가, 자신들이 이길 만한 능력이 있으면 '우리가 정복할 때에' 라고 말을 하든가 했어야 합니다.

기브온 화친

하나님이 가나안 지역을 넘겨주신다는 약속과 함께 가나안 사람을 진멸하라는 권고를 무시하고 불순종하는 두 번째 사건이 여호수아 9장에 나오는 기브온 화친 사건입니다. 3절 이하 "기브온 주민들이 여호수아가 여리고와 아이에 행한 일을 듣고 꾀를 내어 사신의 모양을 꾸미되 해어진 전대와 해어지고 찢어져서 기운 가죽 포도주 부대를 나귀에 싣고 그 발에는 낡아서 기운 신을 신고 낡은 옷을 입고 다 마르고 곰팡이가 난 떡을 준비하고 그들이 길갈 진영으로 가서 여호수아에게 이르러 그와 이스라엘 사람들에게 이르되 우리는 먼 나라에서 왔나이다 이제 우리와 조약을 맺읍시다 하니", 14절 이하 "무리가 그들의 양식을 취하고는 어떻게 할지를 여호와께 묻지 아니하고 여호수아가 곧 그들과 화친하여 그들을 살리리라는 조약을 맺고 회중 족장들이 그들에게 맹세하였더라"입니다.

이것을 평화조약이라는 관점으로 접근하시면 안 됩니다. 어차피 가나안을 정복하려는 것이 목적인데 굳이 무력으로만 정복할 이유가 있느냐, 무력을 사용하지 않고도 정복할 수 있다면 그것이 가장 좋은 것이라고 생각하시면 안 됩니다. 만약 그렇게 생각하신다면 하나님을 아주 모욕하는 발언입니다. 하나님이 그 정도 평화정책을 모르실까요? 하나님은 살인을 좋아하시나요? 하나님은 전쟁을 사랑하시나요? 하나님은 다 죽여 버리는 것을 선호하시나요? 하나님이 인간보다 못해서 이런 방법을 사용하지 말라고 하시나요? 절대로 그렇지 않습니다. 후에, 기브온 주민들이 거짓을 행한 것이 밝혀지자 그때에도 이스라엘이 정말 어이없는 행동을 합니다. 여호수아 9장 18절 이하 "그러나 회중 족장들이 이스라엘의 하나님 여호와로 그들에게 맹세했기 때문에 이스라엘 자손이 그들을 치지 못한지라 그러므로 회중이 다 족장들을 원망하니 모든 족장이 온 회중에게 이르되 우리가 이스라엘의 하나님 여호와로 그들에게 맹세하였은즉 이제 그들을 건드리지 못하리라 우리가 그들에게 맹세한 맹약으로 말미암아 진노가 우리에게 임할까 하노니 이렇게 행하여 그들을 살리리라"입니다. 참으로 멍청한 지혜입니다.

벧엘 정탐

이스라엘이 가나안 지역을 넘겨주신다는 하나님의 약속과 함께 가나안 사람을 진멸하라는 권고를 무시하고 불순종하는 또 하나의 사건이 바로 사사기 1장 23절 "요셉 가문이 벧엘을 정탐하게 하였는데"입니다. 정탐을 왜 하는 것일까요? 정탐하면 좀 나을 수 있습니까? 24절 "정탐꾼들이 그 성읍에서 한 사람이 나오는 것을 보고 그에게 이르되 청하노니 이 성읍의 입구를 우리에게 보이라 그리하면 우리가 네게 선대하리라"입니다. 왜 이런 말을 합니까? 이스라엘은 자신들이 벧엘 성을 정복할 능력이 있다고 생각하는 것입니까, 없다고 생각하는 것입니까? 이렇게 행동하는 사람들이 전쟁에서 승리하면 하나님이 승리라고 하겠습니까, 자신들의 승리라고 하겠습니까? 과연 25절 “그 사람이 성읍의 입구를 가리킨지라. 이에 그들이 칼날로 그 성읍을 쳤으되 오직 그 사람과 그의 가족을 놓아 보내매”입니다. 누구 때문에 이긴 것입니까?

이러한 사건들은 이스라엘이 전쟁에 임하는 태도가 신중함을 의미하지 않습니다. 이스라엘이 얼마나 하나님의 말씀을 무시하고, 하나님의 역사를 인정하지 않았는가를 드러내는 것입니다. 반대로 말하면 죄인들이 얼마나 자신들을 드러내기를 원하고, 자신들의 공로를 자랑하기를 원하는가를 보여주는 것입니다. 전적으로 하나님의 은혜를 입고 있으면서도 어떻게든 단지 은혜만이 아니라 자신들의 지혜도 있었고, 자신들의 수고도 있었고, 자신들의 신실함도 있었다는 것을 드러내려는 죄성을 나타내는 것입니다. 왜 정탐을 합니까? 왜 그 사람들에게 물어봅니까? 정탐하면 전쟁에 이길 수 있을 것 같습니까? 반대로 정보가 없으면 전쟁에서 이길 수 없을 것 같습니까? 출애굽 할 때는 어떻게 나왔습니까? 홍해 건너기 전에 수심은 재어보았습니까? 어차피 광야에서 사십 년이나 머물렀는데 요단강 건너기 전에 언제 요단강을 정탐해서 물이 말라 강바닥이 드러날 때를 조사하지 그랬습니까?

거주하니라

이방인의 거주

하나님이 가나안을 주시겠다고 약속하셨다는 사실을 알지 못하면 본문에 나오는 사건들은 매우 자연스럽게 여겨질 수 있습니다. 그러나 하나님이 가나안을 주시겠다고 약속하셨다는 사실을 알고 있으면 본문의 사건은 이스라엘의 불신앙을 고발하는 내용임을 알 수 있습니다. 하나님은 가나안 사람을 진멸하라고 하셨습니다. 가나안 사람이 남아 있으면 장차 이스라엘이 가나안의 종교에, 가나안의 타락에, 가나안의 부패에 사로잡히고 결국 이스라엘이 패망할 것을 아시기에 미리 경고하신 것입니다. 그러나 하나님의 말씀을 도무지 듣지 않는 이스라엘 백성들, 죄인들은 결국 자신들의 생각에 좋은 대로 행동했고 각 지역에 각 족속의 사람들이 거주하게 하였습니다.

사사기 1장 16절 "모세의 장인은 겐 사람이라 그의 자손이 유다 자손과 함께 종려나무 성읍에서 올라가서 아랏 남방의 유다 황무지에 이르러 그 백성 중에 거주하니라"입니다. 황무지는 허허벌판이나 아무도 살지 않는 외진 곳을 의미하지 않습니다. 광야로 이스라엘의 지역을 지칭하는 것입니다. 19절에 보면 여러 지형이 나옵니다. 산지 주민, 골짜기 주민 등과 같이 가나안의 지역이 광야입니다. 모세의 장인은 미디안 사람으로 단순히 거주민이 아니라 미디안의 제사장이요, 미디안 종교의 종사자입니다. 하나님이 권고하신 것과는 다르게 우상을 섬기는 사람들이 이스라엘 백성들과 함께 거주하고 있습니다. 18절 이하 "유다가 또 가사 및 그 지역과 아스글론 및 그 지역과 에그론 및 그 지역을 점령하였고 여호와께서 유다와 함께 계셨으므로 그가 산지 주민을 쫓아내었으나 골짜기의 주민들은 철 병거가 있으므로 그들을 쫓아내지 못하였으며"입니다. 결국은 가나안의 골짜기 주민들이 거주하고 있다는 것입니다. 하나님이 권고하신 것과는 다르게 우상을 섬기는 사람들이 이스라엘 백성들과 함께 거주하고 있는 것입니다. 21절 "베냐민 자손은 예루살렘에 거주하는 여부스 족속을 쫓아내지 못하였으므로 여부스 족속이 베냐민 자손과 함께 오늘까지 예루살렘에 거주하니라", 26절 "그 사람이 헷 사람들의 땅에 가서 성읍을 건축하고 그것의 이름을 루스라 하였더니 오늘까지 그 곳의 이름이 되니라"입니다. 요셉이 정탐할 때 자신들을 도와준 일에 대한 사례로 그의 가족을 살려 주었고 결국 벧엘 성읍에 거주하던 사람 중의 일부가 여전히 이스라엘 내에 거주하고 있다는 것입니다.

상황 역전

이스라엘은 하나님의 말씀대로 행하지 않고 나름의 기준에 따라, 자신들의 생각에 따라 이스라엘 지역 내에 여리고 성에서 나온 사람들을 거주하게 하였고, 기브온 사람들과 화친을 맺었고, 겐 사람도 거주하게 하였고, 골짜기 주민들도 거주하게 하였고, 벧엘에서의 전투에서 도움을 준 가족들도 거주하게 하였습니다. 어느 한 지파만의 행동이 아니라, 어느 한 지역에서만의 조치가 아니라 각 지파가 각 지역에서 행한 일들입니다. 평화정책이 아니요, 휴머니즘이 아니요, 사해동포주의가 아닙니다. 이런 것을 성경에서는 화근이라고 합니다. 장차 사사기에서 하나님의 경고, 즉 가나안 백성을 살려두면 결국 이스라엘에 화근이 되어 이스라엘을 패망케 하리라는 말씀이 그대로 현실이 되는 것을 목도하게 될 것입니다.

언제나 하나님이 옳고, 하나님의 말씀이 옳습니다. 혹시라도 성경에서 하나님의 말씀이나 행동이 부당한 것처럼 느껴진다면 아직 성경에 대한 이해가 부족한 것입니다. 하나님은 인류의 창조자로서 인간을 사랑하시고 인간이 행복을 누릴 수 있도록 도우시는 분입니다. 성경을 더 많이 읽으시고, 하나님 말씀을 더 바르게 이해하시고, 하나님의 말씀대로 행하여 하나님이 약속하시고 보장하시는 하나님의 은혜, 하나님의 복락들을 풍성히 누리시는 삶이 되시기를 주님의 이름으로 축원합니다.

7

쫓아내지 아니하였더라

사사기 1:27~36

27 므낫세가 벧스안과 그에 딸린 마을들의 주민과 다아낙과 그에 딸린 마을들의 주민
과 돌과 그에 딸린 마을들의 주민과 이블르암과 그에 딸린 마을들의 주민과 므깃도와
그에 딸린 마을들의 주민들을 쫓아내지 못하매 가나안 족속이 결심하고 그 땅에 거주
하였더니 28 이스라엘이 강성한 후에야 가나안 족속에게 노역을 시켰고 다 쫓아내지
아니하였더라 29 에브라임이 게셀에 거주하는 가나안 족속을 쫓아내지 못하매 가나
안 족속이 게셀에서 그들 중에 거주하였더라 30 스불론은 기드론 주민과 나할롤 주
민을 쫓아내지 못하였으므로 가나안 족속이 그들 중에 거주하면서 노역을 하였더라
31 아셀이 악고 주민과 시돈 주민과 알랍과 악십과 헬바와 아빅과 르홉 주민을 쫓아
내지 못하고 32 아셀 족속이 그 땅의 주민 가나안 족속 가운데 거주하였으니 이는 그
들을 쫓아내지 못함이었더라 33 납달리는 벧세메스 주민과 벧아낫 주민을 쫓아내지
못하고 그 땅의 주민 가나안 족속 가운데 거주하였으나 벧세메스와 벧아낫 주민들이
그들에게 노역을 하였더라 34 아모리 족속이 단 자손을 산지로 몰아넣고 골짜기에 내
려오기를 용납하지 아니하였으며 35 결심하고 헤레스 산과 아얄론과 사알빔에 거주
하였더니 요셉의 가문의 힘이 강성하매 아모리 족속이 마침내는 노역을 하였으며 36
아모리 족속의 경계는 아그랍빔 비탈의 바위부터 위쪽이었더라

언어 습관

표현 방식

어느 날 할머니와 손자가 함께 길을 가고 있습니다. 아이가 신이 났는지 두리번거리며 가고 할머니는 조마조마하게 손자를 바라보며 가고 있

습니다. 잠시 후 아이가 돌에 걸려 넘어지고 할머니는 번개 같은 속도로 달려가 아이를 일으켜 세웁니다. 당연히 아이가 주의를 집중하지 않은 결과입니다. 그런데 할머니는 아이의 부주의를 나무라지 않고 엉뚱하게 돌을 야단칩니다. 돌은 원래부터 있었고, 아이가 조심하지 않았다는 것이 확연한 사실임에도 불구하고 할머니가 아이를 혼내는 대신 돌을 야단치는 것은 아이를 사랑하기 때문에, 아이에게 꾸중이나 책망을 하고 싶지 않아서입니다. 할머니의 이런 언행에 대해 사실과 다르다고 지적하거나, 할머니는 입만 열면 거짓말이라거나, 할머니는 왜 진실을 왜곡하느냐고 따지는 사람이 없고, 할머니의 행동에 대해 불만을 갖는 사람도 없습니다. 왜냐하면 할머니의 의도를 알기 때문입니다.

할머니와 손자가 마을회관에 도착하면 회관에 들어가면서부터 할머니가 설레발을 칩니다. 나이가 들어서 길을 깜빡깜빡하고 방향을 모르겠다고, 회관을 오는데 어디로 가야 되는지 통 분별이 안 되는데 손자가 손을 잡고 데리고 와서, 손자 없었으면 여기 오지 못했다고 합니다. 사실이 아니고 완전 거짓말입니다. 그러나 이때에도 사람들은 왜 거짓말을 하느냐고, 입은 비뚤어졌어도 말은 바르게 하라고 할머니를 트집 잡는 사람이 없습니다. 왜냐하면 모두 할머니의 속내를 알고 있기 때문입니다. 할머니가 말도 안 되는 말을 하는 것은 어떻게든 손자를 자랑하고 싶어서, 무조건 손자 칭찬할 거리를 만들려고 하는 것입니다.

하나님의 표현

사람들은 사람끼리 하는 이러한 말과 행동에 대해서는 알고 있습니다. 그런데 하나님이 이와 같은 표현을 사용하신다고는 생각하지 않습니다. 하지만 하나님도 이런 표현방식을 자주 사용하시고, 성경에는 단지 사실 여부에 의해서는 말이 안 되는 표현들이 자주 등장합니다. 하나님이 아브람을 처음 부르실 때 아브람은 믿음이 없었습니다. 그런데 성경은 로

마서 4장 3절에 "아브라함이 하나님을 믿으매 그것이 그에게 의로 여겨진 바 되었느니라"고 표현합니다. 이것은 사실이 아닙니다. 하나님이 가나안 땅을 주신다고 말씀하셨는데도 기근이 들자 아브람은 약속을 팽개치고 곧 바로 애굽으로 내려가 버릴 정도입니다. 하나님이 아들을 주시겠다고 말씀하셨는데도 자신의 생명에 위협을 느끼자 아들을 낳아야 되는 아내를 헌신짝처럼 버릴 정도입니다. 하나님이 보실 만한 믿음이 없고, 하나님이 의로 여길 만한 믿음이 없습니다. 그런데 성경은 '아브람의 믿음을 보시고 의로 여기셨다' 고 표현하는 것입니다. 이때 하나님은 왜 사실과 다르게 말하고, 성경은 왜 엉뚱하게 기록해서 사람을 혼동하게 만드느냐고 따지시면 안 됩니다. 하나님의 마음, 하나님의 의도를 이해하셔야 하는 것입니다.

모세의 경우도 마찬가지입니다. 모세가 애굽의 왕궁에 있다가 살인사건에 휘말려 미디안으로 도망을 갔습니다. 그런데 성경은 전혀 다르게 표현합니다. 히브리서 11장 24절 이하에 "믿음으로 모세는 장성하여 바로의 공주의 아들이라 칭함 받기를 거절하고 도리어 하나님의 백성과 함께 고난 받기를 잠시 죄악의 낙을 누리는 것보다 더 좋아하고 그리스도를 위하여 받는 수모를 애굽의 모든 보화보다 더 큰 재물로 여겼으니 이는 상 주심을 바라봄이라 믿음으로 애굽을 떠나 왕의 노함을 무서워하지 아니하고 곧 보이지 아니하는 자는 보는 것 같이 참았으며"입니다. 이것도 사실이 아닙니다. 저와 여러분은 모세에 관한 사실을 알고 있습니다. 출애굽기 2장 14절 이하에 "모세가 두려워하여 이르되 일이 탄로되었도다 바로가 이 일을 듣고 모세를 죽이고자 하여 찾는지라 모세가 바로의 낯을 피하여 미디안 땅에 머물며 하루는 우물곁에 앉았더라"입니다. 모세는 왕이 무서워 도망하였고, 광야에서 살 때에 하나님이 나타나서 애굽으로 돌아가라고 할 때에도 왕이 무서워서 안 가려고 했었습니다. 그런데 성경이 이렇게 표현하는 것입니다. 하나님이 왜 거짓말을 하시냐고, 성경은 왜 앞뒤가 다르냐고, 왜 사람 혼동되게 하느냐고 따지시면 안 됩니다. 상대를 위해주고, 상대를 감싸주고, 상대를 품어주는 하나님의 의도, 성경의 표현양식인 것을 이해하셔야 합니다.

관심방식

사람들이 실생활에 자주 사용하면서도 성경을 읽을 때는 적용하지 않는 방식의 또 다른 예를 들어보겠습니다. 사람은 아는 사람과 모르는 사람이 있으면 주로 모르는 사람에 대해 관심을 가지는 것이요, 궁금해 하는 것이요, 알고 싶어 하는 것입니다. 현재 우리나라에서 바둑을 잘 두는 사람은 이세돌이고, 이세돌이 바둑 잘 두는 것을 대부분의 사람들이 알고, 이세돌이 대회에 출전하면 우승할 것으로 예상합니다. 어느 날 이세돌이 졌는데 만약 선배인 이창호한테 졌으면 그럴 수도 있다고 생각합니다. 그런데 이세돌이 무명의 기사, 처음 출전한 초단자인 무명인에게 패했다고 하면 바둑계가 술렁이고, 도대체 무명인이 누구냐고 관심이 집중됩니다. 이세돌을 이길 정도면 꽤나 실력이 있을 텐데 왜 알려지지 않았는지 궁금해하고 이세돌을 이긴 비법이 무엇인지 알고 싶어 합니다. 만약 어떤 무명인이 다른 무명인을 이겼다고 하면 아무도 궁금해 하지 않습니다. 어차피 둘 다 모르는 사람이기 때문에 어느 누구도 알고 싶어 하지 않습니다. 유명하고 실력있는 이세돌을 알고 있기에, 이세돌을 이긴 무명인이 누구인지 궁금해 하는 것이 사람들의 일반적인 반응입니다.

성경을 읽을 때에도 이런 정상적인 반응, 일반적인 반응이 나와야 합니다. 창세기 22장에 사람들이 잘 알고 있는 아브라함이 아들 이삭을 바치는 사건이 나옵니다. 사람들은 아브라함이 어떻게 이삭을 얻었는지, 이삭이 얼마나 귀한 아들인지 알고 있습니다. 그런 이삭을 아브라함이 고민도 하지 않고 덥석 하나님께 바쳐버립니다. 그러면 성경을 읽는 분들은 아브라함에게 그러한 행동을 할 수 있도록 만든 하나님이 누구이신

지를 알고 싶어 해야 합니다. 도대체 하나님이 누구시기에 아브람이 그렇게 행동할 수 있는지 관심 가져야 합니다. 그 사건에서 하나님에 대해서는 말하지 않고 아브라함의 믿음, 아브라함의 헌신, 아브라함의 충성, 아브라함의 희생만 강조하면 중요한 핵심을 놓치는 것입니다. 만약 아브라함에게서 그러한 행동을 이끌어 낼 수 있었던 하나님에 대해서 말하지 않은 채 아브라함의 헌신만 강조하면 아브라함은 자식을 버리는 패륜범이요, 인간의 근본을 말살한 몰지각하고 부도덕한 정신이상자요, 신을 위해 아들까지 바치는 종교적 광신자에 불과한 것입니다.

출애굽 사건도 마찬가지입니다. 이스라엘이 애굽에서 나왔을 때에 모든 관심은 이스라엘이 아니라 하나님에게 맞추어져야 합니다. 비록 애굽에서 나온 것은 이스라엘이지만 출애굽 할 때 정작 이스라엘은 아무 일도 하지 않습니다. 출애굽에 대하여 이스라엘을 중심으로 말을 하면 할 말이 없습니다. 애굽에 대항하는 이스라엘의 도전정신을 언급하거나, 개구리와도 어울려 사는 친환경적인 이스라엘의 태도를 운운하거나, 바다 속으로 뛰어드는 이스라엘의 불굴의 투지를 강조하는 등 이스라엘을 강조하면 하나님의 의도, 하나님의 마음을 전혀 헤아리지 못하는 것입니다. 이스라엘의 출애굽이지만 관심의 초점은 하나님이어야 합니다. 성경을 읽을 때 드러난 인물만 볼 것이 아니라 드러나지 않은 존재도 알아야 하고, 드러난 사건만 고려할 것이 아니라 사건의 의도와 목적에 대해서도 생각해야 합니다.

이스라엘의 이야기

유다의 특성

사사기 1장에 맨 처음 등장하는 것이 유다지파였습니다. 이야기가 마치 유다를 칭찬하는 것처럼 전개됩니다. 하지만 말은 끝까지 들어봐야 한다는 격언처럼 성경 이야기도 끝까지 읽어봐야 합니다. 얼핏 보면 유다가 하나님의 응답을 받고 올라가서 모든 가나안 사람을 다 몰아낸 것처럼 보입니다. 4절에서 베섹을 정복하고, 8절에서 예루살렘, 10절에서 헤브론, 17절에서 스밧에 거주하는 가나안, 18절에 가사 및 그 지역과 아스글론 및 그 지역과 에그론 및 그 지역을 점령하였습니다. 말 그대로 승승장구입니다. 그런데 유다 지파에 대한 묘사가 끝나는 결론이 아주 의미심장합니다. 19절 "골짜기의 주민들은 철 병거가 있으므로 그들을 쫓아내지 못하였으며"이며, 이런 것을 반전이라고 합니다. 정복하고, 정복하고 정복했다고 말했으면 마지막은 '마침내 가나안 족을 모두 몰아내었더라' 고 나와야 하는데 정반대로 '그들을 쫓아내지 못하였으며' 라고 나옵니다. 마치 경기에 나간 프로 선수가 아마추어야 붙는 예선전에서는 승승장구하다가 정작 본선에서는 첫 게임에 탈락하는 것과 같은 것입니다. 이런 경우를 보고 어처구니가 없다고 하는 것입니다.

사사기 1장에서 유다 지파에 관한 결론은 '쫓아내지 못하였다' 는 것입니다. 처음에 유다가 몇 번 이기는 것 같았습니다. 그것도 유다가 잘 싸워서 이긴 것이 아니라 하나님이 넘겨주셔서 이겼습니다. 본문을 자세히 살펴보시면 본문 어디에서도 유다 지파가 전쟁에서 승리할 만한 자격과 조건을 설명하지 않습니다. 유다 지파의 전투력, 유다 지파의 용맹성, 유다 지파의 전략을 언급하지 않습니다. 혹시라도 유다의 용맹성을 주장하고 싶은 분들은 다음 구절들에 대해 설명하셔야 합니다. 16절 "모세의 장인은 겐 사람이라 그의 자손이 유다 자손과 함께 종려나무 성읍에서 올라가서 아랏 남방의 유다 황무지에 이르러 그 백성 중에 거주하니라"입니다. 유다가 올라갔는데 용맹스럽게 혼자 올라간 것이 아니며, 하나님의 응답을 믿고 당당하게 진군한 것이 아닙니다. 유다가 함께 올라간 사람들은 겐 사람들로 이스라엘 민족이 아닙니다. 모세의 장인은 미디안 광야에 살던 광야사람이요, 이방인입니다. 또한 정복을 안전히 마무리 한 것도 아니고 함께 동거하고 있는 것입니다. 또 17절을 보면 "유다가 그의 형제 시므온과 함께 가서 스밧에 거주하는 가나안 족속을 쳐서 그 곳을 진멸하였으므로 그 성읍의 이름을 호르마라 하니라"입니다. 혼자 간 것이 아니라 시므온과 함께 갔습니다. 18, 19절 "유다가 또 가사 및 그 지역과 아스글론 및 그 지역과 에그론 및 그 지역을 점령하였고 여호와께서 유다와 함께 계셨으므로 그가 산지 주민을 쫓아내었으나"입니다. 그 동안 유다가 승리할 수 있었던 것은 하나님이 승리를 주셨기 때문입니다. 성경은 하나님의 일하심을 강조하는 것입니다.

전체 이야기

사사기 1장은 유다의 이야기만 있는 것이 아니라 각 지파의 이야기가 다 나옵니다. 처음에는 유다 지파로 시작했습니다. 그 다음에 등장하는 것이 유다 지파와 함께 행동한 시므온입니다. 3절과 17절에 시므온 지파가 나옵니다. 그리고 21절에 베냐민 자손이 등장하고, 22절에 요셉 가문, 27절에 므낫세, 29절에 에브라임, 30절에 스불론, 31절에 아셀, 33절에 납달리, 34절에 단지파가 등장합니다. 1장에 소개한 지파가 아홉입니다. 이스라엘은 야곱의 열두 아들로 구성된 열두 지파인데 아홉 지파가 소개되었습니다. 이스라엘 백성 중에 일부만 등장하는 것이 아니라 전부 다 등장하는 것입니다. 총 열두 지파인데 아홉 지파만 등장했지만 이스라엘 전체가 등장한 것입니다. 사사기를 이해하기 위해서는 사사기 앞에 나오는 민수기나 여호수아서를 알고 계셔야 합니다.

이스라엘이 광야를 지나오면서 요단강 동편에 머물러 있을 때 그 지역을 점령했습니다. 민수기 21장과 신명기 3장에 나오는 사건입니다. 그때 르우벤 지파, 갓 지파, 므낫세 지파가 그 땅을 달라고 요청합니다. 요단강을 건너기 전 즉 가나안 지역에 들어오기 전에 땅을 분배받고 대신 다른 지파들과 함께 가나안 지역에 들어가서 정복이 끝날 때까지 전쟁에 참여하지만 가나안의 땅을 받지는 않겠다고 약속했었습니다. 그러므로 가나안 지역에 들어와서는 세 지파에 대한 이야기는 등장할 이유가 없습니다. 이미 땅을 정복한 세 지파를 제외하면 아홉 지파가 남고, 사사기 1장에 비록 아홉 지파만 등장하지만 사실은 이스라엘 모든 지파가 등장한 것입니다. 본문에 등장하는 지파를 살펴보면 열두 지파 중에 르우벤, 갓, 므낫세가 나오지 않습니다. 물론 27절에 므낫세가 나오지만 이것은 므낫세 지파가 절반으로 나뉘어 동편에 절반이 남고, 절반이 요단강을 넘어왔기 때문입니다. 성경은 앞뒤가 맞고,성경의 이야기를 알면 성경연구가 더욱 재미있습니다.

같은 사람들

사사기 1장에 이스라엘의 모든 지파가 등장하는데 각 지파에 대한 소개가 나올 때마다 모든 지파에 공통적으로 들어있는 표현이 있습니다. 한 지파도 예외 없이 모든 지파에 공통적으로 등장합니다. 아홉 지파가 등장하니까 총 아홉 번이 반복되는 표현이 '쫓아내지 못하였더라' 입니다. 17절부터 19절까지는 유다 지파와 시므온 지파의 전쟁이야기인데 그 결말이 19절 마지막에 '그들을 쫓아내지 못하였으며' 입니다. 21절이 베냐민 지파인데 '여부스 족을 쫓아내지 못하였으므로' 가 나오고, 22절 이하가 요셉 지파인데 25절 끝에 '오직 그 사람과 그의 가족을 놓아 보내매' 즉 살려 두고 쫓아내지 않았다는 것입니다. 27절이 므낫세 인데 '쫓아내지 못하매', '다 쫓아내지 아니하였더라' 이고, 29절이 에브라임인데 '쫓아내지 못하매' 이고, 30절이 스불론인데 '쫓아내지 못하였으므로' 이고, 31절이 아셀인데 '쫓아내지 못하고, 쫓아내지 못함이었더라' 이고, 33절이 납달리인데 '쫓아내지 못하고' 입니다.

가나안에 들어온 이스라엘이 아홉 지파입니다. 이 아홉 지파가 처음에는 가나안을 몰아내고 땅을 차지했습니다. 가나안을 몰아내야 자신들이 살 곳이 마련되기에 처음에는 가나안을 물리치고 몰아냈습니다. 그러나 나중에는 몰아내지 못했습니다. 아홉 지파의 정복 과정을 설명하려면 성경에 유사한 이야기가 아홉 번 반복되어야 합니다. 거의 동일한 사건, 거의 동일한 행동이 아홉 번 반복되니까 각 지파별로 아홉 번을 설명하느니 대표로 한 지파만 설명했습니다. 그것이 바로 유다지파입니다. 사사기 1장에 왜 유다지파가 길게 소개되는지 이해가 되실 것입니다. 본문은 유다 지파만을 강조해서 설명하는 것이 아니라 이스라엘 전체의 행동을 설명하는데 샘플로 유다 지파가 나온 것입니다. 유다 지파에 대한 설명이 길다고 해서 성경이 유다 지파를 특별히 강조한다고 생각하시면 안 됩니다. 유다 지파는 여러 성읍을 점령하고 마지막에 한 두 곳 정도만 쫓아내지 못했고, 다른 지파들은 대부분 쫓아내지 못했다고 생각하시면 안 됩니다. 유다 지파나 다른 지파나 똑같았다는 것입니다. 유다를 포함한 모든 지파가 처음에는, 자신들이 살 곳을 마련하기 전까지는 이곳저곳 점령하고 가나안족을 쫓아내었지만 결국에는 유다를 포함한 모든 지파가 가나안족을 쫓아내지 못하였다는 것입니다.

쫓아내지 못하였으며

동일한 표현

본문에는 동일한 표현 '쫓아내지 못하였더라' 가 수차례 반복됩니다. 19절, 21절, 27절, 28절, 29절, 30절, 31절, 32절, 33절에 총 아홉 번 나옵니다. 히브리어로 '로 레호리쉬' 로 똑같은 구문입니다. 그런데 재미있는 것은 동일한 표현, 똑같은 구문 '로 레호리쉬' 가 절에 따라, 번역본에 따라 각각 다르게 번역되었다는 것입니다. 본문을 보시면 19절 끝, 21절 중간 등과 같이 여덟 번은 '쫓아내지 못하였으며' 로 나옵니다. 그런데 28절 마지막에는 '다 쫓아내지 아니하였더라' 로 나옵니다. 사사기 1장에 아홉 번 등장하는 이 표현이 히브리어 원문상으로는 다 똑같습니다. 그런데 개역개정은 여덟 번은 '쫓아내지 못하였다' 로, 한 번은 '쫓아내지 아니하였다' 로 번역했습니다. 본문을 다양한 번역본들과 비교해 보시면 더욱 재미있습니다. 쉬운 성경은 개역개정과 같이 '몰아내지 못했다' 와 '몰아내지 않았다' 로 번갈아 번역했습니다. 반면에 한글 킹제임스 성경과 신세계역은 일관되게 '몰아내지 아니하였더라' 로 번역했고, 천주교 성경도 아홉 번 모두 똑같이 '쫓아내지 않았다' 로 번역했습니다. 대부분의 영어성경은 'did not drive out' 으로 번역했습니다. The Amplified Bible은 'could not drive out' 과 'did not drive out' 으로 번갈아 번역했습니다.

단순히 다양한 번역으로 여길 것이 아니라, 쫓아내지 못한 것과 쫓아내지 않은 것은 전혀 다른 차원임을 인식해야 합니다. 쫓아내지 못한 것은 능력의 한계요, 불가항력의 결과입니다. 쫓아내기 위해서 갖은 노력과 모든 수단을 다 동원해 보았지만 도무지 감당할 수 없었던 것입니다. 실력이 부족해서, 능력이 부족해서, 할 수 없어서 못한 것입니다. 그러나 쫓아내지 않은 것은 전혀 다른 것입니다. 제일 먼저, 의지의 차이입니다. 쫓아내지 않은 것은 쫓아내고 싶은 의지가 없던 것입니다. 쫓아낼 마음이 없는 것입니다. 실력이 있고, 능력이 있고, 방법이 있음에도 불구하고 쫓아내고 싶지 않은 것입니다. 쫓아내야 한다는 것을 몰라서가 아니고, 쫓아낼 수 없어서가 아니고, 최선을 다했음에도 역부족이었던 것이 아니고, 어떻게든 이루어내려고 갖은 노력을 다 한 것이 아니고, 애시당초, 처음부터 마음이 없었던 것입니다. 과연 이스라엘은 '쫓아내지 않은 것' 입니까? '쫓아내지 못한 것' 입니까?

하나님의 사건

사사기 1장에서만 확인해 보겠습니다. 유다가 전쟁을 해서 여러 지역에서 싸워 이긴 적이 있습니다. 유다가 이긴 것은 하나님이 넘겨주셔서입니다. 2절 '내가 이 땅을 그의 손에 넘겨주었노라', 4절 '여호와께서 가나안 족속과 브리스 족속을 그들의 손에 넘겨주시니', 19절 '여호와께서 유다와 함께 계셨으므로', 22절 '여호와께서 그와 함께 하시니라' 입니다. 유다가 승리한 것이 유다의 용맹성 때문이 아니며, 유다가 시므온과 연합군을 형성하였기 때문이 아니며, 요셉이 승리한 것이 정탐을 통해 적의 비밀을 알았기 때문이 아닙니다. 어떤 모양이든지간에 이스라엘의 승리는 모두 여호와 때문에 승리한 것입니다. 만약 설명이 부족하다고 하시면 여호수아서에서 모든 전쟁을 통해 확인하실 수 있습니다. 하나님이 이스라엘에게 가나안 땅을 주시겠다고 먼저 약속하셨고 이스라엘이 하는 전쟁마다 하나님이 함께 하셨기에 이스라엘은 무조건 승리하는 것이며 절대로 패할 수 없는 것입니다. 이스라엘이 가나안을 쫓아내지 못하는 것은 도무지 일어날 수 없는 사건입니다. 만약 이스라엘이 가나안을 쫓아내지 못한다면 이스라엘의 한계가 아니라 하나님의 무능력이요 하나님의 약속파기입니다. 그래서 이스라엘은 무조건 승리하게 되어 있습니다. 그런데 이스라엘이 쫓아내지 못했다고 합니다. 이것은 있을 수 없는 일입니다.

하나님의 약속이 있었고 하나님이 함께 하셨고 하나님이 넘겨주셨으니 이스라엘은 가나안을 쫓아낼 수 있었습니다. 출애굽부터 가나안 정복까지는 하나님의 계획이었고 하나님의 책임이었고 하나님의 일이었습니다. 당연히 하나님이 완성하시는 사역입니다. 그런데 이스라엘은 쫓아내지 못했다고 합니다. 이제 저와 여러분은 진실을 말해야 합니다. 이스라엘은 쫓아내지 못한 것이 아니라 쫓아내지 않았다는 것입니다.

강성한 후에도

사사기 1장 19절 "여호와께서 유다와 함께 계셨으므로 그가 산지 주민을 쫓아내었으나 골짜기의 주민들은 철병거가 있으므로 그들을 쫓아내지 못하였으며"입니다. 이게 말이 됩니까? 골짜기가 험악해서, 전략적으로 너무 요새여서 정복을 못했을까요? 또는 철병거가 있어서요? 언제는 철병거를 이길만한 무기가 있어서 이겼나요? 여호와도 산지에서는 힘을 쓰시지만 골짜기에서는 힘을 못 쓰시나요? 여호와도 철병거 앞에서는 어쩔 수 없습니까? 21절 "베냐민 자손은 예루살렘에 거주하는 여부스 족속을 쫓아내지 못하였으므로"입니다. 왜 쫓아내지 못했습니까? 여기는 이유도 없습니까? 하나님은 베냐민과는 함께 하지 않으셨나요? 혹시 베냐민 지파가 숫자가 적어서 그랬나요? 베냐민 지파는 군사 수로는 열두 지파 중에 여덟 번째입니다. 만약 군사 수가 적어서 그랬다면 군사 수가 많은 지파는 쫓아냈었어야 말이 됩니다.

사사기 1장 27절에는 므낫세가 여러 지역의 주민들을 쫓아내지 못했다고 합니다. 그런데 28절에는 "이스라엘이 강성한 후에야 가나안 족속에게 노역을 시켰고 다 쫓아내지 아니하였더라"고 합니다. 노역을 시킬 정도로 강성해졌으면 쫓아낼 수 있었다는 것입니다. 강성해진 후에도, 차라리 노역을 시킬지언정 쫓아내지 않았기에 28절만 쫓아내지 '못했다' 고 말하지 않고 쫓아내지 '않았다' 고 번역해 놓았습니다. 그렇다면 다른 곳도 바르게 번역했어야 합니다. 30절 "스불론은 기드론 주민과 나할롤 주민을 쫓아내지 못하였으므로 가나안 족속이 그들 중에 거주하면서 노역을 하였더라," 33절 "납달리는 벧세메스 주민과 벧아낫 주민을 쫓아내지 못하고 그 땅의 주민 가나안 족속 가운데 거주하였으나 벧세메스와 벧아낫 주민들이 그들에게 노역을 하였더라"입니다. 35절도 "요셉의 가문의 힘이 강성하매 아모리 족속이 마침내는 노역을 하였으며"입니다. 원래부터 이스라엘은 쫓아낼 수 있었고 또 이스라엘은 노역을 시킬 수 있을 만큼 충분히 강성해졌습니다. 당연히 이길 수 있었고 쫓아낼 수 있었습니다. 그런데 쫓아내지 않은 것입니다.

하나 더 확인해 보겠습니다. 사사기 2장 1, 2절 "여호와의 사자가 길갈에서부터 너희를 애굽으로 올라오게 하여 내가 너희의 조상들에게 맹세한 땅으로 들어가게 하였으며 또 내가 이르기를 내가 너희와 함께 한 언약을 영원히 어기지 아니하리니 너희는 이 땅의 주민과 언약을 맺지 말며 그들의 제단들을 헐라 하였거늘 너희가 내 목소리를 듣지 아니하였으니 어찌하여 그리하였느냐" 입니다. 이스라엘의 행동에 대한 하나님의 평가입니다. 하나님은 이스라엘의 행동을 어떻게 평가하십니까? 너희가 애썼는데 불가항력이었다고 하십니까? 아니면 할 수 있었는데 왜 안했느냐고 하십니까? 하나님은 너희가 내 목소리를 듣지 아니하였으니 어찌하여 그리하였느냐 즉 왜 쫓아내지 않았느냐고 말씀하시는 것입니다. 이스라엘은 가나안 족속을 쫓아내지 못한 것이 아니라 쫓아내지 않은 것입니다.

하나 더 확인해 보겠습니다. 만약 이스라엘이 정말로 가나안을 쫓아낼 수 없었다면 이스라엘이 하나님에 대하여 어떻게 행동했을까요? 가나안 땅을 주시겠다는 하나님의 약속 하나만을 믿고 여기까지 왔는데 정작 가나안 땅에서 하나님이 무기력하게 철병거 때문에 쫓아내지 못하고, 골짜기라 승리하지 못하고, 가나안 사람들이 결심해서 정복하지 못하고 이스라엘이 살 곳이 없었다면 '아, 하나님도 어쩔 수 없구나!' 라고 가만히 있을까요? 아마도 난리가 났을 것입니다. '차라리 애굽에 두지 왜 끌고 나와서 이 고생을 시키느냐? 신이 형상도 없다고 할 때 알아봤어야 하는 건데 약속을 믿은 내가 바보지' 라며 별별 소리를 다 했을 것입니다. 그런데 이스라엘이 가나안 부족들을 쫓아내지 못해놓고도 단 한마디도 안 합니다. 왜냐하면 쫓아내지 못한 것이 아니라 쫓아내지 않았기 때문입니다. 자기들의 의도와 달랐기 때문이 아니라 자기들의 의도와 맞았고, 자기들의 계획대로 되었고, 자기들의 목적대로 되었기 때문입니다. 이스라엘은 자기들이 마음먹은 대로 되었기에 아무 소리 안하고, 하나님은 하나님의 뜻대로 되지 않았기에 어찌하여 그리하였느냐고 말씀하시는 것입니다.

이스라엘은 쫓아내지 못한 것이 아니라 쫓아내지 않은 것입니다.

서로 다른 생각

하나님은 왜 가나안을 쫓아내라고 말씀하셨고 이스라엘은 왜 가나안을 쫓아내지 않았는지를 분별하셔야 합니다. 그 동안 하나님은 이스라엘의 생각을 바꾸셨습니다. 단지 이스라엘 민족의 생각이 아니라 인간이 타락하여 죄인이 된 후, 이스라엘로 대표되는 모든 죄인이 가지고 있는 죄인들의 생각, 죄인들의 가치, 죄인들의 원리, 죄인들의 개념, 죄인들의 방법을 계시를 통하여 하나님의 생각, 하나님의 마음, 하나님의 가치, 하나님의 원리, 하나님의 방법으로 바꾸어 주려고 했습니다. 왜냐하면 하나님의 마음이어야 행복하고, 하나님의 원리이어야 자유롭고, 하나님의 개념이어야 평안하기 때문입니다. 하나님은 이스라엘이 출애굽과 광야를 통해 하나님을 배웠고 하나님의 마음이 담긴 가르침 즉 율법을 받았으니 가나안에서 하나님의 마음과 원리로 평안하고 자유롭고 행복하게 살기를 바라신 것입니다.

그런데 이스라엘은 죄의 마음대신 하나님의 마음을 가지라는 하나님의 가르침을 귀담아 듣지 않았습니다. 상황이나 조건이 문제가 아니라 죄가 문제라는 가르침을 인정하지 않았습니다. 자신들이 죄인임을 모르고, 죄의 심각함을 모르기에 하나님의 말씀에 집중하지 않았습니다. 죄의 심각성을 모른 채, 가나안에 들어와 보니 정말 멋있고 좋은 것입니다. 자신들은 그 동안 광야에서 살았습니다. 문화가 있나, 문명이 있나, 기술이 있나, 예술이 있나, 멋이 있나 그냥 생존만 한 것입니다. 상대적으로 가나안은 너무 멋있는 것입니다. 성벽을 높이 쌓을 수 있는 토목기술이 있고, 철병거를 만들 수 있는 기계기술이 있고, 농사를 지어 자급자족할 수 있는 생명보호의 수단이 있고, 여리고 성에서 보았듯이 외투가 있고, 금은 세공품이 있고, 배선이 있고 예술이 있더라는 것입니다. 가나안 족속을 모두 몰아내면 그런 것을 배울 수 없고, 가질 수 없고, 따라할 수 없게 되는 것입니다. 당연히 쫓아내고 싶지 않았던 것입니다.

더욱 재미있는 것을 알려드리겠습니다. 이스라엘이 가나안 족속을 쫓아내지 않고 노역을 시켰다고 했습니다. 이스라엘이 가나안에게 시킨 노역이 자신들이 애굽에 있을 때 바로 왕이 시켰던 성을 쌓은 노역과는 차원이 다릅니다. 28절, 30절, 33절에 나오는 노역이라는 단어는 일, 노동, 수고, 노역을 의미하지만 연관단어로는 '용해시키다, 녹이다' 가 있고, '대장장이, 제조공, 철공' 등이 있습니다. 추측건대 이스라엘은 가나안 사람을 쫓아내지 않고 노역을 시켰는데 그들이 시킨 노역은 자신들이 가나안에서 보고 놀란 것, 자신들도 가지고 싶은 것, 자기들이 폼 내고 싶은 것들을 만드는 일을 시킨 것입니다. 하나님은 죄를 떨쳐내고 인간이 진정 자유롭고 평안하고 행복하게 살기를 원하셨는데, 인간은 단지 멋있고 폼 나고 품위 있게 살고 싶어 했을 뿐입니다. 죄에 대해서는 전혀 인식하지 못했던 것입니다. 하나님은 죄를 문제 삼았기에 죄의 원리를 가지고 있는 가나안족을 쫓아내라고 하셨고, 이스라엘은 죄를 문제 삼지 않았기에 가나안족을 쫓아내지 않았던 것입니다. 하나님의 말씀은 명령이나 과업이 아니라 좋아 보이나 결국은 인간을 패망하게 하는 죄의 원리를 떠나 당장에는 어려워 보이나 실제적으로 가장 쉽고 가장 분명하고 가장 좋은 하나님의 원리를 따르라고 권면하는 것입니다.

8

소리를 높여 운지라

사사기 2:1~5

1 여호와의 사자가 길갈에서부터 보김으로 올라와 말하되 내가 너희를 애굽에서 올라
오게 하여 내가 너희의 조상들에게 맹세한 땅으로 들어가게 하였으며 또 내가 이르기
를 내가 너희와 함께 한 언약을 영원히 어기지 아니하리니 2 너희는 이 땅의 주민과
언약을 맺지 말며 그들의 제단들을 헐라 하였거늘 너희가 내 목소리를 듣지 아니하였
으니 어찌하여 그리하였느냐 3 그러므로 내가 또 말하기를 내가 그들을 너희 앞에서
쫓아내지 아니하리니 그들이 너희 옆구리에 가시가 될 것이며 그들의 신들이 너희에
게 올무가 되리라 하였노라 4 여호와의 사자가 이스라엘 모든 자손에게 이 말씀을 이
르매 백성이 소리를 높여 운지라 5 그러므로 그 곳을 이름하여 보김이라 하고 그들이
거기서 여호와께 제사를 드렸더라

하나님의 사역

기독교의 특징

교회에서 넘나 구분 없이 두 가지 유형의 표정을 볼 수 있습니다. 하나는 무관심형입니다. 교회에 왔지만 그냥 앉아있는 것입니다. 주일에 교회 안 오면 혹시 하나님이 벌 주실까봐 일단 교회를 오기는 왔지만 기대하는 것도 없고, 듣거나 배울 것이 있다고 생각하지도 않습니다. 바라는 것은 단 하나 빨리만 끝나라는 심정입니다. 다른 하나는 생색내기형입니다. 마치 자기가 하나님을 믿어주는 것처럼 생각합니다. 교회도 나와 주

었고, 설교도 들어주는 것이고, 하나님도 만나주는 것입니다. 자신이 하나님을 배려하고 하나님을 위로해주는 것처럼 하는 것입니다. 이런 것을 모두 꼴불견이라고 하고 모두 기독교에 대한 오해입니다.

기독교는 하나님의 측면에서 인간에게 요구하는 종교가 아니라 기대하는 종교입니다. 다른 표현으로, 하나님은 주시는 분이요, 인간은 받는 자입니다. 기독교에는 하나님이 인간에게 요구하는 것이 없습니다. 하나님이 인간에게 무엇을 달라고 하시는 것이 없습니다. 도리어 하나님이 언제나 인간에게 주시는 것입니다. 그래서 기독교에는 하나님께 바친다, 하나님께 드린다, 하나님을 위한다는 개념이 성립할 수 없습니다. 동시에 하나님은 인간에게 강요하는 것도 없습니다. 이것을 해야 한다, 저것을 해야 한다고 협박하지 않으십니다. 그래서 기독교에는 희생, 포기, 헌신, 과업, 부담, 짐이라는 개념이 성립할 수 없습니다.

기독교는 인간의 측면에서는 하나님께 간구하는 종교가 아니라 감사하는 종교입니다. 하나님은 창조를 통해 인간에게 모든 것을 주셨고, 인간이 죄인이 되자 먼저 찾아오셔서 구원해 주셨습니다. 하나님이 인간의 필요를 먼저 아시고 인간의 필요를 먼저 해결해 주신 것입니다. 그래서 기독교에는 인간이 하나님께 요구할 내용이 없고 간구할 필요가 없는 것입니다. 도리어 기독교는 하나님께 감사하는 종교입니다. 왜냐하면 하나님이 먼저 주시고 인간이 받으니까, 받은 것에 대해 감사가 저절로 나오기 때문입니다. 근래에 기독교가 간구하는 종교로 인식되는 것은 매우 어이없는 현상입니다. 기독교는 받은 것을 알지 못하고 계속 달라고 간구하는 종교가 되어버렸습니다. 본문에도 이스라엘 백성이 하나님에 대하여, 신앙에 대하여 전혀 하나님과 무관하게, 엉뚱하게, 이상하게, 죄적으로 행동하는 모습을 나타냅니다. 이스라엘의 모습을 보면서 우리들의 신앙을 바로잡을 수 있기를 바랍니다.

길갈에서부터

구약성경에는 여호와를 소개하는 다양한 표현들이 등장합니다. 사사기 2장 1절에는 여호와의 사자가 나오고 다른 곳에서는 하나님의 천사, 여호와의 군대장관 등이 나오기도 합니다. 여호와와 관련된 표현에서 중요한 것은 여호와입니다. 여호와의 '사자' 와 여호와의 '천사' 는 어떻게 다르냐고 질문하는 것은 의미가 없습니다. 여호와의 '사자' 와 여호와의 '군대장관' 중에 누가 싸움을 잘하냐고 묻는 것은 초점이 잘못된 것입니다. 여호와의 사자가 나타났다고 할 때나, 여호와의 영이 임했다고 할 때나, 여호와의 종이 왔다고 할 때나 언제나 강조점은 '여호와' 입니다.

사사기 2장 1절은 "여호와의 사자가 길갈에서부터 보김으로 올라와 말하되" 입니다. 여호와의 사자가 길갈에서부터 올라왔다고 합니다. 성경을 모르면 감동을 받아야 하는 곳에서 아무 반응이 없고 도리어 무감각하게 됩니다. 아마도 대부분의 성도님들은 '여호와의 사자가 길갈에서 왔다' 라는 표현에 별다른 느낌이 없으실 것입니다. 어떤 경우에는 장소가 일반적일 수 있지만, 어떤 경우는 장소가 매우 특별한 의미를 가질 수도 있습니다. 사사기 2장에서는 장소가 매우 의미가 있습니다. 여호와의 사자가 올라왔는데 길갈에서 왔다고 합니다. 여호와의 사자는 다른 곳에서 오면 안 되고 반드시 길갈에서 와야 합니다. 만약 다른 곳에서 왔다면 1절과 2절을 말할 수 없습니다. 이스라엘이 가나안에 입성하는 과정에서 길갈은 매우 중요한 장소입니다.

여호수아 3장에서 이스라엘 백성이 요단강을 건넙니다. 요단강을 건널 때 하나님이 이스라엘에 지시하신 것이 여호수아 4장 3절 "그들에게 명령하여 이르기를 요단 가운데 제사장들의 발이 굳게 선 그 곳에서 돌 열둘을 택하여 그것을 가져다가 오늘밤 너희가 유숙할 그 곳에 두게 하라 하시니라" 입니다. 그래서 여호수아 4장 19절 이하 "첫째 달 십일에 백성이 요단에서 올라와 여리고 동쪽 경계 길갈에 진 치매 여호수아가 요단에서 가져온 그 열두 돌을 길갈에 세우고" 입니다. 돌을 세우는 의미에 대해서 하나님이 친절하게 설명해 주시는 것이 여호수아 4장 21절 이하 "이스라엘 자손에게 말하여 이르되 후일에 너희의 자손들이 그들의 아버지에게 묻기를 이 돌들은 무슨 뜻이니이까 하거든 너희는 너희의 자손들에게 알게 하여 이르기를 이스라엘이 마른 땅을 밟고 이 요단을 건넜음이라 너희의 하나님 여호와께서 요단 물을 너희 앞에서 마르게 하사 너희를 건너게 하신 것이 너희의 하나님 여호와께서 우리 앞에 홍해를 말리시고 우리를 건너게 하심과 같았나니 이는 땅의 모든 백성에게 여호와의 손이 강하신 것을 알게 하며 너희가 너희의 하나님 여호와를 항상 경외하게 하려 하심이라 하라" 입니다.

하나님이 가나안 땅을 주시겠다고 약속하신 것을 이행하기 위하여 이스라엘 백성으로 하여금 요단강을 건너 드디어 가나안 땅에 진입하게 하신 것을 기념하는 곳이 길갈입니다. 그곳에서 그동안 행하지 않았던 할례를 행하여 애굽에서의 수치를 떠나가게 하셨습니다. 또 그곳에서 유월절을 지켜서 가나안에서 새로운 삶이 시작되는 것을 선언하였습니다. 그리고 가나안을 정복하기 시작하면서 여호와께서 직접 가나안 정복을 행하신다는 것을 강조하기 위하여 여호와의 군대장관이 나타났던 곳도 길갈에서 여리고 가는 길목입니다. 그러므로 길갈은 가나안 정복의 상징입니다.

사사기 1장의 결론은 '이스라엘이 가나안을 쫓아내지 않았다' 는 것입니다. 이런 저런 핑계를 대면서 쫓아내지 못했다고 말했지만 실제는 쫓아내지 않은 것입니다. 한 지파만이 아니라 모든 지파가 쫓아내지 않았습니다. 만약 하나님이 이스라엘을 향하여 '왜 쫓아내지 못했느냐?' 또는 '왜 쫓아내지 않았느냐?' 또는 '왜 하나님의 뜻대로 하지 않았느냐?' 고 말씀하시려면 당연히 길갈, 하나님과 이스라엘 모두가 가나안 정복을 상징하는 장소로 알고 있는 길갈에서 와야 합니다. 이때 느닷없이 '예루살렘에서 오시사' 라고 하면 안 되고, 뜬금없이 '벧엘에서 나타나사' 라고 하면 안 됩니다. 우리나라로 예를 들면 남북관계의 상태를 의미하는 것이 '개성공단' 이나 '금강산 관광' 입니다. 개성공단이 폐쇄되었다는 것이 남북관계가 편치 않다는 것입니다. 또는 금강산 관광이 재개되었다는 것이 남북관계가 좋아졌다는 의미입니다. 느닷없이 '세종시에 지하철이 개통된 것으로 보아 남북관계가 정상화되었습니다' 라고 말하면 의미가 없는 것과 같습니다.

하나님의 선언

방송에서 도무지 말이 안 되고, 납득이 안 되고, 앞뒤를 가늠할 수 없는 유형의 드라마를 막장 드라마라고 합니다. 막장 드라마가 아닌 일반적인 드라마는 이야기의 흐름을 충분히 예측할 수 있습니다. 성경은 앞뒤가 연결되지 않거나 도무지 전개를 예상할 수 없는 막장 드라마가 아닙니다. 그런데 사람들은 도무지 성경을 이해하려고 하지 않고 앞과 뒤를 연결 지으려고 하지 않습니다. 기독교인들은 성경을 무조건 믿어드리려는 경향이 강합니다. 느닷없이 기적, 뜬금없이 정복, 어이없게 승리해도 우리는 믿는다는 방식이어서는 안 됩니다. 아마도 속으로 이렇게 생각하는 것 같습니다. '하나님, 그냥 하나님 하시고 싶으신 대로 하세요. 콩으로 메주를 쑨다고 해도 우리는 믿겠습니다. 우리는 그냥 다 믿기로 작정한 사람들이고, 우리는 뇌를 사용하지 않기로 결심한 사람들이니까 고민하지 말고 닥치는 대로 하세요. 질서가 없어도, 체계가 없어도, 말이 안 되도 우리는 상관이 없으니까 편한 대로 하세요. 우리는 그냥 믿습니다. 그럼!' 이렇게 하시면 안 됩니다. 이런 것은 믿음 좋은 것이 아니라 막장믿음이요, 신앙 좋은 것이 아니라 막장 신앙일 뿐입니다. 하나님을 믿을 때에 하나님이 일하시는 원리, 하나님이 펼치시는 사역의 의도, 하나님이 목적과 기대가 무엇인지 알아야 하는 것입니다.

하나님은 인격적인 분입니다. 하나님은 뜻이 있고 섭리가 있고 질서가 있는 분입니다. 자초지종이 있고 설득력이 있고 말이 되는 분입니다. 사사기 1장에서 이스라엘은 하나님의 약속과 하나님이 함께 하심에도 불구하고 가나안을 쫓아내지 않았습니다. 그러자 하나님이 달려 나오십니다. 당연히 길갈에서 오셨습니다. 그렇다면 여호와의 사자가 길갈에서부터 왔다는 것으로부터 이미 그 다음에 무슨 말이 등장할지 예상할 수 있는 것입니다. 하나님은 이스라엘에게 '왜 안 쫓아냈니?' 라고 하실 것입니다. 확인해 보면 2장 1절 이하 "내가 너희를 애굽에서 올라오게 하여 내가 너희의 조상들에게 맹세한 땅으로 들어가게 하였으며 또 내가 이르기를 내가 너희와 함께 한 언약을 영원히 어기지 아니하리니 너희는 이 땅의 주민과 언약을 맺지 말며 그들의 제단들을 헐라 하였거늘 너희가 내 목소리를 듣지 아니하였으니 어찌하여 그리하였느냐" 입니다.

하나님의 공지

하나님의 원리

하나님이 하신 말씀에서 핵심은 '어찌하여 그리하였느냐?' 가 아닙니다. 하나님의 말씀에서 하나님의 원리를 확인할 수 있습니다. 하나님은 하나님이라는 명분으로 인간을 추궁하거나 책망하시지 않습니다. 하나님은 권세와 능력을 근거로 인간에게 명령하고 불순종할 경우 징계나 형벌을 내리시는 분이 아닙니다. 하나님은 인간에게 무슨 권고를 하시든, 지시를 하시든, 부탁을 하시든, 설득을 하시든, 여하튼 인간에게 말씀을 하실 때에는 인간이 들을 수 있도록, 인간이 따를 수 있도록, 인간이 행할 수 있도록, 인간이 순종할 수 있도록 근거를 제공하여 주십니다. 그래서 하나님의 말씀을 차분히 들어보면 너무나 쉽고, 너무나 간단하고, 너무나 편하고, 너무나 당연하고, 너무나 자연스럽게 행할 수 있는 것입니다. 하나님은 인간이 행할 수 있도록 충분한 근거를 먼저 주신다는 것입니다.

사사기 2장 1, 2절에서도 이 원리를 확인할 수 있습니다. 맨 앞에 "내가 너희를 애굽에서 올라오게 하여 내가 너희의 조상들에게 맹세한 땅으로 들어가게 하였으며"입니다. 하나님이 먼저 출애굽을 시켜 주셨습니다. 그리고 하나님이 먼저 광야 사십 년을 책임지고 보호하여 주셨습니다. 그리고 하나님이 먼저 조상들에게 맹세한 땅으로 들어가게 해주셨습니다. 만약 하나님이 이런 것을 행하지 않으셨다면 인간에게 할 말이 없는 것입니다. 하나님이 말할 수 있는 명분이 없는 것입니다. 그런데 하나님은 먼저 분명히 일하셨습니다. 그리고 이어서 "또 내가 이르기를 내가 너희와 함께 한 언약을 영원히 어기지 아니하리니"입니다. 하나님은 분명히 약속한 것을 지키셨고, 그와 같이 또 약속을 영원히 지키시겠다고 먼저 선언하셨습니다. 먼저 다짐하셨고 먼저 맹세하셨습니다. 약속했고 약속을 지켰고 계속하여 약속을 지키겠다고 거듭 선언하신 것입니다. 이스라엘은 약속을 알았고 약속이 이루어졌음을 직접 체험한 것입니다. 하나님은 이스라엘에게 하나님이 약속을 지키시는 분이라는 것을 알게 하였고 또 앞으로도 약속을 지킬 것임을 신뢰할 수 있게 해 주셨습니다. 만약 하나님의 이러한 사역이 없다면, 하나님의 이러한 다짐이 없다면 하나님은 말하지 않습니다. 이렇게 충분히 인간이 하나님의 말씀을 들을 수 있도록 행하신 후에 하나님이 말씀하시는 것입니다. "너희는 이 땅의 주민과 언약을 맺지 말며 그들의 제단을 헐라 하였거늘"입니다.

하나님의 근거

조금 더 분명히 해보겠습니다. 하나님이 말씀을 하시면 말씀하신 조항에만 집중하지 말고 그 말씀을 하시기 위해 제공하신 근거에 초점을 맞추어야 합니다. 하나님이 '너희는 이 땅의 주민과 언약을 맺지 말며 그들의 제단을 헐라' 고 하셨습니다. 이것은 금지조항이거나 명령이 아닙니다. 하나님 말씀의 참된 의미는 '이 땅의 주민과 언약을 맺어야 하는 이유나 필요가 없다' 는 것입니다. 필요 없으니까 쓸데없는 일을 하지 말라는 것일 뿐 절대로 금지가 아닙니다. 이것을 가장 잘 설명해주는 장면이 광야에서 만나를 주시는 장면입니다. 하나님이 먼저 만나를 주시면서 말씀하시기를 '남기지 말라' 입니다. 이스라엘 백성은 남기고 싶은데, 저장하고 싶은데 하나님이 금지하시는 것이 아니요, 못하게 하시는 것이 아닙니다. 남길 필요가 없으니 필요 없는 일을 하지 말라는 것입니다. 남길 필요가 없는 것은 하나님이 내일은 내일의 만나를 또 주실 것이기 때문입니다. 매일 매일 만나가 풍성히 내릴 것인데 왜 남기냐는 것입니다. 그렇게 만나를 주시면서 또 하시는 말씀이 '도적질하지 말라' 입니다. 왜냐하면 매일 매일 모든 사람이 먹고 남을 만큼 주시는데 도적질할 필요가 없다는 것입니다.

하나님의 말씀은 늘 이런 식입니다. 표현상으로는 '하지 말라' 는 금지형이요, 명령형입니다. 그러나 내용상으로는 '할 필요가 없으니 하지 말라' 는 것입니다. 만약 하나님의 말씀에도 불구하고 행한다면 그것은 무익한 일이요, 쓸데없는 일이요, 헛된 일이 되는 것입니다. 본문도 마찬가지입니다. 하나님이 먼저 '내가 너희 하나님이 되어줄게, 내가 너희에게 모든 것을 책임져주는 보호자가 되어줄게, 내가 너희의 필요를 채워주는 공급자가 되어줄게, 이 언약을 영원토록 지키겠다' 고 선언하시는 것입니다. 다른 사람이 필요 없고, 다른 언약이 필요 없고, 다른 신이 필요 없게 해주시겠다는 것입니다. 그러므로 '이 땅의 언약을 맺지 말고', 그러므로 '그들의 제단을 헐라' 는 것입니다.

어찌하여

어떤 시인이 말하기를 '사람은 보이는 대로 보지 않고 보고 싶은 대로 보고, 쓰여진 대로 읽지 않고 읽고 싶은 대로 읽는다' 고 했습니다. 이 말은 좋은 말도 아니고 나쁜 말도 아닙니다. 어떤 경우는 보이는 대로 보는 것이 좋고, 어떤 경우는 보고 싶은 대로 보는 것이 좋기도 합니다. 가장 중요한 것은 잘 보고 잘 읽어야 한다는 것입니다. 보고 싶은 대로 본 것이 좋지 않고, 읽고 싶은 대로 읽은 것이 해로우면 안 될 것입니다. 본문에서 하나님은 하나님의 약속에 대해 강조하셨고 이스라엘에게 하시는 말씀은 달랑 한 마디 "너희가 내 목소리를 듣지 아니하였으니 어찌하여 그리하였느냐?" 뿐입니다. 이 말씀은 하나님의 추궁이 아니고 하나님의 책망이 아니고 하나님의 속상함입니다.

예를 들면, 창세기 3장에서 인간이 범죄하자 하나님이 아담을 찾아오셔서 하신 말씀이 9절 "네가 어디 있느냐?" 입니다. 이 말씀은 질문이 아니고 그렇다고 추궁도 아니고 도리어 하나님의 속상함입니다. 부모가 자녀를 위해 맛있는 음식을 준비했는데 아이가 그만 음시접시를 엎어버렸을 때 부모가 하는 말이 '아이고 왜이래?' 입니다. 음식이 아까워서가 아니라, 화가 나서가 아니라 안타까움의 표현인 것입니다. 아이에게 맛있는 음식을 먹이려고 했는데, 잘 먹고 건강한 모습을 보고 싶었는데 음식을 엎어서 아이가 먹을 수 없게 된 것이 속상하고 안타까운 것입니다. 말의 의도는 그 사람과 상대방과의 관계에 따라 이해되어야 합니다. 서로 원수지간인 관계에서 '어찌하여 그리하였느냐?' 고 하면 죽이겠다는 것입니다. 하지만 하나님은 인간의 후원자요, 격려자요, 책임자요, 보호자입니다. 너무나 속상하고 너무나 안타깝고 너무나 민망해서 하시는 말씀이 '어찌하여 그리하였느냐?' 입니다.

사람들은 이 말씀이 추궁이 아니라 속상함의 표현이라고 설명해도 납득을 안 합니다. 도리어 하나님의 징계라고 강변합니다. 그 근거로 3절을 주장합니다. "그러므로 내가 또 말하기를 내가 그들을 너희 앞에서 쫓아내지 아니하리니 그들이 너희 옆구리에 가시가 될 것이며 그들의 신들이 너희에게 올무가 되리라 하였노라"입니다. 읽어보시니 과연 하나님의 징계요, 하나님의 책망이요, 하나님의 형벌이라는 생각이 드십니까? 이것은 하나님의 징계가 아니라 '하나님의 통보 또는 공지' 라고 합니다. 이런 것을 협박이나 징계, 저주라고 말하면 절대로 안 됩니다. 예를 들어, 뚱뚱한 여자와 마른 여자가 함께 뷔페 식당에 갔고 마른 여자는 작은 접시에 적당하게 담아왔고 뚱뚱한 여자는 큰 접시에 듬뿍 담아왔습니다. 거의 다 먹고 마지만 한 점이 남았을 때 뚱뚱한 여자가 그것마저 먹으려고 하자 마른 여자가 뚱뚱한 여자를 보고 말합니다. '배부르면 그만 먹어. 마지막 그거 먹으면 그만큼 네 옆구리가 두꺼워질 거야.' 이 말이 징계나 협박이 아닙니다. 이 말은 잠시 당사자가 잊고 있는 사실을 알려준 것뿐입니다. 선생님이 학생에게 '공부해라. 놀면 바보 된다' 라고 말하는 것이 징계나 협박이 아닙니다. 목사가 성도에게 '설교 들으세요. 조시면 그냥 졸다 가시는 것입니다' 라고 말하는 것이 협박이 아닙니다. 사장이 일터에 나온 알바생에게 '일해라. 일 안하면 일당 없다' 라고 말하는 것이 노동력 착취가 아닙니다. 이 말들은 되어 질 일, 곧이어 당연하게 임할 결과를 알려주는 것입니다. 만약 원래는 예정에 없었는데 말한 사람이 억지로 그런 결과를 만들어 내면 징계요, 저주라고 할 수 있습니다. 그러나 원래부터 그렇게 되어질 것, 자연스럽게 연결되어지는 것, 당연한 수순으로 임하게 될 것을 말하는 것은 징계나 형벌이 아닙니다.

이스라엘 백성이 가나안 주민들과 계약을 맺어 서로 평화롭게 행복하게 살려고 했는데 하나님이 그 꼴 보기 싫어서 서로 원수가 되게 하고 가시가 되게 하고 올무가 되도록, 관계가 꼬이도록, 상황이 어렵게 되도록 억지로 강제로 무리하게 만드는 것이 절대로 아니기 때문에 징계가 아닙니다. 하나님은 안타까운 것이요, 민망한 것입니다. 왜냐하면 하나님은 닥칠 일, 임할 결과를 알고계시기 때문입니다. 알고계시기 때문에 미리 권고하고 주의주고 알려주고 예방하여 주셨는데 이스라엘은 도무지 알지 못하고, 알지도 못하면서 듣지 않고, 듣지도 않으면서 자기 혼자 착각 속에 장밋빛 꿈을 꾸면서 일을 저지르기만 하는 것이 너무나 속상한 것입니다. 성경을 읽으면서 제발 하나님의 심정을, 하나님의 마음을 읽으셔야 합니다. 아무 감정 없이, 아무 개념 없이, 하나님과 아무 관계성 없이, 그냥 읽어서 저주니 심판이니 징계니 형벌이라고 말해서는 안 됩니다. 하나님이 저와 여러분의 하나님이요, 저와 여러분의 보호자요 주관자요, 후원자요, 격려자요, 인도자이심을 기억하셔야 합니다.

인간의 반응

우는 자들

하나님은 너무나 안타까운 마음을 토로하셨습니다. 이제 이스라엘은 무엇을 해야 할까요? 4절을 보겠습니다. "여호와의 사자가 이스라엘 모든 자손에게 이 말씀을 이르매 백성이 소리를 높여 운지라"입니다. 이스라엘 백성이 울었습니다. 이스라엘은 가나안 족속을 쫓아내지 못한 것이 아니라 쫓아내지 않았습니다. 능력이 없었던 것이 아니요 방법을 몰랐던 것이 아닙니다. 지금 당장이라도 쫓아낼 수 있습니다. 쫓아내지 않은 것에 대한 하나님의 안타까운 호소도 들었습니다. 그렇다면 이제 해야 할 일은 가나안 족속을 쫓아내는 것입니다. 그런데 이스라엘은 울기만 하고 쫓아내지 않습니다. 그것도 소리를 높여 웁니다. '울다' 라는 히브리어가 '바카' 입니다. 그곳에서 '바카' 했기 때문에 그 사람들이 '보킴' 이고 그 장소가 '보킴' 입니다. 우리말로 해보면 그곳에서 울었기 때문에 그곳 이름이 '운 곳', '운 놈들' 이라고 한 것입니다.

이스라엘 백성이 울었다는 것은 그냥 울은 것입니다. 운 것이 회개가 아니고, 운 것이 반성이 아니고, 운 것이 개신이 아니고, 운 것이 해결이 아닙니다. 울어서 달라지는 것이 없고, 변화되는 것이 없고, 해결되는 것이 없습니다. 이스라엘이 지금 우는 것은 완전 쑈(Show)입니다. 지금 필요한 것은 우는 것이 아니라 가나안을 몰아내는 것입니다. 혹시 쫓아내지 못해서 억울해서 울었다면 하나님의 말씀을 듣고 당장 울음을 그치고 뛰어나가 가나안 족속을 몰아내면 되는 것입니다. 그런데 이스라엘은 완전히 연극하고 있는 것입니다. 쫓아내기 싫어서 쫓아내지 않았습니다. 하나님의 말씀을 듣고도 전혀 쫓아내고 싶은 마음이 없고, 쫓아내려는 어떠한 시도도 행하지 않습니다. 대신 소리 높여 웁니다. 아무짝에도 쓸모없는 행동이요, 하나님을 속이고 자신의 속내를 감추려는 교활한 행동입니다. 울었다는 말에 감동하시면 안 되고, 울었다는 말에 속으시면 안 됩니다.

이스라엘의 모습은 구약에서 가장 자주 반복되는 전형적인 왜곡된 종교행위입니다. 혹시 죄를 지었어도 제발 울지 마시기 바랍니다. 울어서 달라질 것이 없습니다. 혹시 하나님 말씀에 불순종했어도 반성도 하지 마시기 바랍니다. 반성해서 해결되는 것이 하나도 없습니다. 혹시 하나님 뜻대로 살지 못했어도 뉘우치지도 마십시오. 뉘우쳐서 아무 것도 변화되지 않습니다. 감정과 원리를 혼동하시면 안 됩니다. 죄를 지었으면, 하나님의 말씀에 불순종했으면, 하나님의 뜻대로 살지 못했다면, 울지 말고, 반성하지 말고, 차라리 그냥 웃으시기 바랍니다. 도리어 '아이고, 내가 또 이렇게 죄를 지었구나. 이게 내 한계구나, 죄인은 어쩔 수 없구나!' 라고 생각하시고, 성경을 읽으시고 배우시기 바랍니다. 죄의 행동을 고칠 수 있도록 하나님 말씀을 배우고, 죄의 마음을 바꿀 수 있도록 하나님의 마음을 배우고, 죄의 의지를 바꿀 수 있도록 성령의 일하심을 배우고, 성도답게 살 수 있도록 성도됨이 무엇인지를 배우셔야 합니다. 하나님은 징계하지 않습니다. 도리어 죄를 지은 자에게 은혜를 주십니다. 왜냐하면 그래야 죄를 이길 수 있기 때문입니다. 이스라엘은 하나님의 가르침에도 불구하고 우는 쇼를 합니다. 그랬더니 장차 가나안 족속의 압제를 받고 실제로 울게 됩니다. 그때 하나님은 '그것 봐라. 쌤통이다' 라고 조롱하시는 것이 아니라 사사를 통해 이스라엘을 구원하시는 것입니다. 하나님의 은혜의 원리입니다.

제사를 드렸더라

이스라엘의 행동을 더 살펴보겠습니다. 5절 "그러므로 그 곳을 이름하여 보김이라 하고 그들이 거기서 여호와께 제사를 드렸더라"입니다. 인간들이 아주 웃기는 존재입니다. 자기들이 한 것이 없고 그냥 울은 것뿐인데 자기들이 운 것을 기념합니다. 그리고 거기서 여호와께 제사를 드렸다고 합니다. 지금 필요한 것은 제사가 아니라 가서 가나안을 몰아내는 것입니다. 그런데 가나안을 몰아내려는 어떠한 행동도 하지 않고 갑자기 제사를 드립니다. 왜냐하면 사람들은 실제적인 행동을 하는 것보다 명분 있는 행동을 먼저 하려고 하기 때문입니다. 이스라엘은 반성적 조치 즉 가나안을 몰아내는 행동은 하지 않고 자신들이 반성한다는 것을 보여주려는 행동을 하려는 것입니다. 반성하는 듯한 행위를 통해 자기의 의지를 나타내려고 합니다. 의지를 보여주려고 하기 때문에 주로 고난감수, 희생, 금식, 통곡, 삭발 등의 양상이 나오는 것입니다.

지금 이스라엘에게 가장 필요한 것은 제사가 아니라 순종입니다. 순종이 제사보다 나은 것이 기독교의 특징입니다. 순종이 제사보다 낫다는 말을 잘 이해하셔야 합니다. 제일 좋은 것은 순종도 하고 제사도 드리는 것이고, 다음이 순종은 하고 제사를 안 드리는 것이요, 안 좋은 것은 순종은 안했지만 제사는 드리는 것이요, 가장 안 좋은 것은 순종도 안하고 제사도 안하는 것이라고 생각하시면 안 됩니다. 제일 좋은 것이 순종하고 제사 안하는 것입니다. 제사를 드리는 것이 순종이 아니라 순종해서 아예 제사를 드릴 일이 없어서 제사하지 않는 것이 가장 잘하는 것입니다. 부담느끼기는 종교행위에 익숙해지지 마시고, 종교습관에 젖어들지 마시고, 자신이 종교행위를 하고 있다는 것에 만족해하지 마시기 바랍니다.

하나님이 이스라엘에게 가장 좋은 것을 가르치셨습니다. 단지 가르치기만 한 것이 아니라 실제적 행동으로 이스라엘에게 확증해 보이셨습니다. 이스라엘은 하나님을 배우고 하나님의 말씀에 순종하는 것이 가장 좋은 것이었습니다. 이스라엘이 범죄하자, 하나님이 다시 임재하사 하나님의 가르침을 반복해 주십니다. 그때 이스라엘은 다시 하나님을 배우고 하나님의 말씀에 순종하는 것이 가장 잘하는 것입니다. 그런데 이스라엘은 괜히 울었고 괜히 제사를 드렸습니다. 저와 여러분은 이러한 어리석음을 반복해서는 안 될 것입니다. 기독교는 계시의 종교요, 기독교는 은혜의 종교입니다. 말씀을 배우셔서 타종교와 기독교의 차이점을 잘 구분하시고, 기독교다운 신앙생활, 성도다운 믿음생활을 바르게, 풍성하게, 자유롭게 누리기를 주님의 이름으로 축원합니다.

9

여호와를 버리고

사사기 2:6~15

6 전에 여호수아가 백성을 보내매 이스라엘 자손이 각기 그들의 기업으로 가서 땅을
차지하였고 7 백성이 여호수아가 사는 날 동안과 여호수아 뒤에 생존한 장로들 곧 여
호와께서 이스라엘을 위하여 행하신 모든 큰 일을 본 자들이 사는 날 동안에 여호와
를 섬겼더라 8 여호와의 종 눈의 아들 여호수아가 백십 세에 죽으매 9 무리가 그의
기업의 경내 에브라임 산지 가아스 산 북쪽 딤낫 헤레스에 장사하였고 10 그 세대의
사람도 다 그 조상들에게로 돌아갔고 그 후에 일어난 다른 세대는 여호와를 알지 못
하며 여호와께서 이스라엘을 위하여 행하신 일도 알지 못하였더라 11 이스라엘 자손
이 여호와의 목전에 악을 행하여 바알들을 섬기며 12 애굽 땅에서 그들을 인도하여
내신 그들의 조상들의 하나님 여호와를 버리고 다른 신들 곧 그들의 주위에 있는 백
성의 신들을 따라 그들에게 절하여 여호와를 진노하시게 하였으되 13 곧 그들이 여호
와를 버리고 바알과 아스다롯을 섬겼으므로 14 여호와께서 이스라엘에게 진노하사 노
략하는 자의 손에 넘겨 주사 그들이 노략을 당하게 하시며 또 주위에 있는 모든 대적
의 손에 팔아넘기시매 그들이 다시는 대적을 당하지 못하였으며 15 그들이 어디로 가
든지 여호와의 손이 그들에게 재앙을 내리시니 곧 여호와께서 말씀하신 것과 같고 여
호와께서 그들에게 맹세하신 것과 같아서 그들의 괴로움이 심하였더라

여호수아 or 여호와

말과 다른 내용

기독교는 인간이 내용을 만드는 것이 아닙니다. 말씀을 전하는 설교의 내용은 이미 하나님이 말씀하여 주셨습니다. 만약 설교자가 하나님이 말

씀하신 것 이외의 다른 이야기를 하면 아무리 좋은 말이어도, 아무리 맞는 말이어도, 아무리 감동을 받아도, 아무리 사람들이 좋아해도 복음이 아니고 진리가 아니고 설교가 아닙니다. 그래서 설교 잘하는 설교자란 존재하지 않습니다. 예수님도 하나님이 말씀하신 것 이외의 말씀을 하시지 않았습니다. 예수님도 하나님이 말씀하지 않은 것을 말씀하시면 하나님의 아들이 아닌 것입니다. 혹시 예수님이 오셔서 구약의 하나님의 말씀과 대조될 수 있는 새로운 말씀을 하셨다고 생각하면 정말 큰 오해입니다. 예수님의 말씀의 핵심은 마태복음 22장 29절 "너희가 성경도 하나님의 능력도 알지 못하는 고로 오해 하였도다" 입니다. 예수님의 사역의 핵심은 누가복음 24장 27절 "이에 모세와 모든 선지자의 글로 시작하여 모든 성경에 쓴 바 자기에 관한 것을 자세히 설명하시니라" 입니다. 예수님의 설명을 통해 구약의 바른 의미, 하나님이 행하신 일의 의미를 바르게 깨달을 수 있게 된 것입니다. 예수님이 성경을 풀어 설명해 주신 것이 기독교 최고의 설교입니다. 기독교에서 언제부터인가 설교가 교훈이 되기 시작했습니다. 성경의 흐름은 간 곳없고, 어느 한 단락에서 교훈을 뽑아내는 것이 유행입니다. 심지어는 성경을 읽어놓고 성경과는 아무 관련 없는 이야기만 하기도 합니다. 설교를 들은 후에도 본문은 전혀 이해하지 못하는 경우가 허다합니다. 본문을 읽으셔야 하고, 본문을 이해하셔야 하고, 본문의 앞과 뒤를 연결해서 이해하셔야 합니다. 이때 본문을 이해하기 위해서는 반드시 본문의 표현양식을 이해하셔야 합니다.

신혼 때에 대부분의 신부들, 새댁들, 며느리들이 겪는 어려움이 시어머님의 반어적 표현입니다. 명절 전에 미리 전화를 드려 무엇을 준비할지를 여쭈면 어른들은 늘 아무 것도 필요 없고 몸만 오면 된다고 하십니다. 그러나 어른의 말씀에 순종하여 실제로 몸만 가면 큰일 납니다. 새댁의 입장에서는 어른들이 왜 말을 바르게, 정직하게 하지 않는지 난감한 것입니다. 어른들과 대화할 때는 대화자체보다, 어른의 표현보다 어른들의 심리, 어른들의 마음을 알아야 합니다. 어른들과 한 십년쯤 살아보면 어른들의 표현이 반어적이요, 역설적인 것을 알아차리게 됩니다. 오지 말라는 말은 오라는 의미요, 필요 없다는 것은 꼭 필요하다는 뜻인 것을 알게 됩니다. 이것이 연세 드신 분들의 표현방식이라는 것을 알게 됩니다.

성경의 표현방식

어른들에게 어른들의 표현방식이 있듯이 성경에도 성경의 표현방식이 있습니다. 어쩌다 한두 번 나오는 것이 아니고, 가뭄에 콩 나듯이 드문드문 나오는 것이 아니라 아예 성경의 표현방식이라고 할 만큼 자주 나옵니다. 성경을 자주 읽지 않으면 그와 같은 표현이 있는 줄을 모릅니다. 성경의 표현방식을 알지 못하면 당연히 오해와 왜곡과 변질이 수반되는 것입니다. 사사기 1장에는 '쫓아내지 못하였다' 는 표현이 여러 번 반복되어 있습니다. 비록 '쫓아내지 못하였다' 라고 기록되어 있을 지라도 내용을 파악하고 실질적으로는 '쫓아내지 아니하였다' 는 것을 의미한다는 것을 파악하셔야 합니다.

또한 성경은 단편적인 이야기들을 모아놓은 책이 아니라 거대한 서사적 이야기입니다. 당연히 전체의 줄거리를 고려하면서 이해해야 합니다. 사사기 2장도 1장과 연결해서 읽으면 아주 재미있는 현상이 나옵니다. 1장에서 이스라엘이 백성이 가나안 족속을 일부 쫓아내기도 했지만 '쫓아내지 못했다' 고 아홉 번 반복해서 나왔습니다. 심지어 1장 19절은 "여호와께서 유다와 함께 계셨으므로 그가 산지 주민을 쫓아내었으나 골짜기의 주민들은 철 병거가 있으므로 그들을 쫓아내지 못하였으며" 입니다. 여호와마저도 감당하지 못하는 적이 있는 것처럼 보입니다. 하나님은 아브라함부터 모세와 이스라엘 백성에게 수십 번도 더 가나안 땅을 주시겠다고 약속하셨는데 하나님의 약속이 지켜지지 않은 것처럼 보입니다. 그런데 2장 6절을 보면 전혀 다른 이야기가 나옵니다. "전에 여호수아가 백성을 보내매 이스라엘 자손이 각기 그들의 기업으로 가서 땅을 차지하였고"입니다. 여호와가 함께 갔는데도 가나안 족을 쫓아내지 못했는데, 여호수아가 보내기만 해도 땅을 차지했다면 여호와와 여호수아 중에 누가 더 강한 것입니까? 누가 더 능력이 있는 것입니까? 여호와를 믿을까요? 여호수아를 믿을까요?

동일한 사람들

사사기 1장과 2장이 대조되는 정도가 아니라 아예 2장의 앞 절과 뒤 절이 대조되는 경우도 있습니다. 2장 1절로 5절에 나타난 대로 이스라엘은 하나님의 말씀대로 행하지 않았습니다. 그래서 하나님께서 직접 "너희가 내 목소리를 듣지 아니하였으니 어찌하여 그리하였느냐?"고 안타까운 탄식을 하실 정도였습니다. 이스라엘 백성들도 그것을 인정했습니다. 그래서 백성이 소리를 높여 운 것입니다. 이스라엘의 신앙이 엉망이요, 울기만 할 뿐 전혀 돌이키지 않고, 울기만 할 뿐 전혀 믿음의 모습을 보여주지 않습니다. 그런데 바로 뒤이어 7절에는 이스라엘의 믿음에 대해 정반대의 표현이 나옵니다. "백성이 여호수아가 사는 날 동안과 여호수아 뒤에 생존한 장로들 곧 여호와께서 이스라엘을 위하여 행하신 모든 큰 일을 본 자들이 사는 날 동안에 여호와를 섬겼더라"입니다. 1장의 이스라엘과 2장의 이스라엘이 다른 사람이 아니라 같은 사람입니다. 그런데 정반대의 모습으로 기록한 것입니다. 어떤 분들은 성경을 읽으면서 '그래서, 도대체 결론이 무엇입니까? 이스라엘이 가나안을 정복했다는 것입니까, 안했다는 것입니까? 이스라엘이 신앙이 좋았다는 것입니까, 나빴다는 것입니까?'라고 혼란스러워 하실 수도 있습니다. 성경을 앞뒤를 빼고 한 부분만 읽으면 안 되고, 흐름을 무시하고 결론만 찾아서는 안 되고, 반드시 앞과 뒤를 아셔야 하고 표현방식도 아셔야 합니다.

여호와를 버리고

알지 못하고

사사기 2장 10절은 "그 세대의 사람도 다 그 조상들에게로 돌아갔고 그 후에 일어난 다른 세대는 여호와를 알지 못하며 여호와께서 이스라엘을 위하여 행하신 일도 알지 못하였더라"입니다. 이스라엘 후손들이 과연 여호와를 알지 못하며 여호와께서 이스라엘을 위하여 행하신 일도 알지 못할까요? 실제로 자신들이 그곳 출신이 아니라는 것을 모르겠습니까? 이스라엘 백성들이 지파별로 나뉘어 살고 있으며 가나안 족속과 달리 열두 지파가 연합되어 있는데, 자신들이 어떻게 그곳에 살고 있으며 누구 때문에 가능했는지 정말로 알지 못할까요? 비록 표현은 알지 못하였다고 되어있지만 실제적으로는 다 알고 있습니다. 자신들의 조상이 아브라함이라는 것, 자신들이 애굽에서 나왔다는 것, 하나님이 광야에서 인도했고 가나안 정복 전쟁에서 승리하게 해 주셨다는 것을 모두 알고 있습니다. 본문에 나오는 '알지 못하더라'는 표현은 내용을 몰랐다는 것이 아니라 인정하지 않는다는 의미입니다. 다른 계획, 다른 의도, 다른 목적이 있을 때는 사실을 사실대로 인정하지 않는 것으로 사람들이 자주 사용하는 방식입니다. 성경의 표현방식이 전혀 이상한 것이 아니라 매우 익숙한 것입니다. 다만 사람들이 자신들은 자주 사용하면서도 성경에 그런 표현이 나올 것으로 미처 생각하지 못할 뿐입니다. 여호수아가 죽은 후에 일어난 다음 세대가 여호와를 알지 못하는 것이 아닙니다. 이스라엘은 하나님을 알고 있으면서도 알지 못한다고 잡아떼는 것입니다. 이스라엘이 여호와께서 이스라엘을 위해서 행하신 일도 알지 못하는 것이 아니라 다 알고 있으면서도 알지 못한다고 인정하지 않고, 받아들이지 않는 것입니다.

성경에 유사한 표현이 여러 번 나옵니다. 출애굽기 1장 8절 이하 "요셉을 알지 못하는 새 왕이 일어나 애굽을 다스리더니 그가 그 백성에게 이르되 이스라엘 자손이 우리보다 많고 강하도다 자, 우리가 그들에게 대하여 지혜롭게 하자 두렵건대 그들이 더 많게 되면 전쟁이 일어날 때에 우리 대적과 합하여 우리와 싸우고 이 땅에서 나갈까 하노라"입니다. 애굽에 한 때 엄청난 기근이 들었던 적이 있습니다. 요셉이라는 청년이 바로 왕의 꿈을 해석하여 총리로 발탁되어 칠년 풍년동안에 식량을 잘 비축하여 칠년 흉년의 어려움을 슬기롭게 극복한 적이 있고, 요셉의 가족들이 애굽에 들어와 살게 되었습니다. 애굽의 고센 지역에 이스라엘이 살고 있다는 것이 곧 요셉의 역할을 증명하는 것입니다. 그런데 애굽의 새 왕이 요셉을 모른다고 합니다. 실제로는 알고 있으면서도 모른다고 하는 것입니다. 왜냐하면 백성가운데 이스라엘 민족의 숫자가 많아져서 걱정이요 두려움을 느껴서 압제하고 싶은데 그 조상 요셉의 공로를 인정하면 압제할 수가 없기 때문입니다. 요셉을 모른다고 해야 요셉의 공로를 부인할 수 있고, 요셉의 공로를 부인해야 애굽 땅에 이스라엘 민족이 살고 있는 것을 압제할 수 있는 핑계거리가 생기는 것입니다.

사무엘상 2장 12절은 "엘리의 아들들은 행실이 나빠 여호와를 알지 못하더라"입니다. 엘리가 제사장이요, 엘리의 아들들은 제사장의 아들들로서 실로에 있는 여호와의 집에 상주하며 백성들이 오면 예배와 제사에 관련된 일을 하며 살았습니다. 그런데 여호와를 알지 못하였다고 합니다. 그러나 실제로는 여호와를 잘 알고 있습니다. 다만 여호와를 인정하지 않았다는 것입니다. 그래서 여호와를 알지 못했다는 것이 제사에 대한 나쁜 행동으로 묘사되는 것입니다. 13절로 17절 이하"기름을 태우기 전에도 제사장의 사환이 와서 제사 드리는 사람에게 이르기를 제사장에게 구워 드릴 고기를 내라 그가 네게 삶은 고기를 원하지 아니하고 날 것을 원하신다 하다가 그 사람이 이르기를 반드시 먼저 기름을 태운 후에 네 마음이 원하는대로 가지라 하면 그가 말하기를 아니라 지금 내게 내라 그렇지 아니하면 내가 억지로 빼앗으리라 하였으니 이 소년들의 죄가 여호와 앞에 심히 큼은 그들이 여호와의 제사를 멸시함이었더라"입니다. 결론적으로 사사기 2장 10절의 '알지 못하더라'는 것은 실제로 모른다는 의미가 아니라 인정하지 않았다 또는 멸시했다는 것입니다.

여호와를 버리고

이스라엘 백성이 여호와를 알지 못하고 여호와께서 이스라엘을 위하여 행하신 일도 알지 못하였더라는 것은 결국 이스라엘이, 하나님이 자신들의 하나님이심을 부인한 것이요, 여호와께서 자신들을 애굽에서 인도하여 내신 사역을 인정하지 않은 것이요, 여호와의 권면을 따르지 않겠다고, 여호와의 가르침을 거부하겠다고 선언한 것입니다. 이와 같은 이스라엘의 마음과 의지를 나타나는 단어가 2장 12절과 13절에 등장합니다. 12절 "애굽 땅에서 그들을 인도하여 내신 그들의 조상들의 하나님 여호와를 버리고 다른 신들 곧 그들의 주위에 있는 백성의 신들을 따라 그들에게 절하여 여호와를 진노하시게 하였으되", 13절 "곧 그들이 여호와를 버리고 바알과 아스다롯을 섬겼으므로"입니다. 만약 여호와를 알지 못하였다면 버린 것이 아니라 모른 것입니다. 그런데 여호와를 알고 있으면서도, 여호와가 이스라엘을 위하여 행하신 일을 알고 있으면서도 인정하지 않고 부인하고 거부한 것이기에 '여호와를 버린 것'입니다. '버리다'라는 단어는 '떠나다, 남겨두고 가다, 포기하다, 저버리다, 배반하다'라는 뜻입니다. 이스라엘은 여호와를 버린 것입니다. 가나안 땅을 점령하여 자신들이 살만한 형편이 마련되자 여호와를 배반한 것입니다. 하나님이 자신들에게 권면하신 말씀을 듣기 싫어서 여호와를 떠난 것입니다. 여호와를 자신들의 하나님으로 모시기를 거부한 것입니다.

'버리다'는 표현은 여호와를 섬기기를 거부했다는 것입니다. 사무엘 시대에 이스라엘 백성이 왕을 세워달라고 요청합니다. 그때에 사무엘이 백성에게 하는 말이 사무엘상 10장 19절 "너희는 너희를 모든 재난과 고통 중에서 친히 구원하여 내신 너희의 하나님을 오늘 버리고"입니다. 분열왕국 시대에 남 왕국 유다의 행동에 대하여 열왕기하 21장 22절에 "그의 조상들의 하나님 여호와를 버리고 그 길로 행하지 아니하더니"입니다. 북 왕국이 아예 멸망하고 남 왕국도 앗수르 군대에 의해 포위되자 히스기야 왕이 기도하는 내용 중에도 역대하 29장 6절 "우리 조상들이 범죄하여 우리 하나님 여호와 보시기에 악을 행하여 하나님을 버리고 얼굴을 돌려 여호와의 성소를 등지고"라고 합니다. 사사기 2장 12, 13절에는 서로 연결된 세 표현이 나옵니다. '알지 못하더라', '바알들을 섬기며 또는 다른 신들을 섬기며' 그리고 '여호와를 버리고' 입니다. 내용적으로 모두 동의어입니다. 여호와를 알지 못하다는 것이 여호와를 버렸다는 것이고, 여호와를 버렸다는 것이 다른 신들을 섬겼다는 것입니다.

이스라엘이 여호와를 버렸다고 할 때 중요한 것은 '여호와를 버렸다' 는 행동이 아니라 '왜 버렸느냐?' 는 이유입니다. 만약 버릴 만한 정당한 근거가 있다면, 버리고 나서 새로 구한 것이 더욱 좋은 것이라면 버린 것을 욕할 수 없습니다. 분명히 더 좋은 것이 있음에도 불구하고 안 좋은 것을 고수하고 있으라고 말한다면 그것은 강요요, 억압이요, 압제입니다. 만약 하나님이 인간에게 좋은 역할을 해 주지 않은 채, 더 좋은 역할을 해주는 다른 신을 섬기지 못하도록 금지하고 방해한다면 하나님은 아주 나쁜 신이요, 폭군일 것입니다. 하나님이 다른 신을 섬기지 말라고 할 때 과연 인간의 자유를 억압하고 인간의 더 좋은 선택을 가로막고 있느냐는 것입니다. 하나님이 '~하지 말라' 는 권고는 금지나 제한이 아니라 그 행동이 필요 없는 행동임을 선언하는 것입니다. 만나를 주시면서 도적질하지 말라고 하십니다. 도적질을 금지한다는 의미가 아니라 매일 매일 만나가 내릴 것이기에 남의 것을 훔쳐올 이유가 없다는 것입니다. 살인하지 말라는 말씀도 살인해서 얻을 것이 없다는 것입니다. 다른 신을 섬기지 말라는 말씀도 하나님이 모든 것을 주관하시기에 다른 신은 없다는 것입니다. 형상을 만들지 말라는 지침도 하나님은 형상이 필요 없다는 것입니다. 반대로 하나님이 '~하라'는 표현은 명령이나 강요가 아니라 인간에게 유익하다는 것입니다. 원수를 사랑하라는 것은 그것이 훨씬 쉽고 편하고 유익하다는 것입니다. 만약 하나님이 반드시 원수를 갚으라고 하시면 삶이 매우 힘들어 집니다. 우선 원수를 찾아야 하고, 내가 원수보고 강한 자가 되어야 합니다. 차라리 원수를 사랑하는 것이 쉽습니다. 원수에게 잘 먹고 잘 살라고 소리 지르고 돌아서면 되는 것입니다.

하나님이 이스라엘에게 강요한 것이 없고, 하나님이 이스라엘에게 요구한 것이 없고, 하나님이 이스라엘에게 불편한 것이나 어려운 일을 시킨 적이 없고, 하나님이 이스라엘에게 제한이나 금지나 억압을 행한 적이 없습니다. 이스라엘이 하나님을 싫어하고 거부하고 부인하고 알지 못한다고 해야할 이유가 없습니다. 기독교의 하나님은 인간을 사랑만 하십니다. 기독교의 하나님은 당신이 죽으면서까지 인간을 도우시는 분입니다. 인간이 하나님을 싫어하고 거부해야 하는 어떤 이유도 없습니다.

하나님의 종교

비종교적 종교

실제적으로는 인간이 하나님을 싫어해야 하는 어떠한 이유도 없는데 사람들은 하나님을 싫어하고, 다른 신들이 절대로 하나님보다 좋지 않은데 사람들은 다른 신들을 섬기려고 하나님을 버립니다. 그 이유는 인간이 죄인이기 때문입니다. 인간이 죄인이기 때문에 다른 종교, 다른 신들은 죄인의 원리, 죄인의 속성, 죄인의 가치, 죄인의 방법에 어울리기 때문입니다. 다종교는 죄의 원리에 근거하고 있기에 죄인의 생각과 딱 맞아떨어집니다. 결국에 가서는 죄의 결과가 맺어질 것이 뻔하지만 당장에는 모든 것이 죄인의 사고방식과 어울린다는 것입니다. 반대로 하나님은 죄의 원리와 다릅니다. 하나님은 처음부터 끝까지 인간에게 정말 좋은 것입니다. 그런데 죄인된 인간의 생각과 다른 것입니다. 죄인의 생각과 다르니까 죄인들은 하나님이 자신들에게 적합하지 않다고 여기는 것입니다. 죄인들에게 어색하고, 죄인들에게 낯설고, 죄인들에게 자연스럽지 않은 것입니다. 정말 인간에게 나쁜 것인데 익숙하다는 이유로 받아들이고, 정말 인간에게 유익한 것인데 낯설다는 이유로 거부한다는 것이 참으로 기가 막힌 실상이요, 죄인의 한계입니다. 죄인이기 때문에 진리를 분별하지 못하고, 정말 좋은 것을 좋은 것으로 알지 못하기 때문에 죄의 원리를 따르고 죄의 종교를 따르고 종교에 매어 불편하고 힘들고 곤고한 종교생활을 하고 있는 것입니다.

구약시대 이스라엘이나 오늘날의 사람들이나 심지어는 기독교인조차도 참으로 낯설고 어색하고 어찌해야 할지 난감해 하는 것이 바로 여호와가 영이라는 것 즉 형상이 없다는 것입니다. 하나님이 영이라는 사실이 정말 엄청난 것입니다. 하나님이 영이시기 때문에 기독교가 세상의 모든 종교들과 정말 너무나 확연히 다를 수 있는 것입니다. 대표적인 것을 예를 들면, 우선 하나님은 영이시기 때문에 즉 형상이 없으니까, 자연스럽게 종교행위가 없어지는 것입니다. 다른 종교는 신의 형상이 있으니까 신이 사는, 신을 모시는 집 즉 신전이 있는 것입니다. 또 신전이 있으니까, 신전에서 일하는 자가 있고, 신전에서 행해지는 온갖 종교제도가 존재하는 것입니다. 그런데 하나님은 영이시기 때문에 형상이 없고, 형상이 없으니 당연히 형상을 모시는 신전, 신이 거주한다는 신의 집이 없는 것이요, 신전이 없으니 신전이 갖는 종교제도가 일체 없는 것입니다.

타종교는 대부분 신 앞에 설 때 신을 벗도록 되어 있습니다. 신은 거룩하고 인간은 부정하다고 생각하기 때문입니다. 종교를 통해 인간은 부정함이 극명해지고 신의 거룩함만 드러납니다. 부정하거나 죄를 지으면 신에게 나아갈 수 없다고 하니 인간이 신을 믿어야 하는 이유가 애매해집니다. 그러나 기독교는 전혀 다릅니다. 기독교는 인간에 부정한 상태로 신에게 나아가고 죄를 지을수록 더욱 하나님께 나아갑니다. 부정한 인간이 하나님께 나아가서 정결함을 입고 죄인이 하나님께 나아가서 의로움을 받습니다. 하나님을 통해 인간이 치유되고 회복되는 것입니다.

인격적 종교

다른 종교의 특징에 대해 본문에 하나님이 언급하신 내용이 하나 있습니다. 12절 마지막 부분에 "다른 신들 곧 그들의 주위에 있는 백성의 신들을 따라 그들에게 절하여"입니다. 타종교는 신의 형상이 있으니까 신전이 있고, 신전에 들어가면 신상이 있으니까 가장 먼저 신상에게 절해야 하는 것입니다. 절은 인간이 신에게 굴복하는 행위입니다. 그런데 기독교는, 하나님은 형상이 없습니다. 당연히 신전이 없습니다. 형상이 없으니까 형상에 대한 종교행위가 없는 것입니다. 타종교는 종교행위로 연결되는 순서가 정해져 있고, 기독교는 비종교적이요, 인격적인 순서가 정해져 있습니다. 출애굽기 20장 4절 이하를 보면 "너를 위하여 새긴 우상을 만들지 말고 또 위로 하늘에 있는 것이나 아래로 땅에 있는 것이나 땅 아래 물속에 있는 것의 어떤 형상도 만들지 말며 그것들에게 절하지 말라"입니다. 하나님은 인간에게 하나님을 향하여 절하지 말라고 하십니다. 왜냐하면 절을 할 필요가 없고, 절을 할 수가 없기 때문입니다. 절을 하려면 가장 먼저 신을 향해 서야 합니다. 그런데 하나님은 영이시기에 특정 방향을 신이 계신 곳으로 설정할 수 없고 당연히 신을 향해 설 수 없는 것입니다. 방향성이 없기에 절을 하고 싶어도 절을 받는 대상이 있는 쪽을 알 수 없기에 절이 불가능해지는 것입니다.

하나님이 절하지 말라고 하신 것은 매우 심오한 의미가 있습니다. 하나님은 인간을 굴복시키는 분이 아니라 인간을 존귀하게 해 주시는 분이라는 것입니다. 인간은 하나님 때문에 낮아지면 안 되고, 하나님 때문에 어려워지면 안 되고, 하나님 때문에 불편해 지면 안 되고, 하나님 때문에 힘들어지면 안 되고, 하나님 때문에 희생되면 안 됩니다. 성경에 보면 하나님 때문에 인생 망친 사람이 없습니다. 하나님 때문에 어려움 당한 사람이 없습니다. 정반대로 어려운 사람이 하나님 때문에 나아졌고, 아픈 사람이 하나님 때문에 치유되었고,귀신들린 사람이 하나님 때문에 온전해졌고, 죄인이 하나님 때문에 의인이 되었습니다. 인간이 하나님을 위할 수 없습니다. 도리어 하나님이 인간을 위해 주시는 분입니다. 하나님은 참 인격적인 분이십니다.

본문에서 이스라엘이 하나님을 버렸습니다. 그리고 기껏 섬긴다는 것이 다른 신들, 우상이었고, 바알이었고, 아스다롯이었습니다. 하나님의 마음이 어떻겠습니까? 화가 나실까요, 안타까우실까요? 화가 나신다면 징계하실 것이고, 안타까우시면 은혜와 자비를 베푸실 것입니다. 당연히 안타까운 것입니다. 성경을 배우시고 하나님을 바로 아시기 바랍니다. 하나님을 버리는 대신 하나님을 의지하고, 하나님을 떠나는 대신 하나님을 믿고, 하나님을 거부하는 대신 하나님을 인정하고, 하나님이 주신 복, 하나님이 주신 은혜를 풍성히 누리기를 주님의 이름으로 축원합니다.

10

괴로움이 심하였더라

사사기 2 : 11 ~ 15

11 이스라엘 자손이 여호와의 목전에 악을 행하여 바알들을 섬기며 12 애굽 땅에서 그
들을 인도하여 내신 그들의 조상들의 하나님 여호와를 버리고 다른 신들 곧 그들의
주위에 있는 백성의 신들을 따라 그들에게 절하여 여호와를 진노하시게 하였으되 13
곧 그들이 여호와를 버리고 바알과 아스다롯을 섬겼으므로 14 여호와께서 이스라엘에
게 진노하사 노략하는 자의 손에 넘겨 주사 그들이 노략을 당하게 하시며 또 주위에
있는 모든 대적의 손에 팔아넘기시매 그들이 다시는 대적을 당하지 못하였으며 15 그
들이 어디로 가든지 여호와의 손이 그들에게 재앙을 내리시니 곧 여호와께서 말씀하
신 것과 같고 여호와께서 그들에게 맹세하신 것과 같아서 그들의 괴로움이 심하였더
라

일하시는 하나님

일하시는 하나님

각 사람이 하나님에 대하여 가지고 있는 이미지가 아주 다양할 것입니다. 혹자는 신, 혹자는 왕, 또는 독재자, 심판자, 창조자, 전능자 등이 있을 수 있습니다. 성경에는 하나님에 대한 정말 다양한 이미지가 소개되고 있습니다. 전사이신 하나님, 목사이신 하나님, 선생이신 하나님, 의사이신 하나님, 농부이신 하나님, 창조사이신 하나님 등이 있습니다. 하나님을 소개하는 다양한 이미지들이 있음에도 불구하고 각 이미지에 공통

으로 담겨있는 개념은 하나님은 일하는 분이라는 것입니다. 전사이신 하나님은 하나님이 전쟁광이라는 의미가 아닙니다. 하나님이 인간을 위해 전쟁에 나서주신다는 것입니다. 뒤에서 명령만 하는 것이 아니라, 전쟁이 끝난 후에 마차타고 등장하는 것이 아니라 전쟁에 앞서 가시는 분, 직접 적을 물리치시는 분입니다. 목자이신 하나님은 목장 주인을 의미하지 않습니다. 목장 주인은 가끔씩 들러서 장부만 확인하고 이익금만 가져가는 자입니다. 그러나 하나님은 참 목자이십니다. 하나님은 이른 아침에 일어나 양들의 상태를 살피고, 매일매일 양들을 푸른 초장과 쉴만한 물가로 인도하고, 행여 늑대나 곰이 나타나면 맞장을 떠서 양들을 지켜내고, 혹시라도 길을 잃은 양이 있으면 험산준령을 넘어가서라도 기어코 찾아오고야 마는 목자이십니다. 이러한 모습을 시편 121편 4절은 "이스라엘을 지키시는 이는 졸지도 아니하시고 주무시지도 아니하시리로다"고 표현하고 있습니다. 머리칼이 흩어져있고, 땀을 흘리며, 거칠게 숨을 쉬는 목자이십니다.

창조자이신 하나님도 일하시는 모습을 강조합니다. 하나님은 창조했다고 권리를 주장하시는 분이 아닙니다. 창조주라는 표현의 가장 기본적인 의미는 창조를 행하셨다는 것입니다. 아무 것도 존재하지 않을 때에 하나님은 친히 말씀하셔서 창조활동을 하셨고, 친히 흙으로 각종 들짐승과 공중의 각종 새와 사람을 지으셨습니다. 창조에 사용된 '지으시다' 라는 표현이 흔히 도예공이 도자기를 만드는 작업을 묘사할 때 사용되는 표현과 같습니다. 선생이신 하나님은 막대기를 들고 다니며 학생들 뒤통수를 때리는 분이 아닙니다. 죄인들을 가르치기 위하여 하나님이 친히 사건을 펼치시고, 각 사건을 통하여 하나님을 계시하고, 그렇게 계시하신 내용을 율법에 기록하여 전달해주고, 기어코 하나님을 알게 하기 위해 정말로 다양한 교육 방법을 총동원하여 가르치시는 수고와 노력을 하시는 분입니다. 의사이신 하나님은 하얀 가운입고 컴퓨터 앞에서 겨우 일분만 면담하는 분이 아닙니다. 십이 년 된 혈루증을 앓는 여인이 만지는 것도 허락하시고, 소경을 고치기 위해 침을 뱉어 흙을 이기기도 하시고, 죽은 자도 살려내시기까지 책임지고 일하시는 분입니다. 농부이신 하나님은 자전거타고 와서 논둑에 앉아 새참이나 드시는 삯군이 아닙니다. 하나님은 친히 씨를 뿌리시며, 열매 맺지 못하는 나무가 없도록 가지도 치시고 물꼬도 트시고 논의 피도 뽑으시는 정말 일꾼, 정말 머슴같이, 마당쇠같이 일하시는 분입니다. 성경에 나타난 하나님은 일하시는 분입니다.

평상시, 유사시

성경은 하나님을 일하시는 분으로 소개하는데 종종 사람들은 하나님이 왜 아무 것도 안하느냐고 따질 때가 있습니다. 예를 들어, 악인이 활개치고 다닐 때 하나님은 왜 저런 인간을 살려두시냐고 따지고 또는 세상이 홍수, 기근, 지진 등 재앙이 일어날 때 하나님이 뭐하시느냐고 원망하곤 합니다. 그런데 그런 반응은 정말 어이없는 반응입니다. 한 가정의 예를 들어보겠습니다. 아빠가 성실하게 직장을 다니고 가정을 행복하게 유지하고 있습니다. 어느 날 옆집이 새 차를 뽑았습니다. 그러면 아이들이 아빠는 뭐하냐고 따집니다. 아이들은 매우 중요한 사실을 놓치고 있는 것입니다. 그 동안 이 가정이 유지된 것이 아빠가 일해서 가능했던 것입니다. 아빠가 이른 아침부터 저녁까지 일해서 현재의 집이 있고, 몇 년 된 것이지만 차도 있고, 가정 살림살이가 있고, 하루하루 살아갈 수 있는 것입니다. 그런데 아이들은 자신들의 삶이 어떻게 유지되고 있는지를 알지 못하고, 평상시의 삶이 유지되도록 아빠가 행하고 있는 일은 모두 잊고 마치 아빠는 아무 것도 안하고 있는 줄로 착각하는 것입니다.

이 경우보다 더 심한 것이 바로 하나님의 일하심에 대한 인간의 반응입니다. 평상시에는 세상이 저절로 돌아가는 줄로 알고 위급한 일이 발생하면 하나님은 뭐하시냐고 불평합니다. 사실은 정반대로 해야 합니다. 평상시에 하나님이 지키는 것, 보호하시는 것을 알고 하나님이 일하시고 계심에 감사해야 합니다. 하나님이 일하시지 않으면 세상은 한 순간도 쉴 틈이 없이 인간이 만들어내는 재난과 재앙으로 파괴될 텐데 하나님이 계속 보호하시고 고치시고 막아주고 계시는 것을 알아야 합니다. 사람들은 하나님과 슈퍼맨 중에 슈퍼맨을 좋아합니다. 슈퍼맨은 재난이 있을 때, 어려운 일이 있을 때 꼭 나타나서 구해주는 것으로 생각하기 때문입니다. 하나님과 슈퍼맨의 차이점은 하나님은 B/S이고, 슈퍼맨은 A/S라는 것입니다. 하나님은 뜻과 섭리가 있어서 미리 계획하시고 일을 책임지고 진행하십니다. 영어로 Before Service입니다. 예방하시고 준비하시고 아무 일이 생기지 않도록 섭리하시는 것입니다. 그러나 슈퍼맨은 뜻이 없고 개념이 없고 의지가 없습니다. 가진 것이라곤 능력뿐이라 언제나 사후에 처방만 합니다. 그래서 영어로 After Service입니다. 세상 사람은 죄인이라 A/S만 알지만 성도는 하나님의 B/S를 알아 감사하며 살아야 합니다.

하나님을 강조

하나님에 대한 이미지를 물으면 어떤 분은 말씀하시는 하나님 또는 하나님의 말씀이 떠오르기도 할 것입니다. 하나님의 말씀도 말씀이라는 문장이나 내용이 아니라 하나님이 말씀하신다는 것, 하나님이 말씀하신 대로 행동하신다는 것이 강조되는 것입니다. 성경의 강조점을 잘 이해해야 합니다. 예를 들면, 요한복음 11장에 나사로가 죽은 사건이 있습니다. 예수님이 그 집에 오셨지만 이미 나사로는 죽었고 장례 절차가 진행 중에 있고 나사로는 무덤에 들어가 있습니다. 이스라엘의 무덤은 땅을 파서 땅 속에 있는 것이 아니라 산등성이나 언덕을 옆으로 파서 시신을 안치하고 돌 등으로 무덤 문을 닫아 두기에 드나들 수 있습니다. 나사로가 무덤에 있을 때 예수님이 '나사로야 나오라' 고 말씀하십니다. 이때 중요한 것이 무엇입니까? 단지 예수님이 말씀하셨다는 것입니까? 예수님이 '나사로야 나오라' 고 부르신다고 해서 죽은 나사로가 나올 수 있습니까? 더 근본적으로 죽은 자가 예수님의 목소리를 들을 수 있습니까? 그러므로 중요한 것은 예수님이 '나사로야 나오라' 고 말씀하셨다는 정도가 아니라 그 말씀을 하심으로 죽은 나사로를 '살려내셨다' 는 것입니다. 나사로를 살려내셔야 살아있는 나사로가 예수님의 목소리를 들을 수 있고, 들어야 나올 수 있는 것입니다. 예수님이 말씀하셨다고 해서 달랑 말만 했다는 의미가 아닙니다. 그 말씀이 이루어지도록 하나님이 수고하고 일하시고 역사하셨다는 것입니다.

사람들이 너무 쉽게 성경의 강조점을 왜곡합니다. 더 재미있고 의미있는 사건을 살펴보겠습니다. 민수기 21장에 놋뱀 사건이 있습니다. 이스라엘 백성이 광야를 지나면서 마음이 상해서 하나님께 원망을 했습니다. 백성들 가운데 불뱀들이 나와서 백성을 물어서 이스라엘 백성 중에 죽은 자가 많았습니다. 8절 "여호와께서 모세에게 이르시되 불뱀을 만들어 장대 위에 매달아라 물린 자마다 그것을 보면 살리라 모세가 놋 뱀을 만들어 장대 위에 다니 뱀에게 물린 자가 놋뱀을 쳐다본즉 모두 살더라" 입니다. 이 사건에서 중요한 것은 '쳐다본즉 모두 살더라' 는 이스라엘 백성들의 행위가 아닙니다. 뱀에 물린 자가 놋뱀을 쳐다본다고, 백번 천번을 쳐다봐도 살 수 없습니다. 중요한 것은 하나님이 '물린 자마다 그것을 보면 살리라' 고 살길을 열어주셨다는 것입니다. '쳐다보면 살고 안쳐다보면 죽는다' 는 인간의 행동이 조건으로 제시되는 것이 아닙니다. 하나님은 방법만 제안하고 결과는 각 사람의 행동에 달려있는 것이 절대로 아닙니다. 뱀에 물려서 죽어가고 있는데 '보면 살리라' 는 말씀에 이의를 달고, 과연 가능한지의 여부를 따질 자가 아무도 없습니다. 그런 상황에서는 어떤 사람이, 어떤 말을 해도, 어떤 어려운 조건을 제시해도 모든 사람이 다 행할 것입니다. 핵심은 '사람들이 쳐다봤다'는 것이 아니라 '보면 살리라'고 하나님이 사는 길을 열어주셨다는 것입니다. 바라본 자는 살고 안 바라본 사람은 죽은 것이 아니라 모든 사람이 바라보았고 모든 사람이 살았습니다. 즉 하나님은 모든 사람을 살려주신 것입니다.

이해를 위해서 한 곳을 더 살펴보겠습니다. 마가복음 2장 17절을 보면 "예수께서 들으시고 그들에게 이르시되 건강한 자에게는 의사가 쓸 데 없고 병든 자에게라야 쓸 데 있느니라 나는 의인을 부르러 온 것이 아니라 죄인을 부르러 왔노라 하시니라"라고 나옵니다. 이때에도 강조점이 잘 파악해야 합니다. 본문대로라면 하나님은 의인을 부르러 온 것이 아니라 죄인을 부르러 왔습니다. 의인은 예수님이 부르지 않습니다. 하지만 실상은 전혀 다릅니다. 왜냐하면 의인은 없기 때문입니다. 인간은 모두 다 죄인이기에 하나님이 죄인을 부르러 왔다는 것은 의인은 빼고 죄인만 부르신다는 것이 아니라 모든 인간을 부르신다는 것입니다. 결국 강조점은 '의인이냐 죄인이냐'가 아니라 '예수님이 오셨다'는 것입니다. 죄인을 부르러, 인간을 부르러, 죄인 된 인간을 불러 찾아서 구원하시기 위해 예수님이 오셨다는 것이 중요한 것입니다. 성경의 하나님, 성경의 예수님, 성경의 성령님 모두 일하시는 분입니다.

하나님의 말씀

사사기의 장면

하나님이 일하시는 분이시기에, 특별히 하나님이 행하시는 일은 모두 인간을 위한 일이기에 창세기부터 지금까지 하나님이 인간에게 명령하시거나 일을 시키신 것이 없습니다. 사사기를 읽는 사람들은 사사기의 내용들이 사람들의 일반적인 기대와 전혀 다르다는 것을 파악하셨어야 합니다. 사사기는 구약의 이야기가 전개되는 과정 중에 아주 중대한 전환점에 있습니다. 창세기 12장에서 하나님이 아브라함에게 나타나 세 가지를 약속하셨습니다. 하나님이 아브라함에게 명령하시거나 지시하시거나 맡기신 것이 아니라 하나님이 약속하셨습니다. 하나님이 약속하셨기에 하나님이 직접 책임지고 일하시고 완성하십니다. 하나님의 일하심의 전 과정이 창세기, 출애굽기, 레위기, 민수기, 신명기, 여호수아에 나오는 것입니다. 그래서 여호수아 21장 45절에 "여호와께서 이스라엘 족속에게 말씀하신 선한 말씀이 하나도 남음이 없이 다 응하였더라," 23장 14절 "너희의 하나님 여호와께서는 너희에게 대하여 말씀하신 모든 선한 말씀이 하나도 틀리지 아니하고 다 너희에게 응하여 그 중에 하나도 어김이 없음을 너희 모든 사람은 마음과 뜻으로 아는 바라"고 나오는 것입니다. 하나님이 뜻을 세웠고, 약속하셨고, 성취하셨고, 완성하셨습니다.

그렇게 하나님의 사역이 완성된 다음이 바로 사사기입니다. 그렇다면 사사기에는 이스라엘 백성이 하나님과 더불어 행복하게 자유와 평안과 안식을 누리며 사는 모습이 나와야 합니다. 하나님은 가나안에 정착한 이스라엘에게 달리 지시하신 말씀이 없습니다. 가나안에 정착하여 살기 시작한 이스라엘에게 새로운 사명을 부여하시지 않았고 요구하신 것이 아무 것도 없습니다. 인구 번영, 경제 번영, 문화 번영의 과업이 없고, 부국강병이나 세상에서 가장 선진국 사명도 없습니다. 사사기 1장에서 하나님이 이스라엘에게 새로운 과업이나 일거리를 명령하신 적이 없습니다. 가나안에 정착한 이스라엘이 하나님을 위하여 할 일이 없습니다. 도리어 하나님이 자신들을 위하여 이루어주신 삶을 신나고 즐겁게 누리며 살면 되는 것이있습니다. 그런데 이스라엘이 행복을 누리며 사는 것에 실패합니다. 왜냐하면 그 동안 하나님이 알려주고 가르쳐주신 말씀보다 자신들의 생각, 즉 죄의 생각들이 더 옳다고 생각했기 때문입니다. 그 동안 하나님이 지켜주고 보호해주고 인도해주신 삶보다 가나안이 살고 있는 삶의 방식이 더 좋다고 생각했기 때문입니다. 이스라엘이 하나님의 가르침보다 자신들의 생각이 옳고, 하나님이 인도하신 삶보다 가나안 사람들의 삶이 좋다고 생각한 이유는 하나님의 말씀을 오해하였기 때문입니다.

주체에 관한 오해

인간이 죄인이었고, 구원받은 저와 여러분은 성도이지만 아직도 죄적 사고방식이 많이 남아 있습니다. 그래서 하나님의 말씀을 하나님의 방식으로 이해하지 않고 늘 죄의 방식으로 오해합니다. 인간이 하나님의 말씀에 대해 오해하는 것이 세 가지 차원 즉 주체에 대한 것과 관계에 대한 것 그리고 결과에 관한 것입니다. 첫 번째가 주체에 대한 것입니다. 즉 하나님이 말씀하시는 것은 하나님이 '그렇게 행하시겠다' 고 알려주시는 것인데 죄인들은 '인간에게 그렇게 행하라고 시키시는 것' 으로 오해한다는 것입니다. 대표적인 경우가 모세입니다. 하나님은 모세에게 하나님이 행하실 일을 말씀하셨습니다. 출애굽기 3장 10절 "이제 내가 너를 바로에게 보내어 너에게 내 백성 이스라엘 자손을 애굽에서 인도하여 내게 하리라"입니다. 하나님이 하시겠다는 것입니다. 하나님이 이렇게 말씀하시면 인간은 아주 단순하게 '네!' 라고 하면 됩니다. 그런데 죄인들은 하나님이 하실 일이 아니라 자신에게 시키는 일인 줄로 오해합니다. 모세의 반응이 11절 "모세가 하나님께 아뢰되 내가 누구이기에 바로에게 가며 이스라엘 자손을 애굽에서 인도하여 내리이까입니다. 자기가 해야 하는 줄로 오해한 것입니다.

똑 같은 반응이 사사기 6장 기드온에게서도 나옵니다. 14절 "여호와께서 그를 향하여 이르시되 너는 가서 이 너의 힘으로 이스라엘을 미디안의 손에서 구원하라 내가 너를 보낸 것이 아니냐 하시니라"입니다. 하나님이 보내셨다는 것은 하나님이 책임지신다는 의미입니다. 그런데 기드온의 반응이 모세와 똑같습니다. 죄인의 반응은 한 치의 오차도 없습니다. 15절 "그러나 기드온이 그에게 대답하되 오 주여 내가 무엇으로 이스라엘을 구원하리이까 보소서 나의 집은 므낫세 중에 극히 약하고 나는 내 아버지 집에서 가장 작은 자니이다 하니"입니다. 자신의 가문이 조금 크면 할 수 있고, 자기가 집에서 막내가 아니라 장남이면 할 수 있다고 생각하는 것입니다. 하나님이 하시겠다는 것을 왜 자신들이 못한다고 난리인지 참 어이가 없습니다. 이것이 죄인들이 갖는 하나님 말씀에 대한 주체의 오해입니다.

신약에도 나옵니다. 마태복음 16장에 나오는 예수님과 베드로의 대화입니다. 21절 "이 때로부터 예수 그리스도께서 자기가 예루살렘에 올라가 장로들과 서기관들에게 많은 고난을 받고 죽임을 당하고 제 삼일에 살아나야 할 것을 제자들에게 비로소 나타내시니"입니다. 이때 베드로의 반응이 22절 "베드로가 예수를 붙들고 항변하여 이르되 주여 그리 마옵소서 이 일이 결코 주께 미치지 아니하리이다"입니다. 예수님이 베드로에게 고난 받거나 대신 죽으라고 하는 것이 아닙니다. 또는 예수님이 고난 받고 죽으면 베드로에게 삼일 만에 살려내라는 것이 아닙니다. 예수님이 예루살렘에 올라가고, 예수님이 고난 받고, 예수님이 죽임을 당하고, 예수님이 삼일에 살아나겠다는 것입니다. 베드로가 항변해야할 이유가 없음에도 불구하고 예수님을 막아섭니다. 예수님의 말씀이 예수님의 일이라는 것을 생각하지 못하는 것입니다. 예수님 말씀에 대한 주체의 오해입니다.

관계에 대한 오해

하나님 말씀에 대한 또 다른 오해는 관계에 대한 오해입니다. 하나님은 말씀을 하실 때에 하늘에 대고 하시는 것이 아니며, 아무나 들으라고 하시는 것이 아닙니다. 하나님이 말씀하실 때에 말씀하시는 하나님과 말씀을 듣는 인간의 관계를 이해해야 합니다. 그런데 사람들은 하나님과 인간의 관계, 하나님이 말씀하실 때 인간은 어떤 상태에 있었는가를 전혀 고려하지 않은 채 그냥 말로만 듣습니다. 그래서 오해와 왜곡이 생기는 것입니다. 예를 들어 보겠습니다. 서로 친구인 두 사람이 있는데 한 사람은 의사이고 한 사람은 샐러리맨입니다. 어느 날 찻집에서 만나 건강에 관한 대화를 나누던 중 의사인 친구가 샐러리맨에게 운동할 것을 권고했습니다. 며칠 뒤 샐러리맨 친구가 매우 아파서 의사인 친구를 찾아갔고 검사와 진료를 마친 후 간암으로 판정이 났습니다. 이때 의사가 '너 내 말 잘 들어. 앞으로 술 먹지 말고 맵고 짠 음식을 절대 먹지 마. 지금부터는 내가 시키는 대로만 해. 집에 있는 술 다 갖다 버려. 내 말 안 들으면 너 죽어' 라고 말합니다. 의사가 한 말이 이상합니까? 의사가 샐러리맨을 협박하는 것입니까? 의사가 친구의 자유를 제한하는 것입니까? 친구의 인권을 무시하고 의사가 이기적으로 자기 마음대로 행하는 것입니까? 두 사람의 대화에는 전제가 있습니다. 샐러리맨은 암에 걸린 환자요, 친구는 의사라는 사실입니다. 그래서 친구관계이지만 동시에 의사와 환자의 관계가 된 것이고, 의사는 단지 친구에게가 아니라 친구이면서 동시에 환자인 사람에게 말을 하는 것입니다. 똑같은 말을 두 당사자가 아닌 제 삼자, 두 사람이 의사와 환자의 관계라는 사실을 모르는 제 삼자가 들으면 '너 내 말 잘 들어, 내가 시키는 대로만 해, 내 말 안 들으면 너 죽어' 라고 말하는 사람은 아주 나쁜 사람이 됩니다. 상대방을 억압하고 통제하고 속박하는 잔인한 사람이 되는 것입니다. 하지만 그것은 두 사람의 관계를 모르는 오해입니다.

사람들이 가지는 기독교에 대한 오해, 하나님에 대한 오해, 하나님의 말씀에 대한 오해가 모두 위와 같습니다. 하나님과 인간의 관계를 이해하지 못하고, 하나님 앞에 선 인간의 상태를 바르게 인식하지 못하는 것입니다. 인간의 상태와 하나님과 인간의 관계를 알지 못한 상태에서 하나님의 말씀을 들으니까 당연히 하나님 말씀을 오해할 수밖에 없는 것입니다. 창조 때에 하나님이 인간에게 하시는 말씀, 인간이 죄인이 되었을 때에 하나님이 인간에게 하시는 말씀, 인간을 구원하시어 성도가 되게 하신 후 성도에게 하시는 말씀의 표현이 다 다르게 나옵니다. 왜냐하면 인간의 상태가 다르기에 하나님이 다르게 표현하시는 것입니다. 그러므로 성경을 읽을 때 인간의 상태와 하나님과의 관계를 파악하시면서 이해해야 한다는 것입니다.

하나님이 인간을 창조하셨을 때에는 하나님과 인간이 서로 동등한 차원을 유지했습니다. 하나님이 그만큼 인간을 존귀하게 대해주신 것입니다. 그래서 하나님은 지극히 정상적인 표현을 하십니다. 창세기 1장 28절 "하나님이 그들에게 복을 주시며 하나님이 그들에게 이르시되 생육하고 번성하여 땅에 충만하라, 땅을 정복하라, 바다의 물고기와 하늘의 새와 땅에 움직이는 모든 생물을 다스리라" 고 합니다. 어디에도 강압적인 표현이 없습니다. 그런데 인간이 타락하여 죄인이 되었습니다. 하나님에 대하여 죽은 자가 되었고, 죄에 사로잡힌 자가 되었고, 죄의 종이 되었습니다. 이제 하나님은 인간의 보호자요, 책임자요, 치유자요, 회복자인 것입니다. 그래서 하나님이 치유하시기 위해, 회복하시기 위해, 인간을 온전하게 하기 위해 말씀하십니다. '내 말을 들어라. 내가 시키는 대로 해라. 그렇지 않으면 너는 죽음에서 벗어날 수 없다' 고 말씀하십니다. 이것이 하나님의 협박입니까? 하나님이 인간의 의지를 박탈하시는 것입니까? 하나님이 하나님 멋대로 이십니까? 하나님이 이기적입니까? '우상을 멀리하라. 신상을 만들지 말고 신상에게 절하지 말라' 고 하십니다. 이것이 압제입니까? 인권유린입니까? 지나가는 사람에게 '제가 하라는 대로 하십시오. 안 하면 죽습니다' 라고 말하면 아마도 황당한 표정으로 '당신이 누군데?' 라고 반응할 것입니다. 대화를 주고 받기 위해서는 서로 관계가 설정되어야 하는 것입니다. 하나님의 말씀은 죄인을 구원하기 위한 말씀인 것을, 복음인 것을 이해해야 합니다.

결과에 대한 오해

하나님 말씀에 대한 세 번째 오해가 바로 결과에 대한 오해입니다. 하나님의 말씀은 저주나 징계가 아닙니다. 하나님의 말씀 중에 '이렇게 되리라' 는 것은 가르침 또는 통보 또는 공지 또는 알림입니다. 위에서 의사가 샐러리맨에게 '내 말 안 들으면 죽어' 라고 말한 것은 '내가 죽인다' 는 의미가 아니라 '죽음이 이른다는 것을 알려주는 것' 입니다. 샐러리맨이 죽었을 때에 유족들이 와서 의사에게 '당신 말 때문에 죽었다' 고 따지면 정말 어이가 없는 것입니다. 인간이 처한 상태는 하나님의 치유를 위한 가르침, 회복을 위한 제안, 온전하게 되도록 하는 방침을 따르지 않았을 때 당연히 결과가 온 것입니다. 사람들은 환자에 대한 의사의 처방에 대해서는 잘 알면서도 죄인에 대한 하나님의 처방에 대해서는 전혀 알지 못합니다.

하나님은 치유를 위해, 회복을 위해, 구원을 위해 말씀하셨는데 죄인들은 듣지 않고 따르지 않습니다. 그러니 결과가 임하고, 그 결과를 표현한 것이 사사기 2장 14, 15절 "여호와께서 이스라엘에게 진노하사 노략하는 자의 손에 넘겨 주사 그들이 노략을 당하게 하시며 또 주위에 있는 모든 대적의 손에 팔아넘기시매 그들이 다시는 대적을 당하지 못하였으며 그들이 어디로 가든지 여호와의 손이 그들에게 재앙을 내리시니 곧 여호와께서 말씀하신 것과 같고 여호와께서 그들에게 맹세하신 것과 같아서 그들의 괴로움이 심하였더라" 입니다. 본문에 대해 이스라엘이 하나님 말씀을 안 들었다고 하나님이 진노했고, 노략하는 자의 손에 넘기고, 대적자에게 팔아 넘겼다고 생각하시면 안 됩니다. 하나님이 치사하게 보복하신다고 오해하면 안 됩니다. 보복 정도가 아니라 '그들이 어디로 가든지 재앙을 내리시니' 하나님이 뒤끝이 오래간다고 왜곡하면 안 됩니다. 하나님의 진노와 재앙 때문에 이스라엘은 괴로움이 심한데 하나님은 뭐하시냐고 따지시면 안 됩니다. 말 안 들었다고 진노와 재앙을 내리시는 분이 무슨 사랑의 하나님이냐고 투정하시면 안 됩니다. 이 모든 것이 하나님에 대한 오해, 인간의 상태에 대한 무지, 하나님 말씀의 성격에 대한 오해입니다.

이스라엘의 괴로움이 심한 그 순간 이스라엘보다 더 괴로움이 심한 분이 하나님이십니다. 하나님은 이스라엘의 책임자요, 보호자이시기 때문에 이스라엘이 괴로움에 처한 것에 대하여 너무나 안타까워하시는 것입니다. 비록 이스라엘이 하나님의 회복을 말씀을 듣지 않은 자업자득이지만 하나님은 불쌍히 여기시는 것입니다. 그래서 16절 "여호와께서 사사들을 세우사 노략자의 손에서 그들을 구원하게 하셨으니" 즉 은혜를 베푸시는 것입니다. 죄인들이 성경을 오해하는 것은 당연합니다. 세상 사람들이 하나님을 오해하는 것은 당연합니다. 그러나 성도는 성경을 읽어야 하고, 하나님을 바르게 알아야 하고, 하나님 말씀의 뜻을 바르게 이해해야 합니다. 세상 종교는 신에 대한 두려움에서 시작하지만 기독교의 신앙은 나를 위해 행하신 하나님의 사역에 대한 감사에서 시작하는 것입니다. 성경을 통해 하나님을 알고 하나님으로 인해 행복하고 즐겁고 신나고 자유롭고 평안하고 멋진 신앙을 누리기를 주님의 이름으로 축원합니다.

11

사사들을 세우사

사사기 2:16~23

16 여호와께서 사사들을 세우사 노략자의 손에서 그들을 구원하게 하셨으나 17 그들
이 그 사사들에게도 순종하지 아니하고 오히려 다른 신들을 따라가 음행하며 그들에
게 절하고 여호와의 명령을 순종하던 그들의 조상들이 행하던 길에서 속히 치우쳐 떠
나서 그와 같이 행하지 아니하였더라 18 여호와께서 그들을 위하여 사사들을 세우실
때에는 그 사사와 함께 하셨고 그 사사가 사는 날 동안에는 여호와께서 그들을 대적
의 손에서 구원하셨으니 이는 그들이 대적에게 압박과 괴롭게 함을 받아 슬피 부르
짖으므로 여호와께서 뜻을 돌이키셨음이거늘 19 그 사사가 죽은 후에는 그들이 돌이
켜 그들의 조상들보다 더욱 타락하여 다른 신들을 따라 섬기며 그들에게 절하고 그들
의 행위와 패역한 길을 그치지 아니하였으므로 20 여호와께서 이스라엘에게 진노하
여 이르시되 이 백성이 내가 그들의 조상들에게 명령한 언약을 어기고 나의 목소리를
순종하지 아니하였은즉 21 나도 여호수아가 죽을 때에 남겨 둔 이방 민족들을 다시는
그들 앞에서 하나도 쫓아내지 아니하리니 22 이는 이스라엘이 그들의 조상들이 지킨
것 같이 나 여호와의 도를 지켜 행하나 아니하나 그들을 시험하려 함이라 하시니라
23 여호와께서 그 이방 민족들을 머물러 두사 그들을 속히 쫓아내지 아니하셨으며 여
호수아의 손에 넘겨주지 아니하셨더라

불순종의 아이콘

이스라엘의 의미

기독교인이 자주 사용하는 표현 중의 하나가 '이스라엘' 일 것입니다. 성경에서 이스라엘은 여러 가지 의미를 가지고 있습니다. '이스라엘' 이

라는 각각의 의미를 확인해 보겠습니다. 성경 순서대로 살펴보면 가장 먼저 나오는 것이 창세기 32장입니다. 이삭의 아들 야곱이 개명한 이름이 이스라엘로 이때는 개인의 이름입니다. 창세기 34장부터는 야곱의 가족들, 야곱의 무리들, 야곱의 족속들을 통칭하는 표현으로 이스라엘이 사용됩니다. 그리고 출애굽기 1장부터는 이스라엘이 민족단위로 확장되어 사용됩니다. 왕이 세워진 후인 사무엘상 7장부터는 이스라엘이 나라의 이름으로 사용되고, 나라가 남과 북으로 분리된 후인 열왕기상 12장부터는 북쪽에 위치한 나라의 이름이 됩니다. 이스라엘이 성경에서만 최소 다섯 가지의 의미로 사용되는 것입니다. 오늘날에는 교회를 부를 때에 '영적 이스라엘' 이라는 의미를 부여하기도 합니다. 여러분은 '이스라엘' 이라는 표현을 들을 때 어떤 느낌이 드십니까? 여러분을 향해 '영적 이스라엘' 이라고 부른다면 여러분은 기분이 좋으십니까, 나쁘십니까? 이스라엘은 아주 재미있는 표현, 아주 의미심장한 표현입니다. 이스라엘이라는 이름을 만드신 분이 하나님이십니다. 하나님이 어떤 의미로 이스라엘이라는 이름을 만드셨는지 그 의도부터 점검해 보겠습니다.

창세기 32장에 야곱이 어떤 사람과 씨름하는 장면에서 어떤 사람이 야곱을 이기지 못함을 보고 그가 야곱의 허벅지 관절을 치매 어긋나게 됩니다. 그 사람이 후에 하나님의 천사로 밝혀지고 그 사람이 야곱에게 27절 "네 이름을 다시는 야곱이라 부를 것이 아니요 이스라엘이라 부를 것이니 이는 네가 하나님과 및 사람들과 겨루어 이겼음이니라" 고 합니다. '이스라엘' 은 '하나님과 겨루어 이겼다' 는 뜻으로 참 기가 막힌 이름입니다. 인간이 하나님과 겨루어 싸워서 이긴 것은 잘된 일일까요, 잘못된 일일까요? 하나님과 겨루어 이겼으면 하나님보다 나은 사람이 된 것일까요? 신을 제압한 인간이 된 것일까요? 신보다 위대한 사람이 된 것일까요? 하나님이 진정 야곱에게 패하여 야곱을 높여주기 위하여 '하나님과 겨루어 이겼다' 는 이름을 지어주셨을까요? 실제로는 정반대의 의미를 갖습니다.

고집 센 놈

얍복강 사건의 시점을 잘 이해하셔야 합니다. 창세기 27장에서 야곱이 어머니의 권고로 아버지를 속이면서 축복을 받았지만 결국 형을 두려워하며 외삼촌의 집으로 도망갑니다. 창세기 28장에 의하면 그때 하나님이 야곱에게 나타나 야곱을 축복해 주겠다고 선언하셨고 야곱도 하나님께 서원을 했습니다. 외삼촌네 집에서 야곱은 참으로 힘든 시간을 보냅니다. 만약 야곱 혼자였다면 외삼촌의 교활한 술수에 빈털터리가 될 뻔 했지만 야곱과 약속하신 하나님이 약속을 지키려 야곱을 도와주셔서 마침내 야곱이 거부가 되었습니다. 라반의 아들들이 야곱을 시기하자 하나님이 다시 야곱과의 약속을 기억하시고 야곱에게 고향 땅으로 돌아가라고 지시하십니다. 이렇게 하나님의 지시에 따라 야곱이 고향으로 돌아오던 중 얍복 강에 머물게 된 것입니다.

야곱이 고향을 떠나 도망가던 순간부터 얍복 나루에 도착한 순간까지 야곱의 생명은 전적으로 하나님이 약속을 지키신 결과입니다. 하나님이 약속을 지키지 않았으면 야곱은 살아있기 힘들었을 것입니다. 그리고 하나님의 약속은 얍복 나루까지가 아니라 고향 땅으로 돌아오는 것과 그 후에 가나안 땅을 차지하고 큰 민족이 되는 것까지 포함되어 있습니다. 하나님의 약속이 지켜지기 위해서는 야곱은 중간에 죽어서는 안 됩니다. 야곱은 중간에 죽을 수가 없고 야곱의 목숨은 야곱 자신에게보다 하나님에게 더 소중한 것입니다. 야곱은 약속으로 말미암은 사실 즉 에서가 자기를 죽이려 해도 자신은 죽을 수 없고, 어떤 사람이 자신을 죽이려 해도 자신은 죽을 수 없다는 것을 알았어야 합니다. 그런데 야곱은 하나님의 돌보심을 받으면서도 하나님을 신뢰하지 못하고, 하나님의 인도하심을 받으면서도 하나님의 약속을 의지하지 않고, 하나님의 지켜주심을 받으면서도 약속을 믿지 않습니다. 자신의 목숨을 자신이 지키려고 애썼고 자신에게 어떤 위협이 오면 자기가 막아서고 보호하려고 노력한 것, 그 싸움이 바로 얍복 나루에서 일어난 것입니다.

그 밤에 자신을 스스로 지키기 위해 싸움하는 야곱에게 하나님이 하시는 말씀이 '너는 이제부터 이스라엘이라 하리라' 즉 '네가 하나님과 겨루어 이겼다는 것' 입니다. 다른 표현으로 하면 '너는 나를 절대로 의지하지 않고, 내가 말하는 대로 절대로 행하지 않고, 내가 지시하는 대로 절대로 신뢰하지 않았다. 너는 네 생각을 꺾지 않았고, 네 고집을 계속 주장했다. 너는 나를 이겨먹는 놈이다' 라는 것입니다. 하나님의 말씀이 있으면 야곱이 자신의 생각, 자신의 뜻을 내려놓아야 합니다. 그래서 하나님의 뜻대로 되게 해야 합니다. 그것이 야곱에게 좋은 것입니다. 하나님의 약속이 있었으면 야곱은 마음 편히 있어도 됐습니다. 어떤 사람이 아무리 자기를 죽이려 해도 자신은 죽지 않는다는 것을 알고 져 줄 수 있었어야 합니다. 그런데 야곱이 하나님의 약속을 신뢰하지 않으니까 혹시 어떤 사람이 자신을 죽이면 자기가 죽을까봐 죽기 살기로 싸워서 기어코 이겨버립니다. 야곱은 하나님을 이겼고 하나님을 꺾었습니다. 힘 싸움에서 이겼다는 것이 아니라 고집싸움에서 이겼다는 것입니다. 소신이 있고 지조가 있었다는 것이 아니라 도무지 하나님 말씀을 듣지 않았다는 것입니다. 그런 야곱을 하나님이 보시고 답답하고 한심하고, 어이가 없어서 하시는 말씀이 '에라, 하나님을 이겨 먹는 놈아!' 이며, 그것이 바로 이스라엘입니다. 이스라엘이라고 부르는 것은 결코 좋은 의미가 아닙니다. 조롱의 의미로, 비아냥의 뉘앙스로 '징그럽게 고집 센 놈, 절대로 말을 듣지 않는 놈, 끝까지 자기 하고 싶은 대로 하는 놈, 하나님마저 이겨 먹는 놈' 이라는 뜻입니다.

야곱에게 붙여준 이름이지만 결국은 이스라엘 민족에게 붙여준 이름이요, 더 나아가 인간에게 붙여 준 이름입니다. 인간이, 죄인이 어떤 존재들입니까? 하나님을 이겨 먹는 존재들입니다. 하나님 말씀이라면 절대로 듣지 않는 존재들입니다. 출애굽기에 유사한 표현이 나옵니다. 출애굽기 33장 3절에 의하면 이스라엘의 특성을 "너희는 목이 곧은 백성인즉"이라고 묘사합니다. '목이 곧다' 라는 표현도 '고집 센, 완고한, 완악한' 이라는 뜻입니다. 도무지 하나님의 말씀을 듣지 않는다는 것이요, 따르지 않는다는 것입니다. 하나님이 조크로, 언어유희로 아예 이름을 '나를 이겨먹는 놈들' 이라고 지었습니다. 그러니 하나님은 이스라엘을 보실 때마다, 이스라엘을 부르실 때마다 '저놈들이 또 내 말을 안 들을 것이다, 저놈들이 또 불순종할 것이다, 저놈들이 또 자기들 멋대로 할 것이다' 라고 생각하시는 것입니다. 죄인의 속성을 가장 정확히 묘사한 이름입니다. 그러니 하나님은 이스라엘의 불순종을 보시면서 화가 나시는 것이 아니라 당연히 그럴 줄 알았다고 생각하시는 것입니다.

다윗이 이스라엘의 실체에 대해 정확히 시를 쓴 것이 시편 14편입니다. 2절 이하 "여호와께서 하늘에서 인생을 굽어 살피사 지각이 있어 하나님을 찾는 자가 있는가 보려 하신즉 다 치우쳐 함께 더러운 자가 되고 선을 행하는 자가 없으니 하나도 없도다"입니다. 과연 이스라엘이라는 이름에 합당한 것입니다. 죄인의 속성을 정확하게 집어내어 일종의 별명을 붙인 것이 '이스라엘' 입니다. 유사한 예로, 복음서에서 예수님의 제자 시몬의 별명이 베드로입니다. '베드로' 의 뜻은 '돌멩이, 자갈, 바위, 반석' 입니다. 듣는 순간 그 별명을 가진 사람의 성격이 연상됩니다. '이스라엘' 즉 '하나님을 이겨먹는 인간들' 이라는 이름을 듣는 순간 성경 전체에서 이스라엘이 하나님을 정말 안 믿을 것이요, 매 순간 불순종할 것이요, 주특기가 배반, 취미가 배신, 전공이 우상숭배, 여가선용이 신상 만들기 등 일 것임이 자동적으로 떠오르셔야 합니다. 그런 이스라엘 중에 신실한 자가 있을까요, 없을까요? 당연히 없습니다. 그런 이스라엘 중에 믿음 좋은 일꾼이 있을까요, 없을까요? 당연히 없습니다. 그런 이스라엘 중에 하나님 말씀에 귀 기울이는 사람이 있을까요 없을까요? 당연히 없습니다. 이스라엘의 특성이 하나님의 말씀을 듣지 않는 자들이라는 것을 아시고 사사기를 봐야 합니다.

불순종의 모습들

사사기 1장에서 이스라엘은 가나안에 거주하는 족속들을 쫓아내지 않았습니다. 이스라엘은 자신들의 이름처럼 하나님의 말씀대로 하지 않은 것이요, 하나님 말씀을 듣지 않은 것이요, 하나님을 이겨먹은 것입니다. 이스라엘의 행동에 대하여 하나님의 반응이 2장 2절 후반부 "너희가 내 목소리를 듣지 아니하였으니"입니다. 이스라엘 백성의 실태에 대한 묘사가 2장 10절 "그 세대의 사람도 다 그 조상들에게로 돌아갔고 그 후에 일어난 다른 세대는 여호와를 알지 못하며 여호와께서 이스라엘을 위하여 행하신 일도 알지 못하였더라"입니다. 좀 더 구체적으로 설명하면 11절 이하 "이스라엘 자손이 여호와의 목전에 악을 행하여 바알들을 섬기며 애굽 땅에서 그들을 인도하여 내신 그들의 조상들의 하나님 여호와를 버리고 다른 신들 곧 그들의 주위에 있는 백성의 신들을 따라 그들에게 절하여 여호와를 진노하시게 하였으되 곧 그들이 여호와를 버리고 바알과 아스다롯을 섬겼으므로"입니다. 이런 묘사가 한두 번 나오는 것이 아닙니다. 17절 "그들이 그 사사들에게도 순종하지 아니하고 오히려 다른 신들을 따라가 음행하며 그들에게 절하고 여호와의 명령을 순종하던 그들의 조상들이 행하던 길에서 속히 치우쳐 떠나 그와 같이 행하지 아니하였더라" 또 19절 "그 사사가 죽은 후에는 그들이 돌이켜 그들의 조상들보다 더욱 타락하여 다른 신들을 따라 섬기며 그들에게 절하고 그들의 행위와 패역한 길을 그치지 아니하였으므로"입니다. 과연 이스라엘입니다.

본문을 읽을 때에는 흐름에 따라 정확하게, 특별히 '때, 시기, 순서'를 집중해서 관찰해야 합니다. 사사기 2장 16절 이전에는 아직 사사가 등장하지 않을 때입니다. 그러므로 사사가 등장하기 전에 이스라엘은 하나님께 순종하지 않았고 다른 신들을 섬겼습니다. 16절 "여호와께서 사사들을 세우사"인데, 17절 "그 사사들에게도 순종하지 아니하고"입니다. 사사를 세우기 전에도, 사사가 활동하는 시대에도 이스라엘은 하나님 말씀에 순종하지 않고 다른 신을 섬겼습니다. 19절은 "그 사사가 죽은 후에"요 그때에도 이스라엘은 하나님 말씀에 순종하지 않았고 다른 신들을 섬겼습니다. 사사를 세우기 전에도, 사사가 활동하던 시기에도, 사사가 죽은 후에도 즉 이스라엘은 내내, 계속하여, 언제든지, 늘 하나님 말씀을 순종하지 않았고 다른 신들을 섬겼습니다.

사사기 2장에는 '순종하지 아니하고' 라는 표현이 여러 번 나옵니다. 17절 '순종하지 아니하고', 20절 '순종하지 아니하였은즉' 입니다. '순종하다' 는 표현은 히브리 원어로 '듣는다' 는 의미입니다. 하나님의 말씀을 듣는 것이 순종이고 듣지 않는 것이 순종하지 않은 것입니다. 2장 2절 '내 목소리를 듣지 아니하였으니' 와 17절의 '순종하지 아니하고' 도 동일한 단어입니다. 듣지 않은 것이 순종하지 않은 것이고, 순종하지 않은 것이 자기 고집을 피운 것이고, 자기 고집을 피운 것이 하나님을 이겨 먹은 것이고, 하나님을 이겨 먹은 사람들이 이스라엘입니다.

사사는 없다

왜 불순종하는가?

어떤 사람이 다른 사람에게 '자신의 말을 들으라' 고 하는 것은 매우 조심스러운 행동입니다. 아무리 좋은 말도 말하는 사람의 입장과 듣는 사람의 입장에 따라 전혀 느끼는 정도가 다릅니다. 다른 사람에게 '내 말을 들으라' 고 하면 마치 명령이요, 지시같이 들리고, 당연히 상대방을 통제하고 속박하는 것처럼 느껴집니다. 상대적으로 누가 다른 사람의 말을 듣는 것은 굴복처럼 여겨지고, 자기의지가 없거나 자신을 포기하는 패배요, 굴욕 같아 보일 수도 있습니다. 하나님은 인간에게 말씀하실 때 매우 신중하시고 매우 조심하시고 매우 철저하십니다. 하나님은 인간에게 말씀하실 때마다 말씀하시는 근거를 대고, 말씀을 들을 만한 증거물을 제시하고, 말씀을 들었을 때의 결과를 확실하게 보장해 주시고, 그렇게 하신 후에도 명령이 아니라 인간의 선택에 맡기십니다. 참 인간을 인격적으로 대우하십니다. 하나님은 정말 인간에게 좋은 것을, 정말 인간의 자유와 인격을 존중하면서, 강요하지 않고 억압하지 않고 권면하셨고 알려주셨습니다. 그런데 이스라엘은 하나님의 말씀을 듣지 않고 따르지 않았습니다.

불순종하는 사람 중에 망하려고 하는 사람이 없고, 일부러 하는 사람이 없고, 상황을 나빠지게 하려는 사람은 없습니다. 고집을 피우는 사람 중에 자기 생각이나 뜻이 없는 사람은 없습니다. 남의 말을 듣지 않는 것, 남의 제안을 따르지 않는 것, 다른 사람의 권면을 전혀 고려하지 않는 것은 이미 자신의 생각이 있다는 것이요, 자신의 뜻이 있다는 것이요, 자신의 의지가 있다는 것입니다. 그리고 자신이 가지고 있는 것과 남이 알려준 것 중에 자신의 것이 좋아 보이고, 옳아 보이고, 확실해 보인다는 것입니다. 다만 자기 생각과 다른 사람이 알려준 것 중에 어느 것이 더 좋은 것인지를 바르게 분별하지 못하는 것입니다.

이스라엘의 선택

사사기를 읽으실 때 이스라엘이 불순종했다, 하나님께 범죄 했다는 것만 생각하시면 안 되고 저들은 자기 생각에 사로잡혀 있었다는 것을 아셔야 합니다. 사사기 1장에서 하나님은 가나안을 모두 쫓아내라고 하셨는데 이스라엘은 쫓아내지 않았습니다. 이스라엘의 생각에는 가나안 사람들을 쫓아내는 것 보다는 살려두는 것이 더 유익하다고 생각한 것입니다. 하나님은 다른 신을 섬기지 말라고 하셨는데 이스라엘은 하나님을 버리고 다른 신을 섬기고 절하였습니다. 하나님을 섬기는 것보다 바알과 아스다롯을 섬기는 것이 자신들의 삶에 더욱 도움이 된다고 여긴 것입니다. 광야에서 사십 년간 배운 하나님의 가르침, 하나님의 마음, 하나님의 심정, 하나님의 원리는 온데간데 없고, 가나안에 도착해서 본 가나안의 문화, 가나안의 건축, 가나안의 농경, 가나안의 장식, 가나안의 종교가 훨씬 좋아 보인 것입니다. 왜냐하면 인간이 죄인이라 죄가 보이지 않기 때문입니다. 죄가 보이지 않고, 죄의 원리가 보이지 않고, 죄의 방식이 보이지 않고, 죄의 가치가 보이지 않으니까 죄를 모르는 것입니다. 하나님의 원리는 죄를 이기는 것인데, 죄를 모르니까 하나님의 가르침이 아무 짝에도 쓸모없어 보이는 것입니다.

이스라엘이 불순종했다는 것은 이스라엘에게는 하나님보다 바알이 좋아보였다는 것입니다. 이스라엘의 입장에서는 불순종을 한 것이 아니라 단지 자신들 생각에 좋은 것을 선택한 것입니다. 그렇다면 하나님은 이스라엘에게 '왜 불순종하였느냐?' 고 책망하실 것이 아니라 하나님이 바알보다 더 낫다는 것을 보여주셔야 하는 것입니다. 바알이 더 좋아보여서, 하나님이 무능해보여서 떠난 사람들에게 화를 내고 벌을 줄 것이 아니라, 하나님이 바알보다 더 좋은 모습, 아스다롯보다 더 멋진 모습을 보여주면 이스라엘은 자신들의 생각에 더 좋은 것을 선택하게 될 것입니다. 그래서 하나님은 하나님께 불순종한 이스라엘을 징계하시는 것이 아니라 은혜를 주시는 것입니다. 그것이 2장 15절과 16절입니다. 15절 "그들이 어디로 가든지 여호와의 손이 그들에게 재앙을 내리시니 곧 여호와께서 말씀하신 것과 같고 여호와께서 그들에게 맹세하신 것과 같아서 그들의 괴로움이 심하니라"입니다. 표현상으로는 마치 하나님의 징계 같지만 사실은 이스라엘 백성들의 행동의 결과입니다. 이스라엘이 불순종한 결과 괴로움이 심해졌을 때 하나님이 주신 것이 은혜입니다. 16절 "여호와께서 사사들을 세우사 노략자의 손에게 그들을 구원하게 하셨다"입니다.

대상이 없다

이스라엘 백성 중에 몇 사람만 불순종했습니까? 아니면 몇 가족만 불순종했습니까? 아니면 몇 지파만 불순종했습니까? 사사기 1장에서 확인한 것이 가나안 땅에 도착한 이스라엘의 모든 민족이 하나 같이, 동일하게 다 불순종하였고, 다 가나안을 쫓아내지 않았다는 것이었습니다. 그 결과는 모든 이스라엘이 다 주변의 노략하는 자들의 손에 노략을 당하고 압제를 받았고 그들의 괴로움이 심하였다는 것입니다. 하나님이 은혜를 주시려고 사사를 세우사 이스라엘을 구원하시려고 할 때 하나님은 누구를 세우셔야 할까요? 이스라엘 백성이 한 사람이나 한 가족이나 한 지파가 불순종한 것이 아니라 모든 이스라엘이 불순종했다면 도대체 누구를 세워야 할까요? 사사를 세우고 싶은데 누구를 세워야 할까요? 이스라엘 중에 하나님이 누군가를 세워서 사사나 구원자로 세우시려고 할 때 세울 만한 사람이 없고, 자격 있는 자가 없습니다.

만약 자격이 있는 자가 있다면 그 사람은 이스라엘이 아닙니다. 사사기에만 사사로 등장하는 사람이 옷니엘, 에훗, 삼갈, 드보라, 기드온, 돌라, 야일, 입다, 입산, 엘론, 압돈, 삼손 총 열두 명입니다. 이스라엘에 인재가 많은 것 같습니까? 그래도 시대에 따라 장소에 따라 적어도 한두 명씩 인재가 숨어있는 것 같습니까? 절대로 그렇지 않습니다. 하나님은 사사를 세우셨고, 그 사사를 통해 이스라엘을 구원하셨습니다. 이제부터는 사사는 도대체 어떤 존재인가를 살펴보겠습니다.

사사의 역할

사사 or 하나님

스트라디바리우스라는 바이올린에 관한 이야기를 아실 것입니다. 어느 날 공연이 예정되어 있었고 그 공연에 스트라디바리우스 바이올린이 사용된다고 알려졌습니다. 무대에 아주 비싼 스트라디바리우스 바이올린이 조명을 받으며 놓여있고 드디어 연주자가 나와서 연주를 시작하자 관객들이 숨을 죽였고 아름다운 소리에 매료되었습니다. 연주가 끝나자 많은 사람들이 스트라디바리우스 바이올린을 만져보고 싶어 했고 그 악기에 감탄했습니다. 연주자에 대해서는 아무 관심도 없고 모든 사람의 관심이 온통 스트라디바리우스 바이올린에 쏠린 것입니다. 그때 연주자가 조용히 객석에 내려와서 한 학생이 가지고 있던 싸구려 바이올린을 빌려서 연주를 시작합니다. 조금 전 스트라디바리우스 바이올린을 연주할 때와 동일한 소리가 울려나오자 그제서야 사람들은 스트라디바리우스 바이올린이 아니라 연주자를 돌아보게 되었다는 이야기입니다.

이 이야기가 사람들이 사사기를 읽고, 사사를 오해하는 방식과 아주 유사합니다. 연주자가 바이올린을 연주하자 사람들이 '그 바이올린이 최고다, 그 바이올린은 위대하다, 바이올린이 특별하다' 고 바이올린에 집중하고 그 바이올린을 구하고 싶어 했습니다. 하나님이 사사를 세우자 사람들이 사사에게 집중하고 '사사는 위대하다, 사사는 신실하다, 사사는 탁월하다, 사사는 그 시대의 지도자이다, 사사는 훌륭한 일꾼이다' 라고 칭송하고, 더 나아가 '사사 같은 인물이 되자, 이 시대에도 사사 같은 지도자가 필요하다', 심지어는 '사사를 양육하자, 우리 아이들을 사사 같은 인물로 키우자' 고 호들갑을 떱니다. 너무나 어이없는, 어리석기 짝이 없는 행동입니다.

사사는 한문으로 사사(士師, 선비 사, 스승 사)라고 합니다. 공동번역에는

'판관' 으로, 영어성경에는 'Judge' 로 번역했습니다. 히브리어는 동사로는 '판단하다, 재판하다, 다스리다, 심판하다' 의 뜻이 있어서 명사로 '판단자, 재판관' 이 된 것입니다. '사사, 판관, Judge' 라고 불리니까 마치 사사들이 재판관에 임명될 만한 능력이 있고 실력이 있고 재주가 있는 탁월한 인재인 줄로 착각하는 것입니다. 마치 출애굽기 18장에서 모세의 장인이 추천한 사람들로 오해하시면 안 됩니다. 모세의 장인 이드로가 모세에게 이르는 말이 19절로 22절 이하 "이제 내 말을 들으라 내가 네게 방침을 가르치리니 하나님이 너와 함께 계실지로다 너는 하나님 앞에서 그 백성을 위하여 그 사건들을 하나님께 가져오며 그들에게 율례와 법도를 가르쳐서 마땅히 갈 길과 할 일을 그들에게 보이고 너는 또 온 백성 가운데서 능력 있는 사람들 곧 하나님을 두려워하며 진실하며 불의한 이익을 미워하는 자를 살펴서 백성 위에 세워 천부장과 백부장과 오십부장과 십부장을 삼아 그들이 때를 따라 백성을 재판하게 하라" 입니다. 이드로는 백성 중에 인재를 등용하라고 권면한 것이요, 이런 사람이 있을 것으로 예상한 것이 이드로의 착각입니다. 행여 사사들이 백성에 의해 추천을 받을 만한 탁월한 인재였다고 생각하시면 절대로 안 됩니다.

물론 사사는 심판자, 재판관을 의미합니다. 그러나 사사들이 판결을 내리고, 재판관들이 결정을 하는 역할을 한다는 의미가 아닙니다. 사사가 판관이라고 하여 열왕기상 3장에 나오는 솔로몬의 현명한 재판을 생각하시면 안 됩니다. 두 여인이 왔을 때에 솔로몬이 지혜로운 재판관이 되어 어려운 문제를 풀었습니다. 이와 같이 사사는 중요한 순간에, 현명하고 지혜로운 역할을 하는 사람이라고 생각하면 안 됩니다. 사사기의 사사는 전혀 다른 존재입니다.

하나님의 목적

사사를 이해하시려면 하나님의 목적, 하나님이 일하시는 방법을 이해하셔야 합니다. 먼저 출애굽 사건을 상고해 보겠습니다. 이스라엘이 애굽에서 나오기 전에 이적을 행했는데 자그마치 열 번을 했습니다. 실제로는 열 번이나 행할 이유가 없습니다. 단지 한번만 이적을 행하는 것으로도 충분합니다. 첫 번째 이적으로 장자의 죽음을 행하면 감히 아무도 덤빌 수 없습니다. 애굽의 술객들이 흉내 낼 수 있는 기적을 행하는 대신 처음부터 가장 강력한 이적, 도무지 흉내 낼 수 없는 이적, 이스라엘이 단번에 출애굽 할 수 있는 이적을 행할 수도 있었는데 하나님은 무려 열 가지 종류의 이적을 최소한 열네 번씩이나 행하셨습니다. 하나님은 왜 그러셨을까요? 더 궁금한 것이 있습니다. 열 가지 종류의 이적을 통해 바로 왕의 항복을 받고 애굽을 이겼으면 애굽을 정복할 수도 있었는데, 승리하고 이긴 후에 마치 패한 것처럼 급하게 애굽에서 빠져나온 것입니다. 출애굽기 14장 28절 표현대로 홍해에서 '애굽 사람들과 병거들과 기병들을 덮어' 버렸으면, 이스라엘이 애굽으로 돌아가면 빈집을 차지하는 것과 같습니다. 그런데 왜 애굽으로 돌아가지 않을까요? 벌써 홍해를 건넜는데 다시 건너는 것이 힘들기 때문일까요? 애굽으로 돌아가는 것보다 가나안에 들어가는 것이 훨씬 더 어렵습니다. 가나안에 들어가려고 해도 요단강을 건너야 하기에 어차피 강을 건너기는 마찬가지입니다. 대신 애굽은 군대가 멸절되었고 가나안은 군대가 대기하고 있으니 애굽을 정복하는 것이 훨씬 쉬운 것입니다. 그런데 이스라엘은 힘들게 애굽에서 나와서 다시 힘들게 가나안에 들어갑니다. 왜 일을 이렇게 비효율적으로 할까요? 하나님의 일하심에 담긴 의도는 무엇일까요?

이스라엘을 향한 하나님의 목적은 단지 애굽에서 벗어나는 것이 아니고, 가나안에 들어가는 것이 아닙니다. 출애굽과 가나안입성은 하나님의 궁극적 목적이 아니라 방법에 불과할 뿐이요, 수단일 뿐입니다. 이 사건들을 통하여 하나님이 이루고자 하시는 것은 '이스라엘 백성들에게 하나님을 알게 하는 것' 입니다. 사사시대도 마찬가지입니다. 가나안 족속이 쳐들어오면 가나안을 멸절시키면 끝입니다. 기왕에 사사를 세우셨으면 단지 이방의 압제에서 풀어주는 정도가 아니라 아예 가나안을 멸절시키면 문제 해결을 넘어 문제 요소가 없어지는 것입니다. 그런데 하나님은 그렇게 하지 않으십니다. 왜냐하면 이스라엘이 하나님을 버리고 바알과 아스다롯을 섬기는 것은 바알과 아스다롯이 하나님보다 능력이 있어 보였기 때문입니다. 하나님이 이스라엘의 마음을 얻으시려면 바알이나 아스다롯을 섬기는 것보다 하나님을 섬기는 것이 더 좋다는 것을 보여주어야만 하는 것입니다. 하나님은 그것을 하시는 것입니다. 그렇게 하나님을 알리기 위하여 세우는 존재가 사사입니다.

사사들

사사의 의미를 설명해 보겠습니다. 사사가 판관 또는 심판인 것은 맞습니다. 그런데 심판의 상황 설정을 잘 하셔야 합니다. 논쟁의 두 당사자가 있고, 중간에 심판의 역할을 담당하는 제 삼자가 있다고 설정하면 안 됩니다. 위에서 예를 들었던 바이올린을 통해서 설명해 보겠습니다. 연주자가 있고 청중들은 이 연주자의 실력이 어떠한지를 모릅니다. 연주자는 자신의 실력을 입증해야 합니다. 이때 스트라디바리우스 바이올린을 들고 연주를 잘하면 사람들은 연주자가 실력이 좋다고 생각하지 않고 바이올린이 소리가 좋다고 생각합니다. 그러면 연주자가 다음과 같이 말해야 합니다. '여러분이 바이올린만 생각하고 나의 실력을 인정하지 않는다면 제가 스트라디바리우스가 아닌 일반 바이올린을 들고 연주를 해 보겠습니다. 제가 만약 일반 바이올린으로도 똑 같은 소리를 내면 바이올린이 좋은 것이 아니라 제가 실력이 있는 것이 판결이 나는 것입니다. 제가 실력이 있는지 없는 지를 판결하는 수단, 판관이 바로 일반 바이올린입니다.' 이와 같이 어떤 사실을 판단하는 도구를 성경에서 사사라고 하는 것입니다. 그러므로 연주자의 실력을 확인하는 장면에서 사사는 바로 바이올린입니다. 왜냐하면 바이올린이 연주자의 실력을 판단하는 주체가 아니라 바이올린을 통해서 연주자의 실력이 판정나기 때문입니다. 바이올린이 사람들로 하여금 판단할 수 있도록 도와주는 수단과 방법인 것입니다.

사사가 오직 사람이라는 생각, 사사로 선택된 사람은 탁월하고 재능있고 실력 있는 인재라는 생각은 절대적으로 오해입니다. 성경은 판단의 도구, 사실을 분별하는 수단을 '심판관, 판관, 사사, Judge' 라고 지칭하는 것입니다. 성경의 다양한 사사의 예를 몇 가지 들어보겠습니다. 열왕기상 18장에 의하면 여호와의 말씀대로 약 삼년 동안 이스라엘 땅에 비가 오지 않았고 드디어 바알 선지자와 엘리야가 갈멜산에 모였습니다. 그때 엘리야가 하는 말이 열왕기상 18장 24절 "너희는 너희 신의 이름을 부르라 나는 여호와의 이름을 부르리니 이에 불로 응답하는 신 그가 하나님이니라 백성이 다 대답하되 그 말이 옳도다 하니라"입니다. 이 사건에서 참 신을 판결하는 기준이 '불' 입니다. 불을 내리는 신이 참 신이 되는 것입니다. 불이 참 신과 거짓 신을 판단하는 척도입니다. 이때는 불이 판관이요, 불이 사사입니다. 민수기 17장에 의하면 이스라엘 자손들이 모세와 아론에 대해 불평이 생겼습니다. 하나님이 모세와 아론만 불렀느냐는 것입니다. 그때 하나님께서 말씀하시는 것이 민수기 17장 2절과 5절 "너는 이스라엘 자손에게 말하여 그들 중에서 각 조상의 가문을 따라 지팡이 하나씩을 취하되 곧 그들의 조상의 가문대로 그 모든 지휘관에게서 지팡이 열둘을 취하고 그 사람들의 이름을 각각 그 지팡이에 쓰되", "내가 택한 자의 지팡이에는 싹이 나리니 이것으로 이스라엘 자손이 너희에게 대하여 원망하는 말을 내 앞에서 그치게 하리라"입니다. 하나님이 택한 자가 누구인지를 판단하는 것이 지팡이에서 싹이 나는 것입니다. 싹이 난 지팡이의 지파가 선택된 것입니다. 이때의 판관이 지팡이입니다. 이 경우에는 지팡이가 판관이요, 사사입니다.

열두 사사의 의미

사사는 특정 인물이나 특정 직분을 의미하지 않습니다. 사사로 선정된 사람은 절대로 잘난 사람이 아닙니다. 사사들이 어떤 인물인지는 사사기 3장에서 사사가 등장할 때 직접 확인해 보겠습니다. 사사기에서 이스라엘에서 사사로 활동한 인물이 열두 명이 등장한다고 했습니다. 이 말은 이스라엘에 숨은 인재들이 많다는 의미가 아닌 것입니다. 도리어 사사가 열두 명이 등장했다는 것은, 하나님이 사사들을 열두 번이나 세우셔야 했다는 것은, 하나님이 이스라엘에게 열두 번이나 판단을 받았어야 했다는 것입니다. 하나님이 이스라엘에게 열두 번이나 증명을 해 보였어야 했다는 것입니다. 다른 말로 하면 이스라엘이 열두 번이나 하나님을 믿지 않았다는 것입니다. 과연 하나님이 그렇게 믿을 만하지 못했나요? 이것은 이스라엘이 죄인이요, 죄인이 하나님이 대해 아는 것이 얼마나 어려운 것인가를 보여주는 것입니다.

저와 여러분도 그와 같은 죄인이었습니다. 그런데 하나님을 예배하는 자리에 와 있습니다. 오직 하나님의 은혜입니다. 성경은 하나님 말씀에 순종하라, 하나님 명령에 복종하라,하나님의 뜻을 따르라고 말하기 전에 먼저 하나님을 알려주는 것입니다. 하나님이 인간을 사랑하신다는 것, 하나님의 말씀이 인간에게 좋다는 것을 계속하여 알려주는 것입니다. 그리고 난 후에 권면합니다. 하나님이 좋다는 것, 하나님의 말씀이 좋다는 것을 알고, 좋은 것을 선택하고, 좋은 것을 따르라고 하십니다. 신앙은 굴종이나 복종이 아니라 가장 좋은 것을 선택하는 것이요, 그래서 실제로 즐겁고 자유롭고 평안하고 신나고 행복하게 하나님이 주신 복락을 누리는 것입니다. 하나님을 배우고, 하나님으로 말미암아 성도들과 더불어 즐거운 믿음생활, 신나는 교회생활, 행복한 신앙생활을 누리기를 주님의 이름으로 축원합니다.

12

알게 하려 하사

사사기 3:1~6

1 여호와께서 가나안의 모든 전쟁들을 알지 못한 이스라엘을 시험하려 하시며 2 이
스라엘 자손의 세대 중에 아직 전쟁을 알지 못하는 자들에게 그것을 가르쳐 알게 하
려 하사 남겨 두신 이방 민족들은 3 블레셋의 다섯 군주들과 모든 가나안 족속과 시
돈 족속과 바알 헤르몬 산에서부터 하맛 입구까지 레바논 산에 거주하는 히위 족속이
라 4 남겨 두신 이 이방 민족들로 이스라엘을 시험하사 여호와께서 모세를 통하여 그
들의 조상들에게 이르신 명령들을 순종하는지 알고자 하셨더라 5 그러므로 이스라엘
자손은 가나안 족속과 헷 족속과 아모리 족속과 브리스 족속과 히위 족속과 여부스
족속 가운데에 거주하면서 6 그들의 딸들을 맞아 아내로 삼으며 자기 딸들을 그들의
아들들에게 주고 또 그들의 신들을 섬겼더라

상이한 주장들

전혀 다른 설명

드라마나 소설에서 처음에는 사소하게 보인 것이 나중에 중요한 의미로 등장하는 경우가 있습니다. 재미있는 영화, 흥미 있는 드라마, 설득력 있는 책들은 주로 반전을 통해서 전달하려는 메시지를 극대화시키는 효과를 발휘합니다. 역설이나 반전은 문학적 기법이요, 내용을 더욱 극적으로 만드는 수사적 표현양식입니다. 성경은 너무 경건한 하나님의 말씀이라 문학적 표현, 수사학적인 기법, 다양한 글쓰기 양식이 전혀 없을 것

이라고 단정 지으면 안 됩니다. 사사기 3장 1절로 6절 내용을 읽어보면 사사기 1장이나 2장의 내용과는 다르다는 것, 아니 아예 정반대라는 것을 파악하실 수 있습니다. 1장에 대해 2장이 반전이고, 2장에 대해 3장이 다시 반전입니다. 성경의 표현대로라면 1장에서 이스라엘은 가나안 주민들을 쫓아내지 못했습니다. 1장 19절에 따르면 철병거가 있어서 쫓아내지 못했고, 27절에 따르면 가나안 사람들이 그 땅에 거주하려고 결심해서 쫓아내지 못했고, 34절에 따르면 아모리 족속이 단 자손을 산지로 몰아넣고 골짜기에 내려오기를 용납하지 않아서 쫓아내지 못했습니다. 표현대로라면 이스라엘은 불가항력이었습니다. 기록된 대로라면 이스라엘은 최선을 다했고 할 만큼 했습니다. 더 이상 할 수 없어서 못한 것은 어쩔 수 없기에 책망 대신 도리어 위로나 격려를 받아야 할 것입니다.

그런데 2장에는 전혀 다른 내용이 나옵니다. 1절로 6절에서 하나님은 이스라엘이 하나님의 약속을 어기고 하나님의 목소리를 듣지 않았다고 한탄하십니다. 11절 이하에서는 이스라엘이 하나님을 버렸다고 하십니다. 17절에서는 이스라엘이 속히 치우쳐 떠났다고 지적하시고, 19절에서는 이스라엘의 행위에 대해 타락하였다고, 패역한 길을 그치지 않는다고, 20절에서는 여호와의 목소리를 순종하지 아니하였다고 강하게 말씀하십니다. 그런데 이상한 것은 이스라엘도 하나님의 말씀에 동의한다는 것입니다. 자신들이 잘못했다고 소리 높여 웁니다. 이스라엘은 단 한 번도 하나님께 변명을 하지 않고 자신들의 처지와 상황에 대해 해명을 하지도 않습니다. 나름대로 전쟁을 하느라고 얼마나 수고가 많았고, 죽은 사람도 있었을 것이고, 힘들었을 것이기에 자신들을 이해해 달라고 할 수도 있습니다. 광야를 지나왔기에 전쟁 준비에 소홀했었고, 전문 군인이 아니었기에 전략이나 전술이 부재했었고, 무기도 변변치 않아서 총체적으로 역부족이었다고 반론을 펼 수도 있습니다. 하지만 이스라엘은 한 마디도 하지 않고 하나님의 말씀이 너무 심하다고 항변하지도 않습니다.

마치 1장의 이스라엘 사람과 2장의 이스라엘 사람이 같은 사람인지 의심이 들 정도입니다. 1장만 보면 이스라엘이 쫓아내지 못했다는 표현을 그대로 받아들일 수도 있습니다. 그러나 2장을 보면 1장 표현에 대한 이해가 달라지는 것입니다. 만약 1장만 읽고 설교하거나 2장만 읽고 설교하면 그 내용이 전혀 다를 것입니다. 성경을 많이 읽어야 하고 전체적 안목으로 성경의 각 구절을 이해해야 하는 이유입니다.

반전에 반전

3장에 오면 또 한 번의 반전이 나옵니다. 1장과 2장에서 이스라엘의 모습이 서로 달랐다면 2장과 3장에서는 하나님의 말씀이 전혀 다릅니다. 2장에 의하면 분명 이스라엘이 가나안 주민을 쫓아내지 않은 것입니다. 하지만 3장 1, 2절은 다릅니다. "여호와께서 가나안의 모든 전쟁들을 알지 못한 이스라엘을 시험하려 하시며 이스라엘 자손의 세대 중에 아직 전쟁을 알지 못하는 자들에게 그것을 가르쳐 알게 하려 하사 남겨 두신 이방 민족들은"입니다. 하나님이 이스라엘을 시험하려는 의도로, 이스라엘의 전쟁을 모르는 세대에게 전쟁을 가르쳐 주려고 남겨 두셨습니다. 4절도 마찬가지입니다. "남겨 두신 이 이방 민족들로 이스라엘을 시험하사 여호와께서 모세를 통하여 그들의 조상들에게 이르신 명령들을 순종하는지 알고자 하셨더라"입니다. 만약 3장의 표현대로라면 이스라엘은 가나안 주민을 쫓아내지 않은 것이 아니며 쫓아내지 못한 것도 아닙니다. 가나안 주민이 남게 된 것은 이스라엘 때문이 아니라 하나님 때문이라는 것입니다. 하나님이 의도를 가지고 남겨 두셨으니 이스라엘이 쫓아내려고 했어도 쫓아낼 수 없었을 것입니다. 표현대로라면 2장의 하나님과 3장의 하나님이 과연 같은 하나님인지 의심이 들 정도입니다. 1장이 맞습니까? 2장이 맞습니까? 3장이 맞습니까?

사사기에서 이스라엘이 거주하는 지역에 가나안 주민들이 살고 있습니다. 한 두 명이 아니고, 한 두 지파가 아니고, 가나안의 여러 부족들이 살고 있습니다. 전쟁을 해서 일부는 쫓아내기도 했지만 여전히 많은 부족이 그곳에 살고 있습니다. 3장 3절 "블레셋의 다섯 군주들과 모든 가나안 족속과 시돈 족속과 바알 헤르몬 산에서부터 하맛 입구까지 레바논 산에 거주하는 히위 족속"이요, 5절 "가나안 족속과 헷 족속과 아모리 족속과 브리스 족속과 히위 족속과 여부스 족속"입니다. 이 족속들은 그곳 원주민이고 이스라엘은 이주해 온 사람들입니다. 전쟁을 통해 서로 살아남은 것입니다. 가나안 원주민과 이주한 이스라엘 백성들 중 누가 더 많을까요? 5절은 재미있게 표현하고 있습니다. 이스라엘이 사는 곳에 가나안 사람들이 섞여 사는 것이 아니라 가나안 족속이 사는 곳에 이스라엘이 거주한다고 설명합니다. 가나안 사람들이 어떻게 가나안 지역에 여전히 살고 있습니까? 이스라엘이 쫓아내지 않은 것입니까? 하나님이 남겨두신 것입니까? 정답은 '이스라엘이 쫓아내지 않은 것' 입니다.그 동안 하나님이 가나안 땅을 이스라엘에게 주시겠다고 수도 없이 반복해서 말씀하셨습니다. 아브람을 처음 만나는 순간에 약속하셨고, 모세를 보내실 때 약속하셨고, 여호수아를 세우실 때 약속하셨습니다. 하나님은 약속을 지키시는 분이고, 또 하나님이 능력이 부족해서 가나안족을 쫓아내지 못 하실 일은 없으니까 하나님이 안 쫓아내신 것은 아닙니다. 전적으로 이스라엘이 쫓아내지 않은 것입니다. 하나님은 가나안을 쫓아내라고 말씀하셨는데 이스라엘이 하나님의 말씀을 듣지 않았고, 이스라엘이 하나님을 버렸고, 이스라엘이 가나안을 쫓아내지 않은 것입니다. 이스라엘이 쫓아내지 않은 것은 분명한데 왜 3장에서는 갑자기 '하나님이 남겨두셨다' 고 표현했느냐는 것입니다.

성경을 너무 안일하게 대하면 안 됩니다. 사사기 3장 2절만 읽고, 제목, '하나님이 남겨두셨다' , 주제, '혹시 여러분의 주변에 어렵고 힘든 일이 있다면, 원하지 않는 일이 있다면, 불편한 일이 있다면 그것은 하나님이 여러분을 시험하시려고 남겨 두신 일일지도 모릅니다'라고 말하면 안 됩니다. 그렇게 말하면 하나님이 나를 힘들고 어렵게 하는 주범이 되는 것입니다. 사사기 1장도 알고 2장도 알고 3장도 알아야 합니다. 성경이 왜 이렇게 표현했는지를 알아야 하는 것입니다.

시험하려 하시며

3장 1절 이하 "여호와께서 가나안의 모든 전쟁들을 알지 못한 이스라엘을 시험하려 하시며 이스라엘 자손의 세대 중에 아직 전쟁을 알지 못하는 자들에게 그것을 가르쳐 알게 하려 하사 남겨 두신 이방 민족들은"입니다. 본문대로라면 하나님이 가나안 족속들을 남겨 두셨고 그 이유는 시험하려 하시며, 알게 하려 하신다는 것입니다. 우선 '시험'이라는 단어부터 풀어야 합니다. 하나님이 시험하는 것을 '테스트, 점검, 검증, 확인'이라고 생각하시면 안 됩니다. 일반적으로 시험에는 세 가지 유형이 있습니다. 첫 번째는 '선발시험'이고, 두 번째는 '검증시험'이고, 세 번째는 '교육시험'입니다. 대부분의 사람들은 선발과 검증에 익숙해 있고, 시험이라고 하면 대부분 선발이나 검증의 유형을 생각합니다. 그러나 성경에 나오는 시험은 선발이나 검증이 아니라 교육이라는 것을 이해하셔야 합니다.

유형별로 조금 더 자세히 설명해 보면, 첫 번째가 선발시험으로 대표적인 것이 대학입시나 입사시험입니다. 응시한 사람들 가운데 가장 뛰어난 사람, 가장 재능 있는 사람, 가장 실력 있는 사람을 선발하는 방법으로 소수 정예 즉 준비된 사람, 탁월한 사람, 유능한 사람을 뽑는 것입니다. 세상에서는 일반적이지만 기독교에는 없는 방식입니다. 하나님은 선발시험을 일체 하지 않고, 성경에 하나님이 시험을 거쳐 사람을 선출했다는 내용이 단 한 번도 나오지 않습니다. 야곱과 에서가 시험 봐서 야곱이 더 우수한 성적을 얻은 것이 아니요, 이새의 여덟 명의 아들이 동시에 시험 봐서 다윗이 가장 탁월한 점수를 받은 것이 아니요, 예수님께서 갈릴리 바닷가에 가셔서 수많은 어부들을 대상으로 동시에 시험을 치루어서 상위 일등급에 든 시몬과 형제들을 선발하신 것이 아닙니다. 기독교에는 선발하는 시험이란 없습니다.

시험의 두 번째 유형은 검증시험으로 대표적인 것이 운전면허시험이나 요리사나 공인중개사 등 자격증 시험입니다. 이것은 선발 즉 몇 명만 뽑는 것이 아니라 응시한 사람이 자격이 있는지 없는지를 확인 또는 검증하는 것입니다. 일정한 수준을 가진 사람에게는 합격증을 주어 그 자격을 활용할 수 있는 기회를 제공하고, 검증시험을 통과하지 못하면, 말 그대로 자격이 있음을 입증 받지 못하면 탈락하는 것이요, 그와 관련된 일을 할 수 없는 것입니다. 선발은 아니지만 합격과 탈락은 있습니다. 기독교에는, 하나님에게는 이런 검증시험도 존재하지 않습니다. 하나님께서 애굽에 있는 이스라엘 백성들을 시험 봐서 일정수준에 도달한 사람만 출애굽 시킨 적이 없습니다. 또한 광야 사십 년을 지내면서 가나안에 들어갈 만한 검증시험을 실시한 후 율법준수 평균 육십 점 이상만 가나안에 들어가게 하신 적도 없습니다. 이스라엘 백성 중에 하나님의 시험을 통과하지 못해 이스라엘에서 추방된 사람이 없습니다. 아브라함이 하나님의 말씀을 듣지 않았다고 해서 약속이 파기된 적이 없습니다. 기독교에는 선발시험도 없고 검증시험도 없습니다.

종종 교회에서 '하나님이 시험하신다, 하나님이 검증하신다' 는 말을 하곤 합니다. 하나님이 어떤 사람에게 물질의 축복을 주실 때에 처음에는 어느 정도 복을 주셔서 물질을 감당할 만한 믿음이 있는지 없는지 시험하시므로 복을 조금 받았을 때 더욱 감사하고 더욱 교회에 헌금하고 더욱 충실해야 다음에 더 큰 복을 주신다고 합니다. 조금 복을 받았을 때 시험에 통과하지 못하면 주신 복도 빼앗아 버린다고 합니다. 하지만 하나님이 그와 같이 인간을 시험하는 경우는 성경 어디에도 없는 이야기요, 하나님은 말 그대로 인간을 시험하지 않습니다. 왜냐하면 시험해서 알아봐야 할 내용이 없기 때문입니다. 하나님이 사람을 시험하여 그 사람에게 무슨 일을 맡기고, 그 사람에게 무슨 사명을 맡기고, 그 사람에게 무슨 책임을 맡긴다는 사고방식을 벗어나야 합니다. 하나님의 일은 하나님이 하십니다. 하나님은 인간을 골라 일을 시키시는 고약한 하나님이 아닙니다.

재교육

지금까지 설명 드린 두 가지 시험 즉 선발과 자격 검증은 세상에서 사람들이 사용하는 시험입니다. 기독교에는 하나님이 기획하고 하나님이 주도하는 시험이 없습니다. 어차피 하나님은 은혜로 시작했습니다. 은혜로 시작해서 은혜로 진행하고 은혜로 끝이 나야 은혜입니다. 시작은 은혜로 했는데 중간에 시험을 보면 은혜를 은혜 되지 않게 하는 것입니다. 시작과 과정은 은혜로 하다가 막판에 선발하거나 검증을 하면 말짱 도루묵이 되는 것입니다. 은혜는 처음이 은혜요, 과정이 은혜요, 끝이 은혜이어야 하고 하나님은 은혜의 하나님이시기에 시험이 없습니다. 하나님이 시작하시고 하나님이 진행하시고 하나님이 책임지시기 때문에 인간을 선발하고 검증하는 시험을 행할 이유 자체가 없습니다.

원래 시험은 교육의 한 방법입니다. 교육하는 과정에서 행해지는 일들은 모두 교육입니다. 교육 중에 치르는 시험도 선발이 아니요, 검증이 아니요, 말 그대로 교육이요, 교육 방법 중의 하나입니다. 시험을 봐서 맞으면 제대로 아는 것이요, 틀리면 다시 배우는 것입니다. 맞는 경우든 틀리는 경우든 정확하게 알도록 하는 방법입니다. 하나님의 시험이 바로 이것입니다. 하나님의 시험은 인간을 가르치는 과정 중의 하나입니다. 성경 전체가 하나님이 인간에게 하나님을 가르치고, 인간이 행복하게 살 수 있는 길을 가르치는 것입니다. 하나님이 가르치시는 방법 중에 계시가 있고, 이적이 있고, 말씀이 있고, 사건이 있고, 시험이 있는 것입니다. 엄밀하게 말하면 하나님의 시험은 교육 중에 가장 나중에 쓰는 방식입니다. 왜냐하면 하나님은 먼저 가르치시는 분이기 때문입니다. 먼저 계시하시고 이적을 보이시고 말씀하시고 체험시키시고 다양한 방법으로 하나님이 먼저 인간에게 알리고 가르치십니다. 이때 알아들으면 시험이 필요 없습니다. 그런데 하나님이 먼저 자세하고 친절하게 알려주셨을 때에 알아듣지 못하면 재교육을 하십니다. 이 재교육을 성경에서는 '시험' 이라는 단어를 사용한 것입니다.

성경에 하나님이 사람을 시험하신다는 표현이 나오는 경우가 있습니다. 그런데 본문을 확인해 보시면 그 사람에게 처음부터 시험이 등장하는 것이 아니라 먼저는 하나님이 가르치시고 나중에서야 시험이 등장합니다. 아브라함도 하나님을 처음 만나는 12장에서 시험하는 것이 아니라 아들을 주시고 다양한 사건을 겪은 후 22장에 가서야 시험한다는 내용이 나옵니다. 이스라엘도 출애굽 전에 시험하는 것이 아니라 열 가지 이적을 보여주고, 홍해를 통해 가르치고 나서야 시험이라는 표현이 등장합니다. 사사기에서도 가나안에 들어오기 전에 시험이 등장하지 않고 하나님이 먼저 가나안 땅을 주신 후에, 이스라엘로 하여금 정착할 지역을 주신 후에 시험이라는 표현이 등장하는 것입니다. 시험은 선발이나 점검이 아니라 교육 그것도 재교육이라는 것을 우선 명심하셔야 합니다. 그래서 3장 1절에는 '시험하려 하시며' 라고 나오고 바로 이어 2절에서는 '가르쳐 알게 하려 하사' 가 이어지는 것입니다

같은 용어 다른 의미

성경을 읽으실 때는 그 단어가 무슨 의미로 사용되었나, 그 용어가 세상적 의미와 동일한가 아니면 성경적 의미가 따로 있는가를 꼭 점검하셔야 합니다. 세상에서 사용하는 단어와 성경에 나오는 단어가 용어가 같

으니까 주로 세상에서 사용하던 개념과 방식으로 생각해 버립니다. 그래서 성경이 오해되고 왜곡되는 것입니다. 본문에 하나님이 '이스라엘을 시험하려 하시며' 라고 나옵니다. '시험' 이라고 하면 대부분은 사람들은 '시험 받는 것' 을 생각합니다. 1절을 보면 "여호와께서 가나안의 모든 전쟁들을 알지 못한 이스라엘을 시험하려 하시며" 입니다. 시험하시는 분이 하나님이시고 시험 받는 자가 이스라엘입니다. 사람들은 시험하는 사람과 시험받는 사람 중에 주로 시험받는 사람이 힘들다고 생각합니다. 그래서 하나님은 아주 간단하게 시험하시고, 이스라엘은 시험받느라고 힘들고 애쓰고 고생하고 수고한다고 생각하지만 전혀 그렇지 않습니다. 성경 즉 하나님 말씀을 읽을 때 늘 하나님의 관점에서 생각하셔야 합니다.

하나님이 '시험하신다' 고 말씀하시면 시험받는 이스라엘의 입장이 아니라 시험하시는 하나님의 입장이 되어야 합니다. 시험 즉 교육을 행하시는 이, 정확한 표현으로 가르치시는 이가 바로 하나님이라는 것입니다. 가르치는 사람과 가르침을 받는 사람 중에 더 바쁘고 더 힘들고 더 많은 일을 해야 하는 사람은 당연히 가르치는 사람입니다. 교육은 교육받는 사람의 일이 아니라 교육하는 사람의 일입니다. 교육받는 사람은 그냥 교육을 받으면 됩니다. 배우는데 이해가 안 되면 무조건 가르치는 사람 잘못입니다. 다 배웠는데 남는 게 없으면 무조건 잘못 가르친 것입니다. 하나님이 시험하신다는 것은 하나님이 교육하신다는 것이요, 하나님이 교육하신다는 것은 하나님이 일하신다는 것이요, 하나님이 알게 하신다는 것입니다. 지금까지 두 가지를 말씀드렸습니다. 가나안 주민이 남아 있는 것은 이스라엘이 쫓아내지 않았다는 것이요, 하나님이 시험하신다는 것은 교육, 다시 가르치신다는 것을 의미한다는 것이었습니다. 하나님이 다시 가르치시는 것이기에 하나님이 일하신다는 것입니다.

하나님의 교육

알지 못하는

본문의 핵심은 이스라엘이 가나안을 쫓아내지 않은 것이 분명한데 '왜 하나님은 이스라엘을 시험하시려고 하나님이 남겨두었다고 말씀하시는가?' 입니다. 3장 1절과 2절에 반복적으로 등장하는 표현이 1절 '가나안의 모든 전쟁들을 알지 못한 이스라엘', 2절 '아직 전쟁을 알지 못하는 자들에게' 입니다. '알지 못하는' 의 의미는 2장 10절 "그 세대의 사람도 다 그 조상들에게로 돌아갔고 그 후에 일어난 다른 세대는 여호와를 알지 못하며 여호와께서 이스라엘을 위하여 행하신 일도 알지 못하였더라"에서도 확인할 수 있듯이 '모른다' 는 의미가 아니라 '인정하지 않는다' 는 것입니다. 가나안에 도착한 이스라엘은 하나님을 인정하고 싶지 않았습니다. 가나안에 와보니 가나안이 너무 좋아 보였고 너무 멋있어 보였고 자신들도 가나안처럼 되고 싶었기 때문입니다. 하나님을 인정하면 하나님의 말씀을 따라야 하고, 하나님 말씀을 따르면 가나안을 모두 몰아내야 합니다. 가나안이 부러우니 가나안을 쫓아내고 싶지 않았고, 가나안을 쫓아내지 않는 것은 하나님의 말씀을 따르지 않는 것이니 아예 '나는 하나님을 모른다' 고 해야 편한 것입니다.

3장에서도 마찬가지입니다. '가나안의 모든 전쟁을 알지 못한' 또는 '전쟁을 알지 못하는' 의 의미는 이스라엘 자손들이 가나안에서 벌어졌던 전쟁에 대해 전혀 알지 못한다는 것이 아니라 가나안에 입성할 때 자신들이 살 곳을 구하기 위해 싸운 전쟁들이 '하나님이 이기게 하셨다는 사실' 을 인정하지 않는다는 것입니다. 하나님을 인정하지 않으니 하나님을 버리게 되고, 하나님을 버렸으니 자연스레 바알과 아스다롯을 섬기게 된 것입니다. 이런 이스라엘에게 하나님이 시험 즉 교육하시며 가르쳐 알게 하려고 하십니다. 무엇을 알게 하실까요?

가르쳐 알게 하려 하사

3장 2절은 "이스라엘 자손의 세대 중에 아직 전쟁을 알지 못하는 자들에게 그것을 가르쳐 알게 하려 하사"입니다. '그것을 가르쳐'가 무엇을 가르친다는 것인지 확인해야 합니다. 2절을 다른 번역본들을 참고하면 조금 당황스럽습니다. 공동번역은 '그 목적은 대대로 이스라엘 백성을 알아보시려는 데 지나지 않았다. 일찍이 전쟁을 겪어 보지 못한 사람들에게 전쟁을 가르치시려는 것이었다'로 되어있고, 현대인의 성경은 '이것은 전에 전쟁을 겪어보지 못한 새로운 세대들에게 전쟁이 무엇인지 가르쳐주기 위해서였다'로 되어있고, 한글 킹 제임스 성경도 '전에 그에 관하여 아무것도 모르는 이스라엘 자손의 세대들에게 전쟁을 가르쳐 알게 하시려 함이었더라'로 되어있고, 쉬운 성경은 아예 '여호와께서 그 나라들을 그 땅에 남겨 두신 단 한 가지 이유는 이스라엘 자손에게 가르침을 주기 위해서였습니다. 여호와께서는 전쟁을 해 본 경험이 없는 이스라엘 백성에게 싸우는 법을 가르치기를 원하셨습니다'로 되어있고, 새번역 성경은 '전에 전쟁을 겪어 본 일이 없는 이스라엘 자손들의 세대들에게, 전쟁이 무엇인지 가르쳐 알게 하여 주려고 그들을 남겨 두신 것이다'로 되어있고, 천주교 성경은 '이는 오로지, 전에 전쟁을 겪어 보지 못한 이스라엘 세대들에게 전쟁을 알게 하고 가르치시려는 것이었다'로 되어있고, 새즈믄 성경은 '이스라엘 자손의 세대로 깨닫고 전쟁을 배우게 하시려는 것뿐이었으니 그들은 전에 싸울 줄 알지 못하였기 때문이다'로 되어있습니다.

하나님이 전쟁을 가르치십니까? 하나님이 호전주의자이십니까? 하나님이 전쟁교관이십니까? 하나님이 테러리스트이십니까? 하나님이 무엇을 가르치시겠다는 것입니까? 하나님이 전쟁을 가르치거나 싸우는 법을 가르치려는 것이 절대로 아닙니다. 하나님이 이스라엘로 하여금 가나안에 입성하게 하기 위하여 전쟁을 이기게 하셨습니다. 그런데 이스라엘은 하나님의 도움을 받아 전쟁에서 이겨놓고도 일단 자신들이 살만한 곳을 마련하자 하나님이 이기게 하신 것을 일부러 잊어버리고, 하나님이 이기게 하셨다는 것을 인정하지 않고, 하나님이 쫓아내라고 말씀하신 것을 듣지 않고, 가나안 족속들을 남겨 두었습니다. 하지만 이스라엘의 상황은 자신들의 의도와 다른 결과를 맞이하게 되었습니다. 처음에는 자신들이 가나안 사람들을 남겨 둔 것인데, 처음에는 자신들이 가나안 사람들에게 노역을 시켰는데, 나중에는 이스라엘이 가나안 사람들의 손에 넘어가게 된 것입니다. 가나안 사람들이 대적자가 되었고 노략자가 되었습니다. 이제 이스라엘이 가나안 사람들에게 압제를 받게 되어 그들의 괴로움이 심하게 된 것입니다. 하나님이 이스라엘을 어떻게 대하셔야 합니까? 하나님보다 바알을 더 좋아하는 이스라엘은, 하나님이 싫다고 버리고 떠나버린 이스라엘을 하나님이 징계하고 책망하고 저주하면 이스라엘은 더욱 하나님을 싫어하고 더욱 하나님을 멀리 떠날 것입니다. 그래서 하나님은, 하나님을 버리고 떠난 이스라엘을 책망하거나 징계하지 않으시고 은혜를 주실 것입니다. 이 은혜 주시는 것이 '전쟁을 가르치려 한다는 것' 과 연결되어 있는 것입니다.

이스라엘은 자신들이 남겨 둔 가나안 사람들에게 괴로움을 심하게 당하고 있습니다. 이스라엘이 당면한 괴로움에서 벗어나려면 자신들을 괴롭게 하는 가나안 사람들과 전쟁을 해야 합니다. 전쟁을 해서 이겨야 괴로움에서 벗어날 수 있습니다. 그런데 자신들은 전쟁을 할 힘도 없고, 이길 수도 없습니다. 바로 이때 하나님이 '이스라엘에게 전쟁을 가르쳐 알게 하려 하신다는 것' 입니다. 즉 하나님이 이스라엘을 노와주시겠다는 것입니다. 하나님이 이스라엘로 하여금 그들을 심하게 괴롭히는 가나안 사람들과 전쟁을 하게 해 주시겠다는 것입니다. 그 전쟁에서 하나님이 이기게 해 주시겠다는 것입니다. 이스라엘을 괴롭히는 가나안 사람들과 전쟁을 해서 이기게 하심으로, 이전에 이스라엘이 가나안에 입성할 때에 했던 전쟁도 하나님이 이기게 하셨다는 것을 기억나게 하실 것이며, 지금 심한 괴로움에서 벗어나게 하는 전쟁도 하나님이 이기게 하셨다는 것을 알게 하시겠다는 것입니다. 그래서 이제 3장 7절부터는 이스라엘에서 일어나는 전쟁에 관한 기록이 나올 것입니다. 이스라엘이 압제받는 상황에서, 이스라엘이 이길 수 없는 전쟁에서, 장수도 하나 제대로 없는 싸움에서 이길 것입니다. 어떻게요? 하나님이 이기게 하실 것입니다. 그래서요? 이스라엘이 행한 전쟁은 이스라엘이 이긴 것이 아니라 하나님이 이기게 하신 것이라는 사실을 분명히 알게 할 것입니다. 하나님은 말씀하신 대로 행하시는 분이요, 하나님의 말씀을 듣는 것, 하나님의 말씀대로 순종하며 사는 것이 바로 이스라엘에게, 바로 우리 자신에게 가장 좋은 것임을 알게 하신다는 것입니다.

하나님의 일

시험 또는 교육은 시험받는 자 또는 교육 받는 자의 일이 아니라 교육하는 자의 일이라고 말씀드렸습니다. 하나님이 이스라엘을 재교육하시겠답니다. 그러면 누가 일하는 것이며 누가 수고하는 것입니까? 당연히 하나님입니다. 사사기에서 이스라엘은 하는 일이 없습니다. 이스라엘이 행한 일이라곤 하나님을 버리는 것, 그래서 이방 민족들에게, 가나안 사람들에게 압제를 받는 것뿐입니다. 3장 8절 "이스라엘 자손이 구산 리사다임을 팔년 동안 섬겼더니", 14절 "이에 이스라엘 자손이 모압 왕 에글론을 열여덟 해 동안 섬기니라", 4장 3절 "야빈 왕은 철 병거 구백 대가 있어 이십 년 동안 이스라엘 자손을 심히 학대하였으므로", 6장 6절 "이스라엘이 미디안으로 말미암아 궁핍함이 심한지라", 10장 8~9절 "그 해에 그들이 요단 강 저쪽 길르앗에 있는 아모리 족속의 땅에 있는 모든 이스라엘 자손을 쳤으며 열여덟 해 동안 억압하였더라 암몬 자손이 또 요단을 건너서 유다와 베냐민과 에브라임 족속과 싸우므로 이스라엘의 곤고가 심하였더라"입니다. 이스라엘은 이 짓만 했습니다.

하나님을 버리고 떠나더니 왜 이런 꼴입니까? 다른 신을 섬겼으면 그 신에게 구해달라고 해야죠? 하나님을 인정하지 않더니 힘들 때는 왜 부르짖고 난리입니까? 이때 하나님이 저들을 도와주려면 저들을 괴로움에서 구해줘야 하고, 괴로움에서 구해주려면 압제하는 가나안 인들을 물리쳐야 하고, 물리치려면 전쟁을 해야 합니다. 이 전쟁을 하나님이 이기게 해 주시겠다는 것입니다. 이스라엘로서는 이길 수 없는 전쟁을 하나님이 이기게 해 주심으로 말미암아 '하나님이 이기게 해 주셨다' 는 것을 가르쳐 알게 하시겠다는 것입니다. 그래서 1절의 '시험하려 하시매' 가 2절의 '가르쳐 알게 하려 하사' 로 연결되는 것입니다. '하나님이 이기게 해 주셨다는 것을 알게 하는 것' 그것이 '전쟁을 가르치신다' 고 번역되어 있는 것입니다. 전쟁은 하나님이 이기게 하실 것이고, 이스라엘은 무엇을 할까요? 같이 나가서 전쟁합니까? 하나님을 배우는 것, 하나님을 아는 일을 하는 것입니다.

하나님의 마음

하나님의 배려

이스라엘은 하나님을 인정하지 않고 가나안을 쫓아내지 않았지만, 이스라엘은 가나안 사람들을 남겨 놓았지만, 하나님은 이스라엘이 남겨 놓은 이방 민족들을 통하여 다시 한 번 이스라엘에게 하나님을 가르치실 것입니다. 하나님이 처음부터 이스라엘을 시험하려는 의도를 가지고, 일부러 가나안 족속을 물리치지 않고 몰래 남겨두신 것이 절대로 아닙니다. 가나안 사람들이 남겨진 것은 전적으로 이스라엘이 쫓아내지 않았기 때문입니다. 그런데 이스라엘이 하나님을 인정하지 않고 가나안 주민을 남겨 놓았을 지라도 그것으로 말미암아 하나님이 하시는 일이 실패하는 것이 아니라 도리어 하나님이 이스라엘을 재교육할 수 있는 수단으로 사용하는 것입니다. 인간의 불순종을 하나님이 선용하는 것입니다. 그래서 하나님은 '이스라엘이 쫓아내지 않았다' 라고 지적하지 않고 도리어 '내가 이렇게 쓰려고 남겨 놓았다' 라고 말하는 것입니다.

결국 이스라엘이 '쫓아내지 않은 것' 을 하나님이 '남겨두신 것' 으로 간주한다는 것입니다.이것이 하나님의 심정이요, 이것이 하나님의 긍휼입니다. 이스라엘을 악당으로 몰아가고 싶지 않으신 것입니다. 이스라엘을 나쁜 놈이라고 까발리고 싶지 않으신 것입니다. 차라리 하나님이 뒤집어쓰시는 것입니다. 이스라엘이 쫓아내지 않았다고 말하는 대신 하나님이 남겨 두셨다고 하시는 것입니다. 왜냐하면 하나님이 또 전쟁을 이기게 하심으로 가르치면 되기 때문입니다. 내가 실수한 것까지도 하나님이 의도하셨다고 하고, 내가 망쳐놓은 일들까지도 하나님이 기어코 선용해서 나에게 유익이 되게 하시고야 마는 분이 바로 하나님이십니다. 하나님이 이 정도로 이스라엘을 대하기 때문에 이스라엘은 자기들이 아무리 실패하려고 해도 실패할 수 없는 것입니다. 이스라엘은 망할래야 망할 수가 없습니다. 이스라엘은 기어코 구원되고야 말고, 이스라엘은 기어코 하나님을 알게 되고야 말고, 이스라엘은 기어코 하나님의 복락을 누리게 되고야 말 것입니다.

그 결과가 바로 저와 여러분인 것입니다. 앞으로 저와 여러분의 삶도 또한 분명합니다. 저와 여러분은 망할래야 망할 수가 없고 불행할래야 불행할 수가 없고 곤고할래야 곤고할 수가 없습니다. 혹시 저와 여러분이 하나님 말씀에 불순종해도, 죄의 찌꺼기를 남겨놔도 하나님은 그것으로 또 저와 여러분을 새롭게 하고, 강건케 하실 것입니다.

하나님의 의지

이러한 하나님의 의지가 표현된 것이 바로 4절 "남겨 두신 이 이방 민족들로 말미암아 이스라엘을 시험하사 여호와께서 모세를 통하여 그들의 조상들에게 이르신 명령들을 순종하는지 알고자 하셨더라" 입니다. 이렇게 쓰여 있다고 해서 '하나님이 알고자 하셨다' 거나 '하나님도 궁금해 하셨다' 고 이해하시면 안 됩니다. 4절처럼 기록되어있지만 실제 의미는 '이스라엘이 쫓아내지 않고 남겨둔 이방 민족들로 다시 한 번 이스라엘을 교육하사 여호와께서 모세를 통하여 그들의 조상들에게 이르신 명령들을 순종하여 하나님의 무궁한 복락을 누리게 하고자 하셨더라' 입니다.

성경의 표면적 표현과 내면적 의미가 다른 것에는 심오한 의미가 있습니다. 예를 들면, 교제하는 사람의 관계에서 사이가 좋을 때는 '내가 너를 놓지 않을거야!' 라는 말의 의미가 사랑이요, 관심이요, 의지이지만, 사이가 나쁠 때는 집착이요, 협박이요, 저주로 느껴집니다. 그와 같이 본문에서 이스라엘의 상황과 심정을 생각하셔야 합니다. 이스라엘이 하나님을 싫어해서 버리고 떠났습니다. 그런데 싫어하는 하나님이 오셔서 '내가 기어코 너를 붙잡아 올 거야. 너는 내가 책임진다' 라고 하면 이스라엘의 생각에 하나님이 스토커처럼 여겨지는 것입니다. 이럴 때는 하나님이 한 발 빼는 것처럼, 마치 하나님이 무기력한 것처럼, '나를 버리고 가면 발병 날 걸!' 이라고 그쯤 해 두시는 것입니다. 이제 3장 7절 이후로 넘어가면 이스라엘이 괴로움이 심해서 스스로 '하나님 도와주세요' 라고 소리 지를 것입니다. 그때는 슬쩍 미소 지으면서 도와주면 되는 것입니다. 하나님이 죄인과 벌이는 심리전이 보여야 합니다. 죄인은 매우 교활하고 매우 치밀하고 매우 완고하고, 죄인은 쉽게 설득당하지 않습니다. 그래서 하나님이 더 자세하게 더 정교하게 더 설득력있고 더 분명하고 정확하게 말씀해주시고 예를 들어 주시고 여러 사건들로 확증해 주시는 것입니다. 성경을 읽으시고 하나님이 이미 나를 위해 이루어 놓은 귀한 사역들을 알기를 주님의 이름으로 축원합니다.

13

여호와의 영이

사사기 3:7~11

7 이스라엘 자손이 여호와의 목전에 악을 행하여 자기들의 하나님 여호와를 잊어버리
고 바알들과 아세라들을 섬긴지라 8 여호와께서 이스라엘에게 진노하사 그들을 메소
보다미아 왕 구산 리사다임의 손에 파셨으므로 이스라엘 자손이 구산 리사다임을 팔
년 동안 섬겼더니 9 이스라엘 자손이 여호와께 부르짖으매 여호와께서 이스라엘 자
손을 위하여 한 구원자를 세워 그들을 구원하게 하시니 그는 곧 갈렙의 아우 그나스
의 아들 옷니엘이라 10 여호와의 영이 그에게 임하셨으므로 그가 이스라엘의 사사가
되어 나가서 싸울 때에 여호와께서 메소보다미아 왕 구산 리사다임을 그의 손에 넘겨
주시매 옷니엘의 손이 구산 리사다임을 이기니라 11 그 땅이 평온한 지 사십 년에 그
나스의 아들 옷니엘이 죽었더라

기독교적 표현

잊어버리고

본문에는 지극히 짧은 단락에서 기독교의 아주 독특한 표현이 등장합니다. 7절은 이스라엘 자손들의 신앙상태를 언급하는 것으로 "이스라엘 자손이 여호와의 목전에 악을 행하여 자기들의 하나님 여호와를 잊어버리고 바알들과 아세라들을 섬긴지라"입니다. 하나님을 믿는 신앙의 모습을 아주 독특하게 표현한 것이 '잊어버리고'입니다. 잊어버렸다는 것은 하나님에 대해 기억하지 못한다는 의미가 아닙니다. 여호와가 무엇을

했는지, 그 동안 자신들과 여호와의 관계에 대해서 기억을 상실했다는 의미가 아닙니다. 만약 하나님을 잊어버렸다면 신에 대한 개념을 잊어버린 것인데, 신에 대한 개념을 잊어버렸다면 다른 신들을 섬기는 것도 없어야 합니다. 그런데 여호와는 잊어버리고 바알과 아세라는 섬긴다고 하니 이것은 앞뒤가 맞지 않는 것입니다.

그렇다면 어떻게 '여호와는 잊어버리고 바알과 아세라를 섬긴다' 는 것이 가능한 것일까요? 이스라엘의 이러한 신앙양태는 사사기에서 한 번만 그런 것이 아니라 사사기에서도 여러 번 반복되고 구약에서 이스라엘은 계속해서 이러한 모습을 반복합니다. 잊어버리는 것도 아주 자유롭게 자유자재로 이스라엘은 어려울 때는 기억해서 부르짖고 평안할 때는 잊어버리는 너무나 편리한 시스템입니다. 이런 신앙모습이 행해지는 것은 바로 여호와에 대한 오해에서 발생하는 것입니다. '여호와는 영' 이라는 개념이 이스라엘 사람들 아니 모든 죄인들에게는 너무나 어려운 개념 또는 매우 낯설은 개념입니다. 이스라엘 사람들이, 죄인들이 '여호와는 영' 이라는 개념을 잘 인식하지 못하기 때문에 여호와를 믿는, 여호와를 섬기는 신앙을 잘 유지하지 못하는 것입니다.

죄의 종교

이스라엘은 광야에서는 불평불만 하기는 했지만 우상숭배를 하지는 않았습니다. 애굽에서 나와서 시내산에 도착했을 때 모세가 산에 올라갔다가 내려오지 않았을 때에 한번 금 신상을 만든 적이 있습니다. 그때는 애굽에서 나온 지 아직 일 년도 안 된 때였습니다. 그러나 그 이후로 삼십 구년 동안 이스라엘은 만나가 지겹다고 불평하고, 물이 없다고 원망하고, 모세와 아론만 특권을 누린다고 항명하는 소동은 벌였지만 다른 신을 섬긴 적은 없습니다. 이스라엘의 믿음이 신실했기 때문이 아니라 광야에서는 이스라엘만 있었으니까, 다른 신이 없었으니까 다른 신을 모른 것입니다. 그런데 가나안에 와 보니까 상황이 완전히 달라진 것입니다. 가나안에는 가나안 사람들이 섬기는 대표 신으로 바알이 있었고, 바알 옆에는 바알의 부인 아세라가 있어서 부부신이 숭배를 받고 있었습니다. 더욱 반가운 것은 가나안의 신들은 우선 신상이 있다는 것입니다. 신상이 있으니까 신이 존재하는 것 같고 달리 말을 안 해도 신이 자신들과 함께 하고 있다는 느낌이 오는 것입니다. 신상이 있으니 당연히 신상을 모시는 신전이 있습니다. 신전은 보기만 해도 으리으리합니다. 마을에서 가장 크고 가장 웅장하고 가장 멋있고 보기만 해도 영성이 팍팍 느껴지고 누가 어떤 말을 안 해도 신의 권위와 위엄이 느껴지고 신의 능력이 있어 보이는 것입니다. 신전에 도착하면 저절로 경건한 마음이 듭니다.

그러한 신전에 와보니 신전에서 신비한 종교행위가 벌어지고 있습니다. 신전에서 신상 앞에 인간이 가장 납작하게 엎드려서 절을 행합니다. 저절로 신이 영광을 받는 것 같고 절을 하고 있는 자신이 바알을 숭배하는 행위를 하는 것 같습니다. 다른 사람을 봐도, 자기 자신을 봐도, 누가 봐도 종교적입니다. 그 곳에 평상복과는 다른 종교제복을 입은 사제들이 있고, 사람들이 일상생활에서는 거의 사용하지 않는 구별된 종교적 상징물들이 있고, 자신들이 행하지 않는 종교행위들이 펼쳐지고 있습니다. 그 자리에 있기만 해도 자신이 종교성이 있는 것 같고, 그 종교행위에 참석만 해도 자신이 그 종교를 믿는다는 것이 저절로 입증되는 것 같습니다. 비록 자기가 바알을 몰라도, 자기와 바알이 무슨 관계가 있는지는 몰라도, 단지 자신이 바알 신전에 나아가고 바알 종교행위를 하고 있는 것만으로도 자신의 종교성이 입증되는 것 같습니다. 이것보다 객관적인 것이 어디 있겠습니까? 이것이 세상 종교, 타 종교들의 공통된 특징입니다.

그런데 이스라엘은 아무 것도 없습니다. 이스라엘의 신 여호와는 아무 것도 없습니다. 여호와는 영이라며 신상을 만들지 못하게 해서 신상이 없습니다. 신상이 없으니 당연히 신전이 없습니다. 물론 성막이 있었지만 성막은 자신들이 머물렀던 천막과 별로 다를 바가 없습니다. 또 성막에 사람들이 들어가 볼 수도 없습니다. 천막으로 가려놓고 개방을 하지 않은 채 일 년에 한번 대제사장만 지성소에 들어가니 그 안에서 무슨 일을 하는 지 알 수 없습니다. 또 그 지성소 안에는 위대한 여호와의 신상이 놓여있는 것이 아니라 무슨 나무 궤짝이 들어 있답니다. 종교와 관련된 인물로 모세와 아론이 제사장으로 있습니다. 그런데 별로 특별한 일을 하지 않고 무엇인가 종교적인 행위를 거의 행하지 않습니다. 그러니 당연히 모세와 아론 또는 제사장들에 대한 존경심이나 경외심이 생기지 않습니다. 그래서 당연히 광야에서 왜 모세와 아론이 백성들 위에 높아지려고 하느냐, 너희만 왜 잘난 척 하느냐고 고라와 그 후손들이 반란을 일으킬 수 있었던 것입니다.

이러한 이스라엘의 신앙이 가나안에 들어와서 가나안 종교, 바알 종교와 극명하게 대조가 된 것입니다. 이때 '아 이방종교는 다분히 인위적이구나, 여호와는 영이시라 확실히 다르구나!' 라고 깨달으면 좋은데 죄인들은 그렇게 깨닫는 것이 아니라 정반대로 깨닫는 것입니다. '아 이방종교는 눈에 보이는 구나. 딱 보니 분명하구나. 여호와 신앙은 아무 것도 없구나. 여호와 신앙은 그냥 말뿐이구나. 모두 허당이구나!' 이렇게 된 것입니다.

여호와를 섬긴다

여호와를 섬기는 것, 하나님을 믿는 것, 기독교는 외형적으로 신앙을 나타내는 것이 없습니다. 자신이 하나님을 알지 못하면 신앙의 증거가 아무 것도 없습니다. 자신이 하나님과 자신과의 관계를 인식하지 못하면 믿음을 표현할 방법이 아무 것도 없습니다. 자신이 하나님이 하신 일과 하나님에 대한 개념을 가지고 있지 않으면 자신이 하나님의 백성이라는 것, 하나님이 자신의 하나님이라는 것을 검증할 수단이 없는 것입니다.

죄인들에게는 이것이 너무나 어려운 것이고 너무나 힘든 것입니다. 타종교는 자신이 개념이 없어도, 생각이 없어도 그냥 종교적 장소에 가면 됩니다. 가면 된다는 것이 갈 곳이 있다는 것입니다. 그렇게 가면 이미 그곳에 종교행위가 있어 그 행위에 참석하면 됩니다.

그런데 기독교는 종교적 장소, 종교적 의식이 없습니다. 대신 기독교에는 타종교에는 없는 것이 있습니다. 유일하게 기독교에만 있는 것, 하나님이 자주 강조하는 것이 바로 '알아라' 입니다. '하나님을 알아라, 하나님이 행하신 일을 알아라, 하나님의 말씀을 알아라, 하나님의 약속을 알아라' 는 것입니다. 기독교는 '알아야 하는 종교' 입니다. 기독교는 믿어야 하는 종교, 행해야 하는 종교가 아닙니다. 기독교에서 행하는 것은 아는 것의 결과로, 아는 것의 열매로 나타날 것입니다. 그래서 '아는 것' 을 강조해야 하는 것이지 '행함' 을 강조하는 것이 아닙니다. 하나님은 알라고 강조하시는데 인간이 '알지 못하는 것', '하나님을 인정하지 않는 것' 을 성경에서는 '잊어버리다' 라고 표현하는 것입니다. 정말 기독교만의 기가 막힌 표현입니다. 이스라엘의 상태에 대해 언급할 때에, '이스라엘이 믿지 않고', '이스라엘이 성전관리를 소홀히 하고', '이스라엘이 절기를 지키지 않고', '이스라엘이 종교행위를 하지 않고' 라고 표현하지 않습니다. 언제나 '하나님을 알지 못하고', 또는 '여호와를 잊어버리고' 라고 표현하는 것입니다.

기독교는 하나님을 알아야하고 성경을 알아야합니다. 기독교는 절대로 자신의 열심이나 정성을 강조하는 종교가 아니요, 자신의 행함을 강조하는 종교가 아닙니다. 최우선적으로 기독교는 하나님을 알아야하고 성경을 알아야 하고 내가 하나님의 은혜로 구원받았다는 사실을 알아야 하고 내가 구원받았다는 사실이 하나님 나라에 들어왔다는 것이요, 하나님 나라를 유업으로 받았다는 것이요, 하나님의 복을 누리게 되었다는 것을 알아야하는 것입니다. 이것을 모르면 성도는 신앙생활이 아니라 종교생활을 하고 있을 뿐입니다. 자신의 신앙에 대한 증거를 자꾸 외부에서, 다른 것에서 찾으려고 하면 안 됩니다. 자기 신앙에 대한 확인을 자신이 가장 정확하게, '자신이 하나님을 아는 것' 으로 해야 합니다.

사사에 대한 묘사

하나님의 반응

이스라엘이 하나님을 잊어버렸다고 합니다. 이스라엘이 영이신 하나님께 걸 맞는 신앙생활을 인식하지 못하니 신앙을 유지하지 못하고, 당연히 바알의 종교를 따르게 되니 그것이 여호와의 목전에 악을 행하는 것으로 이어지게 되는 것입니다. 이러한 이스라엘의 신앙에 대해 하나님은 어떻게 반응하실까요? 성경 본문은 기록된 대로만 읽으면 너무나 이상한 경우가 많이 있습니다. 8절에는 여호와께서 진노하셨다고, 진노하셔서 이스라엘을 메소포타미아의 구산 리사다임 왕에게 팔아 넘기셨답니다. 그런데 또 이스라엘 자손이 부르짖자 구원자를 세우셨다고 합니다. 이스라엘이 바알이나 아세라를 버린 것도 아니고, 이스라엘이 이방 종교의 신상들을 부순 것도 아니고, 이스라엘이 하나님께로 회개하고 돌아온 것도 아니고, 단지 이방의 압제가 힘들어서 힘들다고 아우성을 친 것인데, 그 부르짖음을 듣고 구원자를 세우셨답니다. 하나님도 귀가 얇으십니까? 그래서 이번에는 구산 리사다임을 옷니엘의 손에 팔아 넘기셨답니다. 하나님은 무슨 중계인이십니까?

이러한 하나님의 반응에서 깨달아야 하는 것은 우선 하나님이 이스라엘에게 신앙적 자유를 주셨다는 것입니다. 하나님이 이스라엘로 하여금 하나님을 떠날 수 없게 막아 놓으시거나, 하나님을 떠나면 망하고 형벌을 받게 하신 것이 아니라는 것입니다. 앞으로 사사기에서 이스라엘이 하나님을 떠나는 장면을 수도 없이 보게 될 것입니다. 이스라엘이 너무나 쉽게, 너무나 자주, 너무나 뻔뻔하게, 너무나 대담하게, 너무나 자연스럽게 하나님을 잊어버리고, 하나님을 부인하는 모습을 보게 될 것입니다. 이러한 모습은 당연히 이스라엘의 불신앙이지만 다른 한편으로는 이스라엘이 하나님을 버리고 떠나는 것에 전혀 거리낌이 없었다는 것이요, 두려움이 없었다는 것이요, 장애가 없었다는 것입니다. 즉 하나님이 어떤 협박이나 저주를 하지 않았다는 것이요, 하나님이 어떤 제한이나 속박을 두지 않았다는 것이요, 하나님이 어떤 강요나 명령을 하지 않았다는 것입니다. 하나님이 설치해 놓은 어떠한 조치가 없기 때문에 이스라엘은 수틀리면 하나님을 버리는 것이요, 기분 나쁘면 하나님을 배반하는 것이요, 마음에 안 들면 하나님을 떠나는 것입니다. 세상의 그 어떤 종교보다도 가장 종교의 자유가 보장되어있는 것이 하나님 신앙입니다. 하나님이 얼마나 인간을 존중하시고, 인간의 인격을 배려하시고, 인간의 선택을 보장해주시는지 이해하셔야 합니다. 기독교를 독선의 종교요, 배타의 종교요, 하나님을 위한 종교라고 주장하는 것이 얼마나 기독교에 대해 무지한 것인지를 분별해야 합니다.

하나님의 교육

하나님은 이스라엘이 잘못하면 진노하사 징계하시고, 이스라엘이 회개하면 은혜로 구원하시는 분이 아닙니다. 이스라엘은 하나님 대신 바알과 아세라를 섬겼고, 이스라엘이 바알과 아세라를 섬겼다는 것은 하나님의 보호하심을 스스로 벗어났다는 것이고, 그렇게 하나님의 보호하심을 벗어나자 당연히 주변국들에게 압제를 당하게 된 것입니다. 그렇게 압제를 당하고 힘들다고 부르짖으매 긍휼하신 하나님이, 자비로우신 하나님이 이스라엘을 도와주시는 것입니다. 이스라엘이 하나님을 버리고 바알과 아세라를 섬기는 것은 이스라엘의 자유로운 선택이기에 하나님은 징계하지 않고 그 선택을 존중하고 인정하는 것입니다. 그렇게 하나님 대신 바알과 아세라를 섬겼으면 잘 살아야 하는데 도리어 압제를 당하고 있습니다. 이때 하나님이 어떻게 하셔야 합니까? 단순히 구해주시기만 하면 안 됩니다. 하나님은 구해주시면서 동시에 이스라엘을 교육하시는 것입니다. 다시 하나님을 가르치고 알려야 이스라엘이 하나님을 선택할 것이기 때문입니다. 하나님을 알지 못해서 하나님 대신 바알과 아세라를 선택했으니, 이제 하나님을 알게 해서 이스라엘로 하여금 하나님을 선택하고 하나님을 믿고 하나님의 말씀대로 행하여 하나님의 은혜와 복락을 누리게 하는 것입니다. 그래서 등장하는 것이 사사들입니다.

사사기 3장 9절은 "이스라엘 자손이 여호와께 부르짖으매 여호와께서 이스라엘 자손을 위하여 한 구원자를 세워 그들을 구원하게 하시니"입니다. 본문에 나오는 '사사를 세우셨다, 구원자를 세우셨다'는 말은 사사가 될 만한 사람, 구원자가 될 자격이 있는 사람을 선발했다는 말이 절대로 아니고, 또한 그 사람에게 구원자의 역할, 구원의 책임을 맡겼다는 의미가 절대로 아닙니다. 사사를 재판관, 판관이라고 표현한다고 해서 그 사람이 재판을 하고, 그 사람이 어떤 일을 판단하는 일을 하는 것이 아닙니다. 사사를 세우시는 이가 하나님이요, 사사를 통해 판결을 만들어 내시는 분이 하나님이십니다. 일을 하는 주체가 하나님이라는 것입니다. 구원자도 마찬가지로 그 사람이 구원자의 역할을 하는 것이 아닙니다. 그 사람이 전쟁을 하고, 그 사람이 승리를 하고, 그 사람이 구원을 하는 것이 절대로 아닙니다. 하나님이 그 사람을 구원자로 부르시고, 하나님이 그 사람을 통해 구원을 해 내시는 것입니다. 하나님이 하시는 것입니다.

모세의 경우를 생각하시면 쉽게 이해가 되실 것입니다. 모세가 이스라엘의 리더가 되어서 출애굽 사건에 앞장섰습니다. 그렇다고 모세가 출애굽을 시킨 당사자가 아닙니다. 모세는 스스로 행한 것이 하나도 없습니다. 스스로 가지도 않았고, 스스로 기적을 행하지도 않았고, 스스로 자신만의 지혜와 능력으로 출애굽 시킨 것이 아닙니다. 분명히 하나님은 하나님이 출애굽 시키겠다고 선언하셨고, 출애굽 한 후에 유월절을 통해, 무교병과 쓴 나물을 통해 하나님이 출애굽 시키신 것이라고 단언하며 강조하셨습니다. 모세는 절대로 이스라엘을 출애굽시킨 당사자가 아니었고, 책임자가 아니었고, 모세는 아무런 공로나 공헌이 없고 당연히 모세에 대한 특별 보상이 없습니다. 왜냐하면 모세가 없었으면 하나님이 다른 사람, 아무라도 사용하셔서 동일한 결과를 만들어내셨을 것이기 때문입니다.

이와 같이 사사기에서 사사가 사사의 역할을 하는 것으로 오해하시면 안 됩니다. 사사를 판관이라고 호칭한다고 해서 사사는 재판관의 역할을 할 수 있는 지혜롭고 똑똑하고 영리한 사람이라고 생각하시면 안 됩니다. 구원자라고 부른다고 해서 구원자의 역할을 할 수 있는 힘이 있고 지략이 있고 전략이 있는 능력자라고 생각하시면 안 됩니다. 사사 그러면 사사를 세우시고 사사를 통해 이스라엘을 가르치시고, 이스라엘을 도와주시는 하나님을 생각하셔야 합니다. 이스라엘은 하나님을 섬기는 것보다 바알과 아세라를 섬기는 것이 자신들에게 더 좋을 것 같다는 판단을 한 것입니다. 그 결과 메소보다미아의 왕 구산 리사다임의 종이 되었으니 잘못된 판단이었습니다. 그런데 이스라엘은 자신들이 이방의 압제를 받아 힘들다는 생각만 할뿐 자신들의 판단이 틀렸다는 생각을 하지 않는 것입니다. 이때 하나님은 사사나 구원자를 세워, 그를 통해 이스라엘을 구원하심으로 이스라엘 백성에게 하나님을 알리시는 것입니다. 하나님이 사사나 구원자를 통해 일하심으로 하나님이 능력이 있고, 하나님이 권세가 있고, 이스라엘로 하여금 하나님을 섬기는 것이 바알과 아세라를 섬기는 것보다 훨씬 유익하다는 판단을 내릴 수 있도록 가르치시는 것입니다.

만약 하나님이 유능한 사사, 탁월한 사사, 능력 있는 사사를 세우신다면 사람들은 사사를 따르지 하나님을 따르지 않을 것입니다. 왜냐하면 자신들을 구원한 자가 사사나 구원자이기 때문입니다. 하나님이 이스라엘로 하여금 하나님을 알게 하시려면 이스라엘 사람들의 생각에 별로 가능성이 없는 사람, 사람들의 생각에 별로 기대가 되지 않는 사람, 사람들의 생각에 별로 신뢰할 수 없어 보이는 사람을 사사로 세우시고, 그를 통해 하나님이 이스라엘을 구원하셔야 합니다. 그래야 사람들이 하나님의 일하심을 알게 되고, 하나님을 알아야 하나님을 따를 것이기 때문입니다. 다시 한 번 강조하면, 사사는 그 사람이 탁월한 것이 아니라 하나님의 일하심을 알리기 위해 즉 판단의 근거가 되도록 사용된 사람을 의미하는 것입니다.

사사에 대한 소개

그래서 사사기를 보면 의미 있는 것이 사사에 대한 설명이 거의 등장하지 않는다는 것입니다. 사사기에는 열두 명의 사사가 나옵니다. 하지만 저와 여러분은 사사에 대한 정보를 얻을 수가 없습니다. 제일 먼저 등장하는 사사가 사사기 3장 9절 "갈렙의 아우 그나스의 아들 옷니엘이라" 입니다. 갈렙의 아들도 아니고, 갈렙의 아우도 아니고, 갈렙의 아우 그나스의 아들이랍니다. 12절 이하에 나오는 사사가 에훗입니다. 베냐민 사람 게라의 아들 왼손잡이랍니다. 게라가 누구인지, 왼손잡이가 어떻다는 것인지 말해주지 않습니다. 31절에는 아낫의 아들 삼갈이 나옵니다. 삼갈이 누구인지, 그의 아버지 아낫이 누군인지, 왜 사사로 세워졌는지 정보가 없습니다. 그래도 기드온과 삼손에 대해서는 많은 이야기가 나온다고 반문할 수 있습니다. 기드온에 대한 이야기는 6장부터 8장까지 세장에 걸쳐 나오고, 삼손도 13장부터 16장까지 네 장에 걸쳐 많은 이야기가 나옵니다. 하지만 그 이야기들에는 기드온과 삼손의 긍정적인 측면보다는 부정적인 측면이 훨씬 더 많이 나옵니다. 차라리 소개가 적었으면 훙

볼 것도 적을 텐데 이야기가 많아서 흠이 더 많아 보일 뿐입니다. 성경은 사사의 자질, 사사의 능력, 사사의 태도, 사사의 모범적 행동 등이 전혀 나오지 않습니다. 왜냐하면 하나님이 사사를 선발하여 사사에게 일을 맡긴 것이 아니기 때문입니다. 사사를 통해 하나님이 일하시기 때문에 일하시는 하나님이 강조되는 것이지 절대로 사사를 강조하려는 것이 아니기 때문입니다.

또한 사사기에는 사사들이 행한 승리, 구원자들이 행한 구원에 대해 묘사할 때 사사들이 승리할 수 있었던 어떠한 요소도 등장하지 않습니다. 사사기 3장 10절은 "여호와의 영이 그에게 임하셨으므로 그가 이스라엘의 사사가 되어 나가서 싸울 때에 여호와께서 메소보다미아 왕 구산 리사다임을 그의 손에 넘겨주시매 옷니엘의 손이 구산 리사다임을 이기니라"입니다. 옷니엘의 영웅적인 행동에 대한 말은 단 한 마디도 나타나지 않습니다. 구산 리사다임이 동네 조폭이 아니요, 한 지역을 장악한 산적 수준이 아닙니다. 메소보다미아의 왕이요, 이스라엘을 팔년이나 지배할 수 있었던 군사력이 있었고 그 군사들을 조직하여 관리할 수 있었던 경제적 능력과 통치력이 있었던 왕입니다. 옷니엘이 어떻게 이겼습니까? 옷니엘의 전략이 무엇입니까? 옷니엘의 무기가 무엇입니까? 옷니엘의 군사가 몇 명입니까? 옷니엘의 지지세력이 누구입니까? 도대체 옷니엘이 무엇을 어떻게 해서 이길 수 있었습니까? 성경은 저와 여러분으로 하여금 옷니엘을 존경할래야 존경할 수 없게끔, 옷니엘을 의지할래야 의지할 수 없게끔, 옷니엘에게 일말의 감사라도 표시할래야 표시할 수 없게끔 되어있는 것입니다. 내용을 알아야 존경을 하고 의지를 하고 감사를 할 수 있는데 성경은 옷니엘에 대해서는 전혀 언급하지 않고 강조하지 않는 것입니다.

여호와의 영이

성경이 옷니엘에 관하여 우리에게 알려주는 것은 9절에 나타나는 딱 두 가지입니다. 첫째는 "여호와의 영이 그에게 임하셨으므로 그가 이스라엘의 사사가 되었다"는 것입니다. 옷니엘의 사람됨에 의해서 사사가 된 것이 아니라 여호와의 영이 임하여 사사가 되었다는 것입니다. 그러므로 사사를 결정짓는 것은 그 사람이 아니라 '여호와의 영' 입니다. 누구에게라도 여호와의 영이 임하면 그는 사사가 될 수 있고 구원자가 될 수 있고 왕이 될 수 있습니다. 즉 여호와가 세워주신다는 것입니다. 두 번째는 "나가서 싸울 때에 여호와께서 메소보다미아 왕 구산 리사다임을 그의 손에 넘겨주시매 옷니엘의 손이 구산 리사다임을 이기니라"입니다. 여호와께서 이기게 하셨다는 것뿐입니다. 성경은 여호와를 이야기하는 것이지 옷니엘을 이야기하는 것이 아닙니다. 성경은 하나님을 상소하는 것이지 사사를 강조하는 것이 아닙니다. 여호와의 영이 등장하는 것은 옷니엘이 사사가 된 것이나 옷니엘의 승리가 옷니엘 개인의 자질이나 능력이 아니라 전적으로 하나님의 일하심임을 설명하는 표현입니다.

이 사건이 하나님을 알리는 사건입니다. 하나님은 옷니엘이라는 어떤 사람을 통해서도 상대적으로 너무나 크고 강한 메소보다미아 왕을 이길 수 있는 능력과 권세를 가지신 분이요, 비록 자기를 떠났을 지라도 자신의 백성의 부르짖음을 들으시고, 그들을 위해 친히 사사를 세우시고 그를 통해 자기 백성을 구원하시는 자비로우신 하나님이요, 책임지시는 하나님이라는 것을 알리시는 것입니다. 그렇다면 이러한 하나님의 가르침은 누구를 향한 것입니까? 이 하나님의 가르침을 배워야 하는 대상이 누구입니까? 하나님의 가르침은 언제나 모든 인류를 대상으로 하는 것입니다. 하나님은 어느 한쪽만 사랑하시고, 어느 한쪽만 도와주시고, 어느 한쪽만 가르치시는 배타적인 분이 아닙니다. 옷니엘 사건을 통해 이스라엘 모든 백성들과 메소보다미아 모든 백성이 하나님을 배워야 합니다.

우선 이스라엘은 너무나 미약한 옷니엘을 통해서도 승리할 수 있게 하시는 하나님을 배워야 하고, 메소보다미아는 자신들의 군사력과 전략을 가지고도 하나님을 이길 수 없다는 것을 배워야 합니다. 양쪽 다 하나님을 배워야 하고, 양쪽 다 하나님을 알아야 하고, 양쪽 다 하나님을 섬기기로 선택해야 합니다. 옷니엘 사건의 현장에서는 이스라엘과 메소보다미아가 배워야 하고, 그 사건을 성경에서 읽는 저와 여러분도 동시에 배워야 하고 하나님을 알아야 하는 것입니다. 하나님을 알아야 하나님을 선택하고, 하나님을 선택해야 하나님의 자유와 평화와 안식과 복락을 누릴 수 있는 것입니다.

옷니엘이 죽었다

성경의 표현들이 정말 멋있고 위트가 있고 수준이 있습니다. 성경은 옷니엘이 전쟁에서 이긴 것으로 끝나지 않습니다. 3장 11절은 "그 땅이 평온한 지 사십 년에 그나스의 아들 옷니엘이 죽었더라"입니다. 이스라엘 땅이 사십 년간 평온했다고 합니다. 정말 놀랍고 다행입니다. 그렇다면 궁금한 것이 과연 이스라엘에 사십 년간 무슨 일이 있었느냐는 것입니다. 이스라엘이 옷니엘 사건을 통해 하나님을 잘 배워서 사십 년간 오직 하나님만 신실하게 믿었을까요? 그렇게 사십년간 하나님만 섬겨서 이스라엘이 사십 년간 평화가 있었을까요? 이스라엘 땅이 평온한지 사십 년에 옷니엘이 죽었으니 사십년간 옷니엘이 이스라엘을 잘 다스리고, 옷니엘이 사십년간 이스라엘에 평화가 있도록 수고하고 애를 썼을까요? 과연 이런 지도자 하나가 있고 없고가 사십 년간 평화냐 압제냐를 결정하는 요소일까요? 이스라엘 땅이 평온했던 사십 년동안 이스라엘에는 어떤 일이 있었을까요?

성경은 아무 언급도 하지 않지만 저와 여러분은 그 사십 년간 이스라엘이 어떻게 지냈을지 충분히 예상하실 수 있습니다. 왜냐하면 이미 경험이 있기 때문입니다. 옷니엘을 통하여 전쟁에서 한 번 이긴 경험 정도가 아니라 쳐들어오는 모든 적들을 물리쳤던 경험이 있었고, 더 나아가 아예 매일 매일 하나님의 이적과 기사를 체험하며 살면서 하나님에 대해 지속적으로 배우던 시절이 있었습니다. 바로 광야 사십 년입니다. 광야 사십 년은 그 자체가 온통 교육이요 가르침이요, 하나님에 대해 각양각색의 체험이 있었고, 더 이상 배울 것이 없을 만큼 하나님에 대해 다 배웠습니다. 그런데도 광야 사십 년을 한 마디로 요약하라고 한다면 이스라엘의 불평과 불만이라고 할 수 있습니다. 하나님은 가르치셨지만 이스라엘은 배우지 않았습니다. 그랬던 이스라엘이 달랑 옷니엘 사건 하나를 통해 개과천선해서 큰 깨우침을 받아 사십 년간 하나님 말씀에 순종하며 살았을까요? 그럴 리가 없습니다.

옷니엘이 죽었다니 사십 년간 옷니엘은 무엇을 하였을까요? 사십 년간 옷니엘이 살아있어서, 옷니엘이 이스라엘의 사사로 백성들을 잘 인도해서 나라가 평안했을까요? 만약 그렇다면 옷니엘은 모세보다 위대한 인물입니다. 아니 3장 12절 이후에 나오는 에훗이라는 사사는 불멸의 지도자일 것입니다. 왜냐하면 30절 "그 날에 모압이 이스라엘 수하에 굴복하매 그 땅이 팔십 년 동안 평온하였더라"입니다. 에훗이 살아 있어 이스라엘이 팔십 년간 평온하였다면 에훗은 인류 역사에 최고로 오래 지도자의 위치에서 최고로 오래 평온을 유지한 위대한 인물일 것입니다. 과연 옷니엘의 덕분이고 에훗의 덕분이었을까요? 메소보다미아 왕이 이스라엘을 팔년 동안 압제했습니다. 하나님이 이스라엘을 도우신다면 우선은 메소보다미아 왕을 이겨야 할 것이고, 그 후에는 적어도 아무리 적이도 팔년보다는 오래 평온을 유지해야 합니다. 팔년 평온하면 하나님은 구산 리사다임 왕 수준에 불과한 것입니다. 구년이나 십년 평온하면 구산 리사다임과 별로 다를 것이 없습니다. 하나님이 구산 리사다임보다 낫다는 것이 인정되려면 하나님이 훨씬 더 오랫동안 이스라엘에게 평온을 지켜

주셔야 합니다. 그래서 기본이 사십 년입니다. 더 재미있는 것은 3장 14절 "이에 이스라엘 자손이 모압 왕 에글론을 열여덟 해 동안 섬기니라"입니다. 그렇다면 14절 이하에서 모압 왕 에글론을 이기고, 이스라엘에 적어도 몇 년은 평온이 유지되어야 할까요? 구산 리사다임의 경우는 팔년 압제받은 것에 비교해서 사십 년 평안이었으니 열여덟 해 압제 받았으면 몇 년 평온해야 할까요? 우선 당연히 열여덟 해 보다는 많아야 하고 사십 년보다도 많아야 할 것입니다. 그래서 30절 "그 날에 모압이 이스라엘 수하에 굴복하며 그 땅이 팔십 년 동안 평온하였더라"입니다. 이 정도로 은혜를 주고, 이 정도로 자비를 베풀어도 죄인들이 배울까말까 하는 것입니다. 죄인이 이렇게 하나님을 알기가 어려운데, 저와 여러분이 하나님을 알고 하나님을 믿는 것은 전적으로 하나님의 은혜인 것입니다. 기독교에서 신앙이 성장하는 것은 하나님을 더 알아가는 것입니다. 성경을 읽고 배워 하나님을 알아 하나님이 주신 은혜와 복락들을 풍성히 누리는 즐겁고 자유롭고 행복한 신앙생활 되기를 주님의 이름으로 축원합니다.

14

그들을 위하여

사사기 3 : 10 ~ 31

10 여호와의 영이 그에게 임하셨으므로 그가 이스라엘의 사사가 되어 나가서 싸울 때
에 여호와께서 메소보다미아 왕 구산 리사다임을 그의 손에 넘겨주시매 옷니엘의 손
이 구산 리사다임을 이기니라 11 그 땅이 평온한 지 사십 년에 그나스의 아들 옷니엘
이 죽었더라 12 이스라엘 자손이 또 여호와의 목전에 악을 행하니라 이스라엘 자손
이 여호와의 목전에 악을 행하므로 여호와께서 모압 왕 에글론을 강성하게 하사 그들
을 대적하게 하시매 13 에글론이 암몬과 아말렉 자손들을 모아 가지고 와서 이스라엘
을 쳐서 종려나무 성읍을 점령한지라 14 이에 이스라엘 자손이 모압 왕 에글론을 열
여덟 해 동안 섬기니라 15 이스라엘 자손이 여호와께 부르짖으며 여호와께서 그들을
위하여 한 구원자를 세우셨으니 그는 곧 베냐민 사람 게라의 아들 왼손잡이 에훗이라
이스라엘 자손이 그를 통하여 모압 왕 에글론에게 공물을 바칠 때에 16 에훗이 길이
가 한 규빗 되는 좌우에 날선 칼을 만들어 그의 오른쪽 허벅지 옷 속에 차고 17 공물
을 모압 왕 에글론에게 바쳤는데 에글론은 매우 비둔한 자였더라 18 에훗이 공물 바
치기를 마친 후에 공물을 메고 온 자들을 보내고 19 자기는 길갈 근처 돌 뜨는 곳에
서부터 돌아와서 이르되 왕이여 내가 은밀한 일을 왕에게 아뢰려 하나이다 하니 왕이
명령하여 조용히 하라 하매 모셔 선 자들이 다 물러간지라 20 에훗이 그에게로 들어
가니 왕은 서늘한 다락방에 홀로 앉아 있는 중이라 에훗이 이르되 내가 하나님의 명
령을 받들어 왕에게 아뢸 일이 있나이다 하매 왕이 그의 좌석에서 일어나니 21 에훗
이 왼손을 뻗쳐 그의 오른쪽 허벅지 위에서 칼을 빼어 왕의 몸을 찌르매 22 칼자루도
날을 따라 들어가서 그 끝이 등 뒤까지 나갔고 그가 칼을 그의 몸에서 빼내지 아니하
였으므로 기름이 칼날에 엉겼더라 23 에훗이 현관에 나와서 다락문들을 뒤에서 닫아
잠그니라 24 에훗이 나간 후에 왕의 신하들이 들어와서 다락문들이 잠겼음을 보고 이
르되 왕이 분명히 서늘한 방에서 그의 발을 가리우신다 하고 25 그들이 오래 기다려
도 왕이 다락문들을 열지 아니하는지라 열쇠를 가지고 열어 본즉 그들의 군주가 이미

땅에 엎드러져 죽었더라 26 그들이 기다리는 동안에 에훗이 피하여 돌 뜨는 곳을 지나 스이라로 도망하니라 27 그가 이르러 에브라임 산지에서 나팔을 불매 이스라엘 자손이 산지에서 그를 따라 내려오니 에훗이 앞서 가며 28 그들에게 이르되 나를 따르라 여호와께서 너희의 원수들인 모압을 너희의 손에 넘겨주셨느니라 하매 무리가 에훗을 따라 내려가 모압 맞은편 요단 강 나루를 장악하여 한 사람도 건너지 못하게 하였고 29 그 때에 모압 사람 약 만 명을 죽였으니 모두 장사요 모두 용사라 한 사람도 도망하지 못하였더라 30 그 날에 모압이 이스라엘 수하에 굴복하매 그 땅이 팔십 년 동안 평온하였더라 31 에훗 후에는 아낫의 아들 삼갈이 있어 소 모는 막대기로 블레셋 사람 육백 명을 죽였고 그도 이스라엘을 구원하였더라

사사기의 패턴

섬긴지라

사사기 3장 14절은 "이에 이스라엘 자손이 모압 왕 에글론을 열여덟 해 동안 섬기니라"입니다. 이스라엘이 에글론을 열여덟 해 동안 섬겼다는데 성경의 표현이 아주 묘합니다. 예를 들어보겠습니다. 대한민국의 경우 과거에 일본에게 패하여 국권을 상실하고 삼십 육년 동안 일본의 지배를 받은 적이 있습니다. 그 사건을 표현할 때 '일본이 대한민국을 압제했다' 또는 '대한민국이 일본의 식민 지배를 받았다' 또는 '일본이 삼십 육년 동안 대한민국을 다스렸다' 고 합니다. 대한민국이 일본의 식민지배 받는 것을 자원한 것이 아니고, 기뻐서 한 것이 아니고, 감사와 존경의 마음으로 행한 것이 아닙니다. 대한민국 국민의 대다수는 그 사건에 대한 이야기만 나오면 모두 화를 내고 분노를 쏟아냅니다. 대한민국 사람 중에 어느 누구도 '대한민국이 일본을 섬겼다' 고 말하는 사람은 없습니다. 대한민국의 경우만 그런 것이 아니라 전 세계의 역사에서 압제받은 나라가 압제하는 나라에 대해 좋은 표현, 아름다운 용어를 사용하지 않습니다. 그런데 성경은 참 묘한 표현 즉 "이에 이스라엘 자손이 모압 왕 에글론을 열여덟 해 동안 섬기니라"라고 했습니다. 이곳만이 아니라 3장 8절에서도 "이스라엘 자손이 구산 리사다임을 팔 년 동안 섬겼더니"라고

표현했습니다.

물론 '섬긴다' 는 표현이 어울리는 경우가 있습니다. 2장 13절 "곧 그들이 여호와를 버리고 바알과 아스다롯을 섬겼으므로", 3장 7절 "이스라엘 자손이 여호와의 목전에 악을 행하여 자기들의 하나님 여호와를 잊어버리고 바알들과 아세라들을 섬긴지라" 입니다. 이런 경우는 충분히 이해가 갑니다. 우상은 비록 우상일지라도 그것을 믿는 자에게 신적인 대접을 받고 있으니, 신을 믿는 자가 자기가 믿는 신을 섬긴다고 하는 것은 나름 이해가 됩니다. 하지만 압제받는 백성이 압제하는 나라를 섬긴다고 말하는 것은 조금 어울리지 않는 표현인 것입니다. '섬기다' 라는 단어는 사전적으로 '일하다, 수고하다, 노동하다, 만들다, 애쓰다' 라는 의미입니다. 출애굽기에서 애굽이 이스라엘에게 노동을 시킬 때 '섬기다' 에 쓰인 단어가 자주 사용되었습니다. 출애굽기 1장 13절에 "이스라엘에게 일을 엄하게 시켜 어려운 노동으로 그들의 생활을 어렵게 하니 곧 흙 이기기와 벽돌 굽기와 농사의 여러 가지 일이라 그 시키는 일이 모두 엄하였더라" 입니다. '섬기다' 라는 표현이 없지만 '일을 시켜', '노동으로', '시키는 일' 이 모두 '섬기다' 에 사용된 단어입니다. 이 구절을 현대인의 성경과 쉬운 성경에서는 '지배를 받았다' 고 번역했는데 그것이 적절한 표현이라고 생각합니다.

이스라엘의 의지

이스라엘이 에글론 왕에 의해 열여덟 해 동안 압제를 받고 고생을 하고 있습니다. 이런 일이 왜 생겼을까요? 이스라엘이 메소보다미아 왕 구산 리다사임에게 압제를 받을 때에 하나님이 옷니엘을 통해 해방시켜 주셨고, 그 땅이 사십 년간 평온하였는데 도대체 무슨 일이 생긴 것일까요? 힌트는 3장 12절에 나옵니다. "이스라엘 자손이 또 여호와의 목전에 악을 행하니라" 입니다. 주목해야 할 단어는 '또' 입니다. 이스라엘은 여호와의 목전에 악을 행했는데 '또' 행한 것입니다. 또 악을 행하는데 아무런 거리낌이 없고, 아무런 망설임이 없고,아무런 두려움이 없습니다. 저들은 언제든지 또 여호와의 목전에 악을 행하는 것입니다. 이런 구절을 읽으면 '이스라엘은 참으로 나쁜 사람들이구나!' 라는 생각이 들지만, 한 가지 더 '아~~, 하나님이 이스라엘에게 엄청난 자유를 주셨구나! 하나님이 이스라엘에게 출애굽 시켜주었다는 명분으로 하나님 섬기는 것을 강요하지 않았고, 하나님이 이스라엘에게 가나안 땅을 차지하게 해 주셨다는 근거로 하나님을 떠나지 못하게 옭아매지 않으셨구나!' 라는 것도 아셔야 합니다. 하나님의 인간 존중, 하나님의 인간선택에 대한 존중, 하나님이 허락하신 종교적 자유를 이해해야 합니다.

이스라엘이 자유롭게, 자기들이 생각하고 판단하고 결정해서 악을 행했고 우상을 섬겼습니다. 사사기에서 이스라엘이 바알과 아세라 또는 바알과 아스다롯 등 우상을 섬긴다는 내용을 잘 봐야 합니다. 2장 11절로 13절은 "이스라엘 자손이 여호와의 목전에 악을 행하여 바알들을 섬기며 애굽 땅에서 그들을 인도하여 내신 그들의 조상들의 하나님 여호와를 버리고 다른 신들 곧 그들의 주위에 있는 백성의 신들을 따라 그들에게 절하여 여호와를 진노하시게 하였으되 곧 그들이 여호와를 버리고 바알과 아스다롯을 섬겼으므로"입니다. 이스라엘의 선택, 이스라엘 결정, 이스라엘의 행동이 명쾌하고 뚜렷하고 분명하게 '여호와를 버리고' 입니다. 그들은 의도적으로 여호와를 버리고, 단호하고 결단력있게 여호와를 버리고, 적극적이고 능동적으로 바알과 아스다롯을 선택했고, 구체적으로 절을 하였고, 마음 중심 가득히 섬겼습니다.

3장 7절은 "이스라엘 자손이 여호와의 목전에 악을 행하여 자기들의 하나님 여호와를 잊어버리고 바알들과 아세라들을 섬긴지라"입니다. 이스라엘은 애매모호하게 행동하지 않았고 양다리를 걸친 것도 아닙니다. 아주 똑 소리 나고 과감하게 하나님을 확 버립니다. 8장 33절과 34절은

"기드온이 이미 죽으매 이스라엘 자손이 돌아서서 바알들을 따라가 음행하였으며 또 바알브릿을 자기들의 신으로 삼고 이스라엘 자손이 주위의 모든 원수들의 손에서 자기들을 건져내신 여호와 자기들의 하나님을 기억하지 아니하며"입니다. 이스라엘이 마음이 약해서, 심지가 곧지 못해서 배교를 한 것이 아닙니다. 도리어 마음이 강해서, 심지가 견고해서 마음 단단히 먹고, 굳건한 마음으로 돌아서고, 기억하지 않는 것입니다. 10장 6절은"이스라엘 자손이 다시 여호와의 목전에 악을 행하여 바알들과 아스다롯과 아람의 신들과 시돈의 신들과 모압의 신들과 암몬 자손의 신들과 블레셋 사람들의 신들을 섬기고 여호와를 버리고 그를 섬기지 아니하므로"입니다. 혹시 한 번 여호와를 버렸으면 실수라고 할 수 있고, 혹시 한두 번 그랬으면 거듭된 실수라고 할 수 있고, 혹시 서너 번 그랬으면 상황이 절박해서 목숨 부지하고 살려고 어쩔 수 없이 그랬다고 할 수 있습니다. 그런데 시도 때도 없이, 틈만 나면, 기회가 있으면, 밥 먹듯이 하는 짓은 아예 작정하고 하는 행동입니다.

이스라엘의 결과

하나님을 버리고 우상을 선택한 결과가 어떻게 되었습니까? 사사기 3장 12절로 13절은"이스라엘 자손이 또 여호와의 목전에 악을 행하니라 이스라엘 자손이 여호와의 목전에 악을 행하므로 여호와께서 모압 왕 에글론을 강성하게 하사 그들을 대적하게 하시매 에글론이 암몬과 아말렉 자손들을 모아 가지고 와서 이스라엘을 쳐서 종려나무 성읍을 점령한지라"입니다. 성경을 한 번 읽으신 분이나 또는 처음 이 본문을 읽으시는 분은 아마도 '이스라엘이 하나님을 버리고 악을 행하니까 하나님이 화가 나셔서 이스라엘에게 벌을 내리셨구나' 라고 생각하실 가능성이 크지만 그렇게 생각하시면 절대로 안 됩니다.

하나님이 이스라엘에게 신앙적 자유, 종교적 자유를 허락하셨습니다.

신앙의 자유, 선택의 자유를 허락하셨으면 이스라엘이 어떠한 선택을 하든지 하나님이 존중해 주어야 합니다. 자유를 주었는데 결정이 마음에 안 든다고 하나님이 벌을 내리거나 징계를 내리면 그것은 자유를 준 것이 아닙니다. 상황을 설명하면, 이스라엘이 자의로 하나님을 버렸고 우상을 선택했습니다. 하나님을 버렸다는 것은 하나님이 자신들의 보호자 되시는 것을 거부했다는 것입니다. 하나님은 이스라엘의 하나님으로서 이스라엘을 도와주었고 지켜주었고 보호해 주었는데 이스라엘이 하나님으로 하여금 자신들의 하나님이 되지 못하게 했고, 하나님의 보호자 역할, 책임자 역할을 하지 못하도록 한 것입니다. 때마침 모압 왕 에글론이 강성해졌고, 이스라엘을 대적했고, 마침내 이스라엘을 점령한 것입니다. 이스라엘은 스스로 에글론을 막아서지 못했고, 아무도 이스라엘을 도와 줄 자가 없었고, 에글론을 물리쳐 줄자가 없었던 것입니다. 이스라엘이 하나님에게 간섭하지 말라고, 끼어들지 말라고, 나서지 말라고 하나님을 거부했고 버렸기에 하나님은 아무 것도 안하셨고 그 결과 이스라엘이 에글론에게 점령당한 것입니다. 절대로 하나님이 화가 나서, 하나님이 삐쳐서, 하나님이 진노해서 이스라엘을 에글론에게 팔아먹은 것이 아닙니다.

이스라엘의 부르짖음

이스라엘이 에글론에게 점령을 당하여 열여덟 해 동안 압제를 받았습니다. 하나님을 버리고 우상을 선택했으면, 혹시 자신들의 삶에 어려움이나 곤고함이 발생했으면 당연히 자신들이 선택한 우상들에게 도움을 요청했어야 합니다. 그런데 이스라엘은 바알에게 부르짖지 않고, 아스다롯에게 부르짖지 않고, 아세라에게 부르짖지 않고 하나님께 부르짖었습니다. 3장 15절 "이스라엘 자손이 여호와께 부르짖으매"입니다. 성경에는 이스라엘이 바알이나 아스다롯이나 아세라에게 부르짖었다는 표현이 나오지 않습니다. 혹시 비록 성경에는 나오지 않지만 이스라엘이 그 동안 바알과 아스다롯과 아세라를 섬겼으니 그 신들에게 부르짖은 것 아니냐고 반문하실 수 있습니다. 아마도 당연히 최우선적으로 바알과 아스다롯과 아세라에게 부르짖었을 것입니다. 그런데 아무런 반응이 없고 도움이 없었던 것입니다. 상황이 절박해지자 자신들이 버렸던, 자신들이 떠났던 하나님께 부르짖은 것입니다.

이스라엘이 여호와께 부르짖었다고 해서 이스라엘이 회개했다고 너무나 긍정적으로, 너무나 선하게, 너무나 친 이스라엘적으로 생각하시면 안 됩니다. 이스라엘은 회개를 한 적이 없습니다. 이스라엘이 하나님 말씀을 듣지 않았고 따르지 않았고, 과감하게 하나님을 버리고 다른 신들을 섬겼으나 늘 결과가 안 좋았습니다. 그때마다 행한 이스라엘의 행동에 대해 사사기에서만 살펴본다면 첫 번째, 하나님이 가나안을 진멸하라고 하셨으나 쫓아내지 않았습니다. 처음에는 이스라엘이 가나안 사람들을 노역을 시켰는데 나중에는 가나안 사람들에게 노역을 당했습니다. 하나님이 찾아오셔서 왜 그랬냐고 안타까워하시는 말씀을 했습니다. 그랬더니 이스라엘이 보이는 행동이 2장 4절 "여호와의 사자가 이스라엘 모든 자손에게 이 말씀을 이르매 백성이 소리를 높여 운지라"입니다. 운 것으로 끝입니다. 단지 울었을 뿐, '이스라엘이 우상을 버리고, 우상에서 돌이켜, 우상을 기억하지 아니하고 여호와를 섬겼더라' 고 행하지 않은 것입니다. 여호와를 버릴 때 그렇게 단호하게 행동했으면, 이번에 고생하다가 하나님께 도움을 청하려면 우상을 버리려는 의지를 더더욱 단호하게 드러내고, 돌아서는 변화의 모습을 보여주려는 더더욱 강력한 의지를 나타내야 하지 않겠습니까! 그러니 더욱 강력한 표현으로 '바알을 버리고, 아스다롯으로부터 돌이켜, 아세라를 잊어버리고 여호와께 부르짖었더라' 라고 해야 하는데 전혀 그렇게 하지 않습니다. 왜냐하면 우상을 버릴 마음이 없고, 우상에게서 돌이킬 마음이 없는 것입니다.

2장 18절 "여호와께서 그들을 위하여 사사들을 세우실 때에는 그 사사와 함께 하셨고 그 사사가 사는 날 동안에는 여호와께서 그들을 대적의 손에서 구원하셨으니 이는 그들이 대적에게 압박과 괴롭게 함을 받아 슬피 부르짖으므로 여호와께서 뜻을 돌이키셨음이거늘"입니다. 그들이 대적에게 압박을 받았고 괴롭게 함을 받았을 때 행한 일이 달랑 '슬피 부르짖으므로' 뿐입니다. 이스라엘의 주특기가 '버리고' 이며, 이스라엘의 취미가 '돌아서고' 입니다. 그러면 압박을 받고 괴로움을 받으면 우상을 버리고 우상으로부터 돌아서야하는데 울기만 하고 부르짖기만 할 뿐 절대로 우상을 버리고 않고 우상으로부터 돌아서지 않습니다. 이스라엘은 단 한 번도 회개한 적이 없습니다.

3장 9절 "이스라엘 자손이 여호와께 부르짖으매", 또 3장 15절 "이스라엘 자손이 여호와께 부르짖으며" 이것으로 끝입니다. 이스라엘이 약간, 아주 조금 달라진 모습이 사사기 10장 10절에 나옵니다. "이스라엘 자손이 여호와께 부르짖어 이르되 우리가 우리 하나님을 버리고 바알들을 섬김으로 주께 범죄하였나이다 하니"입니다. 자신들이 '우리가 우리 하나님을 버리고' 라고 말하니 조금 나아지기는 했지만 그 다음이 나와야 합니다. '전에는 우리가 우리 하나님을 버리고 바알들을 섬김으로 주께 범죄 하였는데, 이제는 우리가 우상을 버리고 여호와를 섬기기로 했습니다' 라고 말해야 합니다. 그런데 끝까지 그런 말을 안 합니다. 왜냐하면 바알을 버리고 싶지 않은 것이요, 아세라로부터 돌이키고 싶지 않은 것이요, 아스다롯을 떠나고 싶지 않은 것입니다. 결국 이스라엘은 단 한 번도 여호와를 선택한 적이 없고 이스라엘은 회개한 적이 없습니다. 그럼 이스라엘이 울었다는 것은 무엇일까요? 그냥 울은 것입니다. 부르짖었다는 것은 무엇일까요? 그냥 부르짖은 것입니다. 왜 울었을까요? 힘들어서! 왜 부르짖었을까요? 고달파서! 왜 여호와께 부르짖었을까요? 자신들이 섬기는 신이 안 들어 주니까 아무에게나 하소연 하는 것에 불과한 것입니다. 이스라엘이 울고 부르짖은 것이 절대로 회개가 아닙니다.

하나님의 은혜

이때 하나님은 어떻게 해야 하실까요? 이스라엘이 스스로 하나님을 버렸고, 이스라엘이 스스로 하나님이 자신들의 보호자요, 책임자 되는 것을 거부했고 회개하지도 않았습니다. 만약 하나님이 이스라엘이 행한 대로 갚으시면 이스라엘은 다 죽고 없습니다. 이스라엘이 회개한 적이 없고, 돌아선 적이 없고, 하나님을 선택한 적이 없고, 하나님을 섬긴 적이 없으니 하나님이 이스라엘을 위해 무엇인가를 해야 할 이유와 명분과 근거가 없습니다. 하나님이 징계를 하신 것도 아니니 징계를 철회할 일도 없고, 하나님이 저주를 내린 것도 아니니 저주를 풀어줄 일도 없습니다. 이스라엘이 자기가 알아서 압제를 당하고, 자기가 지원해서 고난을 받은 것이니, 하나님은 그냥 두시면 되고, 아무 것도 안하시면 됩니다. 그런데 하나님은 인간이 아니시고 하나님이십니다. 하나님은 이스라엘이 죄인이라는 것을 너무나 잘 알고 계십니다. 그래서 하나님은 이스라엘의 부르짖음을 들어주시고, 이스라엘을 위하여 구원자를 세워주시고, 이스라엘을 압제에서 벗어나게 해 주십니다. 이러한 하나님의 일하심을 은혜라고 합니다.

많은 사람들이 사사기에는 패턴이 있다고 합니다. 하나님이 은혜주시고 이스라엘이 배반하고 그래서 하나님이 징계하셨다가 다시 하나님이 은혜주신다고 말합니다. 사사기에 패턴이 있는 것은 맞지만 하나님이 은혜주고 이스라엘이 범죄하자 하나님이 벌주고, 벌 받자 이스라엘이 회개하고, 회개하자 하나님이 다시 은혜 주는 패턴은 없습니다. 대신 전혀 다른 패턴, 사사기에만 있는 패턴이 아니라 성경 전체에 있는 패턴, 대부분의 성도들의 신앙가운데에서도 반복되는 패턴이 있습니다. 첫 번째는 하나님이 은혜를 주시는 것이고, 두 번째는 하나님의 은혜를 받았음에도 불구하고 사람들이 하나님의 말씀을 따르지 않고 하나님을 버리는 것입니다. 세 번째는 그 결과 인간이 시험에 들고 고난에 빠지는 것이요, 네 번째는 인간이 상황이 힘들어지자 회개는 하지 않고 힘들다고 아우성이고 무조건 도와달라고 소리를 지르는 것입니다. 그러면 다시 첫 번째로 돌아가는 것 즉 하나님이 불쌍히 여겨서 은혜를 주시는 것입니다. 이러한 패턴을 악순환이라고 합니다. 이스라엘은 계속하여 은혜를 받지만 한 번도 은혜를 누리지 못하기에 악순환입니다.

성도는 악순환이 아니라 선순환의 신앙생활을 하셔야 합니다. 첫 번째, 하나님이 은혜를 주셨습니다. 하나님의 은혜로 저와 여러분이 구원받았고, 하나님 나라 백성이 되었고, 하나님의 유업을 받았습니다. 그래서 두 번째, 성도가 하나님 말씀을 따릅니다. 성경을 읽어서 하나님을 알고, 성경을 배워서 하나님의 복을 알고, 하나님의 마음과 심정과 원리를 알아 하나님의 말씀대로 행합니다. 세 번째, 그랬더니 이미 받은 복들을 날마다 풍성하게 누립니다. 즐겁고 신나고 자유롭고 평안하고 행복합니다. 네 번째, 이러한 저와 여러분의 신앙생활을 보고 하나님이 기뻐하시고 하나님이 영광을 받으십니다.

하나님의 사역

이스라엘을 위하여

하나님이 하신 일을 확인해 보겠습니다. 3장 15절은 "이스라엘 자손이 여호와께 부르짖으매 여호와께서 그들을 위하여 한 구원자를 세우셨으니"입니다. 여호와께서 이스라엘을 위하여 한 구원자를 세우셨습니다. 너무나 당연한 말이지만 강조하면, 신앙은 '하나님이 인간을 위해주시는 것' 입니다. 절대로 '인간이 하나님을 위한다' 는 유형의 사고와 개념과 인식을 가져서는 안 됩니다. 혹시 그런 마음을 가진다면 말릴 수는 없지만 신앙에 도움은 되지 않고 방해만 될 뿐입니다. 기독교 신앙은 인간을 위한 것이요, 하나님은 인간을 위하는 하나님이십니다.

사사기 3장 7절로 11절에서 하나님이 옷니엘을 통하여 구산 리사다임을 이기게 하셨고 이스라엘 땅에 사십 년간 평온이 있었습니다. 그 결과는 하나님이 좋아지는 것이 아니라 이스라엘이 좋아지는 것입니다. 하나님은 그 땅에 평온을 주셨고 이스라엘이 그 땅의 평온을 누리는 것입니다. 하나님이 인간을 위해 일하셨고 하나님이 인간에게 평온을 주신 것입니다. 하나님이 일해서 인간이 평온을 누리는 것, 이것이 기독교입니다. 하나님에게는 아무런 유익이 없습니다. 하나님의 영토가 늘어나는 것도 아니요, 하나님의 수입이 늘어나는 것도 아니요, 하나님이 영광을 얻는 것도 아니요, 하나님의 명예가 높아지는 것도 아닙니다. 하나님이 어떤 일을 해도, 하나님이 무슨 일을 해도, 하나님이 얼마나 많은 일을 해도 하나님은 전혀 달라질 것이 없습니다. 왜냐하면 하나님은 이미 하나님이시기 때문입니다. 하나님은 더 높아질 것도, 더 나아질 것도, 더 부유해질 것도, 더 온전해질 것도 없습니다. 하나님은 언제나 하나님이십니다. 그래서 하나님이 인간을 위해 일해 주시고, 인간을 회복하시고, 인간을 존귀하게 하시고, 인간을 평안하게 해 주시는 것입니다. 기독교는 정말 멋있는 종교이고 하나님은 정말 멋진 하나님이십니다.

여호와께서

하나님은 이스라엘을 위하여 한 구원자를 세우셨고 세움 받은 사람이 에훗입니다. 에훗이 누구인지, 어떤 사람인지, 무슨 탁월한 능력을 가지고 있는지 모릅니다. 이스라엘 백성 중에 다른 사람이 아닌 에훗이 구원자로 선발될 만한 어떤 자격과 조건을 가지고 있는지 성경은 한 마디도 언급하지 않습니다. 하나님이 왜 에훗을 구원자로 세웠는지 설명하지 않습니다. 하나님은 '아무나' 세우시며, 하나님이 특별히 그 사람을 세운 까닭은 '그냥' 입니다. '하나님이 아무나 세운다, 하나님이 그냥 세운다'는 것은 하나님이 개념이 없다거나 진정성이 없다는 의미가 아니라 '하나님이 행하신다' 는 것을 강조하는 것입니다. 하나님이 하실 것이기에 아무나 세워도 됩니다. 하나님이 진행하고 하나님이 책임지고 하나님이 완성하실 것이기에 아무나 세워도 아무 문제가 없습니다. 만약 하나님이 하시지 않을 것이라면 하나님은 아무나 뽑아서는 안 됩니다. 하나님이 책임지지 않을 것이라면 하나님은 그냥 선발해서는 안 됩니다. 사람을 뽑아 그 사람에게 일을 맡겨야 한다면 그는 일할 사람이어야 하기에 실력이 있는 자를 뽑아야 하고, 자격과 조건을 갖춘 자를 뽑아야 하고, 준비된 자를 뽑아야 합니다. 하나님이 일을 하지 않을 것이면 그래야 합니다. 그런데 하나님은 일을 맡기는 것이 아니라 하나님이 일을 직접, 손수, 몸소, 자신이 하실 것입니다. 그러니 아무나 뽑아도 되는 것입니다.

그래서 성경에 보면 하나님이 사람을 세우실 때 질문하는 것이 없고 아무 것도 묻지 않습니다. 하나님이 아브라함에게 오셨습니다. 면접하는 것이 아닙니다. 그동안 무슨 스펙을 쌓았는지, 어떤 일이든 주어진 일을 감당할 각오가 되었는지 묻지 않습니다. 하나님이 모세에게 묻지 않습니다. 애굽의 언어를 잊지 않고 기억하는지, 지팡이 사용법을 숙달했는지 묻지 않습니다. 하나님이 사사들에게도 단 한번도, 단 한마디도 질문하지 않습니다. 하나님이 다윗에게도 왕의 되고 싶으냐고 의향을 묻지 않습니다. 전쟁에 자신이 있냐고 떠보지도 않습니다. 예언자들에게도 마찬가지입니다. 예언자들은 왕과 백성들의 잘못을 지적해서 미움을 받기도 했습니다. 그래서 하나님이 미리 예언자들에게 외로움을 감수할 수 있겠냐고, 백성들의 시기와 질투에도 변질되지 않을 소신이 있냐고 묻지 않습니다. 제자들에게도 마찬가지입니다. 예수님이 베드로에게 사람을 낚아봤느냐고 묻지 않았습니다. 예수님이 바울에게 십자가를 견딜만한 각오가 되었는지, 감옥에서 한 삼년 갇혀도 버텨낼 수 있는 체력이 있는지 묻지 않았습니다. 시험도 없습니다. '하나님에 대하여 아는 대로 써라, 당신이 생각하는 그리스도의 역할, 교회와 현대사회의 관계, 목회에서 리더쉽의 영향에 대해 말해보라' 고 하지 않았습니다. 하나님은 묻지 않고 따지지도 않습니다. 묻지도 않고 따지지도 않는 이유는 하나님이 일하실 것이기 때문입니다.

에훗의 고백

본문에서 에훗은 참 중요한 일을 했습니다. 3장 15절에 의하면 에글론 왕에게 공물을 바치러 갔고, 귀국하던 중 되돌아가서 21절에 의하면 에글론 왕을 찔렀고, 27절에 의하면 이스라엘 자손들을 모았고, 29절은 "그 때에 모압 사람 약 만 명을 죽였으니 모두 장사요 모두 용사라 한 사람도 도망하지 못하였더라 그 날에 모압이 이스라엘 수하에 굴복하매 그 땅이 팔십 년 간 평온하였더라"입니다. 자그마치 열여덟 해 동안 자신들을 압제하던 에글론을 물리쳤으니 이스라엘의 입장에서는 구국의 영웅입니다. 에훗은 자신이 한 일에 대하여 뭐라고 말할까요? '나갔노라, 찔렀노라, 싸웠노라, 이겼노라' 일까요? 본문에는 에훗이 왕에게 하는 말과 이스라엘 백성에게 하는 말이 각각 한 번씩 나옵니다. 먼저, 에글론 왕에게 하는 말이 20절 중간에 "에훗이 이르되 내가 하나님의 명령을 받들어 왕에게 아뢸 일이 있나이다"입니다. 에훗은 자신이 행하는 일이 자신의 계획이 아니고, 자신의 전략이 아니고, 자신의 지혜가 아니라고 말하는 것입니다. 하나님의 명령이요, 하나님의 뜻이요, 하나님의 일하심이라는 것입니다.

다음은 에훗이 백성들을 모으면서 하는 말로 28절 "그들에게 이르되 나를 따르라. 여호와께서 너희의 원수들인 모압을 너희의 손에 넘겨주셨느니라"입니다. 에훗은 자신이 행하는 일이 자신의 용맹이 아니요, 자신의 리더쉽이 아니요, 자신의 전쟁이 아니라는 것입니다. 하나님이 역시요, 하나님의 싸움이요, 하나님의 승리라고 선언하는 것입니다. 에훗의 이런 태도를 겸손이나 내려놓음이라고 하지 않고 사실이라고 합니다. 하나님이 하셨기에 하나님이 하셨다고 말하는 것이기에 겸손이 아니고 내려놓음이 아니고 그냥 사실입니다. 에훗은 교만하지 않은 것이 아니라 교만 할 수 없는 것입니다. 왜냐하면 자기가 에글론을 이긴 것이나, 군인들도 아닌 자신들이 모압의 장사와 용사를 약 만 명을 이긴 것이 절대로 자기가 행한 것이 아니기 때문에 교만 할 수 없습니다. 만약 교만하면 큰일 납니다. 자기가 지혜로워서 에글론을 이겼고, 자기가 용감해서 모압을 물리쳤다고 교만을 떨면 다음에 다른 적군이 쳐들어오면 어떻게 합니까? 그때에 백성들이 다 에훗에게 몰려와서 '지혜로운 에훗이여, 용감함 에훗이여, 당신이 물리쳐 주시오' 라고 하면 그때에도 이길 수 있습니까? 에훗은 하나님의 일하심을 경험한 당사자입니다. 혹시 주변사람들은 에훗을 칭찬하고 에훗을 영웅으로 만들고 싶어 할 수도 있습니다. 그러나 에훗 당사자는 알고 있습니다. 자기가 행한 것이 아니라 하나님이 이기게 하셨다는 것을 잘 알고 있습니다. 하나님을 알고, 하나님을 인정하고, 하나님이 주신 평화와 안식을 누리는 것이 이스라엘의 본분, 성도의 본분인 것입니다.

15

여인의 손에

사사기 4:1~24

1 에훗이 죽으니 이스라엘 자손이 또 여호와의 목전에 악을 행하매 2 여호와께서 하
솔에서 통치하는 가나안 왕 야빈의 손에 그들을 파셨으니 그의 군대 장관은 하로셋학
고임에 거주하는 시스라요 3 야빈 왕은 철 병거 구백 대가 있어 이십 년 동안 이스라
엘 자손을 심히 학대했으므로 이스라엘 자손이 여호와께 부르짖었더라 4 그 때에 랍
비돗의 아내 여선지자 드보라가 이스라엘의 사사가 되었는데 5 그는 에브라임 산지
라마와 벧엘 사이 드보라의 종려나무 아래에 거주하였고 이스라엘 자손은 그에게 나
아가 재판을 받더라 6 드보라가 사람을 보내어 아비노암의 아들 바락을 납달리 게데
스에서 불러다가 그에게 이르되 이스라엘의 하나님 여호와께서 이같이 명령하지 아
니하셨느냐 너는 납달리 자손과 스불론 자손 만 명을 거느리고 다볼 산으로 가라 7
내가 야빈의 군대 장관 시스라와 그의 병거들과 그의 무리를 기손 강으로 이끌어 네
게 이르게 하고 그를 네 손에 넘겨주리라 하셨느니라 8 바락이 그에게 이르되 만일
당신이 나와 함께 가면 내가 가려니와 만일 당신이 나와 함께 가지 아니하면 나도 가
지 아니하겠노라 하니 9 이르되 내가 반드시 너와 함께 가리라 그러나 네가 이번에
가는 길에서는 영광을 얻지 못하리니 이는 여호와께서 시스라를 여인의 손에 파실 것
임이니라 하고 드보라가 일어나 바락과 함께 게데스로 가니라 10 바락이 스불론과 납
달리를 게데스로 부르니 만 명이 그를 따라 올라가고 드보라도 그와 함께 올라가니라
11 모세의 장인 호밥의 자손 중 겐 사람 헤벨이 자기 족속을 떠나 게데스에 가까운 사
아난님 상수리나무 곁에 이르러 장막을 쳤더라 12 아비노암의 아들 바락이 다볼 산에
오른 것을 사람들이 시스라에게 알리매 13 시스라가 모든 병거 곧 철 병거 구백 대와
자기와 함께 있는 모든 백성을 하로셋학고임에서부터 기손 강으로 모은지라 14 드보
라가 바락에게 이르되 일어나라 이는 여호와께서 시스라를 네게 넘겨주신 날이라 여
호와께서 너에 앞서 나가지 아니하시느냐 하는지라 이에 바락이 만 명을 거느리고 다
볼 산에서 내려가니 15 여호와께서 바락 앞에서 시스라와 그의 모든 병거와 그의 온

군대를 칼날로 혼란에 빠지게 하시매 시스라가 병거에서 내려 걸어서 도망한지라 16
바락이 그의 병거들과 군대를 추격하여 하로셋학고임에 이르니 시스라의 온 군대가
다 칼에 엎드러졌고 한 사람도 남은 자가 없었더라 17 시스라가 걸어서 도망하여 겐
사람 헤벨의 아내 야엘의 장막에 이르렀으니 이는 하솔 왕 야빈과 겐 사람 헤벨의 집
사이에는 화평이 있음이라 18 야엘이 나가 시스라를 영접하며 그에게 말하게 나의 주
여 들어오소서 내게로 들어오시고 두려워하지 마소서 하매 그가 그 장막에 들어가니
야엘이 이불로 그를 덮으니라 19 시스라가 그에게 말하되 청하노니 내게 물을 조금
마시게 하라 내가 목이 마르다 하매 우유 부대를 열어 그에게 마시게 하고 그를 덮으
니 20 그가 또 이르되 장막 문에 섰다가 만일 사람이 와서 네게 묻기를 여기 어떤 사
람이 있느냐 하거든 너는 없다 하라 하고 21 그가 깊이 잠드니 헤벨의 아내 야엘이 장
막 말뚝을 가지고 손에 방망이를 들고 그에게로 가만히 가서 말뚝을 그의 관자놀이에
박으매 말뚝이 꿰뚫고 땅에 박히니 그가 기절하여 죽으니라 22 바락이 시스라를 추격
할 때에 야엘이 나가서 그를 맞아 그에게 이르되 오라 네가 찾는 그 사람을 내가 네
게 보이리라 하매 바락이 그에게 들어가 보니 시스라가 엎드러져 죽었고 말뚝이 그의
관자놀이에 박혔더라 23 이와 같이 이 날에 하나님이 가나안 왕 야빈을 이스라엘 자
손 앞에 굴복하게 하신지라 24 이스라엘 자손의 손이 가나안 왕 야빈을 점점 더 눌러
서 마침내 가나안 왕 야빈을 진멸하였더라

이스라엘의 하나님

또

4장 1절은 "에훗이 죽으니 이스라엘 자손이 또 여호와의 목전에 악을 행하매"입니다. 중요한 단어는 '또' 입니다. 여기가 끝이 아니라 또 나옵니다. 6장 1절 "이스라엘 자손이 또 여호와의 목전에 악을 행하므로", 10장 6절에는 "이스라엘 자손이 다시 여호와의 목전에 악을 행하여", 13장 1절에도 "이스라엘 자손이 다시 여호와의 목전에 악을 행하였으므로"입니다. '또' 나 '다시' 는 단순한 반복이 아니라 '점점 더, 증가하다, 더하다, 크게 하다, 많아지게 하다' 등의 의미가 있습니다. 이스라엘의 범죄는 다람쥐 쳇바퀴 돌 듯 동일한 상태를 반복하는 정도가 아니라 더욱 심해진 것이며, 더욱 악해진 것입니다. 하나님의 은혜를 받은 후에도 하나님을 버렸고, 다시 하나님의 은혜를 받은 후에도 또 버렸으니 몰라서 그랬

다고 변명할 수 없고, 저들이 부르짖는 것이 '한 번만 용서해 달라, 다시는 안 그러겠다' 는 회개가 아닌 것입니다. 어떤 사람이 동일한 잘못을 계속 반복할 때 흔히 말하기를 '참 어지간하다' 또는 '해도 해도 너무하다' 고 합니다. 정말 이스라엘은, 정말 죄인은 어지간한 죄인들이요, 대단한 죄인들이요, 지독한 죄인들입니다.

이런 장면에서 놀래야 하는 것은 이스라엘의 패역함이 아니고, 이스라엘의 뻔뻔함이 아니고, 이스라엘의 미련함이나 무지함이 아닙니다. 가장 먼저 생각해야 하는 것이 하나님이 이스라엘에게 신앙의 자유를 주셨다는 것입니다. 다음으로 이스라엘이 또 악을 행하고 다시 악을 행했다는 것보다 중요한 것은 여호와께서 또 이스라엘을 도와주셨다는 것입니다. 하나님은 단지 이스라엘의 부르짖음을 들으시는 정도에서 머무르는 것이 아닙니다. 한두 번 들어주시는 정도가 아닙니다. 이스라엘의 뻔뻔함이 극에 달할지라도 하나님은 또 들어주시는 것입니다. 하나님을 버렸다 불렀다하는 이스라엘의 교활함이 하늘을 찌를지라도 하나님은 또 구원해주시는 것입니다. 이스라엘을 책망하지도 않고 징계하지도 않고 못 들은 척하는 쇼를 하지도 않습니다. 마치 기다렸다는 듯이 당장 들으시고, 당장 사사를 세우시고, 당장 이스라엘을 구원해 주십니다. 이스라엘의 악함이 하나님의 사랑을 이길 수 없고, 이스라엘의 패역함이 하나님의 긍휼을 이길 수 없고, 이스라엘의 간교함이 하나님의 신실함을 이길 수 없고, 이스라엘의 죄성이 하나님의 성품을 이길 수 없습니다.

하나님의 책임

이스라엘과 하나님의 관계는 '누가 더 끈질기냐? 누가 더 지독하냐?' 의 문제가 아닙니다. 하나님은 이스라엘과 고집싸움을 하는 것이 아니라 책임을 다하는 것입니다. 이스라엘과 하나님의 관계에서 두 상대가 서로 반대되는 행동을 지속하고 있습니다. 이스라엘은 끊임없이 죄를 반복히고 하나님은 끊임없이 은혜를 반복하고 있습니다. 이런 경우에 사람들은 죄를 반복하는 사람을 설득하지 않고 은혜를 반복하는 사람을 설득합니다. 아예 개과천선의 여지가 없으니 헛수고 하지 말라는 것입니다. 심지어는 은혜를 주면 줄수록 그 은혜가 악을 재발할 수 있는 근거로 사용될 뿐이라고 말합니다. 만약 이스라엘이 압제를 받을 때에 압제 받게 두었으면 이스라엘이 회복되지 못했을 것이요, 회복되지 않았으면 이스라엘이 하나님께 악을 행하고 하나님을 버리는 일은 없었을 것이라고 말합니다. 하나님에게, 하나님도 이스라엘을 버리라고, 할 만큼 하셨으니 이제 이스라엘을 포기하라고 말하기도 합니다.

그런 말을 하는 사람은 두 당사자와 아무런 관계가 없는 사람, 제 삼자, 객관적 입장에 있는 사람, 아무런 책임이 없는 사람입니다. 얼핏 들으면 옳은 말이고 일반적으로 생각하면 맞는 말이지만 정작 당사자인 하나님에게는 전혀 맞지 않는 말이요, 전혀 옳지 않은 말입니다. 하나님은 이스라엘을 대하실 때 절대로 객관적인 입장에 서지 않습니다. 하나님은 죄인을 대하실 때 절대로 제 삼자의 위치에 서지 않습니다. 하나님은 인간을 대하실 때 절대로 모르는 사람처럼, 남남처럼, 아무 관계없는 사람처럼 대하지 않습니다. 하나님은 인간의 창조자이십니다. 하나님이 인간의 창조자라는 것은 창조자로서 인간보다 높고 권세가 크고 위대하다는 것을 강조하는 것이 아닙니다. 하나님은 창조자이기에 인간을 지배하고 다스리고 통치하고 명령하고 강요할 수 있는 자격과 권한이 있다는 것을 부각시키는 것이 절대로 아닙니다. 기독교에서 하나님이 인간의 창조자라고 선언하는 것은 하나님이 인간을 지으신 분으로서 인간을 책임지신다는 것을 강조하는 것입니다. 하나님이 돌보시고, 공급하시고, 치유하시고, 회복하시고, 구원하시는 것입니다. 하나님은 인간의 책임자로서 인간의 불행을 참지 못하시며, 인간의 고난과 고통을 방치하지 않으시며, 인간의 상처와 아픔을 방관하지 않으신다는 것입니다.

사사기에서 이스라엘은 하나님을 버렸지만 하나님은 이스라엘을 버리지 않으셨습니다. 이스라엘은 하나님을 잊었지만 하나님은 이스라엘을 잊지 않으셨습니다. 이스라엘은 하나님의 말씀을 듣지 않았지만 하나님은 이스라엘의 부르짖음을 언제나 들으셨습니다. 왜냐하면 하나님은 이스라엘의 하나님이시기 때문입니다. 하나님이 먼저 이스라엘을 찾아오셔서, 하나님이 이스라엘의 하나님이 되어주시겠다고 선포하셨습니다. 하나님은 그 약속, 그 맹세를 영원토록 지키시는 분입니다. 이스라엘이 죄인이던 때에 하나님이 찾아오셨고, 죄인이던 때에 하나님이 맹세를 하셨기에, 이스라엘의 태도와 자세와 행동이 어떠하든지 이스라엘의 행동이 하나님의 약속을 깰 수 없고, 이스라엘의 죄가 하나님의 맹세를 폐기할 수 없습니다. 인간의 행동에 의해 하나님이 변화되지 않습니다. 기독교 신앙은 하나님에 의해 인간이 변화되는 것이지 인간에 의해 하나님이 변화되는 것이 아닙니다. 그래서 이스라엘을 향해 하나님은 언제나 '나는 너희의 하나님이다' 라고 선언하시는 것입니다. 이스라엘이 4장 1절에서 또 여호와의 목전에 악을 행한 시점에서도 하나님은 4장 6절에서 '이스라엘 하나님 여호와' 라고 동일하게 말씀하십니다.

인간의 삶

이스라엘은 참 미련하고 어리석은 삶을 살고 있습니다. 3장 8절에 의하면 메소보다미아 왕 구산 리사다임에게 팔 년 동안 압제를 받았습니다. 그때 하나님이 옷니엘을 통해 이스라엘을 구원해주셔서 이스라엘이 사십 년 동안 평온하였습니다. 사십 년 동안 평온한 이후에 하나님이 이스라엘의 평온을 깨신 것이 아닙니다. 하나님이 평온함의 유효기간을 사십 년으로 제한하신 것이 아니라는 것입니다. 사십 년이 지난 후 하나님이 평온함을 없애버리자 이스라엘이 너무 살기가 힘들어서 여호와를 버린 것이 아니라는 것입니다. 하나님은 평온함을 주셨고 그 평온함을 깬 것이 바로 이스라엘입니다. 이스라엘이 여호와의 목전에 악을 행함으로 평온함이 깨어졌고 이스라엘이 또 여호와를 버림으로 다른 압제가 시작된 것입니다. 죄인의 가장 어리석고 미련한 특징은 하나님이 주신 복과 은혜를 누릴 줄 모른다는 것입니다. 평온함이 얼마나 좋습니까? 평온함이 사십 년간 지속되는 것이 얼마나 좋습니까? 그런데 죄인들은 이러한 지속적인 평온함을 지루함이라고 생각합니다. 그래서 창의적으로 죄를 짓고 불행을 자초합니다. 죄를 짓고 불행에 빠진 후에, 평온함을 상실한 후에, 그때서야 '하나님이 주신 평온함이 좋았었다' 라고 합니다.

이스라엘이 모압 왕 에글론의 압제에 열여덟 해 동안 시달렸습니다. 그때 하나님이 에훗을 통해 이스라엘을 구원하시고 자그마치 팔십 년간 평온함을 주셨습니다. 얼마나 좋습니까! 팔십 년간 평온함을 누리면 되고 더 나아가 평생토록 평온함을 누리면 얼마나 좋습니까! 그런데 이스라엘이 또 평온함을 깹니다. 왜냐하면 누릴 줄 모르기 때문입니다. 인간이 죄인이 되어 가장 미련하게 된 것이 좋은 것을 좋은 줄 모르고, 귀한 것을 귀한 줄 모른다는 것입니다. 누릴 줄은 모르고 구하기 위해 일만 할 줄 안다는 것입니다.

상황

하나님의 교육

성경에 나타난 하나님의 사역은 인간을 가르치는 것임을 기억하셔야 합니다. 이스라엘이 하나님을 모르기에, 하나님이 얼마나 이스라엘을 위해 주시는 분인지 모르기에, 하나님이 이방의 그 어떤 우상들보다 뛰어난 줄을 모르기에 하나님을 버리고 있습니다. 하나님은 이스라엘이 하나님을 떠난다고 징계하는 것이 아니라 이스라엘이 하나님에게로 돌아오게 하시는 것입니다. 떠난 마음을 돌아오게 하는 것은 두 가지 방법이 있습니다. 하나는 강제적으로 하는 것입니다. 이스라엘에 재앙을 내리고 하나님을 떠나는 족족 징계와 형벌을 내리는 것입니다. 그러면 이스라엘은 하나님을 떠나지는 않을 것입니다. 대신 좋아하지도 않을 것입니다. 이때 이스라엘의 마음은 두려움과 공포일 것입니다. 하나님이 싫어서 떠나는 사람에게 또 징계를 하신다면 그 사람은 하나님을 더욱 싫어할 것입니다. 하나님은 이 방법을 사용하지 않으십니다. 다른 방법은 사랑으로 하는 것입니다. 하나님을 모르는 사람에게 하나님을 알게 하는 것입니다. 그래서 하나님을 좋아하게 만드는 것입니다. 하나님이 좋아서 하나님을 믿고, 하나님이 좋아서 하나님을 떠나지 않게 하는 것입니다. 이것이 하나님의 방법입니다. 하나님이 인간을 감동시키고, 하나님이 인간의 마음에 들려고 노력하는 것입니다. 그렇게 하나님을 알리는 방법이 인간의 생각에 불가능한 일을 가능하게 하는 것입니다.

이스라엘이 가나안 왕 야빈에게 학대를 받다가 하나님께 부르짖었습니다. 하나님은 이 부르짖음을 기뻐하십니다. 다시 한 번 이스라엘을 교육할 수 있는 절호의 찬스로 선용하시는 것입니다. 당면한 문제는 가나안 왕 야빈을 이기는 것입니다. 그러나 더욱 중요한 것은 이 사건을 통해 하나님을 알리는 것입니다. 그래서 하나님은 이스라엘 백성들의 생각에 가능성이 있는 사람을 선택하는 것이 아니라 가능성이 없는 사람을 선택합니다. 만약 사람들의 생각이 가능성이 있는 사람을 선택하면, 그 사람이 탁월하고 지혜롭고 용맹스러워서 일이 가능했다고 생각할 뿐 하나님이 도우셨다고 생각하지 않을 것이기 때문입니다. 사사기 4장에 등장한 이스라엘의 대적은 가나안 왕 야빈과 군대장관 시스라입니다. 왕과 장군이 나왔고, 무기로는 철 병거 구백 대가 등장했습니다. 상대방이 왕과 장수를 내세웠으면 이스라엘에서는 일반적으로는 뛰어난 장수가 나가거나 용맹스러운 군인이 나가야 합니다

그런데 하나님은 정반대의 인물을 세우는 것입니다. 바로 여자입니다.

그냥 여자가 아니라 전쟁과 무관한 여자입니다. 나무 그늘에 앉아서 판단이나 하던 여자입니다. 여자를 무시하는 것이 아니라 상대방과 급수가 맞지 않는다는 것입니다. 상대방은 남자 장군이 나왔는데 하나님은 여자 변호사를 세운 모양새입니다. 이스라엘 백성들이 승리를 기대할까요? 전혀 아닐 것입니다. 이 전쟁에서 승리하면 여자 덕분일까요, 하나님의 은혜일까요? 하나님의 목적을 이해하셔야 합니다.

재판, 사사

하나님이 이스라엘을 가르치기 위해서, 하나님에 대해 잘못 알고 있는 사람들에게 바르게 가르치기 위해서, 하나님을 증명하기 위해서 하나님이 사용하는 수단, 상대방에게 바른 판단과 결정을 내릴 수 있도록 세우는 대상을 사사라고 한다고 했습니다. 엄밀하게 말해 사사는 특정 인물이 아니고, 특정 직분도 아니고, 특정 시기에만 있었던 것이 아닙니다. 하나님을 알리려고 하나님이 세우는 대상들이 모두 사사입니다. 아브람도 사사이고 홍해도 사사이고 살구나무 지팡이도 사사이고 갈멜산에 내렸던 불도 사사이고 왕도 사사입니다. 사람들이 보고 판단할 수 있도록, 하나님이 옳다는 것이 판결날 수 있도록 세운 것이라 심판, 판관이라고 불렀는데, 이것을 사사 또는 판관이라고 부르니까 마치 사람만 해당되는 것처럼, 마치 그가 판결을 내리는 자격과 능력이 있는 사람처럼 오해되고 있습니다. 사사는 특정한 직분이 아니며 하나님이 사사를 세워 사사에게 특정한 역할을 맡기는 것이 아닙니다. 사사가 한 문으로 '선비 사(士)와 스승 사(師)'를 합쳐서 부른다고, 영어로 'Judge'라고 부른다고 마치 그 사람이 선비나 스승과 같은 나름 존경받는 인물이요, 주변 사람을 가르치거나 훈계하는 역할을 하는 것으로 절대로 착각하시면 안 됩니다. 누가 사사가 되었느냐가 중요한 것이 아니라 하나님이 부르고, 하나님이 세우고, 하나님이 하신다는 것이 중요합니다.

결혼식에 하객이 하얀 드레스를 입고 가거나, 화려한 화장을 하고 가거나, 주목 받을 만큼 노출을 하고 가는 것을 민폐라고 합니다. 왜냐하면 하객의 역할이 신부를 축하하고 신부를 드러나게 해야 하는 것이기 때문입니다. 그와 같이 하나님의 목적이 하나님을 알리는 것이기 때문에 사람들의 기준에서 가능한 안 될 만한 사람을 데리고 일을 하는 것입니다. 물론 이 말은 하나님이 잘난 사람을 쓰지 않는다는 뜻이 아닙니다. 만약 이스라엘 중에 가나안 왕 야빈을 물리치고 압제에서 구원해줄 사람이 있으면 그 사람이 하면 됩니다. 하지만 그런 사람은 아예 없습니다. 그런 사람이 없으면 인재가 없고 인물이 없고 자기들로서는 방법이 없다는 것을 인정해야 하는데 죄인들은 쉽게 인정하지 않습니다. 못난 사람들 중에서도 누가 잘났느냐를 따지기 때문에 하나님은 사람들의 생각에 아예 가능성이 없는 사람, 아예 포기한 사람, 아예 기대조차 하지 않는 사람을 데리고 일을 하시는 것입니다.

여 선지자 드보라

그런데 성도들이 사사의 존재, 사사의 능력, 사사의 역할에 대해 결정적으로 오해하게 되는 근거가 바로 드보라입니다. 4장 4절과 5절에 의하면 드보라가 여선지자요, 재판관이었다는 것입니다. '과연 사사는 아무나 뽑히는 것이 아니구나! 여선지자쯤이나 되니까 뽑혔고, 백성들을 재판하고 있었으니 유능하고 똑똑하고 영향력이 있었던 사람이니까 사사가 되었구나!' 라고 생각하는 것입니다. 절대로 그렇지 않습니다. 물론 드보라가 여선지자였고, 백성을 재판하고 있었던 것은 맞습니다. 그러나 드보라가 여선지자나 재판관이었기에 즉 영성 있고, 실력이 있었기에, 준비된 사람이었기에 사사로 뽑혔다고 생각하시면 정말 상황에 대해 크게 오해하는 것입니다.

예를 들어보겠습니다. 결혼에 관해 남자들이 하는 이야기를 들어보면 연애할 때는 예쁜 여자가 좋고 결혼할 때는 살림 잘하는 여자가 좋다고 합니다. 이 말은 의도, 목적, 용도에 따라 대상이 다르다는 것입니다. 한 분야에 우수하다는 것이 다른 분야에도 우수하다는 것을 의미하지 않다는 것입니다. 축구 국가대표를 뽑을 때 한문을 많이 아는 사람을 뽑는 것이 아니고 초등학생 수학 과외 선생님을 뽑을 때 피아노 잘 치는 사람을 뽑지 않습니다. 마찬가지로 본문에서 이스라엘이 가나안과 전쟁을 합니다. 상대는 철 병거 구백 대를 거느리고 출전한 장군 시스라입니다. 전쟁에는 남자들, 특별히 힘이 센 남자들, 특별히 용맹한 장수가 필요합니다. 만약 전쟁에 나갈 대표로 머리는 좋지만 힘이 없는 학자를 뽑는 것은 코메디입니다. 심지어 미스 코리아를 뽑으면 하이 코메디입니다. 미스 코리아가 예쁜 것은 맞지만 예쁜 것은 예쁜 것이 필요한 상황에 유익할 뿐입니다. 변호사가 나름 똑똑한 것은 맞지만 똑똑한 것은 지식이 필요한 경우에만 보탬이 될 뿐입니다. 전쟁에는 여자가 아니라 남자가 필요하고, 전쟁에는 재판관이 아니라 장수가 필요합니다. 서로 맞짱 뜨는 전쟁을 넘어서, 철 병거 구백 대와 맨손으로 싸우는 전쟁에는 정말로 전쟁에 탁월한 장수가 필요합니다. 그런데 하나님은 여자를 세우셨습니다. 그 여자가 잔다르크가 아닙니다. 그 여자가 마타하리가 아니고 니키타가 아닙니다. 툼레이더의 안젤리나 졸리와 같은 전사가 아닙니다.

사람들의 선택

하나님은 전쟁과 아무런 관련이 없는 사람 아니 아예 차라리 전쟁과 가장 멀리 있는 사람, 그 사람이 싸움을 맡을 경우 이길 수 있는 확률이 제로 정도가 아니라 아예 마이너스 백퍼센트인 사람을 세우는 것입니다. 하나님이 이 사람을 통해서 전쟁을 이긴다면 하나님이 진짜 하나님이라는 것이 판결나는 것입니다. 이렇게 하나님의 하나님 되심이 판결날 수 있는 장치, 하나님의 하나님 되심을 증거하는 기준으로 세운 사람을 사사라고 하고, 이 장면에서는 드보라가 사사가 되는 것입니다. 드보라가 사사로 세워진 것은 당시 사람들에게 가장 인정받지 못한, 가장 기대 받지 못한 선택이었던 것입니다.

이스라엘의 초대 왕 사울의 경우도 마찬가지입니다. 이스라엘이 블레셋 때문에 고난을 받을 때에 백성들이 자신들을 대신해서 싸워줄 왕을 구했습니다. 그때 사람들이 고른 왕이 바로 사울입니다. 사울의 특징은 기골이 장대하다는 것입니다. 사무엘상 9장 2절에 "기스에게 아들이 있으니 그의 이름은 사울이요 준수한 청년이라 이스라엘 자손 중에 그보다 더 준수한 자가 없고 키는 모든 백성보다 어깨 위만큼 컸더라"입니다. 사람들의 기준에는 이 정도 되어야 믿음이 생기고 신뢰가 생긴다는 것입니다. 하나 더 예를 들면, 사사기 11장에서 이스라엘이 암몬 자손과 싸움을 하려고 할 때 이스라엘이 선택한 사람이 입다입니다. 11장 3절에 입다의 소개가 나옵니다. "이에 입다가 그의 형제들을 피하여 돕 땅에 거주하매 잡류가 그에게로 모여 그와 함께 출입하였더라"입니다. 원래 입다는 이스라엘 백성들에게서 쫓겨나서 산적이 된 사람인데 이스라엘에 위기가 닥치자 자신들이 쫓아냈던 사람을 불러온 것입니다. 왜냐하면 입다가 산적이 되어서 싸움에 능하기 때문이었습니다. 전쟁에는 싸움 잘하는 사람이 필요하기 때문입니다. 그런데 사사기 4장에서 이스라엘이 가나안과 전쟁을 해야 하는 순간에 하나님은 여자, 그것도 여장수가 아니라 재판관을 세운 것입니다. 이스라엘 백성들의 반응은 안 봐도 비디오입니다.

사람들의 선택과 하나님의 선택이 다른 것은 사람들의 목적과 하나님의 목적이 다르기 때문입니다. 사람들의 목적은 전쟁에서 이기는 것이요, 하나님의 목적은 전쟁에서 이기는 과정을 통하여 이스라엘 사람들의 생각을 고치는 것입니다. 하나님을 버리고 우상을 섬기는 것이 지혜롭다고 자처하는 저들의 생각, 하나님 대신 바알과 아세라를 따르는 것이 현명하다고 우쭐대는 저들의 선택, 자신들은 가장 잘하고 있다고 생각하는 어리석음을 깨뜨리기 위해 저들의 생각과 선택과는 정반대의 일을 펼치시는 것입니다. 하나님의 이러한 일하심에 대해 바울은 고린도전서 1장 27절 이하에서 이렇게 말합니다. "하나님께서 세상의 미련한 것들을 택하사 지혜 있는 자들을 부끄럽게 하시려고 세상의 약한 것들을 택하사 강한 것들을 부끄럽게 하려 하시며 하나님께서 세상의 천한 것들과 멸시 받는 것들과 없는 것들을 택하사 있는 것들을 폐하려 하시나니 이는 아무 육체도 하나님 앞에서 자랑하지 못하게 하려 하심이라" 입니다.

사람들

투명인간 남자들

하나님이 드보라를 세우신 것, 하나님이 드보라를 통해 하나님을 알리시기 위해, 당시 이스라엘 사람들의 생각을 깨뜨리기 위해 나타난 상황들을 조금 더 살펴보겠습니다. 사사기 4장에는 남자들이 많이 나옵니다. 네 부류의 남자들로 당시의 중심 세력, 당시의 생각을 주도했던 사람들입니다. 그런데 모두 불쌍한 사람들, 망신당하는 사람들입니다. 덜 불쌍한 순서대로 소개시켜 드리겠습니다. 맨 마지막에 소개되는 사람이 가장 불쌍한 사람들입니다. 첫 번째는 만 명이나 되는 이스라엘 자손들, 남자들입니다. 여러분은 이 장면에서 약간 놀래야 하는데 아무도 안 놀랩니다. 왜냐하면 이 장면에서 만 명이 등장했다는 것이 무엇을 의미하는지를 모르기 때문이요, 또는 같은 사사기 안에 이 장면과 정반대되는 장면이 있다는 것을 모르기 때문입니다. 사사기 7장에 기드온이 전쟁에 나가려고 백성을 모았을 때 삼만 이천 명이 모였습니다. 하나님이 너무 많다고 돌려보내라고 해서 돌아간 자가 이만 이천 명이고 남은 자가 만 명이었습니다. 하나님이 그것도 많다고 하시고 끝까지 남겨 놓은 사람이 달랑 삼백 명입니다. 하나님은 숫자를 줄이신 것입니다. 왜냐하면 만약 숫자가 많았을 때에 이기면 하나님이 이기게 하셨다고 하지 않고 자신들이 이겼다고 할 것이기 때문이었습니다.

그런데 사사기 4장에서는 정반대로 하나님이 사람들을 모으라고 하는 것입니다. 4장 6절 후반부에 "너는 납달리 자손과 스불론 자손 만 명을 거느리고 다볼 산으로 가라"입니다. 하나님이 만 명이나 모으라고 했습니다. 왜냐하면 이번에도 목적은 하나님이 하셨다는 것을 드러내기 위해서입니다. 남자들을 만 명이나 모았는데 의지할 만한 남자가 없는 것입니다. 그래서 대표가 드보라인 것입니다. 여자가 등장한 것을 부각시키기 위해 무기력한 남자 만 명이 나온 것입니다. 만 명이나 되는 남자들이 분명히 전쟁을 위해서 싸움터에 나갔는데 싸움에 관한 언급이 전혀 없습니다. 무엇을 했는지, 어떤 역할을 했는지 전혀 언급이 없습니다. 분명히 존재하기는 하는데 아무도 있는 것으로 간주하지 않는 사람들입니다. 이런 사람들을 전문용어로 투명인간이라고 합니다. 그래도 네 부류의 남자들 중에 가장 덜 망신당한 사람들입니다. 왜냐하면 비록 투명인간이지만 실명이 공개되지는 않았기 때문입니다.

두 번째 부류는 투명인간이면서 이름이 공개된 남자들입니다. 이름이 알려지기는 알려지는데 자기들을 위해서가 아니라 자신의 아내들을 소개하기 위한 수단으로 사용되는 사람들입니다. 한 사람은 4장 4절에 나오는 랍비돗으로 드보라의 남편입니다. 랍비돗에 관하여는 어떠한 내용도 나오지 않습니다. 마치 차범근의 아들 차두리가 아니라 차두리의 아버지 차범근인 것과 같습니다. 이런 소개가 한 번 더 나옵니다. 4장 17절에 나오는 헤벨로 야엘의 남편입니다. 야엘이 나오지 않는다면 헤벨은 아예 나올 이유조차 없어지는 것입니다. 랍비돗이 드보라를 키워낸 것이 아니고, 헤벨이 야엘을 훈련시킨 것도 아닙니다. 랍비돗이나 헤벨이 전쟁에 나갔는지의 여부도 모르고, 심지어는 이 두 사람이 살아있는지 소치도 모릅니다. 단지 아내를 소개하기 위한 방편으로만 존재하는 불쌍한 남편들, 남자들입니다.

초라한 남자

세 번째는 이름이 알려지고 활동도 알려지는데 차라리 안 알려지는 것이 더 나을 뻔 했던 남자로 바락입니다. 등장은 멋있게 합니다. 드보라가 사람을 보내 바락을 불렀고 하나님의 말씀을 전했습니다. 4장 6절 이하 "이스라엘의 하나님 여호와께서 이같이 명령하지 아니하셨느냐 너는 납달리 자손과 스불론 자손 만 명을 거느리고 다볼 산으로 가라 내가 야빈의 군대 장관 시스라와 그의 병거들과 그의 무리를 기손 강으로 이끌어 네게 이르게 하고 그를 네 손에 넘겨주리라 하셨느니라"입니다. 자그마치 만 명의 군사를 이끄는 지도자로 세움 받았고 전쟁에 나가기만 하면 승리 할 것을 보장받기까지 했습니다.

드보라가 4장 6절에서 말한 여호와의 명령은 정확하게 말하면 명령이 아니라 정함입니다. 여호와가 이렇게 하기로 정했다는 것입니다. 다 정해놓았으니 너는 가기만 하라는 것입니다. 군사도 받았고, 승리하는 장소, 승리하는 전략까지 다 받았으니 완전히 땅 집고 헤엄치기요, 네비게이션 보고 길 찾아가기입니다. 그런데 바락은 기대와는 달리, 예상과는 전혀 다른 반응, 다른 행동을 합니다. 4장 8절 "만일 당신이 나와 함께 가면 내가 가려니와 만일 당신이 나와 함께 가지 아니하면 나도 가지 아니하겠노라"입니다. 말을 전해주는 드보라가 중요한 것이 아니라 드보라에게 그 말을 주신 하나님이 중요합니다. 그런데 하나님을 모르면, 여호와를 모르면 보이지 않는, 나타나지 않는 여호와는 전혀 믿을 것이 못되고 눈에 보이고 당장 자기 앞에서 말을 하는 드보라가 더욱 중요하게 여겨지는 것입니다. 참 어쩔 수 없는 죄인들의 한계입니다. 바락은 참 불쌍한 사람입니다. 성경을 잘 모르는 사람들도 바락을 아는 경우가 있습니다. 대부분 바락을 쫌생이요, 겁쟁이요, 소심쟁이로 알고 있습니다.

혹시 이 장면을 보시고 드보라에 대해 오해하시면 안 됩니다. 바락이 드보라에게 이렇게 집착할 정도라면 드보라에게 믿을 만한 구석, 전쟁에서 이길 것 같은, 기대할 만한 근거가 있었던 것이 아니냐고 생각하시면 안 됩니다. 바락은 당시 이스라엘 백성이 가지고 있던 우상 종교, 이방 종교, 죄적 종교, 타락한 종교의 실체를 보여주는 것입니다. 타종교에는 신이 있고 신의 의견을 전달하는 신탁녀가 있습니다. 영화에 까만 모포를 뒤집어쓰고 등장하는 사람들입니다. 타종교에서는 신이 등장하고, 신이 말하고, 신이 활동하고, 신이 인간과 동행하는 개념이 없습니다. 그 모든 것을 대행하는 존재가 신탁녀입니다. 바락은 자신을 부르신 여호와에 대해 알지 못하고 자신에게 말을 건내 준 드보라에게만 매어달리는 것입니다. 왜냐하면 당시의 모든 종교가 그런 시스템이었기 때문입니다. 이스라엘이 가나안 왕 야빈에게 이십 년 동안 학대를 당했습니다. 단지 정치적 경제적 학대뿐만 아니라 종교적으로도 가나안의 종교, 가나안의 우상제도에 빠져들고 익숙해졌다는 것을 보여주는 증거인 것입니다. 성경이 등장인물의 숫자, 등장인물의 언어와 행동 등 하나하나를 통해 세밀하게 죄인들의 사고방식이 틀렸다는 것을 지적하고 하나님의 하나님 되심을 설명하고 있는 것입니다.

불쌍한 남자들

네 번째, 가장 불쌍한 남자가 두 명 있습니다. 가나안의 왕 야빈과 야빈 왕의 군대장관 시스라입니다. 우선 시스라는 전쟁 역사에 길이 남을 인물입니다. 아마도 승리를 당연시 여겼을 것입니다. 4장 13절에 의하면 "시스라가 모든 병거 곧 철 병거 구백 대와 자기와 함께 있는 모든 백성"이 힘께 모였습니다. 객관적 전력에서 압도적인 우위를 보이며 도무지 패할 수 없는 상황입니다. 그런데 예상 밖의 상황, 아니 이적이요, 기적이라고 밖에는 표현 할 수 없는 상황이 발생했고 패한 것입니다. 무기가 약한 것도 아니고 군사가 모자란 것도 아니고 전략을 잘못 세운 것도 아니고 사기가 떨어진 것도 아닙니다. 다만 도무지 어찌해 볼 수 없는 상황이 일어난 것입니다. 4장 15절 "여호와께서 바락 앞에서 시스라와 그의 모든 병거와 그의 온 군대를 칼날로 혼란에 빠지게 하시매"입니다. 시스라는 이전에 이런 것을 경험해 보지도 않았고, 예상해 보지도 않았습니다. 결국 그가 할 수 있는 일이란 "시스라가 병거에서 내려 걸어서 도망한지라"뿐입니다. 게다가 도망하여 잠시 쉬는 것으로 끝난 것이 아닙니다. 4장 21절 "그가 깊이 잠드니 헤벨의 아내 야엘이 장막 말뚝을 가지고 손에 방망이를 들고 그에게로 가만히 가서 말뚝을 그의 관자놀이에 박으매 말뚝이 꿰뚫고 땅에 박히니 그가 기절하여 죽으니라"입니다. 장군 시스라가 소유한 철 병거 구백 대와 야엘이 가진 방망이가 붙어서 방망이가 이긴 것입니다. 아마 기네스북에 올라갔을 것입니다.

가장 불쌍한 또 한 사람이 가나안 왕 야빈입니다. 시스라를 전쟁에 보내놓고 승전의 소식을 기다리고 있었을 것입니다. 그런데 시스라가 졌습니다. 게다가 4장 23절 이하 "이와 같이 이 날에 하나님이 가나안 왕 야빈을 이스라엘 자손 앞에 굴복하게 하신지라 이스라엘 자손의 손이 가나안 왕 야빈을 점점 더 눌러서 마침내 가나안 왕 야빈을 진멸하였더라"입니다. 아마 야빈은 어떻게 된 영문인지 내막도 모르고 죽었을 것입니다.

하나님은 남자들을 망신주고 여자들을 높여주기 위해 일하신 것이 아닙니다. 이 장면에서 아줌마는 위대하다는 결론이 나오면 안 됩니다. 다만 당시의 주도세력이 남자들이었기에 주도세력들의 무기력함을 드러내고 하나님이 하시면 여자들을 데리고도, 장수가 아닌 일반인 아줌마를 데리고도 충분히 모든 것을 해 내실 수 있다는 것을 보여주고, 그러니 어떤 우상을 섬기는 것보다 하나님을 섬기는 것이 가장 지혜롭고 현명하고 행복의 지름길이라는 것을 보여주시는 것입니다.

하나님의 은혜

이스라엘은 하나님을 버렸습니다. 하나님을 믿는 것이 자신들에게 별 도움이 되지 않는다고 생각했기 때문입니다. 차라리 바알과 아세라를 섬기는 것이 현실적이라고 생각했기 때문입니다. 그러나 하나님은 이 사건을 통해 하나님이 참 신이며 하나님은 모든 것을 가능하게 하는 분이라는 것을 가르치신 것입니다. 정말 은혜로운 것은 이스라엘이, 전쟁에 나갔던 바락이 승리할 만한 어떤 역할도 하지 않았지만 하나님이 승리를 주셨다는 것입니다. 비록 바락이 하나님을 믿는 모습 대신 우상 종교적 행태를 보였지만 하나님은 승리를 주셨다는 것입니다. 하나님은 이스라엘이 잘해서 도와주신 것이 아니라 하나님이 도와주심으로 이스라엘이 잘 되기를 바라셨기 때문입니다. 성경의 이야기는 오늘 우리의 이야기입니다. 이스라엘의 이야기는 오늘 나의 이야기입니다. 하나님을 모르면 우리도 이스라엘이 행한 것과 동일한 생각과 행동을 반복할 것입니다. 바락을 보면서 자신을 돌아보시고, 드보라를 보면서 하나님의 일하심을 생각하시기 바랍니다. 성경을 읽고, 성경을 배워서 하나님을 알고 하나님의 은혜를 알아 삶 가운데 하나님이 주신 복락을 풍성히 누리시기를 주님의 이름으로 축원합니다.

16

바락의 노래

사사기 5:1~31

1 이 날에 드보라와 아비노암의 아들 바락이 노래하여 이르되 2 이스라엘의 영솔자들
이 영솔하였고 백성이 즐거이 헌신하였으니 여호와를 찬송하라 3 너희 왕들아 들으
라 통치자들아 귀를 기울이라 나 곧 내가 여호와를 노래할 것이요 이스라엘의 하나님
여호와를 찬송하리로다 4 여호와여 주께서 세일에서부터 나오시고 에돔 들에서부터
진행하실 때에 땅이 진동하고 하늘이 물을 내리고 구름도 물을 내렸나이다 5 산들이
여호와 앞에서 진동하니 저 시내 산도 이스라엘의 하나님 여호와 앞에서 진동하였도
다 6 아낫의 아들 삼갈의 날에 또는 야엘의 날에는 대로가 비었고 길의 행인들은 오
솔길로 다녔도다 7 이스라엘에는 마을 사람들이 그쳤으니 나 드보라가 일어나 이스라
엘의 어머니가 되기까지 그쳤도다 8 무리가 새 신들을 택하였으므로 그 때에 전쟁이
성문에 이르렀으나 이스라엘의 사만 명 중에 방패와 창이 보였던가 9 내 마음이 이스
라엘의 방백을 사모함은 그들이 백성 중에서 즐거이 헌신하였음이니 여호와를 찬송
하라 10 흰 나귀를 탄 자들, 양탄자에 앉은 자들, 길에 행하는 자들아 전파할지어다 11
활 쏘는 자들의 소리로부터 멀리 떨어진 물 긷는 곳에서도 여호와의 공의로우신 일을
전하라 이스라엘의 마을 사람들을 위한 의로우신 일을 노래하라 그 때에 여호와의 백
성이 성문에 내려갔도라 12 깰지어다 깰지어다 드보라여 깰지어다 깰지어다 너는 노
래할지어다 일어날지어다 바락이여 아비노암의 아들이여 네가 사로잡은 자를 끌고
갈지어다 13 그 때에 남은 귀인과 백성이 내려왔고 여호와께서 나를 위하여 용사를
치시려고 내려오셨도다 14 에브라임에게서 나온 자들은 아말렉에 뿌리 박힌 자들이요
베냐민은 백성들 중에서 너를 따르는 자들이요 마길에게서는 명령하는 자들이 내려
왔고 스불론에게서는 대장군의 지팡이를 잡은 자들이 내려왔도다 15 잇사갈의 방백들
이 드보라와 함께 하니 잇사갈과 같이 바락도 그의 뒤를 따라 골짜기로 달려 내려가
니 르우벤 시냇가에서 큰 결심이 있었도다 16 네가 양의 우리 가운데에 앉아서 목자
의 피리 부는 소리를 들음은 어찌 됨이냐 르우벤 시냇가에서 큰 결심이 있었도다 17

길르앗은 요단 강 저쪽에 거주하며 단은 배에 머무름이 어찌됨이냐 아셀은 해변에 앉
으며 자기 항만에 거주하도다 18 스불론은 죽음을 무릅쓰고 목숨을 아끼지 아니한 백
성이요 납달리도 들의 높은 곳에서 그러하도다 19 왕들이 와서 싸울 때에 가나안 왕
들이 므깃도 물가 다아낙에서 싸웠으나 은을 탈취하지 못하였도다 20 별들이 하늘에
서부터 싸우되 그들이 다니는 길에서 시스라와 싸웠도다 21 기손 강은 그 무리를 표
류시켰으니 이 기손 강은 옛 강이라 내 영혼아 네가 힘 있는 자를 밟았도다 22 그 때
에 군마가 빨리 달리니 말굽 소리가 땅을 울리도다 23 여호와의 사자의 말씀에 메로
스를 저주하라 너희가 거듭거듭 그 주민들을 저주할 것은 그들이 와서 여호와를 돕지
아니하며 여호와를 도와 용사를 치지 아니함이니라 하시도다 24 겐 사람 헤벨의 아내
야엘은 다른 여인들보다 복을 받을 것이니 장막에 있는 여인들보다 더욱 복을 받을
것이로다 25 시스라가 물을 구하매 우유를 주되 곧 엉긴 우유를 귀한 그릇에 담아 주
었고 26 손으로 장막 말뚝을 잡으며 오른손에 일꾼들의 방망이를 들고 시스라를 쳐
서 그의 머리를 뚫되 곧 그의 관자놀이를 꿰뚫었도다 27 그가 그의 발 앞에 꾸부러지
며 엎드러지고 쓰러졌고 그의 발 앞에 꾸부러져 엎드러져서 그 꾸부러진 곳에 엎드러
져 죽었도다 28 시스라의 어머니가 창문을 통하여 바라보며 창살을 통하여 부르짖기
를 그의 병거가 어찌하여 더디 오는가 그의 병거들의 걸음이 어찌하여 늦어지는가 하
매 29 그의 지혜로운 시녀들이 대답하였겠고 그도 스스로 대답하기를 30 그들이 어찌
노략물을 얻지 못하였으랴 그것을 나누지 못하였으랴 사람마다 한두 처녀를 얻었으
리로다 시스라는 채색 옷을 노략하였으리니 그것은 수놓은 채색 옷이리로다 곧 양쪽
에 수놓은 채색 옷이리니 노략한 자의 목에 꾸리미로다 하였으리라 31 여호와여 주의
원수들은 다 이와 같이 망하게 하시고 주를 사랑하는 자들은 해가 힘 있게 돋음 같게
하시옵소서 하니라 그 땅이 사십 년 동안 평온하였더라

하나님이 일 하신다

하나님의 사역

사사기에 여러 명의 사사가 나옵니다. 사사가 등장한다고 해서 사사가 활동하고 사사가 일을 하고 사사가 중추적 역할을 한다고 생각하시면 안 된다고 했습니다. 사사를 세우시는 분이 하나님이고 사사를 통해 일하시는 분이 하나님입니다. 사사기에 등장하는 첫 번째 사사가 옷니엘입니다. 3장 9절 이하 “이스라엘 자손이 여호와께 부르짖으매 여호와께서 이스라엘 자손을 위하여 한 구원자를 세워 그들을 구원하게 하시니 그는

곧 갈렙의 아우 그나스의 아들 옷니엘이라 여호와의 영이 그에게 임하셨으므로 그가 이스라엘의 사사가 되어 나가서 싸울 때에 여호와께서 메소보다미아 왕 구산 리사다임을 그의 손에 넘겨주시매 옷니엘의 손이 구산 리사다임을 이기니라"입니다. 하나님이 옷니엘을 구원자로 세우셨습니다. 옷니엘이 세움을 받았으나 이제부터는 모든 것이 옷니엘에게 맡겨진 것이 아닙니다. 옷니엘이 전적으로 책임을 지어야 하는 것이 아닙니다. 하나님이 옷니엘을 세웠다는 표현이 나오지만 하나님이 옷니엘에게 부여한 사명, 옷니엘에게 맡긴 과업, 옷니엘에게 요구한 사역이 없습니다. 하나님이 옷니엘에게 지시하거나 명령한 내용이 나오지 않습니다. 옷니엘이 세움 받았을 때는 이스라엘이 메소보다미아 왕 구산 리사다임에게 팔 년 동안 압제를 받던 시절입니다. 하나님이 옷니엘에게 구산 리사다임을 제거하라고 하지 않았고 또한 하나님은 옷니엘에게 이스라엘이 팔십년간 평온을 유지하라고 과업을 맡긴 것이 아닙니다.

사람들은 어려서부터 공짜는 없다고 배우고, 밥값을 해야 한다 또는 심은 대로 거둔다는 말을 들었고, 책임감이 있어야 한다는 요구를 받았습니다. 이런 말을 하도 많이 들어서 인간은 자기가 해야 할 일에 모든 관심이 집중되어 있습니다. 대신 자기에게 이루어진 일, 자기에게 임한 일, 자기에게 되어진 일은 별로 의식하지 못합니다. 하지만 인간은 자기가 한 일보다는 자기에게 된 일이 훨씬 중요한 것입니다. 또 실제로 자기가 한 일보다는 자기에게 되어진 일이 훨씬 많습니다. 나에게 무엇인가가 되어지도록 참으로 많은 사람이 수고를 했고, 더 나아가 하나님이 참으로 귀한 수고를 해 주셨습니다. 그런데 자기에게 되어진 일, 자기에게 일이 되어지도록 하나님이 하신 일을 못 알아차립니다. 사사기를 통해서 하나님이 일하시는 것, 하나님이 인간에게 이루어 주시는 것을 보는 것입니다.

동일한 설명이 사사 에훗에게도 적용됩니다. 3장 15절을 보시면 "이스라엘 자손이 여호와께 부르짖으매 여호와께서 그들을 위하여 한 구원자를 세우셨으니 그는 곧 베냐민 사람 게라의 아들 왼손잡이 에훗이라"입니다. 하나님이 에훗을 구원자로 세우셨습니다. 에훗이 세움을 받았으니 이제부터는 모든 것이 에훗에게 맡겨진 것이 아닙니다. 에훗이 전적으로 책임을 지어야 하는 것이 아닙니다. 하나님이 에훗을 세웠다는 표현이 나오지만 하나님이 에훗에게 부여한 사명, 에훗에게 맡긴 과업, 에훗에게 요구한 사역이 없습니다. 에훗에게 하나님이 지시하거나 명령한 내용이 나오지 않는다는 것입니다. 에훗이 세움 받았을 때는 이스라엘이 모압 왕 에글론에게 열여덟 해 동안 압제를 받던 시절입니다. 하나님이 에훗에게 에글론을 암살하라고 명령한 것이 아닙니다. 에훗이 하나님의 명령을 받고 죽음을 무릅쓰고 에글론을 암살하라고 노력한 것이 아닙니다. 또한 하나님은 에훗에게 이스라엘이 팔십 년간 평온을 유지하라고 과업을 맡긴 것이 아닙니다. 그래서 에훗은 가정을 돌보지 않고 불철주야 이스라엘의 평안을 위해 동분서주했던 것이 아닙니다.

사사기 3장에 나오는 에훗의 활동이 어떻게 이해될 수 있습니까? 단신으로 왕을 찾아가는 용감함입니까? 단창 하나로 왕을 무찌르는 킬러의 소질입니까? 몰래 들어가고 몰래 빠져나오는 지혜로움과 치밀함입니까? 에훗의 행동은 하나님이 아니면 설명될 수 없습니다. 오직 하나님으로만 설명될 수 있는 것입니다. 에훗의 행동을 통해 충성, 열정, 담대함을 배우는 것이 아닙니다. 에훗에게는 배울 것이 하나도 없고 에훗의 사건을 통해 오직 하나님을 배우는 것입니다. 하나님이 이스라엘을 사랑하신다는 것, 하나님이 이스라엘을 도우신다는 것, 하나님은 인간이 생각하기에 불가능한 것과는 무관하게 하나님의 일을 감당하신다는 것입니다. 그래서 하나님이 지금도 인간을 사랑하시고, 인간을 도우신다는 것, 인간의 상황과 처지가 어떠할지라도 하나님은 하나님의 말씀대로 행하시고, 하나님의 뜻을 이루어내신다는 것을 아는 것입니다.

하나님의 일

사사기 3장 31절에는 너무나 황당무계한 표현이 나옵니다. "에훗 후에는 아낫의 아들 삼갈이 있어 소 모는 막대기로 블레셋 사람 육백 명을 죽였고 그도 이스라엘을 구원하였더라" 입니다. 세상에서는 이런 것을 농담, 구라라고 합니다. 흔히 말하기를 뻥을 쳐도 정도가 있게 쳐야한다고 합니다. 어떤 사람이 매우 어려워 보이는 일을 해내면 그 이야기를 영웅담이라고 합니다. 그런데 어떤 사람이 아예 불가능한 일을 해내면 환타지, 무협지, 설화라고 합니다. 영웅담과 환타지의 구별은 '과연 인간이 해 낼 수 있는 가능성이 있는가?' 입니다. 조폭들 세계에서는 십대 일로 싸웠다느니, 백대 일로 싸웠다는 이야기가 전설처럼 전해 내려옵니다. 하지만 아무리 조폭이라도 육백 대 일의 싸움 이야기는 없습니다. 그런데 성경에는 나옵니다. 삼갈이 육백 대 일로 싸워서 이스라엘을 구원했습니다. 이 정도가 아니라 한술 더 떠서 삼갈이 가지고 있던 무기는 달랑 소 모는 막대기입니다. 성경에 기록된 이런 내용을 보고 말도 안 되는 이야기, 황당한 이야기로 웃는 사람들도 있습니다. 사람들이 삼갈의 이야기가 '말이 되느냐? 말이 안 되느냐?' 로 논란을 하는 이유는 삼갈이 주인공이라고 생각하기 때문입니다. 성경이 너무나 천연덕스럽게 이 이야기를 기록해 놓은 것은 하나님이 하신 것이기 때문입니다.

더 놀라운 이야기도 있습니다. 사사기 15장 15절 "삼손이 나귀의 새 턱뼈를 보고 손을 내밀어 집어 들고 그것으로 천명을 죽이고 이르되 나귀의 턱뼈로 한 더미, 두 더미를 쌓았음이여 나귀의 턱뼈로 내가 천 명을 죽였도다 하니라" 입니다. 이번에는 천대 일의 싸움입니다. 이 기록은 영웅담도 아니요, 무협지도 아닙니다. 왜냐하면 삼손이 한 것이 아니라 하나님이 하신 것이기 때문입니다. 삼갈은 육백 대 일이고 삼손은 천대 일의 싸움이라고 '삼씨 집안이 힘 하나는 장사인가 보다' 고 생각하시면 안 됩니다. 에훗이 나오고 삼갈이 나온다고 해서 그 사람들이 주인공이 아닙니다. 에훗에게서와 마찬가지로 삼갈에게서도 배울 것이 없습니다. 대신 하나님을 알아야 하고, 하나님의 마음, 하나님의 원리, 하나님의 말씀, 하나님을 배워야 하는 것입니다.

드보라의 경우에서도 확인할 수 있습니다. 하나님은 드보라나 바락에게 명령을 내리신 것이 아니요, 책임을 지운 것이 아닙니다. 아무런 대책도 세워주지 않고, 어떠한 보장도 제공하지 않고 무조건 올라가라고 강요하시거나, 이유여하를 막론하고 승리해야 한다고 협박하신 적이 없습니다. 드보라와 바락과 야엘이 자신들의 용맹과 지혜로 승리한 것이 아닙니다. 드보라나 바락에게는 배울 것이 없고 대신 하나님을 배우고 하나님을 알아야 하는 것입니다.

내가 or 내가

성경과 인간의 사고방식에서, 기독교와 인간의 인식구조에서 가장 대조되는 것이 바로 하나님의 존재유무와 활동여부입니다. 하나님은 존재하시고, 하나님이 존재하시기에 당연히 하나님이 일하시고 수고하시고 역사하시고 활동하십니다. 그래서 하나님의 말씀은 하나님이 하시겠다는 선언입니다. 하나님은 하나님이 하시겠다고 선언하시는데 인간은 자꾸 자기가 해야 되는 것처럼 오해하는 것입니다. 인간의 오해는 두 가지 방향에서 나옵니다. 하나님의 말씀과 대조해서 확인해 보겠습니다. 가장 대표적인 것이 출애굽기에 나타난 하나님과 모세의 대화입니다. 먼저 하나님의 말씀입니다. 출애굽기 3장 10절 "이제 내가 너를 바로에게 보내어 너에게 내 백성 이스라엘 자손을 애굽에서 인도하여 내게 하리라"입니다. 하나님은 '내가' 즉 하나님이 하시겠다고 선언하신 것입니다. 하나님의 지극한 책임의식, 활동의식의 표현이 '내가 하겠다'는 것입니다. 그러면 인간은 그냥 '네' 하면 됩니다. 하나님이 하시겠다고 하시니 하시게 하면 되는 것입니다.

그런데 인간은 꼭 쓸데없는 말을 합니다. 3장 11절 "모세가 하나님께 아뢰되 내가 누구이기에 바로에게 가며 이스라엘 자손을 애굽에서 인도하여 내리이까"입니다. 모세도 하나님과 똑같이 '내가'를 강조합니다. 대신 강조의 포인트가 다릅니다. 하나님은 '내가 하시겠다!'는 의미이고, 모세는 '내가 어떻게 하느냐?'는 의미입니다. 안타까운 것은 오늘날 많은 성도들이 모세와는 정 반대의 '내가'를 주장하고 있다는 것입니다. 모세는 '내가 어떻게 합니까?'였습니다. 그런데 오늘날 신실한 성도들, 충성스러운 성도들, 열심 있는 성도들은 하나님께 '내가 하겠습니다!'라고 큰소리칩니다. 하나님이 하시는 일을 자신이 못한다고 엄살피지도 마시고, 하나님이 하시는 일을 자신이 하겠다고 오버하지도 마시기 바랍니다. 하나님의 하시는 일 하나님이 하시게 두고, 인간이 해야 하는 일 인간이 하는 것이 가장 좋습니다.

신앙은 반응이다

반응하는 종교

하나님은 일하시는 분이요, 하나님의 일하심은 결과가 있습니다. 나와 무관한 결과에 대해서는 내가 관여할 바가 아닙니다. 하지만 나에게 임한 결과에 대해서는 자연스럽게 반응이 나오게 되어 있습니다. 반응은 명령할 수 없고 유도할 수 없습니다. 반응은 작용이나 자극에 의하여 일어나는 현상입니다. 하나님은 인간에게 반응을 명령하거나 강요하지 않고 하나님이 반응을 만들어 내시는 것입니다. 그래서 기독교 신앙은 반응하는 것입니다. 하나님이 일하시고 인간이 반응하는 것이 기독교의 원리입니다. 타종교는 인간이 일하고 신이 반응하는 것입니다.

기독교와 타종교의 신앙 특성을 구분해야 하고, 성도이면서 마치 타종교의 종교 활동처럼 행동하면 안 됩니다. 일반적으로 사람들의 신앙적 열심은 자기에서부터 시작합니다. 평상시에는 신앙이 미적지근하다가 자신에게 어떤 문제가 발생하면 그 때부터는 불같은 신앙으로 변합니다. 없던 시간이 나고 없던 열심과 부지런도 생깁니다. 갑자기 교회 일을 찾고 그 동안 불평하던 것도 마치 아무 일 없었던 것처럼 아주 긍정적이고 적극적인 사람이 됩니다. 자신에게 문제가 발생해서 문제를 해결하고 싶고 하나님께 문제를 해결해 달라고 부탁하려니 하나님의 반응을 이끌어 낼만한 가시적인 행동을 하는 것입니다. 자신의 열심과 수고와 헌신을 보고 하나님이 감동을 받거나 측은하게 여기거나 어쨌든 하나님이 자신을 보고 나서달라는 것입니다. 자신의 행동을 하나님께 보여주어 하나님이 보시고, 하나님이 눈여겨보시고, 하나님이 감동받으시고, 하나님이 자신의 소원을 들어달라는 것입니다. 자신의 열심으로 하나님을 변화시키려고 하는 것입니다. 기독교에서는 이런 마음을 죄의 원리라고 부르고 이런 행동을 헛된 열심이라고 부릅니다. 기독교는 하나님이 일하고 인간이 반응하는 종교입니다. 하늘 보좌를 흔들려고, 하나님을 감동시키려고, 나의 행동에 의해 하나님이 반응하시기를 기대하면 안 됩니다. 기독교는 하나님 때문에 인간이 변화되는 것이지 인간 때문에 하나님이 변화되는 것이 아닙니다.

하나님의 반응

성경에서 하나님은 인간의 행동에 의해 변화되신 적이 없습니다. 하나님이 인간의 노력에 감동받아 반응하신 적이 없습니다. 하나님이 인간에게 하나님을 감동시켜 보라고 요청하신 적이 없습니다. 인간이 하는 것 봐서 은혜 줄지의 여부를 결정하겠다고 제안하신 적도 없습니다. 하나님은 인간에 의해 반응하시는 분이 아니라 하나님이 먼저 활동하셔서 인간에게서 반응을 만들어 내시는 분입니다. 혹자들은 성경에서 하나님이 반응하신 적이 있다고 주장할 것입니다. 외형적으로는 맞지만 내용적으로는 다릅니다. 이스라엘 백성이 출애굽 한 직후 시내 산에서 금 신상을 만들자 하나님이 이스라엘을 진멸하시려고 합니다. 그러자 모세가 하나님께 호소합니다. 출애굽기 32장 11절 이하에 이렇게 나옵니다. "모세가 그의 하나님 여호와께 구하여 이르되 여호와여 어찌하여 그 큰 권능과 강한 손으로 애굽 땅에서 인도하여 내신 주의 백성에게 진노하시나이까 어찌하여 애굽 사람들이 이르기를 여호와가 자기의 백성을 산에서 죽이고 지면에서 진멸하려는 악한 의도로 인도해 내었다고 말하게 하시려 하나이까 주의 맹렬한 노를 그치시고 뜻을 돌이키사 주의 백성에게 이 화를 내리지 마옵소서"입니다. 그러자 "여호와께서 뜻을 돌이키사 말씀하신 화를 그 백성에게 내리지 아니하시니라"라고 나옵니다.

이 사건은 하나님이 인간에 의해 변하신 장면이 아닙니다. 하나님은 이 일이 있기 훨씬 전에 이것보다 더 큰 약속을 하셨습니다. 아브람에게 민족을 이루고 땅을 주시겠다고 선언하셨고 그 약속을 이행하시기 위해 이스라엘을 백성을 출애굽 시키신 것입니다. 그 약속에는 가나안에 도착하는 것까지 포함되어 있습니다. 지금까지는 이스라엘이 너무나 순종을 잘해서 하나님이 도우신 것이 아닙니다. 지금까지는 이스라엘이 죽을 짓을 안 해서 살아 있는 것이 아닙니다. 만약 하나님의 처음 약속이 없었다면 이스라엘은 이미 백번도 죽었고 남은 자가 없었을 것입니다. 하나님이 자신이 행한 약속을 모두 취소시키면서 이스라엘을 진멸하려고 하다가 모세의 설득을 듣고 뜻을 돌이키신 것이 절대로 아닙니다. 이미 더 큰 뜻, 절대로 바뀌지 않는 원래의 뜻이 있습니다. 그 약속과 그 뜻이 있기에 이스라엘이 어떤 짓을 해도 하나님은 이스라엘을 가나안에 도착하게 하실 것입니다. 그 큰 그림을 보셔야 합니다.

하나님의 방식

사사기 5장은 드보라와 바락이 노래한 내용입니다. 하나님이 드보라와 바락에게 하나님을 찬양하라는 명령을 내린 적이 없습니다. 지도자가 먼저 감사와 찬양의 모범을 보이라고 부탁한 적도 없습니다. 하나님이 감사와 찬양하는 자에게 은혜를 주고 상을 주시겠다고 말씀하신 적도 없습니다. 어떠한 명령도 강요도 없고, 어떠한 협박도 저주도 없습니다. 드보라와 바락은 찬양 안 해도 됩니다. 실제로 성경에는 인간이 반응한 경우보다는 반응하지 않은 경우가 훨씬 많습니다.

이스라엘이 애굽에서 자그마치 열 번 이상의 이적과 기적을 보았습니다. 그런데 한 번도 여호와를 찬양한 적이 없습니다. 자신들이 보는 눈앞에서 애굽 지역에는 파리가 가득하지만 이스라엘이 거주하는 고센에는 파리가 없는 것을 경험했습니다. 이스라엘이 하나님을 감동시킨 것이 아니고 파리가 땅을 구별한 것이 아니라 하나님이 고센지역을 지켜주신 것입니다. 그런데도 이스라엘은 찬양하지 않았습니다. 애굽의 모든 가축은 죽었으나 이스라엘 자손의 가축은 하나도 죽지 아니하였습니다. 오죽하면 바로가 사람을 보내어 이스라엘의 가축은 하나도 죽지 않은 것을 확인까지 했습니다. 이스라엘이 하나님께 미리 감사했기 때문이 아니라 하나님이 은혜를 주신 것입니다. 그러나 이스라엘 사람들은 감사하지 않았습니다. 이스라엘이 미리 감사하지도 않았고 후에도 감사하지 않아서 하나님이 이스라엘을 향한 사랑과 은혜를 중단하셨습니까? 하나님이 뜻을 바꾸셨습니까? 그렇지 않습니다.

또 우박이 애굽 온 땅에서 사람과 짐승을 막론하고 밭에 있는 모든 것을 쳤으며 우박이 또 밭의 모든 채소를 치고 들의 모든 나무를 꺾었으되 이스라엘 자손이 있는 그 곳 고센 땅에는 우박이 없었습니다. 또 모세가 하늘을 향하여 손을 내밀매 캄캄한 흑암이 삼 일 동안 애굽 온 땅에 있어서 그 동안은 사람들이 서로 볼 수 없으며 자기 처소에서 일어나는 자가 없으되 온 이스라엘 자손들이 거주하는 곳에는 빛이 있었습니다. 이스라엘이 믿음이 좋아서 하나님이 복을 주신 것이 아닙니다. 하나님이 이렇게 이스라엘 구별하신 후에도 이스라엘이 하나님께 영광을 돌리고 찬양하고 감사한 것이 아닙니다. 그래도 하나님은 여전히 이스라엘을 도와주셨고 출애굽시켜 주셨습니다. 인간의 행위에 따라 하나님이 반응하신다고 생각하시면 안 됩니다.

인간의 반응

성경이 강조하려는 것이 하나님의 일하심에 대한 인간의 반응입니다. 하나님이 일하시자 이스라엘이 반응한 것입니다. 이때에도 인간의 반응을 하나님 찬양, 하나님께 영광 돌리기, 하나님께 감사하기라고만 생각하지 마십시오. 하나님이 생각하는 인간의 반응과 인간이 관심보이는 인간의 반응이 전혀 다르다는 것입니다. 안타깝게도 오늘날 많은 사람들이 하나님이 기대하는 반응에 대해서는 관심이 없고 인간이 생각하는 방식의 반응만 알고 있고, 그러한 반응만 나타내려고 노력한다는 것입니다.

구체적으로 출애굽 사건을 예로 들어보겠습니다. 하나님이 이적을 열 번도 넘게 행하시자, 이스라엘의 수준과 상태와 행동과 무관하게 하나님이 일방적으로, 지속적으로, 계속하여, 편파적으로 도와주고 지켜주고 책임져주자 이스라엘이 출애굽이라는 반응을 보인 것입니다. 하나님이 이스라엘을 출애굽 시키겠다고 말씀하셨고, 지금 하나님이 이스라엘로 하여금 애굽에서 나가도 죽지 않는다는 것을, 애굽의 신들과 군사들로부터 지켜줄 수 있다는 것을 보여주셨습니다. 그러자 이스라엘이 나타낸 반응이 출애굽 즉 애굽에서 나오는 것입니다. 이스라엘은 그동안 애굽에서 노예생활로 너무 힘들었고 애굽에서 벗어나고 싶었습니다. 그러나 현실적으로 벗어날 수 없었습니다. 애굽이 무섭기도 했지만 애굽을 벗어나면 그나마도 살 수 있는 방법이 없었기 때문입니다. 그런 이스라엘이 애굽에서 나왔다는 것이 하나님께 나타낸 가장 큰 반응입니다.

이스라엘 사람들의 관점에서는 출애굽이 엄청난 도전이요, 모험입니다. 전혀 경험해보지 않은 광야생활에 대한 두려움, 어디로 가며 무엇을 먹고 살아야 하지 막막한 상태에서의 공포가 있었을 텐데 거주지를 떠난 것입니다. 인간의 관점으로는 엄청난 결단입니다. 이스라엘이 어떻게 그러한 결단을 할 수 있었습니까? 하나님의 일하심의 결과입니다. 만약 하나님의 이적과 기적, 하나님의 역사가 없는 상태에서 이스라엘이 출애굽했다면 모든 공로는 이스라엘에게 주어져야 합니다. 그러나 이스라엘은 결단한 것이 아니라, 모험한 것이 아니라, 도전한 것이 아니라 반응한 것입니다. 하나님의 일하심이 없었다면 이스라엘이 이런 행동을 했을 리가 없습니다. 그래서 성경은 이스라엘의 도전, 이스라엘의 모험, 이스라엘의 결단이라는 표현이 단 한 번도 나오지 않는 것입니다. 이스라엘이 하나님을 향하여 아무 것도 행한 것이 없습니다. 그저 자신들이 애굽에 사는 것보다 출애굽 하는 것이 나을 것 같아서 나온 것뿐입니다. 출애굽해서 좋은 것은 이스라엘입니다. 그런데 성경은 이스라엘이 하나님의 말씀대로 행하였다, 하나님 말씀에 순종하였다고 말해주는 것입니다.

이스라엘이 홍해 앞에 도착했습니다. 이스라엘은 직면한 위험 앞에서 하나님께 원망을 합니다. 만약 하나님이 인간의 행동을 보시고 반응하신다면 이스라엘을 진멸하셨어야 합니다. 그런데 하나님은 이스라엘이 행한 대로 갚으신 것이 아니라 은혜를 베푸셨습니다. 하나님이 베푸신 은혜가 밤새 동풍이 불게하사 홍해를 갈라서 마른 땅이 되게 하신 것입니다. 이러한 하나님의 일하심에 대한 이스라엘의 반응이 무엇입니까? 이스라엘 자손이 바다 가운데를 육지로 걸어가는 것입니다. 단지 홍해를 건넌 것이 이스라엘이 하나님께 나타낸 최고의 반응입니다. 물론 이스라엘로서는 다른 선택이 없는 것입니다. 뒤에는 자신들이 두려워하는 애굽의 군사가 있으니 갈 수 없고 앞에는 마른 땅이 있으니 가는 것이 당연한 것입니다. 사람들은 이런 것을 하나님의 일하심에 대한 반응이라고 생각하지 않습니다. 하지만 이것이 가장 큰 반응이요, 이것이 가장 멋있는 것입니다. 홍해를 건넌 후 이스라엘이 춤추며 노래했습니다. 그래서 출애굽기 15장의 노래가 이스라엘의 찬양이요, 하나님께 영광 돌린 것이라고 강조합니다. 물론 출애굽기 15장에서 이스라엘 백성들이 노래하고 찬양하고 춤추었습니다. 그러나 바로 그 다음 장면에서 마라에 도착하여 물이 써서 마실 수 없자, 하나님을 원망하는 것입니다. 똑같은 출애굽기 15장에서 앞에는 즉 1절로 21절까지는 하나님을 찬양하는 이스라엘, 뒤에는 즉 22절로 26절까지는 하나님을 원망하는 이스라엘입니다. 그런데 하나님은 상반되는 이스라엘의 두 행동에 대해 동일한 반응을 보이십니다. 이스라엘이 찬양한다고 하나님이 희희낙락하지 않으셨고 이스라엘이 불평한다고 하나님이 심기 불편해 하지 않으셨습니다.

하나님이 만들어낸 역사

하나님의 관점, 성경의 관점과 인간의 관점이 얼마나 다른지를 분명하게 구별하셔야 합니다. 사람들은 이스라엘이 하나님의 역사에 별로 반응한 적이 없다고 생각합니다. 그래서 홍해를 건넌 후에 이스라엘이 노래를 부른 것, 드보라와 바락이 전쟁에서 승리한 후에 노래를 부른 것이 찬양이라는 이름으로 귀하게 대접받고 있습니다. 이런 구절이 귀하여 여겨지는 것은 인간이 의식적으로, 의도적으로, 행동적으로, 종교적으로 보이는 활동을 한 것이기 때문입니다. 만약 하나님이 인간에게서 이런 식의 반응을 기대하시고 좋아하신다면 하나님의 사역은 별로 위대한 것이 아닐 것입니다. 왜냐하면 기껏해야 성경에 이런 장면이 한두 번에 불과하기 때문입니다. 하지만 성경은 하나님의 역사에 대한 인간의 반응을 전혀 다른 차원에서 소개하고 있습니다. 이스라엘이 출애굽하였습니다. 이제는 살게 되었다고 좋아했습니다. 그것이 성경이 기뻐하는 인간의 반응입니다. 이스라엘이 홍해를 건넜습니다. 드디어 위험에서 벗어났다고 좋아했습니다. 그것이 하나님이 기뻐하는 인간의 반응입니다. 마라의 쓴

물을 하나님이 달게 하자 이스라엘이 마셨습니다. 이제서야 목을 축이게 되었다고 했습니다. 그것이 하나님이 기뻐하는 인간의 반응입니다. 하나님이 만나를 주시자 사람들이 거두어다가 빵을 만들어 먹었습니다. 먹고 살아야 하니 먹은 것뿐입니다. 그것이 하나님이 보시기에 좋았던 인간의 반응입니다.

사사기에서도 마찬가지입니다. 사람들은 이스라엘이 또 범죄 하였고 또 하나님을 떠났다고 비난합니다. 그런데 성경은 이스라엘을 책망하지 않고 꾸짖지 않습니다. 왜냐하면 하나님이 주목하는 인간의 반응, 하나님이 관심 갖는 인간의 반응이 다른 것에 있기 때문입니다. 하나님이 옷니엘을 통하여 그 땅에 사십 년간 평안을 주었습니다. 이스라엘이 사십 년간은 하나님을 버리지 않은 것입니다. 이것이 하나님이 만들어낸 인간의 반응입니다. 메소보다미아의 왕 구산 리사다임이나 모압 왕 에글론은 이스라엘을 압제해서 겨우 팔년 또는 열여덟 해 동안 지배했습니다. 그런데 하나님은 압제하지도 않고, 강요하지도 않고, 명령하지도 않고, 협박하지도 않고 때로는 사십 년, 때로는 팔십 년간 평온을 주셨고, 그 기간 동안 이스라엘이 하나님을 버리지 않게 하셨습니다. 이것이 하나님이 만들어낸 인간의 반응입니다.

인간은 자신이 하나님을 향해, 자신이 하나님을 위해 행한 행동을 강조하려고 합니다. 기도를 했다, 예배를 했다, 찬송을 했다, 감사를 했다, 영광을 돌렸다는 것을 드러내고 싶어 합니다. 그러나 하나님은 그런 것에 별로 관심이 없습니다. 인간이 기도를 한들, 예배를 한들, 찬송을 한들, 감사를 한들 하나님께 나아지는 것이 없기 때문입니다. 도리어 하나님은 하나님이 하신 일에 대해 인간이 반응한 것을 기뻐하십니다. 하나님이 하신 일에 반응을 보여 인간이 하나님이 하신 일을 누리고 즐거워하는 것을 기뻐하십니다. 왜냐하면 하나님은 인간을 사랑하시기 때문입니다. 하나님께 반응을 나타내려하지 말고 하나님이 자신에게 행하신 일을 즐거워하고 신나게 누리기 바랍니다. 그것이 하나님이 기대하는 반응입니다. 그래서 기독교가 쉬운 것이고, 그래서 기독교가 좋은 것이고, 그래서 기독교가 감사한 것입니다. 성경이 알려주는 기독교는 정말 쉽고 간단하고 자유롭고 평안하고 행복한 것입니다. 신앙생활 쉽게 하십시오. 자신 있게 하십시오. 즐겁게 하십시오.

반응은 결과이다

반응이 상급

성경을 보면 인간이 한 일에 대하여 하나님이 상이나 면류관을 준 적이 없습니다. 인간들이 생각하는 종교적 행동이나 반응에 대해, 제사나 찬양이나 노래 후에 별도로 주어진 축복이 없습니다. 사역도 마찬가지입니다. 하나님의 일꾼으로 세움 받은 사람들 중에 다른 사람들과 구별된 별도의 상을 받은 적이 없다는 것입니다. 구약에서 가장 대표적인 하나님의 일꾼이 모세입니다. 모세는 역할도 가장 큰 역할을 했고 기간도 아주 길어서 자그마치 사십 년간 사역을 했습니다. 목회도 너무너무 고생을 많이 했습니다. 성도수가 대략 이백 만 명이요, 남성 장년만 육십 만 명이 넘습니다. 이 사람들이 모세를 도와주었던 사람이기보다는 늘 모세에게 원망과 불평을 했던 사람들입니다. 오늘날 어떤 목사도 모세보다 더 열심히 했다고, 더 많은 일을 했다고 내세우기가 쉽지 않을 것이요, 어떤 항목을 제시해도 모세를 넘어서기가 힘듭니다. 그렇게 사역을 했음에도 모세가 얻은 것이 무엇입니까? 모세가 상을 받았습니까? 모세가 세습을 했습니까? 모세가 기념관이라도 지었습니까? 아무 것도 없습니다.

여호수아도 마찬가지입니다. 모세는 애굽에서 나올 때 모든 것을 말로 했습니다. 열 가지 이적과 나타났던 이적들이 물러가게 하는 것 네 번을 포함해서 열네 번의 이적을 단지 말로만 했습니다. 반면에 여호수아는 모든 것을 몸으로 했습니다. 여호수아는 여리고 성 앞에서 '무너져라' 고 말한 것이 아닙니다. 칠일 간 열세 바퀴를 몸소 돌았습니다. 아이 성을 정복할 때에도 군사를 이끌고 나갔고 매복을 했고 전쟁을 했습니다. 기타 많은 전투에서 실제로 싸움을 했습니다. 몸으로 한 수고, 위험을 무릅쓴 수고를 강조한다면 여호수아가 최고일 것입니다. 그렇다고 가나안 정복을 마치고 땅을 분배받을 때 제비를 먼저 뽑을 수 있는 배려라도 받았나요? 다른 지파들은 제비를 뽑았지만 여호수아는 그냥 자신이 원하는 지역을 고를 수 있는 특혜를 받았나요? 아니면 특별히 평야인 지역이나 우물이 있는 지역으로 안배를 받았나요? 아니면 여호수아의 아들이 대를 이어 이스라엘의 지도자가 되었나요? 여호수아에 죽음에 대해 성경은 이렇게 기록합니다. 여호수아 24장 29절 이하 "이 일 후에 여호와의 종 눈의 아들 여호수아가 백십 세에 죽으매 그들이 그를 그의 기업의 경내 딤낫 세라에 장사하였으니 딤낫 세라는 에브라임 산지 가아스 산 북쪽이었더라"입니다. 이것으로 끝입니다. 다른 사람은 장사 안지내고 여호수아만 장사지낸 것이 아닙니다. 장사는 사람이 죽으면 다 지내는 것입니다. 여호수아가 특별히 받은 상급이 없습니다.

사사기도 동일합니다. 사사들이 활동을 한 후에 사사에게 임한 새로운 축복, 더 많은 상급이 없습니다. 옷니엘이 강대국 메소보다미아를 물리치고 이스라엘을 구원하였습니다. 옷니엘이 승리한 결과로 그 땅이 사십 년간 평온하였다고 했습니다. 그 땅이 사십 년간 평온한 것이었지 옷니엘이 사십년간 고위관료로 호의호식한 것이 아니었습니다. 에훗이 혈혈단신으로 에글론 왕을 만나 죽이고 이스라엘을 구원하였지만 에훗이 다른 사람보다 더 받은 것이 없습니다. 에훗의 활동으로 그 땅이 팔십 년 동안 평온하였다고 합니다. 에훗이 그 후에 각 지파별로 노후지금을 받아 자손들에게 나눠주어 대대로 부자였다는 기록이 없습니다.

이미 받은 상급

성경에서 상급을 주는 장면이 없고 면류관을 수여하는 사건이 없는 이유는 이미 상급과 면류관을 주었기 때문입니다. 하나님이 보상 대신 먼저 은혜를 주셨고 면류관 대신 먼저 복을 주셨기 때문입니다. 더 이상 남은 것이 없을 만큼 주셨기에, 추가적으로 주실 것을 남겨놓지 않을 만큼 다 주셨기 때문입니다. 기독교는 희망고문의 종교가 아닙니다. 기독교는 희망을 선포하고 희망을 노래하고 희망을 꿈꾸는 종교가 아닙니다. 기독교는 기대하고 바라고 소망하는 종교가 아닙니다. 하나님이 이미 사역하셨고 저와 여러분은 구원받았고 하나님 나라를 유업으로 받았습니다. 모든 것이 이루어졌습니다. 완성되었습니다. 성취되었습니다. 이제는 희망을 운운할 때가 아니라 이미 받은 것을 누리셔야 합니다. 여러분이 하나님의 은혜를 누리는 것이 가장 큰 반응인 것입니다. 여러분이 하나님의 은혜를 누리는 것이 가장 신앙생활을 잘하는 것입니다. 성경을 읽어 하나님이 무엇을 행하셨는가를 알아야 하고, 성경을 배워 내가 무엇을 받았는가를 알아야 하고, 말씀을 통해 어떻게 하나님의 은혜와 복락을 누릴 수 있는지를 알아야 합니다. 그래야 누릴 수 있기 때문입니다. 성경을 바르게 알고 풍성히 누리는 즐거운 믿음생활, 신나는 신앙생활, 행복한 교회생활 되기를 주님의 이름으로 축원합니다.

17

내가 무엇으로

사사기 6:1~16

1 이스라엘 자손이 또 여호와의 목전에 악을 행하였으므로 여호와께서 칠 년 동안 그
들을 미디안의 손에 넘겨주시니 2 미디안의 손이 이스라엘을 이긴지라 이스라엘 자
손이 미디안으로 말미암아 산에서 웅덩이와 굴과 산성을 자기들을 위하여 만들었으
며 3 이스라엘이 파종한 때면 미디안과 아말렉과 동방 사람들이 치러 올라와서 4 진
을 치고 가사에 이르도록 토지 소산을 멸하여 이스라엘 가운데에 먹을 것을 남겨 두
지 아니하며 양이나 소나 나귀도 남기지 아니하니 5 이는 그들이 그들의 짐승과 장막
을 가지고 올라와 메뚜기 떼 같이 많이 들어오니 그 사람과 낙타가 무수함이라 그들
이 그 땅에 들어와 멸하려 하니 6 이스라엘이 미디안으로 말미암아 궁핍함이 심한지
라 이에 이스라엘 자손이 여호와께 부르짖었더라 7 이스라엘 자손이 미디안으로 말
미암아 여호와께 부르짖었으므로 8 여호와께서 이스라엘 자손에게 한 선지자를 보내
시니 그가 그들에게 이르되 여호와께서 이같이 말씀하시기를 이스라엘의 하나님 내
가 너희를 애굽에서 인도하여 내며 너희를 그 종 되었던 집에서 나오게 하여 9 애굽
사람의 손과 너희를 학대하는 모든 자의 손에서 너희를 건져내고 그들을 너희 앞에서
쫓아내고 그 땅을 너희에게 주었으며 10 내가 또 너희에게 이르기를 나는 너희의 하
나님 여호와이니 너희가 거주하는 아모리 사람의 땅의 신들을 두려워하지 말라 하였
으나 너희가 내 목소리를 듣지 아니하였느니라 하셨다 하니라 11 여호와의 사자가 아
비에셀 사람 요아스에게 속한 오브라에 이르러 상수리나무 아래에 앉으니라 마침 요
아스의 아들 기드온이 미디안 사람에게 알리지 아니하려 하여 밀을 포도주 틀에서 타
작하더니 12 여호와의 사자가 기드온에게 나타나 이르되 큰 용사여 여호와께서 너와
함께 계시도다 하매 13 기드온이 그에게 대답하되 오 나의 주여 여호와께서 우리와
함께 계시면 어찌하여 이 모든 일이 우리에게 일어났나이까 또 우리 조상들이 일찍이
우리에게 이르기를 여호와께서 우리를 애굽에서 올라오게 하신 것이 아니냐 한 그 모
든 이적이 어디 있나이까 이제 여호와께서 우리를 버리사 미디안의 손에 우리를 넘겨

주셨나이다 하니 14 여호와께서 그를 향하여 이르시되 너는 가서 이 너의 힘으로 이
스라엘을 미디안의 손에서 구원하라 내가 너를 보낸 것이 아니냐 하시니라 15 그러나
기드온이 그에게 대답하되 오 주여 내가 무엇으로 이스라엘을 구원하리이까 보소서
나의 집은 므낫세 중에 극히 약하고 나는 내 아버지 집에서 가장 작은 자니이다 하니
16 여호와께서 그에게 이르시되 내가 반드시 너와 함께 하리니 네가 미디안 사람 치
기를 한 사람을 치듯 하리라 하시니라

상황 판단

이스라엘의 상황

종종 사람들은 성경이 사람들의 실생활과 떨어져 있는 것처럼 생각합니다. 아브라함의 삶이 오늘날 우리의 삶의 양식과 다르기에 현실적이지 않다고 생각하고, 모세나 여호수아의 이야기는 민족 단위의 이야기이기에 개개인의 삶과는 규모가 다르다고 생각하고, 다윗이나 솔로몬의 이야기는 왕의 이야기라 일반적인 서민의 삶과는 계층이 다르다고 생각합니다. 이런 핑계 저런 핑계로 나와 다르다고 생각하니 성경이 실제적으로 여겨지지가 않습니다. 또 하나님의 말씀은 '하나님의' 말씀이라고 생각합니다. 좋은 의미로 하나님 말씀이라고 생각하는 것이 아니라 부정적인 의미의 하나님 말씀입니다. 즉 '하나님의' 말씀이기에 인간의 삶에 관한 것이 아니라는 것입니다. 결국 성경은 자신의 삶에 별로 도움이 될 것이 없다고 여깁니다. 그래서 성경을 읽자고 해도 안 읽고 성경을 배우자고 해도 안 배우고 마음 속 깊이 내재한 결론이 '내가 잘 믿으면 된다, 내가 착한 일 많이 하고 복 받을 짓을 하고 살면 된다'는 것입니다. 이것은 기독교가 아니요, 여호와 신앙이 아니요, 성경적 믿음이 아닙니다.

성경의 이야기는 지독히 현실적인 이야기이고, 지독히 실제적인 이야기이고, 지독히 인간적인 이야기입니다. 본문에 나오는 이스라엘의 상황도 아주 처참한 인간의 현실을 보여줍니다. 사사기 6장의 이스라엘의 상황은 우리나라에도 있었고 현재도 세계의 곳곳에 처한 현실입니다. 6장

2절 "미디안의 손이 이스라엘을 이긴지라 이스라엘 자손이 미디안으로 말미암아 산에서 웅덩이와 굴과 산성을 자기들을 위하여 만들었으며" 입니다. 전쟁에서 패배한 자의 전형적인 모습입니다. 가나안의 지형이 우리나라와 같이 평지가 많은 것이 아닌 것은 맞지만 비록 평지가 적을지라도 가능한 평지에 살고 싶어 하지 자발적으로 산에 웅덩이와 굴을 파고 싶어 하는 사람은 없습니다. 피난의 생활이요, 불편한 생활이요, 주거의 문제입니다. 주거의 문제는 단순히 잘 곳이 편치 않다는 의미를 넘어서 안전이 보장되지 않는다는 것입니다. 외형상으로는 산으로 올라가서 웅덩이와 굴을 파는 것이지만 내용적으로는 자신이 살 곳이 없고 편안히 머물 곳이 없다는 상황은 모든 시대, 모든 지역, 모든 집 없는 사람들의 공통적인 현실입니다.

6장 3절로 6절에는 피 눈물 나는 현실이 나옵니다. "이스라엘이 파종한 때면 미디안과 아말렉과 동방 사람들이 치러 올라와서 진을 치고 가사에 이르도록 토지소산을 멸하여 이스라엘 가운데에 먹을 것을 남겨 두지 아니하며 양이나 소나 나귀도 남기지 아니하니 이는 그들이 그들의 짐승과 장막을 가지고 올라와 메뚜기 떼 같이 많이 들어오니 그 사람과 낙타가 무수함이라 그들이 그 땅에 들어와 멸하려 하니 이스라엘이 미디안으로 말미암아 궁핍함이 심한지라" 입니다. 표현이 너무나 신랄합니다. 소산을 멸하고 먹을 것을 남겨 두지 아니하고 궁핍함이 심하다고 했습니다. 사람이 살아가는데 가장 본질적 요소인 먹거리가 없는 것입니다. 잠깐 음식이 없는 것과 아예 음식이 없는 것은 천지차이입니다. 잠깐 음식이 없는 것은 인간에게 인내를 요구하는 정도입니다. 그러나 아예 음식이 없는 것은 인간성을 포기하게 합니다. 생계대책이 없는 현실에 스스로 인간의 존엄성을 내려놓게 되고 상대방의 인격도 전혀 고려하지 않게 됩니다. 이스라엘은 인간의 가장 필수적인 요소가 상실된 것입니다.

이런 상황에서 이스라엘이 할 수 있는 일이 무엇이겠습니까? '여호와께 부르짖었더라' 입니다. 절박함에 처한 경우에는 염치도 없고 체면도 없고 상식도 없고 예의도 없습니다. 자신들이 하나님을 버렸다는 사실도 잊어버리고, 자신들이 하나님을 떠난 것이 한 두 번이 아니라는 것도 생각나지 않습니다. 누구에게라도 도움을 청하고 누구든지 자신을 도와주기만 하면 기꺼이 그를 섬기겠다고 다짐도 하고 결심도 할 태세입니다.

하나님의 판단

하나님은 이스라엘의 부르짖음을 들어주십니다. 그런데 하나님의 반응이 사람들의 기대와 다릅니다. 하나님의 반응이 어떻게 다른지, 왜 다른지, 다르다면 우리는 어떻게 반응해야 하는지, 무엇을 배워야 하는지, 성경이 무엇을 말하려고 하는지 함께 상고해 보겠습니다. 6장 1절로 6절까지에 나타난 이스라엘의 현실에 대한 원인을 분석하고 대책을 세운다면 여러분은 어떻게 하시겠습니까? 성경은 먼저 하나님의 판단, 하나님의 분석을 알려줍니다. 8절로 10절 "여호와께서 이스라엘 자손에게 한 선지자를 보내시니 그가 그들에게 이르되 여호와께서 이같이 말씀하시기를 이스라엘의 하나님 내가 너희를 애굽에서 인도하여 내며 너희를 그 종 되었던 집에서 나오게 하여 애굽 사람의 손과 너희를 학대하는 모든 자의 손에서 너희를 건져내고 그들을 너희 앞에서 쫓아내고 그 땅을 너희에게 주었으며 내가 또 너희에게 이르기를 나는 너희의 하나님 여호와이니 너희가 거주하는 아모리 사람의 땅의 신들을 두려워하지 말라 하였으나 너희가 내 목소리를 듣지 아니하였느니라 하셨다 하니라" 입니다. 이게 최선입니까? 거주지 문제와 식량 문제, 안전 문제가 대두되었는데 그것에 관하여는 단 한마디도 언급하지 않고 과거 이야기만 하고 계십니까?

인간의 삶, 인간의 상황에는 언제나 자초지종이 있습니다. 하나님이 왜 이렇게 말씀하시는지, 이게 무슨 의미인지를 확인해야 합니다. 하나님의 말씀은 철저하게 관계적으로 들어야 합니다. 하나님은 8절에서 먼저 자신을 이스라엘의 하나님으로 선언하십니다. 하나님과 이스라엘이 관계를 형성할 때에 먼저 이스라엘이 하나님을 초청한 적이 없고 모신 적이 없습니다. 이스라엘은 하나님을 알지도 못했고 어떠한 부탁도 한 적이 없습니다. 하나님이 자원하여 이스라엘의 하나님이 되셨고, 하나님이 수고하여 이스라엘을 도우셨습니다. 하나님이 이스라엘을 민족이 형성되게 행하셨고 애굽에서 건져내는 일을 행하신 것입니다. 이 일을 통하여 하나님은 이스라엘의 하나님, 이스라엘을 위하시는 하나님, 이스라엘을 위해 모든 수고를 감당해 주시는 하나님으로 자신을 알리신 것입니다. 그리고 이스라엘 백성이 여호와의 말씀을 따라 애굽에서 나오고 홍해를 건너고 광야를 지나고 가나안에 들어오는 과정을 통해 이스라엘 백성에게서 이스라엘의 하나님으로 입증을 받았습니다. 이제 하나님은 이스라엘에게 말씀하실 자격이 있으며 이스라엘에게 말씀하실 근거가 있습니다. 권위나 권세가 있다는 의미가 아니라 말씀하실 수 있는 기반을 마련했고 말씀하시는 대로 이룰 수 있다는 것을 증명해 보였다는 것입니다. 하나님이 이렇게 일하시는 것이 정말 멋있는 것이요, 정말 순리요, 정말 바람직하고 당연한 것입니다.

관계의 표현

하나님이 일하시는 원리와 사람들이 일하는 원리가 어떻게 다른 지를 구별하셔야 합니다. 어떤 일을 할 때에 사람 간에는 논쟁과 갈등이 있습니다. 평상시에는 원만하다가도 비상시에는 갈등이 심화되기 마련입니다. 이때 흔히 말하는 리더, 지도자, 책임자들이 자주하는 말이 '믿어주세요' 라는 것입니다. '저희를 믿고 맡겨 주시고 기다려 달라' 고 합니다. 이것이 가장 어리석은 방법이요, 가장 비 정상적인 방법이요, 가장 말도 안 되는 죄인들의 방법입니다. 상대가 나를 믿는 것은 나를 믿기로 작정을 해야 하는 것이 아니라 내가 믿음을 주어야 하는 것입니다. 내가 믿음을 주었으면 상대는 나를 믿을 것이요, 내가 믿음을 주지 않았으면 상대는 나를 믿지 않을 것이요, 나를 믿지 않는 상대에게 믿어 달라는 것은 아예 성립될 수 없는 말입니다. 하나님은 인간에게 '믿어 달라, 신뢰해 달라, 인정해 달라'는 표현을 단 한 번도 사용하지 않습니다. 그런 말을 하는 대신 하나님은 사람이 하나님을 믿을 만하게 먼저 행동하시는 것입니다.

이렇게 하나님이 관계를 설정하셨는데, 하나님을 믿을 만하게 설명하셨는데도 불구하고 만약 사람이 하나님을 믿지 않으면 하나님이 어떻게 하실까요? 왜 믿지 않았느냐고 불신을 책망하실까요? 하나님을 믿지 않는 불신에 대해 하나님은 책망하지 않습니다. 왜냐하면 이스라엘이 하나님을 믿지 않는 것은 하나님의 책임이기 때문입니다. 그래서 하나님은 다시 은혜를 주시고, 다시 이적을 펼치시는 것입니다. 그것이 사사기에서도 계속해서 반복적으로 확인되는 것입니다. 인간이 하나님을 믿을 만한 상태가 되지 않으면, 하나님이 인간으로 하여금 하나님을 신뢰할 수 있도록 행하지 않으셨으면 하나님은 인간에게 어떤 명령이나 기대나 권고를 하시지 않습니다. 상호간에 관계가 형성되지 않는 상태에서 하는 말은 허공을 가르는 말에 불과하기 때문입니다. 하나님은 언제나 인간에게 나는 너의 하나님이라는 관계를 형성하십니다.

이렇게 관계를 형성하신 후에 하시는 하나님의 말씀은 인간에게 명령이 아니라 먼저 하나님이 행하셔서 이미 인간에게 되어진 일, 그래서 인간이 너무나 당연하게 할 수 있는 것입니다. 6장 10절 "내가 또 너희에게 이르기를 나는 너희의 하나님 여호와이니 너희가 거주하는 아모리 사람의 땅의 신들을 두려워하지 말라 하였으나"입니다. 두려워한다는 것은 말 그대로 '두려워하다'는 의미도 되고, '두려워서 그를 경배하는 것'도 될 수 있습니다. 하나님은 아모리 땅의 신들을 두려워하거나 섬기지 말라는 것입니다. 왜냐하면 두려워할 필요가 없고 섬길 필요가 없다는 것입니다. 왜냐하면 하나님이 너희의 하나님으로 너희를 지키고 보호할 것이기에 두려워할 필요가 없고, 하나님이 너희의 모든 것을 책임지시고, 공급하시고, 돌보시기에 다른 신을 섬길 필요가 없다는 것입니다. 아모리 사람의 땅의 신들을 두려워하지 말라는 말씀을 따르고 순종하는 것은 전혀 어려운 일이 아니요, 모험이나 결단이 필요한 일이 아니요, 충성과 헌신이 필요한 일이 아닙니다. 쓸데없는 일을 안 하는 것이요, 무익한 일을 안 하는 것이요, 헛된 일을 안 하는 것입니다. 그것으로 족합니다. 하나님이 행여라도 인간에게 어떤 일을 시킨 적이 없습니다. 하나님을 위하여, 하나님을 향하여 무엇을 행하라고 요구하신 것도 없습니다.

사람들의 반응

하나님이 이렇게 행하셨음에도 불구하고 이스라엘의 반응은 6장 10절 후반부에 기록된 대로 "너희가 내 목소리를 듣지 아니하였느니라"입니다. 이스라엘은 왜 그렇게 쉬운 일을 하지 않았을까요? 왜 그렇게 편한 일을 하지 않았을까요? 이스라엘이 하나님의 말씀을 들어서 손해 볼 게 무엇이 있습니까? 이스라엘이 하나님의 목소리를 들어서 해로울 것이 무엇이 있습니까? 이스라엘이 하나님의 말씀을 따르는 것이 무슨 걸림돌이 있고 무슨 어려움이 있습니까? 도대체 왜 이스라엘은 하나님의 목소리를 듣지 않았을까요? 곰곰이 생각해보면 이스라엘의 행동이 아주 이이가 없는 것입니다. 왜냐하면 이스라엘의 상황, 이스라엘의 경험상 당연히 하나님의 말씀을 들었어야 했기 때문입니다. 하나님은 언제나 이스라엘의 문제 상황을 풀어주셨기 때문입니다. 즉 이스라엘은 하나님을 믿었음에도 불구하고 전혀 달라지는 것이 없어서 하나님을 버린 것이 아닙니다. 하나님을 믿었지만 좋아진 것이 없어서 하나님을 떠난 것이 아니라는 것입니다. 도리어 이스라엘은 하나님을 버렸지만 하나님은 이스라엘을 도우셨고, 이스라엘은 하나님을 떠났지만 하나님은 이스라엘을 구원하셨습니다. 하나님은 언제나 이스라엘에게 좋게만 대해주셨습니다.

이스라엘이 메소보다미아 왕 구산 리사다임에게 팔년 동안 압제를 받을 때에 하나님이 도우셔서 사십 년간 평온하게 해 주셨습니다. 그렇게 평온할 때에 이스라엘 자손이 또 여호와의 목전에 악을 행했습니다. 이스라엘이 모압 왕 에글론에게 열여덟 해 동안 고난을 받을 때에 하나님이 도우셔서 팔십 년 동안 평온하게 해 주셨습니다. 그렇게 평온할 때에 이스라엘 자손이 또 여호와의 목전에 악을 행했습니다. 이스라엘이 가나안 왕 야빈에게 이십 년 동안 학대를 받을 때에 하나님이 도우셔서 그 땅이 사십 년 동안 평온하게 하셨습니다. 그렇게 평온할 때에 이스라엘 자손이 또 여호와의 목전에 악을 행했습니다.

이쯤 되면 아마 여러분도 이스라엘 사람들에게 도대체 왜 하나님의 목소리를 듣지 않았느냐고 한번 물어보고 싶어지실 것입니다. 동시에 이쯤 되면 아마 여러분도 사사기 6장에서 하나님이 이스라엘 사람들이 직면한 거주의 문제와 식량의 문제를 해결해 주는 것만이 능사가 아니라는 생각이 드실 것입니다. 왜냐하면 이미 그들의 문제를 해결해준 경험이 여러 차례 있음에도 불구하고 이스라엘은 달라지지 않았기 때문입니다. 만약 하나님이 6장에 나오는 이스라엘의 모든 문제를 해결해 준다면 어떤 결과가 나올까요? 이스라엘은 어떤 반응을 보일까요? 저와 여러분은 이미 정확한 답을 알고 있습니다. 그 답은 10장 6절에서 확인할 수 있습니다. "이스라엘 자손이 다시 여호와의 목전에 악을 행하여 바알들과 아스다롯과 아람의 신들과 시돈의 신들과 모압의 신들과 암몬 자손의 신들과 블레셋 사람들의 신들을 섬기고 여호와를 버리고 그를 섬기지 아니하므로"입니다.

죄인들의 속성

이스라엘은 왜 평온하였음에도 불구하고 여호와의 목전에 악을 행하였을까요? 이유는 의외로 간단합니다. 이스라엘은 죄인들로서 죄의 속성, 죄의 원리를 벗어나지 못했기 때문입니다. 이스라엘 사람들의 생각이 바뀌지 않았다는 것입니다. 이스라엘 사람들은 자신들이 가지고 있는 죄적인 생각, 죄적인 가치, 죄적인 개념, 죄적인 원리, 죄적인 방법 대신에 하나님이 보여주고 알려주고 가르쳐주고 확인시켜준 하나님의 마음과 기준과 원리와 가치와 개념으로 생각이 바뀌고 마음이 바뀌었어야 합니다. 그런데 그것을 바꾸지 않은 것입니다. 그 동안 하나님이 행하신 일은 외형적으로는 상황을 바꾸어 준 것이지만 내용적으로는 인식세계, 가치체계를 바꾸어주신 것입니다. 하나님을 모르던 사람들에게 하나님을 알게 해 주신 것입니다. 그런데 죄인들은 죄의 원리를 바꾸지 않는 것입니다.

종종 사람들은 너무 힘들어서, 너무 고생스러워서 하나님을 섬기는 대신 복주고 상주는 우상을 섬기는 것이 좋겠다고 말합니다. 사람들이 그런 마음으로 우상을 섬기니까, 하나님이 불쌍하고 안타까운 마음에 그리고 사람들의 힘든 것을 풀어주고 고생하는 것을 풀어주기 위해서 하나님이 은혜를 주시고 복을 주십니다. 정작 자신들이 섬기는 우상들은 아무 것도 해주지 않았고 도리어 자신들이 버렸던 하나님이 자신들을 도와주었고 복을 주었습니다. 그러면 이제 복을 주신 하나님을 섬길 것처럼 보입니다. 그러나 죄인들은 이제는 받은 복을 지키기 위해서 우상을 섬겨야겠다고 합니다. 정작 하나님이 은혜를 주셨는데, 하나님이 복을 주셨는데, 이스라엘은, 사람들은 왜 차라리 우상을 섬길지언정 하나님은 섬기지 않을까요? 그 이유가 아주 간단한 것입니다. 죄인들에게는 하나님의 원리가 납득이 안 되기 때문입니다. 죄인들에게는 하나님의 가치, 하나님의 개념, 하나님의 방법, 하나님의 원리가 이해가 되지 않기 때문입니다. 자신들이 아무 수고도 하지 않았는데, 자신들이 하나님께 어떤 대가를 지불하지도 않았는데 하나님이 전적으로 은혜를 주셨습니다. 이것이 이해가 안 되고, 이것을 믿을 수 없는 것입니다. 하나님이 은혜 주신 것은 고마운 일입니다. 그런데 그 은혜를 받도록 내가 행한 것이 없다는 사실이 인간들은 불안한 것입니다. 왜냐하면 내가 행해서 나의 행위에 근거해서 받은 것이 아니기 때문에 내가 받은 것을 내 것이라고 주장할 수가 없다는 것이 불안한 것입니다. 하나님을 알면 해결되지만 하나님을 모르면 이것이 해결이 안 됩니다. 하나님을 알면 하나님은 은혜를 주시는 분이요, 하나님이 주신 은혜는 철회함이 없고, 소멸됨이 없고, 하나님은 변심해서 나중에 은혜로 주신 것을 내놓으라고 하실 분이 아니라는 것을 알면 은혜를 은혜로 받고, 은혜를 즐거워하고 누리고 행복하게 살면 되는 것입니다.

하나님을 아는 것

하나님을 모르면 은혜만큼 불확실한 것이 없습니다. 내가 내세울 것이 없다는 것만큼 불안 한 것이 없습니다. 내가 주장할 근거가 없다는 것만큼 답답한 것이 없습니다. 하나님이 변심했을 때, 하나님이 은혜를 주신 것을 내 놓으라고 할 때 내가 버틸 꺼리가 없다는 것이 불안한 것입니다. 하나님은 그런 분이 아닌데, 하나님이 그럴 분이 아니라는 것을 이해하지 못하기에, 전혀 하나님이 행하시지 않을 일에 대하여 불안하고 염려하는 것입니다. 그래서 우상을 섬기는 것입니다. 우상의 원리는 충분히 이해가 되고 납득이 되기 때문입니다. 우상은 은혜를 언급하지 않습니다. 죄의 원리에는 은혜가 존재하지 않습니다. 내가 상 받을 짓을 하면 상을 받는다는 것입니다. 내가 복을 받았다면 그것은 내가 복 받을 일을 한 것입니다. 누군가 내 복을 빼앗아가려고 하면 내가 저항할 수 있고, 내 것이라고 주장할 수 있고, 내 소유라고 버틸 수가 있습니다. 또 죄의 원리에는 내가 내 복을 지킬 수 있는 보장책이 있습니다. 복을 받았을 때 선을 행하고 덕을 쌓으라는 것입니다. 죄의 원리에는 내가 신뢰할 수 있는, 내가 납득할 수 있는, 내가 행할 수 있는, 나에게 수단이 있고, 방법이 존재한다는 것입니다.

그런데 하나님의 원리에는 '내가' 의지할 수 있는 '내' 방법이 없습니다. 죄인은 이게 불안한 것입니다. 하나님을 알면 가장 확실한 것이지만 하나님을 모르면 가장 불확실한 것입니다. 하나님이 은혜로 복을 주셨습니다. 그럼 나는 자격이 없어도 괜찮습니다. 하나님은 신실한 분이기에 하나님이 변하시거나 내게 주신 복을 취소하실 일이 없습니다. 그럼 나는 받은 복과 은혜를 누리면 됩니다. 하나님의 신실하심이 안전장치입니다. 기독교 신앙은 하나님이 근거요, 하나님이 보장입니다. 세상에 가장 믿을 만한 것이 하나님이요, 가장 못 믿을 만한 것이 인간입니다. 그런데 죄인들은 반대로 생각합니다. 인간은 자기 자신이기에 믿을 수 있고, 하나님은 타인이기에 믿을 수 없다고 합니다. 죄인의 한계입니다.

죄인들의 생각

기드온의 판단

사사기 6장을 이해하실 때 반드시 그 앞의 내용을 알고 있어야 합니다. 하나님은 계속하여 이스라엘 땅에 평온을 주셨습니다. 그런데 이스라엘은 그 평온을 누리지 못했습니다. 도리어 여호와의 목전에 악을 행했습니다. 하나님이 이스라엘에게 부족하게 행하신 것이 아니요, 하나님이 이스라엘에게 악을 행하신 것이 아니요, 하나님이 이스라엘에게 진노를 행하신 것이 아닙니다. 이스라엘이 스스로 누리지 못한 것이요, 이스라엘이 스스로 평온함을 깨뜨린 것입니다. 비록 이스라엘이 하나님을 버렸을지라도, 비록 이스라엘이 두려움과 고난에 빠져있을지라도 이스라엘에게는 소망이 있습니다. 이스라엘에게는 있으나 이스라엘이 전혀 모르고 있는, 이스라엘은 전혀 모르고 있으나 언제나 이스라엘을 위해 존재하는 하나님이 계신 것입니다. 그래서 하나님이 또 먼저 이스라엘에 임하십니다. 6장 12절 "여호와의 사자가 기드온에게 나타나 이르되 큰 용사여 여호와께서 너와 함께 계시도다"입니다.

6장 6절 마지막에 "이스라엘 자손이 여호와께 부르짖었더라"고 했고, 7절에 "이스라엘 자손이 미디안으로 말미암아 여호와께 부르짖으므로"라고 했습니다. 하나님께서 저들의 부르짖음을 들으셨고, 드디어 여호와의 사자가 기드온에게 나타났고, 복음 중에 복음으로 여호와께서 너와 함께 계시다는 말씀을 하셨습니다. 그렇다면 이때 기드온의 반응이 어때야 합니까? 대환영이어야 하고, 안도의 한숨을 쉬어야 하고, 감사한 마음이어야 하고, 눈물이 글썽거려야 할 것입니다. 당장에 동네로 뛰어가서 사람들에게 이 기쁜 소식을 함께 나누어야 할 것입니다. 그러나 기드온의 행동은 이런 예상과는 전혀 다릅니다. 6장 13절 "기드온이 그에게 대답하되 오 나의 주여 여호와께서 우리와 함께 계시면 어찌하여 이 모든 일이 우리에게 일어났나이까 또 우리 조상들이 일찍이 우리에게 이르기를 여호와께서 우리를 애굽에서 올라오게 하신 것이 아니냐 한 그 모든 이적이 어디 있나이까 이제 여호와께서 우리를 버리사 미디안의 손에 우리를 넘겨주셨나이다 하니"입니다. 하나님의 임재를 반가워하지 않고 기대하는 것이 없습니다.

기드온이 이렇게 반응하는 이유는 하나님이 기드온이 예상한 것과는 전혀 다른 방식으로 말씀하셨기 때문입니다. 하나님이 말씀하신 내용은 기드온의 인식구조, 죄인의 가치체계에 없는 것입니다. 기드온은 전혀 다른 계산을 하고 있었던 것입니다. 기드온이 예상한 것은 다음과 같은 것입니다. 우선 하나님이 자기에게 나타나서는 안 됩니다. 하나님이 이스라엘과 함께 계셔서 이스라엘을 구원하시려고 했다면 하나님은 기드온에게 나타나시면 안 되고, 이스라엘의 족장이나, 이스라엘의 지도자나, 이스라엘의 대표에게 나타났어야 합니다. 절대로 기드온 같은, 자기 같은 사람에게 나타나서는 안 됩니다. 하나님이 기드온에게 나타나셨을 때 기드온은 용감한 장수의 모습이 아니었기 때문입니다. 6장 11절 "여호와의 사자가 아비에셀 사람 요아스에게 속한 오브라에 이르러 상수리나무 아래에 앉으니라 마침 요하스의 아들 기드온이 미디안 사람에게 알리지 아니하려 하여 밀을 포도주 틀에서 타작하더니"입니다. 기드온은 스스로 생각하기에 자신은 대담한 사람이 아니라 소심한 사람이며, 용감한 사람이 아니라 겁이 많은 사람이며, 물불을 가리지 않는 용맹한 사람이 아니라 미디인의 눈치를 보는 소시민에 불과합니다. 이런 사람은 대표가 될 수 없으며, 이런 사람은 리더가 될 수 없으며, 이런 사람은 신에게 선택될 수 없으며, 이런 사람은 큰일을 할 수 없다고 기드온 스스로, 죄인 스스로 생각하고 있는 것입니다.

기드온의 생각

기드온이 하나님의 말씀을 전혀 반가워하지 않는 또 다른 이유는 하나님이 하신 말씀 중에 자기가 할 일이 없다는 것입니다. 다른 표현으로 거래할 내용이 없다는 것입니다. 또 다른 표현으로 자기가 의지할 수단이 없다는 것입니다. 하나님은 나타나자마다 대뜸 "큰 용사여 여호와께서 너와 함께 계시도다"라고 선언하셨습니다. 기드온은 이것이 납득이 안 되는 것입니다. 왜냐하면 그 동안 기드온은, 그동안 죄인들은 이렇게 말하는 존재, 이렇게 행동하는 존재를 만나본 적이 없습니다. 죄인들은 절대로 이렇게 행동하지 않습니다. 우상종교의 신들은, 이방종교의 신들은 절대로 이렇게 행동하지 않습니다. 죄의 방식은 결과부터 선언하지 않고 언제나 조건부터 제시하는 것입니다. 만약 하나님이 다르게 말씀하셨다면 기드온이 반응을 보였을 것입니다. 한 번 예를 들어보겠습니다. '기드온아, 네가 만약 송아지 백 마리로 제사를 드리고 군사 삼만 명을 모아 온다면, 그리고 네가 내 말에 충성하겠다고 맹세를 한다면, 내가 너를 장군으로 세우고 너에게 능력을 주어 이스라엘을 구원시켜 주겠고 그 후에 너를 왕으로 세우리라' 라고 했으면 기드온이 하나님께 응답을 했을 것입니다. 왜냐하면 자기가 할 일이 있고, 자기가 생각해도 성사될 만한 구체적인 계획이 있고, 현재부터 나중까지 진행될 일에 대한 로드맵이 제시되었기 때문입니다. 인간의 생각에, 죄인의 생각에 가능성이 있고 납득될 만한 내용을 담고 있기 때문입니다.

하나님이 조건을 제시했고, 자기가 조건을 충족시키면 언제라도 자기도 하나님께 따질만한 근거가 있고, 군사를 삼만 명 정도 모으면 자기가 생각해도 한 번 해 볼만하다는 여건이 마련되는 것이고, 그 정도의 군사를 모으는 것은 전 이스라엘이 아닐지라도 자기네 지파, 자기네 족속 사람들만 설득해도 가능할 수 있을 것 같고, 혹시 자기네 지파가 동의하지 않는다면, 하나님이 말하기를 전쟁에서 승리만 하면 왕으로 추대해준다고 했으니 자신들의 지파가 이스라엘의 주도적 지파, 강력한 지파가 될 수 있다고 설득할 수 있는 것입니다. 기드온의 머리속에 계산이 서는 것입니다. 그런데 하나님은 전혀 조건을 제시한 적이 없고, 거래를 제안한 적이 없고, 어떤 보상을 제시한 적도 없습니다. 정말 느닷없이 자기에게 나타났고, 정말 느닷없이 하나님이 너와 함께 계신다고 선언해버립니다. 죄인의 머리속에 계산이 서지 않는 것입니다. 기드온이 머리를 써봐야, 죄인이 머리를 써 봐야 죄의 수준에 불과합니다. 정작 중요한 것은 죄인의 생각에 합리적이냐의 문제가 아닌데 죄인은 그 수준을 벗어나지 못하는 것입니다. 하나님을 알지 못하면 하나님의 임재가, 하나님의 선언이, 하나님의 보장이 아무런 소용이 없는 것처럼 여겨지는 것입니다. 이것이 죄인의 한계입니다.

기드온의 주장

하나님께서 다시 한 번 일관되게 말씀하십니다. 6장 14절 "여호와께서 그를 향하여 이르시되 너는 가서 이 너의 힘으로 이스라엘을 미디안의 손에서 구원하라 내가 너를 보낸 것이 아니냐 하시니라"입니다. 하나님의 말씀만 골라보면 아주 단순하지만 단호하고 일관됩니다. 12절은 "여호와께서 너와 함께 계시도다"이고 14절은 "내가 너를 보낸 것이다"입니다. 동시에 기드온의 반응도 일관됩니다. 15절 "그러나 기드온이 그에게 대답하되 오 주여 내가 무엇으로 이스라엘을 구원하리이까 보소서 나의 집은 므낫세 중에 극히 약하고 나는 내 아버지 집에서 가장 작은 자니이다 하니"입니다. 이 장면은 아주 어처구니없는 장면이요, 아이러니한 상황입니다. 지금 도대체 누가 절박한 것이요, 누가 누구를 설득해야 하는 것인지 어리둥절하게 만드는 장면입니다. 이스라엘은 대안이 없고 이스라엘이 여호와께 부르짖었습니다. 하나님이 오신다는 것이 유일한 기대요 소망이었고 드디어 하나님이 오신 것입니다. 그런데 지금은 하나님이 기드온을 설득하고 있고 기드온이 버티고 있습니다. 하나님이 부탁하고 있고 기드온이 저항하고 있습니다.

하나님의 말씀이 죄인의 기준에, 죄인의 상식에, 죄인의 생각에 전혀 합당하지 않는 것입니다. 기드온뿐만이 아니라 성경에서 하나님을 만난 사람들 중에 하나님을 반가워하는 모습, 하나님의 말씀에 선뜻 동의하는 장면을 발견할 수 없습니다. 대부분 거부합니다. 왜 그런지 아십니까? 죄의 기준에 의하면 신은 평범한 사람에게 나타나지 않는다고 생각하기 때문입니다. 대부분 뛰어난 사람, 천재적인 소질을 가진 사람에게 나타나 위대한 일을 맡기는 것입니다. 그러나 성경의 사고방식, 하나님이 일하시는 방식은 전혀 다릅니다. 우선 뛰어난 사람이 필요하지 않습니다. 왜냐하면 그 사람에게 일을 맡길 것이 아니기 때문입니다. 하나님은 하나님이 하실 것이기 때문에 사람을 고를 이유가 없습니다. 그러나 사람들은 '사람이 일해야 한다' 고 생각하기 때문에 뛰어난 사람, 훌륭한 사람, 능력 있는 사람, 준비된 사람을 골라야 한다고 생각하는 것입니다. 기독교는 다릅니다.

물론 6장 15절에서 기드온이 한 말은 모두 사실입니다. 기드온의 집이 므낫세 중에 극히 약하고 기드온은 자기 아버지 집에서 가장 작은 자라는 것은 사실입니다. 참으로 어이가 없는 것이, 기드온도 알고 있는 사실을 하나님은 몰랐겠느냐는 것입니다. 하나님은 므낫세 지파가 이스라엘 열두 지파 중에 가장 큰 지파로 잘못 알고 계신가요? 하나님은 기드온을 그 집안에서 가장 탁월한 자로 알고 계신가요? 하나님은 현실파악도 못하고, 상황파악도 못하고, 인물파악도 못하시는 분인가요? 하나님도 다 알고 계십니다. 하나님이 가장 정확히, 가장 분명하게, 가장 종합적으로 잘 판단하시고 분별하시고 알고 계십니다. 그런 하나님이 기드온을 찾아오셨고, 그런 하나님이 기드온과 함께 계시고, 그런 하나님이 기드온을 보내신다고 하십니다. 다음 장면에서 확인하겠지만 하나님은 말씀하신 대로 기드온을 보내시고, 기드온과 함께 하시고, 기드온으로 하여금 이스라엘을 구원하게 하십니다. 기드온의 생각과 하나님의 생각 중에 하나님이 옳으셨습니다. 죄인의 방식과 하나님의 방식 중에 하나님이 옳으셨습니다. 성경에서 하나님은 이스라엘의 상황을 변화시키는 모습이 나오지만 실상은 상황의 변화가 아니라 상황 변화의 과정을 통해 하나님을 알리시고 죄인들에게 하나님의 사고방식, 하나님의 가치체계, 하나님의 인식구조를 가르치고 계시는 것입니다. 인간이 신앙생활을 통해 배워야 하는 것이 바로 하나님의 가치체계요, 실천해야 하는 것이 하나님의 마음, 하나님의 방식, 하나님의 개념, 하나님의 원리입니다.

가치관의 변화

이스라엘은 하나님을 버렸고 하나님은 이스라엘에게 하나님을 알리셨습니다. 하나님을 알리셨다는 것은 단지 하나님의 존재를 부각시켰다는 것이 아닙니다. 하나님의 존재, 하나님의 성품, 하나님의 가치, 개념, 원리, 마음, 기준을 알리신 것입니다. 하나님을 안다는 것은 하나님의 기준과 관점으로 생각한다는 것이며, 하나님을 모른다는 것은 죄의 기준과 관점으로 생각한다는 것입니다. 하나님을 섬긴다는 표현이 하나님을 믿는다, 하나님을 찬양한다, 하나님께 예물을 드린다, 하나님께 영광을 돌린다, 하나님의 신전을 짓는다는 등의 하나님을 향한 어떤 행동을 의미하지 않습니다. 하나님을 섬긴다는 것은 내가 하나님의 마음과 기준을 갖는다는 것이며, 내가 하나님의 마음과 기준으로 행동한다는 것입니다. 내가 하나님과 마주 대하여 하나님께 어떠한 대도를 보이며, 하나님께 어떠한 행동을 보이느냐는 것이 아닙니다. 도리어 내가 하나님 앞에 서는 것입니다. 하나님 앞에 서서, 하나님이 세상을 바라보는 것과 같이 내가 세상을 바라보고, 하나님이 사람을 대하시는 것과 같이 내가 사람을 대하는 것이 하나님을 섬기는 것이요, 하나님께 충성을 하는 것입니다.

하나님을 따른다는 것도 하나님의 명령이기에 복종하고, 하나님의 뜻이기에 무조건 순종한다는 의미가 아닙니다. 내가 먼저 하나님의 뜻을 아는 것입니다. 하나님의 뜻을 알아보니 그 뜻이 정말 좋고, 그 뜻이 정말 옳고, 그 뜻이 정말 쉽고, 그 뜻이 정말 정확한 것입니다. 아주 당연하고 자연스럽게 내가 전적으로 동의하고 인정해서, 가장 내가 하고 싶고 나에게 좋아서 내가 하는 것입니다. 그래서 하나님의 뜻을 따른다는 표현에는 복종이라는 의미가 담기지 않는 것입니다. 하나님과 인간의 관계에서 하나님의 명령이나 지시나 강요가 없고 인간은 복종이나 포기나 희생이 없습니다. 오직 하나님이 인간을 사랑하시며 인간은 하나님으로 인한 자유와 평화와 안식과 누림이 있는 것입니다. 혹시 지금도 기드온과 같은 사고방식을 가지고 계시다면 기드온에게 하시는 하나님 말씀을 통해 하나님을 알고, 하나님의 원리를 알아, 죄의 인식이 하나님의 인식으로 변화되는 신앙의 성숙이 있기를 주님의 이름으로 축원합니다.

18

표징을 보이소서

사사기 6:17~40

17 기드온이 그에게 대답하되 만일 내가 주께 은혜를 얻었사오면 나와 말씀하신 이가
주 되시는 표징을 내게 보이소서 18 내가 예물을 가지고 다시 주께로 와서 그것을 주
앞에 드리기까지 이곳을 떠나지 마시기를 원하나이다 하니 그가 이르되 내가 너 돌
아올 때까지 머무르리라 하니라 19 기드온이 가서 염소 새끼 하나를 준비하고 가루
한 에바로 무교병을 만들고 고기를 소쿠리에 담고 국을 양푼에 담아 상수리나무 아
래 그에게로 가져다가 드리매 20 하나님의 사자가 그에게 이르되 고기와 무교병을 가
져다가 이 바위 위에 놓고 국을 부으라 하니 기드온이 그대로 하니라 21 여호와의 사
자가 손에 잡은 지팡이 끝을 내밀어 고기와 무교병에 대니 불이 바위에서 나와 고기
와 무교병을 살랐고 여호와의 사자는 떠나서 보이지 아니한지라 22 기드온이 그가 여
호와의 사자인 줄 알고 이르되 슬프도소이다 주 여호와여 내가 여호와의 사자를 대면
하여 보았나이다 하니 23 여호와께서 그에게 이르시되 너는 안심하라 두려워하지 말
라 죽지 아니하리라 하시니라 24 기드온이 여호와를 위하여 거기서 제단을 쌓고 그것
을 여호와 살롬이라 하였더라 그것이 오늘까지 아비에셀 사람에게 속한 오브라에 있
더라 25 그 날 밤에 여호와께서 기드온에게 이르시되 네 아버지에게 있는 수소 곧 칠
년 된 둘째 수소를 끌어 오고 네 아버지에게 있는 바알의 제단을 헐며 그 곁의 아세
라 상을 찍고 26 또 이 산성 꼭대기에 네 하나님 여호와를 위하여 규례대로 한 제단
을 쌓고 그 둘째 수소를 잡아 네가 찍은 아세라 나무로 번제를 드릴지니라 하시니라
27 이에 기드온이 종 열 사람을 데리고 여호와께서 그에게 말씀하신 대로 행하되 그
의 아버지의 가문과 그 성읍 사람들을 두려워하므로 이 일을 감히 낮에 행하지 못하
고 밤에 행하니라 28 그 성읍 사람들이 아침에 일찍이 일어나 본즉 바알의 제단이 파
괴되었으며 그 곁의 아세라가 찍혔고 새로 쌓은 제단 위에 그 둘째 수소를 드렸는지
라 29 서로 물어 이르되 이것이 누구의 소행인가 하고 그들이 캐어 물은 후에 이르되
요아스의 아들 기드온이 이를 행하였도다 하고 30 성읍 사람들이 요아스에게 이르되

네 아들을 끌어내라 그는 당연히 죽을지니 이는 바알의 제단을 파괴하고 그 곁의 아
세라를 찍었음이니라 하니 31 요아스가 자기를 둘러선 모든 자에게 이르되 너희가 바
알을 위하여 다투느냐 너희가 바알을 구원하겠느냐 그를 위하여 다투는 자는 아침까
지 죽임을 당하리라 바알이 과연 신일진대 그의 제단을 파괴하였은즉 그가 자신을 위
해 다툴 것이니라 하니라 32 그 날에 기드온을 여룹바알이라 불렀으니 이는 그가 바
알의 제단을 파괴하였으므로 바알이 그와 더불어 다툴 것이라 함이었더라 33 그 때에
미디안과 아말렉과 동방 사람들이 다 함께 모여 요단강을 건너와서 이스르엘 골짜기
에 진을 친지라 34 여호와의 영이 기드온에게 임하시니 기드온이 나팔을 불매 아비에
셀이 그의 뒤를 따라 부름을 받으니라 35 기드온이 또 사자들을 온 므낫세에 두루 보
내매 그들도 모여서 그를 따르고 또 사자들을 아셀과 스불론과 납달리에 보내매 그
무리도 올라와 그를 영접하더라 36 기드온이 하나님께 여쭈어 주께서 이미 말씀하심
같이 내 손으로 이스라엘을 구원하시려거든 37 보소서 내가 양털 한 뭉치를 타작마당
에 두리니 만일 이슬이 양털에만 있고 주변 땅은 마르면 주께서 이미 말씀하심 같이
내 손으로 이스라엘을 구원하실 줄을 내가 알겠나이다 하였더니 38 그대로 된지라 이
튿날 기드온이 일찍이 일어나서 양털을 가져다가 그 양털에서 이슬을 짜니 물이 그릇
에 가득하더라 39 기드온이 또 하나님께 여쭈되 주여 내게 노하지 마옵소서 내가 이
번만 말하리이다 구하옵나니 내게 이번만 양털로 시험하게 하소서 원하건대 양털만
마르고 그 주변 땅에는 다 이슬이 있게 하옵소서 하였더니 40 그 밤에 하나님이 그대
로 행하시니 곧 양털만 마르고 그 주변 땅에는 다 이슬이 있었더라

하나님이 쓰시는 사람

죄인들의 생각

성경에는 동일한 유형의 대화나 사건이 자주 반복되는 경우가 있습니다. 이것은 성경에만 나타나는 현상이 아니라 인간이 사는 모든 시대, 모든 지역에서 발생하는 보편적 현상입니다. 조금 고상한 말로하면 '역사는 반복한다' 가 됩니다. 이러한 현상이 일어나는 이유는 시대, 지역, 계층을 불문하고 인간이 가지고 있는 사고방식이 유사하기 때문입니다. 하나님이 기드온에게 나타나서 하나님이 하실 일을 말씀하십니다. 사사기 6장 14절 "여호와께서 그를 향하여 이르시되 너는 가서 이 너의 힘으로 이스라엘을 미디안의 손에서 구원하라 내가 너를 보낸 것이 아니냐 하시

니라" 입니다. 하나님이 보내신다는 것이 강조점으로, 하나님이 일하신다는 것이요, 하나님이 책임지신다는 것입니다. 이때 기드온의 반응이 6장 15절 "그러나 기드온이 그에게 대답하되 오 주여 내가 무엇으로 이스라엘을 구원하리이까" 입니다. 낯설지가 않고 어디서 들었던 대답 같습니다. 하나님이 모세를 처음 만나 말씀하셨을 때에 모세가 보였던 반응과 같습니다. 출애굽기 3장 11절 "모세가 하나님께 아뢰되 내가 누구이기에 바로에게 가며 이스라엘 자손을 애굽에서 인도하여 내리이까" 입니다. 죄인들은 하나님이 일하시겠다는 것, 하나님이 책임지신다는 것에 대한 개념이 없습니다. 하나님이 아무리 '하나님이 하신다' 고 선언해도 죄인들은 모두 '자기가 해야하는 것' 으로 듣습니다. 왜냐하면 하나님과 같으신 분, 하나님처럼 말씀하시고 하나님처럼 행동하시고 하나님처럼 인간을 대우하시는 신을 알지 못하고 만나본 적이 없기 때문입니다.

또 하나 하나님의 일하심에 대한 죄인들의 공통적인 반응이 있습니다. 하나님이 자신을 부르시는 것을 의아해 하면서 기드온이 하는 말이 사사기 6장 15절 중간에 나옵니다. "보소서 나의 집은 므낫세 중에 극히 약하고 나는 내 아버지 집에서 가장 작은 자니이다" 입니다. 자기는 선발될만한 자격이 없다는 것이요, 하나님이 사람을 잘못 골랐다는 것입니다. 똑같은 장면이 사무엘상 9장에도 나옵니다. 하나님이 사무엘을 사울에게 보내어 왕으로 세우실 때 사울의 대답이 21절 "사울이 대답하여 이르되 나는 이스라엘 지파의 가장 작은 지파 베냐민 사람이 아니니이까 또 나의 가족은 베냐민 지파 모든 가족 중에 가장 미약하지 아니하니이까 당신이 어찌하여 내게 이같이 말씀하시나이까" 입니다. 사람들의 전형적인 사고방식 중의 하나가 '큰일을 하려면 집안이 든든하든가, 배경이 있든가, 본인이 남들보다 탁월해야 한다' 는 것입니다.

중국의 대표적 성인 공자는 사람을 살필 때 '먼 곳에 심부름을 시켜 그 충성을 보고, 가까이 두고 써서 그 공경을 보며, 번거로운 일을 시켜 그 재능을 보고, 뜻밖의 질문을 하여 그 지혜를 보며, 급한 약속을 하여 그 신용을 보고, 재물을 맡겨 그 어짐을 보며, 위급한 일을 알리어 그 절개를 보고, 술에 취하게 하여 그 절도를 보며, 남녀를 섞여 있게 하여 그 이성에 대한 자세를 본다' 고 했습니다. 사람들끼리 선발하고 일을 도모할 때는 이런 말이 맞습니다. 하지만 하나님이 사람을 세우고, 하나님이 일을 진행하실 때에는 이런 생각, 이런 사고방식은 전혀 맞지 않는 것입니다. 기독교에서는, 교회에서는, 하나님과 관련하여서는 이러한 죄의 사고방식, 죄의 인식체계, 죄의 가치구조, 죄의 패러다임을 벗어나야 합니다. 기드온이나 사울이나 모세 등의 자격지심이 담긴 탄식에 대해 하나님은 언제나 동일한 대답을 하십니다. 사사기 6장 16절 "여호와께서 그에게 이르시되 내가 반드시 너와 함께 하리니"이고, 출애굽기 3장 12절도 "하나님이 이르시되 내가 반드시 너와 함께 있으리라"이고, 사무엘상 10장 7절도 "하나님이 너와 함께 하시느니라"입니다. 하나님은 인간을 부르고 세우실 때에 인간의 자격, 조건, 능력을 전혀 개의하지 않습니다. 왜냐하면 하나님이 하실 것이기 때문입니다.

기드온

하나님이 이 말씀을 하신지가 벌써 삼천 년 전입니다. 그런데 기독교가 삼천 년이 지나도록 죄의 사고방식을 벗어나지 못하고 하나님의 방식을 이해하지 못하고 있는 것이 안타가운 현실입니다. 단지 모세와 기드온, 사울만 이런 것이 아닙니다. 오늘날도 대부분 이와 같습니다. 그래서 성경에 나오는 인물들은 정작 자신들은 부족한 사람, 약한 사람이라고 말하는데, 반대로 성경을 설명하는 사람들은 하나님이 사용하신 사람들에 대해 훌륭한 사람이요, 준비된 사람이요, 탁월한 사람이요, 대단한 사람이라고 전혀 얼토당토않게 강변합니다. 과연 하나님이 세우신 사람들은 훌륭한 사람이요, 준비된 사람이요, 탁월한 사람이요, 대단한 사람이었을까요? 기드온을 통해 확인해 보겠습니다.

우선 기드온은 용감한 사람이 아닙니다. 6장 11절 중간은 "요아스의 아들 기드온이 미디안 사람에게 알리지 아니하려 하여 밀을 포도주 틀에서 타작하더니"입니다. 기드온은 담대하게 행동하지 않았고 '까짓 것 미디안 사람이 볼 테면 보라!' 고 당당하게 행동하지 않았습니다. 6장 25절 이하에 하나님이 바알과 아세라 상을 찍으라고 말씀하셨지만 27절에 보면 "그의 아버지의 가문과 그 성읍 사람들을 두려워하므로 이 일을 감히 낮에 행하지 못하고 밤에 행하니라"고 나옵니다. 겁이 많은 사람이요, 소심한 사람입니다. 또 기드온은 꿈이 있는 사람이나 비전이 있는 사람이나 열정이 있는 사람도 아니었습니다. 하나님이 실제로 기드온에게 나타나서 직접 하나님이 보내신다고 말씀까지 하셨지만 기드온의 반응은 꿈, 비전, 열정이 있는 사람의 모습이 아닙니다. 만약 꿈과 비전과 열정이 있었다면, 그 동안은 비록 꿈과 비전과 열정이 있음에도 불구하고 너무나 미약한 부족과 너무나 무기력한 집안 형편 때문에 펼칠 수 없어서 기회가 오기만을 기다렸었는데 드디어 하나님이 오셔서 돌파구를 열어주는 듯한 말씀에 환호했어야 합니다. 드디어 기회가 왔다고, 드디어 한 번 도전해볼만하다고 좋아했어야 합니다. 혹시 하나님이 자신을 부르지 않고 지나가면 쫓아가서 매어달리기라도 했어야 합니다. 그러나 기드온은 전혀 그런 모습을 보이지 않았습니다.

또 기드온은 영성이 있는 사람, 신실한 사람, 오직 하나님만 의지하는 사람이 아니었습니다. 6장 25절을 다시 보면 "그 날 밤에 여호와께서 기드온에게 이르시되 네 아버지에게 있는 수소 곧 칠 년 된 둘째 수소를 끌어 오고 네 아버지에게 있는 바알의 제단을 헐며 그 곁의 아세라 상을 찍고"입니다. 바알과 아세라 상을 찍는데 그것이 바로 자기 아버지 집에 있습니다. 기드온은 우상집안 출신으로 우상을 섬기던 사람이었습니다.

공통점

성경에 등장하는 인물, 하나님이 세우신 인물의 공통점이 있다면 그것은 '사람들의 생각에 별로 주목받지 못한 인물들이었다' 는 것입니다. 하나님은 잘난 사람만 쓰신 것이 아니요, 하나님은 못난 사람만 쓰신 것이 아닙니다. 옛날이나 지금이나 사람들이 하나님의 뜻을 오해하는 이유는 하나님이 사람을 왜 부르고, 왜 세우는지를 오해하기 때문입니다. 하나님은 사람을 세워서 일을 시키려고 하는 것이 아닙니다. 물론 하나님이 일을 하시고 사건을 진행하십니다. 그런데 하나님이 하시는 그 일, 그 사건은 그 자체가 목적이 아니라 그 일이나 사건을 통해서 죄인들에게 하나님을 알게 하는 것이 목적입니다. 하나님을 알리는 것이 목적이기에 사람들이 생각하는 것과 다른 인물, 다른 방식, 다른 내용이어야 한다는 것입니다. 그래서 하나님은 쓰신 사람은 그 사람이 잘났느냐 못났느냐와 관계없이 그 시대의 사람들의 기대, 그 시대 사람들의 인식과 달랐다는 것입니다. 사람들은 대체로 일을 하려면 능력 있고 잘난 사람이 해야 한다고 생각했기에, 하나님은 사람들과는 달리 주로 사람들의 생각에 능력이 없거나 가능성이 없어 보이는 사람을 선택했다는 것입니다. 그래야 그 일을 이루어낸 것이 그 사람이 아니라 하나님인 것을 알릴 수 있기 때문입니다. 특별히 신앙적인 측면에서 하나님을 잘 믿었던 사람들이 아니라 도리어 하나님을 몰랐던 사람들, 더 나아가 우상숭배의 집안 출신이나 이방종교와 밀접한 관계에 있던 사람들이 주로 뽑혔습니다.

아브라함의 경우도 믿음의 가문 출신이 아닙니다. 여호수아 24장 2절은 "아브라함의 아버지 데라가 강 저쪽에 거주하여 다른 신들을 섬겼으나"입니다. 요셉도 애굽에서 총리가 되었을 때에 애굽의 종교를 멀리하고 오직 하나님만을 섬겼던 것이 아닙니다. 요셉은 이름을 애굽식으로 사브낫바네아로 개명하고, 온 지역의 애굽종교 또는 지역종교의 제사장 보디베라의 딸 아스낫과 결혼합니다. 혹시 다니엘을 이방 왕의 음식도 거부하고 신상에 절하는 것도 거부하였던 믿음의 절개와 지조를 지킨 사람으로 칭찬하신다면, 요셉은 배교자요, 변절자로 욕하셔야 합니다. 모세는 애굽에서 애굽종교에 익숙했던 사람이었고 출애굽기 2장 16절에 의하면 광야에서는 미디안의 지역종교, 민간종교 제사장 이드로의 사위가 된 사람이었습니다. 그리고 기드온도 하나님 신앙과는 거리가 먼 사람입니다. 기드온의 아버지는 바알과 아세라를 믿는 정도가 아니라, 저 멀리 산 위에 바알과 아세라 신상이 있어 가끔 찾아가서 절하고 예물을 드리는 정도가 아니라, 아예 자기 집에 바알의 제단이 있고 아세라 상을 두고 적극적으로 섬겼던 사람입니다. 기드온이 그런 우상 집안 출신입니다.

하나님이 못난 사람만 쓰신다거나, 하나님은 훌륭한 사람은 안 쓰신다는 이야기가 아닙니다. 하나님이 잘난 사람을 쓰신 경우도 많습니다. 하나님이 왜 이렇게 하시느냐를 이해해야 한다는 것입니다. 하나님의 의도는 사람들의 생각, 죄인들의 인식을 바꾸시는 것이요, 하나님을 알게 하는 것입니다. 그런데 많은 사람들이 생각이나 인식을 바꾸려고 하지 않습니다. 생각이나 인식은 똑같이 두고 즉 잘나야 한다, 준비해야 한다는 인식은 똑같이 두고, 잘 나지 못한 자신을 잘 나게 만들고, 지혜가 부족한 자기 지혜를 채우는 것만 변화시키려고 한다는 것입니다. 성경을 배우는 것은 인식, 가치, 기준, 개념, 원리, 마음을 바꾸는 것입니다. 하나님을 아셔야 하고, 하나님 때문에 인식과 가치와 기준, 개념과 원리가 바꾸어져야 하는 것입니다. 하나님은 일 시키려고 사람을 부르시지 않습니다. 하나님은 써먹으려고 사람을 구원하지 않습니다. 하나님을 알고, 하나님의 마음을 가져서, 인간이 행복하기를 원하시는 것입니다.

표징을 보이소서

은혜를 얻었사오면

사사기 6장에서 기드온이 보여주는 전형적인 죄의 사고방식의 첫 번째가 하나님도 잘난 사람을 쓴다는 것이고, 두 번째가 은혜를 이해하지 못한다는 것으로 17절 "기드온이 그에게 대답하되 만일 내가 주께 은혜를 얻었사오면"입니다. 기드온은 하나님이 자신에게 오셨다는 것, 하나님이 자신을 보낸다는 것, 자기가 여호와의 은혜를 받는다는 것을 이해하지 못하는 것입니다. 비록 자기 집안이 약하고 자신이 작은 자일지라도, 자신이 수고하고 노력하고 공을 들인 것이 있으면 혹시 은혜가 올 수도 있다고 생각하는 것입니다. 그러나 자기는 은혜 받을 만한 행동을 한 적이 없다는 것입니다. 첫 번째는 출신에 관한 것이었고 두 번째는 자기 행동에 관한 것입니다.

죄인들에게는 은혜라는 개념 자체가 없는 것입니다. 기독교에서 말하는 은혜를 세상적 표현으로 한다면 공짜입니다. 그래서 세상의 대표적 표현이 공짜는 없다는 것입니다. 사람들이 자주 하는 말이 공짜 좋아하지 마라, 세상에 공짜는 없다, 괜히 공짜인줄 알고 받으면 반드시 뒤에 탈난다는 것입니다. 이 말이 세상에서는 모두 맞는 말입니다. 왜냐하면 세상은 하나님의 원리가 아니라 죄의 원리만 있기 때문입니다. 하지만 하나님께는 맞지 않는 말입니다. 이 말을 하나님께 적용해서는 안 되는 이유는 하나님은 죄와 다르기 때문입니다. 하나님이 죄와 어떻게 다른지, 하나님의 원리와 죄의 원리가 어떻게 다른지를 분별해야 합니다. 그래서 기독교는 세상과는 달라야 하고 교회는 세상과는 달라야 합니다. 기독교는 하나님이 계시기 때문이요, 교회는 하나님의 마음과 원리가 있기 때문입니다.

은혜를 말하면 말 그대로 은혜만 말해야 하고, 은혜를 말하면 하나님만 말해야 합니다. 하나님이 하셨다고 강조해야 은혜를 은혜 되게 표현하는 것입니다. 말은 하나님의 은혜라고 하는데 내용을 들어보면 모두 자신의 열심이요, 자신의 노력이요, 자신의 수고를 말하는 것은 은혜를 모욕하는 것입니다. 기드온은 은혜를 몰랐을 뿐이지 은혜를 변질시킨 적은 없습니다. 그러나 오늘날은 은혜를 모르는 것이 아니라 은혜를 왜곡하고 변질시키고 있기 때문에 더더욱 문제가 심각한 것입니다. 신앙은 하나님 앞에서 교만할 수도 없고 겸손할 수도 없는 것입니다. 그냥 은혜일 뿐입니다.

하나님이 주시는 표징

기드온이 보여주는 세 번째 죄의 방식이 '표징을 내게 보이소서' 입니다. 기드온의 요구는 하나님의 방식으로 확신하는 것이 아니라 자신의 방식으로, 자신이 신뢰하는 방식으로 확인하겠다는 것입니다. 자신이 이해하는 방식으로 확인하는 것이 왜 죄의 방식이냐고 반문할 수 있습니다. 그 이유를 상고해 보겠습니다. 기드온이 하나님께 요구한 방식이 6장 18절 "내가 예물을 가지고 다시 주께로 와서 그것을 주 앞에 드리기까지 이곳을 떠나지 마시기를 원하나이다"입니다. 그래서 6장 19절 "기드온이 가서 염소 새끼 하나를 준비하고 가루 한 에바로 무교병을 만들고 고기를 소쿠리에 담고 국을 양푼에 담아 상수리나무 아래 그에게로 가져다가 드리매"입니다. 기드온은 예물을 드렸습니다. 아마도 기드온은 신적인 반응이 오는 것을 기다리는 것 같습니다. 기드온이 이렇게 확인하려 했는지는 본문에 나오지 않지만 열왕기상 18장에서 엘리야와 바알의 선지자들 사이에서 벌어졌던 사건에서 힌트를 얻을 수 있을 것 같습니다. 그 때에는 각자 신의 이름을 부르고 이에 불로 응답하는 신이 참 신이 되는 방법이었습니다.

기드온이 예물을 가져오자, 하나님이 하신 말씀이 6장 20절 "하나님의 사자가 그에게 이르되 고기와 무교병을 가져다가 이 바위 위에 놓고 국을 부으라 하니 그대로 하니라"입니다. 하나님의 말씀을 듣고 기드온의 심정이 어땠을까요? 하나님이 시키는대로 하면서도 아마 기드온은 마음이 편안하기 보다는 불안했을 것입니다. 왜냐하면 기드온은 이미 자신이 알고 있는 최상의 방법으로 예물을 드렸을 것이기 때문입니다. 기드온의 입장에서는 반응이 잘 올 수 있는 방식이어야 합니다. 기드온이 고기와 국을 따로 떼어놓았습니다. 기드온에게 유리하게 해 놓았을까요, 불리하게 해 놓았을까요? 당연히 유리하게 해 놓았을 것입니다. 그런데 하나님은 기드온이 해 놓은 대로 두시지 않고 고기에 국을 부으라고 하시어 기드온이 보기에 더 불리하게 만드시는 것입니다. 기드온의 입장에서는 속이 바짝바짝 타 들어갔을 것입니다. 그런데 하나님은 일부러 이렇게 하시는 것입니다. 기드온을 약 올리는 것이 아니라 더욱 분명하게 하시려는 것입니다. 이 일도 하나님의 목적을 알면 당연하게 여겨지는 것입니다. 하나님을 알게 하려고 하기에, 가능한 조건을 어렵게 만들고 해내야 하나님이 하셨다는 것을 공증 받을 수 있게 되는 것입니다. 하나님은 고기 위에 국을 부으라고 하신 후에 6장 21절 "여호와의 사자가 손에 잡은 지팡이 끝을 내밀어 고기와 무교병에 대니 불이 바위에서 나와 고기와 무교병을 살랐고"입니다. 하나님은 기드온이 요청한 표징을 기드온이 보는 앞에서 보여주셨습니다.

확인 결과

기드온이 자기가 표징을 요구한 대로 다 이루어졌습니다. 확인을 했고 그가 여호와의 사자인 줄을 알았습니다. 다 확인했으니 이제 어떻게 해야 됩니까? 참 어처구니가 없는 장면이 일어납니다. 6장 22절 "기드온이 그가 여호와의 사자인 줄을 알고 이르되 슬프도소이다 주 여호와여 내가 여호와의 사자를 대면하여 보았나이다 하니"입니다. 이럴 것이면 무엇하러 표징을 보여 달라고 했습니까? 응답받아서 기뻐하고 즐거워하는 것이 아니라 슬프면 어쩌자는 것입니까? 단순히 슬퍼한 정도가 아닌 것 같습니다. 23절에 "여호와께서 그에게 이르시되 너는 안심하라 두려워하지 말라 죽지 아니하리라 하시니라" 입니다. 기드온은 자기의 요청이 이루어진 후에 도리어 불안해했고 두려워했습니다. 죄의 종교에서는 인간이 신을 볼 수 없고, 인간이 신과 함께 할 수 없다고 여기기 때문입니다. 죄의 종교에서는 신과 인간을 분리하고, 인간이 신에게 범접할 수 없게 함으로써 신의 위엄을 간직하고 신의 권세를 부각시키기 때문입니다. 그러한 죄의 종교인식에 사로잡혀 있는 기드온은 표징이 기쁨이 아니라 슬픔이었고 감격이 아니라 두려움이었고 안도감이 아니라 공포였습니다.

아마 여기서 궁금하신 것이 하나 있을 것입니다. 죄의 종교에서 신의 응답을 받으면 감격 대신 두려움이었다면, 기드온은 죄의 종교에 사로잡혀 있으면서 왜 표징을 보여 달라고 했겠느냐는 것입니다. 그것은 아주 간단합니다. 기드온은 표징이 올 것이라고 생각하지 않았던 것입니다. 자기 집안을 보나, 자기 자신을 보나, 자기 행동을 보나 어느 측면에서도 하나님은 자기를 선발하지 않을 것이며, 자기가 은혜를 받을 리가 없다고 생각한 것입니다. 그래서 하나님이 고기 위에 국을 부으라고 했을 때도 그대로 했던 것입니다. 어차피 아무런 응답이 오지 않을 것으로 여겼던 것입니다. 기드온이 이렇게 생각하고 이렇게 행동했으니 하나님이 어떻게 해 주셨어야 합니까? 하나님이 나타나지 말았어야 합니까? 하나님이 표징을 보여주지 말았어야 합니까? 안 보여주면 믿지 못하겠다고 하고, 보여주면 죽겠다고 하면 어떻게 해야 합니까? 보여줄랑 말랑 해야 합니까? 보여준 것도 아니고 안 보여준 것도 아니고 애매모호하게 해야 합니까? 이것이 죄인의 한계입니다.

기드온의 변화

기드온이 차라리 표징을 보여 달라고 하지 않았었다면 두려워하지는 않았을 것입니다. 표징을 요구한 것이 잘못이 아니라, 기드온이 가지고 있던 죄적 사고방식의 허상을 보여주는 것입니다. 하나님이 기드온에게 표징도 보여주시고, 하나님이 기드온에게 안심하라, 두려워하지 말라, 죽지 아니하리라고 안정도 시켜주시고 평온도 주십니다. 기드온은 일거리만 만들고 하나님은 계속하여 기드온을 도와주십니다. 하나님은 기드온을 책망하지도 않고 기드온을 한심해하지도 않고 기드온을 조롱하거나 비웃지도 않습니다. 하나님은 이미 죄의 방식의 어처구니없음을 알고 계시고 이 사건을 통해 기드온에게 하나님을 알리고 진리를 알리려고 하셨기 때문입니다. 그동안 기드온이 가지고 있던 신에 대한 생각, 종교에 대한 생각을 바꾸어 주려고 하셨기 때문입니다.

기드온은 자기가 하나님께 요구한 것을 응답받아 다 확인했습니다. 그래서 기드온이 달라진 것이 없습니다. 기드온의 행동에 의해 하나님이 기드온에게 더 주신 것이 없고 하나님이 기드온에게 이미 주신 것에서 제한 것도 없습니다. 하나님은 이미 기드온을 불렀었고 하나님은 이미 기드온에게 은혜를 주었습니다. 다만 기드온이 모르고 있었고 인정하지 않았던 것뿐입니다. 하나님을 알면 처음부터 감사함과 평안함을 누릴 수 있는 것이고 하나님을 모르면 쓸데없는 일을 행하고 두려움과 공포를 지나 겨우 안도의 한숨을 쉴 수 있을 뿐입니다. 기드온은 자기가 살아있는 것이 얼마나 다행스러웠는지 시키지도 않았는데 스스로 거기서 여호와를 위하여 제단을 쌓고 그것을 여호와 살롬이라고 이름을 짓습니다.

하지만 이것도 쓸데없는 일입니다. 하나님이 언제 하나님을 위하여 제단을 쌓으라고 했습니까? 꼭 시키지도 않는 일을 합니다. 그렇게 하는 것이 하나님을 위하는 방식인 줄로 오해하고 착각하고 있습니다. 지금 필요한 게 무엇입니까? 이 순간에 기드온이 해야할 일이 무엇입니까? 이 사건이 있기 전에 하나님이 하신 말씀이 14절 "너는 가서 이 너의 힘으로 이스라엘을 미디안의 손에서 구원하라. 내가 너를 보낸 것이 아니냐"였습니다. 그 다음에 기드온의 표징 요구로 15절 이하의 엉뚱한 사건이 발생했던 것입니다. 그렇다면 이제 표징을 본 다음에 해야 할 일이 무엇입니까? 하나님이 보낸다고 하셨으니 기드온이 가는 이야기가 나와야 하는 것입니다. 기드온이 할 일은 제단을 쌓는 것이 아니라 가는 것입니다. 그런데 기드온은 안 갑니다. 제단을 쌓은 다음에도 안 갑니다.

자기모순

신상 사건

사사기 6장은 이스라엘의 상황을 이해하는 중요한 핵심을 언급하고 있습니다. 1장에서 이스라엘은 가나안 주민들이 너무 강해서 쫓아내지 못했다고 항변합니다. 그러나 하나님은 2장 2절에서 "너희가 내 목소리를 듣지 아니하였으니", 20절에서 "나의 목소리를 순종하지 아니하였은즉"이라고 말씀하십니다. 이스라엘은 환경이나 형편이나 능력을 핵심으로 보고 있고 하나님은 하나님의 말씀을 듣는 것을 핵심으로 보고 있는 것입니다. 상황을 판단하는 기준이 다르고, 상황을 인식하는 기준이 다른 것입니다. 3장에서 이스라엘이 여호와를 잊어버리고 바알들과 아세라를 섬겼고, 결과는 메소보다미아 왕 구산 리사다임에게 팔 년 동안 압제를 받았습니다. 이때 이스라엘은 자신들의 문제를 압제받는 것이라고 생각했습니다. 그래서 우상을 버리고 하나님께 돌아오는 행동은 하지 않고 단지 압제에서 해방시켜 달라고만 합니다. 하나님이 옷니엘을 통하여 해방시켜 주고 평온함을 주신 것은 압제를 풀어주는 것이 목적이 아니라 이 사건을 통해 하나님을 배우게 하는 것입니다. 그런데 이스라엘은 평온해지자 또다시 악을 행합니다. 자신들이 하나님을 버린 것, 자신들이 우상을 섬긴 것이 원인이요, 핵심인 것을 알지 못하는 것입니다.

똑같은 패턴이 두 번 더 반복됩니다. 이스라엘이 여호와의 목전에 악을 행하여 모압 왕 에글론에게 열여덟 해 동안 압제를 받자, 이스라엘이 도움을 요청하고 하나님이 에훗을 통해 이스라엘을 구원해 주십니다. 그 후 이스라엘이 여호와의 목전에 악을 행하여 가나안 왕 야빈에게 이십년 동안 학대를 받자, 이스라엘이 도움을 요청하고 하나님이 드보라와 야엘을 통해 이스라엘을 구원해 주십니다. 그러나 이스라엘은 전혀 핵심을 파악하지 못하고 있습니다. 압제에서 풀린 것을 다행스럽게 여길 뿐 하나님을 배우지 못하고, 하나님께 돌아오지 않는 것입니다. 그렇다면 그 다음 장면은 안 봐도 비디오입니다. 그래서 똑같은 패턴이 6장에 또 반복되는 것입니다. 이스라엘이 여호와의 목전에 또 악을 행하고 이번에는 미디안에게 고난을 받아 궁핍함이 심하게 된 것입니다. 이스라엘이 여호와께 부르짖자 여호와께서 이스라엘에게 왜 이런 일이 발생했는지를 정확하게 지적해 주십니다. 그것이 6장 10절이었습니다. 맨 마지막에 "너희가 내 목소리를 듣지 아니하였느니라"가 핵심입니다. 이미 2장 2절에서도 "너희가 내 목소리를 듣지 아니하였으니"라고 가르쳤었고, 이스라엘이 도무지 깨닫지 못하고 어리석음을 반복하자 6장에서 하나님도 가르침을 반복하시는 것입니다. 그러나 기드온은 자신들이 여호와를 떠났다고 생각하지 않고 6장 13절에서 도리어 여호와가 자신들을 떠났다고 항변했습니다. 여호와가 떠난 것이 아님을 확인시켜 주기 위해서 하나님이 14절에서 "내가 너를 보낸다"고 하셨고 16절에 "내가 반드시 너와 함께 하리라"고 하셨습니다.

그리고 표징 사건이 있은 다음에 하나님이 이스라엘에게 이스라엘이 처한 상황의 원인, 이스라엘이 당한 고난의 핵심을 사건으로 알려주는 것이 25절 이하입니다. 하나님이 기드온을 통하여 미디안을 물리쳐주면 이스라엘은 또 아무 것도 배우지 않고 또 그 동안의 어리석음을 반복할 것입니다. 그래서 하나님은 이스라엘을 미디안에서 구원해주기 전에 더욱 구체적으로, 더욱 직설적으로 이스라엘 문제의 원인, 하나님의 구원의 목적을 가르쳐주시는 것입니다. 하나님이 기드온을 미디안에 보내기 전에, 미디안을 물리치기 전에 하나님이 기드온에게 하시는 말씀이 6장 25절 이하 "그 날 밤에 여호와께서 기드온에게 이르시되 네 아버지에게 있는 수소 곧 칠 년 된 둘째 수소를 끌어 오고 네 아버지에게 있는 바알의 제단을 헐며 그 곁의 아세라 상을 찍고 또 이 산성 꼭대기에 네 하나님 여호와를 위하여 규례대로 한 제단을 쌓고 그 둘째 수소를 잡아 네가 찍은 아세라 나무로 번제를 드릴지니라 하시니라"입니다.

하나님이 계속해서 이스라엘을 구원해 주어도 이스라엘이 우상을 버리지 않고 하나님께로 돌아오지 않자 하나님은 직접 바알과 아세라를 찍어버리라고 하시는 것입니다. 행여 찍어버리지 않고 잠시 치워뒀다가 다시 섬길까봐 아예 찍은 나무로 번제를 드리라고 말씀하시는 것입니다. 하나님이 제사를 받고 싶은 것이 아니라, 하나님이 예물을 받고 싶은 것이 아니라 이스라엘에게 문제의 핵심, 상황의 원인이 무엇인지를 가르치시는 것입니다. 기드온은 당연히 두려워합니다. 그러나 하나님은 기드온이 바알과 아세라의 신상을 찍고 제단을 파괴하고도 전혀 해를 당하지 않게 하심으로, 하나님이 능력이 있으시며 하나님이 기드온과 함께 하고 계심을 확증하여 주시는 것입니다. 참으로 자상하시고 인자하시고 친절하시고 세밀하시고 정교하신 하나님이십니다. 기드온으로서는 꿈도 꾸지 못한, 자신이 요청하지도 기대하지도 않은 놀라운 이적을 체험하고 은혜를 체험하는 것입니다.

기드온의 재시험

6장 33절에 의하면 미디안과 아말렉과 동방 사람들이 다 함께 모여 요단강을 건너와서 이스라엘 골짜기에 진을 쳤습니다. 하나님은 미디안의 손에서 구원해주시겠다고 약속하셨기에, 기드온과 함께 하시겠다고 약속하셨기에 여호와의 영이 기드온에게 임하십니다. 그런데 기드온은 여호와의 영을 의지하지 않고 자기가 의지할 수 있는 수단으로 군사들을 모읍니다. 34절 중간부 부터 "기드온이 나팔을 불매 아비에셀이 그의 뒤를 따라 부름을 받으니라 기드온이 또 사자들을 온 므낫세에 두루 보내매 그들도 모여서 그를 따르고 또 사자들을 아셀과 스불론과 납달리에 보내매 그 무리도 올라와 그를 영접하더라"입니다. 이렇게 해서 모인 군사가 약 삼만 이천 명 정도입니다. 여호와의 약속도 받았고, 여호와의 표징도 받았고, 여호와의 영도 임했고, 자기의 군사도 모았습니다. 이제는 가야하는데 안 갑니다. 쉽게 가면 죄인이 아닙니다.

모든 준비를 다 갖추고 난 후에 기드온이 하는 행동이 36절 이하 "기드온이 하나님께 여쭈되 주께서 이미 말씀하심 같이 내 손으로 이스라엘을 구원하시려거든 보소서 내가 양털 한 뭉치를 타작마당에 두리니 만일 이슬이 양털에만 있고 주변 땅은 마르면 주께서 이미 말씀하심 같이 내 손으로 이스라엘을 구원하실 줄을 내가 알겠나이다 하였더니"입니다. 이것이 너무 어이가 없는 것은 앞에서 자신이 요구해서 자신이 확인받은 것을 자신이 믿지 못하고 있다는 것입니다. 그렇다면 이번에도 자신이 요구해서 자신이 확인받더라 자신이 믿을 수가 없는 것입니다. 기드온이 표징을 요구하였더니 38절 "그대로 되니라"입니다. 그런데 또 39절이 나오는 것입니다. "기드온이 또 하나님께 여쭈되 주여 내게 노하지 마옵소서 내가 이번만 말하리이다 구하옵나니 내게 이번만 양털로 시험하게 하소서 원하건대 양털만 마르고 그 주변 땅에는 다 이슬이 있게 하옵소서" 입니다. 그렇다면 이번에는 자신이 요구해서 자신이 확인받는다면 자신이 믿을까요? 하나님은 40절 "그 밤에 하나님이 그대로 행하시니"입니다. 하나님은 계속하여 기드온의 요구 조건을 다 들어주십니다. 그럼에도 불구하고 기드온은 변하지 않습니다. 기드온은 계속하여 믿지 못하는 것입니다. 자신이 확인한 것을 자신이 믿지 못하는 것입니다.

성도

이스라엘의 문제, 인간의 문제는 하나님이 떠나신 것이 아니고 하나님이 버리신 것이 아니고 하나님이 함께 하지 않은 것이 아니고 죄인들이 하나님을 모르고 하나님을 배우지 않는다는 것입니다. 오늘날 대부분의 성도들이 바로 기드온의 행동을 반복하고 있습니다. 자신이 믿지 않는 것이 아니라 도저히 믿을 수가 없다고 주장합니다. 자신이 믿을 만한 증거가 나타나면 믿겠다고 말합니다. 자신이 납득할 수 있으면, 자신이 믿을 만하면 믿겠다는 사고방식이 바로 죄의 사고방식이요, 그 사고방식을 벗어날 수 없는 것이 죄인의 한계입니다. 하나님은 인간을 시험하지 않습니다. 도리어 하나님이 인간에게 시험당하십니다. 그것도 하나님 스스로 더 어렵고 힘든 시험을 당하시는 것입니다. 하나님이 아무리 증거를 주어도 하나님을 알지 못하는 것이 죄인의 현실입니다.

저와 여러분이 구약을 통해 계속해서 확인하는 것이, 죄인이 하나님을 아는 것이 불가능하다는 것과 저와 여러분이 하나님을 알고 있는 것이 얼마나 놀라운 사건이냐는 것과 과연 내가 구원받은 것은 하나님의 은혜라는 사실입니다. 이제 구원받아 하나님의 자녀가 되었습니다. 하나님의 자녀가 되었으니 이제는 하나님을 배울 수 있고 하나님을 알 수 있게 된 것입니다. 그래서 저와 여러분이 성경을 배우고, 하나님을 배워서 죄의 사고방식 대신 하나님의 사고방식을 가져야 하고, 죄의 인식체계 대신 하나님의 인식체계를 가져야 하고, 죄의 패러다임 대신 하나님의 패러다임을 가져야 합니다. 그래서 이미 받은 하나님의 은혜를 누리고, 이미 받은 하나님의 복을 누리는 것이 성도가 행복한 삶을 사는 것이요, 하나님을 섬기는 것이요, 신앙생활 잘하는 것입니다. 하나님을 알아 가시고, 하나님으로 인해 즐거운 믿음생활, 신나는 교회생활, 행복한 신앙생활 되기를 주님의 이름으로 축원합니다.

19

스스로 자랑하기를

사사기 7:1~23

1 여룹바알이라 하는 기드온과 그를 따르는 모든 백성이 일찍이 일어나 하롯 샘 곁에
진을 쳤고 미디안의 진영은 그들의 북쪽이요 모레 산 앞 골짜기에 있었더라 2 여호와
께서 기드온에게 이르시되 너를 따르는 백성이 너무 많은즉 내가 그들의 손에 미디
안 사람을 넘겨주지 아니하리니 이는 이스라엘이 나를 거슬러 스스로 자랑하기를 내
손이 나를 구원하였다 할까 함이니라 3 이제 너는 백성의 귀에 외쳐 이르기를 누구든
지 두려워 떠는 자는 길르앗 산을 떠나 돌아가라 하라 하시니 이에 돌아간 백성이 이
만 이천 명이요 남은 자가 만 명이었더라 4 여호와께서 또 기드온에게 이르시되 백성
이 아직도 많으니 그들을 인도하여 물가로 내려가라 거기서 내가 너를 위하여 그들을
시험하리라 내가 누구를 가리켜 네게 이르기를 이 사람이 너와 함께 가리라 하면 그
는 너와 함께 갈 것이요 내가 누구를 가리켜 네게 이르기를 이 사람은 너와 함께 가
지 말 것이니라 하면 그는 가지 말 것이니라 하신지라 5 이에 백성을 인도하여 물가
에 내려가매 여호와께서 기드온에게 이르시되 누구든지 개가 핥는 것 같이 혀로 물을
핥는 자들을 너는 따로 세우고 또 누구든지 무릎을 꿇고 마시는 자들도 그와 같이 하
라 하시더니 6 손으로 움켜 입에 대고 핥는 자의 수는 삼백 명이요 그 외의 백성은 다
무릎을 꿇고 물을 마신지라 7 여호와께서 기드온에게 이르시되 내가 이 물을 핥아 먹
은 삼백 명으로 너희를 구원하며 미디안을 네 손에 넘겨주리니 남은 백성은 각각 자
기의 처소로 돌아갈 것이니라 하시니 8 이에 백성이 양식과 나팔을 손에 든지라 기드
온이 이스라엘 모든 백성을 각각 그의 장막으로 돌려보내고 그 삼백 명은 머물게 하
니라 미디안 진영은 그 아래 골짜기 가운데에 있었더라 9 그 밤에 여호와께서 기드온
에게 이르시되 일어나 진영으로 내려가라 내가 그것을 네 손에 넘겨주었느니라 10 만
일 네가 내려가기를 두려워하거든 네 부하 부라와 함께 그 진영으로 내려가서 11 그들
이 하는 말을 들으라 그 후에 네 손이 강하여져서 그 진영으로 내려가리라 하시니 기
드온이 이에 그의 부하 부라와 함께 군대가 있는 진영 근처로 내려간즉 12 미디안과

아말렉과 동방의 모든 사람들이 골짜기에 누웠는데 메뚜기의 많은 수와 같고 그들의
낙타의 수가 많아 해변의 모래가 많음 같은지라 13 기드온이 그 곳에 이른즉 어떤 사
람이 그의 친구에게 꿈을 말하여 이르기를 보라 내가 한 꿈을 꾸었는데 꿈에 보리떡
한 덩어리가 미디안 진영으로 굴러 들어와 한 장막에 이르러 그것을 쳐서 무너뜨려
위쪽으로 엎으니 그 장막이 쓰러지더라 14 그의 친구가 대답하여 이르되 이는 다른
것이 아니라 이스라엘 사람 요아스의 아들 기드온의 칼이라 하나님이 미디안과 그 모
든 진영을 그의 손에 넘겨주셨느니라 하더라 15 기드온이 그 꿈과 해몽하는 말을 듣
고 경배하며 이스라엘 진영으로 돌아와 이르되 일어나라 여호와께서 미디안과 그 모
든 진영을 너희 손에 넘겨주셨느니라 하고 16 삼백 명을 세 대로 나누어 각 손에 나팔
과 빈 항아리를 들리고 항아리 안에는 횃불을 감추게 하고 17 그들에게 이르되 너희
는 나만 보고 내가 하는 대로 하되 내가 그 진영 근처에 이르러서 내가 하는 대로 너
희도 그리하여 18 나와 나를 따르는 자가 다 나팔을 불거든 너희도 모든 진영 주위에
서 나팔을 불며 이르기를 여호와를 위하라, 기드온을 위하라 하라 하니라 19 기드온과
그와 함께 한 백 명이 이경 초에 진영 근처에 이른즉 바로 파수꾼들을 교대한 때라
그들이 나팔을 불며 손에 가졌던 항아리를 부수니라 20 세 대가 나팔을 불며 항아리
를 부수고 왼손에 횃불을 들고 오른손에 나팔을 들어 불며 외쳐 이르되 여호와와 기
드온의 칼이다 하고 21 각기 제자리에 서서 그 진영을 에워싸매 그 온 진영의 군사들
이 뛰고 부르짖으며 도망하였는데 22 삼백 명이 나팔을 불 때에 여호와께서 그 온 진
영에서 친구끼리 칼로 치게 하시므로 적군이 도망하여 스레라의 벧 싯다에 이르고 또
답밧에 가까운 아벨므홀라의 경계에 이르렀으며 23 이스라엘 사람들은 납달리와 아
셀과 온 므낫세에서부터 부름을 받고 미디안을 추격하였더라

죄인의 한계

기드온의 행태

기드온과 하나님의 만남은 하나님에 의해서 시작되었습니다. 기드온이 하나님을 찾아온 것이 아니라 하나님이 기드온을 찾아오셨습니다. 기드온이 하나님께 제발 자신을 보내달라고 간청한 것이 아니라 하나님이 기드온을 보내신다고 선언하셨습니다. 기드온이 드디어 민족을 궁핍함에서 해방시킬 기회가 왔다고 뛰쳐나간 것이 아니라 하나님이 이스라엘을 불쌍히 여기시고, 하나님이 이스라엘과 함께 하신다고 강조하셨습니다. 기드온이 한 일은 첫째는 하나님 원망 또는 하나님 비난이었습니다.

이스라엘이 당한 현실이 하나님이 자신들을 버렸기 때문이라고, 하나님 탓이라고 했습니다. 사사기 6장 13절 "기드온이 그에게 대답하되 오 주여 여호와께서 우리와 함께 계시면 어찌하여 이 모든 일이 우리에게 일어났나이까"입니다. 기드온이 한 일 두 번째는 하나님의 말씀 거부였습니다. 6장 15절 "오 주여 내가 무엇으로 이스라엘을 구원하리이까 보소서, 나의 집은 므낫세 중에 극히 약하고 나는 내 아버지 집에서 가장 작은 자니이다"입니다. 기드온이 정말 교활하게 하나님이 말씀하실 때마다 전혀 인정하지는 않고 계속하여 태클을 겁니다. 그런데 말끝마다 '오! 주여' 입니다. 하나님에 대하여 '오! 주여' 라고 부르기는 하는데 전혀 주께서 하시는 말씀을 인정하지 않고, 순종하지 않습니다.

기드온이 행한 것 세 번째는 하나님 시험하기였습니다. 17절 "만일 내가 주께 은혜를 얻었사오면 나와 말씀하신 이가 주되시는 표징을 내게 보이소서"입니다. 부르기는 주라고 부르고, 주가 주되신 표징을 내놓으라고 합니다. 누가 주인지 입장이 바뀌었습니다. 기드온이 행한 것 네 번째는 하나님 다시 시험하기였습니다. 36절 이하 "주께서 이미 말씀하심 같이 내 손으로 이스라엘을 구원하시려거든 보소서 내가 양털 한 뭉치를 타작마당에 두리니 만일 이슬이 양털에만 있고 주변 땅은 마르면 주께서 이미 말씀하심 같이 내 손으로 이스라엘을 구원하실 줄을 내가 알겠나이다"입니다. 이것이 아주 괘씸한 것입니다. 왜냐하면 이미 하나님을 시험했었기 때문입니다. 자기가 하나님의 표징을 요구했고, 자기가 요구한 대로 하나님이 응답하셨고, 자신도 인정을 했습니다. 22절 "슬프도소이다 주 여호와여 내가 여호와의 사자를 대면하여 보았나이다"라고 분명하게 말했습니다. 그런데 하나님을 또 시험합니다. 물론 주제가 다릅니다. 표징을 요구할 때는 자신과 말씀하시는 분이 주되시는 표징을 구한 것이고, 이제는 주께서 이미 말씀하심 같이 내 손으로 이스라엘을 구원하실지의 여부입니다. 그러니까 처음 시험은 하나님인지 아닌지의 여부를 확인한 것이고 지금 시험은 하나님이 능력이 있는지 없는지를 시험하는 것입니다. 기드온이 어찌 보면 괘씸하고 어찌 보면 교활합니다. 인자하신 하나님은 그 시험도 받아주십니다. 그런데 기드온이 참 얍삽하고 고약합니다. 양털시험을 한 번만 하는 것이 아니라 두 번 합니다. 아주 요물입니다. 하나님을 들었다 놨다합니다.

하나님이 얼마나 속이 넓은지, 하나님이 얼마나 인간을 위해주시는지 기드온 사건만 봐도 저절로 확인이 됩니다. 하나님이 기드온의 모든 요구를 다 받아주십니다. 기드온이 시키는 대로 다 하십니다. 불을 내리라면 내리고 이슬을 내리라면 내리십니다. 짜증도 안내시고 역정도 안 내십니다. 하나님은 기드온의 상태를 아시고, 기드온의 심정을 아시고, 기드온의 필요를 아시기 때문입니다. 하나님이 수고해서 기드온이 평안하다면 하나님은 다 하십니다. 하나님이 일해서 기드온이 안심이 된다면 하나님은 다 하십니다. 하나님이 인간을 사랑하시고 하나님이 인간을 위해주시기 때문입니다. 이렇게 말씀드리면 혹시 '기드온은 좋겠다. 하나님께 모든 것을 다 받았으니 참 부럽다' 라고 생각하시면 안 됩니다. 기드온과 저와 여러분 중에 더 큰 것을 받은 사람이 저와 여러분입니다. 성경에 나오는 인물 중에, 특히 구약에 나오는 인물 중에 우리가 본받아야 하는 인물, 우리가 부러워해야 하는 인물은 하나도 없습니다. 도리어 구약의 모든 인물의 소망이 바로 저와 여러분처럼 되는 것이었습니다. 구약의 모든 인물의 기대, 바람, 꿈, 비전이 바로 저와 여러분처럼 되는 것이었습니다. 구약을 살펴보는 것은 저와 여러분의 과거의 모습을 돌아보는 것이요 현재의 모습을 확인하는 것입니다. 성도의 현재의 모습이 얼마나 복된 것이요, 은혜로운 것인가를 확인하는 것입니다.

기드온의 군사

모든 시험을 마친 기드온이 드디어 전투를 준비합니다. 7장 1절 "여룹바알이라 하는 기드온과 그를 따르는 모든 백성이 일찍이 일어나 하롯 샘 곁에 진을 쳤고 미디안의 진영은 그들의 북쪽이요 모레 산 앞 골짜기에 있었더라"입니다. 기드온은 하나님을 시험하고, 하나님의 능력을 시험한 후에, 여호와의 영이 임한 후에 오직 하나님만 의지하고 출전한 것이 아닙니다. 기드온은 가능한 군사들을 모두 모았습니다. 6장 34절 이하 "여호와의 영이 기드온에게 임하시니 기드온이 나팔을 불매 아비에셀이 그의 뒤를 따라 부름을 받으니라 기드온이 또 사자들을 온 므낫세에 두루 보내매 그들도 모여서 그를 따르고 또 사자들을 아셀과 스불론과 납달리에 보내매 그 무리도 올라와 그를 영접하더라"입니다. 기드온은 므낫세 지파 사람이니까 당연히 자기 지파를 불렀고 주가로 아셀, 스불론, 납달리 지파를 동원하였으니 총 네 지파가 출동한 것입니다.

기드온은 하나님의 약속이나 자기가 시험하고 확인한 것보다는 자신이 모은 군사를 더 의지했습니다. 기드온이 소집을 요청하자 모여든 군사가 삼만 이천 명입니다. 당시의 상황을 고려하면 이 숫자가 대단한 것입니다. 이미 이스라엘은 미디안에게 칠년 동안 약탈을 당했습니다. 미디안은 칠 년 동안이나 파종할 때에 쳐들어와서 토지 소산을 멸하고 먹을 것을 남겨두지 아니하고 소나 나귀도 남겨두지 않았습니다. 기드온조차도 미디안을 두려워하여 모든 행동을 몰래 하고 있는 실정입니다. 이때 이스라엘 백성들은 기드온에게 무슨 일이 있었는지, 기드온이 하나님을 만났는지, 하나님을 시험해서 확인했는지, 어떤 약속을 받았는지 일체 모르고 있습니다. 그럼에도 불구하고 기드온이 사자를 보내자 모여든 사람이 자그마치 삼만 이천 명입니다. 만약 기드온이 보낸 사신이 여러분 집에 왔다면 여러분은 어떻게 하시겠습니까? 전쟁에 나가겠습니까? 기드온에게 모인 사람은 아마도 두 부류일 것입니다. 한 부류는 열정이 있는 사람들입니다. 그 동안 기회만 엿보고 있었는데, 누군가 나서주기만을 기다렸는데 드디어 때가 왔다고 생각하는 사람들입니다. 또 한 부류는 자포자기한 사람들입니다. 이래 죽으나 저래 죽으나 마찬가지니 싸움이라도 한 번 해보자는 사람입니다. 여하튼 삼만 이천 명이면 한번 해 볼 만 할 것입니다.

숫자놀이

이스라엘의 전투

이때 하나님은 군사가 너무 많다고 하십니다. 7장 2절 "여호와께서 기드온에게 이르시되 너를 따르는 백성이 너무 많은즉"입니다. 삼만 이천 명은 많은 것입니까, 적은 것입니까? 이 숫자가 많은 지 적은지를 확인하기 위해 성경에 나오는 다른 경우와 비교해 보도록 하겠습니다. 이스라엘이 가나안을 정복할 때 처음 전투가 여리고성 전투였습니다. 여리고성 전투에는 이스라엘 진영에서 몇 명이 출전했을까요? 여호수아 6장에 의하면 3절 "모든 군사는 그 성을 둘러 성 주위를 매일 한 번씩 돌아"라고 나옵니다. 모든 군사가 돌아야 하는데 모든 군사는 몇 명일까요? 이스라엘이 가나안에 들어오기 직전 광야에서 모든 군사를, 이십 세 이상으로 전쟁에 나갈 만한 군사를 계수하였을 때 숫자가 601,730명이었습니다. 그리고 6절, 7절, 8, 10절 등에서는 '백성에게 이르되' 라고 나옵니다. 백성의 숫자는 대략 이백만 명입니다. 여리고 전투에 동원한 군사가 많게 잡으면 이백 만 명이요 적게 잡으면 육십 만 명입니다. 하나님은 이때에는 백성이 너무 많다고 하시지 않았습니다.

여리고성을 정복한 다음 두 번째 전투가 아이성 전투입니다. 아이성 전투는 두 번을 합니다. 처음에는 이스라엘 백성들이 군사의 숫자를 정했습니다. 여호수아 7장 4절에 의하면 "백성 중 삼천 명쯤 그리로 올라갔다가"입니다. 이 전투에서 이스라엘이 패합니다. 후에 하나님이 여호수아에게 아이성을 다시 공격하라는 지시가 8장 3절 "이에 여호수아가 일어나서 군사와 함께 아이로 올라가려 하여 용사 삼만 명을 뽑아 밤에 보내며"입니다. 아이성을 공격하기 위해 하나님이 동원한 군사가 삼만 명입니다. 이때에도 하나님은 백성이 너무 많다고 하시지 않았습니다. 하나님은 왜 이랬다 저랬다 하십니까?

사사기에서도 확인해 보겠습니다. 사사기에는 군사의 편차가 매우 심합니다. 모압 왕 에글론을 상대한 사사가 에훗입니다. 에훗은 양면 작전을 사용했습니다. 우선 에글론 왕을 무찌를 때에는 에훗이 단독으로 움직였습니다. 왕에게 은밀한 일을 아뢰려 한다고 단독 회담을 요청하고 들어가서 칼로 찔러 죽였습니다. 그 후에 모압 군사들과 싸울 때에는 이스라엘 자손을 소집했습니다. 사사기 3장 27절 이하 "그가 이르러 에브라임 산지에서 나팔을 불매 이스라엘 자손이 산지에서 그를 따라 내려오니 에훗이 앞서 가며 그들에게 이르되 나를 따르라. 여호와께서 너희의 원수들인 모압을 너희의 손에 넘겨주셨느니라"입니다. 이스라엘 자손이 몇 명이 모였는지는 모르지만 이스라엘이 무찌른 모압 사람은 약 만 명이요 모두 장사요 모두 용사라고 했습니다. 여하튼 이스라엘 자손을 불러 모아서 전쟁을 했습니다. 이때에도 하나님은 백성이 너무 많다고 하시지 않았습니다.

삼갈은 완전히 독자적으로 활동했습니다. 소 모는 막대기로 블레셋 사람 육백 명을 죽였습니다. 그러나 드보라와 바락은 삼갈과는 정반대로 군사를 동원했습니다. 사사기 4장 6절에 의하면 "납달리 자손과 스불론 자손 만 명을 거느리고 다볼 산으로 가라"고 나오고 10절에 의하면 "바락이 스불론과 납달리를 게데스로 부르니 만 명이 그를 따라 올라가고 드보라도 그와 함께 올라가니라"입니다. 드보라와 바락은 납달리 지파와 스불론 두 지파에서 만 명을 동원한 것입니다. 하나님은 백성이 많다고 하시지 않았습니다. 그리고 기드온이 소집한 군사가 네 지파에서 삼만 이천 명입니다. 유독 이번에만 하나님은 백성이 많다고 하십니다. 삼만 이천 명이 많은 것입니까, 적은 것입니까? 육십 만 명은 많은 것이 아니고, 삼만 명은 많은 것이 아니고, 만 명은 많은 것이 아니고 유독 삼만 이천 명은 많은 것입니까? 도대체 백성이 많다는 기준이 무엇입니까? 왜 하나님은 느닷없이 백성이 많다고 하십니까?

상대적 숫자

하나님이 역사하시는 사건들의 궁극적 목적은 하나님을 알게 하는 것이요, 사람들 · 죄인들의 생각을 바꾸는 것입니다. 이스라엘이 미디안에게 압제를 받는 현실에서 이스라엘은 압제 받는 상황이 문제라고 인식하고 있습니다. 그러나 하나님은 상황이 문제라고 생각하지 않으십니다. 이미 하나님이 이스라엘에 사십 년간 평안을 주셨고, 팔십 년간 평온을 주셨지만 이스라엘은 평온할 때에 도리어 하나님을 버렸습니다. 이방의 압제에서 한 번, 두 번, 세 번 거듭 해방시켜 주어도 하나님을 배우지 않으면, 죄인들의 사고, 인식, 가치, 개념이 바뀌지 않으면 상황의 변화는 일시적 현상일 뿐입니다. 하나님이 기드온을 통해 이스라엘을 구원하실 때에도 하나님의 목적은 해방이 아니요, 궁핍함을 해결하는 것이 아니라 이스라엘 백성들, 죄인들의 생각을 바꾸시는 것입니다. 그러므로 '군사가 많으냐, 적으냐?' 는 판단은 단지 숫자에 관한 문제가 아니라 이스라엘의 생각, 이스라엘의 사고에 관한 문제인 것입니다.

기드온에게 모인 군사가 삼만 이천 명이요, 하나님은 이것이 많다고 하셨습니다. 여리고성 전투에 최소한 육십 만 명이 동원되었음에도 불구하고 하나님이 많다고 하지 않으신 이유는, 그때 이스라엘은 자기들이 여리고성을 이길 것으로 생각하지 않고 있었다는 것입니다. 여리고성을 향해 가면서 승리를 예감하지 않았고, 이긴 싸움이라고 사기가 충천한 것이 아니었습니다. 도리어 여리고성이 더 강력하고 자신들이 도무지 정복하지 못할 것으로 생각했습니다. 그러니 그런 마음을 가지고 있는 사람들의 경우에는 육십 만 명도 많은 것이 아닙니다. 정 반대의 경우가 아이성 전투입니다. 아이성의 경우에는 이스라엘이 스스로 동원한 군사가 삼천 명에 불과하지만 이번에는 삼천 명도 많은 것입니다. 왜냐하면 이스라엘이 삼천 명 만으로도 아이성을 쉽게 이길 것으로 생각했기 때문입니다. 그런데 삼천 명으로 패하고, 후에는 하나님이 삼만 명을 동원하라고 하십니다. 이때에는 삼만 명도 많은 것이 아닙니다. 왜냐하면 자신들이 이길 수 있다고 생각하지 않았기 때문입니다. '백성이 많으냐, 적으냐?' 의 기준은 숫자가 아니라 이스라엘의 생각, 이스라엘의 태도입니다. 자신들이 이길 수 있다고 생각하면 한 명도 많은 것이고, 자신들이 질 것 같다고 생각하면 육십 만 명도 적은 것입니다.

바락과 드보라의 경우에는 하나님이 만 명을 동원하라고 해서 만 명이 모였지만 하나님은 백성이 많다고 하지 않으셨습니다. 왜냐하면 가나안 왕 야빈은 철 병거 구백 승을 가지고 나왔기 때문입니다. 당시 철 병거의 구성에 대해서는 다양한 의견이 있습니다. 병거니까 말을 모는 사람과 전투하는 사람이 탔을 것이므로 최소한 2인 1조는 넘을 것이고, 3인 1조라는 주장과 4인 1조라는 주장도 있습니다. 4인 1조일 경우 병거에 관련된 군사만 삼천 육백 명이고 기타 동원된 군사가 또 있습니다. 그러나 이스라엘이 만 명이 모였어도 숫자적으로나 군사적으로나 전쟁 경험으로나 이스라엘이 이긴다고 생각하지 않았습니다. 그러기에 단순히 만 명은 많은 숫자일 수도 있지만 상대가 워낙 강력한 무기를 가지고 나왔기 때문에 이스라엘은 만 명을 많은 숫자라고 생각하지 않았던 것입니다. 이 경우에는 만 명이 많은 숫자가 아닌 것입니다.

숫자와 관계없이 하나님은 유독 기드온의 경우에만 백성이 많다고 하십니다. 그 이유는 기드온 때문입니다. 기드온은 하나님이 말씀하시자 난숨에 날려 나간 사람이 아닙니다. 기드온은 거듭 거듭 하나님을 확인하고, 하나님을 점검하고, 여호와의 영이 임하였음에도 불구하고 군사까지 모은 사람입니다. 돌다리도 두들겨보고 건너가는 사람 정도가 아니라 그 돌다리에 하나님 먼저 건너가 보라고 하고 하나님이 무사히 건너는 것을 보고 난 뒤에 건너려는 사람입니다. 의심하고 의심하고 점검하고 점검하고 준비하고 준비하는 사람입니다. 기드온이 이런 사람이기에 이런 사람이 전쟁에서 이기면 자기가 준비를 잘해서, 자기가 대비를 잘해서, 자기가 싸움을 잘해서 이겼다고 말할 가능성이 많은 것입니다. 그래서 하나님이 하시는 말씀이 7장 2절 "너를 따르는 백성이 너무 많은즉 내가 그들의 손에 미디안 사람을 넘겨주지 아니하리니 이는 이스라엘이 나를 거슬러 스스로 자랑하기를 내 손이 나를 구원하였다 할까 함이니라"입니다. 하나님은 전쟁에서 승리하는 것이 목적이 아니라 기드온의 생각, 이스라엘 사람들의 생각, 죄인들의 생각을 바꾸시려는 것입니다.

삼백 명의 의미

이제 삼백 명의 의미를 확인해 볼 시점입니다. 하나님이 삼만 이천 명의 군사가 많다고 지적하신 이유는 "이스라엘이 나를 거슬러 스스로 자랑하기를 내 손이 나를 구원하였다 할까"입니다. 이스라엘로 자랑하지 못하도록, 자신들이 스스로 구원한 것이라고 말하지 못하도록 하기 위한 조치로 일차적으로 숫자를 줄입니다. 7장 3절 "이제 너는 백성의 귀에 외쳐 이르기를 누구든지 두려워 떠는 자는 길르앗 산을 떠나 돌아가라 하라 하시니 이에 돌아간 백성이 이만 이천 명이요 남은 자가 만 명이었더라"입니다. 숫자를 줄이는 이유를 이해하셔야 합니다. 남은 만 명은 어찌 보면 많은 숫자요 어찌 보면 적은 숫자입니다. 몇 명이냐가 아니라 이스라엘로 자랑할 수 없게 하는 것이 중요합니다. 하나님은 7장 4절에서 "여호와께서 또 기드온에게 이르시되 백성이 아직도 많으니"라고 하십니다. 그래서 또 줄여서 남은 숫자가 7장 7절 "여호와께서 기드온에게 이르시되 내가 이 물을 핥아 먹은 삼백 명으로 너희를 구원하며 미디안을 네 손에 넘겨주리니 남은 백성은 각각 자기의 처소로 돌아갈 것이니라 하시니"입니다. 줄이고 줄여서 최종적으로 남은 군사가 삼백 명입니다.

군사의 숫자를 줄인 이유는 이스라엘로 하여금 스스로 구원하였다고 자랑하지 못하게 하려는 것입니다. 그렇다면 이 군사 삼백 명은 삼만 이천 명 중에 고르고 고른 최정예이어야 합니까, 반대로 오합지졸이어야 합니까? 누구를 데리고 승리해야 이스라엘이 자랑하지 못하고 하나님이 이기게 하셨다고 할 수 있습니까? 당연히 오합지졸이어야 합니다. 만약 여기서 삼백 명이 특공대라고 주장하면 성경의 의도와 정반대가 되는 것입니다. '나머지 구천 칠백 명은 아무 생각 없이 무릎 꿇고 물을 마셨지만 삼백 명은 사려 깊은 사람들이요, 신중한 사람들이요, 선생을 아는 사람들이요, 준비된 사람들이요, 탁월한 사람들이라 주변을 감시하며 언제 어디서 적군이 나타나도 대응할 태도를 갖춘 잘 훈련된 군사들이었습니다' 라고 말하면 완전 엉터리가 되는 것입니다. '하나님은 단지 숫자가 많은 것을 좋아하는 것이 아니라 준비된 소수, 창조적 인재, 헌신되고 충성된 정예 멤버로 역사를 이루어 내십니다' 라고 말하면 완전 웃기는 이야기가 되는 것입니다. 마지막까지 남은 삼백 명은 오합지졸입니다. 두려워 떠는 자는 돌아가라고 했지만 돌아갈 곳도 없는 사람들입니다. 이 사람들로 전쟁을 한다는 것은 달걀로 바위치기요, 이 사람들로 전쟁에서 이긴다면 그 자체가 기적이요, 이스라엘은 자랑할 수 없고 하나님이 승리하게 하셨다고 밖에는 할 말이 없는 것입니다.

성경이 정말 재미있고 표현들이 정말 기가 막힙니다. 기드온의 군대는 오합지졸 삼백 명으로 정해졌습니다. 이 전쟁에서 승리할지라도 이스라엘로 하여금 자랑하지 못하게 하려면 미디안의 군대는 많아야 합니까, 적어야 합니까? 당연히 많아야 합니다. 삼백 명으로는 도저히 이길 수 없는, 누가 봐도 삼백 명으로는 절대로 이길 수 없는 상황이어야 합니다. 그래서 성경이 미디안의 진영을 묘사할 때 아주 절묘하게 합니다. 이스라엘의 숫자가 정해지기 이전인 6장 33절에는 "그 때에 미디안과 아말렉과 동방 사람들이 다 함께 모여 요단강을 건너와서 이스르엘 골짜기에 진을 친지라"라고 했습니다. 미디안이 얼마나 많은지 상황 파악이 안 됩니다. 그런데 이스라엘의 군사가 삼백 명으로 정해진 후에는 7장 12절에 "미디안과 아말렉과 동방의 모든 사람들이 골짜기에 누웠는데 메뚜기의 많은 수와 같고 그들의 낙타의 수가 많아 해변의 모래가 많음 같은지라"입니다. 이스라엘은 군사가 달랑 삼백 명뿐이요, 그마저도 특공대가 아니라 오합지졸입니다. 도무지 이 사람들 데리고는 메뚜기의 많은 수와 같고 해변의 모래같이 많은 미디안을 이길 수 없습니다. 만약 이 전쟁에서 이기면 이스라엘 백성 중에 아무도 스스로 자랑할 수 없고, 내 손이 나를 구원하였다고 말할 수 없을 것입니다. 아니, 이런 상황이라면 그 의심 많은 기드온이 전쟁에 나가려고 조차 하지 않을 것입니다.

자랑하지 못하게

기드온의 역할

이제부터는 전쟁에서 기드온의 활약을 확인해 보겠습니다. 충분히 예상하시는 대로 사사기 본문은 이 전투에서 기드온의 역할을 강조하지 않습니다. 물론 기드온이 직접 전투에 나갔고 작전 지시를 했고 싸움을 해서 승리를 얻었기에 외형적으로 보면 기드온의 공적이 있는 것 같습니다. 그러나 행여라도 사람들이 이 싸움을 기드온이 애써서 이겼다고 생각할까봐 성경은 미리 기드온이 얼마나 전쟁에 나가지 않으려고 했으며, 하나님의 말씀을 믿지 못했는가를 길게 설명했던 것입니다. 성경은 계속하여 이 전쟁의 승리가 절대로 기드온의 업적이 아니요, 이스라엘의 공로가 아니라고 강조합니다.

삼백 명의 군사가 선발되었을 때 하나님이 기드온에게 임하십니다. 사사기 7장 9절 "그 밤에 여호와께서 기드온에게 이르시되 일어나 진영으로 내려가라 내가 그것을 네 손에 넘겨주었느니라"입니다. 그런데 이번에는 기드온이 요청하지도 않았는데 하나님이 표징을 첨부하십니다. 10절 이하 "만일 네가 내려가기를 두려워하거든 네 부하 부라와 함께 그 진영으로 내려가서 그들이 하는 말을 들으라 그 후에 네 손이 강하여져서 그 진영으로 내려가리라"입니다. 성경의 의도는 기드온은 지금 두려워하고 있다는 것 또한 하나님이 내려가라고 하셔도 혼자는 내려가지 않을 것임을 밝히는 것입니다. 그래서 하나님이 기드온의 상태를 미리 아시고, 하나님이 미리 표징도 준비하시고, 부하도 동행하게 하신다는 것입니다. 그리고 더욱 중요한 것은 "그 후에 네 손이 강하여져서 그 진영으로 내려가리라"입니다. 즉 결국 기드온이 미디안 진영으로 공격하러 내려갈 것인데, 기드온이 전투에 나서는 것은 기드온의 용맹이나 기드온의 전략이 아니라 철저하게 하나님이 만들어낸 결과라는 것입니다. 성경을 읽는 성도들에게 절대로 기드온이 용감하다고 착각하지 못하게 거듭 거듭 강조하시는 것입니다.

과연 하나님의 말씀대로 되었는지 확인해 보겠습니다. 11절 "기드온이 이에 그의 부하 부라와 함께 군대가 있는 진영 근처로 내려간즉", 과연 부하와 함께 내려갔습니다. 그곳에서 미디안 사람의 꿈 이야기를 듣습니다. "꿈에 보리떡 한 덩어리가 미디안 진영으로 굴러 들어와 한 장막에 이르러 그것을 쳐서 무너뜨려 위쪽으로 엎으니 그 장막이 쓰러지더라"는 것입니다. 그러자 친구가 해석까지 해줍니다. 14절 "이는 다른 것이 아니라 이스라엘 사람 요아스의 아들 기드온의 칼이라 하나님이 미디안과 그 모든 진영을 그의 손에 넘겨주셨느니라 하더라"입니다. 기드온이 돌아와서 하는 말이 15절 "기드온이 그 꿈과 해몽하는 말을 듣고 경배하며 이스라엘 진영으로 돌아와 이르되 일어나라 여호와께서 미디안과 그 모든 진영을 너희 손에 넘겨주셨느니라"입니다. 과연 하나님이 말씀대로 기드온의 손이 강하여졌습니다.

기드온이 업적을 세운 것이 아니라는 것을 강조하는 성경의 또 다른 표현이 기드온의 무기입니다. 기드온은 무기가 없습니다. 한 손에는 나팔을 들고 다른 한 손에는 횃불을 감춘 항아리를 들고 있습니다. 이 상태로는 전혀 싸움이 되지 않습니다. 횃불은 어두워서 자기가 가는 길을 밝히기 위한 것이기에 무기가 아니고, 나팔은 부는 것이기에 무기가 아닙니다. 기드온이 실제로 이 전투에서 행한 것은 달랑 한 가지 나팔을 불고 소리 지른 것뿐입니다. 이 전쟁에서 싸움은 누가 합니까? 성경이 정말 재미있습니다. 22절 "삼백 명이 나팔을 불 때에 여호와께서 그 온 진영에서 친구끼리 칼로 치게 하시므로 적군이 도망하여"입니다. 싸움은 자기들끼리 한 것입니다. 기드온은 나팔 한번 불고 승장이라고 상을 받는다면 엄청 낯 뜨거울 것입니다. 기드온이나 이스라엘이 자랑할 수 있는 어떤 근거도 싹을 없애버리는 것입니다. 만약 누가 기드온에게 어떻게 전쟁을 이겼느냐고 물어보면 대답할 말이 '나는 나팔을 불었을 뿐이고' 입니다.

나팔을 불었다는 것은 하나님이 승리하게 해 주셨다는 의미입니다. 이스라엘이 행하는 전쟁에 나팔을 부는 장면이 자주 등장합니다. 여리고성 전투에서도 나팔이 등장합니다. 여호수아 6장 4절 이하에 "제사장 일곱은 양각 나팔을 잡고 언약궤 앞에서 나아갈 것이요 일곱째 날에는 그 성을 일곱 번 돌며 그 제사장들은 나팔을 불 것이며 제사장들이 양각 나팔을 길게 불어 그 나팔소리가 너희에게 들릴 때에는 백성은 다 큰 소리로 외쳐 부를 것이라 그리하면 그 성벽이 무너져 내리리니 백성은 각기 앞으로 올라갈지니라"고 말씀하셨고 실제로 20절에 "이에 백성은 외치고 제사장들은 나팔을 불매 백성이 나팔 소리를 들을 때에 크게 소리 질러 외치니 성벽이 무너져 내린지라"입니다. 이 나팔이 신기한 나팔이 아니라 하나님이 광야에서 이스라엘에게 하신 말씀이 있습니다. 민수기 10장 9절 "또 너희 땅에서 너희가 자기를 압박하는 대적을 치러 나갈 때에는 나팔을 크게 불지니 그리하면 너희 하나님 여호와가 너희를 기억하고 너희를 너희의 대적에게서 구원하시리라" 입니다. 하나님이 이스라엘에게 하나님께 도움을 요청하는 신호로 나팔을 불게 하신 것입니다. 기드온은 나팔을 불었을 뿐이고, 하나님은 이스라엘과 하신 약속을 기억하셨고, 약속을 지키신 것입니다. 승리의 공헌자가 누구입니까? 기드온입니까, 여호와이십니까? 당연히 여호와이십니다.

자랑하지 못하게

혹시 하나님이 이스라엘로 하여금 자랑하지 못하게 하신 것에 대해 왜 그럴까 궁금해 하시는 분도 있으실 것입니다. 이스라엘이 하나님의 도움 없이 스스로 이길 수 있다면 좋은 것이 아닌가 하시는 분도 있으실 것입니다. 하나님이 이스라엘로 하여금 하나님 의존적이 되게 하시려는 것인가, 그래서 이스라엘이 하나님을 떠나지 못하도록, 결국 이스라엘이 하나님께 종속되도록 하시려는 것인가 궁금하신 분도 있을 것입니다. 기독교에 대해 반감이 있으신 분들이 그렇게 주장하기도 합니다. 만약 그렇게 생각하신다면 성경에 대한 오해요, 하나님에 대한 오해입니다. 하나님은 언제나 인간을 위해주시는 분이요, 인간을 도와주시는 분이요 인간이 평화와 안식과 자유와 행복을 누리도록 하시는 분이십니다. 절대로 인간으로 하여금 하나님께 종속되게 하시는 분이 아닙니다.

하나님이 인간들로 하여금 자랑하지 못하게 하시는 것은 인간으로 하여금 모두가 행복을 누리도록 하기 위해서입니다. 기드온의 전쟁 뿐만이 아니라 사사기에서 그리고 성경 전체에서 계속하여 강조하는 것이 너희의 수고가 아니라 하나님의 은혜라는 것을 강조합니다. 만약 인간의 수고를 강조하면 그 수고한 인간이 드러나고 부각되고 높여지게 되어 있습니다. 그 다음 수순은 차별입니다. 인간끼리 차별이 발생하면 그 다음은 교만과 멸시이고, 그 결과는 행복이 깨어지고, 평안이 깨어지는 것입니다. 기독교에서 하나님이 하셨다, 하나님의 은혜를 강조하는 유일한 이유는 인간 중에 어느 누구도 상호 간에 자랑할 수 없게 만들며, 인간끼리 차별을 만들어 낼 수 없게 만드는 것입니다. 죄의 원리의 핵심은 비교와 그에 따른 차별이고, 하나님의 원리는 은혜와 그에 따른 화합과 일치와 평안인 것입니다.

하나님은 인간이 하나님께 교만하지 못하게 하는 것이 아니라 인간끼리 교만하지 못하게 하는 것입니다. 그래서 하나님이 인간끼리 교만할 수 있는 조건, 차별이나 우열이 생길 수 있는 상황을 만드시지 않습니다. 기드온의 승리로 기드온이 자랑할 수 없고, 삼백 명이 특혜를 받을 수 없습니다. 왜냐하면 하나님이 하셨기 때문입니다. 하나님의 사역에서는 하나님께 충성했다고 따로 더 받는 상이 없다고 했습니다. 하나님은 인간이 차별을 만들어낼 수 있는 근거를 원천적으로 막으신다는 것입니다. 인간끼리 차별이 없어야 인간이 서로 평화를 누리며, 서로를 존중하며, 서로 행복을 구현할 수 있기 때문입니다. 이 인간의 행복을 위해 하나님이 수고하시며, 하나님이 일하시는 것입니다. 기독교가, 교회가 정말 멋있는 이유가 바로 여기에 있는 것입니다. 좋은 세상 만들기의 유일한 해답은 모든 인간이 하나님의 은혜를 인정하는 것입니다. 서로 사이좋게, 서로를 소중히 생각하며, 모두가 행복한 세상을 만드는 유일한 해답은 모든 인간이 하나님의 은혜를 인정하는 것입니다.

하나님의 결과

사사기의 주인공은 사사가 아니라 하나님이기에, 이제 하나님이 하신 일이 무엇인지 확인해 보겠습니다. 하나님이 옷니엘을 사사로 세우셔서 메소보다미아 왕 구산 리사다임을 물리치게 하시고 이스라엘 땅이 사십 년간 평온하게 하셨습니다. 결론 즉 하나님이 하신 일의 열매가 이스라엘 땅의 평화입니다. 전쟁에서 승리함으로 이스라엘이 영토를 확장한 것이 아니고, 경제가 활성화되어진 것도 아니고, 과학 기술이 발달한 것도 아닙니다. 이스라엘 땅에 평화가 있는 것입니다. 하나님이 에훗을 사사로 세우사 에글론을 물리치신 결론이 그 땅이 팔십 년 동안 평온한 것입니다. 하나님이 드보라를 사사로 세우사 바락과 야엘을 통해 가나안의 군대장관 시스라와 왕 야빈을 물리치신 결론이 그 땅이 사십 년 동안 평온한 것입니다. 하나님이 기드온을 통해 미디안을 물리치신 결론이 28절 "기드온이 사는 사십 년 동안 그 땅이 평온하였더라"입니다.

하나님의 관심은 처음부터 영원까지 인간의 평화, 인간의 행복이십니다. 하나님이 세상을 창조하셨습니다. 창조기사의 마지막이 창세기 2장 25절입니다. "아담과 그의 아내 두 사람이 벌거벗었으나 부끄러워하지 아니하니라"입니다. 여기서 '벌거벗었다'는 것은 옷을 입지 않았다는 의미가 아니라 '자신을 드러내다, 실체를 보이다, 있는 그대로를 나타내다'입니다. 그리고 '부끄러워하지 아니하니라'는 외모에 대한 내용이 아니라 인간 자체에 대해 '상호간에 수치를 당하지 아니하다, 부끄러움을 느끼지 아니하다'는 뜻입니다. 즉 인간이 자신을 있는 그대로 다 보여주어도 상호간에 차별이 존재하지 않고, 우열이 존재하지 않기에 서로 모욕이나 굴욕이나 멸시함을 느끼지 않았다는 것입니다. 인격적 상호 동등성입니다.

그런데 죄가 들어와서 이것이 깨어진 것입니다. 서로를 감추기 시작합니다. 단지 몸을 감추는 것이 아니라 사실을 감추고, 마음을 감추고, 상대방에 대한 속내를 속인다는 것입니다. 그래서 평안함이 깨어졌고, 안식이 깨어진 것입니다. 예수께서 오셔서 인간을 죄에서 구원하시며 하시는 말씀이 바로 평안입니다. 십자가 지시기 전에 하신 말씀이 요한복음 15장 27절 "평안을 너희에게 끼치노니 곧 나의 평안을 너희에게 주노라"였습니다. 그리고 부활하신 후에 제자들에게 오셔서 하신 말씀이 요한복음 20장 19절 "너희에게 평강이 있을지어다"입니다. 하나님이 인간에게 주시는 것이 평강입니다. 사사기에서도 하나님이 주시는 것이 평안입니다. 단지 전쟁이 없는 평상 시를 의미하지 않고, 이스라엘 내에 서로 자랑할 수 없고, 서로 교만할 수 없고, 서로 우열을 주장할 수 없는 상태를 만들어주신 것입니다. 하나님을 아시고, 나의 나됨이 하나님의 은혜임을 알고, 하나님의 마음과 심정과 원리로 생각해서, 하나님이 주신 자유와 행복과 기쁨과 안식을 풍성히 누리기를 주님의 이름으로 축원합니다.

20

우리를 다스리소서

사사기 7:24~8:35

24 기드온이 사자들을 보내서 에브라임 온 산지로 두루 다니게 하여 이르기를 내려
와서 미디안을 치고 그들을 앞질러 벧 바라와 요단 강에 이르는 수로를 점령하라 하
매 이에 에브라임 사람들이 다 모여 벧 바라와 요단 강에 이르는 수로를 점령하고 25
또 미디안의 두 방백 오렙과 스엡을 사로잡아 오렙은 오렙 바위에서 죽이고 스엡은
스엡 포도주 틀에서 죽이고 미디안을 추격하였고 오렙과 스엡의 머리를 요단 강 건너
편에서 기드온에게 가져왔더라 1 에브라임 사람들이 기드온에게 이르되 네가 미디안
과 싸우러 갈 때에 우리를 부르지 아니하였으니 우리를 이같이 대접함은 어찌 됨이냐
하고 그와 크게 다투는지라 2 기드온이 그들에게 이르되 내가 이제 행한 일이 너희가
한 것에 비교되겠느냐 에브라임의 끝물 포도가 아비에셀의 맏물 포도보다 낫지 아니
하냐 3 하나님이 미디안의 방백 오렙과 스엡을 너희 손에 넘겨주셨으니 내가 한 일이
어찌 능히 너희가 한 것에 비교되겠느냐 하니라 기드온이 이 말을 하매 그 때에 그들
의 노여움이 풀리니라 4 기드온과 그와 함께 한 자 삼백 명이 요단강에 이르러 건너
고 비록 피곤하나 추격하며 5 그가 숙곳 사람들에게 이르되 나를 따르는 백성이 피곤
하니 청하건대 그들에게 떡덩이를 주라 나는 미디안의 왕들인 세바와 살문나의 뒤를
추격하고 있노라 하니 6 숙곳의 방백들이 이르되 세바와 살문나의 손이 지금 네 손
안에 있다는거냐 어찌 우리가 네 군대에게 떡을 주겠느냐 하는지라 7 기드온이 이르
되 그러면 여호와께서 세바와 살문나를 내 손에 넘겨주신 후에 내가 들가시와 찔레로
너희 살을 찢으리라 하고 8 거기서 브누엘로 올라가서 그들에게도 그같이 구한즉 브
누엘 사람들의 대답도 숙곳 사람들의 대답과 같은지라 9 기드온이 또 브누엘 사람들
에게 말하여 이르되 내가 평안히 돌아올 때에 이 망대를 헐리라 하니라 10 이때에 세
바와 살문나가 갈골에 있는데 동방 사람의 모든 군대 중에 칼 든 자 십이만 명이 죽
었고 그 남은 만 오천 명 가량은 그들을 따라와서 거기에 있더라 11 적군이 안심하고
있는 중에 기드온이 노바와 욕브하 동쪽 장막에 거주하는 자의 길로 올라가서 그 적

진을 치니 12 세바와 살문나가 도망하는지라 기드온이 그들의 뒤를 추격하여 미디안
의 두 왕 세바와 살문나를 사로잡고 그 온 진영을 격파하니라 13 요아스의 아들 기
드온이 헤레스 비탈 전장에서 돌아오다가 14 숙곳 사람 중 한 소년을 잡아 그를 심문
하매 그가 숙곳의 방백들과 장로들 칠십칠 명을 그에게 적어 준지라 15 기드온이 숙
곳 사람들에게 이르러 말하되 너희가 전에 나를 희롱하여 이르기를 세바와 살문나의
손이 지금 네 손 안에 있다는거냐 어찌 우리가 네 피곤한 사람들에게 떡을 주겠느냐
한 그 세바와 살문나를 보라 하고 16 그 성읍의 장로들을 붙잡아 들가시와 찔레로 숙
곳 사람들을 징벌하고 17 브누엘 망대를 헐며 그 성읍 사람들을 죽이니라 18 이에 그
가 세바와 살문나에게 말하되 너희가 다볼에서 죽인 자들은 어떠한 사람들이더냐 하
니 대답하되 그들이 너와 같아서 하나 같이 왕자들의 모습과 같더라 하니라 19 그가
이르되 그들은 내 형제들이며 내 어머니의 아들들이니라 여호와께서 살아 계심을 두
고 맹세하노니 너희가 만일 그들을 살렸더라면 나도 너희를 죽이지 아니하였으리라
하고 20 그의 맏아들 여델에게 이르되 일어나 그들을 죽이라 하였으나 그 소년이 그
의 칼을 빼지 못하였으니 이는 아직 어려서 두려워함이었더라 21 세바와 살문나가 이
르되 네가 일어나 우리를 치라 사람이 어떠하면 그의 힘도 그러하니라 하니 기드온이
일어나 세바와 살문나를 죽이고 그들의 낙타 목에 있던 초승달 장식들을 떼어서 가지
니라 22 그 때에 이스라엘 사람들이 기드온에게 이르되 당신이 우리를 미디안의 손에
서 구원하셨으니 당신과 당신의 아들과 당신의 손자가 우리를 다스리소서 하는지라
23 기드온이 그들에게 이르되 내가 너희를 다스리지 아니하겠고 나의 아들도 너희를
다스리지 아니할 것이요 여호와께서 너희를 다스리시리라 하니라 24 기드온이 또 그
들에게 이르되 내가 너희에게 요청할 일이 있으니 너희는 각기 탈취한 귀고리를 내게
줄지니라 하였으니 이는 그들이 이스마엘 사람들이므로 금 귀고리가 있었음이라 25
무리가 대답하되 우리가 즐거이 드리리이다 하고 겉옷을 펴고 각기 탈취한 귀고리를
그 가운데에 던지니 26 기드온이 요청한 금 귀고리의 무게가 금 천칠백 세겔이요 그
외에 또 초승달 장식들과 패물과 미디안 왕들이 입었던 자색 의복과 또 그 외에 그들
의 낙타 목에 둘렀던 사슬이 있었더라 27 기드온이 그 금으로 에봇 하나를 만들어 자
기의 성읍 오브라에 두었더니 온 이스라엘이 그것을 음란하게 위하므로 그것이 기드
온과 그의 집에 올무가 되니라 28 미디안이 이스라엘 자손 앞에 복종하여 다시는 그
머리를 들지 못하였으므로 기드온이 사는 사십 년 동안 그 땅이 평온하였더라 29 요
아스의 아들 여룹바알이 돌아가서 자기 집에 거주하였는데 30 기드온이 아내가 많으
므로 그의 몸에서 낳은 아들이 칠십 명이었고 31 세겜에 있는 그의 첩도 아들을 낳았
으므로 그 이름을 아비멜렉이라 하였더라 32 요아스의 아들 기드온이 나이가 많아 죽
으매 아비에셀 사람의 오브라에 있는 그의 아버지 요아스의 묘실에 장사되었더라 33
기드온이 이미 죽으매 이스라엘 자손이 돌아서서 바알들을 따라가 음행하였으며 또
바알브릿을 자기들의 신으로 삼고 34 이스라엘 자손이 주위의 모든 원수들의 손에서
자기들을 건져내신 여호와 자기들의 하나님을 기억하지 아니하며 35 또 여룹바알이

라 하는 기드온이 이스라엘에 베푼 모든 은혜를 따라 그의 집을 후대하지도 아니하였더라

인간들의 모습

에브라임 사람

인간의 행동에는 이유가 있습니다. 누군가 나에게 듣기 좋은 말을 할 때에는 칭찬인지 아첨인지 분별해야 하고, 누군가 나에게 듣기 싫은 말을 할 때에는 비난인지 조언인지 분별해야 합니다. 마찬가지로 성경에 등장하는 인물의 한마디 한마디는 잘 분별해야 합니다. '누가 한 말인가? 왜 이런 말을 할까? 이 말을 하는 원인이 무엇이고 목적이 무엇인가?' 를 언제나 바르게 분별해야 합니다. 죄인들의 치열하고 적나라한 머리싸움을 속속들이 파헤쳐 보면서 성경이 얼마나 실감나고 우리네 삶의 일상과 동일하고 어떤 가르침을 주는지 점검해 보도록 하겠습니다. 사사기 7장에서 기드온이 미디안 진영에서 횃불을 들고 나팔을 불자, 미디안 군사들이 서로 칼로 치고 많은 군사들이 아벨므홀라의 경계 쪽으로 도망을 갔습니다. 7장 24절 이하 "기드온이 사자들을 보내어 에브라임 온 산지로 두루 다니게 하여 이르기를 내려와서 미디안을 치고 그들을 앞질러 벧 바라와 요단강에 이르는 수로를 점령하라 하매 이에 에브라임 사람들이 다 모여 벧 바라와 요단강에 이르는 수로를 점령하고 또 미디안의 두 방백 오렙과 스엡을 사로잡아 오렙은 오렙 바위에서 죽이고 스엡은 스엡 포도주 틀에서 죽이고 미디안을 추격하였고 오렙과 스엡의 머리를 요단강 건너편에서 기드온에게 가져왔더라" 입니다.

에브라임 지파는 원래 전쟁에 나가지 않았었습니다. 전쟁에 나간 지파는 기드온이 살고 있는 아비에셀 사람들, 그리고 므낫세 지파, 아셀 지파, 스불론과 납달리 지파사람들 뿐이었습니다. 공교롭게도 미디안 군사들이 에브라임 지파 쪽으로 도망가서 에브라임 사람들이 도망치는 적

군들을 죽이고 방백을 잡을 수 있게 된 것입니다. 그때 에브라임 사람들의 반응이 8장 1절 "에브라임 사람들이 기드온에게 이르되 네가 미디안과 싸우러 갈 때에 우리를 부르지 아니하였으니 우리를 이같이 대접함은 어찌 됨이냐 하고 그와 크게 다투는지라"입니다. 에브라임 이같이 행동하는 이유는 미디안과의 전쟁이 끝났기 때문입니다. 미디안이 이스라엘을 약탈하고, 기드온이 군사를 모으고 전쟁에 나갈 때에는 에브라임은 단 한마디도 하지 않았고 전쟁에 참여하지도 않았습니다. 그러나 이미 전쟁은 이스라엘의 승리로 기울어져 있었고 에브라임이 지파는 우연찮게 전쟁에 가담하게 되었고, 적군이 자기들 쪽으로 도망친 까닭에 어부지리로 미디안 방백 오렙과 스엡을 사로잡아 죽일 수 있게 된 것입니다. 에브라임은 엉겁결에 전쟁에 끼어들었고 거저먹기로 공적을 세우게 된 것입니다. 그런데 막판에 얼떨결에 전쟁에 참여해서 하는 말이 "네가 싸우러 갈 때에 우리를 부르지 아니하였으니 우리를 이같이 대접함은 어찌 됨이냐"입니다. 이런 것을 '뒷북'이라고 합니다.

성경을 보면서 죄인들의 실체, 죄인들의 본색을 인식하셔야 합니다. 에브라임은 큰소리칠 것이 아니라 미안해해야 합니다. 기드온과 네 지파가 전쟁을 준비하고 여러 과정을 거쳐 겨우 승리했습니다. 그 동안 에브라임은 전혀 개입하지 않다가 막판에 다 이긴 전쟁에 숟가락만 얹었습니다. 비록 다 이긴 전쟁일지라도 기드온이 불러주어서, 그래도 한 민족의 지파로서 역할을 할 수 있도록 배려해주어서 고마워해야 할 판국인데 적반하장입니다. 자신이 미안해하고 민망해하면 상대방이 기가 살아서 자신을 더 얕볼까봐 그러는 것입니다. 이럴 때는 도리어 큰 소리치고 나대야 한다고 생각하는 것입니다. 또 전쟁이 끝나면 공적에 따라 전리품을 나누는데 에브라임은 미디안의 방백을 잡았으니 최대한 생색을 내야 하는 것입니다. 죄인들의 교활한 경쟁 구도입니다. 에브라임과의 갈등이 어떻게 끝이 나는지 보면 압니다.

에브라임의 투정에 대한 기드온의 대답이 8장 2절 이하 "기드온이 그들에게 이르되 내가 이제 행한 일이 너희가 한 것에 비교되겠느냐? 에브라임의 끝물 포도가 아비에셀의 맏물 포도보다 낫지 아니하냐 하나님이 미디안의 방백 오렙과 스엡을 너희 손에 넘겨주셨으니 내가 한 일이 어찌 능히 너희가 한 것에 비교되겠느냐" 입니다. 기드온의 대답이 의미하는 것은 말대꾸하기 싫다는 것이요, 말 상대가 안 된다는 것입니다. 나중에 등장해서 한다는 말이 '우리를 이같이 대접함은 어찌 됨이냐?' 라고 하는 것을 들으니 이 사람들과는 말이 안 된다는 것입니다. 적반하장으로 덤비는 경우에는 이미 논리적, 상식적 대화가 가능하지 않은 것입니다. 그래서 마음껏 그들을 치켜세워주는 것입니다. 한 마디로 '너 잘났다' 고 해주는 것입니다. 기드온이 한 말이 참 대단한 표현들입니다. 에브라임이 행한 일에 비하면 자기가 한 것이 아무 것도 아니라고 말하고, 에브라임 집안에 비하면 자기 집안이 아무 것도 아니라고 말하고, 하나님도 너희가 잘난 것을 알고 계셔서 어련히 너희에게 중요한 일을 맡겼겠느냐고 대답을 해 줍니다. 그랬더니 결론 "그 때에 그들의 노여움이 풀리니라" 입니다. 이 사건에서 자신의 모습이 보이십니까? 이것이 죄인들의 어이없는 짓거리들입니다.

자랑하지 못하게

하나님이 왜 기드온에게 군사를 돌려보내라고 하셨는지 이해가 되십니까? 하나님이 왜 이스라엘로 하여금 자랑하지 못하게 하려고 하셨는지 이해가 되십니까? 성경은 단순히 어떤 사건만을 보여주는 것이 아닙니다. 그 사건에 내재되어있는 인간의 심리, 죄인들의 원리, 죄인들의 사고와 인식, 가치와 개념들을 보라는 것입니다. 과연 죄인들이 주장하는 것들이 맞는지, 옳은지 판별하라는 것입니다. 그리고 동시에 죄인들의 생각과는 전혀 다른 하나님의 방식이 등장하는 것입니다. 이제는 비교해 보고 판단하라는 것입니다. 죄인들의 원리가 좋은지 하나님의 원리가 좋은지 분별해서 좋은 대로 행동하라는 것입니다. 죄의 원리는 자신의 행위를 강조하여 비교우위를 점해서 차별을 만들어내는 것이고, 하나님의 원리는 하나님이 역사하셔서 인간 상호간의 차별을 원천적으로 차단하여 인간 상호간에 하나님의 마음과 심정으로 서로 행복하게 살라는 것입니다. 하나님의 원리이어야 인간이 행복을 누릴 수 있습니다.

사람들은 종종 신앙을 거창한 것으로 생각합니다. 하나님을 위하여 무엇을 해야 한다고 생각합니다. 또 엄청난 일을 해야 한다고 생각합니다. 신앙은 아주 평범한 일을 하는 것입니다. 그런데 그 평범한 것이 하나님의 마음, 하나님의 심정, 하나님의 원리가 없으면 되지 않는다는 것입니다. 하나님을 의지하는 이유는 그 가장 평범한 것을 하기 위해서인 것입니다.

숙곳, 브누엘 사람들

죄인들의 실상을 한 번 더 보시겠습니다. 기드온이 추격 중에 숙곳에 도착하여 그곳 사람들에게 말합니다. 8장 5절 "나를 따르는 백성이 피곤하니 청하건대 그들에게 떡덩이를 주라 나는 미디안의 왕들인 세바와 살문나의 뒤를 추격하고 있노라"입니다. 이때 숙곳 사람들의 대답이 6절 "세바와 살문나의 손이 지금 네 손 안에 있다는 거냐 어찌 우리가 네 군대에게 떡을 주겠느냐 하는지라"입니다. 숙곳 사람의 입장에서는 당연한 말입니다. 기드온의 군사가 겨우 삼백 명뿐이요, 그것도 피곤하고 지쳐있습니다. 숙곳 사람들이 상식적으로 생각하고 객관적으로 판단하고 상황을 냉철하게 분석했을 때 기드온의 말은 도무지 설득력이 없습니다. 기드온의 전쟁에 하나님이 함께 하고 계시다는 사실을 모르기 때문입니다. 숙곳 사람들만 그런 것이 아닙니다. 8절 "거기서 브누엘로 올라가서 그들에게도 그같이 구한즉 브누엘 사람들의 대답도 숙곳 사람들의 대답과 같은지라"입니다. 지나가는 어떤 사람에게 물어봐도 대답은 똑같을 것입니다. 미디안은 강대국이고 이스라엘은 미디안의 압제를 받던 나라이고, 비록 기드온이 미디안을 추격하고 있으나 군사는 겨우 삼백 명이고 다 지쳐있는데 기드온의 요청을 들어줄 사람은 한 사람도 없습니다.

기드온의 입장에서 생각하면 마치 자기를 보는 것 같습니다. 자기도 하나님이 나타나서 말씀하실 때 상식적으로 말이 안 된다고, 객관적으로 불가능한 일이라고 말했었습니다. 그래도 숙곳이나 브누엘 사람들은 기드온 자신보다는 나은 것입니다. 자기는 하나님에게 대 놓고 대들었었고, 자기는 하나님에게 자그마치 세 번이나 시험을 했었기 때문입니다. 그런데 정말 어이없는 현상이 벌어집니다. 숙곳 사람들에 대한 기드온의 대답이 7절 "기드온이 이르되 그러면 여호와께서 세바와 살문나를 내 손에 넘겨주신 후에 내가 들 가시와 찔레로 너희 살을 찢으리라 하고"입니다. 브누엘 사람들에 대한 기드온의 대답이 9절 "이르되 내가 평안히 돌아올 때에 이 망대를 헐리라 하니라"입니다. 이 대답이 어이가 없는 것은 이전의 자신의 행동을 전혀 생각하지 않기 때문입니다. 자기는 하나님께 불평하고 시험하고 할 것 다 했는데도 하나님은 기드온에게 어떤 형벌도 내리지 않았습니다. 자기는 숙곳 사람들이나 브누엘 사람들보다 더 악한 짓을 해 놓고도 살아남았습니다. 기드온이 하나님께 한 짓에 비하면 숙곳 사람들과 브누엘 사람들이 기드온에게 한 말은 조족지혈에 불과합니다. 그런데 기드온이 그것을 참지 못하는 것입니다. 자기가 하면 로맨스요, 남이 하면 불륜이라는 것보다 더한 것입니다. 자기가 하면 확인이요, 남이하면 불신이라는 것입니다. 자기가 하면 신중한 것이요, 남이 하면 패역한 것이라는 것입니다. 이것이 죄인의 속성입니다.

기드온의 야망

여기서 한 가지 궁금해야 합니다. 자기를 도와주지 않는다는 숙곳과 브누엘 사람들에게 이렇게 험하게 대응한다면, 조금 전에 에브라임 사람들이 괜히 기드온에게 트집을 잡았을 때 기드온도 죄인일 텐데 왜 그렇게 순순히 에브라임을 높여주었느냐는 것입니다. 기드온은 원래 착하거나 긍정적인 마인드를 가졌거나, 이렇게 신실한 사람이라 하나님이 사용하셨다고 말하시면 안 됩니다. 기드온이 에브라임과 싸우지 않고 쉽게 물러선 것은 기드온 나름대로의 이유가 있습니다. 에브라임이 나와서 트집을 잡은 것은 전쟁이 끝났다고 생각하기 때문이었듯이, 기드온이 순순히 물러난 것은 전쟁이 아직 끝나지 않았다고 생각했기 때문입니다. 전쟁에 참여한 것은 기드온인데 미디안의 방백을 사로잡은 것은 에브라임 지파입니다. 아직 기드온은 업적이 없습니다. 에브라임 지파를 누를 만한 공적이 없습니다. 대신 기드온은 8장 4절과 5절에 나오는 대로 삼백 명을 이끌고 비록 피곤하나 미디안의 왕들인 세바와 살문나를 추격하고 있습니다. 기드온의 목표는 미디안의 왕 세바와 살문나를 잡는 것입니다. 미디안의 왕을 잡으면 드디어 기드온은 전쟁의 영웅이 되고, 그때에는 에브라임이나 어느 지파나 어느 군사보다 혁혁한 공적을 세운 것이 되고, 이렇게 공적을 세우면 당당하게 이스라엘 백성들에게 자랑할 수 있고, 자기에게 따지는 자들을 물러나게 할 수 있고, 자신이 원하는 것을 요구할 수 있게 되는 것입니다. 그래서 에브라임 지파의 아니꼬운 트집을 다 받아준 것입니다. 대신 미디안의 왕들을 잡는 순간 상황은 완전히 바뀌어 질 것을 기대하는 것입니다.

기드온이 추격에 추격을 하여 기어코 세바와 살문나를 사로잡아 돌아옵니다. 돌아오면서부터 기드온의 보복이 구체적으로 진행됩니다. 8장 15절로 17절 "기드온이 숙곳 사람들에게 이르러 말하되 너희가 전에 나를 희롱하여 이르기를 세바와 살문나의 손이 지금 네 손 안에 있다는거냐 어찌 우리가 네 피곤한 사람들에게 떡을 주겠느냐 한 그 세바와 살문나를 보라하고 그 성읍의 장로들을 붙잡아 들가시와 찔레로 숙곳 사람들을 징벌하고 브누엘 망대를 헐며 그 성읍 사람들을 죽이니라" 입니다. 그리고 세바와 살문나도 죽이고 이스라엘로 돌아옵니다. 기드온이 돌아올 때에 이스라엘 사람들의 마음이 어떠할까요? 이스라엘 사람들은 어떤 반응을 보일까요?

죄인들의 머리싸움

우리를 다스리소서

이스라엘의 입장에서는 기적이 일어났습니다. 단지 자신들을 공격하기 위해 쳐들어온 미디안을 물리쳤다는 정도가 아닙니다. 기드온이 숙곳 지역을 초토화시켰고 브느엘에서는 망대를 헐며 진멸시켰고 미디안의 왕들인 세바와 살문나를 죽였습니다. 정말 대단한 승리입니다. 기드온이 이 정도일 줄은 몰랐습니다. 전략을 잘 세우면 한 번은 이길 수 있습니다. 상대가 방심하면 한 번은 이길 수 있습니다. 용맹한 군사가 있으면 적군의 일부는 이길 수 있습니다. 그런데 자기들조차도 인정하지 않은 삼백 명으로 이렇게 큰 승리를 할 줄을 아무도 예상하지 못했습니다. 이스라엘 백성들의 반응이 8장 22절 "그 때에 이스라엘 사람들이 기드온에게 이르되 당신이 우리를 미디안의 손에서 구원하셨으니 당신과 당신의 아들과 당신의 손자가 우리를 다스리소서 하는지라" 입니다.

이스라엘이 느닷없이 왜 자신들을 다스려 달라고 요청하는지 알아야 합니다. 기드온이 승리하고 돌아오자 모두 존경의 마음으로, 이런 사람이 우리를 다스려 주면 좋겠다고 요청한 것이라고 순진하게 생각하시면 안 됩니다. 사사기에서 그 동안 이스라엘이 보인 행태를 기억하셔야 합니다. 옷니엘이 메소보다미아의 왕의 손에서 이스라엘을 구원했지만 이스라엘은 옷니엘에게 자신들을 다스려 달라고 하지 않았습니다. 에훗이 모압 왕 에글론의 손에서 이스라엘을 구원했지만 이스라엘은 에훗에게 자신들을 다스려 달라고 하지 않았습니다. 드보라와 바락이 가나안 왕 야빈의 손에서 이스라엘을 구원했지만 이스라엘은 드보라나 바락에게 자신들을 다스려 달라고 하지 않았습니다. 사사에게 뿐만 아니라, 사사는 바뀌어도 하나님은 계속하여 각 사람을 통해서 이스라엘을 여러 이방의 압제에서 구원하셨고, 그 땅에 사십 년 또는 팔십 년 씩 평온함을 주셨어도 이스라엘은 하나님을 섬기지 않았고, 하나님이 자신들의 왕이 되어주셔서 자신들을 다스려 달라고 요청하지 않았습니다. 이스라엘의 행동이 이상하지 않습니까? 또 혹시 다스려 달라고 요청을 하더라도 기드온에게 요청하는 것은 이해할 수 있다고 하지만 기드온의 아들과 손자까지 다스려달라고 하는 것은 우습지 않습니까? 이거 너무한 것 아닙니까? 아들을 보기나 했나요, 손자는 태어나기나 했나요?

8장 1절에서 기드온에게 나아와 "우리를 이같이 대접함은 어찌 됨이냐"고 다투었던 에브라임 지파는 뭐라고 했을까요? 에브라임지파도 함께 나와서 자신들을 다스려달라고 부탁했을까요? 자신들이 행한 일이 기드온이 행한 것과 비교할 수 없고 자신들의 끝물 포도가 기드온 지파의 맏물 포도보다 낫다는 고백을 들었던 그들은 뭐라고 했을까요? 인간들이 순수한 마음으로, 단지 기드온을 존경해서, 정말로 자자손손 자신들을 다스려 달라고 했을 리가 없습니다. 도리어 일반적인 상식을 넘어서는 과도한 요청이 있다면 그것은 무엇인가 그럴만한 이유가 있는 것입니다. 그 이유를 바르게 이해해야 합니다.

여룹바알 사건

성경이 참 정교합니다. 성경은 앞과 뒤에 충분한 힌트를 제공하고 있는데 사람들이 성경에 집중하지 않기 때문에 힌트를 전혀 알아채지 못하는 것입니다. 이스라엘 사람들에게는 기드온은 기드온이라는 이름 대신 다른 이름으로 더 알려져 있습니다. 다른 이름이 바로 '여룹바알' 입니다. 전쟁에 나가기 전에 하나님께서 기드온에게 자기 아버지 집에 있는 바알의 제단을 헐며 그 곁의 아세라 상을 찍으라고 했습니다. 기드온은 자기 집안사람조차도 두려워했습니다. 6장 27절 "그의 아버지의 가문과 그 성읍 사람들을 두려워하므로"입니다. 모두가 바알을 신으로 섬기고 있는데 그 제단과 신상을 허문다는 것은 매우 위험한 일이기 때문입니다. 여하튼 기드온은 몰래 밤에 했습니다. 아니나 다를까 다음날 성읍 사람들이 난리가 났고 결국 기드온의 소행임이 밝혀졌습니다. 6장 30절 "성읍 사람들이 요아스에게 이르되 네 아들을 끌어내라 그는 당연히 죽을지니 이는 바알의 제단을 파괴하고 그 곁의 아세라를 찍었음이니라"입니다.

사람들의 예상에는 기드온은 죽어야 하는 것입니다. 사람들의 생각에 자신들이 섬기고 있는 바알과 아세라의 제단을 헐고 신상을 찍은 사람을 살려두는 것은 바알과 아세라의 미움을 사는 것이요, 만약 기드온을 살려두면 바알과 아세라가 자신들을 죽일 것이라고 생각하는 것입니다. 그때 아버지 요아스가 나섭니다. 6장 31절 "요아스가 자기를 둘러선 모든 자에게 이르되 너희가 바알을 위하여 다투느냐 너희가 바알을 구원하겠느냐 그를 위하여 다투는 자는 아침까지 죽임을 당하리라 바알이 과연 신일진대 그의 제단을 파괴하였은즉 그가 자신을 위해 다툴 것이니라 하니라"입니다. 사람들의 주장이나 요아스의 주장에는 '죽으리라' 가 똑같이 나옵니다. 바알을 방해하는 자는 죽음을 당한다는 생각은 공통된 것입니다. 그때 기드온이 얻은 별명이 '여룹바알' 입니다. 여룹바알은 '바알과 더불어 다툰다' 는 뜻입니다. 바알과 다투는 것이기에 지는 자는 죽는다는 것입니다.

그런데 놀라운 일이 일어납니다. 그 날에 기드온이, 여룹바알이 살아있는 것입니다. 그 다음 날에도 기드온이, 여룹바알이 살아있는 것입니다. 바알의 제단을 헐고 아세라의 신상을 찍어서 바알과 다투고 있는 여룹바알이 멀쩡히 살아있고 계속해서 살아있습니다. 그렇다면 기드온과 바알이 다투어서 기드온이 이긴 것입니다. 그러므로 그때부터 기드온은 단순히 기드온이 아니라 바알과 다툰 여룹바알이고 더 나아가 바알과의 싸움에서 이긴 사람입니다. 이스라엘 사람들에게 기드온은 기드온으로 알려지는 것이 아니라 여룹바알이라고 알려지는 것입니다. 이렇게 여룹바알이라고 알려지고 나서 기드온이 이스라엘 백성들에게 전쟁에 나아오라고 사신들을 보냅니다. 6장 35절 "기드온이 또 사자들을 온 므낫세에 두루 보내매 그들도 모여서 그를 따르고 또 사자들을 아셀과 스불론과 납달리에 보내매 그 무리도 올라와 그를 영접하더라"입니다. 아니 언제부터 이스라엘 사람들이 기드온의 말을 이렇게 잘 들었습니까? 언제부터 이스라엘 사람들이 미디안을 두려워하지 않고, 미디안과 전쟁하는 데에 이렇게 솔선수범하여 나옵니까? 기드온이 사자들을 보내고, 백성들이 기드온을 영접하는 사건이 등장하는 시점이 바로 여룹바알사건 뒤에 나온다는 것입니다. 그래서 성경이 정말 재미있습니다. 기드온이 군대와 함께 미디안과 마주 대하고 있는데 그 설명이 7장 1절에 "여룹바알이라 하는 기드온과 그를 따르는 모든 백성이"입니다. 백성들은 기드온에게 나아온 것입니까, 여룹바알에게 나아온 것입니까? 당연히 여룹바알에게 나아온 것입니다.

두려워하는 사람들

기드온이 바알의 신상을 허물자 사람들이 자기들 입으로 한 말이 기드온이 죽어야 한다는 것이었습니다. 바알의 미움을 받을 짓을 했으니 죽어야 한다는 것입니다. 그런데 기드온이 바알과 다투어서 이겼습니다. 이제 사람들은 바알을 두려워할까요, 여룹바알을 두려워할까요? 당연히 여룹바알입니다. 여룹바알이, 기드온이 바알을 이겼기 때문입니다. 이제 사람들의 마음이 어떨지 상상이 되십니까? 백성들은 바알의 제단을 파괴한 사람은 죽어야 한다고 주장했었습니다. 그런데 바알의 제단을 파괴한 사람, 자신들이 죽어야 한다고 주장한 그 사람이 바알에게 어떠한 피해도 당하지 않고 멀쩡하게 살아있다는 것입니다. 여룹바알이 살아있다는 것은 이제 자기들은 죽었다는 것을 의미합니다. 그런 여룹바알이 백성들에게 사자를 보내어 모이라고 하니 모두 나와서 '영접하더라'가 되는 것입니다. 설상가상으로 여룹바알이 전쟁에 나갔는데 승리하고 돌아옵니다. 한때 기드온에게 바알의 제단을 파괴했으니 죽어야 한다고 말했던 사람들의 심정이 어떨까요? 반가울까요, 두려울까요? 그 사람들이 하는 말이 8장 22절 "그 때에 이스라엘 사람들이 기드온에게 이르되 당신이 우리를 미디안의 손에서 구원하셨으니 당신과 당신의 아들과 당신의 손자가 우리를 다스리소서 하는지라"입니다.

또 보겠습니다. 미디안이 군사를 모으자 삼만 이천 명이 모였는데 기드온이 두려워 떠는 자는 돌아가라고 했습니다. 그랬더니 돌아간 자가 이만 이천 명이고 남은 자가 만 명입니다. 남아있는 만 명은 어떤 사람일까요? 용감한 사람일까요, 소심한 사람일까요? 당연히 소심한 사람들입니다. 여룹바알이 두려운 자는 돌아가라고 하는 말이 진심인지 떠보는 것인지 알 수 없기 때문에 소심한 자는 절대 못 돌아가는 것입니다. 그때 떠나갔던 이만 이천 명의 마음에는 기드온이 전쟁에서 이기지 못할 것이라는 생각이 있었습니다. 이런 기드온이 달랑 삼백 명을 데리고 전쟁에 나갑니다. 그러니 대부분의 사람들이 아마 속으로 기드온이 전쟁에서 죽을 것으로 예상했을 것입니다. 자기가 아무리 여룹바알이어도 달랑 삼백 명, 그것도 소심한 사람만 삼백 명을 데리고 승리한다는 것은 전혀 불가능한 이야기라고 생각한 것입니다. 그런데 놀랍게도 기드온이 전쟁에서 이겼다는 것입니다. 이겨서 돌아온 것입니다. 전쟁이 두려운 자는 떠나라고 했을 때 떠나갔던 이만 이천 명은 돌아오는 기드온이 반가울까요, 두려울까요? 그 사람들이 하는 말이 "그 때에 이스라엘 사람들이 기드온에게 이르되 당신이 우리를 미디안의 손에서 구원하셨으니 당신과 당신의 아들과 당신의 손자가 우리를 다스리소서 하는지라" 입니다.

또 있습니다. 물론 기드온이 처음부터 완승을 한 것이 아닙니다. 미디안의 진영을 공격했는데 압승을 한 것이 아니라 미디안의 왕이 도망을 하는 것입니다. 그러면서 기드온이 에브라임 지파에게 도움을 요청한 것입니다. 이 때 에브라임 지파가 생각한 것이 '그러면 그렇지. 자기가 갑자기 무슨 용사가 되었겠어. 당연히 우리한테 도움을 청해야지' 입니다. 그래서 한껏 거드름을 피운 것이 "우리를 이같이 대접함은 어찌 됨이냐?" 입니다. 그런데 진짜 큰 일이 난 것입니다. 기드온이 숙곳과 브누엘도 정복했고, 미디안 왕 세바와 살문나도 죽이고 돌아온 것입니다. 진짜 전쟁 용사가 되어서, 진짜 전쟁의 승리자가 되어서 돌아온 것입니다. 에브라임 지파 사람들은 기드온이 돌아온 것이 반가울까요, 두려울까요? 그 사람들이 하는 말이 "그 때에 이스라엘 사람들이 기드온에게 이르되 당신이 우리를 미디안의 손에서 구원하셨으니 당신과 당신의 아들과 당신의 손자가 우리를 다스리소서 하는지라" 입니다. 기드온이 바알 제단을 파괴했을 때 죽어야 한다고 주장했던 사람들, 군사로 모였다가 두려워서 떠는 자는 돌아가라고 했을 때 돌아갔던 사람들, 어찌 우리를 이같이 대접하느냐고 트집을 잡았던 사람들의 마음이 얼마나 무서웠을까요!

더욱 절망적인 것은 기드온이 숙곳과 브누엘 사람들에게 행한 모습을 본 것입니다. 기드온이 그 사람들에게 떡덩이를 달라고 한 적이 있습니다. 그때 숙곳 사람들과 브누엘 사람들이 8장 6절과 8절에서 거부했었습니다. 그러자 기드온이 8장 7절과 9절에서 돌아올 때에 보복하겠다고 선언했었는데 8장 15절에서 확인할 수 있는 것처럼 실제로 그렇게 했습니다. 기드온이 자기를 거부했던 사람들을, 자기를 희롱했던 사람들을 모두 죽여 버렸습니다. 이런 기드온이 돌아온 것입니다. 이런 기드온이 승리자로 돌아온 것입니다. 사람들이 기쁠까요, 두려울까요? 전부 두려움에 사로잡혀 있는 것입니다. 그래서 살아야 할 궁리를 하는 것입니다. 그 살고자하는 궁리, 그 살고자하는 몸부림이 바로 8장 22절 "이스라엘 사람들이 기드온에게 이르되 당신이 우리를 미디안의 손에서 구원하셨으니 당신과 당신의 아들과 당신의 손자가 우리를 다스리소서"입니다. 다른 말로 하면 '제발 살려 주십시오' 인 것입니다. 절대로 기드온을 존경하거나, 기드온을 지도자로 추앙하는 모습이 아닙니다. 죄인은 남을 높여주지 않습니다. 죄인은 다른 사람을 자기보다 낫다고 여기지 않습니다. 그런 죄인들이 상대방을 높여준다면 다 그럴만한 까닭이 있는 것입니다.

원하는대로

기드온이 자신들을 다스려달라는 백성의 요청을 거부하면서 대신 백성에게 한 가지 청을 합니다. 8장 24절 "기드온이 또 그들에게 이르되 내가 너희에게 요청할 일이 있으니 너희는 각기 탈취한 귀고리를 내게 줄지니라"입니다. 백성들의 반응을 충분히 예상하실 수 있습니다. 25절로 26절 "무리가 대답하되 우리가 즐거이 드리리이다 하고 겉옷을 펴고 각기 탈취한 귀고리를 그 가운데에 던지니 기드온이 요청한 금 귀고리의 무게가 금 천칠백 세겔이요 그 외에 또 초승달 장식들과 패물과 미디안 왕들이 입었던 자색 의복과 또 그 외에 그들의 낙타 목에 둘렀던 사슬이 있었더라"입니다. 사람들이 순순히 내놓고 요구하지 않은 것까지도 넘치도록 내어놓는 것입니다. 살아남기 위한 몸부림입니다.

물론 기드온은 이스라엘 백성들을 직접적으로 협박한 적이 없습니다. 정작 기드온 자신은 미디안의 전쟁에 나가는 것이 두려워서 하나님의 말씀을 거부하고 하나님을 시험하고 시험했습니다. 그런데 사람들은 기드온의 심정을 모르니까 자신들이 행한 것만 생각하는 것입니다. 알아서 겁을 먹는 것이요, 스스로 알아서 두려워하는 것입니다. 이것이 죄인들의 실상입니다. 이스라엘 백성들이 생각하는 기드온은 단순히 기드온이 아니라 여룹바알입니다. 더 재미있는 것을 설명 드리겠습니다. 33절 "기드온이 이미 죽으매 이스라엘 자손들이 바알들을 따라가 음행하였으며 또 바알브릿을 자기들의 신으로 삼고"입니다. 기드온이 있을 때는 이스라엘 백성들이 바알을 섬기지 못했던 것입니다. 기드온이 여룹바알로서 바알을 이겼기 때문입니다. 그런 여룹바알이 죽자 사람들은 모두 바알에게로 돌아간 것입니다. 그 다음은 더 재미있습니다. 35절 "또 여룹바알이라 하는 기드온이 이스라엘에 베푼 모든 은혜를 따라 그의 집을 후대하지도 아니하였더라"입니다. 기드온이 죽은 순간 모든 것이 끝난 것입니다. 이스라엘 사람들이 기드온에게 자신들을 다스려 달라고, 기드온과 그의 아들과 그의 손자까지 자기들을 다스려 달라고 했던 것은 절대로 진심이 아니었다는 것입니다. 기드온이 죽자마자 기드온의 흔적을 모두 없앴던 것입니다. 인간의 본색을 보여주는 것입니다.

아주 작은 명분이라도 있으면 트집 잡고 우월감을 드러내려고 하고, 조금만 약점이라도 잡히면 자기 스스로 겁과 두려움에 사로잡혀서 상대방을 한없이 추켜 세워주는 것처럼 행하고, 골칫거리가 사라지면 자신들의 과거를 지우려고 상대방에 대해 아예 흔적을 없애버리려고 또 다른 악을 행하는 것입니다. 이것은 단지 삼천 년 전 가나안 땅에서만 일어났던 일이 아니라 모든 시대, 모든 지역, 모든 인간들의 사회에서 반복되는 죄인들의 실체입니다.

기드온의 행동

기드온의 교활함

백성들과 비교할 때 기드온도 똑같습니다. 성경은 어떤 인물도 신실한 모습으로, 우리가 본받아야 하는 신앙모델로 세우지 않습니다. 기드온은 자신들을 다스려 달라는 백성들의 요청을 거부합니다. 그 이유는 자신의 승리가 자신이 이긴 것이 아니라는 것을 잘 알고 있기 때문입니다. 만약 기드온이 백성들을 다스리는 통치자가 되면, 다시 미디안이 쳐들어오거나 주변의 다른 민족들이 쳐들어오면 통치자로서 나가서 전쟁을 해야 하고 승리해야 합니다. 그런데 기드온은 자기가 그럴만한 존재가 아닌 것을 잘 알고 있습니다. 이번 미디안과의 전쟁도 자기가 전략을 잘 짜거나 좋은 군사를 모았거나 무기가 좋아서 이긴 것이 아니었습니다. 오직 하나님이 이기게 하셨을 뿐입니다. 다음에 전쟁이 발생할 때에도 하나님이 자기를 찾아오시고, 자기를 도와주신다는 보장이 없습니다. 그러니 당연히 통치자가 될 수 없는 것입니다.

기드온은 겸손한 것이 아닙니다. 도무지 왕이 될 수 없는 것입니다. 여호와를 섬기는 믿음이 좋은 것이 아닙니다. 그냥 사실을 받아드린 것뿐입니다. 대신 기드온에게는 죄의 원리가 다른 방식으로 드러나는 것입니다. 앞으로 전쟁이 나면 승리한다는 보장이 없지만, 이미 미디안과의 전쟁에서는 승리했습니다. 전쟁에서는 승리했고, 사람들은 하나님이 이기게 하셨다고 생각하는 대신 기드온이 이기게 했다고 생각하고 있으니까 그들의 마음을 이용하는 것입니다. 그래서 부담되는 왕위는 거부하고, 대신 자신을 거부할 수 없는 백성들을 향해 금을 달라고 요청하는 것입니다. 아주 치밀한 죄인입니다. 상대방의 약점을 최대한 활용하고, 자신은 명분도 얻고 실속도 챙기는, 하나님의 일하심을 최대한으로 악용하는 죄인의 교활함입니다.

그런데 더 나아가 죄인의 교활함의 극치가 등장합니다. 8장 27절 "기드온이 그 금으로 에봇 하나를 만들어 자기의 성읍 오브라에 두었더니"입니다. 기드온이 왜 에봇을 만들까요? 지금 기드온과 이스라엘의 관계를 이해하셔야 합니다. 기드온과 이스라엘 모두가 죄인입니다. 죄인끼리 치밀한 머리싸움을 하는 것입니다. 먼저 바닥을 드러낸 것이 이스라엘 사람들입니다. 이제 기드온이 바닥을 드러내는 것입니다. 기드온은 자기가 정말로 용맹스럽게 바알과 다투어 바알을 이긴 것이 아니라는 사실이 밝혀지기를 두려워하는 것입니다. 자기가 의도적으로, 능동적으로 바알을 물리친 것이 아니라는 것이 밝혀지면 사람들이 자기에 대해 그동안 가지고 있던 두려워하는 마음을 바꾸고 도리어 백성들을 속였다고 난리칠 것입니다. 또 전쟁에 대해서도 마찬가지입니다. 정작 자기는 두려워 떨었고, 수차례 하나님을 시험했다는 것, 정작 하나님이 다 이기도록 각본을 짜 놓았다는 것을 백성들은 모르고 있고, 기드온은 일부러 자진해서 그것들을 밝히고 싶지 않은 것입니다. 그러니 왕이 되는 부담은 지지 않고, 백성들이 자기를 두려워하는 상태를 유지하고는 싶은 것입니다. 그래서 사람들이 자신을 계속해서 여룹바알로 인식할 수 있도록, 자기가 계속해서 하나님과 교통하고 있는 것처럼 여겨지게 만들고 싶은 것입니다. 그래서 동원한 수법이 제사장들이 하나님을 만날 때 입는 에봇을 만드는 것입니다. 기드온이 에봇을 화려하게 만들어서 자기 집에 두는 것만으로도 마치 기드온과 하나님 사이에 핫 라인이 있는 것처럼 여겨지는 것입니다. 그래서 실제로 8장 27절 "이스라엘이 그것을 음란하게 위하므로"입니다. 이스라엘과 기드온, 죄인들끼리 머리싸움이 치열하게 벌어지고 있는 것입니다. 그러나 기드온은 자신이 지혜롭게 행동하는 줄로만 알았지 그 행동이 결국 자신과 자기 집에 올무가 될 줄은 몰랐습니다. 그 올무가 아들 즉 아비멜렉에게서 나타납니다.

성도

저와 여러분이 전에는 이스라엘 같았고 기드온 같았습니다. 그러나 지금은 죄에서 구원받은 성도입니다. 이제는 이스라엘이나 기드온처럼 죄의 원리로 생각하고 죄의 원리로 행동하는 사람들이 아닌 것입니다. 성도가 되셨으니 성경을 읽으시고 성경을 배우셔서 성도에게 주어진 하나님의 마음과 심정으로 생각하시고 하나님의 원리와 방법으로 행동하셔서 성도가 먼저 행복을 누리고, 성도와 만나는 모든 사람에게 하나님의 행복을 나누어 주는 멋진 성도의 삶이 되기를 주님의 이름으로 축원합니다.

21

어느 것이 나으냐?

사사기 9:1~56

1 여룹바알의 아들 아비멜렉이 세겜에 가서 그의 어머니의 형제에게 이르러 그들과
그의 외조부의 집의 온 가족에게 말하여 이르되 2 청하노니 너희는 세겜의 모든 사람
들의 귀에 말하라 여룹바알의 아들 칠십 명이 다 너희를 다스림과 한 사람이 너희를
다스림이 어느 것이 너희에게 나으냐 또 나는 너희와 골육임을 기억하라 하니 3 그의
어머니의 형제들이 그를 위하여 이 모든 말을 세겜의 모든 사람들의 귀에 말하매 그
들의 마음이 아비멜렉에게로 기울어서 이르기를 그는 우리 형제라 하고 4 바알브릿
신전에서 은 칠십 개를 내어 그에게 주매 아비멜렉이 그것으로 방탕하고 경박한 사람
들을 사서 자기를 따르게 하고 5 오브라에 있는 그의 아버지의 집으로 가서 여룹바알
의 아들 곧 자기 형제 칠십 명을 한 바위 위에서 죽였으되 다만 여룹바알의 막내 아
들 요담은 스스로 숨었으므로 남으니라 6 세겜의 모든 사람과 밀로 모든 족속이 모여
서 세겜에 있는 상수리나무 기둥 곁에서 아비멜렉을 왕으로 삼으니라

인생역전

기드온의 인생

사사기 6장부터 8장까지 나오는 미디안과의 전쟁사건이 등장하기 전에 기드온은 자기 스스로 고백하기를 매우 작은 집안이었습니다. 6장 15절 "나의 집은 므낫세 중에 극히 약하고 나는 내 아버지 집에서 가장 작은 자니이다"입니다. 기드온의 말은 겸손이 아니라 사실이었습니다. 하나님이 기드온에게 나타나신 순간부터 기드온이 전쟁에서 이기는 순간

까지 기드온은 자발적으로 행동하지 않았고 용맹하게 행동하지 않았습니다. 그런데 전쟁 사건이 끝난 후 기드온의 모습은 전혀 달라져 있습니다. 8장 28절 마지막에 "기드온이 사는 사십 년 동안 그 땅이 평온하였더라"고 나옵니다. 전쟁이 끝난 후에 기드온은 사십 년 정도 더 살았던 것 같습니다. 그 사십 년의 삶이 아주 간략하게 29절에 나옵니다. "요아스의 아들 여룹바알이 돌아가서 가지 집에 거주하였는데 기드온이 아내가 많으므로 그의 몸에서 낳은 아들이 칠십 명이었고 세겜에 있는 그의 첩도 아들을 낳았으므로 그 이름을 아비멜렉이라 하였더라"입니다.

기드온이 원래 결혼을 했는지의 여부는 나오지 않습니다. 그런데 전쟁이 끝난 후에는, 백성들에게 귀고리를 달라고 해서 금을 천칠백 세겔이나 모은 후에는, 초승달 장식들과 패물과 왕들이 입었던 자색 의복 등을 거둔 후에는, 물질적으로 풍성해진 후에는 아내가 많았고 아들도 많았습니다. 부인이 둘 셋, 또는 서넛 쯤 있었나보다고 너무 약소하게 생각하시면 안 됩니다. 아들이 칠십 명이니 한 부인이 일곱씩 낳았다고 해도 부인이 열 명입니다. 그런데 부인을 많이 두는 경우는 자녀를 낳기 위한 목적이 아닙니다. 그래서 한 부인이 일곱씩 낳지 않습니다. 정치적, 외교적 목적으로 결혼을 하고 자녀를 낳는 경우에는 기껏해야 한 둘만 낳기 때문에 기드온의 아내가 적어도 삼십 명 이상입니다. 게다가 아들이 칠십 명이면 적어도 딸이 절반 아니 삼분의 일이라고 해도 이십 명이 넘으니까 부인이 열 명 이상이 더 있고, 자기 거주지가 아닌 다른 지역 세겜에 첩도 두었습니다. 여하튼 부인이 수십 명이고 자녀가 최소 칠십 일명입니다. 이것은 일반적인 가장의 모습이 아니고, 바람기가 많은 남자의 모습도 아니고, 단지 돈이 많은 부자의 모습도 아닙니다.

성경에는 특별히 기드온의 한 아들의 이름이 나옵니다. 세겜에 있는 첩의 아들이 아비멜렉입니다. 아비멜렉의 뜻은 '내 아버지는 왕이시다'입니다. 첩이 아마도 자식의 기를 세워주기 위해서 이름을 이렇게 지은 것 같습니다. 8장에서 기드온이 에봇을 만들어 자기의 성읍에 두었고 온 이스라엘이 섬겼다고 했습니다. 이런 표현들이 기드온의 삶을 설명하는 힌트입니다. 기드온은 자기 아들의 이름을 아비멜렉이라고 지어도 될 만큼 위세를 떨치고 살았던 것입니다. 단순히 부유하게 살았던 것이 아니라, 단순히 명예를 소중히 여기며 살았던 것이 아니라, 에봇을 통해 즉 종교적 제도를 통해 아무도 자신에게 대적할 수 없는 권위자로 올려놓고 백성들 위에 군림하며 살았던 것입니다. 이 정도면 개과천선이나 인생역전이라는 표현이 어울릴 것 같습니다. 개천에서 용났다고 할 수 있을 것입니다. 혹시 기드온을 좋아하시는 분이 계신다면 전쟁에 나가기 전에 하나님을 시험하는 모습이 아니라 전쟁이 끝난 후의 기드온의 모습 즉 많은 부인과 자녀를 거느리고 많은 재물을 거느리고 백성들 위에 군림하며 사는 모습을 닮고 싶은 것일 수도 있습니다.

기드온의 삶에 대한 평가가 8장 33절 이하 "기드온이 이미 죽으매 이스라엘 자손이 돌아서서 바알들을 따라가 음행하였으며 또 바알브릿을 자기들의 신으로 삼고 이스라엘 자손이 주위의 모든 원수들의 손에서 자기들을 건져내신 여호와 자기들의 하나님을 기억하지 아니하며 또 여룹바알이라 하는 기드온이 이스라엘에 베푼 모든 은혜를 따라 그의 집을 후대하지도 아니하였더라"입니다. 혹시 죽은 다음은 나중이고 살아있는 동안이라도 기드온처럼만 되면 소원이 없겠다고 생각하시는 분이 계실까봐 기드온이 죽은 후에 그 집안이 어떻게 망가지는 지를 보여드리겠습니다. 과연 나중은 나중에 생각할 것인지 아니면 언제나 현재를 잘 사는 것이 얼마나 중요한지를 보여드리겠습니다. 결론부터 말씀드리자면 패가망신입니다. 자식들 간의 분쟁에 의해서 아들 칠십 명이 몰살당하고, 더 나아가 나라 전체를 내란에 준하는 민족 살인과 우상숭배의 구렁텅이로 몰아넣어버립니다. 처참한 인생말로를 보여줍니다. 그런데 성경에 이런 이야기가 왜 있을까요?

성경의 개요

이쯤에서 성경의 구조를 조금 이해하셔야 합니다. 창세기 1, 2장에는 하나님이 세상을 창조하시는 이야기가 등장합니다. 창조의 모습을 에덴이라고 합니다. 에덴은 즐거움, 기쁨이라는 뜻이 있습니다. 즉 하나님은 인간이 행복하게, 인간이 기쁘게, 인간이 즐겁게 사는 삶을 창조하신 것입니다. 그런데 인간이 하나님이 주신 행복을 누리지 못하는 모습이 창세기 3장부터 11장에 등장합니다. 하나님의 마음 대신 자신들의 기준대로, 자신들의 마음대로 행동한 결과가 원망이요, 불평이요, 책임전가요, 살인이요, 사망이요, 인류의 패망이었습니다. 죄에 빠져 행복한 삶을 누리지 못하는 인간들을 하나님이 불쌍히 여기사 죄인들에게 하나님을 알게 하시어 다시금 하나님의 은혜와 복을 누리게 하시려는 계획이 아브라함부터 시작됩니다. 그래서 창세기 12장부터 여호수아 24장까지에는 하나님이 계획하시고 하나님이 진행하시고 하나님이 완성하시는 대 역사가 펼쳐집니다. 그러므로 창세기, 출애굽기, 레위기, 민수기, 신명기, 여호수아는 책으로는 여섯 권이나 되지만 내용상으로는 한 가지 이야기입니다. 인간이 하나님을 떠나 하나님을 모르고, 하나님의 마음과 심정과 원리를 모르고 죄의 마음에 사로잡혀 행복을 누리지 못하기에 하나님이 하나님을 알리고 하나님의 마음과 심정과 원리와 방법을 알려주셔서 인간으로 하여금 다시금 하나님의 복락을 누리게 하시려는 노력입니다. 다만 하나님을 알리는 것이 단지 내용이나 정보가 아니기에 직접 여러 가지 사건들을 통하여 하나님을 증명하고 하나님의 역사를 체험하여 알게 한 것이었습니다. 그 다음에 등장하는 것이 바로 사사기입니다. 성경에 사사기가 왜 등장하는 지를 이해하셔야 사사기에 나오는 사건들의 의미를 이해하실 수 있는 것입니다.

성경은 한편으로는 매우 감사한 이야기이고 다른 한편으로는 매우 안타까운 이야기입니다. 하나님이 창조하셨습니다. 매우 감사한 이야기입니다. 인간이 하나님의 복을 받을 만한 어떠한 행동도 하기 전에 하나님이 인간을 위한 공간과 모든 내용물을 풍성하게 주셨으니 정말 감사한 것입니다. 창조이야기 다음에 '에덴에서 인간이 행복하게 오래오래 살았습니다. 지금까지 계속하여 살고 있습니다' 라고 했어야 합니다. 그런데 매우 안타까운 이야기가 이어집니다. 인간이 하나님을 떠나는 죄를 지어 행복을 상실했다는 것입니다. 다시 매우 감사한 이야기가 나옵니다. 하나님이 인간을 불쌍히 여겨 인간에게 하나님을 알리는 계시의 은혜를 주시는 것입니다. 하나님이 수많은 사건들을 통해 하나님을 알게 하고, 하나님이 책임지고 공급하고 보호하고 보살피고 돌보시는 은혜를 체험하여 하나님을 배우게 됩니다. 그 이야기가 여호수아 24장에서 끝나는 것입니다. 아브라함부터 여호수아까지 진행된 사건 다음에 '인간이 가나안에서 행복하게 오래오래 살았습니다. 지금까지 계속하여 살고 있습니다' 라고 했어야 합니다. 그래서 사사기에는 이스라엘이 행복하게 사는 모습이 기록되어 있었어야 하는 것입니다. 그런데 저와 여러분이 사사기 8장까지 살펴본 대로 이스라엘은 행복을 누리지 못하고 있습니다. 그래서 안타까운 이야기입니다.

사사기부터 시작

어떤 상황에 대해 무엇이 옳은지를 분별하려면 적어도 두 가지의 관점을 대조하고 비교해 보아야 합니다. 세상에서 제일 무서운 사람이 책을 한 권만 읽은 사람 또는 하나만 아는 사람이라고 합니다. 하나만 아는 것은 진리라고 말하지 않고 편견 또는 독선이라고 합니다. 사람도 이렇게 최소한 두 가지 이상을 비교하면서 무엇이 옳은지 분별하고 선택하게 하는데 인간을 사랑하시고 인간을 인격적으로 대우하시는 하나님은 얼마나 더 하시겠습니까! 하나님이 단지 진리를 선포하시며 '이것이 진리이니 무조건 복종하라' 고 지시하셨을 것 같은 생각을 하시면 안 됩니다. 하나님은 권위가 있으시지만 권위를 부리신 적이 없습니다. 세상 그 어느 탁월한 교사보다, 세상 그 어느 자상한 성인보다 하나님이 가장 인간을 위한 최상의 교육방법을 시행하셨다는 것을 성경을 통해 확인하실 수 있습니다. 세상의 방법을 통해 성경의 지평이 넓어지는 것이 아니라 성경을 통해 세상을 보는 관점이 확대되고, 성경을 통해 세상을 살아가는 바른 지혜를 얻을 수 있게 되는 것입니다. 성경에 펼쳐지는 두 가지 내용, 서로 대조하여 비교해 볼 수 있는 두 이야기가 있다는 것입니다.

인간이 범죄하여 행복을 상실하자, 다른 말로 하면 불행한 삶을 연명해 오자 인간의 소망, 인류의 유일한 바람은 '행복한 삶을 살고 싶다' 는 것이었습니다. 어떻게 하면 행복한 삶을 살 수 있을지가 모든 인간의 지상최대의 관심사입니다. 하지만 인간이 행복을 위해 관심을 갖는 것보다 더 인간의 행복에 관심을 가지신 분이 바로 하나님이십니다. 왜냐하면 하나님이 인간의 창조자이시기 때문입니다. 하나님이 인간을 위해 친히 일하고 수고하여 세상을 창조하셨고, 하나님이 인간에게 하나님의 형상을 주시고 하나님의 인격을 주셨고, 하나님이 인간에게 하나님의 사랑의 대상이 되는 존귀함을 주신 분입니다. 인간이 행복을 상실하자 가장 안타까워한 분이 바로 하나님이십니다. 당사자인 인간보다 더 안타까워하신 분이 하나님이십니다. 인간이 '어떻게 하면 행복한 삶을 살 수 있을까?' 를 인간보다 더 관심 갖는 분이 하나님이십니다. 그래서 성경에는 '어떻게 하면 인간이 행복하게 살 수 있을까?' 에 대한 두 가지 이야기 즉 하나님이 일러주시는 이야기와 인간들이 생각하고 고민하고 탐구하고 연구하고 합의하고 다양하게 시도하는 이야기가 전개되는 것입니다.

성경에는 이 두 가지 이야기 중에 먼저 하나님이 알려주시는 내용이 등장합니다. 그것이 바로 창세기 12장부터 여호수아 24장까지입니다. 즉 인간이 불행한 이유는 죄 때문이요, 인간이 행복하기 위해서는 하나님을 알아야 한다 즉 하나님의 마음과 심정과 원리와 가치와 기준과 개념과 방법으로 살아야 한다는 것입니다. 그리고 두 번째 이야기 즉 인간들이 행복하게 사는 법을 알기 위해서 인간들이 생각하고 고민하고 탐구하고 연구하고 합의하고 다양하게 시도하는 이야기가 소개되는 것이 사사기부터 에스더까지의 역사 이야기와 시편, 잠언, 전도서 등의 지혜문학인 것입니다.

인간의 선택

사사기 이야기

창세기부터 여호수아서를 읽을 때와 사사기부터 이어지는 사무엘서나 열왕기를 읽을 때에 큰 차이점을 발견하실 수 있습니다. 창세기부터 여호수아서까지는 하나님이 주도자이시라는 것입니다. 즉 하나님의 계획이 등장하고 하나님이 진행하고 하나님이 완성한다는 것입니다. 창세기 12장에서 하나님이 아브람에게 나타나서 약속을 하시고, 그 약속이 여호수아 24장에서 완성되는 것으로 이야기가 끝이 납니다. 그러나 사사기부터 이어지는 이야기에는 인간이 주도자입니다. 그래서 하나님의 계획이 등장하지 않고 하나님이 앞서서 진행하시는 모습이 없고 하나님이 완성하신다는 내용이 없습니다. 그렇다고 인간의 계획이 등장하는 것도 아닙니다. 대신 인간은 진리를 모르기 때문에 '어떻게 하면 인간이 행복할 수 있을까?' 라는 대 명제의 해답을 찾기 위해 정말로 다양한 시도를 행합니다.

사사기에서는 하나님을 버리고 우상을 선택하는 모습이 주로 나타납니다. 사무엘서부터는 국가라는 제도를 만들고 왕이라는 통치 스타일을 선택하는 모습이 나타납니다. 잠언과 전도서에서는 지혜를 총동원하는 모습이 나타납니다. 열왕기에서는 경제 개발, 외교정책 등 또 다른 선택들이 나타납니다. 그리고 결론은 이스라엘이 패망하는 것으로 끝이 납니다. 즉 인간은 행복해지기 위해 갖은 노력을 하지만, 정말 다양한 선택을 하지만 결국은 결코 행복해지지 못한다는 것입니다. 사사기부터 왕정사에 나타나는 인간의 선택이 단지 성경에 나타난 이야기만이 아니라 인류역사가 반복해서 순환적으로 선택한 내용들이며, 오늘날의 인류도 여전히 순환적으로 선택하는 내용들입니다. 이미 성경은 그 한계와 결말을 인간들에게 보여주고 있는 것입니다.

사사기 1장부터 9장까지 오는 과정에서 하나님의 계획이 등장하지 않습니다. 하나님이 이미 진리를 알려주셨기 때문입니다. 인간은 하나님이 알려주신 마음과 원리와 방법으로 살면 행복을 누릴 수 있는 것입니다. 그런데 인간이 그렇게 하지 않습니다. 하나님이 알려주신 것 대신 늘 자신들이 새로운 선택을 합니다. 자신들이 죄인이라는 사실을 모르기에, 하나님이 자신들을 위해주신다는 것을 죄적인 방식으로 오해하고 왜곡합니다. 그래서 하나님의 말씀을 거부하고 하나님의 가르침을 부인하는 것입니다. 사사기 1장에서는 이스라엘 백성들이 가나안 족속들을 쫓아내지 않았습니다. 하나님은 가나안 족속들을 모두 쫓아내라고 했지만 이스라엘은 쫓아내지 않았습니다. 이미 자신들이 승리했는데 굳이 다 쫓아낼 필요가 있느냐고 생각한 것입니다. 자신들이 우위를 점하고 있으니 가나안 족속들을 더러는 물 긷는 자로 쓰고, 더러는 장작 패는 자로 쓰고, 더러는 종이나 노예로 쓰고, 더러는 여러 가지 기술과 재주가 있는 사람들을 활용해서 자신들의 삶을 더욱 윤택하게 만들 수 있을 것이라고 생각한 것입니다. 얼핏 들어보면 하나님의 결정과 이스라엘 백성들의 결정 중에 이스라엘 백성들의 결정이 현명해 보입니다. 하나님은 가나안 사람들을 남자와 여자를 모두 진멸하라고 하니 비인격적으로 보이고 마치 살인마 같습니다. 문화와 예술과 삶의 질에는 무관심하고 오직 정복과 승리에만 집착하는 욕망의 신같이 여겨집니다. 그에 비해 이스라엘은 매우 인간적으로 보입니다. 자신들의 정착지를 구한 다음에는 더 이상

살육을 행하지 않습니다. 가나안에 있는 종교적 신상이나 제단도 헐지 않고 수용해줍니다. 매우 포용적이며 관대합니다. 성경을 읽으면서 대부분의 사람들은 하나님은 잔인하다고 말하고 이스라엘은 인류애가 있는 것으로 착각합니다.

이스라엘이 하나님의 말씀을 거부하고 자신들이 옳다고 생각한 것, 자신들이 지혜롭다고 생각한 것, 자신들이 현명하다고 생각한 것, 자신들이 행복할 수 있다고 생각한 것, 자신들이 더불어 자유와 평화와 안식을 누리며 살 수 있다고 생각한 것을 선택했습니다. 그래서 어떻게 되었습니까? 이스라엘이 평화를 누렸습니까? 이스라엘이 살려준 사람들이 이스라엘에게 감사하며 서로 친하게 지냈습니까? 서로 행복하게 살았습니까? 가나안과 이스라엘이 평화롭게 살아 하나님이 틀렸다는 것이 드러났고, 더 이상 하나님의 도움이 필요 없었고, 더 이상 하나님이 존재하거나 인간이 하나님의 말씀을 들어야할 필요가 모두 사라졌습니까? 이스라엘의 판단, 이스라엘의 선택, 이스라엘의 결정은 모두 틀린 것으로 드러납니다. 처음에는 이스라엘이 가나안을 노략했으나 잠시 후에는 이스라엘 주변에 있는 사람들이 이스라엘의 노략자가 되었고, 이스라엘은 그들의 노략을 당하지 못했으며, 마침내는 그들의 괴로움이 심하게 되었습니다. 자신들이 선택한 신, 자기들이 섬겼던 우상들은 아무 역할도 해주지 못했습니다. 그러자 이스라엘은 자신들이 버렸던 신에게 도와달라고 요청했습니다. 누가 옳았습니까? 하나님이 옳았습니다. 누가 틀렸습니까? 죄인들이 틀렸습니다.

반복되는 이야기

하나님은 자신을 버렸던 이스라엘의 도움 요청을 거절하지 않고 그들을 도와주십니다. 수십 년씩 이방의 압제에 시달리던 이스라엘 백성들을 구원해 주십니다. 이번에도 하나님은 구원 사건을 통해 하나님을 알려 주십니다. 하나님이 옳다는 것, 하나님 말씀대로 사는 것이 인간에게 좋다는 것, 하나님의 가르침이 인간에게 가장 유익하다는 것을 알려주십니다. 그러나 인간은 고난에서 벗어나자 다시 생각합니다. 그리고는 다시 하나님을 버리고 다시 자신들의 분석, 자신들의 판단, 자신들의 결정을 선택합니다. 하나님이 도와주시면 평온하였지만 하나님을 버리면 자신들이 궁핍하고 곤고했다는 것을 인정하지 않습니다. 하나님의 구원과 인간의 배반이 계속 반복됩니다. 옷니엘 사건, 에훗 사건, 삼갈 사건, 드보라 사건이 있음에도 불구하고 인간은 하나님을 선택하지 않습니다. 지금까지 소개된 사사기 사건들은 단지 사건의 큰 그림만 등장했었습니다. 이제 기드온 사건에서는 인간들의 사고방식이 구체적으로 묘사되고 있는 것입니다.

미디안에게 약탈을 당하여 궁핍함이 심하면서도 하나님이 도와주신다고 하자 기드온은 기뻐하지 않고 심드렁할 뿐입니다. 달리 대안이 없기에 지푸라기라도 잡는 심정으로 하나님께 매어달려도 부족할 형편인데도 불구하고 도리어 하나님을 거부하고 하나님을 시험하고 시험할 뿐입니다. 죄인들에게는 신이 자신들을 도와주는 모습이 아니라 늘 재앙의 모습으로 인식되어 있기 때문입니다. 죄인들에게 신은 자신들을 축복하는 존재가 아니라 늘 심판하는 존재입니다. 그래서 죄인들이 신을 섬길 때에는 감사와 찬양과 존경이 아니라 신을 달래는 것입니다. 신을 달래기 위해서 신의 형상을 만들고, 신을 모시는 신전을 만들고, 신을 위하는 제사를 만들고, 신에게 드리는 예물이 있는 것입니다. 신에 대해 그렇게 인식하고 있는 사람들에게 하나님의 임재는 어색한 것이요, 하나님이 요구하는 것이 없이 도와주겠다는 것은 함정 같아 보이는 것이요, 탁월한 사람이 아니라 작은 자와 미약한 사람을 선택하는 것은 자신을 조롱하는 것으로 여겨지는 것입니다. 기드온의 행동은 죄인의 사고방식에 근거해야 바르게 이해되는 것입니다.

전쟁이 끝난 후의 기드온의 삶은 아주 간략하게 소개되어 있지만 아주 많은 내용을 포함하고 있습니다. 전쟁사건을 통해 기드온이 하나님을 배울까요? 기드온의 사고방식이 변할까요? 기드온의 신 인식이 개혁될까요? 정답은 '아니요' 입니다. 기드온은 참으로 기적 같은 사건들을 통해서 이스라엘 내에서 공적을 쌓았고 백성들에게 권위 있는 자의 위치를 얻었습니다. 하나님은 이스라엘을 포함한 모든 인간들에게 하나님의 마음을 배우라고, 하나님의 심정과 원리를 가지고 서로 행복하게 살라고, 이스라엘이 스스로 자랑하지 못하게 하기 위해 기드온을 불렀고 적은 군사로 승리를 하게 해 주셨지만 기드온은 하나님의 의도와는 전혀 다르게 행동하는 것입니다. 기드온은 죄인의 전형적인 모습, 죄인의 신랄한 모습, 죄인의 교활함의 극치를 보여주는 것입니다. 하나님을 통하여 전쟁에 이겼음에도 불구하고 기드온은 하나님을 배우지 않고 하나님을 따르지 않습니다. 도리어 자신을 도와준 하나님까지 교묘하게 이용해서 사람들의 삶의 평화를 깨고 안식을 깹니다.

기드온은 하나님이 도와주신 전쟁을 통해 백성들에게 금을 요구하고 부귀를 축적합니다. 기드온이 금은보화를 모았다는 것은 백성들은 금은보화를 빼앗겼다는 것입니다. 기드온이 아내를 많이 두고 자식을 많이 두었다는 것은 기드온이 많은 여인들의 삶을 유린했다는 것이요, 많은 가족들에게 불행을 끼쳤다는 것입니다. 기드온이 죽자마자 이스라엘 사람들이 돌아서서 바알들을 따라가 음행하였으며 또 바알브릿을 자기들의 신으로 삼았다는 것은 차라리 바알과 바알브릿을 섬기는 것이 기드온을 섬기는 것보다 나을 정도로 기드온이 백성들 위에 군림했다는 것입니다. 기드온이 죽자마자 이스라엘 사람들이 기드온의 집을 후대하지도 아니하였다는 것은 기드온의 행적에 대해, 기드온의 집안에 대해 넌더리가 났다는 것이요, 정나미가 떨어졌다는 것이요, 기억하기조차 싫을 정도의 고달픈 생활이었다는 것입니다. 기드온은 정작 자신은 하나님의 도움을 받아놓고도, 자신은 백성들에게 전혀 하나님의 마음과 심정과 원리로 대하지 않았다는 것입니다. 도리어 하나님이 도와주신 사건을 악용하여 백성들을 약탈하고 백성들을 압제했던 것입니다. 이것이 죄인의 모습입니다. 이것이 죄인의 실체입니다. 기드온에게서 신실한 신앙의 모습을 보는 것이 아니라 죄인의 실체를 보는 것입니다.

올무가 되니라

백성의 삶이야 어찌 되든 간에 기드온은 잘 먹고 잘 산 것 아니냐고 말할 수도 있을 것입니다. 과연 그럴까요? 하나님은 이스라엘에게 말씀하시기를 '하나님 말씀을 따르라 만약 하나님 말씀대로 하지 않으면, 그것이 너희에게 올무가 되고 가시가 되고 덫이 될 것이다' 라고 미리 주의를 주고, 경고하시고, 결과들을 알려주셨습니다. 죄인들이 이 말을 듣지 않습니다. 그리고는 '괜히 협박하지 마세요. 겁주지 마세요' 라고 도리어 하나님을 조롱하고 왜곡합니다. 하나님이 옳을까요, 사람들이 옳을까요? 기드온의 삶에서 확인할 수 있는 것이 9장 이야기입니다. 기드온이 지혜를 써서 금으로 에봇을 만들었습니다. 기드온은 지혜를 쓴 것인데 성경은 전혀 다르게 판단합니다. 8장 27절 "기드온이 그 금으로 에봇 하나를 만들어 자기의 성읍 오브라에 두었더니 온 이스라엘이 그것을 음란하게 위하므로 그것이 기드온과 그의 집에 올무가 되니라" 입니다. 기드온이 만든 에봇이 이스라엘에 올무가 된 것이 아니라 기드온과 그의 집에 올무가 되었다고 합니다. 그 올무가 바로 자기 아들, 세겜에 있는 첩의 아들인 아비멜렉이 가지게 된 사고방식입니다. 기드온은 전쟁이 끝난 후에 자신이 하나님의 원리로 행동하지 않았고 자신의 주변사람들에게 하나님의 원리를 드러내지도 않았습니다. 기드온이 죄의 원리를 적극적으로 활용했습니다. 그러한 죄의 원리가 기드온의 자식들에게 철저하게 배었다는 것입니다.

기드온이 자기들을 다스려달라는 백성들의 요구는 거절했습니다. 자신이 왕이 될 수 없다는 것을 잘 알고 있었기 때문입니다. 하지만 기왕에 얻은 명성, 이미 백성들이 자신을 두려워하고 있는 심리를 거부하지 않고 이용했습니다. 한편으로는 왕이 아니라 백성의 삶에 대한 책임적 역할을 전혀 하지 않으면서, 다른 한편으로는 신과 교통하는 인물로서 백성들 위에 군림하고 백성들에게서 뽑아낼 수 있는 것은 다 뽑아내고 마치 왕에 비교될 수 있는 권세를 누리며 살았던 것입니다. 기드온은 이 교묘한 평행선을 잘 이용한 것입니다. 그런데 자식들의 생각은 기드온과 다릅니다. 기드온이 백성들을 속이고 있는 것에 자식들도 속고 있는 것입니다. 자식들의 눈에 자기 아버지는 전쟁에서 승리를 가져온 용사이고, 여전히 에봇을 통해 신과 교통하는 능력자이고, 실제로 아버지와 이스라엘 사람들의 관계는 마치 왕과 백성의 관계처럼 보이는 것입니다. 더불어 자신들은 마치 왕의 아들 같은 부귀영화를 누리며 살고 있습니다. 하나님이 자기 아버지를 도와주었다는 것, 자신들의 삶이 하나님의 원리가 아니라 아버지의 교활한 죄의 원리라는 것을 모르는 것입니다. 모두 자기 아버지의 업적이요, 자기 아버지의 지혜요, 자기 아버지의 권세인 줄로만 압니다.

이런 자식들의 생각에는 현재 자신들의 모습이 만족스러운 것이 아니라 아쉬운 것이 있는 것입니다. 마치 왕처럼 사는데 실제로는 왕이 아니라는 것입니다. 누가 봐도 왕인데, 백성들은 모두 왕처럼 받들고 있는데 정작 실제로는 왕이 아니라는 것이 아쉬운 것입니다. 그러던 어느 날 아버지가 죽었습니다. 백성들이 아버지를 잊어버리고 자기들을 후대하지도 않습니다. 그때 드는 생각이 바로 실제로 '왕이 되자' 는 것입니다. 기드온은 나름대로 계산이 있어서 왕이 되지 않은 것인데, 기드온의 삶이 이미 자식들의 사고방식에 올무로 작용해서 자식들은 아버지의 행동과 결정을 답답해하면서 아버지와 다른 판단, 아버지와 다른 결정, 아버지와 다른 선택을 하는 것입니다. 아들의 입장에서는 자기들이 아버지보다 지혜롭고, 자기들의 생각이 더 옳아 보인다는 것입니다. 어디서 많이 보았던 사고방식이요, 어디서 많이 들었던 선택입니다. 바로 하나님과 인간의 관계에서 인간들의 사고방식이요, 선택이었습니다. 기드온 사건이 하나님과 인간의 관계에서 인간의 선택이 얼마나 어리석고 미련한 것인가를 알려주기 위해 기드온과 백성, 기드온과 자식의 관계에서 동일한 상황과 동일한 선택과 동일한 결과를 패러디로 보여주는 것입니다. 기드온과 기드온의 자식들의 이야기를 보여주면서 '이게 너희들의 실상이다, 이게 너희들의 어리석음이다' 라고 한숨짓는 것입니다. 기드온은 자신의 행동이 자신과 자기 집안과 자기 자식들에게 올무가 될 줄을 생각하지 못했습니다. 자기가 지혜롭게 행동하면 된다고, 자기가 자식들을 잘 가르치면 된다고 생각했습니다. 그것이 죄인의 어리석음입니다.

죄인들의 의견

그동안 하나님이 행하신 행동과 기드온이 한 행동을 비교하실 수 있어야 합니다. 하나님은 진정으로 인간을 위해주신 분입니다. 인간을 창조했다는 명분으로 인간의 것을 약탈하지 않으셨고 인간 위에 군림하지 않으셨습니다. 하나님이 출애굽을 시켜주고 가나안 입성을 이루어주셨다는 권위로 이스라엘을 제한하지 않으셨고, 이스라엘의 삶을 통제하지 않으셨습니다. 하나님이 사사기에서 이스라엘을 이방인의 압제에서 구원해 주었다고 이스라엘을 통하여 하나님이 영화를 누리거나, 하나님이 존귀를 받거나, 하나님이 위세를 부린 적이 없습니다. 하나님의 말씀대로 행할 때에 인간이 올무가 되는 것, 인간의 삶에 가시가 되는 것, 인간의 자유와 행복에 덫이 되는 것이 없습니다. 하나님은 이스라엘을 이방인의 압제에서 구원해 주신 후에도 여전히 이스라엘에게 자유를 허락하시고 선택하게 하십니다.

기드온이 하나님의 원리 대신 지혜롭다고 생각한 행동은 인간에게 올무가 됩니다. 그 장면이 아비멜렉입니다. 아비멜렉의 뜻은 '나의 아버지는 왕이다' 입니다. 그런데 그 아버지가 죽자 이제는 '내가 왕이다' 라고 생각하는 것입니다. 이미 아버지가 살아있을 때에도 왕 같은 대우를 받고 살았는데, 아버지가 죽자 사람들이 아버지를 버리는 것이 수용이 되지 않는 것입니다. 자신이 왕의 가족처럼 살던 모습을 놓고 싶지 않은 것입니다. 자신이 행복하게 사느냐, 자신과 함께 하는 사람이 모두가 행복하게 사느냐가 관심의 초점이 아닙니다. 내가 왕 같은 지위와 신분과 대접받는 것을 포기할 수 없다는 것입니다.

9장 1, 2절은 너무나 익숙한 표현입니다. "여룹바알의 아들 아비멜렉이 세겜에 가서 그의 어머니의 형제에게 이르러 그들과 그의 외조부의 집의 온 가족에게 말하여 이르되 청하노니 너희는 세겜의 모든 사람들의 귀에 말하라 여룹바알의 아들 칠십 명이 다 너희를 다스림과 한 사람이 너희를 다스림이 어느 것이 너희에게 나으냐 또 나는 너희와 골육임을 기억하라"입니다. 아비멜렉의 말은 아주 재미있는 것이요, 죄인들의 교활함이 종합된 것입니다. 아비멜렉은 전혀 폭력을 행사하지 않습니다. 도리어 인간에게 선택권을 주고 각 사람이 지혜롭게 선택하도록 권고하는 것 같습니다. 성경이 말하려는 핵심은 '강압이 아니라 자유다' 라는 것이 아니라 '틀린 것 두 개 중에 하나 고르는 것이 과연 자유를 주는 것이냐?' 는 것입니다. 진정한 선택의 자유는 우선 제공되는 정보가 진리이어야 한다는 것입니다. 진정한 의미에서의 선택의 자유는 오직 하나님이 인간에게 주시는 것뿐입니다. 세상이 제공하는 정보는 진리가 아니며, 세상이 제공하는 선택의 자유는 자유가 아닌 것입니다. 세상에서도 사고방식을 바꾸어라, 창조적으로 생각하라, 생각을 바꾸라고 마음의 변화를 주장합니다. 그러나 죄의 가치체계 내에 있는 변화는 변화가 아닙니다. 죄의 인식체계의 한계 속에 있는 창조적 사고는 전혀 창조적이지 않습니다. 죄에게 사로잡혀있는 마음의 변화는 변화가 아닙니다. 하나님은 진리를 주시며 진리를 선택하라고 권면하십니다. 성경을 읽고, 진리를 알고, 진리대로 행해서 진리의 자유함, 진리의 평안함을 풍성히 누리기를 주님의 이름으로 축원합니다.

22

그들에게 응하니라

사사기 9:7~57

7 사람들이 요담에게 그 일을 알리매 요담이 그리심 산 꼭대기로 가서 서서 그의 목
소리를 높여 그들에게 외쳐 이르되 세겜 사람들아 내 말을 들으라 그리하여야 하나
님이 너희의 말을 들으시리라 8 하루는 나무들이 나가서 기름을 부어 자신들 위에 왕
으로 삼으려 하여 감람나무에게 이르되 너는 우리 위에 왕이 되라 하매 9 감람나무가
그들에게 이르되 내게 있는 나의 기름은 하나님과 사람을 영화롭게 하나니 내가 어찌
그것을 버리고 가서 나무들 위에 우쭐대리요 한지라 10 나무들이 또 무화과나무에게
이르되 너는 와서 우리 위에 왕이 되라 하매 11 무화과나무가 그들에게 이르되 나의
단 것과 나의 아름다운 열매를 내가 어찌 버리고 가서 나무들 위에 우쭐대리요 한지
라 12 나무들이 또 포도나무에게 이르되 너는 와서 우리 위에 왕이 되라 하매 13 포도
나무가 그들에게 이르되 하나님과 사람을 기쁘게 하는 내 포도주를 내가 어찌 버리고
가서 나무들 위에 우쭐대리요 한지라 14 이에 모든 나무가 가시나무에게 이르되 너는
와서 우리 위에 왕이 되라 하매 15 가시나무가 나무들에게 이르되 만일 너희가 참으
로 내게 기름을 부어 너희 위에 왕으로 삼겠거든 와서 내 그늘에 피하라 그리하지 아
니하면 불이 가시나무에서 나와서 레바논의 백향목을 사를 것이니라 하였느니라 16
이제 너희가 아비멜렉을 세워 왕으로 삼았으니 너희가 행한 것이 과연 진실하고 의
로우냐 이것이 여룹바알과 그의 집을 선대함이냐 이것이 그의 손이 행한 대로 그에
게 보답함이냐 17 우리 아버지가 전에 죽음을 무릅쓰고 너희를 위하여 싸워 미디안의
손에서 너희를 건져냈거늘 18 너희가 오늘 일어나 우리 아버지의 집을 쳐서 그의 아
들 칠십 명을 한 바위 위에서 죽이고 그의 여종의 아들 아비멜렉이 너희 형제가 된다
고 그를 세워 세겜 사람들 위에 왕으로 삼았도다 19 만일 너희가 오늘 여룹바알과 그
의 집을 대접한 것이 진실하고 의로운 일이면 너희가 아비멜렉으로 말미암아 기뻐할
것이요 아비멜렉도 너희로 말미암아 기뻐하려니와 20 그렇지 아니하면 아비멜렉에게
서 불이 나와서 세겜 사람들과 밀로의 집을 사를 것이요 세겜 사람들과 밀로의 집에

서도 불이 나와 아비멜렉을 사를 것이니라 하고 21 요담이 그의 형제 아비멜렉 앞에 서 도망하여 피해서 브엘로 가서 거기에 거주하니라 22 아비멜렉이 이스라엘을 다스린 지 삼 년에 23 하나님이 아비멜렉과 세겜 사람들 사이에 악한 영을 보내시매 세겜 사람들이 아비멜렉을 배반하였으니 24 이는 여룹바알의 아들 칠십 명에게 저지른 포학한 일을 갚되 그들을 죽여 피 흘린 죄를 그들의 형제 아비멜렉과 아비멜렉의 손을 도와 그의 형제들을 죽이게 한 세겜 사람들에게로 돌아가게 하심이라 25 세겜 사람들이 산들의 꼭대기에 사람을 매복시켜 아비멜렉을 엿보게 하고 그 길로 지나는 모든 자를 다 강탈하게 하니 어떤 사람이 그것을 아비멜렉에게 알리니라 26 에벳의 아들 가알이 그의 형제와 더불어 세겜에 이르니 세겜 사람들이 그를 신뢰하니라 27 그들이 밭에 가서 포도를 거두어다가 밟아 짜서 연회를 베풀고 그들의 신당에 들어가서 먹고 마시며 아비멜렉을 저주하니 28 에벳의 아들 가알이 이르되 아비멜렉은 누구며 세겜은 누구기에 우리가 아비멜렉을 섬기리요 그가 여룹바알의 아들이 아니냐 그의 신복은 스불이 아니냐 차라리 세겜의 아버지 하몰의 후손을 섬길 것이라 우리가 어찌 아비멜렉을 섬기리요 29 이 백성이 내 수하에 있었더라면 내가 아비멜렉을 제거하였으리라 하고 아비멜렉에게 이르되 네 군대를 증원해서 나오라 하니라 30 그 성읍의 방백 스불이 에벳의 아들 가알의 말을 듣고 노하여 31 사자들을 아비멜렉에게 가만히 보내어 이르되 보소서 에벳의 아들 가알과 그의 형제들이 세겜에 이르러 그 성읍이 당신을 대적하게 하니 32 당신은 당신과 함께 있는 백성과 더불어 밤에 일어나 밭에 매복하였다가 33 아침 해 뜰 때에 당신이 일찍 일어나 이 성읍을 엄습하면 가알 및 그와 함께 있는 백성이 나와서 당신을 대적하리니 당신은 기회를 보아 그에게 행하소서 하니 34 아비멜렉과 그와 함께 있는 모든 백성이 밤에 일어나 네 떼로 나누어 세겜에 맞서 매복하였더니 35 에벳의 아들 가알이 나와서 성읍 문 입구에 설 때에 아비멜렉과 그와 함께 있는 백성이 매복하였던 곳에서 일어난지라 36 가알이 그 백성을 보고 스불에게 이르되 보라 백성이 산 꼭대기에서부터 내려오는도다 하니 스불이 그에게 이르되 네가 산 그림자를 사람으로 보았느니라 하는지라 37 가알이 다시 말하여 이르되 보라 백성이 밭 가운데를 따라 내려오고 또 한 떼는 므오느님 상수리나무 길을 따라 오는도다 하니 38 스불이 그에게 이르되 네가 전에 말하기를 아비멜렉이 누구이기에 우리가 그를 섬기리요 하던 그 입이 이제 어디 있느냐 이들이 네가 업신여기던 그 백성이 아니냐 청하노니 이제 나가서 그들과 싸우라 하니 39 가알이 세겜 사람들보다 앞에 서서 나가 아비멜렉과 싸우다가 40 아비멜렉이 그를 추격하니 그 앞에서 도망하였고 부상하여 엎드러진 자가 많아 성문 입구까지 이르렀더라 41 아비멜렉은 아루마에 거주하고 스불은 가알과 그의 형제들을 쫓아내어 세겜에 거주하지 못하게 하더니 42 이튿날 백성이 밭으로 나오매 사람들이 그것을 아비멜렉에게 알리니라 43 아비멜렉이 자기 백성을 세 무리로 나누어 밭에 매복시켰더니 백성이 성에서 나오는 것을 보고 일어나 그들을 치되 44 아비멜렉과 그 떼는 돌격하여 성문 입구에 서고 두 무리는 밭에 있는 자들에게 돌격하여 그들을 죽이니 45 아비멜렉이 그 날 종일

토록 그 성을 쳐서 마침내는 점령하고 거기 있는 백성을 죽이며 그 성을 헐고 소금을
뿌리니라 46 세겜 망대의 모든 사람들이 이를 듣고 엘브릿 신전의 보루로 들어갔더니
47 세겜 망대의 모든 사람들이 모인 것이 아비멜렉에게 알려지매 48 아비멜렉 및 그
와 함께 있는 모든 백성이 살몬 산에 오르고 아비멜렉이 손에 도끼를 들고 나뭇가지
를 찍어 그것을 들어올려 자기 어깨에 메고 그와 함께 있는 백성에게 이르되 너희는
내가 행하는 것을 보나니 빨리 나와 같이 행하라 하니 49 모든 백성들도 각각 나뭇가
지를 찍어서 아비멜렉을 따라 보루 위에 놓고 그것들이 얹혀 있는 보루에 불을 놓으
매 세겜 망대에 있는 사람들이 다 죽었으니 남녀가 약 천 명이었더라 50 아비멜렉이
데베스에 가서 데베스에 맞서 진 치고 그것을 점령하였더니 51 성읍 중에 견고한 망
대가 있으므로 그 성읍 백성의 남녀가 모두 그리로 도망하여 들어가서 문을 잠그고
망대 꼭대기로 올라간지라 52 아비멜렉이 망대 앞에 이르러 공격하며 망대의 문에 가
까이 나아가서 그것을 불사르려 하더니 53 한 여인이 맷돌 위짝을 아비멜렉의 머리
위에 내려 던져 그의 두개골을 깨뜨리니 54 아비멜렉이 자기의 무기를 든 청년을 급
히 불러 그에게 이르되 너는 칼을 빼어 나를 죽이라 사람들이 나를 가리켜 이르기를
여자가 그를 죽였다 할까 하노라 하니 그 청년이 그를 찌르매 그가 죽은지라 55 이스
라엘 사람들이 아비멜렉이 죽은 것을 보고 각각 자기 처소로 떠나갔더라 56 아비멜렉
이 그의 형제 칠십 명을 죽여 자기 아버지에게 행한 악행을 하나님이 이같이 갚으셨
고 57 또 세겜 사람들의 모든 악행을 하나님이 그들의 머리에 갚으셨으니 여룹바알의
아들 요담의 저주가 그들에게 응하니라

신앙의 자유

인간에게 주신 자유

기독교가 오해받는 것 중의 하나는 기독교가 독선적이요 배타적이라는 것입니다. 하나님이 오직 하나님 만을 믿을 것을 명령했다는 것입니다. 하나님이 명령하셨다고 생각하니까 당연히 인간의 자유가 제한되었다고 생각하는 것입니다. 그런데 이러한 오해보다 더 안타까운 것은 기독교인들이 이것이 오해인 줄 모른다는 것입니다. 도리어 기독교는 원래 그런 것으로 착각하고 강하게 주장한다는 것입니다. 심지어 '기독교는 인본주의가 아니라 신본주의다, 오직 하나님이 모든 것을 명령하시고 인간은 복종할 뿐이다' 라고 말하기도 합니다. 교회는 세상의 기독교에 대

한 오해를 바로잡아 주어야 하는데 아이러니하게도 교회가 세상에 기독교에 대한 오해를 양산해 내는 곳으로 변해버렸습니다. 기독교는 독선적인 종교가 아니라 인격적인 종교이요, 배타적인 종교가 아니라 배려적인 종교라는 증거를 성경을 통해 설명해 보겠습니다.

창조부터 확인하실 수 있습니다. 하나님이 인간을 창조하신 후 '너는 하나님 만 믿으라, 하나님 만 섬기라' 고 명령하신 적이 없습니다. 선악을 알게 하는 나무에 관한 말씀은 하나님의 기준을 알려주시는 것입니다. 하나님의 기준, 하나님의 정하심을 알려주셨을 뿐 강요하거나 명령하거나 협박하지 않으셨습니다. 도리어 하나님은 인간에게 선택의 자유를 허락하셨고 선택에 이어지는 결과를 친절하게 알려주시면서 신중하고 사려 깊게 행동할 것을 권면하신 것입니다. 아브라함에게도 마찬가지입니다. 하나님이 아브라함에게 오셔서 하신 말씀이 하나님이 행하실 일 뿐이었지 아브라함이 할 일은 없었습니다. 하나님이 아브라함에게 '너는 하나님만 믿으라, 하나님 만 섬기라' 고 말씀하신 적이 없습니다. 모세도 마찬가지입니다. 하나님은 모세에게 임하셨을 때 하나님을 알리셨지 하나님 만 믿어야 한다고 강요하신 적이 없습니다.

아브라함, 요셉, 모세 등은 하나님만 잘 믿어서 하나님께 쓰임 받은 사람들이 아닙니다. 아브라함은 다른 신을 섬기던 사람이었고 요셉과 모세는 이방 종교의 제사장의 딸들과 결혼한 사람입니다. 이 사람들은 하나님이 무서워서 하나님 앞에서 말도 못하던 사람들이 아닙니다. 도리어 아브라함은 하나님이 약속하셨는데도 불구하고 여전히 아들이 없다고 하소연했고, 땅을 소유로 받을 것을 무엇으로 알 수 있느냐고 묻기도 했습니다. 심지어는 하나님이 소돔을 향해 가실 때 하나님과 협상을 벌이기까지도 했습니다. 모세의 경우도 하나님이 말씀하시자 아멘하고 즉각 순종하지 않았습니다. 하나님과 실랑이를 벌였고 하나님과 변론을 했고 바로에게 나아갔다가 서질 받은 후에는 하나님께 나아와 하나님께 큰 소리로 따지기를 출애굽기 5장 22절 이하에 "어찌하여 나를 보내셨나이까 내가 바로에게 들어가서 주의 이름으로 말한 후로부터 그가 이 백성을 더 학대하며 주께서도 주의 백성을 구원하지 아니하시나이다"라고 했습니다. 아브라함과 모세가 하나님의 권세에 눌리는 모습, 하나님의 나타나심에 주눅드는 모습, 하나님의 명령에 두려워하는 모습, 하나님의 제한하심에 억울해 하는 모습, 하나님의 말씀이기에 어떻게든 순종해보려고 안절부절 하는 모습이 없습니다.

하나님이 명령하셨다고 생각하지 마십시오. 도리어 하나님이 가르치셨다고, 하나님이 설득하셨다고 이해해야 합니다. 인간에게 자유를 주었으니 인간은 자유롭게 선택하는 것입니다. 그 인간에게 하나님이 선택을 받아야 합니다. 그러니 하나님은 인간에게 하나님이 좋은 분임을 입증하고, 하나님의 말씀이 옳다는 것을 증명하고, 하나님을 알고 하나님 말씀을 따르는 것이 인간에게 유익하다는 것을 설득해야 했던 것입니다. 그래서 하나님은 인간을 돕고, 인간을 축복하고, 인간에게 은혜를 주신 것입니다. 이것이 독선입니까? 이것이 배타적입니까?

이스라엘에게 주신 자유

개인적으로 뿐만 아니라 단체적으로도 마찬가지입니다. 구약에서 출애굽 사건과 가나안 정복사건이 주요 관심의 대상입니다만 더욱 중요한 것은 하나님은 이스라엘이 가나안에 정착한 후에 이스라엘에게 신앙의 자유를 주셨다는 것입니다. 창세기부터 여호수아까지, 하나님이 아브라함에게 약속하신 것부터 약속을 다 이루시기까지의 과정에서 하나님이 이스라엘과 언약을 맺으시는 사건이 두 번 있습니다. 하나는 시내산에서 십계명을 주시고 율법을 주신 것으로 흔히 시내산 언약이라고 합니다. 하나님이 이스라엘에게 주신 율법의 대표가 십계명인데 첫 번째가 '너는 나 외에는 다른 신들을 네게 두지 말라' 입니다. 그래서 사람들은 하나님인 인간에게 오직 하나님을 섬기라고 명령하셨다고 생각합니다. 그러나 이 말씀은 명령이 아닙니다. 하나님이 강요하고 지키라고 협박하는 명령이 아니라 하나님의 기준을 알려주시는 것입니다. 하나님을 모르던 이스라엘에게 하나님을 알려주시고, 다른 신을 섬기는 것이 무익한 일이요 헛된 일임을 가르쳐주신 것입니다. 절대로 법이 아닙니다. 하나님은 법을 공포하신 것이 아니라 뜻을 알려주시고 백성들의 의향을 물으신 것입니다. 그 때 백성들의 대답이 출애굽기 24장 3절 "여호와께서 말씀하신 모든 것을 우리가 준행하리이다"였습니다.

두 번째가 가나안의 세겜에서 맺은 언약이기에 세겜 언약이라고 합니다. 여호수아 24장 14, 15절입니다. "그러므로 이제는 여호와를 경외하며 온전함과 신실함으로 그를 섬기라 너희의 조상들이 강 저쪽과 애굽에서 섬기던 신들을 치워버리고 여호와만 섬기라 만일 여호와를 섬기는 것이 너희에게 좋지 않게 보이거든 너희 조상들이 강 저쪽에서 섬기던 신들이든지 또는 너희가 거주하는 땅에 있는 아모리 족속의 신들이든지 너희가 섬길 자를 오늘 택하라"입니다. 세겜 언약의 특징이 바로 신앙의 자유를 선언한 것입니다. 이것이 독선입니까? 이것이 배타적입니까? 이것이 법입니까? 이것이 명령입니까? 이것이 강요입니까? 이것이 신본주의입니까?

저와 여러분이 사사기를 상고하고 있습니다. 여호수아가 신앙의 자유를 선언한 이후 이스라엘의 삶이 기록되어 있는 책입니다. 사사기를 읽으면서 이스라엘 백성들이 하나님 때문에 두려워하는 모습이 보입니까? 이스라엘이 하나님 눈치를 살피는 것이 느껴집니까? 이스라엘 백성들이 하나님의 명령 때문에 자신들이 하고 싶은 것 못하고, 자기들이 소망하고 바라는 것을 억제하고 있다는 느낌이 듭니까? 이스라엘 백성이 매사에 조마조마하며 행여라도 하나님께 혼날까 봐 움츠러드는 모습이 보입니까? 전혀 없습니다. 오히려 아주 당돌합니다. 하나님 말씀은 하나도 듣지 않습니다. 그래놓고도 조금만 어려움이 생기면 하나님께 도와달라고 호소합니다. 하나님이 도와주면 곧바로 자신들하고 싶은대로 하나님을 버리고 하나님을 떠납니다. 아주 고약합니다. 다시 어려움이 생기면 우상을 버리지도 않고 회개도 하지 않고 막무가내로 하나님께 도와달라고 합니다. 염치도 없고 상식도 없고 안하무인이요, 적반하장입니다. 그런데 하나님은 이스라엘을 혼내지도 않고 이스라엘의 요청을 거절하지도 않고 계속하여, 반복적으로 구원하여 주십니다. 이것이 독선입니까? 이것이 배타적입니까?

복된 소식

기독교 신앙은 사람들이 오해하고 있는 것과 정반대입니다. 하나님은 이스라엘의 하나님이 되겠다고 선포하고 맹세합니다. 하나님은 이스라엘을 포기할 수 없습니다. 이스라엘이 하나님을 버려도 하나님은 이스라엘을 못 버립니다. 이스라엘이 하나님을 배반하고 부인해도 하나님은 이스라엘을 떠날 수 없습니다. 왜냐하면 하나님의 약속이기 때문입니다. 그러므로 이스라엘에게 의무적으로 매여 있는 분이 하나님입니다. 하나님은 이스라엘에 대하여 자유가 없습니다. 그러나 이스라엘은 하나님에 대하여 완전히 자유입니다. 이스라엘은 선택권이 있습니다. 세상에 어떻게 이것보다 더 좋을 수가 있습니까? 기독교인의 사고방식 속에는 포기나 희생이라는 개념이 존재하면 안 됩니다. 신앙생활에는 손해 본다는 개념이 존재하면 안 됩니다. 믿음생활에는 힘들고 어렵다는 인식이 존재하면 안 됩니다. 하나님이 인간에게 주신 말씀을 복음이라고 합니다. 들어보니 복된 소식인 것입니다. 복된 소식이라면 너무나 자연스럽게, 너무나 당연하게 복된 소식을 선택하는 것이어야 합니다. 신앙은 자유와 즐거움이고, 믿음은 기쁨과 행복이요, 교회는 누림이요, 하나님은 안식과 평안이어야 합니다.

신과 인간의 관계에서 신이 일정부분 법이나 명령으로 정해놓고 인간과 교제하는 것과, 신이 인간에게 완벽하게 자유로 해놓고 인간과 교제하는 것 중에 당연히 법으로 정해놓는 것이 신에게 편리한 것입니다. 신이 편리하다는 것은 인간이 불편하다는 것입니다. 그래서 기독교는 인간이 편리하고 하나님이 불편을 감수하시는 종교입니다. 하나님이 더욱 많은 일을 해야 하고, 하나님이 더욱 인간을 도와야 하고, 하나님이 더욱 수고해야 하고, 하나님이 더욱 인내해야 하고, 하나님이 더욱 은혜를 베풀어야 하고, 하나님이 더욱 열심을 내야 합니다. 이것이 기독교입니다. 이래도 독선적입니까? 이래도 배타적입니까?

죄의 올무

자유과 결과

신앙의 자유를 강조하는 이유는 아비멜렉과 세겜 사람들에게 임한 결과가 과연 어디로부터 온 것인가를 확인하기 위해서입니다. 본문에는 하나님에 대해 오해를 유발할 수 있는 두 구절이 있습니다. 하나는 9장 23절로 24절 "하나님이 아비멜렉과 세겜 사람들 사이에 악한 영을 보내시매 세겜 사람들이 아비멜렉을 배반하였으니 이는 여룹바알의 아들 칠십 명에게 저지른 포학한 일을 갚되 그들을 죽여 피 흘린 죄를 그들의 형제 아비멜렉과 아비멜렉의 손을 도와 그의 형제들을 죽이게 한 세겜 사람들에게로 돌아가게 하심이라"이고, 다른 하나는 9장 56절로 57절 "아비멜렉이 그의 형제 칠십 명을 죽여 자기 아버지에게 행한 악행을 하나님이 이같이 갚으셨고 또 세겜 사람들의 모든 악행을 하나님이 그들의 머리에 갚으셨으니 여룹바알의 아들 요담의 저주가 그들에게 응하니라"입니다. 이 내용에 동의하십니까? 정말 하나님은 인간이 행한 대로 갚으십니까? 행여 악을 행한 인간이 형통하면 하나님은 악한 영을 보내서라도 기어코 행한 대로 받도록 하십니까? 절대로 그렇지 않다는 것입니다.

하나님은 신앙의 자유를 허락하신다고 했습니다. 그렇다면 인간이 자유롭게 선택하기 전에 선택에 부정적 영향을 미칠 수 있는 협박이 없어야 합니다. 그와 동시에 인간이 선택한 것에 대하여 징계나 형벌이 있으면 안 됩니다. 그런데 하나님이 허락하신 신앙의 자유와 오늘 본문에 나오는 하나님이 악행을 갚으셨다는 것은 서로 충돌되는 것입니다. 과연 실제 내용도 충돌되는지, 만약 충돌이 되지 않는다면 왜 이렇게 표현해 놓았는지 살펴보려는 것입니다.

올무, 가시

하나님은 이스라엘 백성에게 하나님의 말씀을 따르지 않으면, 다른 표현으로 죄의 원리를 따르면 죄가 가시가 되고 올무가 될 것이라고 하셨습니다. 이러한 말씀은 하나님이 저주를 하는 것이 아니고 악담을 하는 것이 아니라 되어질 결과, 자연적으로 발생할 일을 알려주시는 것입니다. 실제로 아비멜렉의 행동은 아버지 기드온의 행동에 의한 결과입니다. 사람은 행동할 때 자기의 지혜를 총동원해서 가장 지혜롭게 행동합니다. 사람 중에 일부러 미련하게 행동하는 사람이 없고 인생 망치려고 바보같이 구는 사람이 없습니다. 나름 다 고민하고 생각하고, 물어보고, 갈등을 거친 후에 자기가 생각한 최상의 지혜, 자기가 알아낸 가장 현명한 방법을 택하는 것입니다. 그런데 문제는 자기가 별로 지혜롭지 못하고 현명하지 못하다는 것을 알지 못한다는 것입니다. 자신이 죄인이기에 자기가 아무리 지혜로워도 결국은 죄의 원리요, 자기가 아무리 현명해도 하나님보다 못하다는 것을 모릅니다. 그래서 늘 지혜롭게 행동하는데 결과는 어리석은 것입니다.

아브라함이 애굽으로 피난가면서 아주 지혜로운 조치를 취합니다. 창세기 12장 13절 “원하건대 그대는 나의 누이라 하라 그러면 내가 그대로 말미암아 안전하고 내 목숨이 그대로 말미암아 보존되리라"입니다. 얼마나 현명합니까! 살기위한 처절한 노력입니다. 그런데 하나님이 도와주시지 않았다면 부인도 빼앗기고 자기도 죽었을 것입니다. 사사기에서 이스라엘이 우상을 섬기는 것도 나름 지혜롭게 행동한다고 하는 것입니다. 가나안에서 농경생활을 하려면 농사의 신 바알을 섬겨야 한다는 것입니다. 그러나 결과는 언제나 이방의 압제를 받는 것이었습니다. 하나님이 도와주시지 않았다면 압제를 벗어날 수 없었을 것입니다. 기드온의 행동도 나름대로는 현명한 행동이었습니다. 왕이 아니기 때문에 왕의 책임은 행하지 않으면서도 왕의 권세는 누릴 수 있었던 것입니다. 그런데 기드온의 지혜가 기드온과 가족에게 가시와 올무가 되었습니다. 기드온의 행동이 아비멜렉의 행동을 만들어 낸 것입니다. 결국 자기 아들 칠십 명이 자기 아들의 손에 죽게 되는 것입니다. 아비멜렉도 나름대로 지혜를 동원합니다. 자기 형제들이 칠십 명이 있고 자기는 세겜에 사는 첩의 아들입니다. 아버지가 죽었으면 이제 당연히 서열 싸움이 치열하게 벌어질 것입니다. 이럴 때 살아남는 방법은 선제공격입니다. 또 자기가 세력을 얻으려면 당연히 친족에게 가야합니다. 그래서 외가의 세력을 동원하는 것입니다. 외가에 가서 하는 말이 9장 2절에 "나는 너희와 골육임을 기억하라"입니다. 이때에도 강요해야 합니까, 설득해야 합니까? 당연히 설득해야 합니다. 그래서 외가 사람들과 세겜 사람들에게 제안하고 선택하게 합니다.

아비멜렉의 말이 매우 현혹적입니다. "여룹바알의 아들 칠십 명이 다 너희를 다스림과 한 사람이 너희를 다스림이 어느 것이 너희에게 나으냐?"입니다. 기드온의 아들 칠십 명이 이스라엘을 다스린다고 한 적이 없습니다. 그런데 이런 엉뚱한 제안을 하는 것이 교활한 것입니다. 또 자기가 직접 세겜 사람들에게 말하지 않고, 자기는 외가 친족들에게만 말하고 친족들이 세겜 사람들에게 말하게 합니다. 친족을 끌어들여서 편 가르기 하는 것이 동서고금을 막론하고 인류의 공통적 습성입니다. 다윗도 그런 적이 있습니다. 다윗이 아들 압살롬의 반역으로 도망갔다가 나중에 귀환합니다. 그때 다윗이 하는 말이 사무엘하 19장 11절 이하에 나옵니다. "다윗 왕이 사독과 아비아달 두 제사장에게 소식을 전하여 이르되 너희는 유다 장로들에게 말하여 이르기를 왕의 말씀이 온 이스라엘이 왕을 왕궁으로 도로 모셔오자 하는 말이 왕께 들렸거늘 너희는 어찌하여 왕을 궁으로 모시는 일에 나중이 되느냐 너희는 내 형제요 내 골육이거늘 너희는 어찌하여 왕을 도로 모셔오는 일에 나중이 되리요"입니다.

결국 아비멜렉의 제안이 받아들여져서 세겜 사람들의 마음이 아비멜렉에게 기울어졌고, 바알브릿 신전에서 은 칠십 개를 내어 주었고, 아비멜렉은 예정대로 아버지 여룹바알의 아들 칠십 명을 한 바위 위에서 죽였고, 대신에 방탕하고 경박한 사람들을 사서 자기를 따르게 하고, 마침내 세겜 사람들에 의해 이스라엘의 왕으로 추대됩니다. 아비멜렉이 지혜롭게 행동한 것일까요? 세겜 사람들이 현명한 결정을 한 것일까요? 결과가 어떻게 될까요?

요담의 이야기

사람들이 말할 때 A를 강조하려고 B를 동원할 때가 있습니다. 이때 강조점이 A인지 B인지를 잘 분별해야 합니다. 예를 들어보면, 자동차를 광고할 때에는 걸어가는 사람이 등장하지 않습니다. 자동차를 사야 한다는 것을 어필하려면 대중교통을 이용하는 것이 불편하다는 것을 부각시키거나, 이미 가지고 있는 차가 구식이라는 것을 강조해야 합니다. 자동차 광고에 지하철이나 버스, 자가용이 나온다면 그것은 지하철을 타는 것이 너무나 복잡하다는 것, 버스를 타는 것이 시간을 맞추기 어렵다는 것, 지금 타는 차가 세련되지 못하다는 것을 말하려는 것입니다. 그런데 자동차 광고에서 지하철을 보면서 안전성을 느끼고, 버스를 보면서 편리함을 느끼고, 자기가 타는 차를 보면서 정이 들었다는 느낌이 들면 광고주는 광고를 잘못한 것이고 시청자는 광고사의 의도를 오해한 것입니다.

성경에도 A를 강력하게 드러내려고 B를 동원하는 경우가 있습니다. 그러면 성도들은 B의 한계나 약점을 인식하고 A의 장점을 바르게 인식해야 합니다. 사사기 9장이 아비멜렉과 세겜 사람들의 행동을 묘사하면서 중간에 요담의 이야기, 요담의 우화를 소개하고 있습니다. 이때의 강조점은 요담의 우화가 아닙니다. 요담의 말이 옳다는 것이 아니고 요담의 말에서 교훈을 받자는 것이 아닙니다. 그런데 사람들이 본문을 읽다가 모두 요담 이야기에서 결론을 내립니다. 결론을 강조하려고 사용한 보조 자료가 결론인 줄 착각한다는 것입니다. 아비멜렉이 형제들을 죽일 때 요담이 스스로 숨어서 살아남았고 후에는 도망하여 피해서 살았습니다. 요담이 숨고 도망하고 피한 것은 살기 위한 고육지책이었습니다. 그런 요담이 산에 올라가 외치는 것이 나무 우화입니다. 요담은 세겜 사람들에게 교훈을 주려고 말을 하는 것이 아니라 아비멜렉을 조롱하고 세겜 사람들을 비웃기 위해서 말을 하는 것입니다. 요담의 말을 듣고 현명한 판단과 결정을 내리기를 기대하는 것이 아니라 자기 형제를 죽인 아비멜렉, 그런 아비멜렉을 선택한 세겜 사람들을 싸잡아 비난하면서 자기의 억울함을 표현하는 것입니다.

요담의 이야기는 교훈이 아니라 9장 16절이 요담의 속내입니다. "이제 너희가 아비멜렉을 세워 왕으로 삼았으니 너희가 행한 것이 과연 진실하고 의로우냐 이것이 여룹바알과 그의 집을 선대함이냐 이것이 그의 손이 행한 대로 그에게 보답함이냐"입니다. 이런 말이 이로운 말인 듯, 신한 말인 듯, 정당한 말인 듯 속으시면 안 됩니다. 요담은 자기 아버지 기드온이 사십 년간 살면서 온갖 부귀영화를 다 누릴 때에 함께 누렸던 사람입니다. 아버지가 교활한 지혜로 백성들 위에 군림할 때에는 아버지 옆에서 함께 호의호식하다가, 이제 백성들이 아버지에게서 벗어나자 '이것이 진실하고 의로우냐?' 고 말하는 것입니다. 아비멜렉이 첩의 아들로서 서러움을 당할 때 요담은 아비멜렉을 서럽게 만들었던 장본인입니다. 요담은 이런 말 할 자격이 없습니다. 요담의 말은 결국은 아비멜렉과 세겜 사람들에게 저주를 퍼붓는 것입니다. 잔인한 저주를 퍼붓는 것이 20절 "그렇지 아니하면 아비멜렉에게서 불이 나와서 세겜 사람들과 밀로의 집을 사를 것이요 세겜 사람들과 밀로의 집에서도 불이 나와 아비멜렉을 사를 것이니라"입니다. 서로 불에 타 죽으라는 것입니다. 아비멜렉은 악하고 요담은 선합니까? 아비멜렉은 불의하고 요담은 의롭습니까? 아비멜렉은 거짓되고 요담은 진실됩니까? 둘 다 자기의 유익만 추구한 나쁜 놈들입니다. 서로 저 살자고 서로 상대 죽으라는 이야기입니다. 요담의 우화 때문에 요담이 교훈을 주고 있다고, 요담은 진실되고 선한 사람이라고 속으시면 안 됩니다.

하나님이 갚으셨다?

죄의 악순환

아비멜렉이 이스라엘의 왕이 된 지 삼 년이 지났습니다. 아비멜렉이 왕이 된 시기는 이스라엘이 각 지파별로 나뉘어 살던 시기입니다. 그리고 아비멜렉은 온 이스라엘의 왕이 된 것이 아니라 세겜 사람들에 의해서 세겜 지방에서 왕이 된 것입니다. 사실대로라면 이스라엘의 초대 왕은 아비멜렉이 되어야 하지만, 아비멜렉은 이스라엘이라는 국가라기보다는 한 부족의 지도자였는데 지도체제가 왕이었을 뿐입니다. 그래서 이스라엘의 초대 왕이라고 불리지 않는 것입니다. 여하튼 아비멜렉이 왕으로 통치하던 삼년 동안 백성들의 삶이 평안했을까요? 아비멜렉이 진정으로 세겜 백성을 위해 왕이 된 것이 아닌 것을 잘 알고 있습니다. 형제 칠십 명을 죽여가면서 왕위에 집착했는데 백성들을 위해서 섬겨주고 봉사했을 리가 없습니다. 아비멜렉이 백성을 위해주지 않으면 백성 또한 아비멜렉의 말을 잘 따를 리가 없습니다.

아비멜렉과 세겜 사람들이 뜻이 맞아 합작한지 불과 삼 년 만에 세겜 사람들이 아비멜렉을 배반합니다. 9장 25절 "세겜 사람들이 산들의 꼭대기에 사람을 매복시켜 아비멜렉을 엿보게 하고 그 길로 지나는 모든 자를 다 강탈하게 하니"입니다. 더 나아가 아비멜렉을 저주합니다. 28절 "아비멜렉은 누구며 세겜은 누구이기에 우리가 아비멜렉을 섬기리요 그가 여룹바알의 아들이 아니냐 그의 신복은 스불이 아니냐 차라리 세겜의 아버지 하몰의 후손을 섬길 것이라 우리가 어찌 아비멜렉을 섬기리요" 입니다. 그 동안 질 심겼는데 이제 와서 딴소리를 합니다. 이어지는 내용은 너무나 뻔한 것입니다. 쿠데타를 하면 그 중에 꼭 첩자가 끼어있습니다. 이 소식을 스불이 아비멜렉에게 전하고 그러면 그 소리 듣고 아비멜렉이 가만히 있을 리가 없습니다. 40절 이하 "아비멜렉이 그를 추격하니 그 앞에서 도망하였고 부상하여 엎드러진 자가 많아 성문 입구까지 이르렀더라 아비멜렉은 아루마에 거주하고 스불은 가알과 그의 형제들을 쫓아내어 세겜에 거주하지 못하게 하더니"입니다. 그리고 44절 이하 "아비멜렉과 그 떼는 돌격하여 성문 입구에 서고 두 무리는 밭에 있는 자들에게 돌격하여 그들을 죽이니 아비멜렉이 그 날 종일토록 그 성을 쳐서 마침내는 점령하고 거기 있는 백성을 죽이며"입니다. 그리고 49절 "모든 백성들도 각각 나뭇가지를 찍어서 아비멜렉을 따라 보루 위에 놓고 그것들이 얹혀 있는 보루에 불을 놓으매 세겜 망대에 있는 사람들이 다 죽었으니 남녀가 약 천 명이었더라"입니다.

사사기를 자주 읽으면 참 특이한 것을 알 수 있습니다. 이스라엘이 이방나라에게 여러 해 동안 압제를 받았습니다. 메소보다미아에게는 팔 년, 모압에게는 열여덟 해, 가나안에게는 이십 년, 미디안에게는 칠 년 동안 압제를 받았습니다. 그런데 그렇게 오랜 세월 동안 다양한 국가들에게 압제를 받았는데도 사사기에는 이스라엘 사람들이 이방인에게 죽임을 당했다는 기록이 없습니다. 대신 하나님이 사사를 세우셔서 이스라엘을 구원하실 때 이스라엘이 이방 대적자들을 죽였다는 것은 기록되어 있고 명수까지 나옵니다. 에훗은 모압 사람 약 만 명을 죽입니다. 삼갈은 소 모는 막대기로 블레셋 사람 육백 명을 죽입니다. 드보라와 바락은 시스라의 군대 철 병거 구백 승에 탑승한 사람을 다 죽여서 한 사람도 남은 자가 없었다고 합니다. 기드온은 미디안 군대를 물리쳤고, 미디안 왕을 추격하면서 숙곳과 브누엘 사람들을 죽입니다.

성경이 무엇을 강조하려고 하는지를 분별하시기 바랍니다. 이스라엘은 이방인의 압제를 받으면서도 사람이 죽지 않았습니다. 이방인의 압제를 받은 세월이 기록대로만 해도 오십 삼년입니다. 오십 삼년 동안 나이 들어 늙어 죽은 사람만 있지 이방인에게 칼에 맞아 죽은 사람이 없습니다. 그런데 이방인의 압제도 없는데, 이스라엘 사람끼리만 있는데, 궁핍함도 없고, 곤고함도 없고, 적군도 없는데 이스라엘 사람이 이스라엘 사람에게 칼에 맞아 죽습니다. 기드온의 아들 칠십 명이 한 순간에 죽습니다. 이방인에게 죽는 것이 아니라 자기 형제에게 죽습니다. 또 세겜 망대에 있던 남녀 천 명이 죽습니다. 이방 대적자에게 죽는 것이 아니라 같은 세겜 사람, 같은 이스라엘 사람에게 불에 타 죽습니다. 과연 이스라엘의 대적자가 누구입니까? 이방인입니까? 이스라엘입니까? 아비멜렉을 왕으로 세운 자가 누구입니까? 자기들입니다. 자기들이 세운 자에게 자기들이 죽고, 서로 죽고 죽입니다. 도대체 누가 아군이고 누가 적군입니까? 이런 현상을 뭐라고 합니까? 바보들의 싸움이라고 합니다. 하나님이 이스라엘을 구원하시려면 누구에게서 구원하셔야 합니까? 이스라엘에게서 이스라엘을 구원하셔야 합니까?

죄의 결과

아비멜렉은 자기 생각에는 지혜롭게 행한 것 같지만 하나님의 마음이 아니었습니다. 세겜 사람들도 현명하게 행한 것 같지만 하나님의 원리가 아니었습니다. 요담은 바른 말을 한 것 같지만 하나님의 심정이 아니었습니다. 아비멜렉도 죄의 원리였고, 세겜 사람들도 죄의 원리였고, 요담도 죄의 원리였습니다. 이스라엘이 하나님을 버리고 바알과 아스다롯 등 우상을 섬길 때 이방의 압제를 받았습니다. 하나님이 주시는 자유와 평화와 안식을 누리지 못했습니다. 이스라엘이 하나님의 마음을 버리고 죄의 원리를 따를 때 서로 죽고 죽이는 처참한 삶을 살았습니다. 하나님이 주시는 자유와 평화와 안식을 누리지 못했습니다. 문제의 핵심은 이방 민족이 강하냐는 것이 아닙니다. 왕을 세우는 것이 좋으냐, 나쁘냐는 것이 아닙니다. 외가 식구들과 결탁하는 것이 선하냐, 악하냐는 것이 아닙니다. 배반하는 것이 진실되냐, 거짓되냐는 것이 아닙니다. 하나님을 떠나면, 하나님의 마음과 심정이 아니면, 하나님의 원리가 아니면, 하나님의 가치와 개념과 방법이 아니면, 인간이 자유와 평안과 안식을 누릴 수 없다는 것입니다. 다른 표현으로 죄의 마음이요, 죄의 원리요, 죄의 방법이면 무엇을 하든, 어떻게 하든, 누가 하든 언제나 죄의 결과가 있을 뿐이라는 것입니다. 그런데 사람들은 근본적인 죄를 문제 삼지 않고, 제도를 문제 삼고, 상황을 문제 삼고, 인물을 문제 삼고, 방법을 문제 삼습니다. 죄가 문제요, 하나님이 해답입니다.

성경의 표현

성경의 표현에 관한 설명을 이해해야 합니다. 성경에는 두 표현이 있습니다. 하나는 사실이고 하나는 사실이 아닙니다. 하나는 실제로 일어난 것을 그대로 기록한 것이고 다른 하나는 사실이 아닌 것을 그렇게 표현한 것입니다. 이스라엘과 이방인의 관계에서 하나님의 역할에 대해 성경이 기록하는 것을 분별해야 한다는 것입니다. 인간이 어쩔 수 없는 것을 하나님이 도우신 경우에는 '하나님이 하셨다' 는 표현이 사실적 표현입니다. 그러나 하나님이 간섭하지 않아도 되는 경우에 일어난 일은 하나님이 하셨다고 기록해도 하나님이 하신 것이 아닙니다. 성경의 예를 들어보겠습니다. 먼저 사사기 3장 10절입니다. "여호와의 영이 그에게 임하셨으므로 그가 이스라엘의 사사가 되어 나가서 싸울 때에 여호와께서 메소보다미아 왕 구산 리사다임을 그의 손에 넘겨주시매 옷니엘의 손이 구산 리사다임을 이기니라" 입니다. 이것은 사실입니다. 왜냐하면 이스라엘이 압제를 당하고 있었고 옷니엘이 스스로 메소보다미아 왕을 이길 능력이 없었기 때문입니다. 그러나 8절 "여호와께서 이스라엘에게 진노하사 그들을 메소보다미아 왕 구산 리사다임의 손에 파셨으므로 이스라엘 자손이 구산 리사다임을 팔년 동안 섬겼더니"는 전혀 사실과 다른 이야기입니다. 왜냐하면 이스라엘은 스스로를 지킬 능력이 없었고 메소보다미아는 이스라엘을 정복할 능력이 있었기 때문입니다. 이스라엘이 스스로를 지켜낼 능력이 있었음에도 불구하고 하나님이 진노하여 팔아넘겨서 압제를 당한 것이 아닙니다. 하나님은 진노하시는 분, 징계하시는 분이 아니십니다.

사사기 3장 12절 "이스라엘 자손이 또 여호와의 목전에 악을 행하니라 이스라엘 자손이 여호와의 목전에 악을 행하므로 여호와께서 모압 왕 에글론을 강성하게 하사 그들을 대적하게 하시매" 입니다. 모압은 원래 약했는데 하나님이 키워준 것이 아니고 모압은 원래 이스라엘을 대적할 마음이 없었는데 하나님이 대적하도록 사주한 것이 아닙니다. 4장 1절 "에훗이 죽으니 이스라엘 자손이 또 여호와의 목전에 악을 행하매 여호와께서 하솔에서 통치하는 가나안 왕 야빈의 손에 그들을 파셨으니" 입니다. 하나님이 성질나서 이스라엘을 팔아먹은 것이 절대로 아닙니다. 6장 1절 "이스라엘 자손이 또 여호와의 목전에 악을 행하였으므로 여호와께서 칠 년 동안 그들을 미디안의 손에 넘겨주시니 미디안의 손이 이스라엘을 이긴지라"입니다. 이렇게 기록되어 있어도 실제로는 하나님이 이스라엘을 넘겨주신 것이 아닙니다. 9장 23절 "하나님이 아비멜렉과 세겜 사람들 사이에 악한 영을 보내시매 세겜 사람들이 아비멜렉을 배반하였으니"라고 기록되었지만 하나님이 아비멜렉과 세겜 사람들을 이간질 시킨 것이 절대로 아닙니다. 9장 56절 "아비멜렉이 그의 형제 칠십 명을 죽여 자기 아버지에게 행한 악행을 하나님이 이같이 갚으셨고 또 세겜 사람들의 모든 악행을 하나님이 그들의 머리에 갚으셨으니 여룹바알의 아들 요담의 저주가 그들에게 응하니라"입니다. 이렇게 기록되어 있지만 하나님이 저들이 행한 대로 갚으신 것이 절대로 아닙니다. 성경이 이렇게 기록하는 이유는 인간을 보호하기 위해서입니다. 인간에게 좋은 결과가 오면 '네가 잘해서 그렇다' 고 인간을 칭찬해주시고, 인간에게 안 좋은 결과가 오면 '하나님이 그렇게 하셨다' 고 하나님이 뒤집어쓰시는 것입니다. 하나님이 인간의 잘못을 감싸주시는 표현입니다. 하나님의 인간 사랑의 표현입니다.

죄의 원리를 따르면 죄의 결과가 나옵니다. 그래서 두려워해야 하는 대상, 피해야 하는 것이 바로 죄입니다. 이스라엘이 죄의 원리로 우상을 섬기자 이방의 압제를 받았고, 아비멜렉이 죄의 원리로 권력을 탐하자 여인에게 맷돌로 맞아 죽고, 세겜 사람들이 죄의 원리로 결탁과 배반을 일삼자 불에 타 죽고, 요담도 죄의 원리로 저주하자 어디론가 사라져버렸습니다. 하나님보다 나은 지혜가 없고 하나님보다 나은 선택이 없습니다. 언제나 인간을 위해주시는 하나님, 인간을 도와주시는 하나님, 인간을 보호하시는 하나님, 인간을 위해 일하시는 하나님, 하나님을 알고 하나님의 마음과 심정에 동의하고, 하나님의 원리와 방법을 선택하여 따라 하나님의 은혜와 복을 풍성히 누리시기를 주님의 이름으로 축원합니다.

23

이스라엘이 다시

사사기 10 : 1 ~ 18

1 아비멜렉의 뒤를 이어서 잇사갈 사람 도도의 손자 부아의 아들 돌라가 일어나서 이
스라엘을 구원하니라 그가 에브라임 산지 사밀에 거주하면서 2 이스라엘의 사사가
된 지 이십삼 년 만에 죽으매 사밀에 장사되었더라 3 그 후에 길르앗 사람 야일이 일
어나서 이십이 년 동안 이스라엘의 사사가 되니라 4 그에게 아들 삼십 명이 있어 어
린 나귀 삼십을 탔고 성읍 삼십을 가졌는데 그 성읍들은 길르앗 땅에 있고 오늘까지
하봇야일이라 부르더라 5 야일이 죽으매 가몬에 장사되었더라 6 이스라엘 자손이 다
시 여호와의 목전에 악을 행하여 바알들과 아스다롯과 아람의 신들과 시돈의 신들과
모압의 신들과 암몬 자손의 신들과 블레셋 사람들의 신들을 섬기고 여호와를 버리고
그를 섬기지 아니하므로 7 여호와께서 이스라엘에게 진노하사 블레셋 사람들의 손과
암몬 자손의 손에 그들을 파시매 8 그 해에 그들이 요단 강 저쪽 길르앗에 있는 아모
리 족속의 땅에 있는 모든 이스라엘 자손을 쳤으며 열여덟 해 동안 억압하였더라 9
암몬 자손이 또 요단을 건너서 유다와 베냐민과 에브라임 족속과 싸우므로 이스라엘
의 곤고가 심하였더라 10 이스라엘 자손이 여호와께 부르짖어 이르되 우리가 우리 하
나님을 버리고 바알들을 섬김으로 주께 범죄하였나이다 하니 11 여호와께서 이스라엘
자손에게 이르시되 내가 애굽 사람과 아모리 사람과 암몬 자손과 블레셋 사람에게서
너희를 구원하지 아니하였느냐 12 또 시돈 사람과 아말렉 사람과 마온 사람이 너희를
압제할 때에 너희가 내게 부르짖으므로 내가 너희를 그들의 손에서 구원하였거늘 13
너희가 나를 버리고 다른 신들을 섬기니 그러므로 내가 다시는 너희를 구원하지 아니
하리라 14 가서 너희가 택한 신들에게 부르짖어 너희의 환난 때에 그들이 너희를 구
원하게 하라 하신지라 15 이스라엘 자손이 여호와께 여쭈되 우리가 범죄하였사오니
주께서 보시기에 좋은 대로 우리에게 행하시려니와 오직 주께 구하옵나니 오늘 우리
를 건져내옵소서 하고 16 자기 가운데에서 이방 신들을 제하여 버리고 여호와를 섬기
매 여호와께서 이스라엘의 곤고로 말미암아 마음에 근심하시니라 17 그 때에 암몬 자

손이 모여서 길르앗에 진을 쳤으므로 이스라엘 자손도 모여서 미스바에 진을 치고 18
길르앗 백성과 방백들이 서로 이르되 누가 먼저 나가서 암몬 자손과 싸움을 시작하랴
그가 길르앗 모든 주민의 머리가 되리라 하니라

하나님의 교육

하나님 설명하기

하나님을 설명하기 위해서 종종 사람들의 속성을 예를 들기도 합니다. 예를 들면, '자식은 부모에게 한 없이 베풀어줍니다. 그것이 부모의 자식 사랑입니다. 하나님이 우리의 아버지이십니다. 그래서 하나님도 우리를 한없이 사랑하시는 것입니다' 와 같은 것입니다. 이것은 의미는 무슨 뜻인지 알겠는데 설명하는 방식이 아주 잘못된 것입니다. 기독교는 사람의 모습을 통해서 하나님을 이해하는 것이 아니라 성경을 통해서 하나님을 알고, 하나님으로 말미암아 인간의 본분, 인간의 역할을 바로 알게 되는 것입니다. 마태복음 7장 9절 이하에 보면 "너희 중에 누가 아들이 떡을 달라 하는데 돌을 주며 생선을 달라 하는데 뱀을 줄 사람이 있겠느냐 너희가 악한 자라도 좋은 것으로 자식에게 줄 줄 알거든 하물며 하늘에 계신 너희 아버지께서 구하는 자에게 좋은 것으로 주시지 않겠느냐"라고 나옵니다. 이 말씀은 '하나님은 부모와 같다' 고 말하는 것이 아닙니다. 부모도 자식에게는 좋은 것으로 줍니다. 그런데 모든 부모가 다 그렇지 않으며 부모가 언제나 그런 것도 아닙니다. 그러나 하나님은 다르다는 것입니다. 하나님은 부모님과 같은 것이 아니라, 하나님은 부모와 아예 차원이 다르다는 것입니다. 성경은 하나님과 부모를 동등 수준, 같은 원리에 놓는 것이 아니라 인간의 관계나 일들 중에 하나님과 비교되거나 하나님을 설명할 방법이 없지만 아주 조금이라도, 요만큼, 그래도 겨우 겨우 흉내라도 내는 정도의 모습을 보이는 것이 있다면, 도무지 예를 들 것이 없지만 억지로라도 예를 들라면, 겨우 부모라는 것입니다. 부모를

통해서 하나님을 배우는 것이 아니라, 하나님의 모습, 하나님의 역할, 하나님의 마음, 하나님의 인간을 대하는 자세를 통해서 부모됨이 무엇인지를 배울 수 있는 것입니다.

기독교는 사람의 사고, 가치, 인식, 마음, 원리, 개념을 바꾸는 종교입니다. 당연히 표현과 설명이 매우 정교해야 하고 분명해야 합니다. 특히나 하나님을 설명할 때는 참으로 신중하고 정확하게 설명해야 합니다. 기독교에서 자주 사용하는 표현 중에 '생사화복을 주장하시는 하나님'이 있습니다. 이 말이 하나님이 삶과 죽음, 복과 재앙을 모두 주관하신다는 의미입니까? 그래서 하나님은 살리기도 하시고 죽이기도 하시고, 복을 주시기도 하지만 화나 벌을 주시기도 하십니까? 과연 그렇습니까? '하나님이 모든 것을 주관하신다, 하나님이 주권이 있고 통치하시고 다스리신다' 는 것을 강조하는 것은 좋지만 그렇다고 하나님은 살리기도 하시고 죽이기도 하신다고 말하면 하나님을 크게 오해하는 것이요 왜곡하는 것입니다. '하나님이 생사화복을 주관하신다' 는 표현 자체는 맞습니다. 그러나 그 내용은 전혀 다른 차원입니다. 하나님은 생(生)과 복(福)을 주관하십니다. 그래서 인간에게 생명도 주시고 복도 주십니다. 또 하나님이 사(死)와 화(禍) 즉 죽음과 재앙도 주관하십니다. 그래서 죽음을 통치하사 죽은 자도 살려주시고 재앙도 주관하사 은혜로 회복시켜 주십니다. 하나님이 죽음과 재앙을 주관하신다는 것은 하나님이 죽이기도 하시고 재앙을 내리시기도 하신다는 의미가 절대로 아닙니다. 죽음도 절대로 죽음이 되지 못하게 하시고 재앙도 절대로 재앙으로 끝나지 못하게 기어코 변화시키시고 주관하사 생명과 복으로 인간에게 유익하고 이롭게 만들어 내시고야 마신다는 의미입니다. 기독교는 정말 말을 잘해야 합니다.

하나님의 일하심을 통하여

교육에 대해서도 마찬가지입니다. 세상의 교육 방법을 하나님께 적용하면 안 됩니다. 반대로 하나님의 교육을 세상에 적용해야 세상의 교육 방법이 변화될 수 있는 것입니다. 일반적으로 세상의 교육에는 굳이 나누자면 두 가지 방법이 있습니다. 하나는 좋은 예를 들어 설명하는 방식이고 다른 하나는 나쁜 예를 들어 설명하는 방식입니다. 모범 사례가 등장하는 경우와 실패 사례가 등장하는 경우일 것입니다. 이런 표현을 하나님께 적용하면 안 된다는 것입니다. '하나님은 성도를 훈련시키기 위해 한편으로는 은혜를 주시기도 하시지만 다른 한편으로는 때리기도 하신다' 고 말하면 안 됩니다. 하나님이 당근과 채찍을 사용하시는 것으로 오해하시면 안 됩니다.

아마도 대부분의 성도님들은 하나님이 사람을 징계하거나 고난을 주기도 하신다고 생각하실 것입니다. 이런 오해를 하시게 된 것이 성경구절에 비슷한 표현이 있기 때문일 것입니다. 히브리서 12장 7절에 "너희가 참음은 징계를 받기 위함이라 하나님이 아들과 같이 너희를 대우하시나니 어찌 아버지가 징계하지 않는 아들이 있으리요 징계는 다 받는 것이거늘 너희에게 없으면 사생자요 친아들이 아니니라"라고 나옵니다. 이 구절에 근거해서 징계는 사랑의 매라는 생각, 고난은 하나님의 축복의 통로라는 생각을 하실 것입니다. 그러나 절대로 그렇지 않습니다. 히브리서의 징계라는 단어는 '돌봄, 양육, 관리, 보호' 를 의미합니다. 하나님은 인간의 창조자라서 인간을 책임지십니다. 그래서 만약 인간이 약해지면 힘을 주시고, 죄를 지으면 은혜를 주시어 회복시켜 주십니다. 히브리서 12장 7절의 징계 대신 돌봄이라고 바꾸어 읽으면 진정 하나님의 뜻이 살아납니다. "너희가 참음은 하나님의 돌봄을 받기 위함이라 하나님이 아들과 같이 너희를 대우하시나니 어찌 아버지가 돌보지 않는 아들이 있으리요 돌봄은 다 받는 것이어늘 너희에게 없으면 사생자요 친아들이 아니니라"입니다. 참으로 귀하고 은혜롭습니다.

세상의 예를 통해서 하나님을 설명하면 대부분 왜곡되고 변질됩니다.

도리어 성경을 배우셔야 합니다. 성경에서 하나님의 일하심을 보고, 하나님의 성품을 보고, 하나님의 인격을 배워야 합니다. 하나님이 우리를 아들이요 장자로 삼으시고 대하시는 하나님의 역할을 보고 부모의 역할을 배우고, 하나님이 우리를 하나님의 백성으로 삼으시고 대하시는 하나님의 일하심을 보고 지도자와 리더의 역할을 배우고, 하나님이 우리를 신부로 삼으시고 대하시는 하나님의 마음을 보고 남편과 아내의 부부의 자세와 태도를 배우게 되는 것입니다.

하나님의 교육 방법에도 두 가지가 있습니다. 그러나 좋은 방법과 나쁜 방법이 아니고, 성공 사례와 실패 사례가 아니라는 것입니다. 하나님은 나쁜 방법을 쓰시면 안 되고, 하나님이 실패하는 모습을 보이시면 안 됩니다. 그래서 '하나님도 사람을 선한 일에 선하게 쓰시기도 하고 악한 일에 악하게 쓰시기도 하신다' 고 말하면 안 됩니다. 하나님이 사용하시는 두 가지 방법은 하나는 '하나님의 일하심을 통하여' 가르치는 방법이고 다른 하나는 '인간의 실상을 통하여' 가르치는 방법입니다. 성경에 자주, 많이 등장하는 방법이 하나님의 일하심을 통하여 가르치는 방법입니다. 대표적인 것이 출애굽 사건입니다. 하나님이 계획하시고, 하나님이 진행하시고, 하나님이 이적과 기사를 통하여 완성하십니다. 이스라엘은 사람들은 오직 구경만 합니다. 하나님이 일하시는 모습을 보고, 하나님이 일하시는 원리를 배우는 것입니다.

사람들의 실상을 통하여

성도들이 오해하는 것이 두 번째 방법입니다. 흔히 세상에서는 징계요, 나쁜 사례요, 실패 사례라고 하는 것이지만 하나님의 경우에는 징계나 실패 사례가 아니라 인간의 실상을 통한 가르침입니다. 가장 대표적인 것이 사사기 9장에서 보았던 아비멜렉 사건입니다. 아비멜렉의 사건에는 하나님이 등장하지 않습니다. 하나님이 아비멜렉을 부른 적도 없고, 하나님이 아비멜렉을 사사나 왕으로 세운 적도 없고, 하나님이 아비멜렉에게 기드온의 아들 칠십 명을 죽이라고 지시하신 적도 없고, 세겜 지역을 다스리고 돌보라고 명령하신 적도 없습니다. 하나님이 아비멜렉에게 사람들을 죽이기 위해서는 성에 불을 놓는 것이 좋다고 제안을 하신 적도 없고, 하나님이 한 여인에게 맷돌을 던지면 아비멜렉을 죽일 수 있다고 비밀을 알려주신 적도 없습니다. 아비멜렉에 관한 내용이 나오는 사사기 9장은 총 57절로 되어있는데 하나님이 아예 나타나지도 않고 하나님의 말씀이 단 한마디도 등장하지 않습니다. 하나님의 징계나 저주나 형벌도 등장하지 않습니다. 사사기 9장에는 하나님과 하나님의 일하심은 나오지 않고 사람과 사람의 일만 나옵니다. 나오는 것이라고는 오직 사람의 욕심, 상호간의 간교함, 배신, 음모, 살인, 저주, 편 가름, 전쟁, 싸움, 갈등, 악행, 죽음만이 나옵니다. 이스라엘이 이방의 압제를 받으면서도 한 명도 죽지 않았는데, 이방의 압제가 없음에도 불구하고, 이스라엘 사람들만 있음에도 불구하고 천 명 이상이 죽고, 그것도 잔인하게 불에 타 죽고, 어이없게 맷돌에 맞아 죽고, 전혀 평온함이 없습니다. 평화와 안식이 없습니다.

아비멜렉 사건은 하나님의 두 번째 교육방식, 즉 사람을 통한 교육, 하나님이 개입하지 않을 때 인간들의 행동, 인간들의 실체를 적나라하게 보여주는 것입니다. 종종 사람들은 하나님이 간섭한다고 생각합니다. 하나님이 끼어든다고 생각합니다. 하나님이 잔소리한다고 생각합니다. 하나님이 나댄다고 생각합니다. 하나님이 너무 사사건건, 시시콜콜하게 꼽생이처럼 군다고 생각합니다. 다 오해입니다. 정작 하나님이 개입하지 않으시면, 하나님이 돌보시지 않으면, 하나님이 인간을 그냥 놔두시면 매일 보아야 하는 실체가 바로 아비멜렉 사건입니다. 죄인은 참으로 미련합니다. 하나님이 도와주시면 그것이 은혜인줄 모릅니다. 하나님의 은혜로 자신의 삶이 평화롭다는 것을 모르고 원래 그런 줄로 압니다. 노리어 하나님께 불평하고 짜증냅니다. 이때 하나님의 교육은 인간이 하는 대로 그냥 두시는 것입니다. 달리 징계나 채찍을 사용하실 필요도 없습니다. 나쁜 방법을 사용하실 이유가 없습니다. 인간을 그냥 두면 인간은 막장이 되어버립니다. 사사기 9장 아비멜렉 사건에서 인간들의 마음, 인간들의 삶의 실체를 확인하게 되는 것입니다.

세겜의 두 사건

성경이 참 재미있습니다. 하나님이 가나안에 정착한 이스라엘에게 신앙적 자유를 선언하신 장소가 바로 세겜이었습니다. 그런데 이스라엘이 가나안에서 이스라엘 사람들끼리 죽고 죽이는 살육을 벌인 장소가 바로 세겜입니다. 하나님은 인간에게 자유를 주셨습니다. 그런데 인간은 다른 사람을 자기의 지배와 속박 아래에 두려고 합니다. 하나님은 인간에게 평화와 안식을 주셨습니다. 그런데 인간은 저주와 살인과 죽음만 만들어냅니다. 하나님이 주신 자유를 전혀 자유답게 사용하지 못하고 하나님이 주신 평안을 가장 평화롭지 못하게 사용하는 것입니다. 하나님이 인간을 대하시는 모습과 인간이 인간을 대하는 모습이 극명하게 대조되는 것이 바로 세겜, 동일한 지역에서 보여지는 것입니다. 성경을 전체적으로 보면, 성경의 지명을 조금 더 알면, 성경의 인물을 조금 더 알면, 성경의 상호 연관성을 조금 더 알면, 성경의 내용이 정말 풍성하고 흥미진진하고 재미있다는 것을 확인할 수 있습니다.

돌라, 야일

사사기가 총 21장이고 주요 등장 인물이 열두 명쯤 되는데, 가장 분량을 많이 차지하는 사람이 기드온과 삼손입니다. 기드온은 6장부터 8장까지 세 장에 걸쳐서, 삼손은 13장부터 16장까지 네 장에 걸쳐서 기록되어 있습니다. 분량으로 보면 기드온이 서열 2위입니다. 기드온의 아들 아비멜렉까지 연결해서 집안으로 확장하면 6장부터 10장까지 총 다섯 장으로 분량 1위입니다. 그런데 기드온에게는 사사라는 호칭이 나오지 않습니다. 사사기에 나오는 사람이라고 모두 사사라고 생각하시면 큰 오해입니다. 기드온의 아들 아비멜렉도 세겜 사람들에 의해 왕으로 추대되었지만, 정작 하나님에 의해 사사로 세워지지 않았고, 사사라고 불리지도 않습니다. 그런데 10장에 보면 1절과 2절에 돌라가 나옵니다. 달랑 두 절입니다. 3절로 5절에는 야일이 나옵니다. 달랑 세 절입니다. 그런데 돌라도 사사라고 나오고 야일도 사사라고 나옵니다. 이렇게 기드온은 사사라는 호칭이 없고 돌라와 야일은 사사라는 호칭이 있는데도 불구하고 사람들은 자기 아들 이름을 지을 때 기드온이라고 짓는 사람은 있어도 돌라나 야일이라고 짓는 사람은 없습니다. 3장에 나왔던 삼갈은 소 모는 막대기로 블레셋 사람 육백 명을 죽였고 이스라엘을 구원하였다고 했습니다. 삼갈이 막대기로 승리했다고 하니 막대기를 들고 운동하는 검도 도장이름 가운데 적어도 '삼갈 도장', '삼갈 체육관' 하나는 있어야 하는데 한 번도 못 봤습니다. 돌라가 무슨 일을 했는지 모릅니다. 단지 이스라엘을 구원했다고 나옵니다. 야일도 무슨 일을 했는지 모릅니다. 이스라엘을 구원했다는 기록도 없고 단지 아들 삼십 명이 있었다고 할 뿐입니다.

성경의 강조점은 하나님입니다. 어떤 사람이 나오든, 그가 무슨 일을 하든지 강조점은 하나님이 하셨다는 것입니다. 그런데 사람들은 '누가 더 크게 쓰임 받았는가? 누가 더 중요한 역할을 하였는가?'를 따져보려고 애씁니다. 그 사람이 잘난 사람이 아니고 그 사람이 한 일도 그 사람이 한 것이 아닙니다. 성경은 언제나 '사람이 한 것이 아니라 하나님이 하셨다'고 강조합니다. 그래서 사람끼리 '누가 크냐? 누가 강하냐? 누가 중요하냐? 누가 훌륭하냐?'는 사고 자체가 성경을 오해하는 것이요 '그 사람을 본받자, 그 사람처럼 행하자, 그 사람처럼 되자'고 말하는 것은 성경을 왜곡하는 것입니다. 돌라와 야일이 무엇을 했는지 모릅니다. 사사기의 표현 양식에 근거해 볼 때 사사로 부름을 받고 사역을 했으면 평온함이 있었던 것입니다. 돌라가 이스라엘을 구원한 후 이십 삼 년 동안 평온이 있었고, 야일이 일어난 후 이십 년 동안 평온함이 있었습니다. 누가 행하신 것입니까? 하나님이 하신 것입니다. 이스라엘의 평화가 어디서 온 것입니까? 하나님에게서 온 것입니다. 저와 여러분은 누구를 배워야 하고, 누구를 기억해야 합니까? 하나님을 배워야 하고, 하나님을 기억해야 하는 것입니다.

신앙의 모습

사사기에는 이스라엘의 신앙적 행동에 대해 아주 기이한 현상이 등장합니다. 우선 10장 6절을 보면 "이스라엘 자손이 다시 여호와의 목전에 악을 행하여 바알들과 아스다롯과 아람의 신들과 시돈의 신들과 모압의 신들과 암몬 자손의 신들과 블레셋 사람들의 신들을 섬기고 여호와를 버리고 그를 섬기지 아니하므로"입니다. 6절만 보면 단지 이스라엘이 여호와를 떠난 것만 나옵니다. 그러나 앞뒤를 살펴보면 이스라엘은 어려울 때 여호와를 떠난 것이 아니라는 것입니다. 여호와를 믿었는데 좋은 일은 생기지 않고 어려워지고 힘들어지고 곤고해지고 궁핍해져서 여호와를 믿은 효과가 없고 여호와를 의지할 근거가 없기 때문에 여호와를 버린 것이 아니라는 것입니다. 정 반대로 하나님이 이스라엘을 도와 주셔서 이스라엘에 평화가 있을 때, 여호와를 떠나기보다는 도리어 하나님께 감사하고 더더욱 하나님을 의지하는 것이 정상적인 것처럼 보이는 때에 하나님을 버리고 떠났다는 것입니다.

사사기 3장 11절과 12절 "그 땅이 평온한 지 사십 년에 그나스의 아들 옷니엘이 죽었더라. 이스라엘 자손이 또 여호와의 목전에 악을 행하니라"입니다. 왜요? 평온함이 싫었나요? 3장 30절과 4장 1절 "그 날에 모압이 이스라엘 수하에 굴복하매 그 땅이 팔십년 동안 평온하였더라…에훗이 죽으니 이스라엘 자손이 또 여호와의 목전에 악을 행하매"입니다. 팔십 년간 평온하니 삶이 지루하고 싫증났나요? 궁핍함이 그립고 곤고함이 그리웠나요? 5장 31절과 6장 1절 "그 땅이 사십 년 동안 평온하였더라 이스라엘 자손이 또 여호와의 목전에 악을 행하였으므로"입니다. 평화가 짜증나나요? 안식과 자유가 재미없나요? 고생을 체험하고 싶은가요? 꿈에도 소원이 압제받는 것인가요? 8장 28절과 33절 "기드온이 사는 사십년 동안 그 땅이 평온하였더라…기드온이 이미 죽으매 이스라엘 자손이 돌아서서 바알들을 따라가 음행하였으며 또 바알브릿을 자기들의 신으로 삼고 이스라엘 자손이 주위의 모든 원수들의 손에서 자기들을 건져내신 여호와 자기들의 하나님을 기억하지 아니하며"입니다. 왜요? 평온함이 짜증나나요? 삶의 안정이 기분 나쁜가요? 10장 1절로 6절도 동일한 패턴입니다. 1절에 돌라가 이스라엘을 구원하였고 사사로 이십 삼 년을 지냈습니다. 야일은 이십 이 년 동안 이스라엘의 사사가 되었습니다. 두 사람이 사사로 있은 지가 합치서 사십 오 년입니다. 그런데 6절 "이스라엘 자손이 다시 여호와의 목전에 악을 행하여 바알들과 아스다롯과 아람의 신들과 시돈의 신들과 모압의 신들과 암몬 자손의 신들과 블레셋 사람들의 신들을 섬기고 여호와를 버리고 그를 섬기지 아니하므로"입니다. 왜요? 여호와만 섬기면 재미없나요? 각 나라의 다양한 신들을 섬기고 싶어 안달이 났나요?

이러한 현상의 시초가 아담입니다. 하나님이 아담에게 최상 최고의 삶의 터전을 마련해 주셨습니다. 그리고는 아담에게 어떠한 부담도 주지 않으셨고 어떠한 제한도 가하지 않았습니다. 가장 완벽한 평안과 가장 완벽한 자유와 가장 완벽한 안식입니다. 그런데 아담이 하나님을 떠납니다. 출애굽한 후 광야에서도 마찬가지입니다. 자신들이 그렇게 힘들어하고 제발 도와달라고 부르짖어서 하나님이 이스라엘을 구원하셨습니다. 광야에 와서 하나님께 불평을 합니다. 하나님이 이스라엘에게 제발 애굽에서 나와 달라고 부탁한 것이 아닙니다. 하나님이 부탁하고 이스라엘이 들어준 것이 아니라 이스라엘이 부탁하고 하나님이 들어주신 것입니다. 그런데 자신들이 부탁한대로 해 주었는데 왜 불평을 합니까? 자신들이 하나님께 물이 쓰다고 불평할 권리, 먹을 것이 없다고 원망할 권리가 어디 있습니까? 그런데도 하나님이 출애굽 시켜주었고, 물을 고쳐서 마실 수 있게 해 주었고, 만나를 내려 식량 문제도 해결해 주었고, 아말렉과의 전쟁에서도 승리하여 이스라엘을 보호해 주었고, 심지어는 시내산에서 하나님이 이스라엘의 하나님이 되어주시고 보호자요, 책임자가 되어주시겠다고 약속까지 하셨습니다. 그런데 바로 그 순간 백성들이 하나님을 떠나고 우상을 만듭니다. 도대체 인간들이 왜 이러는 것일까요?

곤고할 때

당연히 정반대의 현상도 나옵니다. 즉 이스라엘이 곤고할 때 하나님께 부르짖었다는 것입니다. 사사기 3장 14절과 15절 "이에 이스라엘 자손이 모압 왕 에글론을 열여덟 해 동안 섬기니라. 이스라엘 자손이 여호와께 부르짖으매"입니다. 그 동안 여호와를 쳐다도 안 봤잖아요? 자기들이 여호와를 버렸잖아요? 4장 3절 "야빈 왕은 철 병거 구백 대가 있어 이십 년 동안 이스라엘 자손을 심히 학대했으므로 이스라엘 자손이 여호와께 부르짖었더라"입니다. 이스라엘이 야빈 왕에게 압제를 받지 않도록 막아

주지 않았잖아요? 그런데 왜 여호와께 부르짖을까요? 6장 6절 "이스라엘이 미디안으로 말미암아 궁핍함이 심한지라 이에 이스라엘 자손이 여호와께 부르짖었더라"입니다. 여호와께서 이스라엘이 궁핍하지 않도록 풍성한 소득을 주시지 않았잖아요? 그런데 왜 여호와께 부르짖을까요? 10장 9절로 10절입니다. "암몬 자손이 또 요단을 건너서 유다와 베냐민과 에브라임 족속과 싸우므로 이스라엘의 곤고가 심하였더라 이스라엘 자손이 여호와께 부르짖어 이르되"입니다. 왜 평안할 때는 하나님을 버리고, 곤고해지면 하나님을 찾을까요?

종교의 특성

죄인들의 종교

이스라엘은 평온할 때는 하나님을 버렸고 어려울 때는 하나님을 찾았습니다. 왜 그랬을까요? 이것은 단지 이스라엘 사람들의 특이한 취향이 아닙니다. 성경은 이스라엘을 통해 모든 인간, 모든 죄인들의 속성을 가르치는 것입니다. 또한 성경은 하나님의 일하심을 통해서 하나님과 타종교, 하나님과 우상 종교, 하나님과 죄의 종교와의 본질적 차이점을 드러내줍니다. 하나님이 죄의 종교와 다르기에 죄인들이 하나님에 대하여 반응하는 것이 참으로 기이하다는 것을 보여주는 것입니다. 하나님이 평온함을 주셨음에도 불구하고 이스라엘이 하나님을 떠나는 이유는 하나님은 죄인들이 기대하고 예상하는 분과는 다르다는 것입니다.

우선 우상이 선호되는 이유를 설명하겠습니다. 타 종교, 우상 종교, 죄의 종교는 죄성에 적합합니다. 타종교들은 죄의 원리에 근거한 종교로서, 죄의 원리에 익숙한 죄인들에게 아주 친화적이며 자연스럽다는 것입니다. 형상이 있다는 것이요, 우상과 교통하는 방법 또는 수단이 있다는 것입니다. 또 한 가지 중요한 것은 죄의 종교는 죄인들이 필요로 하는 것, 정확하게 말하면 죄인들이 기대하고 죄인들이 바라는 것을 충족시켜 준다고 말하는 것입니다. 죄의 종교들은 돈을 준다고 하고, 건강을 준다고 하고, 자녀를 준다고 하고, 출세를 준다고 하고, 성공을 준다고 합니다. 죄인들은 이것을 가지고 싶어 하고 죄의 종교들은 이것을 준다고 합니다. 그러니 서로 궁합이 맞는 것입니다. 사람들이 언제나 죄의 종교에 끌리는 이유입니다.

그러나 하나님은 전혀 다르십니다. 하나님은 돈을 준다고 하고, 건강을 준다고 하고, 자녀를 준다고 하고, 출세를 준다고 하고, 성공을 준다고 말씀하신 적이 없습니다. 하나님이 주신다고 하는 것, 그래서 인간에게 이루어지는 것, 성경적 표현으로 하면 열매입니다. 하나님이 주시는 것, 그래서 인간이 갖는 것, 인간의 삶 속에 구현되는 것이 사랑, 희락, 화평, 오래 참음, 자비, 양선, 충성, 온유, 절제 등과 같은 것입니다. 그런데 죄인들은 이런 것을 받고 싶어 하지 않는다는 것입니다. 혹시 하나님께 소원이 있는데 오래 참음을 달라고 하신 적이 있습니까? 지금이라도 하나님이 나타나셔서 네가 구하는 것을 주겠다고 하실 때에 절제라고 하실 분이 계십니까? 죄인들이 원하는 것과 하나님이 주신다는 것이 전혀 다르다는 것입니다. 이스라엘이 하나님으로부터 평안을 받았음에도 불구하고 하나님을 버리고 우상을 찾아가는 이유가 이것입니다. 행여 여러분도 하나님에게서 우상이 준다는 것을 기다리시면 안 됩니다.

창세기 18장 19절에 의하면 하나님이 아브람을 부르신 것도 공평과 정의를 행하게 하려는 것이라고 했습니다. 그래서 아브람이 하나님을 알았다는 결론이 자녀를 낳았다, 부자가 되었다, 땅을 얻었다는 것이 아니라 주변 사람들에게 공평과 정의를 행했다는 것입니다. 물론 하나님이 아브람에게 복을 주시고 복의 근원이 되게 하신다고 했습니다. 아브라함이 받은 복, 아브라함이 복을 받은 결과로 나타나는 열매가 바로 공평과 정의, 평화와 안식이라는 것입니다. 성도도 성도가 되었다는 증거가 아이가 대학에 진학 한 것, 병이 나은 것이 아니라 성도가 하나님의 성품, 성령의 열매를 맺는다는 것입니다. 그런데 죄인들에게는 이런 것이 별로 중요하게 여겨지지 않는다는 것입니다. 이 차이점을 구별하지 못하면 신앙생활을 바르게 할 수 없고, 잘 할 수 없습니다.

하나님의 신앙

하나님이 인간에게 주시는 것과 죄의 종교가 인간에게 주려는 것이 확연하게 다릅니다. 그런데 사람들은 죄의 종교가 주려는 것은 받으려고 애쓰면서도 하나님이 주시려는 것에는 별로 관심이 없습니다. 죄의 종교가 사람들이 필요하고 원하고 바라는 것을 준다고 하니 사람들이 좋아하고 스스로 알아서 찾아가서 섬기기까지 하니, 하나님은 사람들에게 왜 하나님을 떠나느냐고 말할 것이 아니라 하나님도 사람들이 필요하고 원하고 바라는 것을 준다고 하면 될 것 아니냐고 말하시면 안 됩니다.

하나님과 죄의 종교의 차이점은 '인간을 사랑하느냐?' 는 것입니다. 하나님은 인간을 사랑하시기 때문에 단지 인간들이 원하고 인간들이 필요로 하고 인간들이 바라는 것을 주지 않습니다. 왜냐하면 인간들은 자신들이 죄인인 것을 모르기 때문에 실제로 죄인들에게 필요한 것이 무엇이고, 죄인들이 바라고 구해야 하는 것이 무엇인지를 모르기 때문입니다. 죄에 대하여, 죄인에 대하여 모르기 때문에 구해야 할 것은 구하지 않고 구하지 않아도 되는 것만 구하고 있습니다. 그런 죄인들에게 죄인들이 원하고 바라는 것을 준다는 것은 실제로는 아무 것도 주는 것이 없고 해결하는 것이 없다는 것에 불과합니다. 하나님은 인간이 죄인이라는 것을 아시고, 하나님은 인간에세 실제로 필요한 것이 무엇인지를 아시기 때문에 비록 겉으로 보기에는 인간이 원하고 바라는 것을 주시지 않는 것 같지만, 실제적으로는 가장 인간에게 필요하고 가장 인간에게 있어야 하는 것을 주시는 것입니다.

이스라엘은 하나님이 은혜를 주셔서 평안할 때에 하나님을 버리고 우상에게로 갔습니다. 평안이 귀한 줄을 모르기 때문입니다. 평안이 하나님이 주신 선물인 것을 모르기 때문입니다. 평안은 자신들이 서로 화합하고 연합해서 늘 누릴 수 있는 것으로 착각합니다. 어림도 없습니다. 죄인들이 평안을 만들어내고 죄인들이 평안을 누릴 수 있었다면 하나님이 육신을 입고 이 땅에 오시지도 않았고 예수님이 십자가를 지시지도 않았을 것입니다. 하나님이 주시는 평화와 안식의 소중함을 모르니까 평온함이 있자마자 바로 돈과 명예와 권세를 준다는 우상에게로 달려가는 것입니다. 그런데 아비멜렉 사건에서 확인할 수 있듯이 돈과 명예와 권세가 있는 곳에는 평화가 있는 것이 아니라 갈등과 음모와 배신과 살인이 있습니다. 당연히 압제와 곤고와 분열과 죽임이 있습니다. 삶이 어렵고 힘들고 무겁습니다.

이스라엘이 평온할 때는 우상을 섬기다가 힘들고 곤고해지면 하나님을 찾는 이유가 있습니다. 죄의 종교에서는 자유나 평화나 안식, 구원을 얻을 수 없기 때문입니다. 죄인의 가장 안타가운 진실은 자신이 죄인이라는 것을 모른다는 것과 죄의 결과를 꼭 당해봐야 안다는 것이요, 은혜를 받은 후에도 곧 잊어버린다는 것입니다. 세상의 가장 미련한 행동이 당해보고 배우는 것입니다. 하나님은 인간이 이러한 미련한 행동을 반복하지 않도록 하시기 위해 성경을 주셨습니다. 성경을 읽어야 하는 이유, 성경을 배워야 하는 이유 중의 하나가 성경을 배우지 않으면 저와 여러분도 이스라엘의 삶을 반복할 수밖에 없다는 것입니다. 늘 당할 만큼 당하고, 고생할 만큼 고생하고, 물론 당하고 고생하고 배웁니다. 그렇게 배워서 기껏 한다는 고백이 '돌아보니 은혜로다' 입니다. 이것이 가장 미련한 것입니다. 돌아보면 은혜라고 고백하는 것은 정작 그때에는 은혜인줄 몰랐다는 것이고, 은혜인줄 몰랐으니 당연히 누리지 못했다는 것입니다. 돌아보면 은혜라고 고백할 그 순간에는 이미 은혜가 지나가 있는 것입니다. 성경을 배워야 합니다. 그래서 지금, 바로 이 순간 하나님의 은혜를 알아야 하고, 하나님의 은혜를 누리고 있어야 하는 것입니다. 죄의 종교와 다른 하나님을 알아야하고, 하나님이 주시는 은혜의 내용을 알아야 하고, 하나님의 주신 은혜가 세상 어디에서 구할 수도 찾을 수도 얻을 수도 없는 오직 하나님만이 주시는 귀한 선물인 것을 알아야 합니다. 평온할 때 평온함을 감사하고, 평온함을 누릴 줄 아는 성숙한 신앙, 지혜로운 신앙되기를 주님의 이름으로 축원합니다.

24

우리의 장관이 되라

사사기 11 : 1 ~ 11

1 길르앗 사람 입다는 큰 용사였으니 기생이 길르앗에게서 낳은 아들이었고 2 길르앗
의 아내도 그의 아들들을 낳았더라 그 아내의 아들들이 자라매 입다를 쫓아내며 그
에게 이르되 너는 다른 여인의 자식이니 우리 아버지의 집에서 기업을 잇지 못하리라
한지라 3 이에 입다가 그의 형제들을 피하여 돕 땅에 거주하매 잡류가 그에게로 모여
와서 그와 함께 출입하였더라 4 얼마 후에 암몬 자손이 이스라엘을 치려 하니라 5 암
몬 자손이 이스라엘을 치려 할 때에 길르앗 장로들이 입다를 데려오려고 돕 땅에 가
서 6 입다에게 이르되 우리가 암몬 자손과 싸우려 하니 당신은 와서 우리의 장관이
되라 하니 7 입다가 길르앗 장로들에게 이르되 너희가 전에 나를 미워하여 내 아버지
집에서 쫓아내지 아니하였느냐 이제 너희가 환난을 당하였다고 어찌하여 내게 왔느
냐 하니라 8 그러므로 길르앗 장로들이 입다에게 이르되 이제 우리가 당신을 찾아온
것은 우리와 함께 가서 암몬 자손과 싸우게 하려 함이니 그리하면 당신이 우리 길르
앗 모든 주민의 머리가 되리라 하매 9 입다가 길르앗 장로들에게 이르되 너희가 나를
데리고 고향으로 돌아가서 암몬 자손과 싸우게 할 때에 만일 여호와께서 그들을 내게
넘겨주시면 내가 과연 너희의 머리가 되겠느냐 하니 10 길르앗 장로들이 입다에게 이
르되 여호와는 우리 사이의 증인이시니 당신의 말대로 우리가 그렇게 행하리이다 하
니라 11 이에 입다가 길르앗 장로들과 함께 가니 백성이 그를 자기들의 머리와 장관을
삼은지라 입다가 미스바에서 자기의 말을 다 여호와 앞에 아뢰니라

인간들의 요청

인간들의 삶

성경은 근본적으로 하나님을 알려주는 계시의 책입니다. 하나님을 알

린다는 것은 단지 하나님을 객관적으로, 독립적으로 알리는 것이 아닙니다. 왜냐하면 인간과 관계없는 하나님은 아무 소용이 없기 때문입니다. 그래서 성경이 하나님을 알린다는 표현은 동시에 성경이 인간을 알린다는 말과 같은 의미입니다. 하나님이 창조주이시라는 말은 인간은 하나님에 의해 지음 받았다는 것이요, 하나님은 영이시라는 말은 인간이 하나님의 형상을 만들 필요가 없다는 의미이고, 하나님은 사랑이시라는 말은 인간은 하나님에게 징계나 형벌을 받지 않는다는 것이요, 인간이 하나님을 두려워할 이유가 없다는 의미입니다.

하나님이 평화를 주신다는 것은 인간은 스스로 평화를 만들어낼 수 없고 유지할 수 없다는 것을 의미합니다. 왜냐하면 인간이 할 수 있는 것을 하나님이 하시면 그것은 하나님의 시간 낭비요, 능력 낭비이기 때문입니다. 인간이 할 수 있는 것은 인간이 하면 됩니다. 하나님은 인간이 할 수 없는 것을 해 주셔야 하는 것입니다. 그래서 하나님이 계시를 주십니다. 인간이 죄인이 되어 스스로 하나님을 알 수 없기 때문입니다. 그래서 하나님이 육신을 입고 강림하셔서 십자가를 지심으로 죄인을 구원하십니다. 죄인이 스스로 죄를 벗어날 수 없고 죄를 이길 수 없기 때문입니다.

죄인된 인간이 평화와 안식을 이룰 수 있을까요? 죄인된 인간이 자유와 행복을 누릴 수 있을까요? 인간관계 중에 가장 가까운 관계, 가장 친밀한 관계가 가족과 친지라고 합니다. 과연 그럴까요? 사사기에서 인간의 실체를 적나라하게 보여줍니다. 기드온에게 자녀가 칠십 일 명이 있었습니다. 물론 부인들이 달랐습니다. 비록 부인들이 달랐을지라도 한 아버지의 가족이니 사이좋게 지냈을까요? 아비멜렉 사건은 그렇지 않다는 것을 보여주는 것입니다. 인간은 여하튼 차별을 만들어냅니다. 부인들 중에는 어떤 차별을 만들어 냅니까? '부인이냐 첩이냐?' 의 차별을 만들어내고 첩의 아들을 박대합니다. 그러면 첩들끼리는 사이좋게 지낼까요? 첩들끼리도 차별을 만들어냅니다. 몇 번째 첩이냐가 아주 중요한 싸움꺼리입니다. 동일한 유형의 사건이 사사기 11장에도 나옵니다. 11장 1절 이하 "길르앗 사람 입다는 큰 용사였으니 기생이 길르앗에게서 낳은 아들이었고 길르앗의 아내도 그의 아들들을 낳았더라 그 아내의 아들들이 자라매 입다를 쫓아내며 그에게 이르되 너는 다른 여인의 자식이니 우리 아버지의 집에서 기업을 잇지 못하리라"입니다. 또 여러분이 잘 아시는 대로 야곱의 네 부인에게서 난 열두 아들도 결국은 자기들의 동생 요셉을 팔아먹는 행위를 합니다. 부모들 관계는 부모들에게 맡기고 자식들끼리는 사이좋게 지낼 수 있지 않겠느냐고 말할 수 있을까요? 말은 그렇게 할 수 있지만 죄인들은 말처럼 행동하지 못합니다. 죄인들의 목표는 언제나 목표일 뿐이고 죄인들의 희망은 언제나 희망일 뿐입니다. 죄인들을 불행하게 만드는 것은 바로 죄인들 자신입니다. 자신들이 죄에 사로잡혀 있고, 죄의 사고방식을 가지고 있고, 죄의 마음과 원리로 행동하고 있기 때문입니다.

어떤 관계에서도

기드온의 아들들, 길르앗의 아들들이 서로 이복형제들이라 싸웠을까요? 같은 아버지, 같은 엄마였으면 이런 싸움이 없었을까요? 친 형제끼리도 다를 것이 없습니다. 다윗의 아버지 이새는 부인 이야기가 나오지 않고 단지 아들이 여덟 명이었고 그 중에 다윗은 막내였습니다. 형들이 다윗을 사랑하고 늘 아껴주었을까요? 우애 있게 살았을까요? 전쟁 때에 다윗이 아버지의 지시에 따라 형을 면회 갔었습니다. 그때 형들은 다윗을 반가워하거나, 또는 전쟁의 위험에도 불구하고 자신들을 만나러 왔다고 감격하며 기뻐한 것이 아니었습니다. 사무엘상 17장 28절 "큰형 엘리압이 다윗이 사람들에게 하는 말을 들은지라 그가 다윗에게 노를 발하여 이르되 네가 어찌하여 이리로 내려왔느냐 들에 있는 양들을 누구에게 맡겼느냐 나는 네 교만과 네 마음의 완악함을 아노니 네가 전쟁을 구경하려 왔도다"입니다 다짜고짜 야단부터 치고, 비난부터 하고 심지어는 다윗이 교만하고 마음이 완악하다고 합니다. 하도 억울하니까 다윗이 하는 말 29절 "다윗이 이르되 내가 무엇을 하였나이까 어찌 이유가 없으리이까"입니다.

자식들끼리는 철이 없어서 이럴 수 있다고 한다면, 더 나아가 부모와 자식 간에는 부모가 온전히 자식을 사랑하니까 이런 일이 아예 없을까요? 부모와 자식 간에도 이런 현상이 일어납니다. 사울이 자기 아들 요나단에게 화를 내는 장면이 사무엘상 20장 30절입니다. "사울이 요나단에게 화를 내며 그에게 이르되 패역무도한 계집의 소생아 네가 이새의 아들을 택한 것이 네 수치와 네 어미의 벌거벗은 수치 됨을 내가 어찌 알지 못하랴"입니다. 사울의 부인이 몇 명인지, 자식이 몇 명인지는 정확히 알 수 없지만 사울 스스로 자기 아들과 부인을 경멸하면서 하는 말이 '패역무도한 계집의 소생아' 입니다.

물론 사람이 사람끼리 사이좋게 지낼 수 있습니다. 나와 관계없는 사람, 경쟁의 대상이 아닌 사람, 함께 할 일이 없는 사람 즉 남과는 사이좋게 지낼 수 있습니다. 남은 그냥 남입니다. 나에게 피해를 주는 것이 없는 사람, 나와 무관한 사람입니다. 나의 유익을 빼앗아 갈 사람이 아니라는 것입니다. 이런 사람하고는 아주 친하게 지내고, 아주 가깝게 지내고, 아주 사이좋게 지낼 수 있습니다. 그러나 그렇게 친하게 지내다가도 나와 관계가 되거나, 내 일에 연관이 되거나, 나와 경쟁하는 사이가 되면 사람은 친해지지 않습니다. 무관한 사람들끼리 친한 것은 사이좋다고 표현하는 것이 아닙니다. 무관한 사람과는 사이가 좋은 것이 아니라 아무런 사이가 아닌 것입니다. 하나님이 인간에게 은혜를 주시는 것, 하나님이 인간을 도와주시는 것은 절대로 하나님의 간섭이 아닙니다. 인간의 실체를 알려주고, 하나님이 아니면 인간이 서로 행복을 누릴 수 없기 때문에 하나님이 도움을 주시는 것입니다.

다양한 반응

사사기에서 하나님은 이스라엘에게 은혜를 주셨지만 이스라엘은 은혜를 누리지 못하고 또, 다시 하나님을 떠났습니다. 사사기에서 이스라엘의 문제는 자신들이 죄인임을 모르는 것, 하나님이 주신 은혜가 소중한 것을 모르는 것, 그래서 하나님을 버린다는 것, 하나님을 떠난다는 것이었습니다. 그런데 10장 10절 이하에는 이스라엘이 회개를 하고 하나님께로 돌아오겠다고 합니다. 10절 "이스라엘 자손이 여호와께 부르짖어 이르되 우리가 우리 하나님을 버리고 바알들을 섬김으로 주께 범죄 하였나이다" 입니다. 15절에도 "이스라엘 자손이 여호와께 여쭈되 우리가 범죄하였사오니 주께서 보시기에 좋은 대로 우리에게 행하시려니와 오직 주께 구하옵나니 오늘 우리를 건져내옵소서" 입니다. 참으로 성경에서 보기 힘든 장면, 정말로 반가운 장면입니다. 하나님이 그토록 고대하고 고대하던 장면입니다. 하나님이 버선발로 뛰어나가셔서 맞아 주실 것 같은 장면입니다. 그런데 하나님의 반응이 아주 낯섭니다. 12절 이하 "또 시돈 사람과 아말렉 사람과 마온 사람이 너희를 압제할 때에 너희가 내게 부르짖으므로 내가 너희를 그들의 손에서 구원하였거늘 너희가 나를 버리고 다른 신들을 섬기니 그러므로 내가 다시는 너희를 구원하지 아니하리라" 입니다. 왜 이러실까요? 그 동안 회개도 하지 않았을 때에도 구해주셨잖아요? 잘못했다고 고백하지 않았을 때에도 구원해 주셨잖아요? 그 때와 비교하면 구해줄 명분이 열 배는 더 있잖아요?

성경의 가르침을 잘 따라가야 합니다. 하나님의 궁극적 목적을 알지 못한 채, '왜 하나님은 이랬다저랬다 하느냐?' 고 따지면 안 됩니다. 하나님의 사역의 본질적 내용이 무엇인지를 알지 못한 채, '왜 하나님은 내가 원하는 것은 안 해 주고 하나님 하고 싶은 것만 하시느냐?' 고 불평하면 안 됩니다. 성경에 나타난 다양한 사건들과 각 사건에 담겨있는 하나님의 목적을 잘 분별하셔야 합니다. 하나님이 이스라엘이 애굽의 노예로 있을 때 출애굽 시켜주셨습니다. 그렇다고 하나님의 사역이 노예해방이라고 생각하시면 안 됩니다. 하나님이 이스라엘이 광야에 있을 때 만나를 내려주셨습니다. 그렇다고 하나님의 사역이 빈민구제라고 생각하시면 안 됩니다. 예수님이 백성 중에 병든 자를 고쳐주셨습니다. 그렇다고 예수님의 사역이 의료봉사였다고 생각하시면 안 됩니다. 예수님이 고아와 과부 그리고 연약한 자를 돌보아 주셨습니다. 그렇다고 예수님의 사역이 사회복지였다고 생각하시면 안 됩니다. 성경에 나타난 사건, 하나님이 행하신 사건은 그 사건을 통해 나타난 상황의 변화, 조건의 변화, 환경의 변화가 목적이 아닙니다. 그 사건들을 통하여 하나님을 계시하는 것, 하나님을 알게 하는 것이 근본 목적입니다.

사사기에서도 마찬가지입니다. 하나님이 하려는 것은 이스라엘에게 단순히 평화 또는 안식을 선물로 주는 것이 아닙니다. 하나님의 사역은 언제나 계시와 연결되어 있습니다. 즉 사건을 통해 상황을 변화시켜주는 것이 아니라, 사건을 통해 하나님을 알게 하는 것이 목적입니다. 하나님을 모르면 상황이 변화된 것이 아무런 의미가 없습니다. 왜냐하면 상황은 또 변하기 때문입니다. 성경에는 하나님의 일하심이 매우 다양하게 등장합니다. 하나님이 이랬다저랬다 하는 것이 아닙니다. 하나님이 일하시는 모습만 보면, 하나님이 일하시는 사건만 보면 이랬다저랬다 한다고 말할 수도 있습니다. 하지만 하나님의 목적은 변한 적이 없습니다. 하나님의 뜻과 의도는 달라진 적이 없습니다.

회개해도 안 들어주신다

하나님이 하시는 일은 인간의 생각을 바꾸시는 것입니다. 사람들은 하나님의 일하심에서 하나님을 배우지 않고 늘 엉뚱한 것을 배웁니다. 그래서 하나님도 정말 예상과 다르게 일하십니다. 10장에서 이스라엘 백성들이 회개했습니다. 그런데 하나님은 이스라엘을 구원하겠다고 나서지 않으십니다. 도리어 14절 "가서 너희가 택한 신들에게 부르짖어 너희의 환난 때에 그들이 너희를 구원하게 하라 하신지라"라고 딴청을 피십니다. 물론 이것이 하나님의 진심이 아닙니다. 결론에 가면 하나님이 이스라엘을 구원하십니다. 그런데 이스라엘이 회개하면서 도와달라고 할 때에는 도와주지 않으신다고 하십니다. 이스라엘이 회개할 때 하나님이 이스라엘 백성들의 요청을 들어주시면 이스라엘은 뭐라고 할까요? 하나님이 도와주셨다는 것을 강조할까요, 자신들이 회개했다는 것을 강조할까요? 자신들이 회개했다는 것을 강조합니다.

기도의 경우도 마찬가지입니다. 성도가 기도하고 하나님이 응답하셨을 경우 중요한 것이 무엇입니까? 성도의 기도입니까, 하나님의 응답입니까? 당연히 하나님의 응답입니다. 내가 기도했다는 것이 중요한 것이 아니고 내가 기도했기 때문에 응답하신 것이 아닙니다. 하나님이 응답하셨다는 것, 하나님이 나 같은 사람의 욕심 가득한 기도조차도 불쌍히 여기사 들어주셨다는 것에 감격해야 합니다. 그런데 사람들은 자신의 기도를 강조합니다. 기도는 하나님과의 관계에서 인간이 사용하는 수단이 아니라 하나님이 사용하는 수단입니다. 인간이 기도를 통해서 목적을 이루는 수단이 아니라, 하나님이 기도응답을 통해서 인간을 가르치는 수단입니다. 그런데 사람들은 늘 인간의 행위를 강조하려고 합니다.

하나님은 이스라엘이 회개하지 않고 기도하지 않았을 때에도 즉각 구해주셨습니다. 그때에는 이스라엘이 자기들의 행위를 자랑할 것이 없습니다. 이스라엘이 할 말이라고는 '하나님이 구원하셨다' 는 것뿐입니다. 그런데 이번에는 자신들이 회개했습니다. 이때 구해주시면 '우리가 회개했더니 들어주셨다' 고 말할 것입니다. 성경에서 방법을 찾으면 안 되고, 성경에서 수단을 찾으면 안 되고, 성경에서 하나님의 뜻, 하나님의 의도,

하나님의 목적을 바로 알아야 합니다. 하나님의 뜻에는 관심이 없고 성경에 나타난 한 가지 사건을 통해 수단이나 비법을 배우려고 하면 절대로 안 됩니다. 그런데 사람들은 하나님이 행하신 사건에서 하나님을 강조하지 않고 늘 허접한 인간의 행위, 대부분 하나님을 오해하거나 왜곡할 뿐인 인간의 수단들을 강조합니다.

사무엘상 1장에 한나 이야기가 나옵니다. 한나가 기도했더니 하나님이 아이를 주셨다고 합니다. 그래서 사람들은 기도를 강조합니다. 하지만 한나의 기도가 아니라 하나님이 아이를 주셨다는 것, 하나님의 은혜가 강조되어야 합니다. 열왕기하 5장에 아람의 나아만 장군 이야기가 나옵니다. 엘리사의 말을 듣고 강에 들어가지 않으려고 하다가 종들의 말을 듣고 강에 들어가 일곱 번 몸을 잠급니다. 이때에도 사람들은 '순종해야 역사가 일어난다' 고 말합니다. 더 나아가 '끝까지 순종해야 역사가 일어난다' 고 합니다. 나아만이 여섯 번 물에 잠글 때까지도 역사는 일어나지 않았는데 마지막까지 일곱 번을 물에 담그자 깨끗해졌다는 것입니다. 그래서 나아만 사건의 주제는 '순종, 끝까지 순종' 이라고 합니다. 하지만 나아만이 치유 받은 것은 나아만의 순종 때문이 아니라 하나님이 치유하시기로 계획하셨기 때문입니다.

사도행전의 성령에 대해서도 사람들은 늘 강조점을 왜곡시킵니다. 복음서에서 이미 예수님은 본인이 부활하고 승천하면 성령을 보내주시겠다고 약속하셨습니다. 예수님의 약속대로 성령이 오신 것입니다. 그런데 사람들은 제자들이 한 곳에 모여 성령을 사모하고, 간절히 기다렸더니 성령이 오셨다고 합니다. 하지만 제자들의 행동 때문이 아니라 예수님의 약속대로입니다. 예수님의 재림도 마찬가지입니다. 예수님이 다시 오시겠다고 약속하셨습니다. 예수님이 다시 오시는 것은 예수님이 약속하셨기 때문입니다. 기독교는 인간의 행동으로 하나님을 변화시키는 것이 아니라 하나님의 사역으로 인간을 변화시키는 것입니다. 하나님 때문에 본인이 어떻게 변화되었는가를 분별하십시오. 그리고 나에게 이루어진 모든 것이 하나님의 은혜임을 고백하는 것이 기독교 신앙의 바른 모습입니다.

하나님의 계시

사사기 10장에는 많은 나라들과 신들이 등장합니다. 다 이유가 있습니다. 6절을 보시면 "이스라엘 자손이 다시 여호와의 목전에 악을 행하여 바알들과 아스다롯과 아람의 신들과 시돈의 신들과 모압의 신들과 암몬 자손의 신들과 블레셋 사람들의 신들을 섬기고"입니다. 이스라엘이 참 많이도 섬겼습니다. 그런데 재미있는 것은 이스라엘이 자신들이 섬긴 신들 또는 그 신을 섬기는 나라들에게 고난을 받았다는 것입니다. 10장 7절 이하 "여호와께서 이스라엘에게 진노하사 블레셋 사람들의 손과 암몬 자손의 손에 그들을 파시매 그 해에 그들이 요단 강 저쪽 길르앗에 있는 아모리 족속의 땅에 있는 모든 이스라엘 자손을 쳤으며 열여덟 해 동안 억압하였더라"입니다. 이스라엘은 블레셋 사람들의 신들과 암몬 자손들의 신을 섬겼는데, 이스라엘이 그 블레셋과 암몬에게 억압을 받았다는 것입니다. 그 때 이스라엘에게 버림받은 하나님은 무엇을 하셨습니까? 정작 이스라엘이 섬기는 신은 이스라엘을 억압하는데, 버림받은 하나님은 이스라엘을 구원하셨습니다. 11절 이하 "여호와께서 이스라엘 자손에게 이르시되 내가 애굽 사람과 아모리 사람과 암몬 자손과 블레셋 사람에게서 너희를 구원하지 아니하였느냐 또 시돈 사람과 아말렉 사람과 마온 사람이 너희를 압제할 때에 너희가 내게 부르짖으므로 내가 너희를 그들의 손에서 구원하였거늘"입니다.

이방의 신들은 왜 자신들을 섬기는 이스라엘을 압제하고 하나님은 왜 자신을 버리는 이스라엘을 구원하실까요? 그 이유는 이방의 신들은 이스라엘과 무관한 존재이지만 하나님은 이스라엘의 하나님이 되시겠다고 약속하셨기 때문입니다. 그리고 하나님은 그 약속을 지키시기 때문입니다. 이스라엘이 하나님을 알지 못할 때 하나님이 찾아오셔서 하나님의 백성 삼으셨습니다. '나는 너희의 하나님이요 너희는 나의 백성' 이라고 선언하셨습니다. 그래서 하나님은 하나님의 백성, 하나님의 소유, 하나님의 자녀에 대한 하나님의 책임을 감당하시는 것입니다. 백성들이 부족한 것이 하나님 탓입니다. 백성들이 패역한 것이 하나님 탓입니다. 백성들이 하나님을 버리는 것이 하나님 탓입니다. 그래서 하나님은 이스라엘의 어떤 행동에 대해서도 징계나 형벌을 내리지 않고 처음부터 끝까지 은혜로만 대해주십니다. 이때 단지 은혜만 주시는 것이 아니라 계시를 동반하시는 것입니다. 은혜는 받고 계시가 없으면 이스라엘 백성이 변화될 수 없기 때문입니다. 그래서 은혜를 주시되 사건을 통해서 주시고, 사건을 행하시되 언제나 계시적 사건이 되도록 하시는 것입니다.

사사기 10장도 동일한 패턴입니다. 이스라엘이 블레셋과 암몬에게 열여덟 해 동안 억압을 받고 있습니다. 하나님은 당연히 도와주십니다. 대신, 이스라엘이 여러 나라의 신들을 섬겼으나 도리어 고난을 받았고, 하나님이 구원해 주셨으나 그 은혜를 모르고 하나님을 배우지 않았으니 이번에는 이스라엘 백성의 입에서 하나님이 하셨다는 고백을 만들어내시려는 것입니다. 14절 "가서 너희가 택한 신들에게 부르짖어 너희의 환난 때에 그들이 너희를 구원하게 하라"입니다. 이스라엘이 다른 신들에게 구해달라고 안 했겠습니까? 다른 신들을 최후에 쓰려고 아껴두었을까요? 이미 다 해봤습니다. 다 해봤는데 안 되니까 자신들이 버렸던 여호와께 돌아온 것입니다. 그것을 하나님도 다 아십니다. 그래도 하나님은 '네 입으로 시인하라, 네 입술로 고백하라' 고 요청하시는 것입니다. 하나님이 이전에 이스라엘을 구원했던 것을 생색내는 것이 아니요, 하나님이 능력을 가지고 이스라엘에세 위세를 부르거나 봄 달게 만드는 것이 아닙니다. 그러자 이스라엘이 행한 것이 16절 "자기 가운데에서 이방 신들을 제하여 버리고 여호와를 섬기매"입니다.

하나님의 작업

이스라엘이 자기들이 범죄했다고 회개하며 하나님께 도움을 구하면서도 자기들 가운데서 이방 신들을 제하지 않고 있었습니다. 죄의 가치관이 변하지 않은 것입니다. 여전히 죄의 원리가 좋고, 죄의 방법이 좋은 것입니다. 다만 블레셋과 암몬의 억압 때문에 살기가 조금 힘들 뿐입니다. 그래서 이방의 신을 여전히 섬기면서 단지 하나님께는 억압에서 구해달라는 것뿐입니다. 이방신을 버릴 의도가 없고, 하나님의 섬길 의지가 없습니다. 하나님은 그 속내를 다 아시는 것입니다. 하나님은 그 시커먼 속셈을 다 알고 계시는 것입니다. 하나님은 이스라엘을 구해주는 것이 목적이 아니라 저들의 죄의 생각, 죄의 원리, 죄의 인식을 바꾸기를 원하는 것입니다. 그래서 자기들 입에서 '하나님이 진짜 하나님이시다'라는 고백을 만들어 내고 자기들 손으로 이방의 신들을 제하여 버리도록 만들어 내시는 것입니다.

하나님이 "너희가 택한 신들에게 부르짖어 너희의 환난 때에 그들이 너희를 구원하게 하라"고 마치 빈정 상한 듯이, 마치 도와주지 않을 듯이 말씀하시자 이스라엘이 그제사야 "자기 가운데에서 이방 신들을 제하여 버리고"가 나오는 것입니다. 그러므로 이스라엘이 이방 신들을 제하여 버린 것이 은혜 받으려고 이스라엘이 먼저 행한 것입니까, 은혜 주시려고 하나님이 만들어 내신 것입니까? 당연히 하나님의 작품입니다. 이런 구절을 보면서 '이스라엘이 이방신들을 버리자 하나님이 복주셨다'고 말하지 마시고 하나님이 행하신 것을 인간이 행한 것으로 왜곡, 변질시키지 마시기 바랍니다.

이스라엘을 향한 하나님의 심정이 16절 마지막에 나옵니다. "여호와께서 이스라엘의 곤고로 말미암아 마음에 근심하시니라"입니다. 하나님이 마음이 심란하신가요? 구해주지 않겠다고 버티기는 하셨는데 백성들이 이방 신들을 제거하니 안 도와줄 수도 없고 난처하신가요? 안 도와주겠다고 하다가 도와주면 모양 빠지시나요? '근심하시니라'의 뜻은 '견디지 못하다, 더 이상 참지 못하다' 입니다. 더 이상 하나님이 보고 있을 수가 없었다는 것입니다. 그래서 구원하신다는 것입니다. 성경에서, 인간이 선한 모습, 의로운 모습, 회개하는 모습, 반성하는 모습, 평안한 모습, 사이좋게 지내는 모습이 나오면 모두 하나님이 은혜 주신 결과요 하나님이 만들어낸 열매인 것을 알아야 합니다.

인간들의 행위

아비멜렉의 요청

하나님이 도와주지 않았을 때의 인간들의 실체, 하나님이 은혜주지 않았을 때의 인간들의 삶의 실상을 보여주는 것이 사사기 10장의 아비멜렉 사건과 11장의 입다 사건입니다. 아비멜렉 사건과 입다 사건은 인간의 양쪽 면이 결국은 똑 같다는 것, 정반대의 입장인 것 같지만 결국은 똑 같다는 것을 신랄하게 보여주는 것입니다. 흔히 지도자가 부패하면 지도자가 썩었다고 합니다. 마치 지도자는 썩고 백성들은 순수한 척 합니다. 실상은 지도자나 백성이나 죄인은 똑같습니다. 흔히 배운 사람들이 타락하면 배운 놈이 더한다고 합니다. 덜 배운 사람은 덜 악한 줄로 생각합니다. 실상은 배운 사람이나 덜 배운 사람이나 죄인은 똑같습니다. 흔히 돈 있는 사람이 부정하면 돈 있는 놈이 더하다고 비난합니다. 돈 없는 사람은 깨끗하게 살아서 돈이 없는 것처럼 굽니다. 실상은 돈 있는 분이나 돈 없는 분이나 죄인은 부정하기가 똑같습니다. 흔히 도시 사람들이 인정머리 없고 인색하다고 합니다. 마치 시골 사람들은 인정 많고 온순한 줄로 오해합니다. 실상은 도시 사람이나 시골 사람이나 죄인은 이기적인 것이 똑같습니다. 흔히 목사가 문제를 일으키면 교회 부패의 원흉이 목사인 것처럼 몰아세웁니다. 마치 성도들은 신실하고 교회의 마지막 보루인 것처럼 위선을 떱니다. 실상은 목사나 성도나 죄인은 똑같습니다.

아비멜렉 사건은 흔히 말하는 지도자가 주동하는 경우입니다. 백성들은 아무 생각 없을 때에 왕이 되고 싶은 욕심을 가졌던 아비멜렉이 백성들 앞에 와서 선동하고 위협하는 경우입니다. 이런 사건을 보았다고 해서 '역시 어떤 공동체든지 지도자가 중요해. 사람 잘 골라야 돼. 지도자가 사람들한테 어떤 제안을 하고 어떻게 이끌어 가느냐가 그 공동체의 운명을 결정하는 것이야' 라고 말하지 마십시오. 소속원들은 욕심 없고 신실한데 지도자가 잘못하는 것처럼 말하지 마십시오. 그 말은 반대로 하면 소속원들은 생각도 없고 뇌도 없고 판단력도 없고 그저 지도자가 하자는 대로만 하는 무능력하고 바보 같은 사람들이라고 말하는 것밖에는 되지 않는 것입니다.

정반대의 경우도 아주 많이 있습니다. 사사기 10장 18절 "길르앗 백성과 방백들이 서로 이르되 누가 먼저 나가서 암몬 자손과 싸움을 시작하랴 그가 길르앗 모든 주민의 머리가 되리라" 그리고 11장 6절 "우리가 암몬 자손과 싸우려하니 당신은 왕서 우리의 장관이 되라"입니다. 8절에도 나옵니다. "우리가 당신을 찾아온 것은 우리와 함께 가서 암몬 자손과 싸우게 하려 함이니 그리하면 당신이 우리 길르앗 모든 주민의 머리가 되리라"입니다. 그래서 결과가 11절 "이에 입다가 길르앗 장로들과 함께 가니 백성이 그를 자기들의 머리와 장관을 삼은지라"입니다. 아비멜렉 사건과는 정반대입니다. 이번에는 입다는 전혀 생각이 없는데 백성들이 와서 입다를 선동하고 충동질합니다. 이런 사건을 보았다고 해서 '모든 것은 구성원들의 결정에 달렸다. 지도자 하나 바보 만드는 것은 순간이다. 구성원들이 단체로 움직이면 아무리 잘난 지도자도 별수 없는 것이다' 라고 말하지 마십시오. 마치 지도자는 순수한데 구성원들은 집단 이기주의에 빠져있고, 당파나 짓는 부류들처럼 말하지 마십시오. 그런 말은 반대로 하면 지도자는 리더쉽도 없고 영향력도 없고 다수에 의해 끌려가는 무기력한 사람이라고 말하는 것 밖에는 되지 않는 것입니다.

사람들은 언제나 영웅을 만들어 내거나 희생양을 만들어 내려고 합니다. 저들에게는 인간 밖에 없기 때문입니다. 인간을 도와주시는 하나님을 모르니까 인간 영웅을 만들어 내려고 하고, 인간의 삶에 문제를 일으키는 원인인 죄를 모르니까 인간 희생양을 만들어 내려고 하는 것입니다. 똑같은 인간인데 영웅을 만들어서 떠받들고, 똑같은 인간인데 희생양을 만들어서 경멸하고, 이런 짓을 하는 주체가 바로 인간입니다. 이것이 인간의 실체요, 인간 삶의 실상입니다.

인간들의 대화

참 인간은 죄적으로 교활한 존재입니다. 입다와 백성의 대화를 들어보겠습니다. 11장 7절 "입다가 길르앗 장로들에게 이르되 너희가 전에 나를 미워하여 내 아버지 집에서 쫓아내지 아니하였느냐 이제 너희가 환난을 당하였다고 어찌하여 내게 왔느냐 하니라"입니다. 입다의 경우 멸시 천대 받던 것이 서러웠으면 장로들이 자신을 부르러왔을 때에 달려가야 합니다. 그런데 왜 왔느냐고 타박합니다. 속으로는 제안을 수용하면서 겉으로만 상대방이 깐볼까 봐 마치 안갈 것처럼 버팁니다. 자신의 가치를 높이려고 그럽니다. 10장에서 이스라엘이 회개해도 구원하지 않겠다고 하시는 하나님이나 11장에서 백성들이 요청해도 가지 않겠다는 입다나 외형상으로는 유사합니다. 도와달라고 요청할 때 즉시 가지 않고 이런 저런 협상을 하는 듯한 모습입니다. 그런데 내용상으로는 완전히 다릅니다. 하나님은 하나님의 위상을 높이기 위해 백성들과 밀당을 하지 않습니다. 하나님과 인간은 경쟁관계가 아닙니다. 하나님은 이스라엘의 하나님이요, 이스라엘은 하나님의 백성이라는 관계가 형성되어있고, 하나님은 책임자요, 보호자요, 관리자로서의 역할이 분명합니다. 그래서 하나님의 목적은 오직 하나 백성이 하나님을 아는 것, 백성이 하나님의 평화와 안식을 누리는 것입니다. 그래서 하나님은 비록 자기가 버림받아도 이스라엘 백성을 도와주시는 것입니다.

그러나 인간은 전혀 다릅니다. 인간은 하나님 같은 마음이 없고, 하나님 같은 심정이 없습니다. 인간은 서로 약육강식의 대상일 뿐입니다. '내가 책임져주어야겠다, 내가 섬겨주어야겠다, 내가 돌보아주어야겠다' 는 관계도 성립되어있지 않고, 그럴 마음도 없고, 그럴 능력도 없습니다. 그래서 입다는 백성들이 찾아왔을 때 밀당을 합니다. 자존심 싸움을 하고 거래를 하고 협상을 합니다. 가능한 상대방의 약점을 부각시키고 가능한 자신의 가치를 높이려고 합니다. 서로가 서로를 이용해 먹으려고 할 뿐입니다. 기본적으로 사랑이 배제되어 있고, 평화와 안식의 목적이 존재하지 않습니다.

저와 여러분은 아비멜렉입니까, 입다입니까? 둘 다 아닙니다. 저와 여러분은 성도입니다.성도는 세상 사람들과 경쟁하는 사람이 아닙니다. 전혀 다른 존재, 새로운 피조물, 하나님의 복을 받은 사람, 하나님 나라에 속한 사람, 하나님의 마음과 심정과 원리를 가진 사람들입니다. 그래서 세상 사람들을 볼 때에 하나님이 세상을 보는 것처럼, 하나님이 사람을 대하는 것과 같은 마음과 자세가 있는 사람들입니다. 그래서 세상은 성도가 성도다운 역할을 할 때 아름다울 수 있습니다. 세상은 성도가 성도다운 삶을 살 때 행복을 누릴 수 있습니다. 하나님을 고백하는 성도로 인해 세상은 평화와 안식을 맛볼 수 있습니다. 하나님의 말씀을 전하는 교회의 본분을 아시고, 하나님의 은혜를 누리는 성도의 본분을 아셔서 하나님이 맡겨주신 세상의 빛과 소금의 역할을 넉넉히 감당하는 저와 여러분 되기를 주님의 이름으로 축원합니다.

25

서원하여 이르되

사사기 11 : 12 ~ 40

12 입다가 암몬 자손의 왕에게 사자들을 보내 이르되 네가 나와 무슨 상관이 있기에
내 땅을 치러 내게 왔느냐 하니 13 암몬 자손의 왕이 입다의 사자들에게 대답하되 이
스라엘이 애굽에서 올라올 때에 아르논에서부터 얍복과 요단까지 내 땅을 점령했기
때문이니 이제 그것을 평화롭게 돌려 달라 하니라 14 입다가 암몬 자손의 왕에게 다
시 사자들을 보내 15 그에게 이르되 입다가 이같이 말하노라 이스라엘이 모압 땅과
암몬 자손의 땅을 점령하지 아니하였느니라 16 이스라엘이 애굽에서 올라올 때에 광
야로 행하여 홍해에 이르고 가데스에 이르러서는 17 이스라엘이 사자들을 에돔 왕에
게 보내어 이르기를 청하건대 나를 네 땅 가운데로 지나게 하라 하였으나 에돔 왕이
이를 듣지 아니하였고 또 그와 같이 사람을 모압 왕에게도 보냈으나 그도 허락하지
아니하므로 이스라엘이 가데스에 머물렀더니 18 그 후에 광야를 지나 에돔 땅과 모압
땅을 돌아서 모압 땅의 해 뜨는 쪽으로 들어가 아르논 저쪽에 진 쳤고 아르논은 모압
의 경계이므로 모압 지역 안에는 들어가지 아니하였으며 19 이스라엘이 헤스본 왕 곧
아모리 족속의 왕 시혼에게 사자들을 보내어 그에게 이르되 청하건대 우리를 당신의
땅으로 지나 우리의 곳에 이르게 하라 하였으나 20 시혼이 이스라엘을 믿지 아니하여
그의 지역으로 지나지 못하게 할 뿐 아니라 그의 모든 백성을 모아 야하스에 진 치고
이스라엘을 치므로 21 이스라엘의 하나님 여호와께서 시혼과 그의 모든 백성을 이스
라엘의 손에 넘겨주시매 이스라엘이 그들을 쳐서 그 땅 주민 아모리 족속의 온 땅을
점령하되 22 아르논에서부터 얍복까지와 광야에서부터 요단까지 아모리 족속의 온
지역을 점령하였느니라 23 이스라엘의 하나님 여호와께서 이같이 아모리 족속을 자
기 백성 이스라엘 앞에서 쫓아내셨거늘 네가 그 땅을 얻고자 하는 것이 옳으냐 24 네
신 그모스가 네게 주어 차지하게 한 것을 네가 차지하지 아니하겠느냐 우리 하나님
여호와께서 우리 앞에서 어떤 사람이든지 쫓아내시면 그것을 우리가 차지하리라 25
이제 네가 모압 왕 십볼의 아들 발락보다 더 나은 것이 있느냐 그가 이스라엘과 다툴

어 다툰 일이 있었느냐 싸운 일이 있었느냐26 이스라엘이 헤스본과 그 마을들과 아
로엘과 그 마을들과 아르논 강가에 있는 모든 성읍에 거주한 지 삼백 년이거늘 그 동
안에 너희가 어찌하여 도로 찾지 아니하였느냐 27 내가 네게 죄를 짓지 아니하였거늘
네가 나를 쳐서 내게 악을 행하고자 하는도다 원하건대 심판하시는 여호와께서 오늘
이스라엘 자손과 암몬 자손 사이에 판결하시옵소서 하였으나 28 암몬 자손의 왕이
입다가 사람을 보내어 말한 것을 듣지 아니하였더라 29 이에 여호와의 영이 입다에게
임하시니 입다가 길르앗과 므낫세를 지나서 길르앗의 미스베에 이르고 길르앗의 미
스베에서부터 암몬 자손에게로 나아갈 때에 30 그가 여호와께 서원하여 이르되 주께
서 과연 암몬 자손을 내 손에 넘겨주시면 31 내가 암몬 자손에게서 평안히 돌아올 때
에 누구든지 내 집 문에서 나와서 나를 영접하는 그는 여호와께 돌릴 것이니 내가 그
를 번제물로 드리겠나이다 하니라 32 이에 입다가 암몬 자손에게 이르러 그들과 싸
우더니 여호와께서 그들을 그의 손에 넘겨주시매 33 아로엘에서부터 민닛에 이르기
까지 이십 성읍을 치고 또 아벨 그라밈까지 매우 크게 무찌르니 이에 암몬 자손이 이
스라엘 자손 앞에 항복하였더라 34 입다가 미스바에 있는 자기 집에 이를 때에 보라
그의 딸이 소고를 잡고 춤추며 나와서 영접하니 이는 그의 무남독녀라 35 입다가 이
를 보고 자기 옷을 찢으며 이르되 어찌할꼬 내 딸이여 너는 나를 참담하게 하는 자요
너는 나를 괴롭게 하는 자 중의 하나로다 내가 여호와를 향하여 입을 열었으니 능히
돌이키지 못하리로다 하니 36 딸이 그에게 이르되 나의 아버지여 아버지께서 여호와
를 향하여 입을 여셨으니 아버지의 입에서 낸 말씀대로 내게 행하소서 이는 여호와께
서 아버지를 위하여 아버지의 대적 암몬 자손에게 원수를 갚으셨음이니이다 하니라
37 또 그의 아버지에게 이르되 이 일만 내게 허락하사 나를 두 달만 버려두소서 내가
내 여자 친구들과 산에 가서 나의 처녀로 죽음을 인하여 애곡하겠나이다 하니 38 그
가 이르되 가라 하고 두 달을 기한하고 그를 보내니 그가 그 여자 친구들과 가서 산
위에서 처녀로 죽음을 인하여 애곡하고 39 두 달 만에 그의 아버지에게로 돌아온지라
그는 자기가 서원한 대로 딸에게 행하니 딸이 남자를 알지 못하였더라 이것이 이스라
엘에 관습이 되어 40 이스라엘의 딸들이 해마다 가서 길르앗 사람 입다의 딸을 위하
여 나흘씩 애곡하더라

이스라엘의 불신앙

변명

성경의 이야기는 철저하게 인간을 위한 이야기입니다. 하나님을 잘 섬기기 위한 이야기가 아니라 인간이 잘 살기 위한 이야기입니다. 과거의 지나간 이야기가 아니라 늘 현재에 관계된 인간 삶의 이야기입니다. 다

른 사람의 이야기가 아니라 바로 나의 이야기입니다. 성경을 아는 것은 성경의 사건이나 스토리를 아는 것에 그치지 않고 오늘 내가 어떻게 바르게, 행복하게 살 것인가와 연관되어 있습니다. 사사기는 크게 두 가지의 모습이 담겨있습니다. 하나는 하나님이 인간을 도와주시는 모습으로 사사기 3장부터 8장까지입니다. 또 하나는 인간이 스스로 행하는 모습으로 사사기 9장부터 21장 끝까지입니다. 이렇게 두 가지의 모습이 등장하는 이유는 잘 보고, 잘 분별하고, 잘 선택하라는 것입니다. 하나님은 인간이 하나님이 주신 은혜와 복을 누리며 살기를 바라시는 것입니다. 그래서 하나님은 인간의 실상과 하나님의 은혜의 사역을 충분하게, 풍성하게, 정확하게, 바르게 알려주시는 것입니다.

인간이 실수하거나 잘못했을 때 가장 자주하는 변명이 '잘 몰라서 그랬다' 는 것입니다. 아주 좋은 변명으로 대부분의 경우에 몰라서 그랬다고하면 용서가 되곤 합니다. 그러나 몰라서 그랬다고 변명해서 아무 일 없이 넘어갔다고 한들 유익한 것이 없습니다. 혼나지 않은 것을 천만 다행으로 여기는 것은 너무나 피해 망상적 행동입니다. 중요한 것은 알아서 누렸느냐는 것입니다. 좋은 것을, 귀한 것을, 값진 것을 즐거워하고 감사하고 행복해하고 신나하면서 누렸어야 합니다. 몰라서 못 누렸다는 것은 잘못한 일도 아니고 혼날 일도 아닙니다. 대신 안타까운 일입니다. 정작 알아서 누려야 할 것을 전혀 누리지 못했기 때문입니다.

성경에 보면 종종 하나님이나 사도들이 성도들을 향해 '어찌하여!' 라고 통탄하는 표현이 자주 나옵니다. 이것은 추궁하는 것이 아니고 문책하는 것이 아니라 안타까워하는 것입니다. 하나님은 인간에게 이유를 묻지 않습니다. 하나님은 인간에게 변명이나 해명을 해 보라고 닦달하시지 않습니다. 하나님은 인간에게 명령이나 지시를 내리시고 왜 하지 못했느냐고, 왜 어겼느냐고 따지지도 않고, 인간의 행동에 대하여 징계나 책망도 하지 않습니다. 정확하게 말하면, 원칙적으로 하나님의 명령이 존재하지 않는 것이며 하나님의 징계가 존재하지 않는 것입니다. 정반대로 하나님이 주신 은혜가 존재하는 것이며 인간이 은혜를 누리지 못하는 것에 대해 안타까움만이 존재하는 것입니다. 가능한 인간이 잘 알아서, 잘 분별해서, 잘 선택해서 풍성하게 누릴 수 있도록 하나님은 계속해서 설명에 설명을 거듭 거듭 반복하시는 것입니다. 변명거리를 생각하지 마시고 자랑거리도 생각하지 마시고 내가 누릴 것을 누리고 있는가를 생각하셔야 합니다.

아는 것

신앙은 단지 '하나님을 믿느냐?' 의 여부가 아니라 하나님을 아는가, 하나님의 마음과 원리를 아는가, 하나님의 기준과 원리로 생각하는가 등의 인식의 전환, 가치의 전환, 생각과 마음과 원리와 개념과 원리의 전환입니다. 왜냐하면 하나님의 은혜와 축복은 하나님의 마음으로 보아야 보이고, 하나님의 원리로 행해야 누려질 수 있기 때문입니다. 그래서 하나님은 성경에서 이스라엘 백성들을 대하실 때 단지 상황을 변화시키는 것이 아니라, 문제를 해결하는 것만이 아니라 상황을 변화시키는 과정을 통해, 문제를 해결하는 과정을 통해 언제나 이스라엘의 생각을 고치시는 작업을 진행하셨습니다. 하나님의 일하심에서 공통적으로 확인할 수 있는 것입니다. 그런데 이스라엘은 전혀 하나님을 배우지 못했습니다. 하나님이 얼마나 이스라엘을 위해 주시는지도 몰랐고, 하나님이 이스라엘에게 얼마나 자유를 주시는지도 몰랐고, 하나님이 이스라엘에게 요구하는 것이 없다는 것도 몰랐고, 하나님의 뜻대로 사는 것이 얼마나 행복하고 평안한지도 몰랐습니다. 그래서 기회만 있으면 하나님을 떠났고, 틈만 나면 하나님을 버렸고, 조금이라도 여유가 있으면 하나님을 잊었습니다.

심지어는 자신들의 삶이 곤고해서 하나님께 도움을 청할 때에도 하나님께로 돌아오겠다는 마음이 없었습니다. 사사기 3장에서 9장까지 이스라엘이 수차례 하나님께 부르짖었다는 표현은 있지만 이스라엘이 돌아왔다는 표현, 이스라엘이 회개했다는 표현, 이스라엘이 하나님을 섬겼다는 표현이 없습니다. 10장에서 이스라엘이 하나님을 찾았을 때 하나님이 구해주시지 않겠다고 하자, 너희들이 섬기던 신들에게 구해달라고 하라고 하자 그제서야 겨우 이방 신을 버리는 흉내만 낼 뿐 하나님을 의지하겠다는 마음이 없었습니다. 10장 16절을 보면 "자기 가운데에서 이방 신들을 제하여 버리고 여호와를 섬기매"라고 나옵니다. 이런 구절을 보고 '이스라엘이 이번에는 아주 단단히 결심했구나, 이번에는 많은 변화가 있구나, 이스라엘이 달라졌구나!' 라고 생각하시면 안 됩니다. 10장에서 이스라엘이 하나님을 찾았고, 이방 신들을 버리기는 했지만 정작 이스라엘의 생각이 변하지 않았고 행동이 변하지 않았습니다. 이스라엘이 아무 것도 배우지 않았고, 아무 것도 달라지지 않았다는 것이 18절에 나옵니다. 18절 "길르앗 백성과 방백들이 서로 이르되 누가 먼저 나가서 암몬 자손과 싸움을 시작하랴 그가 길르앗 모든 주민의 머리가 되리라 하니라"입니다. 이스라엘은 하나님께 구원해달라고 간청해 놓고도 하나님을 의지하는 것이 아니라 자신들이 대책을 세우는 것입니다.

죄인의 습성

사람은 선한 것은 가르치고 반복시켜도 잘 배우지 않지만 악한 것은 가르치지 않아도 알아서 잘 배웁니다. 죄인의 속성입니다. 죄인들은 하나님에 대해서는 수십 번 계시와 이적으로 반복 교육을 해도 전혀 습득되지 않고 삶에 적용하지 못합니다. 그런데 죄에 대해서는 달랑 한 번만 보아도 자신들의 삶에 척척 반복적으로 적용합니다. 죄가 습관이 되고, 죄가 익숙해지는 것을 성경은 '죄가 너희 삶에 올무가 되고 가시가 된다'고 표현하는 것입니다. 18절에 나오는 이스라엘의 행동이 죄에 익숙해진 것, 죄의 습성을 나타내는 것입니다. 8장에서 기드온이 전쟁에서 승리하고 돌아와서 이스라엘 백성에게 전리품을 요구하고 에봇을 통해 백성들의 지도자적 위치를 유지해 왔습니다. 이것은 하나님이 의도한 행동이 아니었고 하나님이 기대하신 모습이 아니었습니다. 하나님이 사사를 세우셨지만 사사는 통치자가 아니었고 지도자가 아니었습니다. 이스라엘의 대표가 아니고 권세자가 아니고 권력을 가지는 자가 아니었습니다. 하나님은 사사로 하여금 백성들 위에 군림하게 하신 적이 없고, 백성들과 구분하여 사사들에게 특별한 포상을 내린 적이 없습니다. 하나님이 사사를 통해 이스라엘을 구원하였고, 그래서 이스라엘에 평온함이 있었고, 사사와 백성 모두가 그 평온함을 함께 동일하게 동등하게 누리며 사는 것이 전부입니다. 그것으로 족한 것입니다.

이러한 하나님의 평화, 하나님의 의도, 하나님의 가르침을 왜곡시킨 것이 바로 기드온이었습니다. 기드온은 하나님이 주시지 않은 상급을 백성들에게서 전리품으로 받아내었고, 기드온은 하나님이 세워주지 않은 백성의 지도자의 위치에 선 것입니다. 그런데 이러한 기드온의 왜곡된 행동, 기드온의 죄의 마음에 입각한 행동이 이스라엘 사람들에게 못된 습관, 못된 전통, 악한 올무와 가시가 되어버린 것입니다. 가장 먼저 나타난 것이 기드온의 아들 아비멜렉이 왕이 되겠다는 야망을 가지고 형제들을 살육하고 이스라엘 부족 간의 분란을 조장하는 것이었습니다. 아비멜렉의 입장에서는 강한 자는, 능력이 있는 자는 왕이 되고 통치자가 될 수 있다는 생각이 자리를 잡은 것입니다. 백성들의 입장에서는 공적이 있는 사람, 업적이 있는 사람은 높여주어야 하고, 섬겨야 한다는 생각이 자리를 잡은 것이었습니다. 9장에서는 아비멜렉과 세겜 사람들을 통해 죄의 못된 습관이 나타났고, 10, 11장에서는 입다와 길르앗 사람들을 통해 죄의 못된 전통이 반복적으로 나타나는 것입니다.

10장 18절이 이스라엘의 죄적 사고방식을 보여주는 것입니다. '먼저 싸움을 시작하는 자가 머리가 된다'는 것입니다. 이스라엘이 입다에게 도움을 요청하면서 내세우는 조건이 있습니다. 11장 6절 "입다에게 이르되 우리가 암몬 자손과 싸우려 하니 당신은 와서 우리의 장관이 되라", 8절 "이제 우리가 당신을 찾아온 것은 우리와 함께 가서 암몬 자손과 싸우게 하려 함이니 그리하면 당신이 우리 길르앗 모든 주민의 머리가 되리라"입니다. 백성들이 하는 말의 요지는 '대가를 지불해주겠다'는 것입니다. '상응하는 보상을 해주겠다'는 것입니다. 하나님이 가르치지 않은 방식이고, 하나님이 행하시지 않은 원리이고, 하나님이 기대하지 않은 행동입니다. 그동안 하나님이 이스라엘에게 행하신 것은 전혀 다릅니다. 사사기에서만 보아도 하나님은 이스라엘에게 행한 대로, 이스라엘의 행동에 걸맞게, 이스라엘의 행위에 상응하게 행동하지 않으셨습니다. 하나님은 긍휼함으로 대하셨고 은혜로 대하셨습니다. 이스라엘 백성 상호간에도 그렇게 대하라고 가르치셨습니다. 그런데 이스라엘은 하나님의 수백 번에 걸친 사역에서는 전혀 배우지 않고 도리어 기드온의 행동에서는 즉각적으로 배웠던 것입니다. 하나님에 대하여 배우지 않으니까 원래 죄인들이 가지고 있던 사고방식 그대로 행동한 것입니다.

사람들이 가장 공평하다고 주장하는 원리, 사람들이 가장 정의롭다고 주장하는 원리가 행동의 원리, 대가의 원리, 보상의 원리입니다. 다른 표현으로 하면 강자의 원리, 능력의 원리입니다. 이런 죄의 원리는 철저하게 대가를 지불하는 것입니다. 사전이든 사후든 값을 지불해야 한다는 것입니다. 그래서 죄의 원리에는 은혜라는 개념이 없는 것입니다. 동시에 죄의 원리에 따르면 대가를 지불할 수 없는 사람은 절대로 평화와 안식을 누릴 수 없다는 것입니다. 죄의 원리로는 인간이 서로 화목하고 연합하여 행복하게 살자는 것은 전혀 이루어질 수 없는 것입니다. 이스라엘이 애굽에서 처절하게 겪었던 삶이었고, 사사기에서 이방인의 압제를 통해 수십 년간 당했던 삶이었고, 심지어는 자기 백성 중의 한 사람인 아비멜렉에 의해서도 몸서리치게 겪었던 삶이었습니다. 그런데 그런 이스라엘이 여전히 죄의 원리를 주장하고 있는 것입니다. 죄의 원리밖에 모르기 때문입니다. 하나님의 원리를 배우지 않았기 때문입니다.

입다를 찾음

이스라엘이 전혀 하나님의 원리를 배우지 않고 자신들의 죄의 속성대로 행한 행동을 보여주는 또 하나의 장면이 입다를 찾아가는 것입니다. 이스라엘 백성들이 자신들의 머리를 삼고, 자신들의 장관을 삼으려고 찾아간 사람이 입다라는 것입니다. 길르앗 백성들은 왜 입다를 찾아갔을까요? 하필이면 왜 자신들이 기업을 함께 있지 못할 것이라고 쫓아내었던 사람을 찾아갔을까요? 그 이유가 11장 3절 "이에 입다가 그의 형제들을 피하여 돕 땅에 거주하매 잡류가 그에게로 모여 와서 그와 함께 출입하였더라" 입니다. 즉 입다에게는 잡류가 있었다는 것입니다. 다른 번역에는 '건달패, 강한 자들' 이라고 되어있습니다. '세력이 있다, 쪽수가 있다, 기댈만한 근거가 있다' 는 것입니다. 자신들을 도와줄만한 수단과 방법이 있다는 것입니다. 잡류는 원래 의미로는 '가치없는, 무익한, 헛된, 공허한' 이라는 의미입니다. 즉 쓸모없는 인간들입니다. 그런데 쓸모없는 인간들이 떼를 지어 있으니까, 그것도 세력이라고 이스라엘은 의지할 수단으로 여기는 것입니다. 이것이 죄인들의 생각이고, 이것이 이스라엘이 하나님께 도와달라고 부탁은 하면서도 정작 하나님의 도움은 기대하지 않고 입다를 찾아가는 이유입니다. 자신들이 보기에 확인할 만한 것이 있어야 한다는 것입니다.

하나님의 방식과 다른 것입니다. 하나님은 메소보다미아가 쳐들어와도 달랑 한 사람 옷니엘만을 세웠고, 에글론이 강성하여도 아무 지원세력이 없는 에훗 한 사람만을 세웠고, 블레셋이 쳐들어와도 변변한 무기도 없는 기껏해야 소모는 막대기만 들고 있는 삼갈을 세웠고, 가나안의 철 병거 구백 승이 몰려와도 기껏해야 여자 드보라와 겁쟁이 남자 바락을 세울 뿐이었고, 미디안이 약탈을 해도 소심한 기드온과 무기력한 삼백 명을 세울 뿐이었습니다. 하나님은 못 나고 무능력한 사람을 좋아한 것이 아니라, 하나님이 능력이 있으시기에, 하나님이 싸울 것이기에 다른 것이 필요하지 않다는 것을 보여주신 것입니다. 하나님을 의지하는 것으로 충분하다는 것을 가르치신 것입니다. 이스라엘이 하나님에게 돌아왔다면, 이스라엘이 자기 가운데에서 이방 신들을 버리고 여호와를 섬겼다면, 입다를 찾아갈 것이 아니라, 세력있는 자를 찾아갈 것이 아니라 하나님의 도움을 청했어야 하고 하나님의 일하심을 의지했어야 하는 것입니다.

입다의 서원

입다의 행동

이스라엘이 행한 죄적 사고방식과 똑같은 행동이 입다에게서도 나오는 것입니다. 이러한 죄적 사고방식에 근거한 행동이 누구를 대상으로 행해집니까? 단지 이스라엘 사람끼리만 행해집니까? 심지어는 하나님에 대해서도 죄적 원리로 행하는 것입니다. 얼핏 보면 입다는 여기저기에서 여호와를 의지하는 듯한 행동을 합니다. 11장 9절 "입다가 길르앗 장로들에게 이르되 너희가 나를 데리고 고향으로 돌아가서 암몬 자손과 싸우게 할 때에 만일 여호와께서 그들을 내게 넘겨주시면 내가 과연 너희의 머리가 되겠느냐 하니" 입니다. 마치 입다가 전적으로 여호와를 의지하는 듯한 것처럼 보입니다. 또 11절 "이에 입다가 길르앗 장로들과 함께 가니 백성이 그를 자기들의 머리와 장관을 삼은지라 입다가 미스바에서 자기의 말을 다 여호와 앞에 아뢰니라" 입니다. 마치 늘 하나님께 보고하고, 하나님이 허락을 받는 것처럼 보입니다. 하지만 그렇게 생각하시면 안 됩니다. 왜냐하면 입다가 신실하게 여호와를 의지하는 행동을 할 수 있는 근거가 없기 때문입니다. 이스라엘 중 아무도 하나님을 배우지 않을 때 입다만 배운 것이 아닙니다. 이스라엘이 모두 이방 신들을 섬길 때 입다만 충성스럽게 여호와를 섬긴 적이 없기 때문입니다. 이스라엘과 입다는 똑같은 사람이요, 똑같은 환경이요, 똑같은 마음이요, 똑같은 방식입니다.

그런데 왜 입다는 '여호와께서 그들을 내게 넘겨주시면', '여호와께 아뢰니라' 고 말할까요? 그 이유는 입다가 말할 다른 신이 없기 때문입니다. 다른 신은 이미 이스라엘 백성들이 다 차지하고 있는 것입니다. 입다는 자기를 찾아온 사람들에게 '나는 힘이 없다, 나는 능력이 없다, 하나님이 도와주셔야만 된다' 고 말하려는 것이 아닙니다. '나는 힘이 있다, 나는 세력이 있다, 나는 방법이 있다' 고 자부하고 있습니다. 어차피 싸움은 자기가 할 것입니다. 그런데 자기만 싸운다고 하면 사람들의 신뢰를 얻을 수 없기에 어떤 신이 자기를 도와주고 있다고, 어떤 신이 자기를 지켜줄 것이라고 말을 해야 합니다. 그런데 자기를 쫓아내었던 이스라엘 백성이 이미 다른 신들을 섬기고 있습니다. 이미 이스라엘 사람들이 섬기는 신들에게서는 도움을 받지 못했기에 입다에게 찾아왔는데, 입다가 이스라엘 사람들이 섬겼던 신을 의지한다고 하면 위신이 서지 않는 것입니다. 그래서 이스라엘이 섬기지 아니하는 신, 이스라엘이 관심 갖지 않은 신을 소개하려고 하는데, 달리 자기가 섬긴다고 소개할 다른 신, 남은 신이 없습니다. 그래서 둘러대는 신이 여호와입니다. 어차피 입다는 신의 도움을 받아야 한다고 생각하는 것이 아니라 자기가 싸울 것이기에, 여호와가 누구냐는 아무 상관이 없고, 단지 이스라엘이 섬기지 아니하는 어떤 신의 이름을 댄 것에 불과합니다. 이스라엘이 행동에 근거한 죄의 원리를 들고 나오자 입다도 신의 이름을 들먹이며 죄의 원리를 들고 나온 것입니다. 이스라엘과 입다 모두가 죄의 원리로 행동하고 있는 것입니다.

입다의 서원

입다를 포함한 모든 이스라엘 백성들에게 몸에 배어있는 죄의 원리, 심지어는 자신의 목적을 위해서 하나님마저 왜곡시키고 변질시키는 모습이 가장 극명하게 나타나는 곳이 바로 11장 30절 입다의 서원입니다. "그가 여호와께 서원하여 이르되 주께서 과연 암몬 자손을 내 손에 넘겨 주시면 내가 암몬 자손에게서 평안히 돌아올 때에 누구든지 내 집 문에서 나와서 나를 영접하는 그는 여호와께 돌릴 것이니 내가 그를 번제물로 드리겠나이다 하니라"입니다. 입다가 앞에서 9절 "만일 여호와께서 그들을 내게 넘겨주시면", 11절 "미스바에서 자기의 말을 다 여호와 앞에 아뢰니라"고 말한 것에 대해 날리 내세울 신이 없어서 이스라엘이 버린 신 여호와를 언급한 것뿐이라고 말씀드렸습니다. 입다가 입으로는 여호와를 운운했지만 정작 여호와를 알지 못했고 여호와의 마음과 원리를 전혀 따르지 않았다는 더욱 분명한 증거가 바로 30절의 입다의 서원에서 확인되는 것입니다. 서원이라는 말 때문에 입다의 행동이 신앙적 행동이라고 생각하시면 절대로 안 됩니다. 입다는 하나님에 대해 전혀 모르고 있는 것입니다. 왜냐하면 하나님은 입다가 행하는 서원과 같은 방식을 절대로 행하는 분이 아니시기 때문입니다.

하나님이 입다에게 서원을 요청한 적이 없습니다. 하나님이 입다에게 전쟁에서 승리할 수 있도록 도움을 받기 위해서 행해야 할 조건을 제시한 적이 없습니다. 하나님이 인간에게 하나님이 개입해서 도와주어야 하는 명분을 요구한 적이 없습니다. 하나님이 사역하시는 것에 해당하는 응분의 대가나 보상을 하라고 인간에게 명령하신 적이 없습니다. 성경에서 단 한 번도 하나님이 이스라엘에게 하나님의 도움을 청하기 위해서 해야 할 일을 정해주신 적도 없습니다. 하나님의 은혜를 받기 위해 사전에 해야 할 일도, 사후에 갚아야 할 일도 전혀 없습니다. 행여 은혜받기 위해 사전에 무엇을 행하거나, 은혜 받은 후에 무엇을 행하는 것은 은혜를 은혜 되지 못하게 하는 아주 극악한 행동일 뿐입니다. 하나님의 원리는 오직 은혜라고 설명되는 하나님의 도우심, 하나님이 이스라엘의 상황을 긍휼히 여기사 은혜를 베풀어주는 것일 뿐입니다.

성경의 인물 중에 단 한 명도 하나님 앞에 조건을 제시하거나, 거래를 통하여 은혜를 받은 사람이 없습니다. 이스라엘이 하나님의 도움이 필요하면 그냥 '도와주세요' 하면 됩니다. 그 말도 하기 싫으면 그냥 나팔을 불면됩니다. 나팔을 불어야 한다는 생각도 없고, 하나님의 도움을 청해야 한다는 기억조차도 없다면 그냥 있으면 됩니다. 하나님이 먼저 이스라엘의 상황을 살피시고 하나님이 먼저 이스라엘을 도와주시기 때문입니다. 그래서 하나님의 일하심을 은혜라고 하는 것입니다. 그런데 입다가 서원을 합니다. 말이 서원이지 거래를 하는 것입니다. 하나님의 은혜를 전혀 은혜 되지 않게 하는 것입니다. 입다는 하나님, 하나님의 은혜, 하나님의 원리와는 전혀 상관없이 철저하게 죄의 원리에 근거한 행동을 하고 있을 뿐입니다. 입다의 서원은 하나님과는 아무런 상관이 없는 것입니다.

서원에 대해서 좀 더 설명해 보겠습니다. 입다의 경우뿐만이 아니라 대부분의 경우 서원은 기본적으로 하나님과 아무런 상관이 없습니다. 왜냐하면 하나님이 인간에게 서원을 요구하신 적이 없기 때문입니다. 레위기에 보면 서원에 관한 내용이 나옵니다. 그런데 서원에 관한 내용 중에 하나님이 '이런 경우에 서원하라' 거나 '이렇게 서원하라' 는 등의 서원을 요구하는 경우가 단 한 번도 나오지 않습니다. 서원이 하나님과 무관하다고 말하는 이유는 하나님은 서원을 요구하지 않으시는데 사람들은 서원을 하기 때문입니다. 사람들이 서원을 하는 이유는 하나님 때문이 아니라 자기 때문입니다. 하나님이 요구하거나 기대하지 않는 것임에도 불구하고 사람들은 자기의 의지를 표현하거나 자기의 각오를 드러내려고 서원을 하는 것입니다. 그래서 하나님과는 아무 상관이 없다는 것입니다.

입다의 경우 하나님이 입다로 하여금 전쟁에서 승리하게 하셨습니다. 왜요? 서원을 받으셔서요? 승리한 후에 제물 받으실 것을 기대하시면서요? 입다의 믿음을 보시고요? 하나님이 도와주신 것, 입다가 승리 한 것과 입다의 서원과는 아무런 상관이 없습니다. 왜냐하면 입다가 서원하기 전에 이미, 벌써, 먼저 여호와의 영이 입다에게 임하였기 때문입니다. 이미 11장 29절에 여호와의 영이 입다에게 임했고 입다가 서원하는 것은 그 다음 31절입니다. 하나님이 이미 입다를 도와주시려고 했던 것입니다. 그 동안 하나님이 행하신 원리를 이해하셔야 합니다. 하나님은 이스라엘이 어려움에 처해 있을 때마다 이스라엘을 구원해 주셨습니다. 그 이유는 이스라엘이 불쌍해서입니다. 이스라엘이 압제받는 것이 불쌍하고, 이스라엘이 곤고하게 사는 것이 안타까워서 도와주신 것입니다. 하나님이 인간을 불쌍히 여기시는 것 말고 인간적인 측면에서 어떤 이유도 등장할 수 없습니다. 그래서 입다의 서원이 하나님과 무관한 것이요 도리어 불필요하다는 것입니다.

야곱의 서원

성경에 사람들이 서원하는 경우가 많이 있을 것으로 생각하지만 실제로는 별로 없습니다. 창세기의 야곱과 사사기의 입다와 요나서에서 파도가 일 때 배에 탔던 사람들과 신약의 바울의 서원 정도가 나올 뿐입니다. 서원을 하려면 차라리 야곱처럼 해야 합니다. 야곱이 창세기 28장 20절 이하에서 형의 복수를 피해 외삼촌의 집으로 도망가면서 이렇게 서원합니다. "야곱이 서원하여 이르되 하나님이 나와 함께 계셔서 내가 가는 이 길에서 나를 지키시고 먹을 떡과 입을 옷을 주시어 내가 평안히 아버지 집으로 돌아가게 하시오면 여호와께서 나의 하나님이 되실 것이요 내가 기둥으로 세운 이 돌이 하나님의 집이 될 것이요 하나님께서 내게 주신 모든 것에서 십분의 일을 내가 반드시 하나님께 드리겠나이다 하였더라"입니다. 야곱의 서원을 어떻게 생각하십니까? 지혜롭습니까, 교활합니까? 서원이라기보다는 도리어 하나님을 협박하는 것 같습니다. 모두 하나님이 하실 일이고, 자기는 하나님 덕분에 안전하고 부유하게 되어서 돌아올 수 있는 것입니다. 인간의 입장에서 보면 너무나 지혜로운 것입니다. 너무나 당연한 것입니다. 너무나 현명한 것입니다. 전혀 손해 볼 것이 없습니다. 그런데 이것이 가장 기독교적인 서원입니다. 자기가 희생하겠다는 것이 없습니다. 자기가 양보하겠다는 것이 없습니다. 하나님 덕분에 자기가 평안하겠다는 것입니다. 너무나 좋은 서원입니다. 기독교의 서원은 이런 것입니다.

어리석은 사람들

서원 지키기

하나님이 가르쳐 준 삶의 원리를 따르지 않으면 사람들은 자신을 옭아매고 불편하고 아무런 의미 없는 행동을 반복하게 되어 있습니다. 서원이 본질적으로 하나님과 무관한 것이기에 서원을 지키는 것 또한 하나님에게 아무런 의미가 없습니다. 근본적으로 하나님의 뜻을 알아야 합니다. 하나님이 먼저 은혜를 주신다는 것, 하나님이 은혜로 인간을 도와주어서 인간이 행복하게 사는 것, 인간이 평화와 안식을 누리며 사는 것을 기뻐하신다는 것을 알아야 합니다. 이것을 모르면 신앙인들이 하나님과 무관하게 자기들의 신앙을 어렵게 합니다.

입다가 전쟁에 나갔고 여호와께서 암몬 자손을 입다의 손에 넘겨주셔서 입다가 성읍 약 이십 개 이상을 정복하고 승리하여 돌아옵니다. 입다가 전쟁에서 돌아오자 당연히 사람들이 환영을 나옵니다. 가장 먼저 나오는 사람이 가족입니다. 34절 "입다가 미스바에 있는 자기 집에 이를 때에 보라 그의 딸이 소고를 잡고 춤추며 나와서 영접하니 이는 그의 무남독녀라"입니다. 가족이 먼저 나오는 것이 너무나 당연한 것입니다. 이 때 입다가 하는 말이 35절 "입다가 이를 보고 자기 옷을 찢으며 이르되 어찌할꼬 내 딸이여 너는 나를 참담하게 하는 자요 너는 나를 괴롭게 하는 자 중의 하나로다 내가 여호와를 향하여 입을 열었으니 능히 돌이키지 못하리로다"입니다. 이게 무슨 말입니까? 이럴 줄 몰랐습니까? 입다는 처음부터 자기 집 사람을 번제로 드리겠다고 했습니다. 31절 "내가 암몬 자손에게서 평안히 돌아올 때에 누구든지 내 집 문에서 나와서 나를 영접하는 그는 여호와께 돌릴 것이니"입니다. 자기의 계획대로 자기 집 사람 중 딸이 나왔습니다. 예상했어야 했는데 정작 딸이 나오자 참담하다고 합니다. 입다는 누구를 예상했을까요? 아마도 입다의 집 사람, 입다의 아내를 예상한 것 같습니다. 아내가 나오면 번제물로 바쳐버리고 새 아내를 얻으려고 했던 것 같습니다.

입다는 하나님과 무관한 서원을 했습니다. 단순히 무관한 정도가 아니라 하나님의 성품, 하나님의 속성을 왜곡, 변질시키는 엄청나게 잘못된 서원을 했습니다. 그 서원을 지키려면 사랑하는 자기 딸을 번제물로 드려야 합니다. 이 때는 어떻게 해야 합니까? 정답은 안 지키면 된다는 것입니다. 입다의 사건을 잘 분별하셔야 합니다. 입다가 신앙이 있는 사람이 아니고 입다의 행동이 거룩하고 신실한 행동이 아닙니다. 입다 사건은 경건한 신앙의 모습을 보여주려는 것이 아니라 노리어 하나님 말씀을 배우지 않을 때 인간이 얼마나 왜곡된 신앙, 변질된 신앙, 죄의 원리를 따르는 어리석고 미련하고 힘든 신앙생활을 하는 지를 보여주는 것입니다. 성경은 입다를 통해서 하나님을 배우지 않은 이스라엘이 얼마나 어이없는 신앙의 행대를 나타내는지 보여주는 것입니다. 그 설정이 잘못된 서원을 지키려고 애쓴다는 것입니다.

이스라엘의 가장 큰 문제는 하나님을 모른다는 것, 하나님을 배우지 않는다는 것입니다. 아주 담대하게 하나님을 버리고, 아주 용감하게 하나님을 떠납니다. 이렇게 담대하게 하나님을 버리는 이스라엘이 자기가 서원한 것, 하나님의 은혜와 아무 상관이 없는 것, 도리어 하나님을 왜곡하고 변질시키는 약속은 목숨 걸고 지키려고 한다는 것입니다. 정작 지켜야 하는 것은 너무 쉽게 버리고 실제로 버려야하는 것은 딸을 죽여 가면서까지 지키려는 것으로 아주 바보 같은 것이요, 미련함의 극치입니다. 이스라엘이 버려야 하는 것은 이런 쓸데없는 서원이었어야 합니다. 그 순간에 입다는 안면몰수하고 서원을 지키지 않았어야 합니다. 그래도 아무 상관이 없습니다. 애초부터 하나님과 무관한 서원이었기 때문입니다. 본질적으로 하나님과 맞지 않는 서원이었기 때문입니다. 그런데 사람들은 서원의 대상이었던 하나님의 뜻에 맞았느냐는 상관없고 자신이 한 약속이라는 것에 얽매어버립니다. 마치 자신은 약속을 지키는 신실한 사람이라는 것을 보여주고 싶어 합니다. 애시당초 은혜주신 하나님을 버렸던 사람들입니다. 약속, 서원, 신실함을 운운할 자격조차 없는 사람들입니다. 죄인들의 알량한 자존심이 자기 딸을 죽이고, 신앙을 왜곡, 변질시킵니다. 하나님보다 자기 의를 더 중요시 여기는 죄적인 신앙의 모습입니다.

여호와로 증인 삼기

이스라엘의 행동에서 정말 어이없는 행동, 신앙이 왜곡되고 변질되는 첫 번째 행동이 죄의 원리로 행동하기였고, 두 번째가 하나님과 무관한 서원하기였고, 세 번째가 바보 같은 서원 지키기였고, 네 번째가 여호와를 증인으로 삼는 것입니다. 10장 10절 "길르앗 장로들이 입다에게 이르되 여호와는 우리 사이의 증인이시니 당신의 말대로 우리가 그렇게 행하리이다"입니다. 이것이 신앙생활을 가장 바보같이 하는 것입니다. 하나님을 증인으로 세울 것이 아니라 아예 하나님을 자신들의 전사로 세우면 되는 것입니다. 입다를 장관으로 삼거나 머리로 삼을 것이 아니라 아예 하나님을 장관으로 삼고 하나님을 머리로 삼으면 되는 것입니다. 그러면 자기들은 전쟁을 할 것도 없고, 자기들 가운데 장관과 백성의 구분이 없고, 머리와 꼬리의 구분이 생기지 않는 것입니다. 하나님을 장관 삼고 머리 삼으면 전쟁에서는 백전백승이요, 행여 전쟁이 끝난 후에도 기드온이 했던 것처럼 전리품을 내 놓으라고 하거나 왕 노릇하는 일이 발생하지 않고 온 이스라엘이 평온하게 지낼 수 있는 것입니다. 그런데 이스라엘은 하나님을 장관으로 삼지는 않고 기껏해야 자기들 약속의 증인으로만 써먹습니다. 바보 같은 행동입니다.

이스라엘의 행동은 신앙의 주체가 변하지 않은 것입니다. 신앙은 내가 하나님을 믿는 것, 내가 하나님을 따르는 것, 내가 믿음을 간직하고 지키는 것이라고 생각하시면 안 됩니다. 하나님을 대상으로 놓고 나의 행위, 나의 수고, 나의 열심, 나의 견고함을 운운하시면 안 됩니다. 기독교의 신앙은 사역의 주체가 변하는 것입니다. 하나님이 시작하고, 하나님에 의해서 확정되고, 하나님에 의해서 견고해지는 것입니다. 나는 하나님의 일하심의 결과입니다. 내가 열매입니다. 그래서 나는 누림인 것입니다. 하나님이 일하신다, 그래서 나는 평안하다. 하나님이 약속하신다, 그래서 나는 흔들림이 없다. 하나님이 복 주신다, 그래서 나는 하나님의 복을 누린다. 이것이 기독교 신앙입니다.

성경을 통해 신앙의 바른 모습을 배워야 합니다. 성경을 배우지 않으면 신앙생활이 힘듭니다. 열심을 내면 낼수록 힘들고 수고를 하면 할수록 어렵습니다. 그러나 성경을 배우면 신앙이 점점 더 재미있고, 점점 더 자유롭고, 점점 더 평화롭고, 점점 더 행복합니다. 성경을 통해 바른 신앙을 배우고, 하나님의 마음과 심정과 원리로 행하셔서 하나님이 수신 풍성한 복을 날마다 누리기를 주님의 이름으로 축원합니다.

26

쉽볼렛 or 십볼렛

사사기 12 : 1 ~ 15

1 에브라임 사람들이 모여 북쪽으로 가서 입다에게 이르되 네가 암몬 자손과 싸우러
건너갈 때에 어찌하여 우리를 불러 너와 함께 가게 하지 아니하였느냐 우리가 반드시
너와 네 집을 불사르리라 하니 2 입다가 그들에게 이르되 나와 내 백성이 암몬 자손
과 크게 싸울 때에 네가 너희를 부르되 너희가 나를 그들의 손에서 구원하지 아니한
고로 3 나는 너희가 도와주지 아니하는 것을 보고 내 목숨을 돌보지 아니하고 건너가
서 암몬 자손을 쳤더니 여호와께서 그들을 내 손에 넘겨주셨거늘 너희가 어찌하여 오
늘 내게 올라와서 나와 더불어 싸우고자 하느냐 하니라 4 입다가 길르앗 사람을 다
모으고 에브라임과 싸웠으며 길르앗 사람들이 에브라임을 쳐서 무찔렀으니 이는 에
브라임의 말이 너희 길르앗 사람은 본래 에브라임에서 도망한 자로서 에브라임과 므
낫세 중에 있다 하였음이라 5 길르앗 사람이 에브라임 사람보다 앞서 요단 강 나루턱
을 장악하고 에브라임 사람의 도망하는 자가 말하기를 청하건대 나를 건너가게 하라
하면 길르앗 사람이 그에게 묻기를 네가 에브라임 사람이냐 하여 그가 만일 아니라
하면 6 그에게 이르기를 쉽볼렛이라 발음하라 하여 에브라임 사람이 그렇게 바로 말
하지 못하고 십볼렛이라 발음하면 길르앗 사람이 곧 그를 잡아서 요단 강 나루턱에서
죽였더라 그 때에 에브라임 사람의 죽은 자가 사만 이천 명이었더라 7 입다가 이스라
엘의 사사가 된 지 육 년이라 길르앗 사람 입다가 죽으매 길르앗에 있는 그의 성읍에
장사되었더라 8 그 뒤를 이어 베들레헴의 입산이 이스라엘의 사사가 되었더라 9 그가
아들 삼십 명과 딸 삼십 명을 두었더니 그가 딸들을 밖으로 시집보냈고 아들들을 위
하여는 밖에서 여자 삼십 명을 데려왔더라 그가 이스라엘의 사사가 된 지 칠 년이라
10 입산이 죽으매 베들레헴에 장사되었더라 11 그 뒤를 이어 스불론 사람 엘론이 이스
라엘의 사사가 되어 십 년 동안 이스라엘을 다스렸더라 12 스불론 사람 엘론이 죽으
매 스불론 땅 아얄론에 장사되었더라 13 그 뒤를 이어 비라돈 사람 힐렐의 아들 압돈
이 이스라엘의 사사가 되었더라 14 그에게 아들 사십 명과 손자 삼십 명이 있어 어린

나귀 칠십 마리를 탔더라 압돈이 이스라엘의 사사가 된 지 팔 년이라 15 비라돈 사람 힐렐의 아들 압돈이 죽으매 에브라임 땅 아말렉 사람의 산지 비라돈에 장사되었더라

죄인들의 행동

분별하라

하나님과 인간의 관계에서는 하나님이 인간을 도우시는 것이요, 인간은 하나님의 도움을 받는 것입니다. 어떠한 경우라도 인간이 하나님을 도와주는 듯한 생각, 인간이 하나님을 위해서 희생한다는 생각, 인간이 하나님의 입장과 처지를 이해하고 배려해준다는 생각을 갖는 것은 하나님을 기만하는 것이요, 하나님을 조롱하는 것이요, 하나님을 모욕하는 것입니다. 인간의 상호관계에서는 특정 관계가 절대적으로 지속되는 경우가 없습니다. 대개의 경우 시간에 따라, 상황에 따라 관계가 변하기도 합니다. 부모와 자녀의 관계에서는 세월에 따라 관계가 변하는 경우입니다. 처음에는 부모가 자녀보다 우월적 존재입니다. 인생의 경험, 지혜, 능력 등 모든 면에서 부모가 자녀를 돌보아주어야 하는 상황입니다. 하지만 인생을 어느 정도 살면 상황이 완전히 달라집니다. 일정 기간 후에는 자녀가 부모를 돌보아주어야 합니다. 스승과 제자의 관계도 마찬가지입니다. 처음에는 스승은 다 아는 자이고 제자는 모르는 자로서 배우는 관계입니다. 하지만 이것도 학생의 학습 능력에 따라 일정 기간이 지나면 정반대가 됩니다. 청출어람이라고 제자가 스승보다 더 많이 알게 됩니다. 인생은 이렇게 관계가 변하는 경우가 있기에 현재만 믿고 큰소리치면 안 된다는 교훈이 있습니다. 인간끼리는 이 말이 맞습니다.

하지만 하나님과 인간의 관계는 변하지 않습니다. 상황이 반전되는 경우가 없습니다. 처음에는 하나님이 인간을 돌보아 주시지만 나중에는 인간이 하나님을 돌보아 주어야 하는 경우는 없습니다. 처음에는 하나님이 인간을 도와주시지만 나중에는 인간이 하나님을 도와주어야 하는 경우

는 없습니다. 처음에는 하나님이 인간을 배려하시지만 나중에는 인간이 하나님을 배려해야 하는 경우는 없습니다. 초신자 때에는 하나님께 은혜를 받지만 기신자 때에는 인간이 하나님께 더 바치는 경우는 없습니다. 하나님은 처음부터 영원토록 인간을 위해 주시고, 인간은 처음부터 영원토록 하나님의 보살핌을 받는 것입니다.

하나님의 말씀인 성경에 대해서도 마찬가지입니다. 성경에는 말이 안 되는 말도 있고, 아주 가끔씩은 성경에 틀린 말도 있고, 인간의 입장에서 성경을 있는 그대로 수용하기에는 매우 난처한 내용들이 있다고 생각하시면 안 됩니다. 마치 성도가 성경을 지켜주어야 하고, 성도가 성경을 보호해야 하는 것처럼 생각하면 안 됩니다. 만약 그렇게 생각하면 하나님이 말도 안 되는 말을 한 것이요, 하나님이 틀린 말씀을 한 것이요, 하나님이 우리가 이해할 수 없는 말씀을 하신 것이 됩니다. 그러면 성경이 하나님의 계시요, 하나님이 인간에게 하나님을 나타내고 보여주고 알려주고 가르쳐주신 것이라는 기독교의 설명을 스스로 부정하는 것입니다. 그렇다고 성경에 나오는 말들과 사건들은 기록되어 있는 그대로 모두 옳고 맞고 합당하다고 생각하셔도 안 됩니다. 성경의 사건들을 보실 때에는 '하나님이 행하신 행동인가, 인간이 행한 행동인가? 바른 모습을 보여주는 것인가, 틀린 모습을 보여주는 것인가? 본받으라고 보여주는 것인가, 피하라고 보여주는 것인가?' 를 잘 분별해야 합니다.

구약을 총괄적으로 본다면 창세기 12장부터 여호수아서까지는 하나님이 이스라엘을 도와주는 장면이 나오고, 사사기부터 역대하까지는 이스라엘이 얼마나 하나님을 떠나며 하나님의 은혜를 누리지 못하며 결국 어떻게 패망하는가를 보여주는 것입니다. 사사기만 본다면 1장부터 7장까지는 하나님이 이스라엘을 도와주시는 장면이 나오고, 8장부터는 하나님을 떠난 이스라엘이 얼마나 미련하게 행동하고 왜곡된 신앙, 사람을 살리는 신앙이 아니라 죽이는 신앙을 하는지를 보여주는 것입니다. 입다 사건은 11장에 기록되어 있으므로, 입다의 신앙, 입다의 믿음, 입다의 서원, 입다의 신실함 등 입다를 모범적인 신앙인으로 소개하는 것이 절대로 아닙니다. 입다와 입다의 딸에 대해서 긍정적으로, 본받아야 하는 모습으로 소개하는 것이 절대 아닙니다. 정반대로 입다 사건은 하나님을 떠난 이스라엘의 모습이 어느 정도까지 어리석을 수 있는가, 어느 정도까지 하나님을 왜곡할 수 있는 가를 보여주는 장면입니다.

입다의 의도

입다가 하나님과 무관한 서원을 했습니다. 자기 열심을 드러내고 싶었고 자기의 공로를 내세우고 싶었습니다. 그런데 그 서원 때문에 아주 난처한 상황에 임하게 되었습니다. 서원을 지키려면 자기 딸을 죽여야 하는 것입니다. 자기의 서원과 딸의 목숨 중에 소중한 것은 당연히 딸의 목숨입니다. 이렇게 난감한 상황이 발생하면 아주 단순하고 과감하게 서원을 깨면 됩니다. 서원을 소홀하게 여기거나 서원한 사람의 신실성을 너무 가볍게 생각하는 것이 절대로 아닙니다. 서원을 깨라고 하는 것은 다른 표현으로 하면 하나님의 은혜를 붙잡으라는 것입니다. 입다가 서원을 깨기를 두려워하는 것은 자기가 행한 서원에 대한 책임을 지려는 것입니다. 자기가 서원을 지킴으로 하나님과의 약속을 지키려는 것은 하나님 앞에 자기의 의를 유지하려는 노력일 뿐 하나님의 은혜를 의지하지 않는 것이요, 하나님의 긍휼이나 불쌍히 여겨주심을 전혀 구하지 않는 것입니다.

하나님과 인간의 관계에서, 인간이 하나님 앞에 자기의 신실함을 지키려고 딸을 죽이는 것과 차라리 서원을 깨뜨리는 불의를 저지르고 딸을 살려내고, 자신의 부족함과 연약함에 대하여 하나님의 은혜를 의지하는 것 중에 어느 것이 하나님 보시기에 좋으실까요? 대부분의 성도들이 가장 실수하는 부분이 여기입니다. 자신이 하나님의 도움을 받아야 한다는 생각을 갖지 않고 자신이 하나님 앞에 정당하게 서려고 합니다. 마치 하나님의 도움이 없어도 살 수 있다고, 심지어는 자신은 의와 거룩과 신실함을 지키고 있기에 하나님은 자신에게 복과 상을 주셔야 정당한 것이라고 주장하려는 자세를 가진다는 것입니다. 정반대로 인간의 연약함, 부족함을 드러내어야 합니다. 삶 가운데 직면하는 많은 상황가운데에서 하나님의 말씀을 지키고 못하고 하나님의 뜻대로 살지 못함을 있는 그대로 나타내는 것입니다. 그럴 때마다 하나님께 하나님의 은혜를 구하고 하나님의 도움을 청해야 하는 것입니다.

입다는 너무나 당연하게, 너무나 뻔뻔하게 서원을 깼어야 합니다. 그러면서 이렇게 말했어야 합니다. '하나님, 세가 부족합니다. 제가 어리석습니다. 제가 미련합니다. 이제야 저의 실체를 알았고, 저의 한계를 알았습니다. 제가 딸을 죽여 가면서까지 서원을 지킬만한 힘이 없습니다. 죄송하지만 서원을 깨겠습니다. 대신 하나님께 은혜를 구합니다. 이번 일을 통해 하나님 없이는 저희가 살 수 없음을 알았습니다. 하나님은 우리의 하나님이 되어주시겠다고 하셨고, 우리를 지켜주고 보호해 주시겠다고 하셨습니다. 하나님, 불쌍히 여겨주시옵소서' 라고 했어야 합니다. 하나님은 입다의 의지나 열심이나 충성이나 헌신을 기대하는 것이 아니라 입다가 하나님을 아는 것, 하나님을 의지하는 것을 기대하시기 때문입니다. 그런데 입다는 미련하게도 여호와의 은혜를 중요시 여기기보다는 자기의 약속을 더 중요하게 여겼습니다. 하나님이 보시기에 입다가 믿음직스러웠을까요, 미련해보였을까요? 하나님이 인간의 믿음 보시사고 다른 사람의 목숨을 달라는 분이 아니지 않습니까?

그런데 입다는 딸을 버리고 서원은 지켰습니다. 입다는 하나님과의 약속을 어길 수 없다는 강직한 믿음이 있었던 것이 아닙니다. 입다의 속셈은 따로 있습니다. 입다가 전쟁에 나가기 전에 길르앗 사람들과 맺은 협상이 있습니다. 사사기 11장 6, 9, 11절에서 보는 것과 같이 함께 전쟁에 나가면 길르앗의 장관이 되고 머리가 되는 것입니다. 실제로 전쟁에 나갔고 승리하였고 돌아왔습니다. 이제 남은 것은 길르앗의 장관으로 취임하고 장관 노릇을 하는 것이요, 머리 노릇을 하는 것입니다. 이미 기드온의 시대에서 보았듯이 장관이나 머리가 되면 백성들에게서 전리품을 마음껏 빼아낼 수 있고 부인도 원하는 대로 둘 수 있고 자기 멋대로 살 수 있는 것입니다. 이제 자기가 원하고 바라던 장관 노릇을 할 수 있는 찰나인데 딸이 마중 나온 것입니다. 만약 입다가 그 순간에 자신의 서원을 깨버리면, 길르앗 백성들도 자신을 장관 삼으려고 했던 협상을 깨버릴 수 있다는 염려를 하는 것입니다. 자신이 자기의 딸을 죽이면서까지도 약속을 지켰다는 모습을 보여주는 것이 길르앗 백성에게도 약속을 지키라는 무언의 압력이 되는 것이요, 약속을 지키기 위해서 딸을 죽였던 것처럼 길르앗 백성이 약속을 어기면 그들도 죽일 수 있다는 것을 시위하는 것입니다. 결국 입다는 장관 노릇, 머리 노릇을 하고 싶어서 딸까지도 죽였던 것입니다. 서원, 신앙의 행동으로 포장되어 있는 인간의 지독한 죄의 원리입니다.

인간의 절기

입다 사건을 이런저런 모양으로 미화시키려고 하면 안 됩니다. 입다가 신실한 사람이었다고 말하거나, 하나님과의 약속이 딸의 목숨보다 소중하다고 말하면 안 됩니다. 또 딸에 대해서도 사사의 딸이라 과연 믿음이 있어 아버지의 뜻을 따라 기꺼이 순종했다고 말하면 안 됩니다. 하나님은 하나님의 목적을 위해 인간을 희생물로 삼지 않으십니다. 신앙의 명분으로 인간이 희생당하면 안 되고, 종교라는 이름으로 인격이 말살당하면 안 되고, 믿음이라는 제목으로 윤리가 파괴되면 안 됩니다. 도리어 신앙으로 인간이 회복되고, 종교의 혜택으로 인격이 존중되고, 믿음을 통하여 윤리가 더욱 견고해져야 하는 것입니다. 이것이 기독교입니다. 이러한 기독교의 실상을 성도들은 교회에서 체험해야 합니다. 성도가 교회에 와서 자신의 인간됨이 존중되고, 인격적으로 대접받고 있다는 느낌이 들고, 삶의 윤리적인 부분이나 실천적인 부분이 더욱 성숙해져 감을 실감해야 합니다. 기독교의 열매, 신앙의 열매는 교회의 부흥이 아니라 성도의 성숙입니다. 스스로 점검하시기 바랍니다. 신앙의 덕분으로 자신이 더욱 고귀한 인간이 되어가고 있는지 돌아보고, 말씀 덕분으로 자신이 더욱 존귀해져 가고 있는지 확인해야 합니다. 하나님 때문에 인간이 즐겁고 자유롭고 평화로워야 올바른 신앙인 것입니다.

어리석은 모습은 입다와 딸에게서만 나타나는 것이 아닙니다. 11장 39절 후반부와 40절 "이것이 이스라엘에 관습이 되어 이스라엘의 딸들이 해마다 가서 길르앗 사람 입다의 딸을 위하여 나흘씩 애곡하더라"입니다. 성경에 나오는 절기는 이스라엘이 정하는 것이 아니라 하나님이 정하시는 것입니다. 왜냐하면 하나님이 역사하셨기 때문입니다. 출애굽 할 때 열 번째 장자의 죽음이 임할 때 하나님이 이스라엘의 모든 장자들을 보호해 주셨습니다. 그날을 기억하도록 절기로 정하신 것이 유월절입니다. 그런데 그 절기가 '이스라엘의 절기'가 아니라 '여호와의 절기'입니다. 하나님이 역사하셨기 때문입니다. 마찬가지로 안식일도 이스라엘의 안식일이 아닙니다. 인간이 육 일 동안 일하고 일곱 째 날에 쉬기 때문에 인간이 안식하는 안식일이 아닙니다. '여호와의 안식일'입니다. 인간에게 먹거리를 제공하기 위하여 여호와께서 육 일 동안 수고하셨고 여호와께서 안식하시는 날이기 때문입니다. 이렇듯 성경의 절기는 여호와의 일하심, 여호와의 수고하심, 여호와의 역사하심을 인정하고 기억하고 감사하는 의미를 가집니다. 그래서 이스라엘에는 하나님이 절기를 정하실 뿐 이스라엘 사람들, 이스라엘 백성들이 절기를 정하는 것은 없습니다.

그런데 성경에 여호와와 무관하게, 여호와가 행하지 않았는데 이스라엘 사람들이 스스로 관습을 삼고 절기를 정한 것이 두 번 나옵니다. 그중에 하나가 입다의 딸이 죽은 사건이고, 다른 하나가 에스더서에 나오는 부림절입니다. 입다 사건에서 이스라엘이 관습으로 삼은 날은 이스라엘이 어리석고 미련하고 왜곡된 신앙으로 사람을 죽인 날입니다. 그래놓고는 그 날을 기념하여 해마다 나흘씩 애곡하는 규례를 만들었다는 것입니다. 차라리 여호와와 맺은 약속을 깬 날, 그래놓고도 여호와께 은혜를 받은 날이라고 했어야 합니다. 이것이 죄인의 한계입니다.

죄인의 한계

이스라엘의 이러한 행동이 정말 어이없고 웃기는 행동입니다. 하나님이 정해주신, 하나님이 이스라엘로 하여금 평화와 안식을 누리게 하시고 그것을 기억하게 하신 유월절은 죽어라고 안 지켰습니다. 하나님이 구원해주셔서 이스라엘이 기억하고 감사할만한 명분이 있는 절기는 지키지 않았습니다. 이미 있는 절기도 지키지 않으면서 새로운 관습을 만듭니다. 입다의 딸을 애곡하는 관습을 만들었습니다. 그런데 입다의 딸로 인해서 이스라엘이 무엇이 달라졌습니까? 입다의 딸이 이스라엘을 위해서 무엇을 해 주었습니까? 온 이스라엘이 이 날을 기억해야 하는 이유가 무엇입니까?

혹시 그 날이 자신들의 치욕의 날이라고 기억한다면 의미가 있다고 하겠습니다. 만약 그들이 말하기를 '우리가 이렇게 바보 같은 신앙생활을 했다, 우리가 이렇게 미련하고 어리석은 신앙생활을 했다, 이 날을 기억해서 이러한 굴욕을 다시는 당하지 말자' 고 했다면 그 날의 가치를 부여할 수도 있을 것입니다. 그런데 참 성경이 기가 막힌 것은 성경은 인간이 고난당한 것, 굴욕당한 것을 기억하라고 하신 적이 없다는 것입니다. 그 이유는 고난이나 굴욕을 통해서 배울 수 없다는 것을 아시기 때문입니다. 사람들은 잘한 일은 빨리 잊으라고 말하고 대신 고난 받은 일은 잊지 말라고 합니다. 늘 기억하고 교훈을 삼으라는 것입니다. 그러나 역사를 돌아보면 인간이 고난을 통해서 배우지 않습니다. 잠시 배우는듯 하지만 결국 아무 것도 배우지 않고 역사를 반복할 뿐입니다. 그렇게 반복할 것이라면 차라리 잘한 일을 기억하고 늘 잘한 대로 행동하는 것이 좋습니다. 인간의 교육 방법과 하나님의 교육 방법이 근본적으로 어떻게 차이가 나는지를 분별하셔야 합니다.

에브라임과 입다

경험에서 배우는 것

입다 사건이 마무리 되어갈 때 이스라엘에 다시 한 번 어이없는 사건이 발생합니다. 12장 1절 "에브라임 사람들이 모여 북쪽으로 가서 입다에게 이르되 네가 암몬 자손과 싸우러 건너 갈 때에 어찌하여 우리를 불러 너와 함께 가게 하지 아니하였느냐"입니다. 에브라임이 이렇게 행동한 것은 이번이 처음이 아닙니다. 이미 8장에서 기드온이 승리하고 돌아왔을 때에도 똑같은 행동을 한 경험이 있습니다. 말도 똑같습니다. 8장 1절 "에브라임 사람들이 기드온에게 이르되 네가 미디안과 싸우러 갈 때에 우리를 부르지 아니하였으니 우리를 이같이 대접함은 어찌 됨이냐 그와 크게 다투는지라"입니다. 에브라임이 이렇게 말하는 것을 뒷북이라고 했습니다. 이미 전쟁이 끝났을 때에 나타나서 큰 소리 치는 것입니다. 또 이런 것을 적반하장이라고 합니다. 사실은 미안한 마음을 가져야 하고, 민망한 표정을 지어야 하는데 죄인들은 그렇게 하지 않습니다. 한번 약점이 잡히면 계속 손해를 보게 될 것이라는 염려 때문에 억지를 쓰고 도리어 띵띵거리는 것입니다. 자신들의 잘못이 아니라는 것입니다. 이렇게 나오면 상대방도 크게 화내지 않고 적당한 선에서 타협이 될 것이라고 기대하는 것입니다.

그런데 기드온의 반응이 예상과 달랐던 것입니다. 8장 2절 이하 "기드온이 그들에게 이르되 내가 이제 행한 일이 너희가 한 것에 비교되겠느냐 에브라임의 끝물 포도가 아비에셀의 만물 포도보다 낫지 아니하냐 하나님이 미디안의 방백 오렙과 스엡을 너희 손에 넘겨주셨으니 내가 한 일이 어찌 능히 너희가 한 것에 비교되겠느냐 하니라 기드온이 이 말을 하매 그 때에 그들의 노여움이 풀리니라"입니다. 일반적으로는 한쪽이 억지를 쓰면 상대방도 큰소리를 내기 마련인데 기드온은 일체 반응하지 않고 너희 말이 다 옳다고 받아 준 것입니다. 기드온이 착하거나 마음이 넓어서가 아니라 기드온은 아직 끝난 싸움이 아니라는 것입니다. 그 장면에서 기드온은 미디안의 왕인 세바와 살문나를 추격하고 있던 중입니다. 쓸데없는 일에 신경 쓰느라 정작 중요한 일을 놓칠까봐 그냥 저들의 말을 다 받아준 것에 불과합니다. 기드온의 사정이야 어찌되었든 에브라임의 입장에서는 자신들이 큰소리 친 것이 먹혔다고 생각하는 것입니다.

죄인들의 어리석음은 죄가 묵인되면 그것을 다행으로 여기고 감사해야 하는데 자기가 옳은 줄로 착각하고 다음에도 그렇게 하려고 한다는 것입니다. 8장에서는 에브라임이 잘한 것이 아니라 기드온이 봐준 것입니다. 그러니 에브라임은 자신들의 행동에 정당성을 가질 것이 아니라 기드온을 고맙게 여겨야 합니다. 하지만 죄인들은 그렇게 생각하지 않는다는 것입니다. 세상에서 사람들이 흔히 하는 말로 '강에서 구해주면 보따리 내 놓으라고 한다'는 것과 같은 이치입니다. 배워야하는 것을 배우지 않고 배우지 말아야 하는 것을 배우는 것이 죄인들의 미련한 속성입니다. 에브라임 지파의 행동은 이미 저들에게 익숙해져 있는 것입니다. 죄가 무서운 것은 죄는 노력하지 않아도 익숙해진다는 것이며, 죄는 힘들이지 않고 결심하지 않아도 자연스럽게 행동된다는 것이며, 죄는 굳이 마음먹지 않아도 스스로 행해진다는 것이며, 죄는 연습하지 않아도 저절로 습관이 된다는 것입니다. 더 나아가 죄는 점점 더 악해진다는 것입니다. 그래서 에브라임의 행동이 8장과 12장에서 달라진 것이 있습니다.

12장에는 8장에 없는 말이 첨가되었습니다. 그것이 12장 1절 "우리가 반드시 너와 네 집을 불사르리라"입니다. 훨씬 험악해 진 것입니다. 이것이 죄의 속성입니다.

쉽볼렛 or 십볼렛

기드온의 경우도 절대로 착한 사람이거나 마음이 넓어서 에브라임을 받아 준 것이 아니라고 했습니다. 에브라임 사람들이 교활한 머리를 쓰면 당연히 기드온도 머리를 씁니다. 기드온은 단지 더 급한 일 때문에 그냥 넘어간 것에 불과합니다. 에브라임의 행동에 대한 전형적인 반응을 입다에게서 볼 수 있습니다. 에브라임 사람들은 기드온의 경우를 경험했기에 입다도 기드온처럼 반응할 것을 기대했던 것 같습니다. 그런데 입다는 기드온과는 전혀 다르게 행동합니다. 12장 2절 이하 "입다가 그들에게 이르되 나와 내 백성이 암몬 자손과 크게 싸울 때에 내가 너희를 부르되 너희가 나를 그들의 손에서 구원하지 아니한 고로 나는 너희가 도와 주지 아니하는 것을 보고 내 목숨을 돌보지 아니하고 건너가서 암몬 자손을 쳤더니 여호와께서 그들을 내 손에 넘겨주셨거늘 너희가 어찌하여 오늘 내게 올라와서 나와 더불어 싸우고자 하느냐 하니라"입니다.

당연한 말 다음에는 당연한 행동이 나옵니다. 4절 "입다가 길르앗 사람을 다 모으고 에브라임과 싸웠으며 길르앗 사람들이 에브라임을 쳐서 무찔렀으니 이는 에브라임의 말이 너희 길르앗 사람은 본래 에브라임에서 도망한 자로서 에브라임과 므낫세 중에 있다 하였음이라"입니다. 입다와 길르앗 사람은 전쟁에서 돌아온 사람들입니다. 전쟁의 경험, 실전의 경험이 있습니다. 승리하고 돌아오는 과정이기에 분위기도 사기충천입니다. 더 나아가 입다는 단순히 승리한 것이 아닙니다. 입다에게는 큰 목적이 있었습니다. 이 전쟁에서 이기면 길르앗의 장관이 되고 머리가 되는 것입니다. 그렇게 되면 그동안 첩의 아들로서 설움 받고 살았던 모든 과거를 청산하고 도리어 백성의 장관과 머리가 되는 것이요, 입신양명이 되는 것입니다. 이러한 야망을 가지고 전쟁에 출전해서 승리하고 돌아오는 입다에게 입만 가지고 나불대는 에브라임은 상대가 되지 않는 것입니다.

입다가 예상과 달리 싸움을 하자고 달려들자 허풍만 치던 에브라임은 추풍낙엽처럼 패하고 도망가게 됩니다. 도망가는 장소가 요단 강가이고, 입다와 길르앗 사람들이 먼저 나루터를 장악하고 에브라임 사람을 수색해 내려고 합니다. 이때 에브라임 사람을 찾아내는 방법이 '쉽볼렛'을 발음하게 하는 것입니다. 쉽볼렛은 '개울, 시내'라는 뜻입니다. 요단강 나루턱에서 '개울이라고 해봐, 개천이라고 해봐'라고 한 것입니다. 십볼렛은 에브라임 사람들의 방언으로 같은 뜻입니다. 히브리 자음이 네 자인데 첫 자만 다르고, 다음 세 자가 같아서 유사발음이 되는 것입니다. 아무런 의미가 없습니다. 단지 발음 습관을 통해 에브라임 사람을 골라내서 죽이려는 것뿐입니다. 세상에 사람이 죽는데 참 여러 가지 이유가 있겠습니다만 '쉽볼렛' 발음을 못해서 죽는 경우도 있는 것입니다. 제삼자가 보면 너무나 어처구니없는 일이지만 죄인들의 세상에서는 이런 일이 발생하는 것입니다.

사만 이천 명

발음을 조금 이상하게 한다고 해서 죽은 에브라임 사람이 한두 명이 아닙니다. 자그마치 사만 이천 명입니다. 실감이 나도록 비교를 해드리겠습니다. 이스라엘이 애굽에서 출애굽 할 때 실시한 첫 번째 인구조사에서 에브라임 지파의 숫자가 사만 오백 명이었습니다. 광야생활 지나고 가나안에 입성하기 직전에 실시한 두 번째 인구조사에서 에브라임 지파의 숫자가 삼만 이천 오백 명이었습니다. 그런데 가나안 땅에서, 약속의 땅에서, 하나님의 은혜와 축복을 누려야 하는 땅에서, 애굽에게 죽임을 당한 것도 아니고 가나안 부족에게 죽임을 당한 것도 아니고 이스라엘 자기 백성에게, 그것도 단지 쉽볼렛 발음을 십볼렛으로 한다고 해서 죽임을 당한 사람이 사만 이천 명입니다. 아예 부족살인이요, 종족멸절 살인입니다. 이러한 어마어마한 살육이 이방인이나 미친 망나니에 의해 발생하는 것이 아니라 이스라엘 백성이요, 이스라엘의 장관이 되고 머리가 되겠다는 사람에 의해서 발생한 것입니다.

입다 개인의 문제가 아니라 입다가 가지고 있는 죄의 원리, 죄의 마음, 죄의 방법이 문제입니다. 입다 혼자 벌인 행동이 아니라 이 일에 입다가 속한 길르앗 사람들이 총동원되었습니다. 입다와 길르앗 사람들이 익숙해져 있는 죄의 원리, 죄의 마음, 죄의 방법이 문제입니다. 이스라엘이 하나님에게 도움을 청한다면 무엇을 청해야 합니까? 이방인으로부터 벗어나게 해 달라고 해야 합니까? 기근과 질병으로 벗어나게 해달라고 해야 합니까? 압제와 곤고함으로부터 벗어나게 해달라고 해야 합니까? 하나님을 알게 해 달라고 해야 합니다. 하나님의 마음과 심정과 원리를 알게 해 달라고 해야 하는 것입니다. 입다 사건은 하나님을 배우지 못하는 죄인들의 왜곡된 신앙의 극치를 보여주는 것입니다.

입산, 압돈

사사들의 지역

사사기의 사건들은 여러 지역에서, 여러 민족들과 관련해서 발생합니다. 이방들로는 메소보다미아, 에글론, 블레셋, 가나안, 미디안, 암몬 족이 나옵니다. 이 사람들이 가나안에서 이스라엘 주변에 있는 나라들이기에 이스라엘의 이곳저곳에서 발생한 사건들입니다. 당연히 사사들도 이스라엘의 여러 부족 출신들입니다. 옷니엘은 갈렙의 아우 그나스의 아들이라고 나오는데 갈렙이 유다 지파이니까 옷니엘도 유다 지파 사람입니다. 에훗은 베냐민 사람 게라의 아들 왼손잡이 에훗이라고 소개되기에 베냐민 지파 사람입니다. 드보라와 바락은 함께 하는 부족이 납달리 자손과 스불론 자손입니다. 기드온은 자신의 집이 므낫세 중에 극히 약하다고 하기에 므낫세 지파입니다. 12장 8절에 베들레헴의 입산이 이스라엘의 사사가 되었다고 하니 입산은 유다 지파일 것이고, 11절 그 뒤를 이어 스불론 사람 엘론이 사사가 되었다고 하니 스불론 지파일 것이고, 13절에 비라돈 사람 힐렐의 아들 압돈이 사사가 되었다고 하고 15절에 압돈이 죽자 에브라임 땅에 장사되었다고 하니 에브라임 지파 사람이었던 것 같습니다.

여러 지역의 여러 이방 민족이 등장하는 것은 사사기 시대의 이방의 압제가 이스라엘 전역에서 발생한 사건이라는 것과 이스라엘 모든 부족이 직면한 상황이었다는 것을 말해주는 것입니다. 또 각 부족에서 사사가 등장하고, 한 사사가 죽자 그의 뒤에 다른 사사가 등장하는 것은 이스라엘에는 인재가 많아서 한 사사가 죽어도 또 새로운 사사가 등장하고, 워낙 인재가 많아서 한 부족만이 아니라 각 부족에서 골고루 인재를 차출하였다는 것을 의미하는 것이 아닙니다. 여러 부족이 등장하고, 여러 사사가 등장한다는 것은 하나님이 계속하여 이스라엘을 도와주셨다는 의미입니다. 이스라엘이 하나님을 버릴지라도 하나님은 이스라엘을 도우셨고, 이스라엘이 미련하고 바보 같은 신앙으로 동족상잔의 악행을 범해도 하나님은 이스라엘을 도우셨고, 한 사사가 죽으면 다른 사사를 세워서라도 하나님은 이스라엘을 도우셨다는 것입니다. 이렇게 하나님이 이스라엘을 도우셔도 이스라엘은 하나님을 배우지 않은 것입니다.

입산

12장 8절은 "그 뒤를 이어 베들레헴의 입산이 이스라엘의 사사가 되었더라"입니다. 입산이 사사가 되었다는데 입산은 어떤 사람일까요? 탁월한 사람일까요? 입산이 어떻게 사사가 되었을까요? 하나님께 자격과 능력을 검증받았을까요? 사사는 본인이 되는 것이 아니요, 탁월한 능력이 있는 사람이 아닙니다. 하나님이 사사로 세웠다는 것이고, 하나님이 그 사람을 통해 이스라엘이 하나님이 하나님이심을 판단할 수 있는 사건 또는 계시를 행했다는 것을 의미합니다. 9절 마지막에 "그가 이스라엘의 사사가 된 지 칠 년이라"고 나옵니다. 이것은 본문에 입산이 행한 일이 없을지라도 하나님이 이스라엘을 도우셨다는 것이요, 하나님이 행하신 일이 구체적으로 나타나지 않았을지라도 이스라엘이 칠 년 동안 하나님이 베푸신 평온을 누렸다는 것입니다.

그런데 재미있는 표현이 있습니다. 9절 "그가 아들 삼십 명과 딸 삼십 명을 두었더니 그가 딸들을 밖으로 시집보냈고 아들들을 위하여는 밖에서 여자 삼십 명을 데려왔더라"입니다. 아들 삼십 명과 딸 삼십 명이면 자녀가 육십 명입니다. 아비멜렉에게서 보았던 내용입니다. 자녀가 육십 명이면 부인은 한 사람이 여섯씩 만 나았다고 해도 열 명입니다. 이스라엘이 하나님에게서는 배우지 않고 아비멜렉에게서는 참 많은 것을 배웠습니다. 이 자녀들을 결혼시켰는데 딸들은 '밖으로' 시집보냈고, 며느리들은 '밖에서' 데려왔다고 합니다. '밖'이 어디일까요? 사전적 의미는 '바깥, 타처, 타국'의 뜻이 있습니다. 당시의 상황에 비추어보면 주변의 이방 민족들과 동맹을 맺었다는 것입니다. 이방 민족들이 자꾸 침범해오자 아예 이방 민족과 혼인 관계를 맺어 함께 생활하기로 한 것입니다.

12장 13, 14절도 마찬가지입니다. 압돈이 사사가 되었는데 아들이 사십 명이요 손자가 삼십 명으로 자손이 도합 칠십 명입니다. 그런데 이들이 어린 나귀 칠십 마리를 탔다고 합니다. 이것은 압돈의 가족들이 왕권을 모방했다는 것이요, 백성들 위에 군림하며 살았다는 것을 의미합니다. 입다, 입산, 압돈의 이야기는 사사들조차도, 자신들이 전혀 예상하지 못한 엄청난 일들을 하나님으로 말미암아 경험한 사람들조차도 전혀 하나님을 배우지 못한다는 것입니다. 도리어 하나님의 도우심을 빌미로 더욱 죄의 원리에 입각한 자신들의 욕심을 채울 뿐입니다. 이것이 죄인의 본모습입니다. 이스라엘은 하나님을 배운 백성이었고 하나님의 이적과 기사를 체험한 백성이었습니다. 그러나 하나님을 배우지 않았기에, 자신들의 삶속에 죄의 원리로 인한 분열과 갈등과 시기와 살인과 압제로 서로 고통을 당했습니다. 하나님을 배우지 않는다면 성도끼리 모인 교회에서조차도 죄의 원리에 입각한 갈등과 시기와 미움과 다툼에 허덕이게 될 것입니다. 성경을 읽고, 성경을 배워서, 성도의 성도됨을 알고, 하나님의 마음과 심정과 원리를 알고 그대로 행하여 하나님의 분복을 삶 가운데 풍성히 누리기를 주님의 이름으로 축원합니다.

27

목소리를 들으시니라

사사기 13 : 1 ~ 25

1 이스라엘 자손이 다시 여호와의 목전에 악을 행하였으므로 여호와께서 그들을 사십
년 동안 블레셋 사람의 손에 넘겨주시니라 2 소라 땅에 단 지파의 가족 중에 마노아
라 이름하는 자가 있더라 그의 아내가 임신하지 못하므로 출산하지 못하더니 3 여호
와의 사자가 그 여인에게 나타나시 그에게 이르시되 보라 네가 본래 임신하지 못하므
로 출산하지 못하였으나 이제 임신하여 아들을 낳으리니 4 그러므로 너는 삼가 포도
주와 독주를 마시지 말며 어떤 부정한 것도 먹지 말지니라 5 보라 네가 임신하여 아
들을 낳으리니 그의 머리 위에 삭도를 대지 말라 이 아이는 태에서 나옴으로부터 하
나님께 바쳐진 나실인이 됨이라 그가 블레셋 사람의 손에서 이스라엘을 구원하기 시
작하리라 하시니 6 이에 그 여인이 가서 그의 남편에게 말하여 이르되 하나님의 사람
이 내게 오셨는데 그의 모습이 하나님의 사자의 용모 같아서 심히 두려우므로 어디서
부터 왔는지를 내가 묻지 못하였고 그도 자기 이름을 내게 이르지 아니하였으며 7 그
가 내게 이르기를 보라 네가 임신하여 아들을 낳으리니 이제 포도주와 독주를 마시지
말며 어떤 부정한 것도 먹지 말라 이 아이는 태에서부터 그가 죽는 날까지 하나님께
바쳐진 나실인이 됨이라 하더이다 하니라 8 마노아가 여호와께 기도하여 이르되 주
여 구하옵나니 주께서 보내셨던 하나님의 사람을 우리에게 다시 오게 하사 우리가 그
낳을 아이에게 어떻게 행할지를 우리에게 가르치게 하소서 하니 9 하나님이 마노아
이 목소리를 들으시니라 여인이 밭에 앉았을 때에 하나님의 사자가 다시 그에게 임하
였으나 그의 남편 마노아는 함께 있지 아니한지라 10 여인이 급히 달려가서 그의 남
편에게 알리어 이르되 보소서 전일에 내게 오셨던 그 사람이 내게 나타났나이다 하매
11 마노아가 일어나 아내를 따라가서 그 사람에게 이르러 그에게 묻되 당신이 이 여인
에게 말씀하신 그 사람이니이까 하니 이르되 내가 그로다 하니라 12 마노아가 이르되
이제 당신의 말씀대로 되기를 원하나이다 이 아이를 어떻게 기르며 우리가 그에게 어
떻게 행하리이까 13 여호와의 사자가 마노아에게 이르되 내가 여인에게 말한 것들을

그가 다 삼가서 14 포도나무의 소산을 먹지 말며 포도주와 독주를 마시지 말며 어떤
부정한 것도 먹지 말고 내가 그에게 명령한 것은 다 지킬 것이니라 하니라 15 마노아
가 여호와의 사자에게 말하되 구하옵나니 당신은 우리에게 머물러서 우리가 당신을
위하여 염소 새끼 하나를 준비하게 하소서 하니 16 여호와의 사자가 마노아에게 이르
되 네가 비록 나를 머물게 하나 내가 네 음식을 먹지 아니하리라 번제를 준비하려거
든 마땅히 여호와께 드릴지니라 하니 이는 그가 여호와의 사자인 줄을 마노아가 알지
못함이었더라 17 마노아가 또 여호와의 사자에게 말하되 당신의 이름이 무엇이니이
까 당신의 말씀이 이루어질 때에 우리가 당신을 존귀히 여기리이다 하니 18 여호와의
사자가 그에게 이르되 어찌하여 내 이름을 묻느냐 내 이름은 기묘자라 하니라 19 이
에 마노아가 염소 새끼와 소제물을 가져다가 바위 위에서 여호와께 드리매 이적이 일
어난지라 마노아와 그의 아내가 본즉 20 불꽃이 제단에서부터 하늘로 올라가는 동시
에 여호와의 사자가 제단 불꽃에 휩싸여 올라간지라 마노아와 그의 아내가 그것을 보
고 그들의 얼굴을 땅에 대고 엎드리니라 21 여호와의 사자가 마노아와 그의 아내에게
다시 나타나지 아니하니 마노아가 그제야 그가 여호와의 사자인 줄 알고 22 그의 아
내에게 이르되 우리가 하나님을 보았으니 반드시 죽으리로다 하니 23 그의 아내가 그
에게 이르되 여호와께서 우리를 죽이려 하셨더라면 우리 손에서 번제와 소제를 받지
아니하셨을 것이요 이 모든 일을 보이지 아니하셨을 것이며 이제 이런 말씀도 우리에
게 이르지 아니하셨으리이다 하였더라 24 그 여인이 아들을 낳으매 그의 이름을 삼손
이라 하니라 그 아이가 자라매 여호와께서 그에게 복을 주시더니 25 소라와 에스다올
사이 마하네단에서 여호와의 영이 그를 움직이기 시작하셨더라

하나님의 은혜

놀라운 은혜

성경에 등장하는 인물이 약 삼만 명 정도 된다고 합니다. 그 중에 출생부터 죽음까지가 기록된 사람은 그렇게 많지 않습니다. 그 유명한 다윗도 출생 이야기는 없습니다. 이스라엘의 조상이라는 아브라함은 출생도 어린 시절 이야기도 없습니다. 이삭이나 모세나 사무엘은 출생이야기가 있습니다. 하지만 출생하기 전, 그들이 출생할 것을 예언하는 이야기는 없습니다. 그런 의미에서 삼손은 매우 독특한 사람입니다. 이미 출생하기 전부터 출생이 예고되고, 무슨 일을 할 것인지도 예고된 사람입니다. 사사기에서도 삼손에 관한 내용이 네 장을 차지할 정도로 비중이 큽니

다. 과연 사사기는 삼손 이야기를 통해 우리에게 무엇을 가르치려고 하는지 함께 상고해 보겠습니다.

사사기에는 이스라엘의 전형적인 패턴이 있습니다. 하나님의 은혜를 받지만 정작 그 은혜를 누리지는 못한다는 것입니다. 왜냐하면 하나님을 배우지 않기 때문입니다. 생각이 바뀌지 않고, 개념이 바뀌지 않고, 인식이 바뀌지 않고, 원리가 바뀌지 않기 때문입니다. 하나님의 은혜를 받는 것은 매우 쉽습니다. 하나님이 주시기 때문에 인간은 그냥 받는 것입니다. 인간은 은혜 받기 위한 노력이 필요하지 않고 은혜 갚기 위한 노력도 필요하지 않습니다. 은혜를 주는 것은 전적으로 하나님의 역할이요, 인간은 그냥 은혜를 받는 것입니다. 인간에게 정작 중요한 것은 은혜를 누리는 것입니다. 사람들은 은혜를 받으려고만 애쓸 뿐 정작 받은 은혜를 누리지 못합니다. 우선은 자신이 은혜를 받았다는 사실을 모릅니다. 자신이 구하지 않은 것이 은혜로 와 있기에 은혜 받았다는 사실을 모르고, 두 번째는 자신이 받은 은혜가 얼마나 귀하고 소중한지를 모릅니다. 왜냐하면 자신이 기대한 것보다 훨씬 차원이 크고 넓고 높고 깊은 은혜를 받았기 때문입니다. 예를 들면, 아이가 사탕을 하나 사달라고 할 때 아이가 바라는 것은 사탕인데 엄마는 사탕이 들어있는 종합 선물세트를 준 것입니다. 성경적으로 표현하면, 사람들이 '노예에서 풀어주세요, 질병에서 낫게 해 주세요, 배고픔에서 벗어나게 해 주세요' 라고 요청했더니 하나님이 '성령을 주노라' 고 하는 것입니다. 또는 '잠이 안 와요, 불안감을 떨쳐 주세요, 미운 마음을 없애 주세요' 라고 했더니 하나님이 '평안을 주노라' 고 하시는 것과 같은 것입니다.

하나님이 사건이나 상황을 변화시켜 주실 때에 하나님의 마음, 하나님의 심정, 하나님의 원리를 배워야 합니다. 그래서 하나님의 은혜를 하나님의 마음으로 보아야 그 풍성함이 보이고, 하나님의 은혜를 하나님의 원리로 행해야 그 충만함이 누려지는 것입니다. 그런데 달랑 그 사건, 날랑 그 상황만 바라보니 전혀 은혜를 누리지 못합니다. 사건의 변화, 상황의 변화는 물론 새롭습니다. 그러나 인간이 어떤 일에 새로움을 느끼는 것은 며칠 못갑니다. 중요한 것은 마음이 새로워지고, 심정이 새로워지고, 가치가 새로워지고, 원리가 새로워져야 한다는 것입니다. 그러면 사건과 상황에 대한 새로움이 계속됩니다. 하나님이 이스라엘을 계속해서 도우십니다. 그런데 이스라엘은 하나님의 도우심을 받을 뿐 누리지 못하고, 심하게는 하나님의 도우심을 이용해서 백성 가운데 차별을 만들어 내고, 개인적인 욕심을 충족시키는 수단으로 전락시키고 맙니다. 하나님이 도와주셨다는 사실이 이스라엘에 평화로 나타나지 않고, 백성들의 자유와 안식으로 구현되지 못하는 것입니다. 그 일을 행하는 사람들이 이스라엘의 사사들입니다. 기드온이 그랬고, 입산이 그랬고, 압돈이 그랬습니다. 이제 이스라엘에서는 사사라는 것이 권력의 대명사가 되었습니다. 하나님이 세우는 사람이 아니라 누구든지 힘 있는 사람이면 되고, 백성들과 결탁하면 될 수 있는 것이 되어버렸습니다. 아비멜렉과 입다가 그랬던 것입니다.

지속적인 은혜

하나님의 은혜가 정말 놀라운 것은 은혜를 철저하게 은혜롭게 한다는 것입니다. 하나님이 은혜를 주셨는데 이스라엘이 누리기는커녕 사사들이 은혜를 이용하였을 뿐입니다. 그렇다고 하나님이 은혜를 철회하지 않는다는 것입니다. 그렇다고 하나님이 다음에는 은혜를 안 주는 것이 아니라는 것입니다. 이스라엘이 은혜를 받을 만한 어떠한 행동을 하지 않음에도 불구하고 하나님은 또 은혜를 주십니다. 도리어 더 큰 은혜를 주십니다. 왜냐하면 하나님의 목적은 기어코 이스라엘을 깨닫게 하고 이스라엘이 하나님의 복을 누리게 하시는 것이기 때문입니다. 하나님은 '저들이 내 은혜를 무시한다, 내 은혜를 천박하게 한다, 계속 은혜를 주는 것은 은혜를 허비하는 것일 뿐이다' 라는 생각을 하시지 않습니다. 하나를 주어 모르면 둘을 주고, 둘을 주어도 안 되면 셋과 넷을 주는 것이 하나님의 원리요, 은혜의 원리입니다. 그래서 하나님이 자신을 버린 이스라엘을 또 찾아오십니다. 단지 찾아오시는 것은 이미 여러 번 하셨습니다. 그래서 이번에는 더욱 특별하게, 더욱 세밀하고, 더욱 직접적으로 가르치기 위하여 아예 사사를 출생부터 예고하시는 것입니다.

13장 2절 이하 "소라 땅에 단 지파의 가족 중에 마노아라 이름하는 자가 있더라 그의 아내가 임신하지 못하므로 출산하지 못하더니 여호와의 사자가 그 여인에게 나타나서 그에게 이르시되 보라 네가 본래 임신하지 못하므로 출산하지 못하였으나 이제 임신하여 아들을 낳으리니" 입니다. 하나님이 아들을 주시는데 '아내가 임신하지 못하는 집' 에 주시는 것입니다. 하나님의 목적이 아들을 주는데 있는 것이 아니라 하나님을 알게 하는 것에 있기 때문입니다. 이미 자녀가 있는 집, 즉 아내가 임신하여 출산하는 능력이 있는 집에 자녀를 주면 그 집 사람이나 그 집을 알고 있는 사람들이 하나님이 자녀를 주셨다고 생각하지 않습니다. 그래서 아무도 하나님을 배우지 못합니다. 그런데 아내가 임신하지 못하고 출산하지 못하는 집을 찾아가서 하나님이 아들을 주겠다고 말씀하시는 것입니다. 당연히 당사자인 아내나 남편이나 가족이나 주변 사람들이 믿지 않을 것이며 웃을 것입니다. 하지만 실제로 그 아내가 하나님 말씀대로 출산을 하게 되면 사람들은 '하나님이 하셨구나, 하나님은 말씀하시고 그대로 행하시는 분이구나!' 라고 배울 수 있게 되는 것입니다. 자식 낳은 사건은 그리 중요한 사건이 아닙니다. 예전이나 지금이나 대부분의 여인들은 자식을 낳습니다. 물론 자식을 낳지 못한 당사자에게는 매우 중요한 사건입니다. 그렇다고 해서 아들 낳았다고 좋아하면 상황만 변한 것입니다. 더 크고 더 중요한 것은 '하나님은 말씀하시는 대로 행하시는 분' 이라는 사실을 배워야 한다는 것입니다.

하나님의 예언은 단지 출생에만 국한되지 않습니다. 4절과 5절 "그러므로 너는 삼가 포도주와 독주를 마시지 말며 어떤 부정한 것도 먹지 말지니라 보라 네가 임신하여 아들을 낳으리니 그의 머리 위에 삭도를 대지 말라 이 아이는 태에서 나옴으로부터 하나님께 바쳐진 나실인이 됨이라 그가 블레셋 사람의 손에서 이스라엘을 구원하기 시작하리라 하시니"입니다. 이 말을 들은 마노아의 느낌은 어땠을까요? 만약 여러분이 마노아의 아내였다면, 그래서 이 말씀을 들었다면 어떤 느낌이 드시겠습니까? 마음이 편안하시겠습니까, 부담이 되시겠습니까? 정답은 '아무 생각없다' 입니다. 왜냐하면 여호와의 사자가 자기에게 나타났다는 사실에서 이미 겁을 먹고 있기 때문입니다. 6절 "이에 그 여인이 가서 그의 남편에게 이르되 하나님의 사람이 내게 오셨는데 그의 모습이 하나님의 사자의 용모 같아서 심히 두려우므로 어디서부터 왔는지를 내가 묻지 못하였고 그도 자기 이름을 내게 이르지 아니하였으며"입니다.

죄인의 반응

13장은 자녀를 임신하지 못하는 여인에게 여호와의 사자가 나타나 아들을 낳을 것을 말해 주는 장면입니다. 여호와의 사자가 어떤 모습으로 나타났을까요? 무섭게 나타났을까요? 아닐 것입니다. 목소리는 어땠을까요? 가시 돋친 목소리였을까요? 아닐 것입니다. 여호와의 사자라고 할로윈 데이 복장을 생각하시면 큰 오해입니다. 여인을 위로해주고, 여인에게 복음을 전해주기 위해서 나타났다면 당연히 친화적인 모습이었을 것이고, 다정다감한 목소리였을 것입니다. 하나님의 입장에서는 여인을 놀라게 하면 안 되고, 여인을 두려워 떨게 하면 안 되고, 하나님이 장차 행할 내용을 알리는 것이기에 여인이 말을 듣기는 들었는데 무슨 말인지 하나도 못 알아듣게 하면 안 됩니다. 실제로 여인은 여호와의 사자가 한 말을 남편에게 똑같이 전달할 정도로 다 알아들었습니다. 이렇듯 하나님의 임재, 하나님의 출현은 실상은 전혀 두려운 현상이 아님에도 불구하고 사람들은 두려워한다는 것입니다. 하나님이 두렵게 나타나기 때문이 절대로 아니라 인간 스스로 두려움에 사로잡힌다는 것입니다. 이것이 하나님에 대한 오해요, 이 오해를 바꾸어야 합니다. 하나님에 대한 두려움, 하나님의 임재에 대한 공포감, 하나님 말씀에 대한 부담감은 하나님 때문이 아니라 죄인이 가지고 있는 오해요, 하지 않아도 되고 느끼지 않아도 되는 미련하고 어리석은 왜곡된 신앙현상인 것입니다.

여인의 남편인 마노아가 아내를 대신하여 여호와께 질문을 합니다. 8절 "마노아가 여호와께 기도하여 이르되 주여 구하옵나니 주께서 보내셨던 하나님의 사람을 우리에게 다시 오게 하사 우리가 그 낳을 아이에게 어떻게 행할지를 우리에게 가르치게 하소서"입니다. 이때에도 중요한 것은 하나님이 마노아의 목소리를 들어주신다는 것입니다. 하나님은 '나는 리바이벌은 안 한다' 고 감추지 않습니다. '나는 이미 말했고 듣고 못 듣고는 네 책임이다' 라고 말하지 않습니다. 하나님은 복음을 전하러 오셨고 계시하러 오셨기에 마노아와 아내가 알아들을 때까지 모든 수고와 노력을 아끼지 않는다는 것입니다. 9절 "하나님이 마노아의 목소리를 들으시니라"이고, 마노아가 다시 나타난 사자가 아내에게 나타난 사람이냐고 묻자 11절 "내가 그로다"라고 대답해 주시고, 여호와의 사자가 이미 말한 것에 대해 마노아가 마치 안 들은 것처럼 아이를 어떻게 기를지에 대해 묻자 13절과 14절에 다시 한 번 말씀해 주십니다. 어디에도 하나님이 짜증내는 모습이 없고, 마노아나 아내의 태도에 대해 불쾌해하는 모습이 없고, 마노아나 아내에게 두려움을 느끼게 할 만한 태도나 언사가 없습니다.

하나님이 인간을 창조하신 이래 지금까지 하나님이 인간에게 공포스럽게 나타난 적이 없으며, 인간을 위협하신 적이 없으며, 인간을 겁주거나 협박하신 적이 없습니다. 인간이 하나님을 무서워하고 두려워하고 겁내야 하는 행동을 하나님은 하신 적이 없습니다. 하나님은 인간이 하나님에게 거부감을 느끼고 부담감을 느끼게 하는 어떠한 행동이나 말씀을 하신 적이 없습니다. 그럼에도 불구하고 사람들은 하나님을 두려워합니다. 하나님을 모르기 때문에 오해하는 것입니다. 하나님을 바로 알고, 하나님을 즐거워하고, 하나님과 평화와 안식을 누리는 신앙이 바른 신앙입니다.

하나님의 책임

마노아의 오해

하나님에 대한 오해와 더불어 하나님의 말씀에 대한 오해를 본문에서 확인해 보겠습니다. 세상에 '사람들은 보이는 대로 보지 않고 보고 싶은 대로 본다' 는 말이 있습니다. 똑같은 내용으로 '사람들은 상대가 말하는 대로 듣지 않고 자기가 듣고 싶은 대로 듣는다' 는 말도 있습니다. 물론 이러한 태도가 긍정적인 측면도 있습니다. 위기를 위기로 보지 않거나 상대방이 시기하거나 질투하는 말을 해도 시기나 질투로 받아들이지 않는다면 좋은 반응일 것입니다. 그러나 반대로 위기가 아님에도 위기로 보거나, 평범한 말도 자기 방식대로 이해하면 그것은 이해가 아니라 오해이고 왜곡인 것입니다. 어떤 행동을 할 때에는 우선은 사실을 정확하게 파악하고, 그 후에 자신의 반응을 결정해야 합니다. 그런데 사람들은 사실부터 오해하고, 사실부터 왜곡한다는 것입니다. 사람들이 얼마나 사실과 다르게 행동하는지, 말하는 자와 상관없이 자기 방식대로 듣는지, 그래서 얼마나 오해와 왜곡을 하는지 확인해 보겠습니다. 미리 질문부터 드려보면 13장에서 포도주와 독주를 마시지 말라는 말씀을 따라야 하는 사람은 앞으로 태어날 아이 즉 삼손입니까, 마노아의 부인입니까?

우선 하나님의 말씀입니다. 13장 4절 "그러므로 너는 삼가 포도주와 독주를 마시지 말며 어떤 부정한 것도 먹지 말지니라"입니다. 하나님은 마노아의 부인에게 분명하게 말씀하셨습니다. 포도주와 독주를 마시지 말아야 하는 사람이 장차 태어날 아이가 아니라 임신하는 여인입니다. 하나님은 임신하는 여인에게, 그 여인이 포도주와 독주를 마시지 말라고 하신 것입니다. 마노아의 아내도 이렇게 이해했습니다. 그래서 남편에게 7절 "그가 내게 이르기를 보라 네가 임신하여 아들을 낳으리니 이제 포도주와 독주를 마시지 말며 어떤 부정한 것도 먹지 말라고 하더이다"라고 말합니다. 여호와의 사자도 재차 확인을 해 줍니다. 13절 중간부터 "내가 여인에게 말한 것들을 그가 다 삼가서 포도나무의 소산을 먹지 말며 포도주와 독주를 마시지 말며 어떤 부정한 것도 먹지 말고 내가 그에게 명령한 것은 다 지킬 것이니라"입니다. 모두 여인이 해야 할 일입니다. 하나님은 앞으로 태어날 아이가 행해야 할 규정을 말씀하시는 것이 아니라 지금 말을 듣고 있는 마노아의 아내가 행해야 할 일을 말씀하시는 것입니다.

물론 민수기 6장 2절에 보면 나실인의 규정이 나오고, 나실인의 서원을 한 사람은 "포도주와 독주를 멀리하며 포도주로 된 초나 독주로 된 초를 마시지 말며 포도즙도 마시지 말며 생포도나 건포도도 먹지 말지니"라고 나옵니다. 그것은 나실인의 규정이고, 지금은 아직 삼손이 태어나지 않은 상황이기에 삼손에 관한 이야기가 아니라 마노아의 부인이 행해야 하는 이야기인 것입니다. 이것은 마노아 보다는 오늘날 성도들이 오해하고 있는 것입니다.

하나님의 책임

정작 마노아가 오해한 것은 따로 있습니다. 마노아가 하나님께 거듭 질문하는 것이 있습니다. 8절 후반부 "우리가 그 낳을 아이에게 어떻게 행할지를 우리에게 가르치게 하소서"와 12절 "이 아이를 어떻게 기르며 우리가 그에게 어떻게 행하리이까?"라는 것입니다. 하나님이 사람을 세운다는 것은 하나님이 일하신다는 것이요, 하나님이 책임지신다는 것인데 사람들은 자기가 일을 해야 하고, 자기가 책임을 져야 한다고 생각하기 때문에 오해하는 것입니다. 어느 날 하나님이 마노아의 부인에게 나타났습니다. 갑자기 나타나서 '아들을 낳으리니 잘 키워서 인재가 되게 하고, 장차 나라를 구원하게 만들어라' 라고 말씀하신다면 마노아와 부인에게는 날벼락같이 여겨질 것입니다. 집안 형편이 어떤 지도 모르고, 부모의 경제적 신체적 지적 능력이 어떤 지도 모르는 상태에서, 무조건 장차 나라를 구할 지도자로 키우라고 하면 당연히 부담일 수 있고 눈앞이 깜깜할 수 있습니다. 그러나 하나님은 그렇게 인간에게 부담을 지우거나 짐을 맡기거나 책임을 떠넘기는 분이 아닙니다.

하나님은 마노아의 가정에 나타나서 하나님이 하실 일을 말씀하신 것입니다. 아들을 낳을 수 있도록 하나님이 일하실 것입니다. 그가 블레셋 사람의 손에서 이스라엘을 구원하도록 하나님이 일하실 것입니다. 아이의 출생과 성장과 역할에 대한 책임은 전적으로 하나님에게 있는 것입니다. 마노아가 걱정할 일이 아니며, 마노아가 염려해야 할 일이 아닙니다. 마노아는 하나님께 '이 아이에게 어떻게 행하리이까?' 라고 물을 것이 아니라 도리어 '네, 그렇게 하십시오. 하나님이 말씀하신 대로 하십시오' 라고 말했어야 하는 것입니다. 그것이 바른 반응입니다. 만약 하나님이 '이 아이에게 이렇게 행하라!' 고 하면 자기들이 할 수 있습니까? '음식은 반드시 무농약 유기농만 먹여라' 그러면 먹일 수 있습니까? '세 살 이전에 구구단을 마치고 다섯 살 이전에 5개 국어를 마스터하고 일곱 살 이전에 장가를 보내라' 고 하면 할 수 있습니까? 자기들이 무엇을 할 수 있습니까? 도대체 물어봐서 어쩌겠다는 것입니까?

사사기 13장은 마노아로서는 가장 흥분되고 감격적인 상황이고 가장 평안하고 즐거운 상황이었어야 합니다. 아들을 주신다니 정말 고마운 일입니다. 그 아들이 자라서 이스라엘을 구원하기 시작할 것이라고 하니 정말 기대되는 일입니다. 이 말을 듣는 순간 마노아는 모든 근심걱정이 사라져야 합니다. 왜냐하면 아이가 자라면서 어떤 일을 만나도 아이는 건강하게 자랄 것이기 때문입니다. 이 아이는 커서 블레셋 사람의 손에서 이스라엘을 구원하기 시작할 것이기 때문입니다. 아이가 걸음마가 늦어도 걱정이 안 됩니다. 아이가 말을 늦게 배워도 염려가 안 됩니다. 아이가 체력이 약하고 건강이 약해도 전혀 고민이 안 됩니다. 남자 아이인데 군대놀이는 안하고 인형놀이만 해도 전혀 근심이 되지 않습니다. 하나님이 말씀하시기를 이 아이는 블레셋 사람의 손에서 이스라엘을 구원하기 시작할 것이라고 하셨기 때문입니다. 하나님이 말씀하셨기 때문에 하나님이 책임지실 것입니다.

마노아는 왜 하나님께 물었을까요? 도대체 하나님이 무엇을 하라고 말씀하실 것을 기대했을까요? 부모가 걱정하거나 근심할 일이 없다고 말하는 것이 부모의 역할을 방치하라는 것이 아닙니다. 그냥 일상을 살면 된다는 것입니다. 하나님이 하라고 한다고 해서 부모의 역량을 넘어서는 일을 하겠습니까? 하나님이 하지 말라고 한다고 해서 부모가 해야 할 기본을 안 하겠습니까? 마노아의 질문에 하나님은 특별한 말씀이 없습니다. 그냥 모든 부모들이 자녀를 키우듯이 하라는 것입니다. 그것으로 족한 것입니다. 하나님은 인간에게 짐을 떠맡기지도 않으시고, 하나님은 인간이 소중하게 여기는 것을 빼앗아 가지도 않으십니다. 하나님이 마노아에게 나타나셨고 말씀하신 것 중에 마노아로서는 딘 하나도 손해 볼 것이 없습니다. 여호와께서 말씀하시면 그냥 '네, 그렇게 하세요' 라고 하면 족합니다. 신앙이 얼마나 쉽습니까!

헛된 수고

무익한 행동

사사기에서 하나님이 사사로 세운 사람 중에 하나님이 직접 말한 사람이 있고 말하지 않은 사람이 있습니다. 드보라, 바락, 기드온은 직접 대화한 경우이고 옷니엘, 에훗, 삼갈, 돌라, 야일, 엘론, 입산 등은 대화가 등장하지 않는 경우입니다. 삼손의 경우는 부모는 대화를 하고 정작 삼손은 대화 장면이 나오지 않습니다. 그런데 재미있는 것은 하나님과 대화한 사람 중에 하나님을 알아 본 사람이 한 사람도 없다는 것입니다. 하나님이 말씀하실 때에 이해하고 순종한 사람이 없다는 것입니다. 사람들은 하나님을 너무나 모릅니다. 모르면 배워야 하는데 배우지는 않고 자기가 아는 대로 행동해서 더 어렵게, 더 힘들게 생활합니다. 모르면 안 하면 되고 차라리 모른다고 하면 됩니다. 그런데 굳이 자기가 아는 대로 행동합니다. 배우지 않고 자기가 아는 대로 행동해서 맞을 확률이 전혀 없습니다.

마노아의 또 다른 오해가 15절 이하 "마노아가 여호와의 사자에게 말하되 구하옵나니 당신은 우리에게 머물러서 우리가 당신을 위하여 염소 새끼 하나를 준비하게 하소서"입니다. 마노아의 이런 시도가 필요 없는 것은 이미 여호와의 사자가 임했기 때문입니다. 마노아가 예물을 드리지 않아도 이미 여호와의 사자가 임했고, 마노아가 염소를 드리지 않아도 여호와의 사자는 이미 하나님이 하실 일을 다 말씀하셨고, 마노아가 머물게 하지 않아도 여호와의 사자는 이미 마노아가 질문한 것에 대해 다 대답했습니다. 물론 마노아가 아직도 궁금한 것이 남아 있을 수 있습니다. 그러면 그냥 물어보면 됩니다. 혹시 어떤 분은 마노아가 다른 흑심이 있어서가 아니라 자기에게 기쁜 소식을 전해준 여호와의 사자가 고마워서 감사의 표현을 한 것이 아니냐고 마노아의 편을 들어주실 수 있을 것입니다. 그러나 이어지는 이야기에서 하나님의 응답을 보고 마노아가 "반드시 죽으리이다"라고 한 것을 보면 감사의 표현이 아니었음이 분명합니다.

마노아가 예물을 드리려고 했던 것은 확인하려고 한 것입니다. 마노아는 여호와의 사자가 말하는 대로만 이루어진다면 정말 좋을 것인데, 듣기로는 정말 좋은 말인데, 여호와의 사자가 말만 한다는 것이 매우 불안한 것입니다. 여호와의 사자가 말만 한 것이 불안한 이유는 자기로서는 너무나 쉽고, 자기로서는 아무 것도 지불한 것이 없다는 것입니다. 내가 상응하는 행동을 하지 않으면, 후일에 여호와의 사자가 없었던 일로 하자고 해도 아무런 대책이 없다는 것입니다. 내가 주상할 근거, 내가 요구할 근거를 갖고자 하는 행동인 것입니다. 그런데 이것이 너무나 어이없는 생각입니다. 왜냐하면 '여호와는 자기가 말한 대로 행동하신다'는 것을 믿지 못하면, 세상에 믿을 것은 아무 것도 없기 때문입니다. 자기가 예물을 드렸다고, 염소를 드렸다고 합시다. 그런데 여호와가 염소를 받아먹고 난 후에 없던 일로 하자고 하면 마노아가 어쩔 것입니까? 세상의 모든 것을 못 믿을 때에도 유일하게 믿을 수 있는 것이 하나님의 말씀인데, 하나님을 모르면 세상에서 가장 못 믿을 것이 하나님이 말만 하는 말씀입니다.

19, 20절에서 마노아가 자기가 원하던 대로 예물을 바치자 불꽃이 제단에서부터 하늘로 올라가는 동시에 여호와의 사자가 제단 불꽃에 휩싸여 올라가는 이적이 일어납니다. 그때 마노아의 반응이 21절 후반부에 "마노아가 그제야 그가 여호와의 사자인 줄 알고"입니다. 이 말은 지금까지는 여호와의 사자가 한 말에 대해 전혀 신뢰하지 않았다는 것입니다. 말만 하는 말을 전혀 믿지 않았다는 것입니다. 여호와의 말은 믿지 못하고 불이 나는 현상만 믿는 것입니다. 이것이 어처구니없는 것은 여호와를 알지 못하면 그 불이 어디서 왔는지 자기가 어떻게 아느냐는 것

입니다. 또 그렇게 확인했으면 '아, 진짜구나!' 라고 마음이 평안해져야 하는데 도리어 "우리가 하나님을 보았으니 반드시 죽으리로다" 라고 합니다. 그럴 바에야 예물을 드릴 이유가 없는 것입니다. 여호와를 보았으면 여호와의 말이 이루어져야 한다는 것을 알아야 하고, 여호와의 말이 이루어지려면 우선은 자기들이 살아 있어야 하고, 자기들에게서 아들이 태어나야 하니까 자기들은 죽지 않아야 한다는 것을 알아야 하고, 그래서 더욱이나 안심이 되었어야 되는 것입니다. 그런데 하나님이 행하시는 일을 통해 전혀 하나님을 배우지 않습니다.

이름이 무엇입니까?

마노아가 또 묻는 것이 17절 "마노아가 또 여호와의 사자에게 말하되 당신의 이름이 무엇이니이까 당신의 말씀이 이루어질 때에 우리가 당신을 존귀히 여기리이다" 입니다. 마노아가 이렇게 질문하는 것은 이름을 알고 싶어 하는 것이 아니라 '도대체 누구십니까? 뭐하는 분입니까? 어느 영역, 어떤 기능을 담당하시는 것입니까?' 라고 자기가 점검하고 싶어 하는 것입니다. 자기에게 말한 대로 아들을 낳게 하려면 출산의 영역을 주관하는 신이어야 하고, 블레셋 사람의 손으로부터 이스라엘을 구원하려면 전쟁의 기능을 주관하는 신이어야 한다고 생각하는 것입니다. 그래서 출산의 신과 전쟁의 신이 맞는지 확인하려는 것입니다. 이때 하나님이 '내 이름은 여호와니라' 라고 말하면 마노아가 '아, 그렇군요. 알겠습니다' 라고 할까요? 아닙니다. 여호와라고 말해주면 도리어 '어디서 듣도 보도 못한 신이 와서 헛소리를 해' 라고 했을 것입니다. 그래서 하나님이 하신 대답이 "내 이름은 기묘자니라" 입니다. 기묘자는 이름이 아닙니다. 정확하게 표현하면 '네 생각에는 기이하게 여겨질 것이다' 라는 의미입니다. 그리고 19절에 "이적이 일어난지라" 입니다. '기묘자' 라는 단어와 '이적' 이라는 단어가 같은 어근입니다. 즉 '아마도 네 생각에는 기이할 것이요, 내가 나타나고 말하는 것이 네 기준에 안 맞아서 불안하지. 그럼 이런 것은 네 기준에 맞느냐?' 라고 기이한 일을 행하시는 것이며, 이제 '내가 기이한 것이 아니라 네가 나와 다른 생각을 가지고 있다는 것을 이해하겠느냐?' 라고 말씀하시는 것입니다.

마노아의 부인

13장에서 가장 분주하고 가장 많은 일을 한 사람이 마노아입니다. 하지만 예물을 드리겠다고 우겨서 드렸으니 죽이지 않아도 되는 염소만 죽인 것으로 재산 낭비이고, 여호와를 만나서 죽게 되었다고 두려워했으니 쓸데없는 일만 해서 괜히 공포에 사로잡힌 것입니다. 이런 것을 바보 같은 신앙이라고, 미련한 신앙이라고, 헛된 열심이라고 하는 것입니다. 13장에서 가장 신앙생활을 잘 한 사람이 마노아의 부인입니다. 이리 뛰고 저리 뛰고 나댄 것은 마노아인데 마노아는 도끼로 제 발등 찍은 사람이고, 마노아의 부인은 가만히 있었는데 가장 잘 한 사람입니다. 부인은 여호와의 사자에게 나타나 달라고 부탁하지 않았습니다. 3절 표현대로 어느 날 여호와의 사자가 나타나서 말을 했습니다. 여호와의 사자가 말을 하니 마노아의 부인은 그냥 들었습니다. 아주 잘 한 것입니다. 남편이 기도하자 여호와의 사자가 다시 나타났습니다. 그때에도 마노아의 부인은 아무 말도 하지 않고 남편과 여호와의 사자가 말하는 것을 듣고만 있습니다. 아주 잘 한 것입니다. 남편이 드린 예물에 불꽃이 나타나자 얼굴을 땅에 대고 엎드렸습니다. 불꽃을 피하려고 한 것이 아주 잘 한 것입니다. 남편이 죽게 되었다고 두려워하자 23절 "그의 아내가 그에게 이르되 여호와께서 우리를 죽이려 하셨더라면 우리 손에서 번제와 소제를 받지 아니하셨을 것이요 이 모든 일을 보이지 아니하셨을 것이며 이제 이런 말씀도 우리에게 이르지 아니하셨으리이다 하였더라"고 했습니다. 이런 마음을 가지고 두려워하지 않았으니 아주 잘 한 것입니다. 신앙은 나대는 것이 아니라 하나님의 의도, 하나님의 마음, 하나님의 원리를 아는 것입니다.

13장은 24, 25절로 끝이 납니다. "그 여인이 아들을 낳으매 그의 이름을 삼손이라 하니라 그 아이가 자라매 여호와께서 그에게 복을 주시더니 소라와 에스다올 사이 마하네단에서 여호와의 영이 그를 움직이기 시작하셨더라"입니다. 결론은 여호와의 말씀대로 되었다는 것입니다. 여호와께서 역사하셨다는 것이요, 여호와께서 책임지셨다는 것입니다. 마노아의 행위 때문에 추가된 것이 없고 마노아의 행위 때문에 취소된 것이 없습니다. 처음부터 끝까지 하나님의 말씀대로 되었습니다. 바른 신앙은 하나님을 아는 것이며, 하나님의 말씀대로 이루어지는 것을 아는 것입니다. 그렇게 하나님을 알기에 하나님의 일하심을 기대함으로 자유와 평화와 안식을 누리는 것이 가장 좋은 신앙입니다. 성경을 읽고 배워 하나님을 알고, 하나님 때문에 즐겁고 신나고 행복한 신앙생활 되기를 주님의 이름으로 축원합니다.

28

치려함이었으나

사사기 14:1~20

1 삼손이 딤나에 내려가서 거기서 블레셋 사람의 딸들 중에서 한 여자를 보고 2 올라
와서 자기 부모에게 말하여 이르되 내가 딤나에서 블레셋 사람의 딸들 중에서 한 여
자를 보았사오니 이제 그를 맞이하여 내 아내로 삼게 하소서 하매 3 그의 부모가 그
에게 이르되 네 형제들의 딸들 중에나 내 백성 중에 어찌 여자가 없어서 네가 할례 받
지 아니한 블레셋 사람에게 가서 아내를 맞으려 하느냐 하니 삼손이 그의 아버지에게
이르되 내가 그 여자를 좋아하오니 나를 위하여 그 여자를 데려오소서 하니라 4 그
때에 블레셋 사람이 이스라엘을 다스린 까닭에 삼손이 틈을 타서 블레셋 사람을 치
려 함이었으나 그의 부모는 이 일이 여호와께로부터 나온 것인 줄은 알지 못하였더라
5 삼손이 그의 부모와 함께 딤나에 내려가 딤나의 포도원에 이른즉 젊은 사자가 그를
보고 소리 지르는지라 6 여호와의 영이 삼손에게 강하게 임하니 그가 손에 아무것도
없이 그 사자를 염소 새끼를 찢는 것 같이 찢었으나 그는 자기가 행한 일을 부모에게
알리지 아니하였더라 7 그가 내려가서 그 여자와 말하니 그 여자가 삼손의 눈에 들
었더라 8 얼마 후에 삼손이 그 여자를 맞이하려고 다시 가다가 돌이켜 그 사자의 주
검을 본즉 사자의 몸에 벌 떼와 꿀이 있는지라 9 손으로 그 꿀을 떠서 걸어가며 먹고
그의 부모에게 이르러 그들에게 그것을 드려서 먹게 하였으나 그 꿀을 사자의 몸에
서 떠왔다고는 알리지 아니하였더라 10 삼손의 아버지가 여자에게로 내려가매 삼손이
거기서 잔치를 베풀었으니 청년들은 이렇게 행하는 풍속이 있음이더라 11 무리가 삼
손을 보고 삼십 명을 데려와서 친구를 삼아 그와 함께 하게 한지라 12 삼손이 그들에
게 이르되 이제 내가 너희에게 수수께끼를 내리니 잔치하는 이레 동안에 너희가 그것
을 풀어 내게 말하면 내가 베옷 삼십 벌과 겉옷 삼십 벌을 너희에게 주리라 13 그러나
그것을 능히 내게 말하지 못하면 너희가 내게 베옷 삼십 벌과 겉옷 삼십 벌을 줄지니
라 하니 그들이 이르되 네가 수수께끼를 내면 우리가 그것을 들으리라 하매 14 삼손
이 그들에게 이르되 먹는 자에게서 먹는 것이 나오고 강한 자에게서 단 것이 나왔느

니라 하니라 그들이 사흘이 되도록 수수께끼를 풀지 못하였더라 15 일곱째 날에 이르
러 그들이 삼손의 아내에게 이르되 너는 네 남편을 꾀어 그 수수께끼를 우리에게 알
려 달라 하라 그렇지 아니하면 너와 네 아버지의 집을 불사르리라 너희가 우리의 소
유를 빼앗고자 하여 우리를 청한 것이 아니냐 그렇지 아니하냐 하니 16 삼손의 아내
가 그의 앞에서 울며 이르되 당신이 나를 미워할 뿐이요 사랑하지 아니하는도다 우리
민족에게 수수께끼를 말하고 그 뜻을 내게 알려 주지 아니하도다 하는지라 삼손이 그
에게 이르되 보라 내가 그것을 나의 부모에게도 알려 주지 아니하였거든 어찌 그대에
게 알게 하리요 하였으나 17 칠 일 동안 그들이 잔치할 때 그의 아내가 그 앞에서 울
며 그에게 강요함으로 일곱째 날에는 그가 그의 아내에게 수수께끼를 알려 주매 그의
아내가 그것을 자기 백성들에게 알려 주었더라 18 일곱째 날 해 지기 전에 성읍 사람
들이 삼손에게 이르되 무엇이 꿀보다 달겠으며 무엇이 사자보다 강하겠느냐 한지라
삼손이 그들에게 이르되 너희가 내 암송아지로 밭 갈지 아니하였더라면 내 수수께끼
를 능히 풀지 못하였으리라 하니라 19 여호와의 영이 삼손에게 갑자기 임하시매 삼손
이 아스글론에 내려가서 그 곳 사람 삼십 명을 쳐죽이고 노략하여 수수께끼 푼 자들
에게 옷을 주고 심히 노하여 그의 아버지의 집으로 올라갔고 20 삼손의 아내는 삼손
의 친구였던 그의 친구에게 준 바 되었더라

기이한 일

사람들의 예상

사사기 13장까지의 사건만 알고 14장 이후의 이야기를 모른다면 즉 하나님의 사자가 마노아와 그의 부인에게 나타나 아들을 낳을 것과 그가 장차 블레셋 사람의 손에서 이스라엘을 구원하기 시작할 것이라는 예언을 말했고 마노아는 여호와의 사자를 한 번 더 불러내어 확인하였고 예물을 통해 거듭 확인하였다는 것까지만 알고 있을 때, 여러분이 이런 예언을 받은 부모라면 이 아이에 대해 어떤 기대를 가지시겠습니까? 예언을 들었지만 아무 일 없이 며칠이 지나다가 어느 날 문득 몸에서 태기가 느껴집니다. 임신한 십 개월 동안 무슨 생각을 하실까요? 우선 아들을 낳을 것이라고 했으니 아들인지 딸인지는 고민이 안 될 것입니다. 대신 과연 얼마만한 아들이 나올지 출산하는 날이 궁금할 것입니다. 출생 다음에는 아이의 성장에 관한 관심입니다. 여러분이 부모라면 이 아이가

어떻게 자라며, 무슨 일을 할 것이라고 기대하시겠습니까? 이 아이의 학습 능력은 어떨 것이며, 감수성은 어떨 것이며, 리더쉽은 어떨 것이라고 바라시겠습니까? 장차 이스라엘을 구원한다니 적어도 민족적인 영웅의 반열에 들거나, 나라를 위해 쓰임 받는 큰 일꾼이 될 것으로 기대하실 것입니다. 벌써부터 이 아이 때문에 부모가 받게 될 영광이 기대가 되실 것입니다. 이제부터 과연 하나님의 사자가 전하여준 예언이 어떻게 전개되는지, 여러분의 기대와 맞는지 아니면 전혀 다른지 확인해 보겠습니다.

하나님의 말씀은 예언으로 그친 것이 아니라 13장 24절 "그 여인이 아들을 낳으매 그의 이름을 삼손이라 하니라" 입니다. 실제로 임신하지 못하던 여인이 아들을 낳았습니다. 너무 좋고 기대가 컸을 것입니다. 여인의 모든 기대와 바람과 소망을 가득 담아서 지은 아이 이름이 '삼손' 입니다. 삼손의 뜻을 들어보시면 이 어머니의 소원과 기대를 단박에 알아차릴 수 있을 것입니다. 삼손의 어원은 '태양, 해' 입니다. 이 어머니는 자기 아들이 민족의 태양, 한 나라를 굽어 살피는 해 같은 존재가 되기를 바란 것입니다. 그런데 삼손이라는 이름이 단지 큰 인물이 되기를 바라는 것, 영웅이 되기를 바라는 소망을 나타내는 것만이 아니라는 것이 중요합니다. 얼핏 들으면 삼손이라는 이름에서 태양이나 해 같은 인물이 되는 것은 천문학적인 관점에서 태양을 떠올리기 쉽습니다. 그러나 마노아가 지은 삼손이라는 이름은 고대시대의 종교적인, 신화적인 관점에서 당시 가나안 지역에서 바알과 더불어 가장 추앙받던 태양신 '세메쉬' 를 연상시키는 이름입니다.

삼손의 뜻

마노아와 부인은 이스라엘 사람입니다. 자기들에게 여호와의 사자가 나타났을 때 누구인지 몰랐습니다. 그래서 이름도 물어보았고, 예물을 드려서 예물에 이적이 나타나는 것도 보았고 그제서야 여호와의 사자인 것을 알았습니다. 그렇게 알았는데도 불구하고, 그 하나님으로 말미암아 아들을 낳았음에도 불구하고 정작 그 아이의 이름은 여호와와 무관한, 단지 무관한 정도가 아니라 도리어 당시의 우상적 아이콘, 이방적 출세의 대표적 케이스, 이방 종교적 영웅의 모델로 여겨졌던 이름을 지은 것입니다. 삼손이라는 이름이 이스라엘의 신앙 상태, 이스라엘의 믿음 상태를 극단적으로 보여주는 것입니다.

하나님은 아브라함에게 약속하시는 것부터 여호수아에 이르러 약속을 완성하시는 순간까지 수많은 이적과 기적을 통해 하나님을 알리고 나타내고 보여주고 들려주고 가르쳐주셨습니다. 그러나 이스라엘이 배우지 못했습니다. 이스라엘이 가나안에 정착하여 사는 사사기에서는 이스라엘은 계속하여 여호와를 버리고 이방의 압제를 받습니다. 이방의 압제를 받는 것은 단순한 국권의 상실이나 외교권의 상실이 아니라 가장 중요한 것은 종교적 압제입니다. 각 나라마다 자신들이 섬기는 신이 있습니다. 이스라엘을 정복한 나라들이 이스라엘에게 자신들의 신을 섬길 것을 강요하는 것입니다. 사사기 10장 6절에 나오는 대로 "이스라엘 자손이 다시 여호와의 목전에 악을 행하여 바알들과 아스다롯과 아람의 신들과 시돈의 신들과 모압의 신들과 암몬 자손의 신들과 블레셋 사람들의 신들을 섬기고 여호와를 버리고 그를 섬기지 아니하므로"입니다. 이스라엘은 계속하여 이 나라의 신, 저 나라의 신들을 섬긴 것입니다. 이 나라의 신과 저 나라의 신의 공통점은 하나님이 아니라는 것입니다. 우상이요, 거짓이요, 죄의 원리에 따른 종교일 뿐이라는 것입니다. 이러한 우상적, 죄적 종교에 익숙해있는 모습이 마노아와 그의 아내에게 나타나는 것입니다. 그래서 여호와께 은총을 입으면서도 아이 이름은 우상 종교의 이름을 따서 삼손입니다. 삼손의 부모는 하나님께 예언을 듣고, 자기 아이가 이방 기준에 근거한 영웅이 되기를 소망한 것입니다. 참으로 어이없는 것입니다.

복을 주시더니

여러분이 하나님이라면 이 아이를 어떻게 하시겠습니까? 하나님의 반응이 13장 24절에 나옵니다. "그 여인이 아들을 낳으매 그의 이름을 삼손이라 하니라. 그 아이가 자라매 여호와께서 그에게 복을 주시더니"입니다. 하나님은 마노아의 행태를 다 알고 계십니다. 아들의 이름을 삼손이라고 지은 것도 알고 계십니다. 그래도 하나님은 삼손에게 복을 주십니다. 하나님이 행하시는 일이 사람 때문에 달라지는 것이 아니기 때문입니다. 삼손의 부모들은 하나님이 삼손을 통해 이스라엘을 구원한다는 것이 무슨 의미인지도 모르고, 하나님이 복을 주신다는 것이 무슨 뜻인지도 모릅니다. 하나님을 배우지 않기에, 하나님의 말씀도 자기들 마음대로 생각하고 자기들 마음대로 의미를 정해버립니다. 그들은 그럴지라도 하나님은 하나님의 일을 하십니다. 하나님이 먼지 마노아에게 말씀하셨고 하나님이 먼저 마노아에게 계획하셨습니다. 마노아가 무슨 이름을 짓든, 마노아가 어떻게 키우든 하나님의 뜻이 달라지지 않고, 하나님의 계획이 달라지지 않습니다. 이것이 하나님의 신실함이요, 이것이 우리가 하나님을 믿을 수 있는 근거입니다.

삼손에게는 하나님의 복주심이 정말로 필요했습니다. 부모들이 하나님의 말씀을 도무지 이해하지 못했습니다. 이방 신의 습관을 따라 이름을 지었다는 것은 단지 이름을 짓는 것만으로 끝났다는 것이 아닙니다. 삼손의 부모들은 삼손이 자라날 때 계속하여 이방적 방식을 따랐을 것입니다. 아들이 백일이라고 우상 앞에 갔을 것이고, 첫 돌이 지났다고 제물을 드렸을 것이고, 이방 종교에서 시키는 대로, 우상 종교에서 요구하는 대로 다 따라했을 것입니다. 하나님이 복 주시지 않았다면 정말로 태양신의 아들이 될 정도였을 것입니다. 그러니 하나님이 복을 주셔야 했던 것입니다. 하나님의 은혜를 상이라고 생각하시면 절대로 안 됩니다. 하나님의 은혜를 인간의 행동, 인간의 열심, 인간의 충성에 대한 하나님의 보답이라고 생각하시면 안 됩니다. 하나님의 은혜는 철저하게 하나님의 은혜일뿐입니다. 내가 할 수 없기에, 내가 능력이 없기에, 나에게 꼭 필요한데 내가 알지도 못하고 구하지도 않기에 하나님이 일방적으로 주시는 선물이 은혜입니다.

하나님의 의도

이상한 결혼식

앞에서 삼손이 태어나기 전만 안다고 가정해보자고 했습니다. 마노아와 아내가 아들 이름을 삼손이라고 지으면서 엄청난 기대를 가진 것을 보았습니다. 드디어 삼손이 장성하여 청년이 되었습니다. 청년 삼손의 활동이 기록된 것이 사사기 14장부터 16장까지입니다. 하나님의 예언에 의하면 "장차 블레셋 사람의 손에서 이스라엘을 구원하기 시작할 것"이라고 했습니다. 그렇다면 14장부터는 삼손이 이스라엘을 구원하는 이야기가 담겨있어야 할 것입니다. 블레셋과 전쟁을 해서 승리하거나, 블레셋을 가나안에서 몰아내고 땅을 정복하거나, 블레렛 민족들이 섬기던 우상을 파괴하고 산당을 부수는 일이 기록되어 있어야 할 것입니다. 과연 그럴까요?

14장에는 삼손이 결혼하는 이야기가 나옵니다. 결혼은 예나 지금이나 한 사람의 인생에서 가장 중요한 일이요, 한 가정이나 부족의 가장 큰 축제입니다. 그런데 삼손의 결혼은 축제가 아니라 재난입니다. 7절 "그가 내려가서 그 여자와 말하니 그 여자가 삼손의 눈에 들었더라" 그리고 10절 "삼손의 아버지가 여자에게로 내려가매 삼손이 거기서 잔치를 베풀었으니 청년들은 이렇게 행하는 풍속이 있음이더라" 입니다. 여자가 맘에 들었고 삼손이 잔치를 베풀었습니다. 신부의 친구들도 한 삼십 명쯤 불렀습니다. 잔치를 하는 동안에 삼손이 수수께끼를 내었고 친구들이 도무지 알 수가 없었습니다. 친구들은 삼손의 아내를 닦달해서 결국 삼손이 아내에게 정답을 알려 주었고, 아내는 친구들에게 정답을 알려 주어서 수수께끼를 풉니다. 그러자 결혼 잔치의 결론이 19절 이하 "여호와의 영이 삼손에게 갑자기 임하시매 삼손이 아스글론에 내려가서 그곳 사람 삼십 명을 쳐 죽이고 노략하여 수수께끼 푼 자들에게 옷을 주고 심히 노하여 그의 아버지의 집으로 올라갔고 삼손의 아내는 삼손의 친구였던 그의 친구에게 준 바 되었더라"입니다. 이게 결혼입니까, 파혼입니까?

성경을 읽으시는 대부분의 성도님들이 삼손의 결혼 이야기가 조금 의아하실 것입니다. 결혼은 말 그대로 인륜지 대사인데, 삼손은 결혼 자체가 목적이 아니라 결혼을 빙자하여 다른 일을 계획하고 있었고, 그래서 결혼에 초대된 친구들에게 도저히 알아낼 수 없는 수수께끼를 내었고, 친구들은 잔치 내내 문제를 못 풀어 고민하였고, 결국은 자기들 친구인 아내를 닦달하였고, 삼손은 결혼을 즐거워하기 보다는 문제를 푼 것에 노하였고, 심지어는 아내를 다른 사람에게 주어버리게 되었다고 합니다. 이게 납득이 됩니까? 그런데 더더욱 이해가 되지 않는 것이 이 모든 일이 하나님의 계획이었다는 것입니다. 과연 그럴까요?

성도님들은 성경을 읽다가 난해한 장면, 납득하기 어려운 장면이 나오면 성경을 이상하다고 말하거나 하나님이 이상하다고 말합니다. 성경이 이상해서 더 이상 성경이 읽기 싫다고 성경을 읽지 않는 변명을 하곤 합니다. 하지만 신이 아니라 인간도 납득이 안 되고, 의인도 아니라 죄인도 수용이 안 되는 일을 명색이 신이라는 분이, 의로우신 하나님이 행하실 리가 없습니다. 그래서 성경에서 어색하고 낯선 장면이 나오면 이상하나고만 여길 것이 아니라 이게 무엇일까, 무슨 의미일까, 왜 이런 일을 할까를 생각해야 합니다. 성경은 분명히 옳고, 하나님이 하시는 일은 분명히 정당한데 내 생각에 이상하게 여겨지면 성경을 바꿔야 하는 것이 아니라 내 생각을 바꿔야 합니다. 하나님이 결혼식을 빙자해서 한 처녀의 인생을 망치고, 친구들의 인생을 망치고, 삼십 명의 인생을 망치면 안 됩니다. 그럼 이 사건은 무엇일까요?

유대교의 오해

오해의 핵심 구절인 14장 4절을 보겠습니다. “그 때에 블레셋 사람이 이스라엘을 다스린 까닭에 삼손이 틈을 타서 블레셋 사람을 치려함이었으나 그의 부모는 이 일이 여호와께로부터 나온 것일 줄은 알지 못하였더라”입니다. 많은 사람들이 성경을 읽으면서 가장 당황해 하는 내용은 하나님이 이스라엘을 구출하고자 다른 민족을 죽여도 되느냐는 것입니다. 대표적 사건이 출애굽 사건과 가나안 정복 사건입니다. 일반적으로는 출애굽 사건은 이스라엘이 애굽에서 노예생활을 하고 있었고 이스라엘이 하나님께 부르짖자 하나님은 애굽에 열 가지의 큰 재앙을 내려서 애굽을 심판하시고 이스라엘을 구원하셨다고 합니다. 만약 하나님이 그렇게 행하셨다면 이스라엘은 하나님을 믿을 수 있겠지만 애굽은 절대로 하나님을 믿지 않을 것입니다. 여호와에 대해 자신들에게 재앙을 내린 저주의 신으로 생각하고 생각만 해도 치를 떨 것입니다. 마찬가지로 가나안 정복사건은 하나님이 이스라엘 백성에게 가나안 땅을 주시겠다고 약속하셨기에, 가나안에 사는 일곱 족속을 모조리 죽여 버리고 이스라엘이 길이길이 살도록 해주셨다고 합니다. 만약 하나님이 그렇게 행하셨다면 이스라엘은 하나님을 믿을 수 있겠지만 가나안은 절대로 하나님을 믿지 않을 것입니다. 가나안 족속들은 자신들의 땅을 빼앗겼다고 두고두고 하나님을 원망했을 것입니다. 그러니 출애굽 사건과 가나안 입성을 이스라엘만을 위한 사건으로 이해하면 안 되는 것입니다.

또 만약 이스라엘을 애굽에서 건져내고 가나안 땅에 정착하여 살게 하는 것이 하나님의 목적이었다면 가장 실패하신 분이 하나님이십니다. 출애굽 한 이스라엘이 하나님을 잘 믿은 것이 아니라 광야 생활 내내 하나님을 믿지 않았고 하나님의 말씀에 순종하지 않았기 때문입니다. 도리어 계속하여 하나님께 원망하고 불평만 하였습니다. 하나님이 이스라엘을 출애굽시켜 준 공로는 잊혀 졌고 하나님은 이스라엘의 하나님으로 섬김을 받지 못했습니다. 가나안 정복 후에도 마찬가지입니다. 이스라엘이 가나안을 정복하고 정착한 이후의 삶을 다룬 것이 바로 사사기입니다. 사사기에서 이스라엘이 하나님을 잘 믿었다는 기록을 한 번도 만나보지 못합니다. 반복적으로 나타나는 표현은 '이스라엘이 하나님을 버렸다, 이스라엘이 하나님을 떠났다, 이스라엘이 다른 신들을 섬겼다' 는 것뿐입니다. 하나님이 이스라엘을 도와준 은혜도 잊혀 졌고, 하나님이 이스라엘을 위해 수고하신 대가도 전혀 없습니다. 하나님이 구원해준 이스라엘로부터는 버림받고, 이스라엘을 구원하기 위해 애굽을 심판했다고 애굽에게는 계속하여 원한을 사고, 이스라엘에게 땅을 주기 위해 가나안을 징벌했다고 가나안에게는 계속하여 원망을 듣기만 하면 하나님은 실패자요, 하나님이 가장 미련하고 어리석은 행동을 하신 것에 불과합니다.

하나님이 이스라엘을 선택하신 것에 대해 하나님이 이스라엘만 도우신다고 주장하는 것은 기독교가 아니라 유대교입니다. 이스라엘만을 도우시는 하나님은 기독교의 하나님이 아니고, 온 인류의 하나님이 아니고 유대교가 믿는 하나님, 유대교가 구약을 오해한 하나님, 유대교가 하나님의 일하심을 왜곡한 유대교만의 하나님일 뿐입니다. 그것은 바른 이해가 아니라 틀린 이해입니다. 이스라엘의 오해, 이스라엘의 착각, 유대교의 왜곡의 핵심은 하나님이 이스라엘을 왜 선택하셨는가를 몰랐다는 것입니다. 하나님이 이스라엘을 선택하신 것, 하나님이 이스라엘을 도우신 것, 하나님이 이스라엘과 동행하신 것, 하나님이 이스라엘을 애굽에서 건져내시고 가나안에 입성하게 하신 것은 맞습니다. 그런데 왜 그렇게 하셨느냐는 것입니다. 하나님이 이스라엘을 선택하시고 도우신 목적이 무엇이었느냐에 대해 유대교는 완벽하게 오해했습니다.

계시적 사건

하나님은 인류를 창조하신 분입니다. 당연히 하나님은 모든 인류의 하나님이시고 하나님은 모든 인류를 사랑하십니다. 이 인류가 하나님께 죄를 범하여 죄인이 되자 하나님은 죄인이 된 모든 인류를 불쌍히 여기신 것입니다. 그래서 모든 인류를 구원하고자 하십니다. 하나님을 모르는 모든 인류에게 하나님을 알게 하고자 하십니다. 모든 인류에게 하나님을 알게 하기 위해 하나님이 샘플을 세우려고 선택하신 것이 이스라엘입니다. 샘플은 본체와 완벽하게 구별되는 것이 아니라 동일한 것입니다. 다만 샘플이 먼저 제시되는 것뿐입니다. 하나님이 이스라엘의 조상으로 아브라함을 선택하셨습니다. 그때 아브라함에게 하신 말씀이 창세기 12장 3절 후반부에 "땅의 모든 족속이 너로 말미암아 복을 얻을 것이라 하신지라"입니다. 절대로 '모든 족속 중에 너만 복을 얻을 것이라'가 아닙니다. 정반대로 "땅의 모든 족속이 너로 말미암아 복을 얻을 것이라"입니다. 아브라함이 복을 받습니다. 아브라함이 복을 받는 이유는 다른 사람 중에 아브라함만 잘나고 성공하기 위해서가 아니라 아브라함으로 말미암아 주변의 모든 사람이 복을 받도록 하기 위한 시작일 뿐입니다. 그래서 만약 아브라함의 주변 사람이 복을 받지 못하면 아브라함은 실패하는 것입니다.

아브라함의 성공여부는 아브라함이 복을 받았느냐에 있지 않고 아브라함의 주변 사람이 복을 받았느냐에 따라 결정되는 것입니다. 그러므로 아브라함의 후손인 이스라엘도 마찬가지입니다. 이스라엘도 복을 받습니다. 곤경에서 구출 받고 땅을 분할 받습니다. 이러한 일들은 이스라엘을 다른 민족들 중에서 특별히 복을 주기 위한 것이 아니라 이스라엘을 통하여 주변 모든 민족들에게도 복을 주기 위한 과정일 뿐입니다. 이스라엘의 성공여부는 애굽에서 나왔느냐, 가나안에 도착했느냐가 아니라 이스라엘도 복을 받고 주변 민족들도 복을 받았느냐에 따라 결정되는 것입니다. 그런데 이스라엘이 오해한 것입니다.

사건들의 이해

성경에 나타난 사건들, 하나님이 행하시는 사건들을 이해하는 중요한 요소는 하나님의 모든 사건들은 계시적 사건이라는 것입니다. 그리고 계시는 한 쪽만을 위한 것이 아니라 양 쪽 모두를 위한 것이라는 사실입니다. 출애굽 사건과 가나안 사건에 대한 바른 이해는 하나님의 계시를 이해하는 것입니다. 하나님은 이스라엘과 애굽 모두에게 하나님을 알리시려고 했던 것입니다. 하나님이 이스라엘 백성을 애굽에서 나가게 하겠다고 말씀하시자 이스라엘도 믿지 않았고 애굽도 믿지 않았습니다. 자신들의 생각에 불가능하다고 여긴 것입니다. 그런데 결국 하나님의 말씀대로 되었습니다. 이스라엘과 애굽 모두가 하나님을 배우게 하신 사건입니다. 하나님이 이스라엘 백성을 가나안에 들어가게 하겠다고 말씀하시자 이스라엘도 믿지 않았고 가나안도 믿지 않았습니다. 자신들의 생각에 불가능하다고 여긴 것입니다. 그런데 결국 하나님의 말씀대로 되었습니다. 이스라엘과 가나안 모두가 하나님을 배우게 하신 사건입니다. 물론 이스라엘도 애굽도 가나안도 아무도 하나님을 배우지 않았습니다.

사사기에 반복되는 이스라엘의 구원사역도 동일한 패턴입니다. 하나님은 이스라엘은 사랑하시고 메소보다미아나 미디안이나 가나안이나 에글론이나 블레셋은 미워하시는 것이 아닙니다. 하나님은 모두에게 하나님을 알게 하시는 것입니다. 이스라엘을 압제한 민족들은 자신들이 패할 것으로 생각하지 않고 압제당한 이스라엘은 자신들이 구출될 것으로 기대하지 않았습니다. 그때 하나님이 사사를 세우신 것입니다. 가장 안 될 것 같아 보이는 사람, 가장 안 될 것 같아 보이는 방법, 가장 안 될 것 같아 보이는 때에 하나님이 행하시는 것입니다. 그래서 이긴 자와 패한 자 모두가 하나님은 말씀대로 행하시는 분임을 깨달아 알게 하시는 것입니다. 그 사건, 그 인물을 통해 하나님이 옳다는 것을 판단하게 해 주는 장치가 사사인 것입니다. 절대로 일방적인 진멸사건이나 한 지파나 족속을 멸절시키는 사건이 아닙니다. 14장 4절의 표현이 오해하기 딱 좋게 되어있습니다. "그 때에 블레셋 사람이 이스라엘을 다스린 까닭에 삼손이 틈을 타서 블레셋 사람을 치려함이었으나 그의 부모는 이 일이 여호와께로부터 나온 것인 줄은 알지 못하였더라" 입니다. 중요한 표현이 '치려함이었으나' 입니다. 여기서 친다는 것은 공격한다는 것이 아니고 블레셋을 기습한다는 것이 아닙니다. 도리어 '기회를 찾다, 때를 구하다' 라는 뜻입니다. 즉 하나님이 이스라엘과 블레셋에게 하나님을 알릴 기회를 만들고 하나님을 계시할 사건을 만들어내신다는 것입니다.

성경에서 이방들이, 타 민족들이, 사람들이 전쟁을 하는 이유와 하나님이 전쟁을 하는 이유가 완전히 다른 것입니다. 사람들은 정복 전쟁이고 하나님은 방어 전쟁이라는 차이가 아닙니다. 사람들은 침략 전쟁이고 하나님은 평화 전쟁이라는 차이가 아닙니다. 사람들은 영토 확장이 목적이고 하나님은 자기 땅 지키는 전쟁이라는 차이가 아닙니다. 그 이상, 훨씬 이상입니다. 사람들의 전쟁은 전쟁일 뿐이고 하나님의 전쟁은 계시적 사건이라는 것입니다. 계시가 목적이 아니라면 하나님은 전쟁을 하실 이유가 없습니다. 계시가 목적이 아니라면 하나님은 사람들이 서로 알아서 싸우는 일에 끼어드실 이유가 없습니다. 계시가 목적이 아니라면 하나님이 말도 안 되는 일만 골라서 하실 이유가 없습니다. 계시가 목적이 아니라면 하나님이 말도 안 듣는 백성들과 동행하실 이유가 없습니다. 계시가 목적이 아니라면 하나님이 전혀 듣지도 배우지도 않는 사람들에게 이적과 기적을 베푸실 이유가 없습니다.

사사기에서만도 하나님은 여러 차례 전쟁을 치르셨고, 이스라엘을 구원해 주셨고, 평온을 주셨습니다. 그런데 이스라엘이 평온을 누리지 못했습니다. 나라가 독립을 못해서 평온을 누리지 못한 것이 아닙니다. 영토가 좁아서 평온을 누리지 못한 것이 아닙니다. 이스라엘에 인재가 없어서 리더가 없어서 평온을 누리지 못한 것이 아닙니다. 이스라엘이 경제 성장률이 낮아서 평온을 누리지 못한 것이 아닙니다. 이스라엘이 부정과 부패 때문에 평온을 누리지 못한 것이 아닙니다. 오직 하나, 이스라엘이 하나님을 몰라서 평온을 누리지 못했습니다. 자신들의 문제가 죄라는 것을 몰랐고, 죄를 이기고 자유와 평화와 안식을 누리려면 하나님을 알고 하나님의 마음과 원리와 방법이어야 한다는 것을 몰랐던 것입니다. 그러한 이스라엘에게 하나님이 행하실 일이 무엇입니까? 전쟁이요? 아니요. 영토 확장이요? 아니요. 리더 선출이요? 아니요. 하나님을 알리는 것입니다. 하나님을 가르치는 것입니다. 하나님이 삼손을 세우셨습니다. 이유는 이 사람을 통해 하나님을 알리기 위해서입니다. 하나님이 삼손을 통해 결혼식을 행하려고 하십니다. 이유는 이 사건을 통해 하나님을 알리기 위해서입니다.

여호와의 영이

하나님의 일, 인간의 일

성경을 읽을 때 반드시 주의해야 할 것을 또 하나 살펴보겠습니다. 성경에 나타난 사건 중에 하나님이 행하시는 일과 사람이 행하는 일을 구분할 줄 알아야 한다는 것입니다. 예를 들면 이런 것입니다. 한나가 아이가 없다가 하나님의 은혜로 아들을 낳고 이름을 사무엘이라고 지었습니다. 한나에게 아들을 주신 것은 하나님이 행하신 일입니다. 왜냐하면 한나는 아이를 낳지 못하는 여인이었기 때문입니다. 한나가 아이를 낳을 수 있는 여자였다면 기도할 이유가 없고 그냥 낳으면 됩니다. 또 한나가 기도해서 아들을 낳은 것도 아닙니다. 왜냐하면 기도가 아이 낳는 방법이 아니요, 기도하고도 아이 낳지 못한 사람이 수도 없이 많기 때문입니다. 비록 출산은 한나가 했지만 한나가 아들을 낳은 것은 하나님이 행하신 일입니다. 그런데 한나는 젖을 뗀 후에 사무엘을 성전에 데려가 여호와께 바칩니다. 이것은 한나가 행한 일입니다. 하나님은 사무엘을 달라고 하신 적이 없고, 사무엘을 성전에 바치라고 요구한 적이 없고, 레위지파도 아닌데 평생을 제사장 수종들면서 살라고 명령한 적도 없습니다. 한나가 독단적으로, 한나가 자의적으로, 한나가 지극히 자기 생각으로 행한 것입니다. 한나의 행동에 대해 하나님이 은혜를 주셔서 사무엘을 돌보아 주신 것입니다.

다윗의 경우도 마찬가지입니다. 다윗을 이스라엘의 왕으로 기름 부으신 것은 전적으로 하나님이 행하신 일입니다. 다윗이 어렸을 적부터 지도자가 될 만한 명석한 지혜를 과시한 것도 아니고, 이스라엘에서 두각을 나타낼만한 업적을 행한 것도 없고, 백성들의 전폭적인 지지를 가진 영향력있는 세력의 대표도 아니었고, 조직과 경영에 탁월한 재능을 보여준 것도 아니었습니다. 아무도 다윗을 눈여겨보지 않을 때 하나님이 다윗을 왕으로 선택하셨습니다. 어느 날 다윗이 골리앗과 대면합니다. 이것은 전적으로 인간이 행한 것입니다. 하나님이 소년 다윗을 거인 장군 골리앗 앞에 억지로 세운 것이 아닙니다. 다윗이 전쟁터에 나가게 된 것은 아버지가 형들 면회 가라고 해서 갔던 것일 뿐입니다.

하나님이 행하신 일과 사람이 행하는 일을 구분하셔야 합니다. 하나님은 하나님의 목적을 위해 인간을 하나님 마음대로 좌지우지 하시는 분이 아닙니다. 하나님은 한 가지 일을 하시려면 그 일을 당사자에게 알게 하시고 당사자가 그 일을 수용하고 감당할 수 있도록 설득하고 설득하십니다. 그래서 하나님의 일은 인간이 억지로 행하는 경우나, 마지못해서 하는 경우나, 두렵고 떨려서 하는 경우는 없는 것입니다. 하나님은 이렇게 인간에게 자상하고 친절하신데 인간은 막무가내입니다. 하나님께 묻지도 않고, 상의하지도 않고 자기 마음대로 이런저런 일을 행합니다. 그러한 인간의 행동에 대해 하나님은 선용하셔서 은혜를 주시고, 본인에게 전화위복이 되게 하시고, 이스라엘에게 계시가 되게 하시는 것입니다. 그래서 성경을 보실 때나, 간증을 하거나 들을 때 이것이 하나님이 행하시는 일인가, 인간이 행하는 일인가를 잘 구분하셔야 합니다.

여호와의 영이, 삼손이

삼손 이야기에는 유난히 반복되는 표현이 있습니다. '여호와의 영' 이 임한다는 것입니다. 13장 25절은 "여호와의 영이 그를 움직이기 시작하셨더라" 입니다. 삼손이 여호와의 영을 구하거나 다룬 것이 아니라 여호와이 영이 삼손을 감동시키고 움직이게 한 것입니다. 이런 표현이 등장하는 것은 삼손의 능력은 삼손 개인의 능력이 아니라 전적으로 하나님이 주신 것임을 강조하는 것입니다. 14장 6절 "여호와의 영이 삼손에게 강하게 임하니", 14장 19절 "여호와의 영이 삼손에게 갑자기 임하시매", 15장 14절에도 "여호와이 영이 삼손에게 갑자기 임하시매" 입니다. 강하게 임하는 것과 갑자기 임하는 것은 같은 단어입니다. 이 표현이 강조하려는 것도 삼손이 행한 능력이 삼손의 능력이 아니라 하나님이 주셨다는 것입니다.

14장 5절에서 삼손이 어린 사자를 마치 염소 새끼를 찢는 것 같이 찢을 수 있는 힘이 있었습니다. 그 힘을 하나님이 주신 것입니다. 평상시에 삼손이 근육 운동을 많이 한 결과가 아니요, 그 동안 삼손의 머리가 길어서 힘이 내장되어 있었던 것이 아니라는 것입니다. 14장 19절에서 삼손이 삼십 대 일로 싸워서 삼십 명을 쳐 죽입니다. 이 힘을 하나님이 주셨다는 것입니다. 평상시 삼손이 유기농만 먹었거나 닭 가슴살만 먹어서 강한 힘을 소유하고 있었던 것이 아니라는 것입니다. 15장 14절에 보면 삼손이 나귀의 새 턱뼈로 천 명을 죽였습니다. 천 명을 죽이려면 적어도 나귀 뼈를 천 번을 휘둘러야 합니다. 펀치력과 더불어 지구력도 있어야 합니다. 그 강도와 지구력을 하나님이 주셨다는 것입니다. 하나님이 삼손의 출생을 예언하셨고, 그 아이가 자라매 하나님이 그에게 복을 주셨고, 여호와의 영이 그를 움직이기 시작했습니다. 이것은 하나님이 행하신 일이요, 삼손의 힘과 능력은 하나님의 힘이요, 하나님의 능력입니다.

삼손 개인이 행한 일도 있습니다. 어느 날 삼손이 길을 가다가 어린 사자를 만납니다. 삼손이 이 사자를 찢어죽입니다. 또 삼손이 장가를 들었는데 친구들과 내기를 해서 결국에는 져서 옷 삼십 벌을 내주어야 했습니다. 그러자 삼손은 아스글론에 내려가서 그 곳 사람 삼십 명을 쳐 죽이고 노략합니다. 또 16장에 의하면 삼손이 가사에 있는 기생집에 들어갔는데 사람들이 잡으러 오자 성 문짝들과 문설주와 문빗장을 빼어 가지고 나와 버립니다. 이런 것들은 삼손이 행한 것입니다. 하나님이 삼손을 세우셨고 여호와이 영이 삼손에게 임하였다는 사실이 삼손이 하는 모든 일은 전부 하나님이 행하시는 일이요, 하나님의 뜻이라는 의미가 아니라는 것입니다. 다윗의 경우를 예를 들면, 하나님이 다윗을 왕으로 세우셨습니다. 이것은 하나님이 행하신 일입니다. 그런데 다윗이 왕위에 올라 우리야를 죽이고 밧세바를 취합니다. 이것은 다윗이 행한 일입니다. 하나님이 다윗을 왕으로 세웠기에 다윗이 왕위에서 행한 일도 모두 하나님의 뜻이요, 하나님의 지혜요, 하나님의 능력이라고 생각하면 안 됩니다.

삼손에 대한 이야기는 15, 16장까지 이어집니다. 그런데 안타깝게도 하나님의 예언으로 태어난 삼손이, 여호와의 영이 임한 삼손이 이스라엘을 위해 선한 일을 하는 경우가 없습니다. 힘이 장사인 삼손이 문제를 해결하는 것이 아니라 언제나 문제만 일으키는 장본인이 됩니다. 하나님께 받은 은혜, 하나님께 받은 은사, 하나님께 받은 세움을 가장 어리석게 사용하는 것입니다. 성도님들이 오해하는 것이 이 부분입니다. 하나님이 어떤 사람에게 은사를 주시고 달란트를 주셨습니다. 하나님은 은사를 주신 것입니다. 그런데 그 사람이 은사를 엉뚱하고 이상하게 씁니다.

그때 하나님이 은사를 주셨다는 것과 그 사람이 은사를 사용하는 것을 구별하셔야 한다는 것입니다. 하나님은 은사를 주셨는데 그 사람이 은사를 잘못 사용한 것입니다. 하나님이 은사를 주셨다는 것 때문에 그 사람의 행위까지 용납되고 수용되어야 하는 것이 아니라는 것입니다. 은혜를 받거나 은사를 받거나 직분을 받은 당사자도 이것을 잘 인식해야 하고, 주변에 은혜를 받거나 은사를 받거나 직분을 받은 사람을 대하는 사람도 이것을 잘 인식해야 합니다. 어떤 분은 본인이 은혜나 은사를 받으면 마치 하나님으로부터 전권을 위임받은 것으로 착각하십니다. 아니요. 절대로 그렇지 않습니다. 단지 은사를 받았을 뿐입니다. 이제부터 그 은사를 하나님의 뜻에 맞게 잘 사용하려고 더욱 기도하고, 더욱 말씀 보고, 더욱 신중해야 합니다.

29

할례 받지 못한 자들

사사기 15 : 1 ~ 20

1 얼마 후 밀 거둘 때에 삼손이 염소 새끼를 가지고 그의 아내에게로 찾아 가서 이르
되 내가 방에 들어가 내 아내를 보고자 하노라 하니 장인이 들어오지 못하게 하고 2
이르되 네가 그를 심히 미워하는 줄 알고 그를 네 친구에게 주었노라 그의 동생이 그
보다 더 아름답지 아니하냐 청하노니 너는 그를 대신하여 동생을 아내로 맞이하라 하
니 3 삼손이 그들에게 이르되 이번은 내가 블레셋 사람들을 해할지라도 그들에게 대
하여 내게 허물이 없을 것이니라 하고 4 삼손이 가서 여우 삼백 마리를 붙들어서 그
꼬리와 꼬리를 매고 홰를 가지고 그 두 꼬리 사이에 한 홰를 달고 5 홰에 불을 붙이
고 그것을 블레셋 사람들의 곡식 밭으로 몰아 들여서 곡식 단과 아직 베지 아니한 곡
식과 포도원과 감람나무들을 사른지라 6 블레셋 사람들이 이르되 누가 이 일을 행하
였느냐 하니 사람들이 대답하되 딤나 사람의 사위 삼손이니 장인이 삼손의 아내를 빼
앗아 그의 친구에게 준 까닭이라 하였더라 블레셋 사람들이 올라가서 그 여인과 그의
아버지를 불사르니라 7 삼손이 그들에게 이르되 너희가 이같이 행하였은즉 내가 너희
에게 원수를 갚고야 말리라 하고 8 블레셋 사람들의 정강이와 넓적다리를 크게 쳐서
죽이고 내려가서 에담 바위틈에 머물렀더라 9 이에 블레셋 사람들이 올라와 유다에
진을 치고 레히에 가득한지라 10 유다 사람들이 이르되 너희가 어찌하여 올라와서 우
리를 치느냐 그들이 대답하되 우리가 올라온 것은 삼손을 결박하여 그가 우리에게 행
한 대로 그에게 행하려 함이로라 하는지라 11 유다 사람 삼천 명이 에담 바위틈에 내
려가서 삼손에게 이르되 너는 블레셋 사람이 우리를 다스리는 줄을 알지 못하느냐 네
가 어찌하여 우리에게 이같이 행하였느냐 하니 삼손이 그들에게 이르되 그들이 내게
행한 대로 나도 그들에게 행하였노라 하니라 12 그들이 삼손에게 이르되 우리가 너를
결박하여 블레셋 사람의 손에 넘겨주려고 내려왔노라 하니 삼손이 그들에게 이르되
너희가 나를 치지 아니하겠다고 내게 맹세하라 하매 13 그들이 삼손에게 말하여 이르
되 아니라 우리가 다만 너를 단단히 결박하여 그들의 손에 넘겨 줄 뿐이요 우리가 결

단코 너를 죽이지 아니하리라 하고 새 밧줄 둘로 결박하고 바위 틈에서 그를 끌어내
니라 14 삼손이 레히에 이르매 블레셋 사람들이 그에게로 마주 나가며 소리 지를 때
여호와의 영이 삼손에게 갑자기 임하시매 그의 팔 위의 밧줄이 불탄 삼과 같이 그의
결박되었던 손에서 떨어진지라 15 삼손이 나귀의 새 턱뼈를 보고 손을 내밀어 집어들
고 그것으로 천 명을 죽이고 16 이르되 나귀의 턱뼈로 한 더미, 두 더미를 쌓았음이여
나귀의 턱뼈로 내가 천 명을 죽였도다 하니라 17 그가 말을 마치고 턱뼈를 자기 손에
서 내던지고 그 곳을 라맛 레히라 이름하였더라 18 삼손이 심히 목이 말라 여호와께
부르짖어 이르되 주께서 종의 손을 통하여 이 큰 구원을 베푸셨사오나 내가 이제 목
말라 죽어서 할례 받지 못한 자들의 손에 떨어지겠나이다 하니 19 하나님이 레히에서
한 우묵한 곳을 터뜨리시니 거기서 물이 솟아나오는지라 삼손이 그것을 마시고 정신
이 회복되어 소생하니 그러므로 그 샘 이름을 엔학고레라 불렀으며 그 샘이 오늘까지
레히에 있더라 20 블레셋 사람의 때에 삼손이 이스라엘의 사사로 이십 년 동안 지냈
더라

하나님의 말씀

교회 개혁

어느 시대든 기독교에 요구되는 교회 개혁은 크게 두 가지가 핵심입니다. 하나는 목회자의 독단을 막자는 것이요, 다른 하나는 교회 재정을 투명하게 밝히라는 것입니다. 이것은 아주 간단하게, 재정은 밝히면 되는 것이요, 목회자의 독단은 목회자가 자신이 성도임을 인식하면 됩니다. 그런데 교회가 쉽사리 개혁되지 않는 이유는 목사와 성도가 성경을 읽지 않기 때문입니다. 성경을 읽어야 성경에 대한 이해가 달라질 수 있습니다. 성경 내용에 대한 이해가 변해야 그 동안 가지고 있는 신앙 인식, 교회 인식, 종교 인식, 목사 인식이 변할 수 있고, 그것이 변해야 교회가 변하고 기독교가 변하는 것입니다.

루터가 종교 개혁을 위해 가장 집중했던 것이 바로 성서 번역입니다. 당시의 성경은 모두 라틴어로 쓰여 졌고 절대로 번역을 하지 못하게 법으로 정해져 있어서, 성도들 중에 성경을 읽은 사람이 없었습니다. 또 교회에서 미사 시간에 설교 할 때에도 라틴어로 설교해서 설교를 알아듣는

사람이 아예 없었습니다. 즉 당시 교회는 성도들에게 성경을 읽어야 하고, 성경을 알아야 한다는 것을 원천적으로 차단한 것입니다. 루터는 로마 교회 사제였는데 묵상이나 기도를 통해서가 아니라 성경을 읽으면서 자신이 알고 있던 것과 성경이 말하는 것이 다르다는 것을 알게 되었고, 성경으로 말미암아 자기의 생각이 변하는 것을 알게 된 것입니다. 당연히 루터는 교회가 개혁하려면 사람들의 생각이 변해야 하고, 생각이 변하려면 루터 자신이 설교를 잘하거나 강연을 많이 해야 한다고 생각한 것이 아니라 '성도가 직접 성경을 읽어야 한다' 는 것이었습니다. 루터는 성도들이 성경을 읽어서 성도들이 가지고 있는 사고방식이 하나님의 사고방식, 하나님의 인식체계로 바뀌면 저절로, 당연하게 교회가 성경을 따라갈 것으로 기대했던 것입니다. 성경을 통해서 성도의 신앙이 변화되지 않는 한 교회 개혁은 교회 개혁이 아니라 교회 운영의 주도권 교체나 운영 방식의 변화밖에 되지 않습니다.

과연 어려운가?

성경을 읽기 시작하면 나타나는 반응 중의 하나가 하나님이 요구하는 것이, 신앙의 조건이 매우 어렵다고 오해하는 것입니다. 출애굽기 19장에는 이스라엘이 출애굽 한 후 시내산에 도착하였을 때 하나님이 이스라엘에게 하시는 말씀이 나옵니다. 5절 이하 "세계가 다 내게 속하였나니 너희가 내 말을 잘 듣고 내 언약을 지키면 너희는 모든 민족 중에서 내 소유가 되겠고 너희가 내게 대하여 제사장 나라가 되며 거룩한 백성이 되리라"입니다. 분명히 이렇게 기록되어 있습니다. 이렇게 기록되어 있으니 하나님의 말씀은 조건적이라고 해야 합니까? '너희가 내 말을 잘 듣고 내 언약을 지키면' 이라고 되어 있으니 만약 말을 잘 안 듣고 언약을 지키지 않으면 하나님의 소유가 안 되고, 제사장 나라와 거룩한 백성이 못 되는 것입니까? 과연 그럴까요?

이런 구절이 있으면 그 앞도 살펴보아야 합니다. 하나님은 시내산에서 조건을 제시하고 계신 것이 아닙니다. 하나님이 처음 모세를 만났을 때 하신 말씀이 출애굽기 3장 10절입니다. "이제 내가 너를 바로에게 보내어 너에게 내 백성 이스라엘 자손을 애굽에서 인도하여 내게 하리라"고 하셨습니다. 이미 하나님은 이스라엘을 내 백성이라고 선언하고 계십니다. 이스라엘에게 어떤 것도 요구하지 않았고 어떤 조건도 달지 않고 하나님이 스스로, 하나님이 먼저 이스라엘을 하나님의 백성이라고 선언해 주신 것입니다. 또 하나님은 하나님과 이스라엘의 관계를 바로에게도 당당하게 선포하셨습니다. 출애굽기 4장 22절 "너는 바로에게 이르기를 여호와의 말씀에 이스라엘은 내 아들 내 장자라"입니다. 하나님은 이미 이스라엘의 하나님이요, 이스라엘은 이미 하나님의 백성입니다. 이스라엘이 언약을 지키지 않았어도, 아니 심지어는 아예 지킬 언약조차 아식 없을 때 이미 백성 삼으셨습니다. 하나님이 이스라엘을 애굽에서 구출하셨습니다. 하나님의 백성이기 때문입니다. 하나님이 광야에서 이스라엘을 공급하셨습니다. 그 이유는 하나님의 백성이기 때문입니다. 이렇게 이미 하나님의 백성으로 선언하셨는데 출애굽기 19장에 와서 갑자기 하나님은 지금까지의 모든 선언을 취소하시고, 이제 새롭게 조건을 제시하는 것일까요? 절대로 그렇지 않습니다.

만약 하나님의 말씀이 조건이었다면 저와 여러분은 출애굽기 19장 이후부터 이스라엘을 볼 수 없었어야 합니다. 이스라엘은 하나님 말씀을 잘 듣지 않았고 하나님의 언약을 전혀 지키지 않았으니, 이스라엘은 하나님의 소유가 되지 못하고 거룩한 백성이 되지 못했어야 했기 때문입니다. 이스라엘이 하나님의 소유도 아니요, 하나님의 백성도 아니라면 하나님이 이스라엘과 동행하고 지켜주고 구원해주실 리가 없었던 것입니다. 과연 그랬나요? 저와 여러분은 민수기에서 이스라엘이 광야생활 사십 년 내내 하나님의 말씀을 듣지 않고 언약을 지키지 않음에도 불구하고 하나님이 계속하여 공급하고 책임지고 돌보시고 구원하시는 것을 목도합니다. 하나님께 왜 약속을 지키지 않느냐고 원망하시겠습니까? 하나님 말씀을 안 들었으니 만나의 공급을 끊으셔야 하나님이 정의롭고 공평하시다고 주장하시겠습니까? 아닐 것입니다. 한 구절만 읽고 성경을 오해하면 안 됩니다.

과연 저주인가?

성경을 읽기 시작하면 나타나는 반응 중의 또 다른 하나가 하나님의 말씀이 매우 무섭다고 오해하는 것입니다. 성경을 읽기가 겁난다는 것입니다. 충분히 이해가 가고 예상하고 있던 반응입니다. 하나님 말씀이 무섭다고 생각하게 되는 이유는 성경을 한 곳만 보기 때문입니다. 무서운 곳만 읽은 것이 아닙니다. 성경에서 무서운 곳은 없습니다. 단지 한 곳만 읽었기 때문에 오해하는 것입니다. 예를 들어보겠습니다. 하나님의 말씀이, 마치 순종하면 복 받고 불순종하면 저주받는 것이라는 확신이 들을 만하게 기록되어 있는 곳이 신명기 28장입니다. 그 중에 저주부분을 읽어보겠습니다. 신명기 28장 47절 이하 "네가 모든 것이 풍족하여도 기쁨과 즐거운 마음으로 네 하나님 여호와를 섬기지 아니함으로 말미암아 네가 주리고 목마르고 헐벗고 모든 것이 부족한 중에서 여호와께서 보내사 너를 치게 하실 적군을 섬기게 될 것이니 그가 철 멍에를 네 목에 메워 마침내 너를 멸할 것이라 곧 여호와께서 멀리 땅 끝에서 한 민족을 독수리가 날아오는 것 같이 너를 치러 오게 하시리니 이는 네가 그 언어를 알지 못하는 민족이요 그 용모가 흉악한 민족이라 노인을 보살피지 아니하며 유아를 불쌍히 여기지 아니하며 네 가축의 새끼와 네 토지의 소산을 먹어 마침내 너를 멸망시키며 또 곡식이나 포도주나 기름이나 소의 새끼나 양의 새끼를 너를 위하여 남기지 아니하고 마침내 너를 멸절시키리라 그들이 전국에서 네 모든 성읍을 에워싸고 네가 의뢰하는 높고 견고한 성벽을 다 헐며 네 하나님 여호와께서 네게 주시는 땅의 모든 성읍에서 너를 에워싸리니 네가 적군에게 에워싸이고 맹렬한 공격을 받아 곤란을 당하므로 네 하나님 여호와께서 네게 주신 자녀 곧 네 몸의 소생의 살을 먹을 것이라"입니다. 들어보시니 기분이 어떠십니까? 기독교의 소식은 복음인데 들으시니 기쁘게 들리십니까? 아주 살벌합니다. 어쩌면 표현을 해도 이렇게 잔인하게 합니까?

실감이 안 나실 것 같아 조금 더 읽어드리겠습니다. 신명기 28장 58절부터입니다. "네가 만일 이 책에 기록한 이 율법의 모든 말씀을 지켜 행하지 아니하고 네 하나님 여호와라 하는 영화롭고 두려운 이름을 경외하지 아니하면 여호와께서 네 재앙과 네 자손의 재앙을 극렬하게 하시리니 그 재앙이 크고 오래고 그 질병이 중하고 오랠 것이라 여호와께서 네가 두려워하던 애굽의 모든 질병을 네게로 가져다가 네 몸에 들어붙게 하실 것이며 또 이 율법 책에 기록하지 아니한 모든 질병과 모든 재앙을 네가 멸망하기까지 여호와께서 네게 내리실 것이니 너희가 하늘의 별 같이 많을지라도 네 하나님 여호와의 말씀을 청종하지 아니하므로 남는 자가 얼마 되지 못할 것이라"입니다. 이 말씀을 하신 분이 사랑의 하나님, 긍휼의 하나님, 자비의 하나님이라는 확신이 드십니까? 과연 하나님이 친절하시고 자상하시죠? 사람들은 이런 성경구절을 읽으면서 깜짝 깜짝 놀랍니다. 하나님의 잔인성에 놀라고 성경의 표현의 신랄함에 매우 당황합니다. 자연스레 하나님을 무서워하고, 차라리 하나님을 모르고 성경을 모르는 것이 낫다고 생각합니다.

하나님의 실상

신명기에 하나님이 불순종하는 자들에게, 하나님을 떠나는 자들에게 마치 저주와 같은 재앙을 선언하는 내용이 나오는 것이 분명합니다. 신명기를 지나면 여호수아서에서 이스라엘이 가나안 지역에 정착을 하고 드디어 가나안에서 이스라엘이 사는 모습이 등장하는 것이 사사기입니다. 사사기에서 이스라엘은 하나님을 섬기지 않습니다. 이스라엘은 영화롭고 두려운 이름을 경외하지 않습니다. 이스라엘은 하나님의 말씀을 지키지 않습니다. 도리어 이스라엘은 하나님을 버리고, 하나님을 떠나고 다른 신들을 섬깁니다. 그렇다면 이들은 어떻게 되었을까요? 앞에서 읽었던 신명기 28장의 저주에 관한 부분에 의하면 하나님은 이스라엘을 멸절시키셔야 했고, 이스라엘은 자녀의 살을 먹게 되어야 하는 것입니다. 하나님이 그렇게 행하셨나요? 하나님이 적군을 일부러 끌어오셨나요? 이스라엘의 가축과 토지의 소산과 모든 것이 완전히 초토화되었나요? 이스라엘의 모든 성읍이 다 무너졌나요? 신명기 28장에 예언된 두렵고 살벌하고 잔인한 저주는 결코 실현되지 않았습니다. 이스라엘은 하나님 말씀에 순종하지 않았지만 하나님은 이스라엘에게 잔인하게 보복하지 않았습니다.

사사기를 여러 번 읽으시면 납득이 되실 것입니다. 사사기에서 발견하는 내용이 무엇입니까? 하나님의 저주가 아니라 구원입니다. 하나님의 심판이 아니라 긍휼입니다. 적군을 몰고 온 것이 아니라 몰아내셨습니다. 이스라엘에게 공포와 불안을 주신 것이 아니라 평온함을 주셨습니다. 성경을 읽을 때 신명기 28장을 읽었다면 당연히 그 다음도 읽었어야 합니다. 예언이 나왔으면 그 다음도 읽어서 예언이 실현되었는지도 확인했어야 합니다. 사사기에서 하나님은 이전에 예언하신 저주를 행하지 않으셨습니다. 도리어 하나님은 전혀 예언하지 않으신 행동을 하셨습니다. 하나님이 미리 밝히지 않은 행동을 하셨습니다. 하나님은 하나님 말씀을 순종하지 않고 어려움을 겪는 백성을 불쌍히 여기겠다고 말씀하지 않았습니다. 그런데 하나님은 불쌍히 여겨주셨습니다. 이게 불만이십니까? 하나님은 하나님을 버리고 떠난 자들을 도와주시겠다고 약속하신 적이 없습니다. 그런데 하나님은 하나님을 떠난 자들을 찾아가셔서 먼저 도와주셨습니다. 이런 하나님이 싫으십니까? 하나님은 이스라엘을 위해 사사를 세우시겠다고, 그 사사에게 하나님의 영을 임하게 하시겠다고 예언하신 적이 없습니다. 그런데 하나님은 이스라엘이 위기에 처할 때마다 사사를 세우셨고 하나님의 영을 주어 이스라엘을 구출하셨습니다. 왜 하나님 마음대로 하시느냐고 비난하실 것입니까? 왜 말씀하신 대로 저주를 퍼붓지 않고 구원하셨느냐고 따지고 싶습니까? 하나님은 공의로와야 하시는데 말씀대로 하시지 않으니까 하나님의 은혜와 구원을 받아들일 수 없다고 거부하시겠습니까? 신명기 28장을 읽으면 하나님이 두렵게 느껴질 수 있습니다. 그러나 사사기를 읽어보면 모든 두려움은 사라지고 도리어 하나님의 위로와 긍휼과 자비와 구원을 보게 되고 평안을 느낄 수 있습니다. 성경을 계속해서 읽어야 하는 이유입니다.

사람의 반응, 하나님의 반응

막장 인생

성경에서 하나님이 아주 변화무쌍하게 등장하십니다. 어떨 때는 말씀하신 대로 행하시고, 어떨 때는 말씀과는 전혀 다르게, 종잡을 수 없게 행동하시기도 합니다. 이런 하나님을 보고 사람들은 '도대체 하나님을 가늠할 수가 없다, 하나님이 일관성이 없다, 하나님이 막장이다' 라고 조롱하기도 합니다. 이것이 인간의 어리석음의 극치입니다. 하나님이 왜 그렇게 행동하시는지를 전혀 생각하지 않는 것입니다. 하나님의 모든 행동은 인간을 위한 것이라는 것을, 인간이 워낙 천방지축으로 행동하니까 한 때는 인간을 얼르고, 한 때는 인간을 달래시는 것인을 알지 못하는 것입니다. 하나님이 그렇게 행동하지 않으시면, 인간은 이미 자멸하고 패망하고 온갖 죄악이 판치는 극도의 곤고한 삶을 살았을 것임을 알지 못하는 것입니다.

죄인의 모습, 더 나아가 하나님께 은혜 받았음에도 은혜를 알지 못하는 죄인의 모습, 하나님의 은혜로 출생하고 하나님의 영이 임하고 하나님의 복을 받았음에도 불구하고 전혀 하나님의 은혜와 복을 누리지 못하고 패역한 삶을 사는 죄인의 모습을 발견하는 것이 바로 삼손의 삶입니다. 삼손의 삶을 한 마디로 표현하라고 하면 가장 적절한 표현이 '막장 인생' 으로 아주 개망나니입니다. 14장에서는 딤나에 사는 여자를 마음에 들어 해서 결혼 잔치를 했는데 곤란한 문제로 하객들을 곤경에 빠뜨렸고 결국은 삼십 명을 쳐 죽였고 아내도 친구에게 내어주고 말았습니다. 이스라엘을 구원하는 것도 아니고 그렇다고 블레셋을 물리치는 것도 아닙니다. 삼손의 아내 되었다가 잔치 끝나자마자 삼손의 친구에게 가게 된 여인의 삶을 망쳐놓은 것입니다.

15장에는 그 여자와 관련된 내용이 이어집니다. 1절에 의하면 얼마 후에 삼손이 아내를 찾아갔다고 합니다. 당연히 못 만납니다. 그러자 삼손이 또 막장 행동을 합니다. 4절과 5절 "삼손이 가서 여우 삼백 마리를 붙들어서 그 꼬리와 꼬리를 매고 홰를 가지고 그 두 꼬리 사이에 한 홰를 달고 홰에 불을 붙이고 그것을 블레셋 사람들의 곡식 밭으로 몰아 들여서 곡식 단과 아직 베지 아니한 곡식과 포도원과 감람나무들을 사른지라"입니다. 곡식을 약탈해간 것보다 더 잔인한 것입니다. 그 결과가 6절 후반부 "블레셋 사람들이 올라가서 그 여인과 그의 아버지를 불사르니라"입니다. 삼손의 행동이 자신의 아내와 장인을 죽게 만든 것입니다. 그러자 이번에는 삼손이 또 나섭니다. 7절 이하 "삼손이 그들에게 이르되 너희가 이같이 행하였은즉 내가 너희에게 원수를 갚고야 말리라 하고 블레셋 사람들의 정강이와 넓적다리를 크게 쳐서 죽이고 내려가서 에담 바위틈에 머물렀더라"입니다. 이랬다고 수십 명 죽이고, 저랬다고 곡식 다 불태워버리고, 이래서 자기 가족 죽이고, 원수 갚는다고 다른 사람 또 죽이고 삼손이 가는 곳마다 살육이 발생하고, 삼손이 하는 행동마다 불안과 공포가 생깁니다. 삼손의 행동을 통해서 하나님이 드러나지도 않고, 삼손의 행동을 통해서 이스라엘이 평화를 누리지도 못합니다. 결국은 삼손의 행동에 대해 블레셋이 불만을 터뜨리는 것이 아니라 같은 민족, 같은 백성, 이스라엘 사람들이 불만을 터뜨립니다.

이스라엘 사람들이 블레셋을 원망하거나 탓하지 않고 삼손을 원망하고 탓하는 것입니다. 11절 "유다 사람 삼천 명이 에담 바위틈에 내려가서 삼손에게 이르되 너는 블레셋 사람이 우리를 다스리는 줄을 알지 못하느냐? 네가 어찌하여 우리에게 이같이 행하였느냐"입니다. 삼손에게 호의적이지 않고 삼손의 행동에 대해 고마워하지 않습니다. 삼손을 격려하지도 않고 함께 하겠다고 지지하지도 않습니다. 삼손의 존재, 삼손의 행동이 이스라엘에게 전혀 도움이 되지 않는 것입니다. 차라리 블레셋이 자신들을 다스리는 것이 훨씬 낫다고 생각하는 것입니다. 삼손에 대한 이스라엘의 불만이 최고조에 달합니다. 그래서 12절 "그들이 삼손에게 이르되 우리가 너를 결박하여 블레셋 사람의 손에 넘겨주려고 내려왔노라"입니다. 백성들의 심정이 이해가 되십니까? 오죽하면 이렇게 하겠습니까? 자기 백성을 적군에게 내주는 것, 단지 백성 중의 한 명 정도가 아니라 이스라엘의 사사요, 출생부터 성장의 전 과정에 하나님의 약속과 영의 인도함을 받은 사람을 내어주는 것입니다. 이스라엘에 삼손이 있는 것이 전혀 도움이 되지 않고 도리어 없는 것이 낫다고 여기는 것입니다.

하나님의 반응

여러분 주변에 삼손이 있다고 생각해 보시기 바랍니다. 하나님의 은혜를 받은 자입니다. 게다가 하나님의 은사까지 받았습니다. 은사 그 자체는 정말로 대단합니다. 아무도 흉내 낼 수 없는 엄청난 일을 많이 합니다. 그런데 그 사람이 가는 곳에는 언제나 평화가 깨집니다. 그 사람이 은사를 사용하는 것은 사람을 살리는 경우가 아니라 언제나 사람을 죽이는 경우입니다. 차라리 그 은사가 없었으면 천방지축 망나니 행동을 하지 못했을 텐데 은사가 있으니까 천둥벌거숭이처럼 행동합니다. 이런 사람을 반가워하고 좋아하시겠습니까? 그렇다고 하나님을 원망하시겠습니까? 하나님은 왜 저 따위로 생겨먹은 놈에게 은사를 주셔서 사람들을 이렇게 못 살게 하시느냐고 하나님을 타박하시겠습니까? 하나님은 도대체가 사람 볼 줄을 모른다고 하나님을 조롱하시겠습니까? 하나님이 은혜를 주신 것이 잘못입니까? 하나님이 이스라엘을 도우시려는 것이 실수입니까?

혹시 하나님을 비난하거나 삼손을 조롱하고 싶으신 분, 이스라엘 백성처럼 차라리 삼손을 결박하여 블레셋에게 내어주고 싶은 마음이 있으신 분들에게 묻고 싶습니다. 본인이 삼손과 다르다고 생각하십니까? 본인은 삼손보다는 낫다고 생각하십니까? 적어도 삼손만큼 망나니는 아니라고 생각하십니까? 우리 주변에 이런 사람이 있다고 생각해 볼 수도 있지만, 반대로 혹시 다른 사람들이 저와 여러분을 마치 삼손 바라보듯 하고 있지는 않은지 생각해 보셨습니까? 하나님을 믿는다고 하는 사람들, 하나님께 은혜 받았다고 하는 사람들, 하나님의 진리를 안다고 하는 사람들, 흔히 교회 다닌다고 하는 사람들, 성도라고 불리는 사람들을 주변 사람들이 반가워하고 고마워하던 가요? 성도가 있는 것이 자기들에게 도움이 되고 보탬이 되고 유익이 된다고 생각하던 가요?

죄인의 가장 큰 문제는 자신이 죄인이라는 것을 모르는 것입니다. 다른 사람의 모습이 자신의 모습이라고 생각하지 않고 자신은 다르다고 생각하는 것입니다. 삼손 같은 존재는 차라리 없는 것이 낫다고 생각하는 것입니다. 과연 그럴까요? 하나님은 이스라엘 백성들과 전혀 다르게 반응하십니다. 삼손에 대해 아마도 가장 화를 내셔야 할 분은 하나님이실 것입니다. 삼손이 하나님의 영광을 드러내기 보다는 하나님을 욕 먹이고, 하나님의 백성을 도와주기보다는 더욱 곤고하게 하고, 하나님의 은사를 아름답게 활용하기 보다는 남용과 오용을 일삼고 있으니 하나님이 복장이 터지실 것입니다. 아마도 이스라엘 백성이 삼손을 결박하여 블레셋에 넘기기 전에 하나님이 먼저 삼손을 죽이고 싶으실 것입니다. 과연 그럴까요? 하나님의 반응이 14절입니다. "삼손이 레히에 이르매 블레셋 사람들이 그에게로 마주 나가며 소리 지를 때 여호와의 영이 삼손에게 갑자기 임하시매 그의 팔 위의 밧줄이 불탄 삼과 같이 그의 결박 되었던 손에서 떨어진지라" 입니다.

하나님은 삼손이 죽도록 방치하는 것이 아니라 살아날 수 있도록, 위기를 벗어날 수 있도록 또 여호와의 영을 주십니다. 혹시 하나님의 이러한 행동을 어이없어 하거나 이해하기 어렵다고 생각하시는 분은 자기 자신에 대해 큰 착각을 하시는 것입니다. 인간에 대해 인간의 반응과 하나님의 반응이 차이가 나는 것은, 인간은 자기가 저 사람과 같은 수준의 인간인 줄을 모른다는 것이요, 하나님은 인간은 다 똑같다는 것을 아신다는 것입니다. 삼손이 죽어야 한다면, 하나님이 삼손 같은 인간을 살려주시면 안 된다고 생각한다면, 삼손만 죽어야 하는 것이 아니라 이스라엘 백성 전체가 다 죽어야 하는 것입니다. 이스라엘 백성 중에 단 한 사람이라도 삼손과 다른 사람이 있나요? 삼손보다 나은 사람이 있습니까? 사사기에서만 확인해도 수 차례 하나님의 은혜를 입었음에도 불구하고 틈만 나면 하나님을 버리고, 조금만 평온하면 바로 하나님을 떠나버린 당사자가 이스라엘 백성 아닙니까? 그런 사람들이 자기들이 위험에 처했다고 삼손을 결박하여 블레셋에 넘겨줍니까? 그럼 하나님이 이스라엘 전체를 결박하여 블레셋에 넘겨주어도 할 말이 없겠네요?

자신이 죄인임을 모르는 사람은 다른 죄인에 대해 잔인하게 말을 합니다. 자신이 죄인임을 모르는 사람은 하나님이 다른 사람에게 주는 은혜를 조롱합니다. 그러나 하나님은 인간이 죄인임을 아십니다. 하나님은 죄인에게 필요한 것은 책망이나 저주나 징계나 형벌이 아니라 은혜요,

긍휼임을 아시기 때문에 은혜를 주시고 또 은혜를 주시고 또 은혜를 주시는 것입니다. 하나님의 마음으로 사람을 바라보아야 평온이 있고, 하나님의 마음으로 사람을 대해 주어야 평화가 있고, 하나님의 마음으로 사람에게 반응하여야 인간이 서로 살 수 있습니다. 하나님이 무섭다고요? 죄인이 무서운 것이요, 하나님이 고마운 것입니다.

할례 받지 않은 자들

할례 받은 놈들

위기에 처한 삼손을 도우시려 여호와의 영이 임하자 삼손은 또 엉뚱한 행동을 과도하게 행합니다. 15장 15절 이하 "삼손이 나귀의 새 턱뼈를 보고 손을 내밀어 집어 들고 그것으로 천명을 죽이고 이르되 나귀의 턱뼈로 한 더미, 두 더미를 쌓았음이여 나귀의 턱뼈로 내가 천 명을 죽였도다 하니라"입니다. 지구상에 있던 인간이 했던 말 중에 가장 미련하고 바보 같은 말이 바로 이 말일 것입니다. 세상에 자랑할 것이 없어서 이런 것을 자랑합니까? 이것은 이스라엘을 구원하는 것도 아니요, 식량을 구하는 것도 아니요, 영토를 확장하는 것도 아닙니다. 그냥 광기입니다. 하나님의 은사를 가장 바보같이 사용한 것에 불과합니다. 삼손의 미치광이 짓은 18절에서 극에 달합니다. "삼손이 심히 목이 말라 여호와께 부르짖어 이르되 주께서 종의 손을 통하여 이 큰 구원을 베푸셨사오나 내가 이제 목말라 죽어서 할례 받지 못한 자들의 손에 떨어지겠나이다"입니다. 자기가 죽을 정도로 날뛴 것입니다.

삼손 이야기에서 이스라엘 백성들이 가장 오해한 내용을 발견하실 수 있습니다. 삼손은 자기가 탈진하여 죽는 것을 두려워한 것이 아니라 '할례 받지 못한 자들의 손에 죽는 것'을 싫어했습니다. 자기는 할례 받은 백성이라는 것입니다. 할례 받은 백성에 대한 자부심은 삼손에게만 나타나는 것이 아니라 삼손의 부모에게서도 나타납니다. 14장에서 삼손이 블레셋 사람의 딸을 보고 장가가려고 할 때 부모가 한 말이 3절 "그의 부모가 그에게 이르되 네 형제들의 딸들 중에나 내 백성 중에 어찌 여자가 없어서 네가 할례 받지 아니한 블레셋 사람에게 가서 아내를 맞으려 하느냐"입니다. 이스라엘 백성은 할례 받은 백성이라는 것입니다. 사사시대에만 이런 것이 아니라 왕정시대에도 이런 사고방식이 있었습니다. 이스라엘의 초대 왕이었던 사울이 죽을 때에도 똑같은 말을 합니다. 그때에도 상대방은 블레셋 사람입니다. 사울이 활에 맞아 죽을 때 하는 말이 사무엘상 31장 4절에 나옵니다. "그가 무기를 든 자에게 이르되 네 칼을 빼어 그것으로 나를 찌르라 할례 받지 않은 자들이 와서 나를 찌르고 모욕할까 두려워하노라"입니다.

여러분은 삼손의 말, 삼손의 부모의 말, 사울의 말 즉 할례 받지 않은 자들과 자신들을 차별화하는 말을 듣고 무슨 생각이 드십니까? 과연 할례 받은 사람들은 자신들의 존재에 대해 고고한 자존심을 가지고 있었다고 존경의 마음이 드십니까? 이스라엘은 자신들의 표현대로 할례 받은 사람들이었습니다. 자신들이 할례 받았다는 것이 자신들의 삶에 어떤 영향을 미쳤습니까? 다른 사람을 할례 받지 않은 자들이라고 멸시하고 차별화하는 것 이외에 자신들이 할례 받았다는 사실이 어떤 유익을 주었습니까? 할례 받은 사람들이라 하나님을 더욱 잘 섬겼습니까? 할례 받은 사람들이라 하나님의 은혜와 복을 풍성히 누렸습니까? 할례 받은 사람들이라 사는 모습이 다르고, 가치가 다르고, 개념이 다르고, 원리가 다르고, 방법이 달랐습니까? 또 자신들이 할례 받은 사람으로서 주변 사람들에게 어떤 영향을 끼쳤고, 어떤 역할을 했습니까? 주변사람들이 할례 받은 사람 때문에 유익을 본 적이 있습니까? 할례 받은 사람 때문에 은혜와 긍휼을 입은 적이 있습니까? 할례 받은 사람에게서 자비와 인애를 경험한 적이 있습니까? 실제 자신들의 삶에는 아무 것도 다른 것이 없는데 도대체 자신은 할례 받은 사람이라고 주장하는 이유가 무엇이고 다른 사람은 할례 받지 않은 것들이라고 차별하는 이유가 무엇입니까? 이스라엘이 할례를 받은 것은 맞습니다. 그런데 이스라엘은 자신의 삶에서 할례 받은 백성의 특권을 누리지도 못했고, 타인에 대하여 할례 받은 백성의 역할을 하지도 못했습니다. 할례 받았다는 것을 자신에게나 타인에게나 전혀 유익하게 활용하지 못하고, 그저 '나는 할례 받았다'는 알량한 자존심만 내세우는 것에 불과한 것입니다. 가장 바보 같은 삶입니다.

어리석은 영웅

성경은 삼손을 힘센 영웅으로 소개하지 않고, 날 때부터 은혜 받은 모범적 케이스로 소개하지 않고, 우리 신앙의 모델로 세우지도 않습니다. 도리어 할례 받았으나 할례를 누리지 못한 어리석은 죄인의 모습, 은사 받았으나 아무에게도 유익을 주지 못한 가장 미련한 죄인의 모습, 즉 이스라엘의 자화상이요 오늘날 성도의 자화상으로 소개하고 있습니다. 안타깝게도 구약에서 이스라엘은 이 삼손의 모습을 반복했을 뿐입니다. 비록 삼손이 어리석은 삶을 반복하고 있을지언정 성경은 삼손을 조롱하려는 것이 목적이 아닙니다. 성경은 한심한 삼손이 아니라 속 터지는 삼손의 삶을 대하시는 하나님을 소개하려고 하는 것입니다. 자기가 심히 목이 말라 죽어가는 것조차도 인식하지 못하고 살육을 행하는 망나니 삼손을 대하시는 사랑의 하나님, 은혜의 하나님을 소개하려는 것입니다. 19절 "하나님이 레히에서 한 우묵한 곳을 터뜨리시니 여기서 물이 솟아나오는지라 삼손이 그것을 마시고 정신이 회복하여 소생하니"입니다. 하나님은 삼손에게 또 은혜를 주십니다. 이것이 하나님의 사랑입니다. 연약한 자에게 은혜를 주시고, 은혜를 모르는 자에게 더 큰 은혜를 주시는 것이 하나님의 사랑입니다. 하나님의 마음으로 사람을 대해야 사람이 살 수 있습니다. 삼손을 통해 은혜를 깨닫지 못하는 나의 모습을 발견하고,

하나님을 통해 한없이 은혜를 주시는 하나님의 마음을 알아 성숙한 성도, 은혜를 알고 누리고 나눌 줄 아는 성도가 되시기를 주님의 이름으로 축원합니다.

30

하나님의 나실인

사사기 16:1~31

1 삼손이 가사에 가서 거기서 한 기생을 보고 그에게로 들어갔더니 2 가사 사람들에
게 삼손이 왔다고 알려지매 그들이 곧 그를 에워싸고 밤새도록 성문에 매복하고 밤새
도록 조용히 하며 이르기를 새벽이 되거든 그를 죽이리라 하였더라 3 삼손이 밤중까
지 누워 있다가 그 밤중에 일어나 성 문짝들과 두 문설주와 문빗장을 빼어 가지고 그
것을 모두 어깨에 메고 헤브론 앞산 꼭대기로 가니라 4 이 후에 삼손이 소렉 골짜기
의 들릴라라 이름하는 여인을 사랑하매 5 블레셋 사람의 방백들이 그 여인에게로 올
라가서 그에게 이르되 삼손을 꾀어서 무엇으로 말미암아 그 큰 힘이 생기는지 그리
고 우리가 어떻게 하면 능히 그를 결박하여 굴복하게 할 수 있을는지 알아보라 그리
하면 우리가 각각 은 천백 개씩을 네게 주리라 하니 6 들릴라가 삼손에게 말하되 청
하건대 당신의 큰 힘이 무엇으로 말미암아 생기며 어떻게 하면 능히 당신을 결박하여
굴복하게 할 수 있을는지 내게 말하라 하니 7 삼손이 그에게 이르되 만일 마르지 아
니한 새 활줄 일곱으로 나를 결박하면 내가 약해져서 다른 사람과 같으리라 8 블레셋
사람의 방백들이 마르지 아니한 새 활줄 일곱을 여인에게로 가져오매 그가 그것으로
삼손을 결박하고 9 이미 사람을 방 안에 매복시켰으므로 삼손에게 말하되 삼손이여
블레셋 사람들이 당신에게 들이닥쳤느니라 하니 삼손이 그 줄들을 끊기를 불탄 삼실
을 끊음 같이 하였고 그의 힘의 근원은 알아내지 못하니라 10 들릴라가 삼손에게 이
르되 보라 당신이 나를 희롱하여 내게 거짓말을 하였도다 청하건대 무엇으로 당신을
결박할 수 있을는지 이제는 내게 말하라 하니 11 삼손이 그에게 이르되 만일 쓰지 아
니한 새 밧줄들로 나를 결박하면 내가 약해져서 다른 사람과 같으리라 하니라 12 들
릴라가 새 밧줄들을 가져다가 그것들로 그를 결박하고 그에게 이르되 삼손이여 블레
셋 사람이 당신에게 들이닥쳤느니라 하니 삼손이 팔 위의 줄 끊기를 실을 끊음 같이
하였고 그 때에도 사람이 방 안에 매복하였더라 13 들릴라가 삼손에게 이르되 당신이
이때까지 나를 희롱하여 내게 거짓말을 하였도다 내가 무엇으로 당신을 결박할 수 있

을는지 내게 말하라 하니 삼손이 그에게 이르되 그대가 만일 나의 머리털 일곱 가닥
을 베틀의 날실에 섞어 짜면 되리라 하는지라 14 들릴라가 바디로 그 머리털을 단단
히 짜고 그에게 이르되 삼손이여 블레셋 사람들이 당신에게 들이닥쳤느니라 하니 삼
손이 잠을 깨어 베틀의 바디와 날실을 다 빼내니라 15 들릴라가 삼손에게 이르되 당
신의 마음이 내게 있지 아니하면서 당신이 어찌 나를 사랑한다 하느냐 당신이 이로써
세 번이나 나를 희롱하고 당신의 큰 힘이 무엇으로 말미암아 생기는지를 내게 말하지
아니하였도다 하며 16 날마다 그 말로 그를 재촉하여 조르매 삼손의 마음이 번뇌하여
죽을 지경이라 17 삼손이 진심을 드러내어 그에게 이르되 내 머리 위에는 삭도를 대
지 아니하였나니 이는 내가 모태에서부터 하나님의 나실인이 되었음이라 만일 내 머
리가 밀리면 내 힘이 내게서 떠나고 나는 약해져서 다른 사람과 같으리라 하니라 18
들릴라가 삼손이 진심을 다 알려 주므로 사람을 보내어 블레셋 사람들의 방백들을 불
러 이르되 삼손이 내게 진심을 알려 주었으니 이제 한 번만 올라오라 하니 블레셋 방
백들이 손에 은을 가지고 그 여인에게로 올라오니라 19 들릴라가 삼손에게 자기 무릎
을 베고 자게하고 사람을 불러 그의 머리털 일곱 가닥을 밀고 괴롭게 하여 본즉 그의
힘이 없어졌더라 20 들릴라가 이르되 삼손이여 블레셋 사람이 당신에게 들이닥쳤느
니라 하니 삼손이 잠을 깨며 이르기를 내가 전과 같이 나가서 몸을 떨치리라 하였으
나 여호와께서 이미 자기를 떠나신 줄을 깨닫지 못하였더라 21 블레셋 사람들이 그를
붙잡아 그의 눈을 빼고 끌고 가사에 내려가 놋 줄로 매고 그에게 옥에서 맷돌을 돌리
게 하였더라 22 그의 머리털이 밀린 후에 다시 자라기 시작하니라 23 블레셋 사람의
방백들이 이르되 우리의 신이 우리 원수 삼손을 우리 손에 넘겨 주었다 하고 다 모여
그들의 신 다곤에게 큰 제사를 드리고 즐거워하고 24 백성들도 삼손을 보았으므로 이
르되 우리의 땅을 망쳐 놓고 우리의 많은 사람을 죽인 원수를 우리의 신이 우리 손에
넘겨주었다 하고 자기들의 신을 찬양하며 25 그들의 마음이 즐거울 때에 이르되 삼손
을 불러다가 우리를 위하여 재주를 부리게 하자 하고 옥에서 삼손을 불러내매 삼손이
그들을 위하여 재주를 부리니라 그들이 삼손을 두 기둥 사이에 세웠더니 26 삼손이
자기 손을 붙든 소년에게 이르되 나에게 이 집을 버틴 기둥을 찾아 그것을 의지하게
하라 하니라 27 그 집에는 남녀가 가득하니 블레셋 모든 방백들도 거기에 있고 지붕
에 있는 남녀도 삼천 명 가량이라 다 삼손이 재주 부리는 것을 보더라 28 삼손이 여
호와께 부르짖어 이르되 주 여호와여 구하옵나니 나를 생각하옵소서 하나님이여 구
하옵나니 이번만 나를 강하게 하사 나의 두 눈을 뺀 블레셋 사람에게 원수를 단번에
갚게 하옵소서 하고 29 삼손이 집을 버틴 두 기둥 가운데 하나는 왼손으로 하나는 오
른손으로 껴 의지하고 30 삼손이 이르되 블레셋 사람과 함께 죽기를 원하노라 하고
힘을 다하여 몸을 굽히매 그 집이 곧 무너져 그 안에 있는 모든 방백들과 온 백성에
게 덮이니 삼손이 죽을 때에 죽인 자가 살았을 때에 죽인 자보다 더욱 많았더라 31 그
의 형제와 아버지의 온 집이 다 내려가서 그의 시체를 가지고 올라가서 소라와 에스
다올 사이 그의 아버지 마노아의 장지에 장사하니라 삼손이 이스라엘의 사사로 이십

생존의 힘

삶의 수준

인간은 가장 절박한 것이 생존이라고 생각하지만, 삶 가운데 가장 천박한 것이 단지 생존하는 것입니다. 인간이 생존을 걱정하는 것은 죄로 인한 인류의 불행입니다. 하나님은 인간을 창조하신 후 인간에게 복을 주시며 말씀하시기를 창세기 1장 28절에 "생육하고 번성하여 땅에 충만하라"고 하셨습니다. '생육하고'는 출생을 의미하기 보다는 사전적으로 '열매를 맺다, 결실이 풍성하다, 무성하다, 창성하다'라는 뜻입니다. '번성하여'는 '많다, 크다, 증가하다, 커지다, 더하다, 늘어나다'라는 뜻입니다. '충만하라'는 '채우다, 가득하다, 넘치다, 풍부하다, 풍족하다'라는 뜻입니다. 그러므로 '생육하고 번성하여 충만하라'는 말씀은 동일한 내용을 다른 단어를 사용하여 세 번 반복한 것입니다. 하나님이 지으신 땅에, 하나님이 은혜로 주신 세상에서 풍성하고, 풍성하고, 풍성하라는 축복인 것입니다. 하나님의 창조는 인간이 생존을 걱정하고 염려하게 하지 않으셨습니다. '무엇을 먹을까, 무엇을 입을까, 무엇을 마실까, 어디서 살까?'를 고민하지 않도록 하셨습니다. 인간의 생존은 인간이 걱정해야 할 일이 아니라 하나님이 책임지실 일이었습니다. 도리어 인간은 '하나님의 돌보심 안에서 하나님의 복을 어떻게 누릴까? 하나님의 은혜를 어떻게 구현할까? 하나님의 주신 인격과 존귀함을 어떻게 향유할까?'를 생각해야 했습니다.

그런데 인간이 죄를 짓고 죄에 사로잡혀 생각과 사고와 인식과 기준과 가치가 죄적이 되어버리자 생존이 가장 본질이 되었습니다. 생존이 본질이 되어버리자 원래 가장 본질적인 것이 버림받게 되었습니다. 바로 하나님입니다. 하나님은 인간의 생존을 보장해주시는 분인데, 인간은 생존을 위해 하나님부터 버리는 아이러니가 발생한 것입니다. 이스라엘이 그랬고 오늘날 인간이 그렇게 하고 있습니다. 사람들은 자신이 사는 현장이 가장 절박한 줄로 압니다. 자신의 절박한 현실에는 하나님도 사치로 여겨지고, 신앙은 낭비로 여겨지고, 믿음은 단지 내세를 위한 보험처럼 여겨집니다. 그때 하나님은 인간을 불쌍히, 긍휼히 여겨주셔서 인간이 하나님을 알고, 인간을 알고, 세상을 알아서 인간이 행복을 누리며, 평화와 안식을 누리며 살기를 기대하셨습니다. 그래서 성경을 주시고 성경을 통해 하나님을 배우라고 하신 것입니다. 성경 공부는 인물 공부가 아니고 역사 공부가 아닙니다. 성경을 배우는 이유는 인간의 본분을 회복하고, 생존이 아니라 삶의 풍성함을 회복하기 위해서입니다. 하나님을 아는 것은 죄의 기준에서 하나님의 기준으로 개념을 바꾸고 인식을 바꾸고, 가치를 바꾸고, 원리를 바꾸는 것입니다.

문학적 풍성함

성경이 무슨 말씀을 하는지 내용에도 집중하겠지만 하나님이 주신 성경이 얼마나 고상한지도 확인해 보겠습니다. 사람들은 진리라고 하면 직설적으로, 단도직입적으로, 아주 깔끔하고 명쾌하게 표현되어 있다고만 생각합니다. 그렇게 진리만 나열하면 지루해서 아무도 안 읽습니다. 하나님의 말씀이 글로 기록되고 문장이 되고 책이 되었다면 당연히 풍성한 문학적 양식이 사용되었고, 그 수사학이란 감히 인간이 따라올 수 없을 만큼의 다양함과 절묘함과 품위와 현란함이 있는 것입니다. 삼손 이야기는 아주 어리석은 힘센 남자 이야기이지만 이야기 묘사만큼은 아주 기마힌 수사적 표현들입니다.

16장 1절을 보겠습니다. "삼손이 가사에 가서 거기서 한 기생을 보고 그에게로 들어갔더니"입니다. 그동안 삼손에게 당하기만 하던 블레셋 사람들이 16장에서는 삼손을 사로잡거나 제거할 계획을 세웁니다. 공격이 최선의 방어라는 생각이 든 것입니다. 2절 이하에 나오는 것처럼 삼손을 에워싸고 매복하였지만 결과는 실패입니다. 삼손은 몰래 도망치는 것이 아니라 아예 당당하게 걸어 나옵니다. 3절 "성 문짝들과 두 문설주와 문빗장을 빼어가지고 그것을 모두 어깨에 메고 헤브론 앞 산 꼭대기로 가니라"입니다. 문을 부수고 걸어오는 정도가 아니라 그것을 메고 가는 것입니다. 보라는 것입니다. 잡을 테면 잡으라는 것입니다. 블레셋 사람들의 염장을 지르는 것입니다. 세상에서 가장 미련한 것이 힘자랑인데 삼손이 그 꼴입니다.

이런 모습을 보면 다음 장면이 예상이 되셔야 합니다. 드라마나 영화를 보면 강한 자가 강한 자와 싸워서 물러나는 것이 아닙니다. 강한 자들은 서로 싸우지 않습니다. 강한 자는 언제나 가장 약한 것에 당하게 되어 있습니다. 강자들의 싸움은 예상하지 못한 곳에서, 대비하지 않는 곳, 긴장하지 않는 곳에서 승패가 갈리는 것입니다. 죄의 원리에 정정당당하게 싸우는 것은 없습니다. 그래서 삼손이 힘을 쓴 이야기 다음에는 힘과는 아무 상관이 없는, 힘으로서는 전혀 상대가 되지 않는 사건이나 대상이 등장합니다. 15장에서는 천 명을 죽인 삼손이 목이 말라 죽을 지경이 됩니다. 목이 마른 것은 힘으로도 어쩔 수 없습니다. 16장에서는 문빗장을 뽑아 들고 가는 사람이 여자에게 당하게 됩니다. 여자와는 힘 대결이 통하지 않는 것입니다.

궁금증

블레셋 사람들은 삼손의 힘이 어디서 나오는지 매우 궁금했을 것입니다. 삼손의 DNA가 남아있지 않아서 확인할 수는 없지만 삼손은 덩치가 큰 사람이 아니었을 것입니다. 왜냐하면 만약 덩치가 컸다면 사람들은 삼손의 힘이 덩치에서 나왔거나, 근육에서 나왔다고, 기본적으로 힘이 세다고 생각했을 것이기 때문입니다. 삼손은 덩치가 일반인들과 비슷했던 것입니다. 그러니 사람들이 그 비밀을 알고 싶어 했던 것입니다. 16장 5절 "블레셋 사람의 방백들이 그 여인에게로 올라가서 그에게 이르되 삼손을 꾀어서 무엇으로 말미암아 그 큰 힘이 생기는지 그리고 우리가 어떻게 하면 능히 그를 결박하여 굴복하게 할 수 있을는지 알아보라 그리하면 우리가 각각 은 천백 개씩을 네게 주리라"입니다. 사람들의 목적은 힘의 근원을 알아보는 것이 아니라 삼손을 죽이는 것입니다.

이 목적을 위해서 블레셋 사람들은 엄청난 비용을 지불합니다. 블레셋의 일반 남자 몇 명이 온 것이 아니라 방백들이 온 것입니다. 방백은 한 지역의 대표들로 군주들, 영주들, 왕들입니다. 그들이 들릴라에게 제시하는 비용이 "우리가 각각 은 천백 개씩을 네게 주리라"입니다. 방백이 한 명이면 은 천백 개요, 방백이 두 명이면 은 이천 이백 개요, 다섯 명이면 오천 오백 개입니다. 성경에서 블레셋을 언급할 때는 주로 다섯 개의 주요 도시국가가 언급되었습니다. 사사기 3장 3절에도 '블레셋의 다섯 군주들과' 라고 나옵니다. 사사기 3장의 군주와 16장 5절의 방백이 같은 단어입니다. 그러니 적어도 다섯 명이 나온 것입니다. 다섯 명이 제안한 은 오천 오백 개를 무게로 따지면 어마어마합니다. 어떤 학자가 계산하기를 오늘날 연봉으로 따지면 천 오백 만 달러라고 하니 엄청난 것입니다. 그동안 얼마나 당한 게 많고, 얼마나 억울하면, 얼마나 비밀을 알고 싶었으면 이 정도 비용을 지불하려고 하는지 이해가 됩니다. 어차피 민족 자체가 멸절되느냐, 생존하느냐가 걸려있는 문제니까 어떤 값을 지불하더라도 풀어야 할 숙제였던 것입니다.

세상에 '유유상종'(類類相從)이라는 말이 있는데 이 말이 대개는 맞는 것 같습니다. 삼손이 힘만 세고 머리는 텅 빈 바보 장사입니다. 이런 남자 옆에는 꼭 얼굴만 예쁘고 머리는 텅 빈 바보 미녀가 있습니다. 삼손을 잡으려면 '어떻게 결박하느냐' 가 중요한 것이 아니라 '힘을 빼는 것' 이 중요합니다. 그런데 방백들이 나와서 '어떻게 하면 능히 그를 결박하여 굴복하게 할 수 있을는지 알아보라' 고 말했다고 해서 들릴라는 계속하여 삼손을 결박하는 방법만 알아내려고 합니다. 참 바보입니다. 이런 바보 같은 질문을 세 번이나 합니다. 정말 머리가 텅 비었습니다. 6절 "들릴라가 삼손에게 말하되 청하건대 당신의 큰 힘이 무엇으로 말미암아 생기며 어떻게 하면 능히 당신을 결박하여 굴복하게 할 수 있을는지 내게 말하라", 10절 "들릴라가 삼손에게 이르되 보라 당신이 나를 희롱하여 내게 거짓말을 하였도다 청하건대 무엇으로 당신을 결박할 수 있을는지 이제는 내게 말하라", 13절 "들릴라가 삼손에게 이르되 당신이 이때까지 나를 희롱하여 내게 거짓말을 하였도다 내가 무엇으로 당신을 결박할 수 있을는지 내게 말하라"입니다.

들릴라가 결박하는 방법에 대해서 질문하니 삼손도 계속하여 결박에 관해서만 대답하는 것입니다. 7절 "삼손이 그에게 이르되 만일 마르지 아니한 새 활줄 일곱으로 나를 결박하면 내가 약해져서 다른 사람과 같으리라", 11절 "삼손이 그에게 이르되 만일 쓰지 아니한 새 밧줄들로 나를 결박하면 내가 약해져서 다른 사람과 같으리라", 13절 후반부에 "삼손이 그에게 이르되 그대가 만일 나의 머리털 일곱 가닥을 베틀의 날실에 섞어 짜면 되리라"입니다. 중요한 것은 '어떻게 묶느냐?' 가 아니라 '어떻게 힘을 빼느냐?' 인데 서로 바보 같은 질문과 대답을 주고받습니다. 들릴라는 세 번을 결박하였고, 블레셋 사람들은 세 번을 매복하였지만, 삼손은 세 번을 결박에서 벗어납니다.

만약 이 장면을 드라마나 영화로 보신다면 관객은 속이 터지고 답답해서 못 볼 것입니다. 어떻게 여인은 똑같은 질문을 세 번씩이나 하고, 삼손은 여인이 왜 그걸 묻는지 한 번도 의심하지도 않고 따지지도 않습니다. 이것은 삼손이 감각이 둔하다는 것이 아니라 그만큼 자기의 힘에 대해서 확신하고 있어서 어떤 두려움도 느끼지 않았다는 교만의 극치를 보여주는 것입니다. 아무리 결박을 해도 9절 "줄들을 끊기를 불탄 삼실을 끊음같이", 12절 "실을 끊음 같이", 14절 "베틀의 바디와 날실을 다 빼니라" 즉 너무나 쉽게, 너무나 간단하게 풀어버리는 힘자랑이 반복됩니다. 또 여러분은 다음 장면이 예상이 되어야 합니다. 힘자랑이 반복적으로 등장한다는 것은 곧 이 사람이 힘과는 상관없이, 아니 그 자랑스러운 힘 한번 쓰지 못하고 너무 허망하게 무너질 것을 예고하는 것입니다.

하나님의 나실인

머리털을 밀고

들릴라는 세 번을 실패하고 15절에서야 질문이 바뀝니다. 중간을 보면 "당신의 큰 힘이 무엇으로 말미암아 생기는지를 내게 말하지 아니하였도다"라고 나옵니다. 이제 초점이 '어떻게 결박하느냐?' 에서 '큰 힘의 근원' 으로 옮겨갔고, 16절의 '조르매' 는 '속박하다, 곤란케하다, 맹렬히 공격하다, 괴롭히다' 라는 뜻입니다. 집요하게, 다른 대답으로 피해가지 못하게 계속하여 물은 것입니다. 그러자 17절이 나옵니다. "삼손이 진심을 드러내어 그에게 이르되 내 머리 위에는 삭도를 대지 아니하였나니 이는 내가 모태에서부터 하나님의 나실인이 되었음이라 만일 내 머리가 밀리면 내 힘이 내게서 떠나고 나는 약해져서 다른 사람과 같으리라" 입니다. 삼손이 '진심을 드러내어' 말했다고 합니다. 그런데 과연 진심이 진실일까요? 삼손이 진심으로 말한 것은 맞지만, 삼손이 알고 있는 것, 삼손이 말한 것이 과연 진실이었느냐는 것입니다. 삼손이 잘못 알고 있었던 것은 아닐까요? 잘못 알고 있으면서, 마치 자신이 제대로 알고 있는 것으로 착각하면서도 진심으로 말할 수는 있습니다.

대부분의 사람들은 삼손이 '진심으로' 말했다는 것을 '진실을' 말했다는 것으로 착각합니다. 삼손이 말한 내용 즉 삼손의 힘의 근원이 자르지 않은 머리였다고 생각하는 것입니다. 물론 외형상으로 그런 것처럼 보입니다. 19절 "들릴라가 삼손에게 자기 무릎을 베고 자게 하고 사람을 불러 그의 머리털 일곱 가닥을 밀고 괴롭게 하여 본즉 그의 힘이 없어졌더라" 입니다. 머리를 밀자 정말로 힘이 없어졌습니다. 삼손이 잠을 깨며 몸을 떨치려고 즉 힘을 쓰려고 했는데 힘을 쓸 수가 없었습니다. 과연 삼손이 말한 대로 머리가 힘의 근원이었습니까? 그런데 성경은, 삼손이 전혀 힘을 쓰지 못하는 순간에 삼손의 입에서는 한 번도 언급되지 않은 말을 합니다. 그것이 20절 후반부 "여호와께서 이미 자기를 떠나신 줄을 깨닫지 못하였더라" 입니다.

삼손은 여태껏 자기 힘의 근원이 자르지 않은 머리인 줄로 알았습니다. 그래서 머리를 자르지 않은 이상 자신이 힘을 쓸 수 있다는 것을 의심해보지 않았습니다. 들릴라가 세 번에 걸쳐 자신을 결박해도 전혀 염려나 걱정을 하지 않았던 것입니다. 삼손은 머리가 힘의 근원인 줄로 알고 있었던 것입니다. 머리가 밀리고 난 후에도 그렇게 착각하고 있는 것입니다. 자기 힘과 여호와의 관계를 전혀 인식하지 못하고 있는 것입니다. 삼손이 진심으로 말했다고 하니까, 또 삼손의 말대로 머리를 밀고 난 후에 힘을 쓰지 못하니까, 삼손을 포함한 많은 사람이 삼손의 힘의 근원이 머리인 줄로 착각하는 것입니다. 그러나 실제로는 삼손의 힘과 삼손의 머리는 아무 상관이 없습니다. 삼손의 힘이 머리와 관계없다면, 도리어 여호와와 관계가 있다면 처음부터 그렇게 분명하게 밝힐 것이지 왜 사람을 속이냐고 따지시면 안 됩니다. 성경이 글로 된 문학이라는 것을 이해하셔야 합니다. 마치 장기의 훈수 같이 기록되어 있습니다.

머리가 자라니라

삼손의 힘의 근원에 대해 성경이 아주 재미있게 묘사하고 있습니다. 이것을 알아차리면 매우 재미있는 것이고 못 알아차리면 속는 것입니다. 16장에서는 의도적으로 머리 이야기를 합니다. 삼손이 머리털이 밀려서 힘을 잃었습니다. 그런데 22절을 보면 "그의 머리털이 밀린 후에 다시 자라기 시작하니라" 입니다. 앞에 머리가 밀린 이야기가 나오고 뒤에 머리가 자라는 이야기가 나오니까 읽으시는 분들이 속는 것입니다. 이런 구절을 보고 '아, 머리가 자라고 있구나, 그럼 다시 힘이 생기고 있구나! 힘이 자라서 블레셋 백성들이 모인 곳의 기둥을 끌어안고 무너뜨렸구나!' 라고 생각하시면 안 됩니다. 블레셋은 삼손 때문에 참으로 많은 위험을 겪었고 많은 사람이 죽었습니다. 오죽하면 들릴라를 통해 힘의 비밀을 알아내기 위해 남의 방에 숨어드는 굴욕을 수차례 자처할 정도였겠습니까! 그런 수고를 통해 겨우 힘의 비밀이 머리라는 것을 알아냈습니다. 그런데 삼손의 머리털이 자라고 있습니다. 블레셋 사람들이 머리털이 자라게 둘까요? 아마도 머리가 조금이라도 자라면 바로 밀어 버렸을 것입니다. 머리가 자라는 꼴을 절대로 보지 않았을 것입니다. '자라보고 놀란 가슴 솥뚜껑 보고도 놀란다' 고 하는데, 긴 머리에 호되게 당한 블레셋 사람들은 삼손의 머리가 조금만 길어도 가슴이 철렁했을 것입니다.

삼손에 대한 경계를 늦추지 않고 눈을 빼고 끌고 가서 놋 줄로 매고 옥에서 맷돌을 돌리게 할 정도입니다. 이때에도 재미있는 것은 블레셋 사람들이 삼손을 잡아 놓은 곳이 '가사' 라는 것입니다. 16장 1절로 3절에 의하면 삼손이 가사에서 블레셋 사람들을 망신 주며 힘자랑을 했습니다. 그러자 이번에는 블레셋 사람들이 삼손을 가사에 묶어놓아 반전을 행하는 것입니다. 이런 작은 힌트들을 잘 봐야 합니다. 머리 이야기도 마찬가지입니다. 25절에 의하면 삼손을 묶어 놓은 블레셋 사람들이 삼손을 옥에서 불러내어 재주를 부리게 하였다고 합니다. 어떻게 안심하고 삼손을 불러낼 수 있습니까? 삼손의 힘의 근원이 머리라고 생각한 블레셋 사람들이 22절의 삼손의 머리가 다시 자라기 시작하는 것을 그냥 두었을 리가 있겠습니까? 머리가 자라기만 하면 두려워서 계속 밀었을 것입니다. 그러므로 25절의 삼손은 머리가 길지 않다는 것을 암시하고 있는 것입니다.

블레셋 사람들이 알아낸 삼손의 힘의 근원은 머리였습니다. 이것이 맞는 말입니까? 과연 삼손의 힘의 근원은 머리였습니까? 절대로 그렇지 않습니다. 삼손 이야기가 13장부터 16장에 나옵니다. 그런데 성경을 자꾸 읽어보면 삼손 이야기에서 특이한 점을 발견할 수 있습니다. 그 동안 삼손이 성장하는 13장과 삼손이 청년이 되어서 활동할 때 즉 14장, 15장에는 삼손이 힘을 쓰는 경우마다 공통적으로, 반복적으로 등장하는 표현이 있었습니다. 바로 '여호와의 영이 임하매, 여호와의 영이 강하게 임하매, 여호와의 영이 갑자기 임하매' 였습니다. 그래서 삼손의 힘의 근원이 머리가 아니라 '여호와' 임을 강조했습니다. 13장부터 15장까지에는 삼손의 머리에 대해서는 한 마디도 나오지 않았습니다. 삼손 이야기에는 문학적인 트릭이 있습니다. 13, 14, 15장과 16장은 삼손의 힘에 대한 묘사가 완벽하게 달라집니다. 정반대가 되어버립니다. 13, 14, 15장에는 여호와의 영이 등장하고 머리에 대한 언급이 없습니다. 그런데 16장에서는 여호와의 영에 대한 언급이 없고 머리 이야기가 등장합니다. 16장 1절로 3절을 보시면 가사에서 삼손이 힘쓴 이야기가 나옵니다. 성 문짝들과 두 문설주와 문빗장을 빼어 가지고 그것을 모두 어깨에 메고 헤브론 산꼭대기로 갑니다. 여러분이 놀랄만한 정보를 드리겠습니다. 문짝을 빼고 메었다는 힘 정도가 아니라, 삼손이 이동한 지역이 가사에서 헤브론까지인데 이 거리가 자그마치 64km입니다. 그것도 평지가 아니라 해발 914m를 넘는 산길입니다. 이렇게 엄청난 힘을 썼는데 '여호와의 영이 임했다'는 표현이 없습니다.

들릴라가 세 번을 결박하였을 때 세 번이나 너무나 쉽게 풀어버립니다. 결박이 약했던 것이 아닙니다. 블레셋 사람들이 매복을 하여 죽일 기회로 여길 만큼 단단히 결박한 것입니다. 그러나 삼손이 세 번이나 힘을 쓴 것입니다. 그런데 단 한번도 '여호와의 영이 임했다' 는 표현이 없습니다. 여호와의 영에 대한 표현은 전혀 나오지 않고 온통 머리 이야기로 초점이 맞추어지고, 실제로 머리를 밀자, 힘을 못 쓰게 되는 이야기가 나오니까 모두들 삼손의 힘은 머리에서 나온다고 착각하는 것입니다. 이것이 글쓰기의 수사학입니다. 이것이 이야기를 이끌고 가는 문학적 양식, 멋이라고 하고, 기교라고 하는 것입니다.

하나님의 나실인

삼손이 들릴라에게 자신을 말하면서 하나님의 나실인이라고 소개합니다. 나실인에 대한 가르침이 민수기 6장에 나옵니다. 삼손이 나실인이요, 삼손의 특징이 머리가 길은 것이라 나실인의 규정에 대해 머리를 자르지 않는 것만 생각하시지만 사실은 나실인에게는 세 가지 금지가 있습니다. 첫 번째는 포도주나 독주를 멀리하는 것입니다. 두 번째가 머리를 자르지 말라는 것입니다. 세 번째가 시신을 가까이하지 말라는 것입니다. 삼손은 이 중에 머리만 강조하고 있습니다. 시체를 가까이 하지 말라는 것에 대해서는 자신이 수많은 살인을 하고 있으면서 전혀 언급하지 않습니다.

하나님과 인간의 관계에서 기준은 하나님입니다. 나실인은, 나실인으로 서원한 인간에게 초점이 있는 것이 아니라 그를 받아준 하나님께 있는 것입니다. 나실인의 자격, 나실인의 조건, 나실인의 수준, 나실인의 능력, 나실인의 재질, 나실인의 리더쉽, 나실인의 영향력 같은 것은 없습니다. 하나님이 그 사람을 받아주고, 하나님이 그 사람과 함께 하고, 하나님이 그 사람을 도와주고, 하나님이 그 사람에게 은혜 주신다는 것이 중요한 것입니다. 그래서 나실인은 자신이 나실인임을 다른 사람에게 주장하고 강조하고 자랑할 것이 전혀 없고, 도리어 하나님께서 자신 같은 존재를 받아주심에 감격하며 감사해야 하는 것입니다.

나실인뿐만 아니라 하나님과 인간의 모든 관계가 그런 것입니다. 예인

자의 경우도 마찬가지입니다. 예언자라는 것은 하나님이 말씀을 주시매 하나님의 말씀을 맡은 사람입니다. 하나님이 말씀을 주시지 않으면 아무 말도 할 것이 없습니다. 그래서 예언자도 예언자의 자격, 예언자의 조건, 예언자의 수준, 예언자의 능력, 예언자의 재질, 예언자의 리더쉽, 예언자의 영향력 같은 것은 없습니다. 하나님과의 관계를 다른 사람과 비교하고, 하나님과의 관계를 다른 사람에게 교만 떠는 것은 정말 웃기는 일입니다. 삼손의 착각이 이것입니다. 자신은 다른 줄 알고, 자신은 힘이 있는 줄 알고, 자신이 중요하다고 생각한 것입니다. 삼손은 자신의 중요성은 자기나 머리가 아니라 하나님 때문이라는 것을 알았어야 하는 것입니다.

말, 기도

블레셋의 말

삼손이 여호와의 영이 임하여 젊은 사자를 죽인 후에 아무 말이 없습니다. 삼손이 여호와의 영이 임하여 아스글론 사람 삼십 명을 노략하고도 아무 말이 없습니다. 삼손이 여호와의 영이 임하여 나귀 턱뼈로 천명을 죽인 후에는 말이 있습니다. 그 말이 15장 16절 "나귀의 턱뼈로 한 더미, 두 더미를 쌓았음이여 나귀의 턱뼈로 내가 천 명을 죽였도다"입니다. 이 말은 아무 의미가 없습니다. 삼손이 여호와의 은혜로 죽음의 고비를 수차례 넘기고 한 말이 기껏해야 '내가 천 명을 죽였도다'로, 아무 짝에도 쓸데없는 말이었던 것입니다.

16장 23, 24절에 블레셋 사람들이 삼손을 잡은 후에 하는 말이 나옵니다. "블레셋 사람의 방백들이 이르되 우리의 신이 우리 원수 삼손을 우리 손에 넘겨주었다 하고 다 모여 그들의 신 다곤에게 큰 제사를 드리고 즐거워하고 백성들도 삼손을 보았으므로 이르되 우리의 땅을 망쳐 놓고 우리의 많은 사람을 죽인 원수를 우리의 신이 우리 손에 넘겨주었다 하고 자기들의 신을 찬양하매" 입니다. 반복적으로 나타난 말이 신(神)에 관한 언급입니다. '우리의 신이, 그들의 신 다곤에게, 우리의 신이, 자기들의 신을' 입니다. 블레셋 사람들은 자신들의 신에 대해 고마워하고, 감사하고, 찬양하고, 신이 행한 일을 기억하고 신을 섬기고 있다는 것입니다. 16장을 아무리 읽어봐도 다곤이 나타난 일이 없고, 다곤이 한 일이 없고 도리어 삼손을 넘겨 준 것은 다곤이 아니라 들릴라로 여겨지는데도 블레셋 사람들은 자신들의 신이 넘겨주었다고 신에게 제사를 드리고 즐거워하고 찬양합니다.

그런데 삼손은, 더 확장해서 이스라엘은 아무 말이 없습니다. 하나님이 이스라엘을 이방의 손에서 건져주신 것이 수차례입니다. 하나님이 직접 나타났고, 하나님이 직접 일하셨고, 하나님이 직접 행동하셨고, 하나님이 친히 수고하셨습니다. 그 때마다 이스라엘은 어떤 반응을 보였나요? 무슨 말을 했나요? 무슨 노래를 불렀나요? 아무런 반응이 없습니다. 딱 한번 있었습니다. 드보라와 바락이 가나안 왕을 이긴 후에 여호와를 찬양한 것 딱 한 번입니다. 나머지는 아무런 반응이 없습니다. 메소보다미아 왕에게 압제를 당할 때에 옷니엘에게 여호와의 영을 보내시어 구원하시고 사십 년 간 평온을 주셨는데 아무 말도 없습니다. 미디안 사람들이 이스라엘을 곤고하게 하자 하나님이 친히 기드온을 불러서 큰 승리를 얻게 하셨지만 기드온은 자신의 욕심만 채울 뿐 하나님을 향해 어떤 고백도 하지 않습니다. 물론 이스라엘이 반응을 보인 것이 있습니다. 굳이 반응을 설명하자면 '이스라엘이 또 악을 행하여 여호와를 버리더라' 입니다. 성경 기자가 얼마나 이스라엘을 비꼬고 있는지가 보이십니까?

삼손의 기도

좀 더 신랄하게 해 보겠습니다. 비록 삼손이 여호와를 찬양하지는 않았지만 여호와를 부른 적은 두 번 있습니다. 삼손이 여호와를 불렀다, 여호와의 도움을 청했다고 하면 마치 기도한 것 같고, 마치 하나님의 능력을 높이고 하나님을 의지한 것처럼 생각하실 것입니다. 그런데 전혀 그렇지 않습니다. 한번은 15장 18절 나귀 턱뼈로 천 명을 죽이고 난 후입니다. "삼손이 심히 목이 말라 여호와께 부르짖어 이르되 주께서 종의 손을 통하여 이 큰 구원을 베푸셨사오나 내가 이제 목말라 죽어서 할례 받지 못한 자들의 손에 떨어지겠나이다"입니다. 이게 기도입니까? 이게 하나님을 높이는 것입니까? 이게 하나님을 인정하는 것입니까? 자기 자존심 깎이는 것을 걱정하는 것에 불과합니다. 자신의 명예를 지키기 위해 하나님을 동원하는 것일 뿐입니다.

또 한 번은 16장 28절 블레셋에게 조롱당할 때입니다. "삼손이 여호와께 부르짖어 이르되 주 여호와여 구하옵나니 나를 생각하옵소서 하나님이여 구하옵나니 이번만 나를 강하게 하사 나의 두 눈을 뺀 블레셋 사람에게 원수를 단번에 갚게 하옵소서"입니다. 이것도 무엇입니까? 하나님을 높이는 것도 아니요, 하나님을 찬양하는 것도 아닙니다. 이것도 결국 자기 원수 갚게 해달라는 것입니다. 자기 억울함을 풀어달라는 것일 뿐입니다. 두 번 다 여호와를 찬양하고 경배하고 섬기는 것이 아니라 자기가 절박할 때, 자기가 위험할 때 살려달라는 것 밖에 없습니다. 블레셋 사람들의 행동과 얼마나 비교가 됩니까? 블레셋은 '신에게 큰 제사를 드리고, 신이 행한 일을 찬양하고, 즐거워하고, 마음이 즐거울 때에' 입니다. 그런데 삼손은 '원수를 단 번에 갚게 하옵소서' 입니다. 정말 초라한 신앙입니다. 가장 미련하고 어리석고 바보 같은 신앙입니다.

성경의 조크

삼손의 삶을 소개하는 성경의 표현이 정말 기가 막힙니다. 16장 30절에 이렇게 나옵니다. "삼손이 이르되 블레셋 사람과 함께 죽기를 원하노라 하고 힘을 다하여 몸을 굽히매 그 집이 곧 무너져 그 안에 있는 모든 방백들과 온 백성에게 덮이니 삼손이 죽을 때에 죽인 자가 살았을 때에 죽인 자보다 더욱 많았더라"입니다. 이것은 칭찬이 아닙니다. 하나님의 의도는 언제나 살려내는 것입니다. 성경은 하나님이 이스라엘을 회복하고 인간을 회복하는 것을 강조하는 것이지, 애굽을 죽이고, 가나안을 죽이고, 이방 민족을 다 죽여 버리는 것을 강조하지 않습니다. 그런데 삼손의 삶은, 하나님의 나실인의 삶은, 하나님의 영이 임한 사람의 삶은 한 사람도 살리지 못하고 살아 있을 때도 죽이기만 하고, 죽을 때도 더 많은 사람을 죽이면서 끝이 납니다.

하나 더 보면, 31절 마지막 부분 "삼손이 이스라엘의 사사로 이십 년 동안 지냈더라"입니다. 그런데 이 표현은 이미 나왔었습니다. 15장 20절 "블레셋 사람의 때에 삼손이 이스라엘의 사사로 이십 년 동안 지냈더라"입니다. 이것은 이미 삼손에 대한 이야기는 15장에서 끝났다는 것입니다. 13장부터 15장까지에는 여호와의 영이 임한다는 표현이 나온다고 했습니다. 즉 삼손이 그나마 힘을 쓰기도 하고 마치 어떤 역할을 하는 듯한 모습은 온전히 하나님의 도우심이었다는 것입니다. 하나님이 도우시지 않는다면, 하나님의 영이 임하지 않는 삼손의 삶이란 16장과 같다는 것입니다. 그래서 삼손에 대한 이야기는 15장에서 끝이 나고 16장은 여호와의 영이 임하지 않은 삼손의 실체, 삼손의 바닥, 삼손의 현실, 삼손의 삶을 보여주는 것입니다. 삼손에 대한 평가를 이미 15장에 써 놓음으로, 16장에서는 이미 15장에 했던 말을 반복함으로, 16장은 있으나마나 한 것이요, 없는 것과 같다고 조롱하는 것입니다.

삼손 이야기는 이스라엘에게 이스라엘의 모습을 보여주는 거울과 같은 것입니다. 삼손은 하나님께 선택을 받았습니다. 그런데 계속하여 이방 여인을 찾아다닙니다. 여인에게 속는 것이 아니라 자신이 스스로 여인을 찾아다니고, 결국은 그 여인에 의해 죽임을 당합니다. 이스라엘은 하나님께 선택을 받았습니다. 그런데 계속하여 이방을 찾아다닙니다. 이방민족들에게서 이방 신을 섬기라는 압박을 받는 것이 아니라 스스로 여호와를 버리고 스스로 이방 신들을 섬깁니다. 그리고 결국은 이방 민족에게 고난을 당하고 극심한 어려움을 겪습니다. 삼손은 바로 이스라엘의 모습입니다. 그래도 하나님은 끝까지 삼손을 도우십니다. 그래도 하나님은 이스라엘을 끝까지 도우십니다. 하나님을 난관 극복, 위기 탈출의 수단으로만 쓰는 것이 아니라 평화와 안식과 기쁨과 자유와 행복을 누리는 원동력으로 삼는 성숙한 신앙 되시기를 주님의 이름 축원합니다.

31

복 주실 줄을 아노라

사사기 17 : 1 ~ 13

1 에브라임 산지에 미가라 이름하는 사람이 있더니 2 그의 어머니에게 이르되 어머니
께서 은 천백을 잃어버리셨으므로 저주하시고 내 귀에도 말씀하셨더니 보소서 그 은
이 내게 있나이다 내가 그것을 가졌나이다 하니 그의 어머니가 이르되 내 아들이 여
호와께 복 받기를 원하노라 하니라 3 미가가 은 천백을 그의 어머니에게 도로 주매
그의 어머니가 이르되 내가 내 아들을 위하여 한 신상을 새기며 한 신상을 부어 만
들기 위해 내 손에서 이 은을 여호와께 거룩히 드리노라 그러므로 내가 이제 이 은
을 네게 도로 주리라 4 미가가 그 은을 그의 어머니에게 도로 주었으므로 어머니가
그 은 이백을 가져다 은장색에게 주어 한 신상을 새기고 한 신상을 부어 만들었더니
그 신상이 미가의 집에 있더라 5 그 사람 미가에게 신당이 있으므로 그가 에봇과 드
라빔을 만들고 한 아들을 세워 그의 제사장으로 삼았더라 6 그 때에는 이스라엘에 왕
이 없었으므로 사람마다 자기 소견에 옳은 대로 행하였더라 7 유다 가족에 속한 유다
베들레헴에 한 청년이 있었으니 그는 레위인으로서 거기서 거류하였더라 8 그 사람이
거주할 곳을 찾고자 하여 그 성읍 유다 베들레헴을 떠나 가다가 에브라임 산지로 가
서 미가의 집에 이르매 9 미가가 그에게 묻되 너는 어디서부터 오느냐 하니 그가 이
르되 나는 유다 베들레헴의 레위인으로서 거류할 곳을 찾으러 가노라 하는지라 10 미
가가 그에게 이르되 네가 나와 함께 거주하며 나를 위하여 아버지와 제사장이 되라
내가 해마다 은 열과 의복 한 벌과 먹을 것을 주리라 하므로 그 레위인이 들어갔더라
11 그 레위인이 그 사람과 함께 거주하기를 만족하게 생각했으니 이는 그 청년이 미가
의 아들 중 하나 같이 됨이라 12 미가가 그 레위인을 거룩하게 구별하매 그 청년이 미
가의 제사장이 되어 그 집에 있었더라 13 이에 미가가 이르되 레위인이 내 제사장이
되었으니 이제 여호와께서 내게 복 주실 줄을 아노라 하니라

인간의 속성

타고난 성품

사람에게는 본성이 있습니다. 본성은 말 그대로 본래의 성질입니다. 그래서 따로 생각하지 않아도, 특별히 의도하지 않아도 자동적으로, 저절로, 너무나 당연하게 드러나고 나타나고 행동되는 양상입니다. 본성을 다른 말로 하면 천성이요, 타고나는 것으로 대부분 기질, 취향, 성격 등을 의미합니다. 아무리 은혜 받아도 천성은 바뀔 수 없다고, 아무리 성령 충만해도 타고난 성질은 변하지 않는다고 말을 합니다. 당연한 말로 천성을 바꾸려고 하는 것, 본성을 변화시키려고 하는 시도가 어리석은 것입니다. 본성은 달란트요, 은사요, 하늘로부터 받은 선물입니다. 천성이 좀 느린 분이 있습니다. 느린 것은 나쁜 것이 아니라 그냥 느린 것입니다. 또 본래 기질이 정리정돈이 안 되시는 분이 있습니다. 그 분의 방을 보면 매우 어지럽지만 그 분이 자기 물건 찾는데 어려움을 겪는 것을 본 적이 없습니다. 그 분에게는 그 상황이 최상, 최고일 뿐 전혀 불편하지도 나쁘지도 않습니다.

예수님에게는 열두 명의 제자가 있었습니다. 요한에게는 '보아너게' 즉 '우뢰의 아들' 이라는 별명을 지어주신 것으로 보아 목소리가 컸었나 봅니다. 그런데 예수님은 요한에게 제발 목소리를 낮추라고 요구하시거나 차분하고 조용조용하게 말하라고 부탁하신 적이 없습니다. 말하는 습관을 고치지 않으면 제자로 성공할 수 없다고 말씀하신 적이 없습니다. 시몬은 별명이 '게바' 또는 '베드로' 즉 '장돌, 돌멩이, 바위, 반석' 이었습니다. 예수님은 시몬의 성격에 적합한 별명을 지어주셨을 뿐 성격을 고치라고 요구하지 않았습니다. 베드로가 예수님을 세 번 부인할 때 '너는 좌충우돌하는 기질이 있어서 그럴 줄 알았다. 그 기질 못 버리면 앞으로 쓰임 못 받는다' 고 경고하신 적이 없습니다. 예수님이 잡혀갈 때 베드로가 칼을 들고 휘두르자, '너는 자기 성질을 조절 못하니 제자로서의 사역에 걸림돌이 많다. 성질 죽여야만 파송 받을 수 있다' 고 비난이나 책망이나 조건을 내세우신 적이 없습니다. 예수님은 베드로의 천성, 본성, 기질에 대해서 말씀하신 것이 아니라 마태복음 16장 23절에 "네가 하나님의 일을 생각하지 아니하고 도리어 사람의 일을 생각하는도다"라고 하나님의 원리와 죄의 원리를 대조하여 말씀하셨고, 마태복음 26장 52절에 "칼을 가지는 자는 다 칼로 망하느니라"고 죄의 원리를 버릴 것을 권고하셨습니다.

기독교가 언급하는 본성이나 천성은 개인적 성품이나 기질을 의미하지 않고 모든 인간이 가지고 있는 죄성을 의미합니다. 기독교가 변화시키는 것, 기독교가 은혜와 성령을 동원해서 새롭게 하려는 것의 대상이 죄성입니다. 기독교는 이 죄의 기질, 죄의 속성, 죄의 원리를 하나님의 기질, 하나님의 속성, 하나님의 원리로 바꾸어 주는 것입니다. 각자가 타고난 본성은 아주 귀한 것입니다. 그것은 변화시켜야 할 대상이 아니라 개발하고 성숙시키고 활용해야 할 대상입니다. 대신, 죄성은 뽑아내고 하나님의 속성으로 대체해야 하는 것입니다. 성경에는 본성이나 천성을 바꾸려는 시도가 단 한 번도 나오지 않습니다. 기독교의 기준은 하나님이십니다. 각 사람의 본성은 하나님이 주신 선물이요, 은사요, 달란트입니다. 나와 다르다고 나쁜 것으로 비난하고 정죄할 것이 아닙니다. 기독교가 말하는 본성은 죄성이요, 죄성은 변화되고, 치유되고, 새로워져야 하는 것임을 기억하셔야 합니다.

죄인의 속성

사사기 17장에는 인간들의 속성, 인간들의 본성, 인간들의 죄성이 아주 잘 나타나 있습니다. 본성은 몸에 내재되어 있는 것으로 언제든지, 따로 생각하지 않아도, 특별히 의도하지 않아도 자동적으로, 저절로, 너무나 당연하게 드러나고 나타나고 행동되는 양상입니다. 죄가 바로 그런 것입니다. 간혹 죄를 지은 사람들이 하는 말이, '나도 내가 왜 그랬는지 모르겠습니다. 그런 생각을 해본 적도 없고, 내가 그럴 수 있을 것이라고 상상을 해본 적도 없습니다' 라고 합니다. 그 말이 맞고 그것이 죄인이요, 죄의 종이요, 죄에게 사로잡힌 자의 모습인 것입니다. 죄의 속성이 가장 대표적으로 드러나는 곳이 바로 종교입니다. 그런데 종교가 인간의 소망, 인간의 기대, 인간의 바람을 담고 있는 행위로 대부분 '죄적 속성' 으로 비난받는 것이 아니라 '보편적 희망, 일반적 소망' 으로 위장되고 있는 것입니다. 그래서 죄성이 죄성으로 드러나지 않습니다. 이럴 때에는 죄성을 부각시킬 것이 아니라 복음을 부각시키고, 복음이 얼마나 죄성과 다른 것인지를 알려주어야 합니다. 기독교는 죄를 비난하는 것이 아니라 복음으로 치유하는 것이요, 죄를 책망하는 것이 아니라 복음으로 감싸는 것입니다.

사사기 17장은 어머니와 아들의 막장 대화로 시작합니다. 17장 2절 "그의 어머니에게 이르되 어머니께서 은 천백을 잃어버리셨으므로 저주하시고 내 귀에도 말씀하셨더니 보소서 그 은이 내게 있나이다 내가 그것을 가져갔나이다 하니"입니다. 이런 일은 대부분의 가정에서 자녀를 키울 때 흔히 있는 일입니다. 하지만 이 장면은 자녀가 어린 경우가 아닙니다. 본문의 아들은 이미 자기도 아들을 낳았고, 그 아들이 제사장 역할을 할 정도로 장성하였습니다. 그러니 어머니는 노년에 들어섰고 아들도 중년이 된 듯합니다. 그 나이에 아들은 어머니 재산을 훔쳤고 재산을 잃어버린 어머니는 저주를 퍼부었던 모양입니다.

아들은 무슨 연유에서인지 어머니에게 자기가 도둑질한 장본인인 사실을 털어놓습니다. 그러자 어머니의 태도가 돌변합니다. 저주가 축복으로 급변하여 "내 아들이 여호와께 복 받기를 원하노라"입니다. 망설임도 없고 주저함도 없고 사실 여부의 확인도 없고 자기가 돌변하는 것에 대한 민망함도 없습니다. 사람들은 이런 모습을 보고 '부모의 한없는 자식 사랑' 이라고 미화합니다. 물론 사람들은 그 평가를 나중에 할 것입니다. 만약 그 아들이 출세하면 그 때 어머니가 감싸주어서 그랬다고 말할 것이고, 만약 그 아들이 잘못되면 그 때 어머니가 감싸주어서 그랬다고 말할 것입니다. 세상의 원리, 죄의 원리는 기준이 없습니다.

죄의 종교

아들을 위하여

어머니의 자식 사랑이 종교적으로 등장하는 것이 3절 "미가가 은 천백을 그의 어머니에게 도로 주매 그의 어머니가 이르되 내가 내 아들을 위하여 한 신상을 새기며 한 신상을 부어 만들기 위해 이 은을 여호와께 거룩히 드리노라" 입니다. 어머니의 바람이 '내 아들을 위하여' 입니다. 이것을 탓할 사람이 단 한사람도 없습니다. 기독교와 죄를 비교할 때는 비교 대상을 잘 맞추어야 합니다. 이 비교 대상을 잘못 맞추면 기독교가 이상한 종교가 되는 것입니다. 종교의 목적은 '인간이 행복한 것' 입니다. 여기서 기독교가 엉뚱하게 '타종교의 목적은 인간이 행복해지는 것이지만 기독교의 목적은 하나님의 영광이다' 라고 하면 절대로 안 됩니다. '하나님의 영광을 구하는 것은 신본주의이고 인간의 행복을 구하는 것은 인본주의다' 라고 말해서도 안 됩니다. '하나님의 영광을 위해서라면 나는 사나 죽으나 상관이 없다' 고 말하시면 더 더욱이나 안 됩니다.

인간이 행복한 것, 인간이 자유와 평화와 안식과 기쁨을 누리며 사는 것은 단지 인간들의 소망에 그치는 것이 아니라 하나님의 소망이요, 하나님의 바람이요, 하나님의 기대입니다. 하나님의 목적이 인간이 행복한 것이요, 예수님이 십자가를 지시기 전에 약속하신 것이 '평안을 주리라' 였고, 예수님이 부활하신 후 첫 말씀이 '평안하냐' 였습니다. 하나님이

천지창조를 인간을 위해서 하셨습니다. 인간이 살 곳과 먹을 것을 지으신 것입니다. 하나님이 십자가를 지신 것이 인간을 위해서였습니다. 하나님과 인간 중에 크고 위대하고 능력 있고 풍성하신 분이 하나님이십니다. 이 하나님이 인간을 위해주시는 것입니다. 이 하나님이 인간을 도와주시는 것입니다.

인간이 신을 위할 수 없습니다. 도대체 인간이 신에게 무엇을 드릴 수 있습니까? 어떻게 할 수 있습니까? 인간이 신보다 나은 것이 무엇입니까? 인간이 신보다 많은 것이 무엇이고, 잘하는 것이 무엇입니까? 아무것도 없습니다. 기독교는 하나님을 믿는 종교입니다. 하나님을 인정하는 종교입니다. 하나님이 창조자이시다, 하나님이 진리이시다, 하나님이 전능하시다, 하나님이 만유의 주시라고 합니다. 지구상의 모든 것이 하나님으로부터 나왔으며 지구상의 모든 것이 하나님의 것이라고 선언합니다. 그런데 인간이 하나님께 무엇을 드려야 합니까? 도대체 하나님이 무엇이 부족하고, 무엇이 어려워서 인간에게 받아야 하고, 인간의 도움을 얻어야 합니까? 인간은 신을 위할 수도 없고, 신을 위할 필요도 없습니다.

기독교가 이것을 선포해야 합니다. 예수를 위해 내가 가진 모든 것을 드려야겠다고 다짐하는 것이 신앙이 아니라, 내가 가진 모든 것이 하나님이 주신 것이라고 감사하는 것이 신앙인 것입니다. 하나님을 위해 죽겠다고 죽음을 불사하는 것이 신앙이 아니라, 하나님으로 말미암아 바른 삶, 참된 삶, 행복한 삶을 누리며 사는 것이 신앙인 것입니다. 기독교와 죄의 종교를 구분 짓는 것은 '목적' 이 아니라 '방법' 입니다. 죄의 종교가 제시하는 방법으로는 절대로 인간이 행복해질 수 없습니다. 대신 기독교는 하나님이 모든 일을 다 이루셔서 인간에게 자유와 기쁨과 평화와 안식을 선물로 주십니다. 그래서 기독교의 소식을 복된 소식, 복음이라고 하는 것입니다. 죄의 종교와 비교해보면 죄의 방식에는 복된 소식이 없습니다. 아무 것도 이루어진 것이 없고, 모든 것이 이제부터 인간이 해야 할 일 투성이입니다.

신상 만들기

본문에서 아들이 복을 받기를 원하면서 어머니가 행하는 것이 '신에게 은전을 바치는 것' 입니다. 복을 받기를 원하는 사람은 넉넉하거나 문제가 없거나 여유로운 상황이 아닙니다. 그런데 죄의 원리로는 무엇인가를 '받기' 원하는 사람이 가장 먼저 하는 것이 '바치는 것' 입니다. 이 사람은 자기 돈을 가져간 사람에게 저주를 퍼부은 적이 있습니다. 그렇다면 신이 아무 것도 해 주지 않은 채 돈을 가져가면 그 신에게도 저주를 퍼부어야 할 것입니다. 그런데 그렇게 하지 않고 도리어 자기 스스로 돈을 가져다 바칩니다. 이게 종교의 아이러니요, 죄의 원리의 어리석은 순환론입니다. 타종교에는 은혜라는 개념 자체가 존재하지 않는 것이요, 엄밀하게 말하면 복이라는 용어를 사용해서는 안 되는 것입니다. 내가 먼저 바치고, 나중에 바친 만큼, 아니 바친 것보다 더 받아내는 것으로 일종의 거래인 것입니다. 바친 만큼 받으면 원금회수이고, 바친 것보다 더 많아 받아내면 성공적인 투자인 것입니다. 만약 바친 만큼 못 받으면 다음에 더 받기를 기대하는 투기가 되는 것입니다.

본문에서 어머니가 은전을 바치는 태도, 심정, 마음 자세를 묘사한 표현이 3절의 "거룩히 드리노라"입니다. 이 표현은 '구별하다, 따로 떼어놓다, 분리하다' 라는 단어를 두 번 겹쳐서 사용한 것입니다. 우리식으로 하면 '정성스레, 간절하게 바친다' 는 것입니다. 타종교의 보편적 원칙이 두 가지입니다. 하나는 '진인사대천명'(盡人事待天命)으로 우선 인간이 먼저 할 일을 다 한다는 것입니다. 또 하나는 '지성(至誠)이면 감천(感天)' 입니다. 인간이 일을 할 때에도 그저 할 일을 했다는 것이 아니라 정성스레, 최신을 다해, 아주 성심성의껏 최선을 다해야 한다는 것입니다. 이러한 마음과 태도로 신상을 만드는 것입니다. 타종교에서도 신에게 바친다는 것이 신이 직접 무엇을 취한다는 의미는 아닙니다. 신에게 바치는 것은 신을 위해 무엇을 행하는 것이요, 그 행위는 신상을 만드는 것입니다. 신상을 만드는 것이 신의 존재를 드러내주는 것이요, 그때 신상은 신의 권위와 명예에 걸맞게 크고 멋지고 화려하고 값있게 만들어주는 것입니다. 그것이 3절 "한 신상을 새기며 한 신상을 부어 만들기 위해"입니다.

성경에 신상으로 번역된 히브리어 단어가 두 번 나오는데 서로 다른 단어입니다. 하나는 출애굽기에 나오는 십계명에서 세 번째 '형상을 만들지 말라' 고 할 때 '형상' 에 사용되는 단어이고, 다른 하나는 시내산에서 이스라엘이 만들었던 송아지 '형상' 을 언급할 때 사용된 단어입니다. 타종교에서도 인간이 직접 신을 위할 수 있는 방법이 없습니다. 그래서 생기는 것이 신의 형상을 만드는 것이요, 형상이 만들어지면 당연히 형상을 모셔 둘 수 있는 신당을 짓는 것으로 연결되고, 신당에 신상을 모셔두면 당연히 그 다음은 신상에 대한 예우를 갖추어서 때마다 신의 식사 즉 공양을 드리는 것이요, 신을 높이는 것 즉 인간이 신보다 낮다는 행동을 보임으로 신이 높다는 것을 드러내는 절을 하게 되어 있는 것입니다. 신상의 형체나 모양새, 신당의 구조, 공양의 재료, 인간이 절하는 모습이 다를 뿐 모든 인간들의 종교, 죄인들의 종교는 원칙상 동일한 것입니다.

패키지

17장 5절에 죄의 종교의 완성품이 등장합니다. "그 사람 미가에게 신당이 있으므로 그가 에봇과 드라빔을 만들고 한 아들을 세워 그의 제사장으로 삼았더라"입니다. 사람들이 종교를 만들면, 죄인들이 종교를 만들면 늘 이렇게 만듭니다. 이 중에서 하나도 빠지지 않습니다. 패키지요, 종합셋트입니다. 이 셋트의 출발점이 신상입니다. 이 사건이 사사기에 등장합니다. 즉 사사기에 반복적으로 등장하는 표현이 '이스라엘 자손이 다시 여호와의 목전에 악을 행하여', '여호와를 버리고, 여호와를 떠나고' 입니다. 이런 표현들의 실체, 이런 표현들 내부에 담겨있는 모습을 보여주는 것이 17장과 18장 사건입니다.

이미 이스라엘 백성 대부분의 가정에는 신당이 있었습니다. 신당이 있었다는 것은 이미 신당에 모실 신상도 만들어져 있었다는 것입니다. 기드온 사건에서도 확인했던 것입니다. 사사기 6장 25절 "그 날 밤에 여호와께서 기드온에게 이르시되 네 아버지에게 있는 수소 곧 칠년 된 둘째 수소를 끌어오고 네 아버지에게 있는 바알의 제단을 헐며 그 곁의 아세라 상을 찍고"입니다. 기드온네 집에 신당과 신상이 있었습니다. 기드온이 아버지 집에 있는 바알의 단을 헐었을 때 동네 사람들의 반응을 보시면 그 당시의 트랜드를 알 수 있습니다. 6장 30절 "성읍 사람들이 요아스에게 이르되 네 아들을 끌어내라 그는 당연히 죽을지니 이는 바알의 제단을 파괴하고 그 곁의 아세라를 찍었음이니라"입니다. 한 사람도 기드온이 바알과 아세라 신상을 찍었다고 응원한 사람이 없고 칭찬한 사람이 없습니다. 도리어 기드온을 죽이겠다고 온 동네 사람이 다 연합하여 달려온 것입니다. 미가도 이미 집에 신당이 있었고, 18장에 보면 단 지파도 신상들과 제사장을 데려가려고 시도하는 장면이 나옵니다. 어느 한 사람만 이런 것이 아니라, 어느 한 가정만 이런 것이 아니라, 어느 한 지파만 이런 것이 아니라 이스라엘 전체가 하나님을 떠났고 우상을 섬겼다는 것을 보여주는 것입니다.

더 리얼하게 설명하면 이스라엘은 사사시대뿐만 아니라 이스라엘 역사 내내 하나님을 섬기기보다는 우상을 섬겼습니다. 미가의 집에는 신상과 더불어 에봇과 드라빔을 만들어 놓았다고 합니다. 에봇은 신전에서 종사하는 자가 입는 옷을 의미하고, 드라빔은 신상과 유사한 조각품을 의미합니다. 드라빔에 대해 성경에서 읽어보신 기억이 나실 것입니다. 창세기 31장 19절에 야곱의 아내 라헬이 친정에서 떠나올 때 아버지라반의 드라빔을 훔쳐오는 사건이 있습니다. 이것은 작은 규모로 휴대가 가능한 것이었습니다. 또 열왕기하 23장에 보면 요시야 왕이 대대적인 국가 규모의 종교 개혁을 시행합니다. 그때 등장하는 것이 드라빔입니다. 24절 "요시야가 또 유다 땅과 예루살렘에 보이는 신접한 자와 점쟁이와 드라빔과 우상과 모든 가증한 것을 다 제거하였으니"입니다.

신당에 신상만 있는 것이 아니라 드라빔들도 있었습니다. 죄의 원리를 생각하시면 충분히 상상할 수 있습니다. 어떤 사람이 신당에 신을 모신다면 당연히 강한 신을 모실 것입니다. 그때 자기가 모신 신이 강한 신이라는 것을 나타내는 방법이 하나는 신상을 크고 화려하게 만드는 것입니다. 그리고 다른 하나가 바로 신상 옆에 드라빔 즉 작은 신상 즉 일종의 부하들을 두는 것입니다. 크고 강한 신 일수록 주변에 많은 드라빔과 우상을 거느리는 것으로 일종의 위세요, 권력시위인 것입니다. 이런 현상은 종교뿐만이 아니라 죽은 자를 위하는 묘지에도 있는 현상으로 죄인의 속성인 것입니다.

아버지와 제사장

신의 형상인 신상, 그 신상을 모실 신당, 그리고 신의 부하들인 드라빔이 갖추어져 있으면 이제는 신에게 종교행위를 행할 제사장이 등장합니다. 이미 에봇이 마련되어 있으니 미가는 자기 아들 중의 하나를 제사장으로 세웠습니다. 그런데 그때 미가에게 반가운 일이 생겼습니다. 17장 7절 이하 "유다 가족에 속한 유다 베들레헴에 한 청년이 있었으니 그는 레위인으로서 거기서 거류하였더라 그 사람이 거주할 곳을 찾고자 하여 그 성읍 유다 베들레헴을 떠나가다가 에브라임 산지로 가서 미가의 집에 이르매"입니다. 이스라엘이 가나안을 정복하기 전에 이미 지파 별로 땅 분배가 끝나 있었고, 레위인에게는 열두 지파에 걸쳐 사십 팔개 성읍이 거주지로 지정되어 있었습니다. 그런데 레위인이 거류할 곳을 찾고자 하여 거주지를 떠나 유랑을 합니다. 이것이 당시 이스라엘의 신앙을 암시하는 또 하나의 힌트입니다.

이스라엘의 열두 지파는 요단강 동쪽에 두 지파와 므낫세 지파의 절반, 그리고 요단강 건너에 아홉 지파와 므낫세 지파의 나머지 절반이 모두 거주지를 분배받았습니다. 당시의 생활 방식은 땅에서 소산을 얻어 사는 것이었습니다. 그런데 레위 지파만큼은 땅을 분배받지 못하고 단지 거주지로 성읍만 받았습니다. 다른 표현으로 하면 자생할 수 있는, 자립할 수 있는 방법이 없는 것입니다. 레위인은 하나님이 기업이 되시는 것이요, 다른 표현으로 하면 하나님을 믿는 이스라엘이 자신들이 농사지어 소산을 거둘 때에, 그 모든 소산이 하나님의 은혜임을 고백하여 소산의 일부를 제사장들에게 갖다 주는 것으로 레위인이 살아가게 되어 있는 것입니다. 그런데 레위인이 거류할 곳을 찾아 나섰다고 합니다. 이것은 먹고 살 방법이 없었다는 것입니다. 다른 말로, 백성들이 레위인을 돌보지 않았다는 것입니다. 이스라엘 백성들이 여호와도 버리고 떠났는데 여호와의 제사장들을 돌보지 않은 것은 당연한 것입니다. 그러니 땅도 없는 레위인들이 살 방법이 없었던 것입니다.

이 레위인이 유랑하다 미가의 집에 도착하게 되었고 미가와 레위인 사이에 종교적 거래가 성사됩니다. 17장 10절 "미가가 그에게 이르되 네가 나와 함께 거주하며 나를 위하여 아버지와 제사장이 되라 내가 해마다 은 열과 의복 한 벌과 먹을 것을 주리라 하므로 그 레위인이 들어갔더라" 입니다. 아주 상호간의 필요가 잘 맞아떨어진 것입니다. 미가는 그 동안 비공식적인 제사장 즉 레위인이 아닌 제사장을 두었다가 드디어 레위 지파 출신의 공식적인 제사장을 두게 되었으니 좋고, 레위인은 안정적 수입이 보장되었으니 좋은 것입니다. 11절 "그 레위인이 그 사람과 함께 거주하기를 만족하게 생각했으니 이는 그 청년이 미가의 아들 중 하나 같이 됨이라" 입니다. 12절에서는 아주 적나라하게 표현했습니다. "미가가 그 레위인을 거룩하게 구별하매 그 청년이 미가의 제사장이 되어 그 집에 있었더라"입니다. 여기 나오는 '거룩하게 구별하매'는 3절에 나왔던 '거룩하게 드리노라'와는 완전히 다른 단어와 의미입니다. 12절의 '거룩하게 구별하매'는 원래대로 하면 '미가가 레위인의 손을 풍족하게 하매' 입니다. 미가가 레위인에게 듬뿍 채워줬다는 것입니다. 빈손으로 방황하던 레위인에게 두 손 가득하게 옷과 음식을 쥐어 주었다는 것입니다. 그러니 레위인은 좋다고 눌러 앉았다는 것입니다. 이스라엘의 신앙의 상태를 단편적으로 보여주는 것입니다.

뒤틀려진 기독교

옳은 대로

미가를 통해 보여주는 이스라엘의 신앙의 왜곡과 변질의 절정은 미가의 마지막 말에 있습니다. 17장 13절 "이에 미가가 이르되 레위인이 내 제사장이 되었으니 이제 여호와께서 내게 복 주실 줄을 아노라 하니라" 입니다. 미가는 여호와 신앙을 가장 완벽하게 왜곡시킨 것이요, 죄의 종교의 극치를 보여주는 것입니다. 내용을 몰라서 다르게 하는 것은 왜곡이 아니라 무지한 것입니다. 몰라서 다르게 하는 것은 변질이 아니라 어리석은 것입니다. 그런데 잘못 알고 있으면서 아는 척 하는 것은 왜곡이요, 틀리게 하면서 옳다고 말하는 것이 변질입니다. 미가의 어머니는 3절에서 신상을 만들기 위해 은전을 바치면서 말하기를 "여호와께 이 은을 거룩히 드리노라"고 합니다. 하나님은 신상을 만들지 말라고 거듭 말씀하셨는데, 신상을 만들 은을 여호와께 거룩히 바친다고 하는 것이 말이 되지 않는 것입니다. 그런데 이 어머니는 아주 자연스럽게, 간절하게, 전혀 어색하지 않게 행동하는 것입니다.

미가도 여호와 신앙에는 전혀 맞지 않는, 여호와가 금지한 것만 골라서 구색을 맞추어놓고, 가장 여호와와 다른 종교적 행위를 하고나서 한다는 말이 "이제 여호와께서 내게 복 주실 줄을 아노라"입니다. 전혀 자신이 틀렸다고 생각하지 않는 것이요, 전혀 자신이 여호와를 왜곡하고 있다고 의식하지 않는 것입니다. 이러한 이스라엘의 행동을 묘사한 말이 6절 "그 때에는 이스라엘에 왕이 없었으므로 사람마다 자기 소견에 옳은 대로 행하였더라"입니다. '자기 소견에 옳은 대로' 입니다. 하나님 뜻에 맞는지, 하나님의 의도에 합당한지, 하나님이 행하신 일과 어울리는지는 전혀 고려하지 않습니다. 하나님에 대한 개념 자체가 없는 것입니다. 오직 하나 자기 소견에 옳은 대로, 진리를 모르는 자들의 특징, 모든 죄인들의 특징입니다.

미가 이야기를 이스라엘 불신앙의 극치라고 표현하는 이유는 이스라엘은 단순히 우상 숭배를 하거나 타종교를 믿는 정도에 그친 것이 아니기 때문입니다. 하나님의 방식이 아닌 것을 실행하면서 그것이 하나님의 방식이라고 왜곡을 만들어내고 있다는 것입니다. 단지 미가뿐만이 아닙니다. 기드온도 그랬습니다. 하나님이 전쟁에서 승리하게 해 주시자, 백성들에게 전리품을 모아서 결국은 에봇을 만들어 자기 집에 두었고 온 이스라엘이 음란하게 섬기도록 했습니다. 여호와 신앙의 왜곡입니다. 입다도 마찬가지입니다. 하나님과 전혀 무관한 서원을 합니다. 불신앙적인 행동은 다 행하면서도 어이없게 엉뚱한 서원은 지키려고 애를 써서 결국은 자기 딸을 제물로 바치는 어처구니없는 신앙의 왜곡을 행합니다. 삼손의 경우도 마찬가지입니다. 출생부터 하나님의 은혜로 시작한 나실인이요, 자기가 주장하는 대로 할례받은 백성임에도 불구하고 전혀 할례받은 백성의 역할을 하지 않고, 전혀 나실인의 삶을 살지 않고 오직 자기 원수 갚는 일에 여호와를 동원할 뿐입니다. 여호와 신앙의 왜곡입니다. 이들의 특징이 '자기 소견에 옳은대로 행하였다' 는 것입니다.

복음

지금까지 이스라엘의 종교 왜곡에 대해 들으셨습니다. 미가가 행한 행위가 복음처럼 들리나요? 성경에서 소개하는 하나님 신앙, 성경이 말해주는 기독교 신앙은 미가가 행한 종교와는 완벽하게 다릅니다. 기독교는 가장 먼저 하나님을 소개합니다. 왜냐하면 하나님의 속성, 하나님의 성품에 근거하여 기독교의 신앙양식이 정립되기 때문입니다. 기독교의 차이점은 종교하는 방법, 종교 절차, 종교 양식이 아니라 '하나님' 입니다. 하나님이 다르시기 때문에 기독교의 신앙양식이 달라지는 것입니다. 하나님 이외의 다른 구별점을 갖는 것은 본질을 놓치는 것입니다. 여호와를 섬기는 기독교 신앙의 특징 세 가지만 설명해 보겠습니다.

첫째, 기독교의 신앙은 '은혜' 입니다. 미가의 어머니가 했던 것처럼, 인간이 여호와께 드리는 것이 없습니다. 하나님은 값 없이, 조건 없이, 무조건, 선물로 인간에게 복을 주시는 것입니다. 타종교는 언제나 인간이 먼저 신에게 바치는 것에서부터 시작합니다. 그래서 죄의 종교는 신을 만나기 위해서나, 신을 만난 다음에는 언제나 신에게 무엇을 바쳐야 한다는 강박관념이 있습니다. 사사기에서도 마찬가지입니다. 여호와께서 기드온에게 나타나자 기드온이 한 일이 여호와께 예물을 드리고 시험한 것입니다. 마찬가지로 여호와께서 삼손의 부모에게 나타나자 그 부모가 행한 일도 여호와께 예물을 드리고 시험한 것입니다. 왜냐하면, 죄의 방식에는 은혜라는 개념이 존재하지 않기에, 여호와가 은혜주시는 것을 이해할 수 없는 것입니다.

둘째, 기독교의 신앙은 '비종교적' 입니다. 여호와는 영이시기에 종교적 형상이 없고, 그러기에 신당이 없고, 그러기에 중재자가 없고, 그러기에 종교 행위가 없는 것입니다. 본문에서 궁금한 것 중의 하나는 미가가 레위인을 초청하자 레위인이 그 집에 들어가서 제사장이 되었다는데 그 레위인이 무엇을 했을까 하는 것입니다. 레위인이 제사드렸을 것이라고 생각하시겠지만 여호와가 세우는 제사장과 이방 종교의 제사장은 그 기능이 전혀 다릅니다. 미가는 제사장을 세워놓고 하는 말이 '여호와께서 복 주실 줄을 아노라' 입니다. 즉 이방 종교의 제사장은 신에게 빌어 복을 받아내는 존재입니다. 그러나 레위기에 나오는 제사장의 가장 주된 역할은 사람들이 죄를 지었을 때 제사를 드리고 죄사함 받도록 해주는 것입니다. 그런데 미가는 자신이 죄 지은 자라고 전혀 생각하지 않았습니다. 자신이 죄사함 받아야 할 필요를 전혀 인식하지 않았습니다. 제사장은 본인이 먼저 복을 받은 자도 아니요, 본인이 미가보다 더 부요한 자도 아닌데, 과연 자기도 못 받은 복을 남 받으라고 했을지 궁금하고 도대체 이 레위인은 무엇을 했을지가 궁금합니다.

셋째, 기독교 신앙은 인간이 복을 받아내는 종교가 아니라 하나님이 복을 주시는 종교이고, 앞으로 복을 받을 종교가 아니라 이미 복을 받은 종교라는 것입니다. 기독교는 가장 복과 관련이 많은 종교입니다. 복에 대해서 언급하는 것을 주저하거나 부끄러워하면 안 됩니다. 기독교는 기독교가 말하는 소식, 기독교의 내용을 복음이라고 표현하는 종교입니다. 세상 어떤 종교보다 복과 밀접한 종교입니다. 그런데 타종교와는 완벽하게 다르게 말하는 것입니다. 본문에서 어머니나 미가가 여호와를 언급한다고 해서 옳은 표현, 맞는 표현이라고 생각하시면 절대로 안 됩니다. 특히 13절 '이제 여호와께서 내게 복 주실 줄을 아노라' 는 표현이 가장 세상적이며 가장 비기독교적이라는 것입니다. 왜냐하면 미가는 복을 받았다고 생각하지 않기 때문입니다. 기독교는 복 받기를 구하는 종교, 복 받는 방법을 주는 종교가 아닙니다. 기독교는 이미 복을 주신 종교입니다. 하나님이 먼저 복을 주셨기 때문에 인간이 복을 받기 위한 노력이 필요하지 않은 것입니다.

복음의 관점에서 미가의 행동을 평가한다면 무익한 행동이었다, 불필요한 행동이었다, 헛된 행동이었다는 것입니다. 복음을 모르면 하지 않아도 되는 종교 행동을 하고, 시간과 물질과 재능과 모든 것을 낭비하게 된다는 것입니다. 미가가 '이제 여호와께서 내게 복을 주실 줄을 아노라' 고 말했다면 성도는 '이미 여호와께서 내게 복을 주신 줄을 아노라' 고 말할 수 있어야 할 것입니다. 성경을 읽고 배우셔서 진리를 알고 진리대로 행하셔서 받은 복과 은혜를 풍성히 누리시는 성도되시기를 주님의 이름으로 축원합니다.

32

마땅히 행할 것

사사기 18 : 1 ~ 31

1 그 때에 이스라엘에 왕이 없었고 단 지파는 그 때에 거주할 기업의 땅을 구하는 중
이었으니 이는 그들이 이스라엘 지파 중에서 그 때까지 기업을 분배 받지 못하였음이
라 2 단 자손이 소라와 에스다올에서부터 그들의 가족 가운데 용맹스런 다섯 사람을
보내어 땅을 정탐하고 살피게 하며 그들에게 이르되 너희는 가서 땅을 살펴보라 하
매 그들이 에브라임 산지에 가서 미가의 집에 이르러 거기서 유숙하니라 3 그들이 미
가의 집에 있을 때에 그 레위 청년의 음성을 알아듣고 그리로 돌아가서 그에게 이르
되 누가 너를 이리로 인도하였으며 네가 여기서 무엇을 하며 여기서 무엇을 얻었느냐
하니 4 그가 그들에게 이르되 미가가 이러이러하게 나를 대접하고 나를 고용하여 나
를 자기의 제사장으로 삼았느니라 하니라 5 그들이 그에게 이르되 청하건대 우리를
위하여 하나님께 물어 보아서 우리가 가는 길이 형통할는지 우리에게 알게 하라 하니
6 그 제사장이 그들에게 이르되 평안히 가라 너희가 가는 길은 여호와 앞에 있느니라
하니라 7 이에 다섯 사람이 떠나 라이스에 이르러 거기 있는 백성을 본즉 염려 없이
거주하며 시돈 사람들이 사는 것처럼 평온하며 안전하니 그 땅에는 부족한 것이 없으
며 부를 누리며 시돈 사람들과 거리가 멀고 어떤 사람과도 상종하지 아니함이라 8 그
들이 소라와 에스다올에 돌아가서 그들의 형제들에게 이르매 형제들이 그들에게 묻
되 너희가 보기에 어떠하더냐 하니 9 이르되 일어나 그들을 치러 올라가자 우리가 그
땅을 본즉 매우 좋더라 너희는 가만히 있느냐 나아가서 그 땅 얻기를 게을리 하지 말
라 10 너희가 가면 평화로운 백성을 만날 것이요 그 땅은 넓고 그 곳에는 세상에 있는
것이 하나도 부족함이 없느니라 하나님이 그 땅을 너희 손에 넘겨주셨느니라 하는지
라 11 단 지파의 가족 중 육백 명이 무기를 지니고 소라와 에스다올에서 출발하여 12
올라가서 유다에 있는 기럇여아림에 진 치니 그러므로 그 곳 이름이 오늘까지 마하네
단이며 그 곳은 기럇여아림 뒤에 있더라 13 무리가 거기서 떠나 에브라임 산지 미가
의 집에 이르니라 14 전에 라이스 땅을 정탐하러 갔던 다섯 사람이 그 형제들에게 말

하여 이르되 이 집에 에봇과 드라빔과 새긴 신상과 부어 만든 신상이 있는 줄을 너희
가 아느냐 그런즉 이제 너희는 마땅히 행할 것을 생각하라 하고 15 다섯 사람이 그 쪽
으로 향하여 그 청년 레위 사람의 집 곧 미가의 집에 이르러 그에게 문안하고 16 단
자손 육백 명은 무기를 지니고 문 입구에 서니라 17 그 땅을 정탐하러 갔던 다섯 사람
이 그리로 들어가서 새긴 신상과 에봇과 드라빔과 부어 만든 신상을 가져갈 때에 그
제사장은 무기를 지닌 육백 명과 함께 문 입구에 섰더니 18 그 다섯 사람이 미가의 집
에 들어가서 그 새긴 신상과 에봇과 드라빔과 부어 만든 신상을 가지고 나오매 그 제
사장이 그들에게 묻되 너희가 무엇을 하느냐 하니 19 그들이 그에게 이르되 잠잠하라
네 손을 입에 대라 우리와 함께 가서 우리의 아버지와 제사장이 되라 네가 한 사람의
집의 제사장이 되는 것과 이스라엘의 한 지파 한 족속의 제사장이 되는 것 중에서 어
느 것이 낫겠느냐 하는지라 20 그 제사장이 마음에 기뻐하여 에봇과 드라빔과 새긴
우상을 받아 가지고 그 백성 가운데로 들어가니라 21 그들이 돌이켜서 어린 아이들과
가축과 값진 물건들을 앞세우고 길을 떠나더니 22 그들이 미가의 집을 멀리 떠난 때
에 미가의 이웃집 사람들이 모여서 단 자손을 따라 붙어서 23 단 자손을 부르는지라
그들이 얼굴을 돌려 미가에게 이르되 네가 무슨 일로 이같이 모아 가지고 왔느냐 하
니 24 미가가 이르되 내가 만든 신들과 제사장을 빼앗아 갔으니 이제 내게 오히려 남
은 것이 무엇이냐 너희가 어찌하여 나더러 무슨 일이냐고 하느냐 하는지라 25 단 자
손이 그에게 이르되 네 목소리를 우리에게 들리게 하지 말라 노한 자들이 너희를 쳐
서 네 생명과 네 가족의 생명을 잃게 할까 하노라 하고 26 단 자손이 자기 길을 간지
라 미가가 단 자손이 자기보다 강한 것을 보고 돌이켜 집으로 돌아갔더라 27 단 자손
이 미가가 만든 것과 그 제사장을 취하여 라이스에 이르러 한가하고 걱정 없이 사는
백성을 만나 칼날로 그들을 치며 그 성읍을 불사르되 28 그들을 구원할 자가 없었으
니 그 성읍이 베드르홉 가까운 골짜기에 있어서 시돈과 거리가 멀고 상종하는 사람도
없음이었더라 단 자손이 성읍을 세우고 거기 거주하면서 29 이스라엘에게서 태어난
그들의 조상 단의 이름을 따라 그 성읍을 단이라 하니라 그 성읍의 본 이름은 라이스
였더라 30 단 자손이 자기들을 위하여 그 새긴 신상을 세웠고 모세의 손자요 게르솜
의 아들인 요나단과 그의 자손은 단 지파의 제사장이 되어 그 땅 백성이 사로잡히는
날까지 이르렀더라 31 하나님의 집이 실로에 있을 동안에 미가가 만든 바 새긴 신상
이 단 자손에게 있었더라

신께 물어보라

성경의 표현

성경이 얼마나 반전을 잘하는지, 하나님이 얼마나 애를 쓰시는지, 성

경의 표현과 묘사가 어떨 때는 대단히 흥미진진하고, 어떨 때는 어이가 없고, 어떨 때는 너무나 유치하고, 어떨 때는 뒤틀린 심사를 교묘하게 드러내는지 정말 재미있습니다. 하나 예를 들어보겠습니다. 다윗이 왕이 되었고 나라도 안정이 되었습니다. 이미 여러 명의 아내를 두었던 다윗이 어느 날 한 여인을 보고 반합니다. 알아보니 이름은 밧세바요, 자신의 장군인 우리아의 아내였습니다. 처녀도 아니고, 모르는 여인도 아니고, 더군다나 자기 대신 전쟁에 나가있는 자기 부하의 아내였습니다. 다윗은 우리아를 죽이면서까지 밧세바를 취해서 자신의 아내로 삼습니다. 이제 밧세바는 다윗의 아내입니다. 다윗의 입장에서는, 새롭게 결혼한 밧세바의 입장에서는 우리아의 아내였던 사실을 가능한 감추고 싶었을 것입니다. 그런데 성경은 아주 고약하게 표현합니다. 밧세바가 아이를 낳자, 사무엘하 12장 15절에 다윗의 아내가 아닌 '우리아의 아내가 다윗에게 낳은 아이' 라고 소개합니다. 이 정도에서 그치는 것이 아닙니다. 마태복음에서도 1장 6절을 보면 다윗의 아내가 아닌 "다윗은 우리아의 아내에게서 솔로몬을 낳고"라고 합니다. 남의 아내에게서 아이를 낳을 수는 없습니다. 예전에는 남의 아내였지만 이제는 다윗의 아내니까, 다윗의 아내라고 소개해야 합니다. 그런데 성경은 기어코 '우리아의 아내' 라고 고집합니다. 다윗의 행동을 얼마나 싫어하고, 괘씸하게 여겼는지, 뒤끝이 얼마나 심한지 자그마치 약 천년 후에도 다윗의 아내라는 말을 절대로 안 합니다.

성경이 이렇게 표현되어 있다는 것은 사무엘서도 읽고 마태복음도 읽은 사람, 밧세바가 우리아의 아내였다는 것과 다윗이 빼앗았다는 것을 아는 사람, 또 세월이 흘러도 이렇게 표현했다는 것을 보는 사람에게만 보입니다. 성경의 스토리를 모르고, 성경의 표현에 집중하지 않으면 알아차릴 수가 없습니다. 사사기도 마찬가지로 반전이 나옵니다. 사사기가 총 21장인데, 전반부에 해당하는 1장부터 16장에서는 이스라엘이 히나님께 불순종하는 장면만 나옵니다. 하나님이 나타나도 믿지 않습니다. 그래서 기드온이 하나님을 시험하고, 마노아가 하나님을 시험합니다. 계속 여호와를 버렸다고, 여호와를 떠났다고 말합니다. 그러다가 17장부터 반전이 나옵니다. 이스라엘이 여호와를 찾는 듯한 모습이 나오는 것입니다. 미가의 어머니가 아들을 향해 "내 아들이 여호와께 복 받기를 원하노라"고 말했고, 은 이백을 바치면서 "여호와께 거룩히 드리노라"고 말했고, 미가도 "이제 여호와께서 내게 복 주실 줄을 아노라"고 말했습니다. 표현된 대로만 생각한다면 이스라엘이 여호와를 찾았고, 여호와를 섬겼고, 여호와의 복을 구한 것처럼 들립니다. 하지만 실상은 전혀 다른 것입니다. 차라리 여호와를 찾지 않고 구하지 않고 버리고 떠날 때보다 더 못한 것입니다. 하나님을 떠나면 그냥 떠난 것인데, 여호와를 찾는 것이 도리어 여호와를 왜곡하고 여호와 신앙을 변질시켜 버립니다. 사사기 18장에서도 사사기 전체적 구조에서 얼마나 성경이 재미있게 표현하고, 신랄하게 비꼬고, 우아하게 비아냥거리는지 살펴보겠습니다.

18장 1절은 "그 때에 이스라엘에 왕이 없었고 단 지파는 그 때에 거주할 기업의 땅을 구하는 중이었으니 이는 그들이 이스라엘 지파 중에서 그 때까지 기업을 분배 받지 못하였음이라"입니다. 땅의 분배는 이미 가나안에 들어오기 전 광야에서 이루어졌고, 실제로 가나안에 들어와서 땅을 차지하였습니다. 여호수아 19장에 단 지파의 경계가 나옵니다. 47절 "단 자손의 경계는 더욱 확장되었으니 이는 단 자손이 올라가서 레셈과 싸워 그것을 점령하여 칼날로 치고 그것을 차지하여 거기 거주하였음이라"입니다. 분배도 정복도 정착도 이미 다 이루어진 것입니다. 그런데 사사기에 들어오면서 상황이 바뀝니다. 사사기 1장 34절 "아모리 족속이 단 자손을 산지로 몰아넣고 골짜기에 내려오기를 용납하지 아니하였으며"입니다.

사사기 1장의 강조점은 이스라엘이 가나안 부족들을 몰아내지 않았다는 것이었습니다. 처음에는 정착지가 없으니까 가나안 부족들을 몰아내었지만 자신들의 살만한 거처가 마련되자 그들을 살려두었습니다. 그런데 그것이 화근이 되어 도리어 이스라엘이 가나안 부족에게 쫓기게 되었고, 사사기 내내 보셨듯이 이스라엘이 주변 이방 민족들에 의하여 압제를 당하고 곤경에 처하게 된 것입니다. 그 연장선상에 18장 1절이 등장하는 것입니다. 한 때는 이방인을 쫓아내지 않겠다고, 이방인들을 노역으로 삼겠다고 떵떵거리더니 이제는 이방인들을 부리고 사는 것이 아니라, 노역을 시키는 것이 아니라 도리어 자신들이 살만한 곳도 없는 것입니다. 이스라엘의 오만한 행동이 가져온 비참한 결과를 조롱하는 것입니다.

신앙의 반전

단 지파의 정탐꾼들이 살 곳을 찾으러 다니다가 미가의 집에 도착합니다. 18장 3절로 6절에 정탐꾼들과 미가의 집에 있는 제사장이 나눈 대화가 나오는데 아주 코메디입니다. 그런데 대부분의 성도님들은 이것이 코메디인 줄을 모릅니다. 대화를 구성해 보겠습니다. 정탐꾼의 질문은 "누가 너를 이리로 인도하였으며 네가 여기서 무엇을 하며 여기서 무엇을 얻었느냐"입니다. 이런 질문을 하는 이유는 이곳이 레위인이 있을 곳이 아니라는 것을 아는 것입니다. 대답이 4절 "미가가 이러이러하게 나를 대접하고 나를 고용하여 나를 자기의 제사장으로 삼았느니라"입니다. 진짜 재미있는 것이 5, 6절입니다. 정탐꾼의 말이 5절 "우리를 위하여 하나님께 물어 보아서 우리가 가는 길이 형통할는지 우리에게 알게 하라"입니다. 레위인의 대답이 6절 "평안히 가라 너희가 가는 길은 여호와 앞에 있느니라 하니라." 만약 재미있다는 것을 느끼지 못하셨다면 대화의 내용을 알아차리지 못한 것입니다.

정탐꾼이 묻고 레위인이 대답하는 것은 성경에서 너무나 자주 보는 장면입니다. '우리를 위하여 하나님께 물어 보아서 우리가 가는 길이 형통할는지 우리에게 알게 하라. 평안히 가라. 너희가 가는 길은 여호와 앞에 있느니라' 고 하니 너무나 신실해 보이고, 너무나 경건해 보이고, 너무나 신앙적으로 보이지만 실상은 이 대화가 코메디요, 전혀 기독교적이지 않다는 것이요, 하나님의 일하심과 전혀 맞지 않는다는 것입니다. 조금 더 신랄하게 표현하면 이렇게 질문하고 응답받는 양식은 기독교에 없습니다. 신앙인들에게 너무나 익숙하게, 너무나 당연하게 여겨지는 신앙양식이 원래 기독교에는 없는 것이요, 원래 여호와 신앙에는 없는 것입니다. 왜냐하면 하나님은 먼저 알려주시는 분이요, 기독교는 먼저 알려주고, 결과까지 은혜로 제공해 주기 때문입니다. 그래서 기독교를 계시의 종교라고 하는 것입니다. 인간이 찾고 구하고 묻기 전에 하나님이 먼저 알려주는 종교, 하나님이 먼저 가르쳐주는 종교라는 것입니다. 또한 기독교를 은혜의 종교라고 하는 것입니다. 단지 형통하라고 빌어주는 것이 아니요, 단지 평안하기를 소망하는 것이 아니라 결과를 주는 것입니다.

이 장면이 코메디라는 것을 두 가지로 설명해 보겠습니다. 첫째, 단 지파 사람과 레위인은 서로 하나님을 순종하지 않는 사람들입니다. 전혀 여호와의 뜻을 따르지 않는 사람들입니다. 단 지파도 자신들이 여호와께 분배받은 지역이 있음에도 불구하고, 분배 받았으니 가나안 족속을 몰아내면 되었음에도 불구하고 하나님 말씀에 순종하지 않은 사람들입니다. 그런데 마치 늘 하나님 뜻을 찾았던 사람들처럼 갑자기 '하나님께 우리 가는 길이 형통할는지 알아보라' 고 합니다. 레위인도 하나님의 뜻을 전혀 따르지 않은 사람입니다. 17장에서 확인했듯이 이 레위인은 새긴 신상과 주조한 신상과 드라빔 등 온통 이방 신들을 모셨습니다. 하나님이 주신 거주지도 떠났고 하나님이 주신 신앙양식도 떠났습니다. 하나님의 원리와는 전혀 다르게 행동했습니다. 그런데 질문을 받자 여호와의 이름으로 대답을 해 줍니다. 도대체 이 사람이 말하는 여호와가 누구인지 궁금합니다.

이 장면이 코메디인 이유 두 번째는 하나님이 이미 저들이 알고 싶어 하는 것은 다 알려주셨고 이스라엘은 배웠다는 것입니다. 그런데 하나님이 알려주셨고, 경험시켜 주셨고, 돌 판에 기록하여 주셨는데 그것에는 전혀 관심두지 않고, 마치 새로운 길이 있는 것처럼, 마치 더 좋은 길이 있는 것처럼, 마치 하나님이 알려주신 것보다 레위인이 더 정확한 것을 알고 있는 것처럼 묻고 있는 것입니다. 이 장면이 사사기 17장의 신상 만드는 사건 다음인 18장에 나오는 대화라는 것을 알고 이해하셔야 합니다. 17장을 모르면 신실한 대화처럼 들리지만, 17장을 알고 있는 분에게는 이 장면이 너무나 어이없는 대화라는 것을 알고, 이들의 어이없는 신앙에 실소가 터지는 것입니다.

하나님의 원리

성경의 다른 곳을 확인해 보겠습니다. 창세기에 아브람이 나옵니다. 대부분의 성도님들이 아브람과 이삭과 야곱이 매사에 하나님께 물어보고 응답받고 행동했다고 생각합니다. 그러나 성경을 읽어보면 그런 장면이 거의 나오지 않습니다. 아브람이 위기에 처한 롯을 구하러 갈 때 질문하고 응답받고 가지 않습니다. 이삭이 에서와 야곱에게 축복하려 할 때 하나님께 누구를 축복할지 질문하고 응답받은 후에 축복하지 않습니다. 야곱이 라반의 집으로 도망갈 때 그리고 반대로 라반의 집에서 도망갈 때 질문하고 응답받고 가지 않습니다. 나중에 가나안 지역에 기근이 들고 애굽에 식량이 있을 때 하나님께 애굽으로 가도 되냐고 질문하고 응답받고 가지 않습니다. 창세기에 인간이 질문하고 하나님이 응답하시는 장면이 거의 나오지 않습니다. 늘 하나님이 먼저 나타나시고, 먼저 말씀하시고, 먼저 약속해주시는 것입니다.

출애굽기부터 여호수아서에도 마찬가지입니다. 모세가 광야에서 매사에 모세가 질문하고 응답받고 행동하지 않습니다. 여호수아가 요단강을 건널지에 대해 물어보고 응답받고 건너는 것이 아닙니다. 여리고성에 갈지 말지 질문하고 응답받고 가지 않습니다. 당연히 성경의 인물들이 행동했을 것으로 예상되는 행동들, 하나님께 질문하고 응답받고 하는 행동들이 실제로는 성경에 거의 나오지 않습니다. 그들이 질문을 하지 않았다는 것을 책망하는 것이 아니라 그들이 질문할 필요가 없었다는 것을 강조하는 것입니다. 언제나 하나님이 먼저 말씀하시고, 하나님이 먼저 보장하시고, 하나님이 먼저 약속해 주셨기 때문입니다. 이러한 하나님의 일하심이 기독교가 다른 종교와는 전혀 다른 신앙의 양식을 만들어낸다는 것을 이해하셔야 합니다. 기독교가 왜 다른지, 어떻게 다른지를 아셔야 합니다.

신약도 마찬가지입니다. 복음서에서 제자들이 매사에 질문하고 응답받고 행동한 장면이 거의 등장하지 않습니다. 사도행전에서도 마찬가지입니다. 베드로가 매사에 하나님께 질문하고 응답받고, 질문하고 응답받고 행하지 않습니다. 베드로가 성전 미문에 있는 앉은뱅이를 보고 일으켜 세울지 말지를 묻고 응답받고 치유한 것이 아닙니다. 스데반이 회당에서 논쟁이 붙었을 때에 하나님께 설교를 할지 말지를 질문하고 응답받고 설교한 것이 아닙니다.바울이 전도여행을 떠날 때에 하나님께 갈지 말지를 물어보고 응답받고 간 것이 아닙니다. 재판에 대해 가이사에게 호소할 때 로마에 가는 것이 좋을지 안 가는 것이 좋을지 여쭤보고 응답받고 호소한 것이 아닙니다. 성경 전체에 그런 장면이 단지 몇 번 나올 뿐입니다. 다윗은 전쟁에 나갈 때마다 하나님께 여쭙고 응답받고 나갑니다. 이것은 잘하는 것이 아니라 정반대의 강조입니다. 사사기 시대부터 이스라엘이 얼마나 하나님의 신앙에서 멀어져 있었는가를 보여주는 것입니다. 그래서 물어보고 행동하는 것이 잘하는 것으로 여겨질 만큼 이스라엘의 신앙이 수준 낮은 상태였다는 것을 보여주는 반전인 것입니다.

마땅히 행할 것

단 지파의 다섯 정탐꾼들이 도착한 곳이 라이스였고, 라이스를 좋은 곳으로 판단하여 자기 지파 사람들에게 빨리 가서 차지하자고 말하자 드디어 단 지파가 출동합니다. 18장 11절 "단 지파의 가족 중 육백 명이 무기를 지니고 소라와 에스다올에서 출발하여", 13절 "무리가 거기서 떠나 에브라임 산지 미가의 집에 이르니라"입니다. 미가의 집에 두 번째 방문하는 것입니다. 두 번째 방문은 두 번째 코메디를 의미합니다. 다섯 정탐꾼이 함께 한 육백 명 형제들에게 하는 말이 14절 "전에 라이스 땅을 정탐하러 갔던 다섯 사람이 그 형제들에게 말하여 이르되 이 집에 에봇과 드라빔과 새긴 신상과 부어 만든 신상이 있는 줄을 너희가 아느냐 그런즉 이제 너희는 마땅히 행할 것을 생각하라"입니다.

다섯 정탐꾼들이 말하는 '마땅히 행할 것' 이 무엇이겠습니까? 미가의 집에 에봇과 드라빔과 새긴 신상과 부어 만든 신상이 있는 줄을 알았습니다. 이때 이스라엘 백성이, 하나님의 백성이, 하나님께 은혜 받고 하나님의 뜻과 원리가 기록된 율법을 가지고 있는 하나님의 자녀가 마땅히 행할 것이 무엇이겠습니까? 이미 출애굽부터 여호수아서까지 하나님의 뜻에 대해 수십 번 배웠습니다. 가나안에 도착하였을 때에 종교적으로 어떻게 행해야 할 지, 우상에 대해 어떻게 반응해야 할 지 수백 번 배웠습니다. 혹시 기억이 안 난다고 하실까봐 직접 하나님이 하신 말씀을 읽어드리겠습니다. 출애굽기 23장 23절 이하에 나옵니다. "내 사자가 네 앞서 가서 너를 아모리 사람과 헷 사람과 브리스 사람과 가나안 사람과 히위 사람과 여부스 사람에게로 인도하고 나는 그들을 끊으리니 너는 그들의 신을 경배하지 말며 섬기지 말며 그들의 행위를 본받지 말고 그것들을 다 깨뜨리며 그들의 주상을 부수고"입니다. 시내산에서 하신 이 말씀을 들은 일 세대 사람들이 모두 죽었습니다.

그래서 하나님은 신명기에서 거듭, 다시, 반복해서 자녀들 세대, 사사기에 등장하는 백성들에게 말씀하셨습니다. 신명기 7장 5절 "오직 너희가 그들에게 행할 것은 이러하니 그들의 제단을 헐며 주상을 깨뜨리며 아세라 목상을 찍으며 조각한 우상들을 불사를 것이니라"입니다. 12장 1절 이하에도 나옵니다. "네 조상의 하나님 여호와께서 네게 주셔서 차지하게 하신 땅에서 너희가 평생에 지켜 행할 규례와 법도는 이러하니라 너희가 쫓아낼 민족이 그들의 신들을 섬기는 곳은 높은 산이든지 작은 산이든지 푸른 나무 아래든지를 막론하고 그 모든 곳을 너희가 마땅히 파멸하며 그 제단을 헐며 주상을 깨뜨리며 아세라 상을 불사르고 또 그 조각한 신상들을 찍어 그 이름을 그곳에서 멸하라"입니다. 이스라엘이 마땅히 해야 할 일은 우상을 버리는 것입니다.

이스라엘 백성은 하나님의 자녀들로서 마땅히 행할 것을 생각해야 하고, 마땅해 행할 일을 행해야 합니다. 마땅히 행할 것을 생각하라는 다섯 정탐꾼의 말 자체는 맞습니다. 그런데 이스라엘은 무엇이 마땅한 것인지, 어떻게 하는 것이 마땅하게 행동하는 것인지가 하나님과 달랐습니다. 이스라엘이 마땅히 행할 것으로 생각해서 한 행동이 17절입니다. "그 땅을 정탐하러 갔던 다섯 사람이 그리로 들어가서 새긴 신상과 에봇과 드라빔과 부어 만든 신상을 가져갈 때에", 18절 "그 다섯 사람이 미가의 집에 들어가서 그 새긴 신상과 에봇과 드라빔과 부어 만든 신상을 가지고 나오매", 20절 "그 제사장이 마음에 기뻐하여 에봇과 드라빔과 새긴 우상을 받아 가지고 그 백성 가운데로 들어가니라", 30절 "단 자손이 자기들을 위하여 그 새긴 신상을 세웠고", 31절 "하나님의 집이 실로에 있을 동안에 미가가 만든 바 새긴 신상이 단 자손에게 있었더라"입니다.

18장에서 성경이 이스라엘을 조롱하고 있다는 것을 느끼셔야 합니다. 17장에서 미가와 어머니와 레위인이 하는 행동에 대해서 '제 소견에 옳은 대로 행하였더라' 고 했습니다. 이것은 칭찬이 아닙니다. 성경은 '그들이 엉망으로 살았더라, 이스라엘이 개차반으로 행동했더라' 라고 말하지 않는다는 것을 아셔야 합니다. 우리나라 말로하면 '아주 잘한다~~~ 잘해!!!' 라는 것으로 비꼬는 말투입니다. 마찬가지로 18장에서 하나님이 하셔야 하는 말을 이스라엘이 스스로 하게 합니다. 이럴 때는 차라리 말을 안해야 합니다. 그런데 자기들끼리 하는 말이 '마땅히 행할 것을 생각하라' 이고, 자기들이 하는 행동이 가장 마땅히 하지 말아야 하는 행동입니다. 이스라엘은 온갖 좋은 말을 다 갖다 붙이고 하나님은 아무 말씀도 하지 않으십니다. 하나님이 어이가 없으신 것입니다.

어느 것이 낫겠느냐?

어이없는 현장에서 불을 끄는 것이 아니라 도리어 기름을 붓는 사람이 있습니다. 바로 레위인입니다. 이스라엘이 이렇게 여호와 신앙과 다르게 행동할 때, 하나님의 사람, 하나님의 제사장, 하나님의 기업인 레위인은 달랐어야 합니다. 그런데 전혀 다르지 않습니다. 세상 말로 한술 더 뜹니다. 사사기는 정말 반전의 책입니다. 사사기는 창세기부터 여호수아서까지 나왔던 대부분의 내용들이 다 뒤집힙니다. 은혜를 누려야할 사사기에서 이스라엘은 압제를 당합니다. 또 이스라엘 백성 중에 그래도 신실한 사람, 그래도 하나님께 바쳐진 사람, 하나님께 서원한 사람이 나실인입니다. 그런데 나실인의 모습이 어떻게 반전되는지 13장부터 16장까지 삼손 이야기에서 보셨습니다. 또 백성들의 죄를 하나님께 고하고 백성들을 바로 잡아야 하는 사명을 가진 레위인, 그 레위인이 전혀 레위인답게 실지 못하는 반전이 17, 18장이고, 레위인의 반전의 절정이 19장에서 극에 달하게 등장합니다.

사사기에서 레위인은 하나님과 무관한 사람입니다. 백성들이 공궤를 해 주지 않아서 방황한 것도 있지만 레위인도 레위인이 역할을 전혀 하지 않습니다. 미가의 집에 도착했을 때 신상과 드라빔이 있는 것을 보았으면, 신상을 세워두고 하나님이 말씀하신 제사장의 역할이 아니라 이방 종교의 제사장 역할을 하라고 요청받았으면, 하나님을 의지해야 한다고, 하나님 말씀을 따라야 한다고 본을 보였어야 합니다. 그런데 전혀 그렇게 하지 않았습니다. 미가의 집에서 제사장이 되었고, 단 지파의 다섯 정탐꾼이 다시 찾아와서 모든 신상을 들고 나갈 때 문 앞에서 바라만 보고 있습니다. 레위인 이야기의 클라이막스는 18절부터 20절의 대화입니다. 18절 "그 다섯 사람이 미가의 집에 들어가서 그 새긴 신상과 에봇과 드라빔과 부어 만든 신상을 가지고 나오매 그 제사장이 그들에게 묻되 너희가 무엇을 하느냐 하니"입니다. 이것은 질문이 아니고, 저들을 막는 것이 아니라 안절부절하는 것입니다. 그것을 가지고 가면 나는 뭐해 먹고 사느냐고 탄식하는 것입니다.

이때 또 정말 멋있는 말, 가장 그럴듯한 말, 누가 들어봐도 합리적인 말이 등장합니다. 19절 "그들이 그에게 이르되 잠잠하라 네 손을 입에 대라 우리와 함께 가서 우리의 아버지와 제사장이 되라 네가 한 사람의 집의 제사장이 되는 것과 이스라엘 한 지파 한 족속의 제사장이 되는 것 중에서 어느 것이 낫겠느냐 하는지라"입니다. 들어보니 설득이 되시죠? 객관적으로 정확한 판단이 되시죠? 이스라엘이 하는 말이 얼마나 옳은 말들입니까? '마땅히 행할 것을 생각하라', '어느 것이 낫겠느냐?' 아 멋있습니다. 그런데 이것이 전혀 칭찬이 아니라는 것을 아셔야 합니다. 미리 이스라엘의 말과 행동에 대해 판단을 내린 것이 '제 소견에 옳은대로 행하였더라' 입니다. 이스라엘이 틀렸다는 것, 이스라엘이 잘못하고 있다는 것을 이스라엘의 입에서 논리적이고 합리적이고 옳고 바른 말만 골라서 하는 것으로 뒤집고 있다는 것입니다.

이스라엘의 관점에서는 '가장 지혜롭게', 그러나 하나님의 관점에서는 '가장 어리석게' 하는 행동이 20절 레위인에게서 증명됩니다. "그 제사장이 마음에 기뻐하여 에봇과 드라빔과 새긴 우상을 받아 가지고 그 백성 가운데로 들어가니라"입니다. 레위인이, 제사장이 마지못해서 한 것이 아니고, 강압에 못 이겨 어쩔 수 없이 한 것이 아니고 '마음에 기뻐하여' 행한 것입니다. '마음에 기뻐하여'는 다른 표현으로 '합당하게 여겨, 선하게 여겨'입니다. '어느 것이 낫겠느냐?'고 물으니 그 말을 합당하게 여기고, 선하게 여겨서 우상들을 챙겨갔다는 것입니다.

어이없는 행동들

사사기에는 하나님이 이스라엘을 책망하는 표현이 나오지 않습니다. 하나님이 역정 내거나 꾸중하는 말씀이 나오지 않습니다. '감히 너희가 그럴 수 있느냐? 하나님을 모욕해도 유분수지, 어떻게 이 지경이냐? 이따위로 행동하고도 복을 받을 줄루 아느냐?'라는 표현이 하나도 없습니다. 도리어 마치 이스라엘이 아주 옳고 선하고 지혜롭게 행동하는 듯한 표현이 나옵니다. '마땅히 행할 것을 생각하라', '어느 것이 낫겠느냐?'입니다. 19장 가면 또 나옵니다. 아주 신중한 듯한 태도들이 나옵니다. 19장 30절 마지막 "이 일을 생각하고 상의한 후에 말하자", 20장 7절 "이스라엘 자손들아 너희가 다 여기 있은즉 너희의 의견과 방책을 낼지니라." 이렇게 상의해서 뭐하는지 아십니까? 서로 죽고 죽이는 것이 나옵니다. 아주 가관입니다. 성경의 역설, 성경의 반전이 느껴지십니까?

그런데 18장에서 참으로 어이없는 현상이 무엇인지 아십니까? 18장은 단 지파가 정착지를 찾는 과정을 담은 것입니다. 이 단 지파가 정착지를 찾기 전에 한 가족을 약탈하는 것을 지금까지 보았습니다. 그런데 재산을 약탈하는 것이 아니라 신상을 약탈하는 것이었습니다. 더 재미있는 것은 그 신상을 가지고 있던 사람이 이스라엘 백성, 에브라임 산지에 사는 미가요, 유다 가족에 속한 레위인이었다는 것입니다. 그러므로 이스라엘이 이스라엘을 약탈한 것이요, 이스라엘 백성이 서로 신상을 가지겠다고 다투었다는 것입니다. 이방인에게서 신상을 몰아내도 시원찮을 판에, 서로 신상을 갖겠다고 이스라엘끼리 싸웠다는 것입니다. 재미있지요? 아직 끝이 아닙니다. 하나 더 남았습니다.

평화를 깨는 자

라이스

성경에 보면 지상낙원이 한 군데 나옵니다. 아마 당장에 이사 가고 싶으실 것입니다. 얼마나 좋은 곳인지 소개시켜 드리겠습니다. 18장 7절 "이에 다섯 사람이 떠나 라이스에 이르러 거기 있는 백성을 본즉 염려 없이 거주하며 시돈 사람들이 사는 것처럼 평온하며 안전하니 그 땅에는 부족한 것이 없으며 부를 누리며", 10절 "너희가 가면 평화로운 백성을 만날 것이요 그 땅은 넓고 그곳에는 세상에 있는 것이 하나도 부족함이 없느니라", 27절 "라이스에 이르러 한가하고 걱정 없이 사는 백성을 만나"입니다. 이 정도면 에덴과 견줄 만합니다. 이방인이 사는 곳인데 이렇게 표현을 하는 것입니다. 계속해서 사사기가 이스라엘을 조롱하고 있는 것입니다.

원래 하나님이 이스라엘에게 약속한 땅이 가나안입니다. 그 땅을 '젖과 꿀이 흐르는 땅' 이라고 했습니다. 여호수아 시대에 가나안, 젖과 꿀이 흐르는 땅에 입성을 했습니다. 사사기에는 이스라엘 백성들이 하나님의 돌보심을 받으며 평안하고 즐겁고 자유롭고 안전하고 풍부하게 사는 모습이 나와야 정상인 것입니다. 주변의 모든 백성이 이스라엘을 바라보면서 부러워하면서 이런 말을 해야 합니다. '이스라엘 백성을 보니 염려 없이 거주하며 평온하며 안전하니 그 땅에는 부족한 것이 없으며 부를 누리더라' 고 해야 합니다. 그런데 사사기에는 이스라엘이 평화와 안식을 누리는 장면이 나오지 않습니다. 이스라엘의 입에서 '너무 좋다, 행복하다, 평안하다, 삶이 여유롭고 안락하다' 는 고백이 단 한 번도 나오지 않습니다. 이스라엘도 자랑하지 않는 삶을 이방인들이 부러워할 턱이 없습니다.

에덴동산 다음으로 성경에서 인간이 행복하게 사는 모습이 소개된다면 사사기이어야 합니다. 하나님이 허락하신 젖과 꿀이 흐르는 땅에 들어왔기 때문입니다. 그런데 사사기에는 가장 불행하고, 극심하고, 곤고하고, 궁핍한 장면이 많이 있습니다. 사사기를 보고 부러워할 사람이 하나도 없습니다. 더 나아가 사사기에서 이방 사람들이 이스라엘 사람들이 사는 곳을 부러워하는 표현은 단 한 구절도 나오지 않는데, 정반대로 이스라엘 사람들이 이방 사람들이 사는 곳을 부러워하는 표현이 나오는 것입니다. 너무나 아름답게 등장하는 것입니다. '마땅히 행할 것을 생각하라' 는 이스라엘 사람들, '어느 것이 낫겠느냐' 고 합리적으로 행동하는 이스라엘 사람들의 입에서 이방인이 사는 모습을 극찬하며 부러워하는 말을 하는 것을 성경이 기록해 놓은 것입니다. 참 절묘하게 이스라엘을 비웃는 것입니다. 미리 결론부터 설명해 보겠습니다. 이렇게 아름다운 곳이 유지가 될까요, 깨어질까요? 당연히 깨어집니다. 누구에 의해서 깨어질까요? 바로 이스라엘에 의해서 깨어집니다. 그렇다면 이스라엘이 이 땅을 차지하고 대신 평화롭게 살까요, 못살까요? 못삽니다. 이게 뭐하는 짓입니까?

평화를 깨는 자

18상 7절의 라이스 "염려 없이 거주하며 평온하며 안전하니 그 땅에는 부족한 것이 없으며 부를 누리며", 10절의 라이스 "평화로운 백성을 만날 것이요 그 땅은 넓고 그 곳에는 세상에 있는 것이 하나도 부족함이 없느니라"를 이스라엘이 파멸시킵니다. 27절 "단 자손이 미가가 만든 것과 그 제사상을 취하여 라이스에 이르러 한가하고 걱정 없이 사는 백성을 만나 칼날로 그들을 치며 그 성읍을 불사르되"입니다. 라이스가 무너지고 새로운 성읍 단이 세워집니다. 28절 후반부터 "단 자손이 성읍을 세우고 거기 거주하면서 이스라엘에게서 태어난 그들의 조상 단의 이름을 따라 그 성읍을 단이라 하니라"입니다. 새롭게 세워진 단의 모습이 가관입니다. 30절 이하 "단 자손이 자기들을 위하여 그 새긴 신상을 세웠고 모세의 손자요 게르솜의 아들인 요나단과 그의 자손은 단 지파의 제사장이 되어 그 땅 백성이 사로잡히는 날까지 이르렀더라 하나님의 집이 실로에 있을 동안에 미가가 만든 바 새긴 신상이 단 자손에게 있었더라"입니다. 원래 라이스에 가나안 족속이 살고 있었으니 가나안 족속의 신상들이 있었을 것입니다. 하나님은 가나안 족속의 신상들을 몰아내라고 말씀하셨습니다. 그런데 단 지파가 라이스를 정복하고 단을 건설했습니다. 그곳에 신상이 가득 차 있는 것입니다. 원래 이방 민족들이 섬기던 신상이 아니라 이스라엘이 새로운 신상으로 채운 것입니다.

하나님이 이스라엘의 조상 아브라함을 부르시며 하신 약속이 있었습니다. "땅의 모든 족속이 너로 말미암아 복을 얻을 것이라"였습니다. 그런데 사사기의 이스라엘은 축복의 통로, 평화의 메신저가 아니라 약탈자입니다. 하나님의 실패가 아니라 하나님의 은혜를 알지 못하는 사람의 실패입니다. 하나님의 말씀을 떠난 사람의 실패입니다. '제 소견에 옳은 대로' 행한 사람의 실패입니다. 하나님 말씀을 읽고, 하나님 말씀을 배우셔야 합니다. 이스라엘의 실패를 반복해서는 안 될 것입니다. 하나님을 알고, 하나님의 마음과 원리로 행동하셔서 하나님의 은혜를 누리고 하나님의 사랑과 평화를 나누는 하나님의 성도 되기를 주님의 이름으로 축원합니다.

33

왕이 없으므로

사사기 19 : 1 ~ 20 : 11

1 이스라엘에 왕이 없을 그 때에 에브라임 산지 구석에 거류하는 어떤 레위 사람이 유
다 베들레헴에서 첩을 맞이하였더니 2 그 첩이 행음하고 남편을 떠나 유다 베들레헴
그의 아버지의 집에 돌아가서 거기서 넉 달 동안을 지내매 3 그의 남편이 그 여자에
게 다정하게 말하고 그를 데려오고자 하여 하인 한 사람과 나귀 두 마리를 데리고 그
에게로 가매 여자가 그를 인도하여 아버지의 집에 들어가니 그 여자의 아버지가 그
를 보고 기뻐하니라 4 그의 장인 곧 그 여자의 아버지가 그를 머물게 하매 그가 삼
일 동안 그와 함께 머물며 먹고 마시며 거기서 유숙하다가 5 넷째 날 아침에 일찍이
일어나 떠나고자 하매 그 여자의 아버지가 그의 사위에게 이르되 떡을 조금 먹고 그
대의 기력을 돋운 후에 그대의 길을 가라 하니라 6 두 사람이 앉아서 함께 먹고 마시
매 그 여자의 아버지가 그 사람에게 이르되 청하노니 이 밤을 여기서 유숙하여 그대
의 마음을 즐겁게 하라 하니 7 그 사람이 일어나서 가고자 하되 그의 장인의 간청으
로 거기서 다시 유숙하더니 8 다섯째 날 아침에 일찍이 일어나 떠나고자 하매 그 여
자의 아버지가 이르되 청하노니 그대의 기력을 돋우고 해가 기울도록 머물라 하므로
두 사람이 함께 먹고 9 그 사람이 첩과 하인과 더불어 일어나 떠나고자 하매 그의 장
인 곧 그 여자의 아버지가 그에게 이르되 보라 이제 날이 저물어 가니 청하건대 이
밤도 유숙하라 보라 해가 기울었느니라 그대는 여기서 유숙하여 그대의 마음을 즐겁
게 하고 내일 일찍이 그대의 길을 가서 그대의 집으로 돌아가라 하니 10 그 사람이 다
시 밤을 지내고자 하지 아니하여 일어나서 떠나 여부스 맞은편에 이르렀으니 여부스
는 곧 예루살렘이라 안장 지운 나귀 두 마리와 첩이 그와 함께 하였더라 11 그들이 여
부스에 가까이 갔을 때에 해가 지려 하는지라 종이 주인에게 이르되 청하건대 우리가
돌이켜 여부스 사람의 이 성읍에 들어가서 유숙하십시다 하니 12 주인이 그에게 이르
되 우리가 돌이켜 이스라엘 자손에게 속하지 아니한 이방 사람의 성읍으로 들어갈 것
이 아니니 기브아로 나아가리라 하고 13 또 그 종에게 이르되 우리가 기브아나 라마

중 한 곳에 가서 거기서 유숙하자 하고 14 모두 앞으로 나아가더니 베냐민에 속한 기
브아에 가까이 이르러 해가 진지라 15 기브아에 가서 유숙하려고 그리로 돌아 들어
가서 성읍 넓은 거리에 앉아 있으나 그를 집으로 영접하여 유숙하게 하는 자가 없었
더라 16 저녁 때에 한 노인이 밭에서 일하다가 돌아오니 그 사람은 본래 에브라임 산
지 사람으로서 기브아에 거류하는 자요 그 곳 사람들은 베냐민 자손이더라 17 노인이
눈을 들어 성읍 넓은 거리에 나그네가 있는 것을 본지라 노인이 묻되 그대는 어디로
가며 어디서 왔느냐 하니 18 그가 그에게 이르되 우리는 유다 베들레헴에서 에브라
임 산지 구석으로 가나이다 나는 그 곳 사람으로서 유다 베들레헴에 갔다가 이제 여
호와의 집으로 가는 중인데 나를 자기 집으로 영접하는 사람이 없나이다 19 우리에게
는 나귀들에게 먹일 짚과 여물이 있고 나와 당신의 여종과 당신의 종인 우리들과 함
께 한 청년에게 먹을 양식과 포도주가 있어 무엇이든지 부족함이 없나이다 하는지라
20 그 노인이 이르되 그대는 안심하라 그대의 쓸 것은 모두 내가 담당할 것이니 거리
에서는 유숙하지 말라 하고 21 그를 데리고 자기 집에 들어가서 나귀에게 먹이니 그
들이 발을 씻고 먹고 마시니라 22 그들이 마음을 즐겁게 할 때에 그 성읍의 불량배들
이 그 집을 에워싸고 문을 두들기며 집 주인 노인에게 말하여 이르되 네 집에 들어온
사람을 끌어내라 우리가 그와 관계하리라 하니 23 집 주인 그 사람이 그들에게로 나
와서 이르되 아니라 내 형제들아 청하노니 이같은 악행을 저지르지 말라 이 사람이
내 집에 들어왔으니 이런 망령된 일을 행하지 말라 24 보라 여기 내 처녀 딸과 이 사
람의 첩이 있은즉 내가 그들을 끌어내리니 너희가 그들을 욕보이든지 너희 눈에 좋은
대로 행하되 오직 이 사람에게는 이런 망령된 일을 행하지 말라 하나 25 무리가 듣지
아니하므로 그 사람이 자기 첩을 붙잡아 그들에게 밖으로 끌어내매 그들이 그 여자와
관계하였고 밤새도록 그 여자를 능욕하다가 새벽 미명에 놓은지라 26 동틀 때에 여인
이 자기의 주인이 있는 그 사람의 집 문에 이르러 엎드러져 밝기까지 거기 엎드러져
있더라 27 그의 주인이 일찍이 일어나 집 문을 열고 떠나고자 하더니 그 여인이 집 문
에 엎드러져 있고 그의 두 손이 문지방에 있는 것을 보고 28 그에게 이르되 일어나라
우리가 떠나가자 하나 아무 대답이 없는지라 이에 그의 시체를 나귀에 싣고 행하여
자기 곳에 돌아가서 29 그 집에 이르러서는 칼을 가지고 자기 첩의 시체를 거두어 그
마디를 찍어 열두 덩이에 나누고 그것을 이스라엘 사방에 두루 보내매 30 그것을 보
는 자가 다 이르되 이스라엘 자손이 애굽 땅에서 올라온 날부터 오늘까지 이런 일은
일어나지도 아니하였고 보지도 못하였도다 이 일을 생각하고 상의한 후에 말하자 하
니라 1 이에 모든 이스라엘 자손이 단에서부터 브엘세바까지와 길르앗 땅에서 나와서
그 회중이 일제히 미스바에서 여호와 앞에 모였으니 2 온 백성의 어른 곧 이스라엘
모든 지파의 어른들은 하나님 백성의 총회에 섰고 칼을 빼는 보병은 사십만 명이었으
며 3 이스라엘 자손이 미스바에 올라간 것을 베냐민 자손이 들었더라 이스라엘 자손
이 이르되 이 악한 일이 어떻게 일어났는지 우리에게 말하라 하니 4 레위 사람 곧 죽
임을 당한 여인의 남편이 대답하여 이르되 내가 내 첩과 더불어 베냐민에 속한 기브

아에 유숙하러 갔더니 5 기브아 사람들이 나를 치러 일어나서 밤에 내가 묵고 있던
집을 에워싸고 나를 죽이려 하고 내 첩을 욕보여 그를 죽게 한지라 6 내가 내 첩의 시
체를 거두어 쪼개서 이스라엘 기업의 온 땅에 보냈나니 이는 그들이 이스라엘 중에서
음행과 망령된 일을 행하였기 때문이라 7 이스라엘 자손들아 너희가 다 여기 있은즉
너희의 의견과 방책을 낼지니라 하니라 8 모든 백성이 일제히 일어나 이르되 우리가
한 사람도 자기 장막으로 돌아가지 말며 한 사람도 자기 집으로 들어가지 말고 9 우
리가 이제 기브아 사람에게 이렇게 행하리니 곧 제비를 뽑아서 그들을 치되 10 우리
가 이스라엘 모든 지파 중에서 백 명에 열 명, 천 명에 백 명, 만 명에 천 명을 뽑아 그
백성을 위하여 양식을 준비하고 그들에게 베냐민의 기브아에 가서 그 무리가 이스라
엘 중에서 망령된 일을 행한 대로 징계하게 하리라 하니라 11 이와 같이 이스라엘 모
든 사람이 하나 같이 합심하여 그 성읍을 치려고 모였더라

기독교의 특징

은혜의 종교

성경을 읽을 때마다 기독교가 참 좋다, 하나님이 참 좋으신 분이라는 것을 확인하고 하나님께 감사합니다. 형상에 관한 하나님의 뜻을 보면 알 수 있습니다. 구약성경에 의하면 하나님은 인간에게 '하나님의 형상을 만들지 말라' 고 하셨습니다. 만약 하나님이 '하나님의 형상을 만들라' 고 했으면 인간의 입장에서 매우 힘든 일이었을 것입니다. 반드시 형상을 만들어야 한다고 명령했다면 부담이 되고, 더군다나 경제적 여력이 없는 사람의 입장에서는 참 곤란한 일이었을 것입니다. 천만다행으로 '형상을 만들라' 고 명령하지 않으신 것은 감사하지만, 그렇다고 '형상을 만들지 말라' 고 명령하신 것도 조금 이상합니다. 만들라는 명령 때문에 만드는 것이 아니라, 내가 만들고 싶어서, 내가 너무 감사하고 고마워서 성의로, 부담이나 짐이 되지 않고 도리어 기쁨과 즐거움으로, 경제적 능력도 충분하기에 자원하는 마음으로 형상을 만들어 싶어서 만들면 안 됩니까? 어떤 사람이 그렇게 감사함과 간절함으로 형상을 만든다고 그게 하나님께 무슨 손해가 납니까? 형상을 만들 마음이 없고 물질적 여력도

없는 사람은 만들지 말고, 마음이 있고 여력도 있는 사람은 만들고 각자 자기 하고 싶은 대로 하라고 그냥 두면 안 됩니까? 꼭, 굳이 형상을 만들지 말라고 금지시켜 놓아야 합니까? 하나님을 위해서 형상을 만들어 드리고 싶은 사람까지 못하게 막아 놓으셔야 합니까?

하나님이 막아 놓으신 것이 옳습니다. 하나님을 위해서가 아니라 인간을 위해서 좋습니다. 인간이 하나님의 형상을 만든다고 하나님께 도움이 되지도 않지만 인간이 하나님의 형상을 만든다고 하나님께 방해가 되지도 않습니다. 형상을 만드는 행위는 하나님과는 아무런 상관이 없습니다. 그런데 하나님은 만들지 말라고 정해놓으셨습니다. 하나님은 인간의 속성, 죄인의 원리를 너무나 잘 알고 계시기 때문입니다. 인간은 개인의 감사를 절대로 개인의 감사로 유지하지 못합니다. 내가 하나님께 감사해서 하나님의 형상을 만들 수 있습니다. 그것은 전적으로 자신과 하나님과의 관계에서 자신이 감사해서 하나님께 행한 일입니다. 그런데 형상을 만드는 순간 그 행동이 곧 자기의 의가 되고, 자신의 자랑이 됩니다. 어느 순간부터 '내가 하나님께 형상을 만들어 드렸다' 는 말을 입에 달고 살고, 어느 순간부터 '하나님께 형상을 만들어 드리지 않고도 신앙생활을 하는 것이 진실 된 신앙일까?' 라는 정죄와 비난을 하게 됩니다. 나는 안 그럴 수 있다고 생각하시는 분이 계시다면 그분은 아직 죄인의 본색을 파악하지 못하는 것입니다. 하나님의 말씀이 감사한 이유는 인간이 형상을 만들고 안 만드는 여부가 하나님과는 아무런 상관이 없음에도 불구하고, 그것으로 말미암아 인간끼리 평화가 깨지고 연합과 일치가 깨지고 자랑과 교만과 시기와 멸시만 남는 것을 미리 방지하려고 하셨다는 것입니다.

하나님 말씀에 대해서 사람들이 오해하는 것이 '하나님을 위해서' 말씀하셨다고 생각하는 것입니다. 하나님이 '~~을 하라' 고 했다면 하나님을 위해서이고, 하나님이 '~~을 하지 말라' 고 했다면 하나님을 위해서라고 생각하는 것이 오해입니다. 기독교는 설명을 잘 해야 합니다. 하나님을 높이려고 설명을 하는데 설명을 잘못하여 도리어 하나님을 이상하게 만드는 경우가 종종 있습니다. 하나님이 다른 신을 섬기지 말라고 말씀하신 것에 대해서 사람들은 하나님은 하나님의 영광과 존귀를 다른 신에게 넘겨주는 것을 용납하지 않으신다고 말합니다. 만약 그렇다면 그런 신은 조잡한 것이고 이기주의에 불과합니다. 또 하나님이 형상을 만들지 말라고 말씀하신 것에 대해서 하나님은 너무 크고 광대하신데 형상을 만들면 하나님이 너무 작아지고 축소되기 때문에 금지하셨다고 말합니다. 만약 그렇다면 그런 신은 물량주의요, 비인격적인 신에 불과합니다. 하나님의 말씀을 설명할 때 그렇게 설명하면 안 됩니다.

하나님이 말씀하시는 것은 전적으로 '인간을 위해서' 라는 것을 이해하셔야 합니다. 다른 신을 섬기지 말라고 하신 이유는 인간이 다른 신을 섬겨야 하는 이유가 없고, 이유가 없는 것을 섬기면 헛수고와 낭비가 되고 결국 인간이 힘들기 때문입니다. 형상을 만들지 말라고 하신 이유도 형상을 만드는 헛된 수고를 하지 않게 하며, 형상을 만듬으로 발생할 인간의 차별과 갈등과 불행을 막아 주시고자 하는 것입니다. 하나님의 이러한 거룩한 의도를 바르게 이해하셔야 합니다. 단지 이해할 뿐만 아니라 교회와 성도는 이와 같은 하나님의 원리를 신앙생활 가운데 구현할 줄 알아야 합니다.

배려의 종교

세사와 순종에 대한 말씀에서도 하나님의 고마움을 알 수 있습니다. 한 번은 사울이 전쟁에 나갔습니다. 사무엘상 15장에 나오는 이야기입니다. 싸움을 해서 승리를 거두었고 많은 전리품을 챙기게 되었습니다. 양과 소도 삽아왔습니다. 그랬더니 사무엘이 왜 양과 소를 살려두었냐고 책망합니다. 그때 사울이 하는 말이 15절 "사울이 이르되 그것은 무리가 아말렉 사람에게서 끌어 온 것인데 백성이 당신의 하나님 여호와께 제사하려 하여 양들과 소들 중에서 가장 좋은 것을 남김이요 그 외의 것은 우리가 진멸하였나이다 하는지라"입니다. 사울이 하나님께 드리려고 양과 소를 살려둔 것이 그렇게 나쁜 짓입니까? 꼭 다 죽여야만 속이 시원한 것입니까? 하나님은 사람은 존중하시지만 동물에 대해서는 마구 대하십니까? 이것도 생각을 잘 하셔야 합니다. 만약 하나님이 반대로 말씀하셨다면 즉 전쟁에서 승리하는 것은 당연한 것이고, 전리품도 챙겨 와야 하는데 양과 소도 한 마리도 죽이지 말고 모두 생포해서 살아있는 채로 잡아와야 한다고 명령하셨다면 너무너무 힘든 일이었을 것입니다. 우선 하나님은 사울에게 일을 어렵게 하도록 시킨 것이 아니라 쉽게 하도록 시켰다는 것을 이해하셔야 합니다.

사울의 해명에 대해 사무엘이 대답하기를 22절 이하 "여호와께서 번제와 다른 제사를 그의 목소리를 청종하는 것을 좋아하심 같이 좋아하시겠나이까 순종이 제사보다 낫고 듣는 것이 숫양의 기름보다 낳으니 이는 거역하는 것은 점치는 죄와 같고 완고한 것은 사신 우상에게 절하는 죄와 같음이라"입니다. 행여 '하나님은 권위를 존중하신다, 하나님은 제물을 받는 것보다 인간이 하나님 말씀에 복종하는 것, 그래서 하나님의 존귀와 영광이 나타나는 것을 소중하게 생각하신다' 고 말하면 안 됩니다. 하나님은 인간과 권위 대결을 하지 않으시며 인간의 굴복을 통해 하나님의 영광을 나타내시는 분이 아니시기 때문입니다.

사울은 자기가 왜 책망을 받는지 이해를 못하고 있습니다. 자신은 양과 소를 죽이는 것보다 살려서 잡아오는 더 어려운 일을 감당했고, 자신은 하나님께 제사를 하려는 것 즉 하나님을 영화롭게 하려고 했다는 것, 하나님을 높이는 것, 하나님을 위하는 것을 했다는 것입니다. 하나님을 위하려 했다는 것이 무엇이 잘못되었느냐는 것입니다. 사무엘의 대답, 성경의 가르침은 사울의 행동이 잘못되었다는 것이 아니라, 잔소리 말고 하나님이 시키는 대로 하라는 것이 아니라, 왜 어려운 일을 했느냐, 왜 힘든 일을 했느냐는 것입니다. 인간의 수고로 하나님이 존귀해지지 않고 인간의 행위로 하나님이 높아지지 않습니다. 하나님의 권위를 주장하는 것이 아니라, 왜 하나님 때문에 네가 힘들었느냐고 안타까워하시는 것입니다. 더 쉬운 것을 하라는 것입니다. 더 편한 것을 하라는 것입니다. "순종이 제사보다 낫고 듣는 것이 숫양의 기름보다 나으니"에서 '낫고, 나으니'는 '우월하다'의 뜻이 아니라 '좋다, 합당하다, 유익하다'는 뜻입니다. 즉 너에게, 인간에게 좋다는 것입니다.

그러면 질문을 하실 수 있습니다. 하나님께 감사하고 싶고, 하나님께 영광 돌리고 싶고, 하나님을 위해 드리고 싶은 사람은 어떻게 합니까? 형상을 만들 수도 없고 제사 드리는 것도 원하지 않으신다면 인간이 하나님을 믿는다는 것, 하나님께 도대체 어떻게 해야 되느냐고 물으실 수 있습니다. 정답은 '하나님께 하지 말고 사람에게 하라'는 것입니다. 이래서 기독교가 멋있는 것이요, 고급한 것입니다. 사람들은 하나님께 잘하려고 합니다. 인내를 누구에게 해야 합니까? 온유를 누구에게 해야 합니까? 양선을 누구에게 해야 합니까? 사람에게 하는 것입니다.

옳은 말인가?

선한 모습

하나님의 원리를 사람들의 행동과 비교해보면 극명하게 알 수 있습니다. 성경에서 어떤 사건을 볼 때에 단지 사건의 전개만 보시면 안 되고, 사건의 배경도 알아야 합니다. 주의해서 읽지 않으면 진행되는 내용이 선한 것인지 악한 것인지 혼동이 되는 경우가 있습니다. 사사기 19장 사건이 혼동하기 딱 좋습니다. 3절부터 보면 이야기가 아주 선한 것 같이 여겨집니다. 3절 "그의 남편이 그 여자에게 다정하게 말하고 그를 데려오고자 하여 하인 한 사람과 나귀 두 마리를 데리고 그에게로 가매 여자가 그를 인도하여 아버지의 집에 들어가니 그 여자의 아버지가 그를 보고 기뻐하니라"로 아주 화목한 집안 같습니다. 삼 일을 머물고 떠나려고 합니다. 5절 이하 "넷째 날 아침에 일찍이 일어나 떠나고자 하매 그 여자의 아버지가 그의 사위에게 이르되 떡을 조금 먹고 그대의 기력을 돋운 후에 그대의 길을 가라 하니라 두 사람이 앉아서 함께 먹고 마시매 그 여자의 아버지가 그 사람에게 이르되 청하노니 이 밤을 여기서 유숙하여 그대의 마음을 즐겁게 하라"입니다. 또 하루가 지나고 8절 "다섯째 날 아침에 일찍이 일어나 떠나고자 하매 그 여자의 아버지가 이르되 청하노니 그대의 기력을 돋우고 해가 기울도록 머물라", 9절 중간에 "청하노니 이 밤도 유숙하라 보라 해가 기울었느니라 그대는 여기서 유숙하여 그대의 마음을 즐겁게 하고 내일 일찍이 그대의 길을 가서 그대의 집으로 돌아가라"입니다. 세상에 장인과 사위가 이렇게 사이가 좋을 수가 있습니까? 이 사람들이 너무 선한 사람, 신령님들 같습니다. 과연 그럴까요?

마침내 이 사람이 집을 나서 가다가 해가 지지만 이방 사람의 성읍으로 들어가지 않고 베냐민에 속한 기브아에 이릅니다. 처음에는 기브아 사람 중에 아무도 이 사람을 영접하지 않다가 저녁 때에 노인이 아는 척을 하며 어디로 가며 어디서 왔느냐고 묻습니다. 이 사람의 대답이 18절 "우리는 유다 베들레헴에서 에브라임 산지 구석으로 가나이다 나는 그곳 사람으로서 유다 베들레헴에 갔다가 이제 여호와의 집으로 가는 중인데 나를 자기 집으로 영접하는 사람이 없나이다"입니다. 역시, 이 사람이 장인과 사이가 아주 좋은 사람이더니 여호와의 집으로 가는 중이라고 하니 신실한 신앙인같이 여겨집니다. 또 아주 신사적으로 행동합니다. 19절 "우리에게는 나귀들에게 먹일 짚과 여물이 있고 나와 당신의 여종과 당신의 종인 우리들과 함께 한 청년에게 먹을 양식과 포도주가 있어 무엇이든지 부족함이 없나이다"입니다. 머물더라도 전혀 폐가 되지 않겠다는 것입니다. 노인이 그 사람에게 하는 말도 참 멋있습니다. 20절 이하 "그 노인이 이르되 그대는 안심하라 그대의 쓸 것은 모두 내가 담당할 것이니 거리에서는 유숙하지 말라하고 그를 데리고 자기 집에 들어가서 나귀에게 먹이니 그들이 발을 씻고 먹고 마시니라"입니다. 마치 한편의 동화 같습니다. 목가적인 삶, 평화로운 생활, 후덕하고 인심좋은 사람들의 이야기 같아 보입니다. 저도 이런 동네 가서, 이런 사람들과 함께 살고 싶은 마음이 들 정도입니다.

악한 내용

소설이나 무협지를 보시면 이런 장면 다음에는 꼭 악당이 등장합니다. 그럼 대부분의 사람들은 처음에는 악당이 우세하고 선한 사람들이 곤경에 처하지만 잠시 후에 악당이 자기 꾀에 빠지고 선한 사람이 승리하는 결말을 기대합니다. 성경은 어떻게 나오는지 보시겠습니다. 22절 "그들이 마음을 즐겁게 할 때에 그 성읍의 불량배들이 그 집을 에워싸고 문을 두들기며 집 주인 노인에게 말하여 이르되 네 집에 들어온 사람을 끌어내라 우리가 그와 관계하리라"입니다. 여기까지는 악당이 등장하는 것으로 사람들의 예상대로입니다. 그런데 다음 장면이 완전히 예상을 빗나갑니다. 조금 전까지 소개되었던 모습과 전혀 다르게 나옵니다. 23절 이하 "집 주인 그 사람이 그들에게로 나와서 이르되 아니라 내 형제들아 청하노니 이 같은 악행을 저지르지 말라 이 사람이 내 집에 들어왔으니 이런 망령된 일을 행하지 말라 보라 여기 내 처녀 딸과 이 사람의 첩이 있은즉 내가 그들을 끌어내리니 너희가 그들을 욕보이든지 너희 눈에 좋은 대로 행하되 오직 이 사람에게는 이런 망령된 일을 행하지 말라"입니다. 이게 말이 됩니까? 이 사람들이 하는 말이 도대체 무엇입니까? 진정 선하고 의로운 모습입니까? 과연 누가 불량배입니까?

동네 사람들은 불량배라고 불리고, 하는 행동이 불량배 같습니다. 그런데 불량배를 말리는 것이 아니라, 집 주인이 더 불량배 같은 행동을 하는 것입니다. 행동은 불량배같이 하면서 생뚱맞게도 말은 전부 도덕군자 같은 말을 하는 것입니다. '악행을 하지 말라, 망령된 일을 행하지 말라'고 말을 하는데 정작 본인이 하는 행동은 악행의 도를 넘어도 한참 넘는 것입니다. 자신의 처녀 딸과 손님의 첩을 내어주면서 마음대로 하라고 합니다. 자세하게 설명까지 해 줍니다. "그들을 욕보이든지 너희 눈에 좋은 대로 행하되"입니다. 이렇게 악한 말을 하면서 동시에 "이런 망령된 일을 행하지 말라"고 합니다. 본문은 한 인물의 전혀 다른 두 가지의 모습을 보여주고 있습니다.

이쯤 되면 도대체 이 사람들이 어떤 사람인가를 알아봐야 합니다. 그래서 대충 살펴보았던 것을 자세히 살펴보아야 합니다. 19장 1, 2절 "에브라임 산지 구석에 거류하는 어떤 레위 사람이 유다 베들레헴에서 첩을 맞이하였더니 그 첩이 행음하고 남편을 떠나 유다 베들레헴 그의 아버지의 집에 돌아가서 거기서 넉 달 동안을 지내매"입니다. 레위인이 등장하는데 아주 요상합니다. 우선 이 사람을 레위인으로 소개하는데 레위인이 첩을 얻었다고 하니 심상치가 않습니다. 또 이 사람이 에브라임 산지 구석에 거류하는데 베들레헴에서 첩을 맞이했다고 합니다. 도대체 이 사람의 활동 지역이 어디인지 정함이 없습니다. 또 그 첩은 행음하고 남편을 떠났다고 하니 이 여인도 이상하고 처음 있는 일이 아닌 것 같습니다.

동네 사람들이 방문했을 때 너무나 쉽게 처녀 딸과 첩을 내어준 행동이 이 사람에게는 새로운 장면이 아니라 익숙한 행동 같다는 생각이 듭니다. 과연 그날 밤에 이 레위인이 자기 손으로 첩을 붙잡아 그들에게 끌어내다 줍니다. 그리고 자기는 천연덕스럽게 잠을 잡니다. 다음날 아침의 모습은 27절 "그의 주인이 일찍이 일어나 집문을 열고 떠나고자 하더니 그 여인이 집 문에 엎드러져 있고"입니다. 레위인은 밤이나 아침에 자기 첩을 찾을 생각이 전혀 없었던 것입니다. 너무나 자연스럽게 자기만 가려고 했던 것입니다. 혼자 가려다가 집 문에 여인이 쓰러져 있는 것을 보고 가자고 하고, 아무 반응이 없자 죽은 것을 알고, 아무렇지도 않게 시체를 나귀에 싣고 자기 집으로 돌아갑니다. 29절에 엽기적인 그 남자의 행동이 절정에 다다릅니다. "그 집에 이르러서는 칼을 가지고 자기 첩의 시체를 거두어 그 마디를 찍어 열두 덩이에 나누고 그것을 이스라엘 사방에 두루 보내매"입니다.

또 하나의 사이코 장면이 등장합니다. 30절 "그것을 보는 자가 다 이르되 이스라엘 자손이 애굽 땅에서 올라온 날부터 오늘까지 이런 일은 일어나지도 아니하였고 보지도 못하였도다 이 일을 생각하고 상의한 후에 말하자"입니다. 이 사람들이 말하는 '이런 일'은 무엇일까요? 레위 인이 첩을 두었다는 것일까요? 그 첩이 행음했다는 일일까요? 노인이 자기 처녀 딸을 내어주겠다고 자원했던 일일까요? 레위인이 자기 손으로 첩을 잡아 끌어낸 일일까요? 불량배들이 그 여인을 능욕한 일일까요? 레위인이 저 혼자 돌아가려고 한 일일까요? 레위인이 시신을 열두 덩이로 나눈 일일까? 나눈 시신을 이스라엘 사방에 보낸 일일까요?

하나같이 합심하여

드디어 20장에서는 그 동안 사사기에서 전혀 볼 수 없었던 장면이 등장합니다. 1절 이하 "이에 모든 이스라엘 자손이 단에서부터 브엘세바까지와 길르앗 땅에서 나와서 그 회중이 일제히 미스바에서 여호와 앞에 모였으니 온 백성의 어른 곧 이스라엘 모든 지파의 어른들은 하나님 백성의 총회에 섰고"입니다. 이 표현이 아주 재미있는 표현입니다. 이스라엘 전체가 나왔다는 것을 네 가지 표현으로 나타냅니다. 첫 번째가 '모든 이스라엘 자손이 나오고' 입니다. 두 번째가 '단에서부터 브엘세바까지' 입니다. 우리나라로 하면 '백두에서 한라까지' 로 이스라엘 전체가 나왔다는 것을 강조합니다. 세 번째가 '온 백성의 어른 곧 이스라엘 모든 지파의 어른들' 입니다. 네 번째가 '하나님의 백성의 총회에 섰다' 입니다. 이스라엘이 일치단결하였다는 것이요 한 마음 한 뜻이 되었다는 것입니다. 또 그냥 모인 것이 아니라 '여호와 앞에' 모였다고 합니다.

드디어 회의가 열립니다. 표현들을 잘 살피셔야 합니다. 3절 중간 "이스라엘 자손이 이르되 이 악한 일이 어떻게 일어났는지 우리에게 말하라", 그러자 레위인이 하는 말이 5절 "기브아 사람들이 나를 치러 일어나서 밤에 내가 묵고 있던 집을 에워싸고 나를 죽이려 하고 내 첩을 욕보여 그를 죽게 한지라"입니다. 자기가 첩을 직접 붙잡아 끌어내어 주었다는 이야기, 자기는 첩의 생사는 전혀 관심 없이 아침에 저 혼자 길을 떠나려고 했던 이야기는 전혀 언급하지 않습니다. 그러면서 6절 "내가 내 첩의 시체를 거두어 쪼개서 이스라엘 기업의 온 땅에 보냈나니 이는 그들이 이스라엘 중에서 음행과 망령된 일을 행하였기 때문이라"입니다. 이 사람이 강조하는 것이 '악하고 망령된 일' 입니다. 더 정확하게 말하면 이 타락한 레위인, 이 악한 레위인, 이 망령된 일을 스스럼없이 자행하는 사람이 반복하여 강조하는 말이 '저들이 행한 망령된 일' 입니다. 그러면서 하는 말이 7절 "이스라엘 자손들아 너희가 다 여기 있은즉 너희의 의견과 방책을 낼지니라"입니다. '의견과 방책' 은 단순한 의견이 아닙니다. '지략, 지혜, 교훈, 충고' 입니다. 레위인은 저들의 행위를 망령되고 악한 일로 몰아세우고, 이스라엘 자손들에게는 지혜와 교훈을 달라고 교묘하게 대조시키는 것입니다.

장면이 전환되고, 표현이 전환되는 것을 느끼셔야 합니다. 드디어 지혜와 교훈이 등장합니다. 8절 이하 "모든 백성이 일제히 일어나 이르되 한 사람도 자기 장막으로 돌아가지 말며 한 사람도 자기 집으로 들어가지 말고 우리가 이제 기브아 사람에게 이렇게 행하리니 곧 제비를 뽑아서 그들을 치되 우리가 이스라엘 모든 지파 중에서 백 명에 열 명, 천 명에 백 명, 만 명에 천 명을 뽑아 그 백성을 위하여 양식을 준비하고 그들에게 베냐민의 기브아에 가서 그 무리가 이스라엘 중에서 망령된 일을 행한 대로 징계하게 하리라 하니라"입니다. 이스라엘이 강조하는 것은 망령된 일을 용납할 수 없다는 것입니다. 망령된 일을 징계하겠다는 것입니다. 소수의견입니까? 단지 다수의견입니까? 만장일치입니다. 11절 "이와 같이 이스라엘 모든 사람이 하나 같이 합심하여 그 성읍을 치려고 모였더라"입니다.

누가 옳은가?

이 사건에서 누가 옳은 것입니까? 이 사건에서 누가 망령된 것입니까? 다 같이 한 마음 한 뜻이 되어 행하는 일이 무엇입니까? 징계요, 성읍을 치는 것이요, 사람을 죽이는 것입니다. 이 사람들이 그럴 자격이 있습니까? 만약 망령된 일을 행한 사람, 악행을 한 사람을 징계한다면 살아남을 자가 있습니까? 사사기에서 이스라엘은 하나님에게 계속하여 악행과 망령된 일만 행하였습니다. 그럼에도 하나님은 행한 대로 갚지 않으시고, 은혜를 주시고, 구원을 베풀어 주셨습니다. 그런데 은혜 받은 사람들의 언행을 보십시오.

미리 다음 장면을 예상해 보시기 바랍니다. 온 이스라엘이 한 마음 한 뜻이 되어 징계를 하겠다고 결의하니까 베냐민 지파가 자신들이 잘못했다고 인정하고, 징계를 달게 받겠다고 수긍을 할까요? 이스라엘 백성이 일벌백계의 심정으로 망령된 일을 행한 사람들과 그들이 사는 성읍을 치니까 드디어 이스라엘이 거룩해지고 성결해져서 살기 좋은 세상, 화목한 백성이 될 것 같습니까? 이런 장면을 세상에서는 이수라장이라고 하고, 성경에서는 '왕이 없으므로 제 소견에 옳은대로 하였더라' 고 표현하는 것입니다.

왕이 없으므로

왕이 있다

안타까운 것은 기독교에 대한 오해를 세상 사람들이 만들어내는 것이 아니라 기독교 스스로 만들어내고 있다는 것입니다. 그 오해도 각자 자기 경험이나 생각에서 만들어내는 것이 아니라 성경을 통해서 만들어낸다는 것입니다. 이런 일이 발생하는 이유는 성경을 충분히 읽지 않고, 성경을 충분히 묵상하지 않기 때문입니다. 성경에 기록된 내용을 그냥 그대로 이해하는 것은 순진한 것이 아니라 무식한 것이요, 믿음이 좋은 것이 아니라 어리석은 것입니다. 말씀을 말씀대로 믿는 것이 아니라 하나님의 인격성을 전혀 고려하지 않는 것입니다.

사사기 후반부에서 반복되는 표현이 '왕이 없다는 것' 입니다. 17장 6절 "그 때에는 이스라엘에 왕이 없었으므로 사람마다 자기 소견에 옳은 대로 행하였더라", 18장 1절 "그 때에 이스라엘에 왕이 없었고", 19장 1절 "이스라엘에 왕이 없을 그 때에", 21장 25절 "그 때에 이스라엘에 왕이 없으므로 사람이 각기 자기의 소견에 옳은 대로 행하였더라"입니다. 왕이 없었다는 표현이 이스라엘에 통치자 왕이 없었다는 의미가 아닙니다. 이스라엘에 백성들의 대표, 백성들의 지도자, 주변 나라들과 같이 권력의 상징인 왕이 세워지지 않았다는 것을 의미하는 것이 아니라는 것입니다.

왕이 없다는 것을 표현할 때에 대조되는 것이 있습니다. '왕이 없었으므로 사람마다 자기 소견에 옳은 대로 행하였다는 것' 입니다. 즉 왕이 있었으면 왕의 소견대로 행하는데 왕이 없어서 자기 소견대로 했다는 것입니다. 그렇다면 이스라엘이 자기 소견대로 행하는 것이 아니라 자신들에게 이렇게 행하고 저렇게 행하도록 가이드하고, 안내하고, 지침을 주고, 방향을 잡아주고, 교훈과 원리를 제공하는 역할을 하는 자가 있었다면 그 자가 바로 왕입니다. 그런 왕이 있었다면 그렇게 했을 것이라는 의미입니다. 그런데 이스라엘에게 이렇게 행하고 저렇게 행하도록 가이드하고, 안내하고, 지침을 주고, 방향을 잡아주고, 교훈과 원리를 제공하는 역할을 하는 자가 있었습니까, 없었습니까? 정확한 진리를 제공해주고, 분명한 원칙을 제공해주고, 명백한 결과를 밝혀준 존재가 있었습니다. 이스라엘이 행해야 할 일을 알려주고 이스라엘이 행하지 말아야 할 일을 가르쳐 준 왕의 역할을 하는 존재가 있었습니다. 바로 하나님이십니다. 하나님이 왕으로 이스라엘과 함께 계셨습니다.

그러므로 본문에서 '왕이 없었다는 것'은 실제로 왕이 없었다는 의미가 아니라 왕이 있는 것을 인식하지 않았고, 왕의 가르침을 전혀 따르지 않았고, 왕을 왕으로 간주하지 않았다는 것입니다. 민약 왕이 없었다면 왕을 세우면 됩니다. 이스라엘은 이미 지상 최고의 왕을 모시고 있으면서, 자신들에게 진리를 주고 보호자와 책임자와 공급자 되어주시는 왕을 모시고 있으면서, 도리어 자신들이 자신들의 왕을 인식하지 않고 왕의 가르침과 교훈을 전혀 따르지 않으면서 왕이 없다고 생각한 것입니다. 그래서 사무엘상에 들어가면 이스라엘의 참된 왕이신 하나님께 왕을 세워달라고 요청을 하는 어이없는 현상이 발생합니다. 그렇게 왕을 요청해서 왕을 세웁니다. 왕이 있으니까 모든 사람이 각기 자기의 소견을 제쳐두고 왕의 소견, 왕의 가르침을 따랐나요? 그래서 나라가 번성하고 온 백성이 평화와 자유와 안식을 누리면서 살았나요? 전혀 그렇지 않습니다.

만왕의 왕

왕이 없었다는 표현은 왕이 존재하지 않았다는 의미가 아니라 왕을 인식하지 않았고, 왕을 따르지 않았다는 것을 의미하는 것입니다. 성경이 왕을 강조하는 것은 다양한 측면이 있는데 사사기에서의 왕은 '삶의 길을 안내하는 자'의 역할입니다. 일반적으로 왕은 통치자, 지배자요 또한 통제자요, 조종자입니다. 성경이 지배자와 통치자로서의 왕을 강조할 때도 있습니다. 성경이 안내자로서의 왕을 강조할 때와 권력자로서의 왕을 강조할 때는 그 대상이 서로 다르다는 것을 인식하셔야 합니다. 하나님이 왕으로서 다스리고 통치한다는 표현은 보호, 관리, 안내의 의미이고 이렇게 보호와 관리의 대상은 하나님의 자녀, 하나님의 백성들, 인간들입니다. 하나님이 왕으로서 제압하고 통제한다는 표현은 말 그대로 명령하고 굴복시키는 것을 의미하고 이렇게 제압하고 굴복시키는 대상은 죄입니다. 인간은 하나님에게 제압당한다는 느낌, 통제받는다는 느낌을 느끼면 안 됩니다. 두려움, 무서움, 공포, 불안을 느끼면 안 됩니다.

성경에서 하나님을 소개할 때 '만왕의 왕', '만주의 주' 라는 표현이 나옵니다. 이 때에도 의미를 정확하게 이해하셔야 합니다. 만왕의 왕이라고 해서 왕들 중의 가장 강한 왕, 왕들 중에 가장 뛰어난 왕, 왕들 중에 가장 훌륭한 왕이라고 생각하시면 안 됩니다. 하나님은 여러 왕들, 유사한 왕들, 같은 유형의 왕들 중에 보다 나은, 보다 뛰어난, 보다 멋있는, 우위에 있는 왕이 아닙니다. 하나님은 전혀 다른 왕, 아예 차원이 다르고 수준이 다르고 원리가 다른 왕입니다. 사람들이 생각하는 왕의 의미와는 전혀 다른데 사람들이 알고 있는 용어가 왕 뿐이기에 왕이라는 표현을 사용할 뿐 존재와 역할과 의미가 일반적인 왕과는 전혀 다르다는 것을 인식하셔야 합니다. 그래서 '우리 하나님이 가장 강해, 우리 하나님이 최고야, 우리 하나님이 다 이겨!' 라는 사고방식을 가지거나 표현하면 안 됩니다. '우리 하나님은 달라!' 라고 말해야 합니다. 성경이 강조하는 하나님은 강한 왕이기보다는 기이한 왕, 'Almighty King' 이기보다는 'Marvelous King' 입니다.

성도의 삶

사사기 19장은 인간이 하나님의 가르침, 하나님의 진리, 하나님의 교훈을 따르지 않을 때의 전형적인 모습을 보여줍니다. 모두가 자신이 기준이요, 자신이 옳다고 생각합니다. 자신이 악행을 하고 있으면서 상대방에게 이런 악행을 하지 말라고, 망령된 일을 하지 말라고 합니다. 자신이 가장 패역한 행동을 하면서 도리어 주변 사람들에게 어떻게 이런 일이 있을 수 있느냐고 하소연합니다. 모든 사람이 한 마음 한 뜻이라는 명분으로 자기 백성을 치고, 선을 행한다는 명분으로 사람을 죽이려고 작정을 합니다. 모든 사람이 하나님의 뜻과는 정반대로 행하면서 여호와 앞에 모이고, 하나님의 의도와 방법과는 전혀 무관하게 행하면서 여호와의 응답을 구합니다. 인간이 자신을 합리화시키기 위해 하나님마저도 악용할 수 있다는 교활함의 극치를 보여주는 것입니다.

이것이 사사기만의 모습이 아닙니다. 성도는 인간의 실상, 죄인의 실상을 파악하셔야 합니다. 안타깝게도 오늘날에도 사사기가 재연되고 있습니다. 이스라엘 내에서 서로 상대에게 악행이라고 정죄하고, 서로가 옳음을 주장하며 결국은 합심하여 상대를 죽이려는 행태들이 교회 내에서도 반복되고 있습니다. 교회에서 갈등이 발생하면 가장 먼저, 가장 많이 하는 것이 '누가 옳으냐, 누가 선하냐?' 를 확인하려는 것입니다. 기독교는 상대가 틀린 것을 지적하고 내가 옳은 것을 밝혀내는 것이 아닙니다. 기독교는 선하고 옳게 행동하는 것은 당연한 것이고 더 나아가 상대의 죄를 감싸주는 것, 상대방의 죄를 끌어안아 주는 것, 연약함과 부족함을 대신 감당해 주는 것을 능력이라고 하는 것입니다. 죄를 까발리는 것이 아니라 선으로 악을 이기는 것, 선으로 죄를 이기는 것을 능력이라고 하는 것입니다.

하나님의 말씀을 배우지 않고, 하나님의 말씀을 따르지 않으면 인간의 삶은 사사기 19장을 벗어날 수 없습니다. 성도는 하나님을 알아야 하고 죄인의 실체를 알아야 합니다. 하나님의 말씀을 배우지 않으면 사람은 달라지지 않습니다. 하나님 말씀을 따르지 않으면 사람은 변화되지 않습니다. 사람들은 더 좋은 방법, 더 좋은 원리가 있는 줄로 압니다. 하나님 말씀이 진리요, 하나님 말씀이 가장 좋은 것입니다. 하나님 말씀을 배우고 행하셔서 하나님의 은혜를 풍성히 누리며 하나님 나라를 멋지게 살아가기를 주님의 이름으로 축원합니다.

34

어이없는 전쟁

사사기 20 : 12 ~ 48

12 이스라엘 지파들이 베냐민 온 지파에 사람들을 보내어 두루 다니며 이르기를 너
희 중에서 생긴 이 악행이 어찌 됨이냐 13 그런즉 이제 기브아 사람들 곧 그 불량배
들을 우리에게 넘겨주어서 우리가 그들을 죽여 이스라엘 중에서 악을 제거하여 버리
게 하라 하나 베냐민 자손이 그들의 형제 이스라엘 자손의 말을 듣지 아니하고 14 도
리어 성읍들로부터 기브아에 모이고 나가서 이스라엘 자손과 싸우고자 하니라 15 그
때에 그 성읍들로부터 나온 베냐민 자손의 수는 칼을 빼는 자가 모두 이만 육천 명
이요 그 외에 기브아 주민 중 택한 자가 칠백 명인데 16 이 모든 백성 중에서 택한 칠
백 명은 다 왼손잡이라 물매로 돌을 던지면 조금도 틀림이 없는 자들이더라 17 베냐
민 자손 외에 이스라엘 사람으로서 칼을 빼는 자의 수는 사십만 명이니 다 전사라 18
이스라엘 자손이 일어나 벧엘에 올라가서 하나님께 여쭈어 이르되 우리 중에 누가 먼
저 올라가서 베냐민 자손과 싸우리이까 하니 여호와께서 말씀하시되 유다가 먼저 갈
지니라 하시니라 19 이스라엘 자손이 아침에 일어나 기브아를 대하여 진을 치니라 20
이스라엘 사람이 나가 베냐민과 싸우려고 전열을 갖추고 기브아에서 그들과 싸우고
자 하매 21 베냐민 자손이 기브아에서 나와서 당일에 이스라엘 사람 이만 이천 명을
땅에 엎드러뜨렸으나 22 이스라엘 사람들이 스스로 용기를 내어 첫날 전열을 갖추었
던 곳에서 다시 전열을 갖추니라 23 이스라엘 자손이 올라가 여호와 앞에서 저물도
록 울며 여호와께 여쭈어 이르되 내가 다시 나아가서 내 형제 베냐민 자손과 싸우리
이까 하니 여호와께서 말씀하시되 올라가서 치라 하시니라 24 그 이튿날에 이스라엘
자손이 베냐민 자손을 치러 나아가매 25 베냐민도 그 이튿날에 기브아에서 그들을 치
러 나와서 다시 이스라엘 자손 만 팔천 명을 땅에 엎드러뜨렸으니 다 칼을 빼는 자였
더라 26 이에 온 이스라엘 자손 모든 백성이 올라가 벧엘에 이르러 울며 거기서 여호
와 앞에 앉아서 그 날이 저물도록 금식하고 번제와 화목제를 여호와 앞에 드리고 27
이스라엘 자손이 여호와께 물으니라 그 때에는 하나님의 언약궤가 거기 있고 28 아론

의 손자인 엘르아살의 아들 비느하스가 그 앞에 모시고 섰더라 이스라엘 자손들이 여
쭈기를 우리가 다시 나아가 내 형제 베냐민 자손과 싸우리이까 말리이까 하니 여호와
께서 이르시되 올라가라 내일은 내가 그를 네 손에 넘겨 주리라 하시는지라 29 이스
라엘이 기브아 주위에 군사를 매복하니라 30 이스라엘 자손이 셋째 날에 베냐민 자
손을 치러 올라가서 전과 같이 기브아에 맞서 전열을 갖추매 31 베냐민 자손이 나와
서 백성을 맞더니 꾀임에 빠져 성읍을 떠났더라 그들이 큰 길 곧 한쪽은 벧엘로 올라
가는 길이요 한쪽은 기브아의 들로 가는 길에서 백성을 쳐서 전과 같이 이스라엘 사
람 삼십 명 가량을 죽이기 시작하며 32 베냐민 자손이 스스로 이르기를 이들이 처음
과 같이 우리 앞에서 패한다 하나 이스라엘 자손은 이르기를 우리가 도망하여 그들을
성읍에서 큰 길로 꾀어내자 하고 33 이스라엘 사람이 모두 그들의 처소에서 일어나
서 바알다말에서 전열을 갖추었고 이스라엘의 복병은 그 장소 곧 기브아 초장에서 쏟
아져 나왔더라 34 온 이스라엘 사람 중에서 택한 사람 만 명이 기브아에 이르러 치매
싸움이 치열하나 베냐민 사람은 화가 자기에게 미친 줄을 알지 못하였더라 35 여호와
께서 이스라엘 앞에서 베냐민을 치시매 당일에 이스라엘 자손이 베냐민 사람 이만 오
천백 명을 죽였으니 다 칼을 빼는 자였더라 36 이에 베냐민 자손이 자기가 패한 것을
깨달았으니 이는 이스라엘 사람이 기브아에 매복한 군사를 믿고 잠깐 베냐민 사람 앞
을 피하매 37 복병이 급히 나와 기브아로 돌격하고 나아가며 칼날로 온 성읍을 쳤음
이더라 38 처음에 이스라엘 사람과 복병 사이에 약속하기를 성읍에서 큰 연기가 치
솟는 것으로 군호를 삼자하고 39 이스라엘 사람은 싸우다가 물러가고 베냐민 사람은
이스라엘 사람 삼십 명 가량을 쳐 죽이기를 시작하며 이르기를 이들이 틀림없이 처
음 싸움 같이 우리에게 패한다 하다가 40 연기구름이 기둥 같이 성읍 가운데에서 치
솟을 때에 베냐민 사람이 뒤를 돌아보매 온 성읍에 연기가 하늘에 닿았고 41 이스라
엘 사람은 돌아서는지라 베냐민 사람들이 화가 자기들에게 미친 것을 보고 심히 놀라
42 이스라엘 사람 앞에서 몸을 돌려 광야 길로 향하였으나 군사가 급히 추격하며 각
성읍에서 나온 자를 그 가운데에서 진멸하니라 43 그들이 베냐민 사람을 에워싸고 기
브아 앞 동쪽까지 추격하며 그 쉬는 곳에서 짓밟으매 44 베냐민 중에서 엎드러진 자
가 만 팔천 명이니 다 용사더라 45 그들이 몸을 돌려 광야로 도망하였으나 림몬 바위
에 이르는 큰 길에서 이스라엘이 또 오천 명을 이삭 줍듯 하고 또 급히 그 뒤를 따라
기돔에 이르러 또 이천 명을 죽였으니 46 이 날에 베냐민 사람으로서 칼을 빼는 자가
엎드러진 것이 모두 이만 오천 명이니 다 용사였더라 47 베냐민 사람 육백 명이 돌이
켜 광야로 도망하여 림몬 바위에 이르러 거기에서 넉 달 동안을 지냈더라 48 이스라
엘 사람이 베냐민 자손에게로 돌아와서 온 성읍과 가축과 만나는 자를 다 칼날로 치
고 닥치는 성읍은 모두 다 불살랐더라

성경의 양식

사사기의 위치

어떤 책이나 사건이나 현상에 대해서 흐름을 파악하고 있는 지의 여부를 확인하는 것은 다음 장면이 예상이 되느냐는 것입니다. 일반적으로 사람들이 다음 장면을 접했을 때의 반응이 두 종류입니다. 하나는 '예상대로야!' 라는 것과, 전혀 '예상 밖인데!' 라는 것입니다. 여하튼 공통점은 예상을 했다는 것이요, 전개를 이해하고 있다는 증거입니다. 사사기를 1장부터 차근히 살펴보며 말씀을 묵상해 온 분은 이제 성경의 한 장면을 보시면 다음 장면이 충분히 예상될 것입니다. 사사기는 다양한 각도에서 반전을 주고 있는 책입니다. 사사기가 전개되는 장소는 가나안지역입니다. 젖과 꿀이 흐르는 땅으로 소개되는 곳, 하나님이 아브라함에게 약속하시고 이스라엘에게 축복으로 주신 바로 그 가나안 땅, 자유와 평화와 안식을 누리려고 애굽에서 나와 사십 년의 광야 생활을 거쳐 마침내 도착한 곳이 바로 가나안입니다. 그런데 약속의 땅이요, 축복의 땅이요, 젖과 꿀이 흐르는 땅에서 정작 이스라엘이 전혀 행복을 누리지 못하고 있다는 것이 사람들의 기대와 예상을 깨는 반전이었습니다.

가나안에 들어오기 전에 이스라엘은 애굽에서 사백 년 간 노예생활을 했습니다. 너무 어렵고 힘든 생활이었습니다. 하나님의 도우심으로 기적과 같은 열 번의 사건을 통해 출애굽하여 노예 생활에 종지부를 찍고 자유의 몸이 되었습니다. 신분이 자유로웠고, 왕이 강제로 시키는 노역도 없었고, 어떠한 감시도 압력도 통제도 없었습니다. 드디어 이스라엘이 자유를 만끽할 상황에 도달한 것입니다. 그런데 이스라엘은 자유를 누리지 못했습니다. 노예일 때는 매인 것에서 풀리기만 하면 자유롭게 살 수 있을 것이라 생각했는데 정작 자유인이 되었을 때에도 자유를 누리지 못했습니다. 광야에서는 농사를 지을 수가 없었습니다. 계속하여 이동을 해야 했기 때문에 농작물을 기를 수 없었고 기껏해야 만나와 메추라기를 먹는 것으로 생명을 연명하는 수준이었습니다. 오죽하면 마늘과 부추가 먹고 싶다고 다시 애굽으로 돌아가는 것이 낫겠다고 생각할 정도였습니다. 그래서 스스로 농사지을 수 있는 땅이 있어서 이것저것 마음대로 재배해서 먹을 수 있으면 소원이 없겠다고 생각했습니다. 드디어 가나안 지역에 들어오면서 이스라엘의 각 부족은 땅을 분할 받았습니다. 하나님이 늘 지켜보시며 이른 비와 늦은 비를 때에 맞게 내려주시는 아주 좋은 곳이었습니다. 그런데 이스라엘은 가나안에서 풍요와 행복을 누린 것이 아니라 궁핍함이 심했습니다. 평화와 안식을 누린 것이 아니라 곤궁함과 두려움과 불안한 삶을 겨우 이어갈 뿐이었습니다. 신분적으로 자유인이 되었고 경제적으로 땅을 소유하고 있음에도 불구하고 이스라엘은 전혀 행복을 누리지 못했던 것입니다. 이것이 사사기의 반전입니다.

사사기를 읽는 어떤 사람이 궁금해 하며 저에게 질문하는 것 같습니다. 하나님은 고작 이정도 상황을 만들려고 애굽에서 열 번씩이나 이적을 행하시고, 하나님은 겨우 이것을 위해서 여리고를 물리치고 아이 성을 무너뜨리고 가나안을 멸절시키신 것입니까? 무엇이라고 대답해야 할까요? 사사기에 나타난 이스라엘의 삶은 과연 하나님의 실패입니까? 하나님은 실패하지 않습니다. 성경에 하나님의 실패, 하나님의 실수, 하나님의 후회는 없습니다. 언제나 인간이 실패하는 것입니다. 언제나 인간이 하나님을 오해하는 것입니다. 언제나 인간이 하나님께 배우지 못하는 것입니다. 언제나 인간이 하나님의 은혜와 복을 누리지 못하는 것입니다.

대립

하나님의 원리와 죄의 원리의 차이점은 하나님은 내용을 주시고 죄는 실체 없는 가상을 준다는 것입니다. 하나님은 결과를 주시고 죄는 허상을 준다는 것입니다. 창세기부터 여호수아까지 하나님은 이스라엘에게 자유와 평안을 주셨습니다. 이스라엘은 자유와 평안을 받았고 소유했습니다. 하나님이 주셨으니 인간은 마음껏 자유와 평안을 누리면 됩니다. 죄는 인간에게 아무 것도 준 것이 없습니다. 단지 인간을 미혹하고 속이는 것뿐입니다. 자유와 평안을 받았으니 누리면 되는데 죄는 괜한 걱정을 하게 합니다. '이 자유와 평안이 얼마나 갈까?' 또는 '이렇게 평안하니까 불안하다. 이게 혹시 큰 불행이 오려고 사전에 연막 치는 것은 아닐까? 내가 너무 좋아하면 누군가가 시기 나서 나의 행복을 빼아갈 수도 있을지 모르니 너무 좋아하지 말아야겠다' 라고 걱정하게 합니다. 이것이 죄의 활동이요, 죄의 작업입니다.

실제로 나타난 것은 하나님의 은혜요, 복입니다. 실제로 나에게 주어진 것은 하나님이 주신 자유와 평안입니다. 그런데 죄인들은 실재하고 있는 것은 누리지 못하고, 아직 나타나지도 않은 것, 사실도 아닌 것, 되지도 않을 것을 염려하면서 마음 놓고 즐거워하지도 못합니다. 죄의 허상으로 말미암아 하나님의 실제를 놓쳐버리는 것이 죄인들의 삶의 모습입니다. 성경을 배워야하는 이유, 하나님 말씀을 배워야 하는 이유가 바로 이것입니다. 하나님을 알아야 죄를 이길 수 있는 것입니다. 하나님의 말씀을 알아야 죄의 어리석음을 벗어날 수 있는 것입니다. 하나님의 말씀을 알아야 은혜를 은혜로 이해하고, 자유를 자유롭게 누리고, 복을 복으로 즐길 수 있는 것입니다.

들으심

들으시는 하나님

신앙생활에서 사람들이 성경의 강조점을 오해하는 경우가 많습니다. 인간이 하나님께 부르짖었다는 것과 하나님이 인간에게 응답했다는 것

중에 어느 것이 중요합니까? 정답은 하나님이 응답하셨다는 것입니다. 하나님과 인간의 관계에서, 기도와 응답에서 강조점은 인간이 기도했다는 것이 아니라 하나님이 응답하셨다는 것입니다. 기독교의 위대성, 하나님이 고마운 이유가 바로 이것입니다. 하나님이 인간의 기도를 들으신다는 것입니다. 하나님이 인간의 부르짖음에 응답해 주신다는 것입니다. 인간은 하나님을 부를 수 있는 권리가 있고 하나님은 응답해야 할 의무가 있는 것이 아닙니다. 인간이 하나님께 요구하는 것이 있으면 하나님은 무조건 이루어주어야 하는 책임이 있는 것이 아닙니다. 인간이 부르거나 말거나 하나님은 응답하시거나 안 하시거나 하나님의 자유입니다. 그런데 하나님은 인간을 사랑하사 인간의 부르짖음을 들어주신다는 것입니다. 그래서 하나님이 감사한 것입니다.

출애굽기 2장을 보면 애굽에서 노예 생활하는 이스라엘이 하나님께 부르짖습니다. 2장 23절 이하 "여러 해 후에 애굽 왕은 죽었고 이스라엘 자손은 고된 노동으로 말미암아 탄식하며 부르짖으니 그 고된 노동으로 말미암아 부르짖는 소리가 하나님께 상달된지라 하나님이 그들의 고통 소리를 들으시고 하나님이 아브라함과 이삭과 야곱에게 세운 그의 언약을 기억하사"입니다. 원래 이스라엘이 고된 노동으로 너무 힘들면 바로에게 부르짖었어야 합니다. 고통의 원인 제공자가 바로였으니 바로에게 부르짖고 바로와 협상을 했어야 합니다. 하나님이 이스라엘을 힘들게 하지 않았고 하나님이 이스라엘에게 고통을 주지 않았습니다. 이스라엘의 고통과 하나님은 아무런 관계가 없습니다. 그런데 이스라엘이 하나님께 부르짖자 하나님이 이스라엘의 부르짖음을 들어주셨습니다.

이스라엘이 하나님께 부르짖은 것이 하나님과 아무 상관이 없습니다. 하나님을 찬양한 것도 아니요, 하나님을 경배한 것도 아니요, 하나님을 높인 것도 아니요, 하나님을 위한 것도 아닙니다. 그저 자기가 살기 힘들다고 아우성을 친 것에 불과합니다. 게다가 하나님이 이스라엘의 부르짖음을 들어주어도 하나님에게 유익할 것이 전혀 없습니다. 이스라엘이 애굽에서 나오고, 노예에서 자유민이 된다고 하나님에게 보탬이 될 것이 없습니다. 실제로 출애굽하는 순간부터 가나안에 도착할 때까지 이스라엘이 하나님에게 도움이 된 적이 없습니다. 그래서 하나님과 인간의 관계에서 인간의 하나님을 향한 행동과 하나님의 인간을 향한 행동 중에 중요하고 강조되는 것은 언제나 하나님의 인간을 향한 행동인 것입니다. 하나님이 애굽에서 고통 받는 이스라엘의 부르짖음을 들으셨습니다.

사사기에서도 마찬가지입니다. 이스라엘이 매번 하나님을 잊었고, 하나님을 버리고, 하나님을 떠났습니다. 이스라엘은 스스로 다른 신들을 찾았고 다른 신들을 섬겼습니다. 그럼에도 불구하고 하나님은 이스라엘을 힘들게 하신 적이 없습니다. 하나님이 이스라엘에게 곤궁함을 주신 적이 없고, 하나님이 가뭄을 주신 적이 없고, 하나님이 이방을 끌어들인 적도 없습니다. 하나님이 재앙을 내리지 않아도 이스라엘은 여러 가지 어려움에 처하게 되었습니다. 그렇게 어려워지면 이스라엘은 자신들이 섬기던 이방 신에게 부르짖었어야 하고 도움을 청했어야 합니다. 당연히 그렇게 했을 것입니다. 그러나 아무리 부르짖고 간구하고 매달려도 신들의 반응이 없자, 자신들이 버리고 떠났던 하나님께 도움을 청합니다. 죄인들은 참 어이없는 행동을 뻔뻔하게 행하는 이상한 인간들입니다.

하나님은 또 죄인들의 부르짖음을 들어주십니다. 사사기 3장 9절 "이스라엘 자손이 여호와께 부르짖으매 여호와께서 이스라엘 자손을 위하여 한 구원자를 세워 그들을 구원하게 하시니"입니다. 15절 "이스라엘 자손이 여호와께 부르짖으매 여호와께서 그들을 위하여 한 구원자를 세우셨으니"입니다. 6장 7절 "이스라엘 자손이 미디안으로 말미암아 여호와께 부르짖었으므로 여호와께서 이스라엘 자손에게 한 선지자를 보내시니"입니다. 성경이 강조하는 것은 하나님이 들어주신다는 것입니다.

듣지 않는 이스라엘

하나님이 이렇게 인간의 부르짖음을 들으시면, 하나님이 인간을 찾으실 때나 하나님이 인간에게 말씀하실 때 당연히 인간도 하나님의 말씀을 들어야 합니다. 우선, 인간이 하나님을 찾는다는 것과 하나님이 인간을 찾는다는 것, 인간이 하나님께 부르짖는다는 것과 하나님이 인간에게 말씀하신다는 것은 표현상으로는 비슷하지만 내용상으로는 전혀 다른 것입니다. 인간이 하나님을 찾고 인간이 하나님께 부르짖는 것은 인간이 도움을 청하는 것입니다. 인간이 간절한 것이고, 인간이 절박한 것이고, 인간이 절실한 것입니다. 즉 인간의 필요에 의해서 하나님을 찾는 것입니다. 인간이 스스로 아쉬워서, 인간이 스스로 무엇인가 얻으려는 목적을 가지고 하나님을 찾는 것입니다.

그러나 하나님이 인간을 찾고 부르고 말씀하시는 것은 전혀 다른 차원입니다. 하나님이 간절한 것이 아니고, 하나님이 절박한 것이 아니고, 하나님이 절실한 것이 절대로 아닙니다. 하나님이 아쉬운 것이 아니고, 하나님이 필요한 것이 있는 것이 아니고, 하나님이 무엇을 얻으려는 것이 전혀 아닌 것입니다. 하나님의 말씀은 하나님을 위한 것이 아니라 모두 인간을 위한 것입니다. 하나님의 말씀뿐만이 아니라, 하나님의 사역, 하나님의 뜻, 하나님의 일하심을 포함한 기독교 신앙 전체가 인간이 하나님을 위한 것이 아니라 하나님이 인간을 위한 것입니다. 인간과 하나님의 관계에서 인간이 하나님을 믿어서 하나님에게 유익한 것이 없습니다. 하나님이 인간을 찾아서 하나님에게 도움이 되는 것이 없습니다. 하나님이 인간에게 말씀하셔서 하나님에게 보탬이 되는 것이 없습니다.

하나님과 인간의 관계에서 모든 것은 하나님이 인간을 위해 주시는 것이요, 하나님의 모든 것 즉 말씀과 사역은 인간에게 유익하다는 것입니다. 그러면 인간은 하나님 말씀을 듣는 것이 좋고, 하나님 뜻을 따르는 것이 좋고, 하나님이 일하신 결과를 받는 것이 좋습니다. 하지만 현실은 전혀 다릅니다. 이스라엘이 부르짖을 때 하나님은 하나님에게 아무런 유익이 없음에도 불구하고 들어주셨는데, 하나님이 말씀하실 때 이스라엘은 모든 것이 자신에게 유익함에도 불구하고 계속하여 하나님의 말씀을 듣지 않는다는 것입니다. 사사기에서 하나님이 계속해서 인간의 부르짖음을 들으셨다는 강조와는 정반대로 이스라엘은 계속해서 하나님의 말씀을 듣지 않습니다. 사사기 2장 2절 "너희는 이 땅의 주민과 언약을 맺지 말며 그들의 제단들을 헐라 하였거늘 너희가 내 목소리를 듣지 아니하였으니 어찌하여 그리하였느냐?" 20절 "여호와께서 이스라엘에게 진노하여 이르시되 이 백성이 내가 그들의 조상들에게 명령한 언약을 어기고 나의 목소리를 순종하지 아니하였은즉", 6장 10절 "내가 또 너희에게 이르기를 나는 너희의 하나님 여호와이니 너희가 거주하는 아모리 사람의 땅의 신들을 두려워하지 말라 하였으나 너희가 내 목소리를 듣지 아니하였느니라 하셨다 하니라"입니다. 하나님 말씀을 듣지 않는 이스라엘의 이상한 신앙, 해괴한 종교행위가 20장에 나오는 것입니다.

어이없음

사사기 20장은 19장부터 시작해서 21장까지 이어지는 긴 이야기의 중간 부분입니다. 이스라엘의 상황에 적절한 표현이 '막장 이스라엘' 입니다. 레위인이 첩을 두었다고 하니 제사장 지파의 행동도 막장이고, 기브아 동네에 들어갔는데 아무도 받아주지 않았다고 하니 그 지역도 막장이고, 그 지역의 사람들이 쫓아와서 행패를 부렸다니 그들이 행동도 막장이고, 불량배가 요청한다고 레위인을 보호한다는 명분으로 자기 처녀 딸들을 내어 주겠다고 하는 그 노인의 행동도 막장이고, 사람들이 말을 듣지 않자 자기 손으로 자기 첩을 끌어내는 그 놈도 막장이고, 죽었으면 시신이라도 고이 묻어주어야 하는데 시신을 훼손하는 것도 막장입니다. 종교 지도자가 막장이고, 백성들도 막장이고, 지금 이스라엘 전체가 한 놈도 정상이 없는데 모여서 하는 말이 '애굽 땅에서 올라온 날부터 오늘까지 이런 일은 일어나지도 아니하였고 보지도 못하였도다' 라고 하니 상황 인식이 전혀 안 되는 이스라엘 전체가 막장입니다.

사람들이 사는 모습 중에 가장 어이없는 현상이 '자기는 하면서도 남이 하는 꼴은 못 보는 것' 입니다. 자기는 늦잠 자면서 자기가 일어났을 때 다른 사람이 자고 있는 꼴을 못 보는 것, 자기도 약속에 늦어놓고 자기보다 늦게 온 사람을 마치 자기는 일찍 온 것처럼 심하게 꾸짖는 것, 자기는 남이 강의하면 아예 자면서 자기가 말할 때 다른 사람이 잠깐 딴전 피는 것을 도무지 용납 못하는 것 등과 같이 정말 어이없고 꼴불견의 최정점입니다. 그런데 이런 현상이 특정인의 현상이 아니라 인간이 가지고 있는 죄성의 대표적 양상이라는 것입니다. 자기가 못하는 것에 대한 반발 심리이기도 하고 자기가 원하는 것에 대한 욕구 불만이기도 합니다.

이러한 모습이 20장 12절 "이스라엘 지파들이 베냐민 온 지파에 사람들을 보내어 두루 다니며 이르기를 너희 중에서 생긴 이 악행이 어찌 됨이냐" 입니다. 지금 이 말을 이스라엘 백성들이 하고 있다는 것입니다. 그동안 온갖 악행이란 악행은 다 골라서 하고, 망령된 일을 서슴지 않았고, 배은망덕과 안하무인과 후안무치적 행동을 너무나 일상적으로 행하던 이스라엘이 베냐민을 향해서 하는 말이 "너희 중에서 생긴 이 악행이 어찌 됨이냐?" 입니다. 마치 소매치기들이 모여서 서로 훔친 것을 계산하다가 만원이 빈다고 '감히 누가 남의 돈을 훔쳤냐? 양심도 없는 놈이 누구냐?' 고 묻는 것과 마찬가지입니다. 그러면서 하는 말이 더 어이가 없습니다. 13절 "그런즉 이제 기브아 사람들 곧 그 불량배들을 우리에게 넘겨주어서 우리가 그들을 죽여 이스라엘 중에서 악을 제거하여 버리게 하라" 입니다. 자신들이 불량배입니다. 그런데 불량배들을 넘겨달라고 합니다. 자신들이 살인자들입니다. 그런데 다른 사람을 죽여서 문제를 해결하겠다고 합니다. 자신들이 악인입니다. 그런데 자신들이 악을 제거하겠다고 합니다.

이 장면에서 어이없는 것 두 가지, 하나는 자기가 악인이면서 남에게 악인이라고 아우성치는 것이요, 다른 하나는 전혀 이루어지지 않을 방법을 가장 일반적인 방법으로 알고 모두가 시행하려고 한다는 것 즉 흔히 말하는 일벌백계입니다. 한번 본때를 보여주면 사람이 배우고 한번 강하게 처벌하면 인간이 변화될 줄로 아는 것입니다. 그리고 가장 어리석은 것 중에 어리석은 것이 죄로 죄를 해결할 수 있다고 생각하는 것입니다. 가장 비기독교적인 것이 바로 죄를 더 강한 죄로 이기려고 하는 것입니다. 기독교가 행하는, 교회가 행하는 가장 미련한 것이 죄를 죄로 맞서려고 하는 것입니다. 절대로 안 됩니다. 그것이 될 것 같았으면 예수님이 강림하지 않았고 예수님이 십자가를 지지 않았을 것입니다.

너무나 당연한 반응이 나옵니다. 13절 후반부 "베냐민 자손이 그들의 형제 이스라엘 자손의 말을 듣지 아니하고"입니다. 베냐민의 반응은 당연한 것입니다. 자신들보다 더 악한 자가 하는 말, 어이없는 말, 터무니없는 말, 말할 자격도 없는 사람이 하는 말, 자신이 하는 말이 무슨 말인지도 모르는 사람의 되지도 않을 말을 들을 사람이 없습니다. 그러면 사람들은 한술 더 떠서 악행을 하는 것은 봐줄 수 있는데, 말을 안 듣는 것은 용납할 수 없다고 억지를 부립니다. 참으로 점입가경입니다.

해괴한 종교행위

명분 쌓기

본문을 읽으시면서 이스라엘의 말과 행동이 얼마나 어이없는지를 파악하셔야 합니다. 20장 15, 16절에 베냐민 군사의 수가 나옵니다. 베냐민 자손의 수는 칼을 빼는 자가 이만 육천 명이요, 물매 특공대가 칠백 명으로 총 이만 육천 칠백 명입니다. 17절에는 이스라엘의 군사의 수가 나옵니다. 칼을 빼는 자가 사십만 명으로 양쪽을 종합하면 사십이만 육천 칠백 명의 군사가 서로 대치하고 있는 것입니다. 사사기 전체에서 이스라엘이 이렇게 연합한 적이 없습니다. 이렇게 전쟁하겠다고 온 이스라엘 지파가 뭉친 적이 없습니다. 아무리 적군이 쳐들어와도 대항하겠다고 모인 적이 없습니다. 오죽하면 에훗은 단독으로 적진에 들어가 왕을 죽여야 했고 삼갈도 혼자 나가서 블레셋 사람과 싸웠습니다. 많이 모였다고 해 봤자 드보라와 바락이 만 명을 데리고 나간 것이고, 가장 많이 모였을 때가 기드온이 모으고 모은 군인이 삼만 이천명 이었을 뿐입니다. 이스라엘이 이방인 적과 싸울 때 동원된 군사가 고작해야 삼만 명 정도이었습니다. 그런데 이스라엘이 이방인도 아니고 자기 민족인 이스라엘을 죽이겠다고 모였는데 자그마치 사십만 명이 모였습니다. 이런 장면을 보시면 웃으셔야 합니다.

더 어이없는 장면이 18절부터 이어집니다. 가장 비 신앙적인 사람들이 모여서 가장 종교적인 행동을 합니다. "이스라엘 자손이 일어나 벧엘에 올라가서 하나님께 여쭈어 이르되 우리 중에 누가 먼저 올라가서 베냐민 자손과 싸우리이까 하니"입니다. 이게 기도입니까? 이게 하나님께 묻는 것입니까? 이게 하나님의 뜻을 찾는 것입니까? 이게 하나님께 여쭤보고 행동하겠다는 신실한 신앙의 모습입니까? 이스라엘이 이스라엘을 죽이겠다고 나서는 어이없는 현장에서, 같은 하나님의 백성이 서로 하나님의 말씀에 불순종하는 현장에서, 하나님의 백성이 다른 하나님의 백성을 죽이러 가겠다고 하나님께 여쭤보는 것이 말이 되는 것입니까? 이때 여러분은 웃어야 합니다. 그냥 웃는 것이 아니라 비웃어야 합니다. 자기들이 평상시에 하나님의 말씀을 다 어겨놓고, 하나님의 뜻에는 관심도 없고, 묻지도 않고 듣지도 않고 지키지도 않다가, 느닷없이 여호와 앞에 모여서, 여호와께 물으면서 '누가 먼저 올라가리이까?' 라고 묻는 것이 너무나 우스운 것입니다. 제발 부끄러운 줄을 알아야 합니다. 이럴 때는 차라리 하나님에게 묻지 않는 것이 좋습니다. 그런데 사람들은 이럴 때에, 이런 일을 하나님께 여쭈어 봅니다. 자신들이 하는 행동에 대한 명분을 쌓고자 할 뿐 자신들이 하는 짓이 부끄러운 일인지를 모르기 때문입니다.

지금 이스라엘은 '누가 먼저 올라 가리이까?'를 물을 것이 아니라 전부 회개를 하여야 합니다. 막장을 살다가도 막장 중에 가장 극악한 행동을 목격하였을 때 '우리가 이 정도인 줄은 몰랐다'고 놀라고 당황하면서 '지금이라도 돌아서야겠다'고 하면서 회개 운동이 일어나야 하고, 부흥 운동이 일어나야 하고, 회복 운동이 일어나야 합니다. 그런데 어느 누구도 반성하지 않고, 회개하지 않고, 돌아서지 않고, 하나님의 은혜를 구하지도 않습니다. 이미 결정은 다 스스로 내렸습니다. 베냐민을 쓸어버리자고 정했습니다. 만약 이스라엘이 여호와께 묻으러 나오려면 처음부터 물어야 합니다. '하나님, 이 일을 어떻게 할까요? 응징을 해야 합니까? 반성을 해야 합니까? 만약 응징을 해야 한다면 기브아 사람들을 죽여야 합니까? 아니면 원인 제공자인 레위인을 죽여야 합니까?'라고 했어야 합니다. 여호와의 뜻을 물으려면 바르게 물어야 합니다. 그런데 자기들이 다 결정해 놨습니다. 왜 그런 결정을 했는지는 모르지만 베냐민 사람을 죽여야 된다는 것입니다. 그러면 레위인은 살려두겠다는 것인지 궁금합니다. 이 장면은 여호와의 뜻을 구하는 신실한 장면이 아니라 종교가 변질되고, 종교가 악용되는 막장 신앙, 막장 종교의 모습을 보여주는 것입니다.

하나님의 반응

한번 하나님 입장에서 생각해 보시기 바랍니다. 그 동안 하나님의 말씀에는 전혀 신경 쓰지 않고 살던 파렴치한 이스라엘이 느닷없이 여호와 앞에 보이고, 한 술 더 떠서 무엇을 행할 지 자기들이 결정 다 내려놓고,

하나님을 뒷방 영감 취급해 놓고 하는 말이 '누가 먼저 올라 가리이까?' 입니다. 이것은 정말로 질문하는 것이 아니요, 이것은 정말로 하나님의 뜻을 구하고 말씀하시는 대로 하겠다는 의도로 보이지 않습니다. 하나님이 복장 터질 일입니다. 말이 안 되는 질문에는 정답을 말하는 것이 아닙니다. 말이 안 되는 질문에는 말이 안 되는 대답을 하는 것입니다. 저들이 참으로 엉뚱한 짓거리를 할 때에는 이쪽도 엉뚱한 행동으로 맞장구를 쳐 주어야 하는 것입니다. 한쪽이 엉뚱하게 나오는데 이쪽은 진지하게 행동하면 그게 정말 웃기는 겁니다. 하나님은 조크를 하실 줄 아시는 분입니다. 저쪽이 개그를 하면 하나님도 개그를 하십니다. 이스라엘 백성이 웃기는 쇼를 하면 하나님도 웃기는 쇼를 하십니다. 이스라엘 백성이 '누가 먼저 올라가서 베냐민 자손과 싸우리이까?' 라고 질문을 하니까 하나님도 '유다 지파가 올라가라' 고 대답을 하십니다. 이때 하나님의 말씀이 정답이라고 생각하시면 안 된다는 것입니다.

'유다가 먼저 갈지니라' 는 하나님의 말씀이 정답인지 조크인지는 결과를 보면 알게 됩니다. 20장 20절과 21절 "이스라엘 사람이 나가 베냐민과 싸우려고 전열을 갖추고 기브아에서 그들과 싸우려고 하매 베냐민 자손이 기브아에서 나와서 당일에 이스라엘 사람 이만 이천 명을 땅에 엎드러 뜨렸으나" 입니다. 분명히 하나님의 응답을 듣고 전쟁에 나갔습니다. 그러면 당연히 이겼어야 했는데 대패했고 자그마치 이만 이천 명이 죽었습니다. 무슨 하나님의 뜻이 이렇습니까? 이런 결과를 받으려면 무엇 하러 물어보고 나갑니까? 또 22절 "이스라엘 자손이 올라가 여호와 앞에서 저물도록 울며 여호와께 여쭈어 이르되 내가 다시 나아가서 내 형제 베냐민 자손과 싸우리이까 하니" 로 정말 신앙적인 모습 같지만 코메디입니다. 처음에는 여호와께 여쭈었는데, 두 번째는 '저물도록 울며', '다시 나아가서 내 형제 베냐민 자손과 싸우리이까?' 라고 여호와께 여쭈어 봅니다. 이스라엘도 하나님의 백성이요, 베냐민도 하나님의 백성인데, 하나님께 나와서 '다른 하나님의 백성을 죽여 버리이까?' 라고 묻는 것입니다. 하나님은 이스라엘이 질문하는 것이 기특해서 대답하시는 것이 아닙니다. 저들이 웃기는 질문을 하면 하나님이 대답을 안 하셔야 하는데 대답을 하십니다. 22절 후반부에 "올라가서 치라 하시니라" 입니다. 이것이 대답이 아니라 죠크라는 것을 알아야 하고 깨달아야 하는데 지금 이스라엘은 막장이기 때문에 알아듣지 못하는 것입니다.

이스라엘이 질문을 했더니 하나님이 또 대답을 하셨기에 이스라엘이 또 올라갑니다. 그 결과는 24절 "그 이튿날에 이스라엘 자손이 베냐민 자손을 치러 나아가매 베냐민도 그 이튿날에 기브아에서 그들을 치러 나와서 다시 이스라엘 자손 만 팔천 명을 땅에 엎드러뜨렸으니 다 칼을 빼는 자였더라" 입니다. 또 졌고 아예 박살이 났습니다. 이쯤 되면 하나님의 응답이 대답이 아니라는 것을 깨달아야 합니다. 그런데 점입가경이란 말은 이럴 때 쓰나 봅니다. 25절 "이에 온 이스라엘 자손 모든 백성이 올라가 벧엘에 이르러 울며 거기서 여호와 앞에 앉아서 그 날이 저물도록 금식하고 번제와 화목제를 여호와 앞에 드리고 이스라엘 자손이 여호와께 물으니라" 입니다. 하나님이 두 번 씩이나 엉뚱한 대답을 하셨으면 이제 자신들의 행동을 반성해야 합니다. '우리가 잘못 되었나 보다, 우리 의도가 틀렸는가 보다' 라고 생각하며 되돌아보아야 합니다. 그런데 자신들의 뜻은 확고하고, 이미 무엇을 할지, 어떻게 할지는 다 정해놓고 하나님께 앙탈을 부리는 것입니다. 하나님이 자신들을 인정해 주지 않으니까 이제는 하나님을 협박하는 것입니다. 갑자기 안하던 금식도 하고, 번제와 화목제도 드립니다. 번제가 무엇이고 화목제가 무엇인지도 상관하지 않고 그냥 닥치는 대로 자신들이 알고 있는 종교 행위를 나열합니다. 그리고 무조건 이기게만 해달라고 생떼를 쓰는 것입니다. 막장 신앙, 막장 종교입니다.

누가 이긴 것인가

베냐민의 관점에서 살펴보면 베냐민은 느닷없이 전쟁을 맞이했습니다. 베냐민이 하나님께 물었다는 말은 없습니다. 그런데 묻지도 않고 따지지도 않고 전쟁에 나갔습니다. 공격하는 숫자는 사십 만 명이고 자신들은 다 합쳐서 이만 육천 칠백 명인데 군사를 고르고 자시고가 없고 무조건 죽자 살자 싸워야합니다. 여하튼 두 번을 이겼습니다. 세 번째 전쟁에서 베냐민이 패배합니다. 25절 "여호와께서 이스라엘 앞에서 베냐민을 치시매 당일에 이스라엘 자손이 베냐민 사람 이만 오천백 명을 죽였으니 다 칼을 빼는 자였더라", 47절 "베냐민 사람 육백 명이 돌이켜 광야로 도망하여 림몬 바위에 이르러 거기에서 넉 달 동안을 지냈더라"입니다. 이만 오천 명이 죽고 육백 명이 도망갔습니다. 거의 멸절을 당한 것입니다. 이스라엘과 베냐민이 합쳐서 육만 오천 명 가량이 죽었습니다. 그러면 누가 이긴 것입니까?

하나님의 말씀을 배우지 않으니까 각기 자기의 소견에 옳은대로 행하는 것입니다. 자기의 소견이 옳다는 것을 입증하기 위해 신탁이라는 종교 행위까지 하는 것이 죄인의 교활함입니다. 그러는 사이 이스라엘은 평화를 누리지 못하고, 화합과 연합과 일치와 자유와 안식을 누리지 못하고 서로 경쟁하고 시기하고 서로 죽이는 싸움을 할 뿐입니다. 기독교는 사랑하자고 말하는 종교가 아니라 성경을 배우는 종교입니다. 단순히 마음먹기의 문제가 아니라 죄를 이겨야 하는 영적싸움이라고 선언하기 때문입니다. 성경을 통해 하나님을 배우셔서 평상시 삶 가운데 하나님의 평화와 자유와 은총을 누리며 사시기를 주님의 이름으로 축원합니다.

35

자기 소견에 옳은 대로

사사기 21 : 1 ~ 25

1 이스라엘 사람들이 미스바에서 맹세하여 이르기를 우리 중에 누구든지 딸을 베냐
민 사람에게 아내로 주지 아니하리라 하였더라 2 백성이 벧엘에 이르러 거기서 저녁
까지 하나님 앞에 앉아서 큰 소리로 울며 3 이르되 이스라엘의 하나님 여호와여 어찌
하여 이스라엘에 이런 일이 생겨서 오늘 이스라엘 중에 한 지파가 없어지게 하시나이
까 하더니 4 이튿날에 백성이 일찍이 일어나 거기에 한 제단을 쌓고 번제와 화목제를
드렸더라 5 이스라엘 자손이 이르되 이스라엘 온 지파 중에 총회와 함께 하여 여호와
앞에 올라오지 아니한 자가 누구냐 하니 이는 그들이 크게 맹세하기를 미스바에 와서
여호와 앞에 이르지 아니하는 자는 반드시 죽일 것이라 하였음이라 6 이스라엘 자손
이 그들의 형제 베냐민을 위하여 뉘우쳐 이르되 오늘 이스라엘 중에 한 지파가 끊어
졌도다 7 그 남은 자들에게 우리가 어떻게 하면 아내를 얻게 하리요 우리가 전에 여
호와로 맹세하여 우리의 딸을 그들의 아내로 주지 아니하리라 하였도다 8 또 이르되
이스라엘 지파 중 미스바에 올라와서 여호와께 이르지 아니한 자가 누구냐 하고 본
즉 야베스 길르앗에서는 한 사람도 진영에 이르러 총회에 참여하지 아니하였으니 9
백성을 계수할 때에 야베스 길르앗 주민이 하나도 거기 없음을 보았음이라 10 회중이
큰 용사 만 이천 명을 그리로 보내며 그들에게 명령하여 이르되 가서 야베스 길르앗
주민과 부녀와 어린 아이를 칼날로 치라 11 너희가 행할 일은 모든 남자 및 남자와 잔
여자를 진멸하여 바칠 것이니라 하였더라 12 그들이 야베스 길르앗 주민 중에서 젊은
처녀 사백 명을 얻었으니 이는 아직 남자와 동침한 일이 없어 남자를 알지 못하는 자
라 그들을 실로 진영으로 데려오니 이곳은 가나안 땅이더라 13 온 회중이 림몬 바위
에 있는 베냐민 자손에게 사람을 보내어 평화를 공포하게 하였더니 14 그 때에 베냐
민이 돌아온지라 이에 이스라엘 사람이 야베스 길르앗 여자들 중에서 살려 둔 여자
들을 그들에게 주었으나 아직도 부족하므로 15 백성들이 베냐민을 위하여 뉘우쳤으
니 이는 여호와께서 이스라엘 지파들 중에 한 지파가 빠지게 하셨음이었더라 16 회중

의 장로들이 이르되 베냐민의 여인이 다 멸절되었으니 이제 그 남은 자들에게 어떻게
하여야 아내를 얻게 할까 하고 17 또 이르되 베냐민 중 도망하여 살아남은 자에게 마
땅히 기업이 있어야 하리니 그리하면 이스라엘 중에 한 지파가 사라짐이 없으리라 18
그러나 우리가 우리의 딸을 그들의 아내로 주지 못하리니 이는 이스라엘 자손이 맹세
하여 이르기를 딸을 베냐민에게 아내로 주는 자는 저주를 받으리라 하였음이로다 하
니라 19 또 이르되 보라 벧엘 북쪽 르보나 남쪽 벧엘에서 세겜으로 올라가는 큰 길 동
쪽 실로에 매년 여호와의 명절이 있도다 하고 20 베냐민 자손에게 명령하여 이르되
가서 포도원에 숨어 21 보다가 실로의 여자들이 춤을 추러 나오거든 너희는 포도원에
서 나와서 실로의 딸 중에서 각각 하나를 붙들어 가지고 자기의 아내로 삼아 베냐민
땅으로 돌아가라 22 만일 그의 아버지나 형제가 와서 우리에게 시비하면 우리가 그에
게 말하기를 청하건대 너희는 우리에게 은혜를 베풀어 그들을 우리에게 줄지니라 이
는 우리가 전쟁할 때에 각 사람을 위하여 그의 아내를 얻어 주지 못하였고 너희가 자
의로 그들에게 준 것이 아니니 너희에게 죄가 없을 것임이니라 하겠노라 하매 23 베
냐민 자손이 그같이 행하여 춤추는 여자들 중에서 자기들의 숫자대로 붙들어 아내로
삼아 자기 기업에 돌아가서 성읍들을 건축하고 거기에 거주하였더라 24 그 때에 이스
라엘 자손이 그 곳에서 각기 자기의 지파, 자기의 가족에게로 돌아갔으니 곧 각기 그
곳에서 나와서 자기의 기업으로 돌아갔더라 25 그 때에 이스라엘에 왕이 없으므로 사
람이 각기 자기의 소견에 옳은 대로 행하였더라

자기들의 결정

이야기 구성

사사기가 아주 재미있게 구성되어 있습니다. 1장 첫머리에 이스라엘 백성이 하나님께 여쭈어 보는 장면이 나옵니다. 1장 1절 "여호수아가 죽은 후에 이스라엘 자손이 여호와께 여쭈어 이르되 우리 가운데 누가 먼저 올라가서 가나안 족속과 싸우리이까"입니다. 사사기의 마지막 사건이 19장부터 21장인데 마지막 부분에 이스라엘 백성의 질문이 나옵니다. 20장 18절 "이스라엘 자손이 일어나 벧엘에 올라가서 하나님께 여쭈어 이르되 우리 중에 누가 먼저 올라가서 베냐민 자손과 싸우리이까"입니다. 사사기의 시작과 끝을 동일한 질문, 동일한 장면으로 구성하고 있는 것입니다. 사사기에서 이스라엘이 처음과 끝을 신실하게 하나님께 질문

하고 행동하는 것으로 묘사하고 있는 것으로 착각하시면 안 됩니다. 첫 장면의 의미를 바르게 이해하면 끝까지 바르게 이해할 수 있고, 첫 장면의 의미를 오해하면 끝까지 오해를 할 수 있습니다. 첫 장면이 신실하게 하나님의 뜻을 구하는 것이 아니라고 했습니다. 왜냐하면 이미 가나안의 땅 분배가 끝나 있고 어느 지파가 어느 지역으로 올라가야 하는지가 다 정해져 있기 때문입니다. 과연 아니나 다를까 다음 장면부터 이스라엘이 하나님의 말씀을 순종하지 않는 모습이 계속하여 등장합니다. '가나안 족속을 쫓아내지 아니하였더라' 입니다. 그 다음은 '이스라엘 백성이 하나님을 잊어버리고, 하나님을 떠나더라' 입니다. 중간 중간에 혹시 믿음이 있는 것처럼, 마치 회개하고 하나님을 의지하는 것처럼 오해할까봐 성경은 계속하여 이스라엘의 상태, 이스라엘의 행동, 이스라엘의 실상을 우회적으로 묘사해 줍니다. 그것이 "그 때에 이스라엘에 왕이 없으므로 사람이 각기 자기의 소견에 옳은 대로 행하였더라"입니다. 사사기에서 이스라엘이 하는 행동은 하나님의 소견대로 행하는 것이 아닙니다. 하나님의 뜻대로 행하는 것이 아닙니다. 모두 자기의 소견대로 행하는 것입니다. 마지막 사건에서도 하나님을 언급하고, 하나님을 향한 종교적 행위들이 등장하지만 하나님과는 아무 상관이 없는, 하나님의 소견과는 전혀 관련이 없는, 자신들의 소견대로 행하는 모습을 보여주는 것입니다.

자기 결정

20장 18절에서 누가 먼저 올라가서 베냐민 지파와 싸울 것인지 하나님께 질문을 합니다. 이것은 기도도 아니고 간구도 아니고 신앙도 아닙니다. 하나님께 질문을 하려면 자기가 결정을 내리기 전에 해야 합니다. 하나님께 '무엇을 해야 하느냐고, 어떻게 해야 하느냐고' 하나님의 뜻을 구하고, 하나님의 결정을 구해야 합니다. 그런데 이미 결정 다했습니다. 20장 10절 "우리가 이스라엘 모든 지파 중에서 백 명에 열 명, 천 명에

백 명, 만 명에 천 명을 뽑아 그 백성을 위하여 양식을 준비하고 그들에게 기브아에 가서 그 무리가 이스라엘 중에서 망령된 일을 행한 대로 징계하게 하리라"입니다. 이미 통보까지 끝냈습니다. 13절 "그런즉 이제 기브아 사람들 곧 그 불량배들을 우리에게 넘겨주어서 우리가 그들을 죽여 이스라엘 중에서 악을 제거하여 버리게 하라"입니다. 자신들이 결정 다 하고 이미 통보까지 했는데 그제서야 하나님께 여쭈어보는 것은 말 그대로 여쭈어보는 것이 전혀 아닙니다.

그래도 이스라엘의 행동을 좋게 보아서 이스라엘이 하나님의 뜻을 구한 것이라고 합시다. 그런데 하나님의 응답을 받고 전쟁에 나갔음에도 불구하고 패했습니다. 어느 정도 진 것이 아니라 아주 대패를 합니다. 그러면 얼른 알아차려야 합니다. '아, 하나님은 우리가 싸우는 것을 싫어하시는구나!' 라는 것을 깨달아야 합니다. 그런데 이스라엘 백성은 전쟁 상황을 생각하려고 하지 않습니다. 하나님의 응답이 이상하다는 것을 생각하려고 하지 않습니다. 이미 모든 것을 결정해 놓았기 때문입니다. 이제부터는 하나님께 질문하는 것이 아니라 하나님께 생떼를 쓰고 심지어는 하나님을 강요하고 하나님을 협박합니다. 두 번째 여호와께 여쭈어볼 때는 '날이 저물도록 울며' 입니다. 신앙이 이렇게 왜곡되면 안 됩니다. 여호와 신앙은 나의 간절함을 표현하는 것이 아니라 하나님의 가르침을 배우는 것입니다. 그런데 사람들은 하나님의 뜻, 하나님의 말씀, 하나님의 원리를 배우려고 하지 않고 더욱 자기의 간절함, 더욱 자기의 열심, 더욱 자기의 헌신을 드러내려고 애를 씁니다. 여쭈어서 안 되니까 날이 새도록 우는 것입니다.

이번에도 응답을 받아서 전쟁에 나갔는데 또 패합니다. 이런 일이 두 번 반복되었으면 알아들어야 합니다. 그런데 이스라엘은 전혀 행동을 바꾸지 않습니다. 어차피 처음부터 하나님의 뜻이 알고 싶은 것이 아니었기 때문입니다. 결정은 이미 자기들이 다 끝낸 것입니다. 자신들의 결정을 철회할 의사가 전혀 없습니다. 세 번째 여호와께 여쭈어볼 때는 한 술 더 뜹니다. '울며, 날이 저물도록 금식하고 번제와 화목제를 여호와 앞에 드리고' 입니다. 여호와 앞에 드렸다는 것 때문에 신앙적 행위라고 오해하시면 안 되는 것입니다. 여호와 신앙은 내가 여호와를 위하여 무엇을 행하였는가가 아니라, 여호와가 나를 위하여 무엇을 행하였는가를 아는 것입니다.

도무지 하나님의 뜻을 배우지 않고 이스라엘은 또 올라가고 세 번째 싸움에서는 승리합니다. 이스라엘이 승리했다고 해서 하나님이 드디어 이스라엘의 기도에 응답하시고 이스라엘을 도와주셨다고 생각하시면 안 됩니다. 하나님은 세 번 똑같은 대답을 하셨을 뿐입니다. 첫 번째 질문 '우리 중에 누가 먼저 올라가서 베냐민 자손과 싸우리이까?' , 첫 번째 대답 '유다가 먼저 갈지니라.' 핵심은 '올라가라' 는 것입니다. 두 번째 질문 '내가 다시 나가서 내 형제 베냐민 자손과 싸우리이까?' , 두 번째 대답 '올라가서 치라.' 세 번째 질문 '우리가 다시 나아가 내 형제 베냐민 자손과 싸우리이까 말리이까?' , 세 번째 대답 '올라가라' 입니다. 하나님은 이스라엘이 이미 모든 결정을 했다는 것을 알고 계십니다. 하나님이 하나님의 뜻을 알려주어도 듣지 않을 것을 알고 계십니다. 만약 하나님이 '올라가지 마라' 고 하셨으면 안 올라갔을 것이 아니라 기어코 올라갔을 것입니다. 그래서 하나님은 '올라가라' 고 말씀하신 것입니다. 대신 올라가서 패하게 한 것입니다. 응답받고 올라가서 패배하면 응답이 아니라는 것을 알라는 것입니다. 그런데 이스라엘은 절대로 듣지 않고 배우지 않고 깨닫지 않습니다.

자기 열심

두 번은 싸움에서 졌는데 세 번째는 이깁니다. 이스라엘이 매복 작전을 한 것입니다. 흔히 말하는 게릴라 전투입니다. 성경의 묘사들은 단순히 사건을 소개하는 정도가 아니라 등장하는 인물들의 심리, 속셈, 의도를 드러내주고 있는 것입니다. 첫 번째 질문을 하고 응답을 받고 전투에 나갔습니다. 전투에 나가서 싸우다가 진 것입니다. 이스라엘은 이미 자기들이 결정을 다 해놓고 하나님께 질문을 한 것이고, 하나님은 저들이 하나님의 뜻을 들을 것이 아니기에 저들이 원하는 대로 말씀하신 것입니다. 그런데 이스라엘은 여하튼 자신들은 질문을 했는데 하나님이 대답을 하셨으니 이것은 하나님의 응답이라고 생각하는 것입니다. 자신들이 이미 결정했다는 것, 자신들은 하나님의 응답과는 상관없이 자신들의 결정대로 행동할 것이라는 것을 전혀 인식하지 않고 그냥 하나님의 응답이라고 여기고 응답이니까 당연이 이길 것이라고 예상하는 것입니다. 죄인들의 사고방식, 죄인들의 뇌 구조는 아주 자기 멋 대로입니다. 참 편리한 방식입니다. 그런데 패했습니다.

두 번째도 마찬가지입니다. 날이 새도록 울며 기도했더니 하나님이 대답하셨으니 이것은 하나님의 응답이라는 것입니다. 그래서 하나님의 응답대로 행한다고 생각하고 전쟁에 나가는 것입니다. 그랬더니 또 집니다. 이쯤 되면 하나님의 대답이 응답이 아니라는 것을 깨달아야 합니다. 그런데 죄인들은 깨닫는 것이 아니라 하나님을 버리는 것입니다. 자신들이 결정했던 것을 버리는 것이 아니라 하나님의 대답을 버리는 것입니다. 물론 하나님은 올라가라고 응답하셨습니다. 하지만 이스라엘은 이번에는 하나님의 대답을 응답이라고 여기지 않습니다. 하나님은 이미 두 번이나 거짓말을 했다고 생각하는 것입니다. 두 번씩이나 하나님의 응답 받고 올라갔는데 졌으니, 이번에도 하나님의 대답은 거짓이라는 것입니다. 그래서 세 번째는 단순히 하나님의 대답을 듣고 전쟁에 나가는 것이 아니라 하나님의 대답과는 무관하게, 하나님의 응답은 아예 없는 것으로, 아예 들은 적이 없는 것으로 간주하고 자기들이 승리할 수 있도록 자기들이 전략을 세우는 것입니다. 자기들이 이길 수 있는 방법을 써서 자기들이 이기는 것입니다.

자기들의 결정이 옳았다는 것을 하나님께 과시하고, 하나님이 도와주지 않아도 자신들이 충분히 이길 수 있다는 것을 하나님께 보여주는 것입니다. 그래서 싸움을 아주 열심히 합니다. 이스라엘이 싸우는 모습을 보시면 알게 됩니다. 이스라엘과 베냐민 지파가 싸움을 했습니다. 같은 동족끼리, 같은 민족끼리, 같은 하나님의 백성끼리입니다. 성경은 이 싸움을 아주 적나라하게 묘사합니다. 41절부터 "이스라엘 사람은 돌아서는지라. 베냐민 사람들이 화가 자기들에게 미친 것을 보고 심히 놀라 이스라엘 사람 앞에서 몸을 돌려 광야 길로 향하였으나 군사가 급히 추격하며 각 성읍에서 나온 자를 그 가운데에서 진멸하니라. 그들이 베냐민 사람을 에워싸고 기브아 앞 동쪽까지 추격하며 그 쉬는 곳에서 짓밟으매 베냐민 중에서 엎드러진 자가 만 팔천 명이니 다 용사더라. 그들이 몸을 돌려 광야로 도망하였으나 림몬 바위에 이르는 큰 길에서 이스라엘이 또 오천 명을 이삭 줍듯 하고 또 급히 그 뒤를 따라 기돔에 이르러 또 이천 명을 죽였으니 이 날에 베냐민 사람으로서 칼을 빼는 자가 엎드러진 것이 모두 이만 오천 명이니 다 용사였더라. 베냐민 사람 육백 명이 돌이켜 광야로 도망하여 림몬 바위에 이르러 거기에서 넉 달 동안을 지냈더라 이스라엘 사람이 베냐민 자손에게로 돌아와서 온 성읍과 가축과 만나는 자를 다 칼날로 치고 닥치는 성읍은 모두 다 불살랐더라"입니다.

자기 위장

이스라엘이 이렇게 용감했던 적이 없습니다. 이렇게 싸움을 잘한 적이 없습니다. 왜 이렇게 열심히 싸웁니까? 왜 이렇게 최선을 다해서 싸웁니까? 도대체 이 적군이 누구입니까? 바로 이스라엘 사람입니다. 왜 이러는 걸까요? 이 싸움이 시작된 것이 레위인의 첩 사건 때문입니다. 레위인이 자기의 죽은 첩의 시신을 열두 토막 내어 각 지파에게 보내자 온 이스라엘이 몰려나와 이 싸움을 한 것입니다. 과연 이 사람들이 자기들이 말한 것처럼 '이스라엘 중에서 악을 제거하여 버리려고' 하는 것일까요? 죄인의 심리를 잘 아셔야 합니다. 죄인들은 공공의 질서를 세우기 위해 절대로 이렇게 열심을 내지 않습니다. 죄인은 언제나 자기의 문제, 자기와 직접적으로 관련된 경우에만 나설 뿐입니다. 특별히 오해를 받을 때나, 또는 자신의 잘못의 흔적을 없애려고 할 때 가장 열심을 내게 되어 있습니다. 죄인의 속성이 그렇습니다. 죄인은 상식적으로 행동하지 않고 죄인은 이성적으로 행동하지 않습니다. 죄인은 절대적으로 이기적으로 행동합니다.

기브아 지역의 사람들에게 당한 사람은 레위인 한 사람입니다. 그런데 왜 온 이스라엘이, 자그마치 사십만 명이나 뛰어 나와서 이렇게 난리를 칩니까? 그 이유는 간단합니다. 기브아 지역에서 발생한 일이 이스라엘 전체에 알려졌습니다. 그런데 온 이스라엘이 그 소식을 듣고 깜짝 놀라는 것입니다. 왜냐하면, 지금 자기들에게 전해 온 소식, 이스라엘에 이런 일이 있으면 안 된다는 소식, 악한 일이요, 망령된 일이라고 들려온 소식, 이스라엘에서 제거해야 한다고 주장하는 소식의 내용은 바로 자기들도 행하고 있는 일입니다. 자기들도 저지르고 있는 악입니다. 들어보니 정말 듣도 보도 못한 악질 같은 놈이 행한 악질 같은 행동이 아니라 자기들도 행하고 있는 일인 것입니다. 다만 기브아 사람의 악행은 드러난 것이고 자신들의 행동은 아직 드러나지 않은 것입니다. 만약 이 일을 행한 사람을 문제 삼으면 이스라엘 백성 모두가 문제가 되는 것입니다. 이럴 때는 어떻게 해야 합니까? 그 사람에게 모든 것을 뒤집어 씌우는 것입니다. 그 사람이 악한 사람이라고, 그런 일은 꿈에도 상상할 수 없는 일이라고, 그런 일을 행한 사람은 절대로 그냥 살려두어서는 안 된다고 모든 것을 그 사람에게로 몰아가야 합니다. 그 일에 이스라엘 사람이 한 마음, 한 뜻이 된 것입니다. 이런 경우 외에는 죄인이 연합되지 않습니다. 죄인이 공공의 적이 생기기 전에는 의견이 모아지지 않습니다. 그래서 이스라엘 전체가 모인 것입니다. 한 사람을 잡아야 자신이 주목을 받지 않고, 한 집단을 잡아야 자신의 치부가 감추어지고, 한 부족을 잡아야 자신들의 악행이 잊혀지기 때문입니다. 이것이 죄인들의 원리입니다. 이제 왜 이스라엘이 하나님께 묻기도 전에 이미 결정을 내렸고, 응답받고 올라간 전쟁에서 패배하여도 절대로 자신들의 결정을 되돌리지 않고, 자기 백성, 자기 지파를 죽이는데 그렇게 열정을 다했는지 이해가 되실 것입니다.

죄의 연속성

갈 때까지

이스라엘의 죄인다운 전형적인 행동이 21장 1절에 이어집니다. "이스라엘 사람들이 미스바에서 맹세하여 이르기를 우리 중에 누구든지 딸을 베냐민 사람에게 아내로 주지 아니하리라 하였더라"입니다. 세상에서는 이런 것을 '갈 때까지 가보자' 라고 합니다. 자신들의 치부가 드러날 수 있는 뿌리를 제거하는 것입니다. 자신들의 치부를 감추는데 왜 베냐민 지파를 살육하고, 자신들의 딸을 베냐민 사람들에게 주지 않으려고 할까요? 베냐민을 살육하는 이유는, 베냐민 사람들을 살려두면 얼마 지나지 않아서 베냐민 사람들이 항의를 할 것이기 때문입니다. '알고 보니 우리들만 그런 것이 아니라 다 그랬다더라, 아니 다른 지파 사람들은 더 심했다더라' 고 말할 것이 당연하기 때문입니다. 이스라엘 사람들의 생각은 '살려주면 살려준 것을 고마워해야 하는데, 꼭 나중에 사실을 확인하자, 억울함을 풀어야 한다, 이스라엘의 행동은 공정하지 않았다' 는 등의 불필요한 행동을 할 것이라는 것입니다. 그러니 나중에 그런 골치 아픈 일이 생기기 전에 아예 싹을 뽑아야 한다는 것입니다. 자신들의 딸을 베냐민 사람에게 주지 않는 이유는 자신들의 딸을 보호하기 위해서가 아닙니다. 베냐민 사람들은 악행을 하는 사람들이니 행여 자신들의 딸을 그곳에 시집보내면 딸들이 고생을 할까 걱정이 되기 때문이 아닙니다. 이유는 오직 하나 행여라도 빌미를 줄까봐, 자신들의 딸들이 저들과 결혼을 하게 되면 행여라도 딸들에게 자신들의 악행이 드러날까봐 아예 접촉을 차단하는 것입니다. 이것이 죄인의 레파토리요, 죄인의 본색이요, 죄인의 한계입니다.

이스라엘이 직면한 문제를 해결하는 가장 좋은 방법은 회개입니다. 자신들 모두가 공범임을 고백하고 회개하는 것입니다. 죄 없는 자 먼저 돌로 치라는 말씀을 듣고 모두가 돌아갔던 것처럼 베냐민 사람을 징계할 만한 자격이 있는 사람이 아무도 없음을 고백하고 모두가 하나님 앞으로 나아와 회개의 눈물을 흘리면 됩니다. 우는 것, 날이 새도록 우는 것이 저들의 주특기였습니다. 그런데 죄인은 이것이 되지 않는 것입니다. 회개하면 본인이 죄에서 해방되고, 베냐민 지파가 죽지 않아도 되고, 이스라엘 전체가 거룩해질 수 있는 정말 좋은 길입니다. 하나님이 이스라엘이 깨달을 수 있도록, 이스라엘의 결정과 행동이 잘못된 것임을 확인할 수 있도록 전쟁에서 두 번 패하게 하셨습니다. 그런데 이스라엘은 깨닫지 못합니다. 아니 깨닫지 않습니다. 전부 속으로는 마음 졸이고 있습니다. 전부 속으로는 자신들의 행동이 잘못됐다는 것을 알고 있습니다. 그런데 돌이킬 수가 없습니다. 돌이켜지지가 않습니다. 알아도 아는 대로 행동하지 못하는 것이 죄인의 한계인 것입니다. 여기가 끝이 아닙니다.

책임 전가

이스라엘 백성이 또 하나님께 나아갑니다. 21장 2절 "백성이 벧엘에 이르러 거기서 저녁까지 하나님 앞에 앉아서 큰 소리로 울며"입니다. 아주 우는 데는 전문가입니다. 회개의 눈물이 아닙니다. 울면서 하는 말이 3절

"이르되 이스라엘의 하나님 여호와여 어찌하여 이스라엘에 이런 일이 생겨서 오늘 이스라엘 중에 한 지파가 없어지게 하시나이까?" 입니다. 하나님이 이렇게 하신 적이 없습니다. 다 자기들이 한 짓입니다. 그런데, 처음에는 베냐민 지파를 악한 집단으로 몰아가더니, 이번에는 하나님을 이번 일의 원인자로 몰아갑니다. 아주 죄인들의 교활함의 극치입니다. 이스라엘이 이렇게 하나님을 몰아세우는 근거는 '하나님이 응답하셨다는 것' 입니다. 자기들은 이렇게 할 의도가 없었다는 것입니다. 자기들은 이렇게 하기로 결정한 적이 없다는 것입니다.

자기들은 하나님께 질문을 했다는 것입니다. 첫 번째 질문을 했더니 올라가라는 응답이 와서 올라갔다는 것입니다. 전쟁에서 졌습니다. 그래서 하나님께 다시 한 번 확인 차 질문했다는 것입니다. 다시 나아갈 것이냐고 여쭈어 보았더니 하나님이 올라가서 치라고 했다는 것입니다. 전쟁에서 졌습니다. 그래서 하나님께 또, 거듭, 재차 행여라도 신중하지 못하면 안 되니까, 이런 일은 베냐민 지파가 사라질 수도 있는 막중한 일이니까, 자신들 뜻대로 하면 안 되니까 하나님께 여쭈어 보았다는 것입니다. 그랬더니 하나님이 '올라가라. 내일은 내가 그를 네 손에 넘겨주리라' 고 대답하셨다는 것입니다. 만약 하나님이 올라가라고 하지 않았다면 자신들은 올라가지 않았다는 것입니다. 그런데 하나님이 올라가라고 세 번씩이나 말씀하셔서, 자신들은 말씀대로 순종해서 올라갔을 뿐이라는 것입니다. 이 모든 것은 하나님이 행하신 일이라는 것입니다.

성경의 이야기는 대사 한 마디 한 마디, 행동 하나 하나, 사건 하나 하나 다 예상이 되고 연결이 됩니다. 이렇게 모든 책임을 하나님께 뒤집어씌웠으면 자신들은 어떻게 해야 합니까? 이 모든 것은 하나님이 행하신 일이고 자신들은 베냐민을 멸절할 의도가 없었다는 것처럼 위장하려면 그 다음은 무엇을 해야 합니까? 정답은, 이스라엘 백성이 베냐민의 죽음에 대해 애도하는 것입니다. 자신들은 이런 일이 생길 줄 전혀 몰랐고,

자신들 앞에 벌어진 상황이 너무 놀랍고, 어떻게 하나님이 이렇게까지 행하실 수 있는지 너무 슬프다는 표정으로 애도하는 것입니다. 그것이 2절 "백성이 벧엘에 이르러 거기서 저녁까지 하나님 앞에 앉아서 큰 소리로 울며"입니다. 그리고 마치 진노한 하나님을 달래듯, 마치 화내고 계신 하나님을 진정시키듯 위장된 행동을 하는 것이 4절 "이튿날에 백성이 일찍이 일어나 거기에 한 제단을 쌓고 번제와 화목제를 드렸더라"입니다. 또 6절 "이스라엘 자손이 그들의 형제 베냐민을 위하여 뉘우쳐 이르되 오늘 이스라엘 중에 한 지파가 끊어졌도다"입니다. 여기에 '뉘우쳐'는 반성했다는 의미가 아니라 '애도하다, 슬퍼하다, 동정하다'라는 뜻입니다. 이럴 때는 큰 소리로 울어야 합니다. 계속하여 '하나님, 어째서 이런 일이 생겼습니까? 아이고, 우리 베냐민 불쌍해서 어쩌나'라고 말해야 합니다.

자기 의를 드러냄

이스라엘 백성이 베냐민 지파가 사라지는 것을 슬퍼한다면, 이스라엘에서 지파 하나가 끊어지는 것을 막으려고 한다면 아주 간단합니다. 자기들의 딸을 주어 가정을 꾸려주면 됩니다. 그런데 절대로 그렇게 하지 않습니다. 그 때 명분이 아주 멋있습니다. 18절 "우리가 우리의 딸을 그들의 아내로 주지 못하리니 이는 이스라엘 자손이 맹세하여 이르기를 딸을 베냐민에게 아내로 주는 자는 저주를 받으리라 하였음이로다"입니다. 언제부터 이스라엘이 이렇게 신실했습니까? 언제부터 이스라엘이 이렇게 자신들의 맹세를 잘 지켰답니까? 언제부터 이스라엘이 이렇게 신의를 지켰답니까? 언제부터 이스라엘이 이렇게 일치단결했답니까?

죄인들의 논리가 앞뒤가 하나도 안 맞습니다. 죄인들의 주장이 얼토당토 않습니다. 이미 입다의 경우에서 확인했던 것과 같습니다. 자신들의 서원이 하나님과 아무 상관이 없습니다. 자신들은 이미 하나님과 맺었던 약속을 수십 번도 더 어겼습니다. 아예 하나님의 뜻대로 행한 적이 없습니다. 불순종의 대가들입니다. 약속 어기기를 밥 먹듯이 했습니다. 수도 없이 약속을 어겼으니 한 번 더 어긴다고 해서 달라질 것이 없습니다. 하나님과 맺은 언약도 아주 간단하게 어긴 사람들이니까 자기들이 한 약속을 어기는 것은 너무나 쉬운 일입니다. 그런데 자신들은 맹세를 해서 지켜야 한다고 합니다. 이스라엘이 행하는 모든 행동은 모든 책임을 남에게 전가시키고 자신들의 치부가 드러나지 않게 하려는 것뿐입니다. 오직 거기에만 몰두하고 있습니다. 남을 몰아세우려면 대충해서는 안 됩니다. 극렬하게 해야 합니다. 끝장을 봐야 합니다. 말과 행동을 모두 과격하게 해야 합니다. 상황을 벼랑 끝으로 몰고 가야 합니다. 다른 말이 나올 수 없게 해야 합니다. 또 소수의 의견이 되어서는 안 됩니다. 모두의 의견으로 몰아세워야 합니다.

그것이 5절입니다. "이스라엘 자손이 이르되 이스라엘 온 지파 중에 총회와 함께 하여 여호와 앞에 올라오지 아니한 자가 누구냐 하니 이는 그들이 크게 맹세하기를 미스바에 와서 여호와 앞에 이르지 아니하는 자는 반드시 죽일 것이라 하였음이라"입니다. 아니, 이스라엘 중에서 한 지파가 없어지게 된 것을 안타까워하는 사람들이 하는 말이 "모이지 않는 자는 반드시 죽일지니라"입니다. 또 죽입니까? 또 지파를 없앱니까? 이것이 지파가 없어지는 것을 애도하는 것입니까? 이것이 이스라엘 중에서 한 지파가 끊어지는 것을 안타까워하는 것입니까? 이런 결정을 누가 정한 것입니까? 하나님이 정하셨습니까? 하나님은 이스라엘 백성이 총회에 나오지 않는 정도가 아니라 아예 하나님을 버려도, 아예 하나님을 떠나도, 아예 다른 신을 섬겨도 이스라엘을 도와 주셨던 분입니다. 하나님과 이스라엘 중에 자기들이 이스라엘을 더 사랑합니까? 하나님은 지파를 없애려고 하고 자기들은 지파를 지키려고 하는 것입니까? 자기들은 온갖 악행이란 악행은 다 행해놓고 이제사야 자기들의 의견에 따르지 않는 자는 죽여야 한다고 난리들입니다. 이게 죄인의 악랄함입니다.

죄인들의 극악함이 어디까지 가는지 확인해 보겠습니다. 8절에 의하면 야베스 길르앗 사람이 총회에 참여하지 않습니다. 그랬더니 이스라엘이 하는 행동이 10절 이하 "회중이 큰 용사 만 이천 명을 그리로 보내며 그들에게 명령하여 이르되 가서 야베스 길르앗 주민과 부녀와 어린 아이를 칼날로 치라 너희가 행할 일은 모든 남자 및 남자와 잔 여자를 진멸하여 바칠 것이니라 하였더라"입니다. 베냐민이 지파 중에서 끊어지는 것을 애도하더니, 이번에는 길르앗 야베스를 끊으려고 합니다. 죄인이 악을 행할 때 가장 신경 쓰는 것이 바로 표정관리입니다. 절대로 자기 의도가 드러나면 안 되기 때문입니다. 죄인들의 표정관리가 15절입니다. "백성들이 베냐민을 위하여 뉘우쳤으니 이는 여호와께서 이스라엘 지파들 중에 한 지파가 빠지게 하셨음이었더라"입니다. 자기들은 애도하는 표정을 짓고, 계속하여 하나님이 그랬다고 합니다. 하나님은 그렇게 하셨지만, 자신들은 너무 안타까워하며 대안을 고민하고 있다는 것입니다. 그것이 16절 "회중의 장로들이 이르되 베냐민의 여인이 다 멸절되었으니 이제 그 남은 자들에게 어떻게 하여야 아내를 얻게 할까"입니다. 와~~ 하나님보다 더 이스라엘을 사랑하는 사람들 같습니다.

또 다른 악

이미 이스라엘은 전역에서 기브아 주민이 행한 것과 같은 악을 저질렀습니다. 그런데 자신들의 치부를 감추고자 기브아 주민들, 베냐민 지파를 죽이는데 전력을 다했습니다. 또 자기들의 의견을 강요하기 위해 총회에 모이지 않은 야베스 길르앗 사람들을 칼날로 쳤습니다. 명분은 계속하여 '이스라엘을 위하여', '이스라엘에서 지파가 끊어지지 않도록'입니다. 마치 선한 의도를 위하여 어쩔 수 없이 악을 행하는 것같이 보입니다. 실상은 모든 것이 악한 것입니다. 악을 감추기 위한 악이 계속됩니다. 음모를 꾸미더니, 전쟁을 빌미로 베냐민을 죽이더니, 하나님께 덮어씌우기를 하더니, 단합을 명분으로 야베스 길르앗을 죽이더니 이번에는 납치입니다. 20절 이하 "베냐민 자손에게 명령하여 이르되 가서 포도원에 숨어 보다가 실로의 여자들이 춤을 추러 나오거든 너희는 포도원에서 나와서 실로의 딸 중에서 각각 하나를 붙들어 가지고 자기의 아내로 삼아 베냐민 땅으로 돌아가라"입니다. 이미 악이 시작되었기에 사소한 악은 악도 아니고, 의도한 악이 완성될 때까지는 어떠한 악도 전혀 악이 아닌 것처럼 행동하는 것입니다.

드디어 절정에 이릅니다. 22절 "만일 그의 아버지나 형제가 와서 우리에게 시비하면 우리가 그에게 말하기를 청하건대 너희는 우리에게 은혜를 베풀어 그들을 우리에게 줄지니라 이는 우리가 전쟁할 때에 각 사람을 위하여 그의 아내를 얻어 주지 못하였고 너희가 자의로 그들에게 준 것이 아니니 너희에게 죄가 없을 것임이니라 하겠노라 하매"입니다. 죄의 절정은 죄인지 아닌 지를 자신들이 결정하는 것입니다. 자신들이 죄없다 하면 죄가 없는 것이 된다는 것입니다. 납치도 죄가 아니고, 살육도 죄가 아니라는 것입니다. 처음부터 이미 다 결정해 놓았기 때문입니다. 결과를 보고 판단하는 것이 아니라, 이미 결정을 하고 결정한 대로 판단을 해버리는 것입니다.

이러한 이스라엘의 행동을 여러분은 뭐라고 하시겠습니까? 냉정한 결단력이 있다고 칭찬하시겠습니까? 어쨌거나 자신들이 결정한 것을 이루어내기 위하여 일을 추진하는 강력한 추진력이 있다고 격려하시겠습니까? 혼자 하지 아니하고 어쨌거나 이스라엘 총회를 소집하고 모든 사람을 하나 되게 하려고 노력했으니 단결력이 있다고 존경하시겠습니까? 어쨌든 닥친 문제를 해결하기 위하여 다양한 전략을 짜내는 것에 대하여 지혜가 출중하다고 감탄하시겠습니까? 성경은 이스라엘에 대해 이렇게 말합니다. "그 때에 이스라엘에 왕이 없으므로 사람이 각기 자기의 소견에 옳은 대로 행하였더라"입니다. 자기의 소견에 옳은 대로가 옳은 것입니까? 과연 자기의 소견에 옳은 대로 행동하여 평안과 자유와 행복을 누렸습니까? 약속의 땅에서, 젖과 꿀이 흐르는 땅에서, 하나님이 돌보시는 땅에서 이스라엘의 삶이 평안해 보입니까? 은혜 받은 자들의 삶이 행복해 보입니까?

여호와 신앙은 자기의 옳은 것을 드러내는 것이 아니며 자기의 열심을 강조하는 것이 아닙니다. 하나님을 배워야 하는 것입니다. 왜냐하면 하나님이 옳고 하나님의 옳으심이 인간에게 가장 좋기 때문입니다. 사사기를 통해서 하나님을 배우지 않는 인간들의 행동을 보셨고 죄인을 지속적으로 사랑하시며 계속하여 가르치시는 하나님의 긍휼하심을 보았습니다. 하나님이 이스라엘을 불편하게 하시던가요? 하나님이 이스라엘을 힘들게 하시던가요? 하나님이 이스라엘을 어렵게 하시던가요? 하나님을 배우기를 부탁드립니다. 하나님을 아시기를 부탁드립니다. 하나님을 아시고, 하나님 때문에 행복한 신앙생활, 하나님으로 말미암아 신나는 교회생활, 하나님의 은혜로 즐거운 믿음생활 되기를 주님의 이름으로 축원합니다.